prépabac

NOUVEAU BAC

TOUT-EN-UN
COURS + ENTRAÎNEMENT AU CONTRÔLE CONTINU

1re ST2S

SCIENCES ET TECHNIQUES SANITAIRES ET SOCIALES
Yannick Zemb-Breistroffer

BIOLOGIE ET PHYSIOPATHOLOGIE HUMAINES
Valérie Goll

PHYSIQUE-CHIMIE POUR LA SANTÉ
Walter Vassiaux

MATHÉMATIQUES
Bernard Verlant

FRANÇAIS
Thomas Brunet

HISTOIRE-GÉOGRAPHIE
Stéphane Leteuré

ANGLAIS
Frédérique Le Graverend
Annie Goulvent

FOUCHER

Crédits

p. 56 : ph © Medicalrf.com/BSIP ; ph © Phototake/BISHOP/BSIP ; ph © Javier Larrea/age fotostock ; ph © Andrew Lambert/SPL/COSMOS ; p. 69 : ph © Steve Gschmeissner/SPL/COSMOS ; p. 70 : ph © Biophoto Associates/BSIP ; ph © Phototake/Kunkel/BSIP ; ph © Phototake/Kunkel/BSIP ; p. 76 : ph © Ingram/BSIP ; ph © Living Art Enterprises/BSIP ; p. 85 : ph © Biophoto Associates/BSIP ; p. 112 : ph © Don W. Fawcett/BSIP ; p. 114 : ph © Ingram/BSIP ; p. 136 : ph © SPL/Cosmos ; p. 137 : ph © Auteur/CHSF de Corbeil-Essonnes ; p. 158 : ph © DR ; ph © Tomas Ragina – stock.adobe.com ; p. 163 : ph © Sabine - stock.adobe.com ; ph © alesme - stock.adobe.com ; p. 216 : ph © Victoria M - stock.adobe.com ; p. 281 h : ph Detroit Institute of Arts ; p. 281 b : ph © Österreichische Galerie Belvedere ; p. 290 : ph © commons.wikimedia.org ; p. 343 : ph © commons.wikimedia.org ; p. 344 : ph © commons.wikimedia.org ; p. 349 : ph © commons.wikimedia.org ; p. 351 : ph © commons.wikimedia.org ; p. 355 : ph © Art Institute of Chicago ; p. 356 h : ph © Metropolitan Museum of Art ; p. 356 b : ph © commons.wikimedia.org ; p. 357 : ph © commons.wikimedia.org ; p. 359 : ph © commons.wikimedia.org ; p. 367 : ph © commons.wikimedia.org ; p. 368 : ph © commons.wikimedia.org ; p. 369 : ph © commons.wikimedia.org ; p. 376 : ph © commons.wikimedia.org ; p. 396 : ph © Laurent Descloux/EPA Sénart Communication

Texte p. 338 : aus: Elfriede Jelinek, Was geschah, nachdem Nora ihren Mann verlassen hatte oder Stützen der Gesellschaft ; in : Elfriede Jelinek, Theaterstücke. Was geschah, nachdem Nora ihren Mann verlassen hatte oder Stützen der Gesellschaft. Clara S. - musikalische Tragödie. Burgtheater. Krankheit oder Moderne Frauen. Copyright © 1984, 1987 by Prometh Verlag KG, Köln Veröffentlicht 1992 im Rowohlt Taschenbuch Verlag, Reinbek bei Hamburg Mit freundlicher Genehmigung der Rowohlt Verlag GmbH, Reinbek b. Hamburg.

Les ressources numériques

Au fil des pages, des QR codes à flasher vous renvoient à de nombreuses ressources : corrigés, schémas, presse, documents, vidéos, cartes, exercices...

Mode d'emploi

foucherconnect.fr

Votre Prépabac Foucher s'enrichit de ressources numériques

Lorsque je rencontre un pictogramme ressource au fil des pages :

 # schéma
Les principales glandes endocrines
foucherconnect.fr/ 19pbst2s10

1. Je vais sur **www.foucherconnect.fr**
J'enregistre cette page dans mes favoris pour les prochaines fois.
2. Je saisis **le code de la ressource** indiqué dans le pictogramme.
3. **Je visualise** ma ressource.

Des FLASHCODES permettent aussi d'accéder aux ressources depuis un smartphone

Maquette intérieure : Frédéric Jély
Mise en page : STDI
Illustrations (Biologie) : Florence Ollé

ISBN 978-2-216-15492-0

			Les épreuves communes de contrôle continu			Les épreuves finales (Terminale)
			Épreuve 1 (2e trimestre de 1re)	Épreuve 2 (3e trimestre de 1re)	Épreuve 3 (2e trimestre de Tle)	
MATIÈRES DE SPÉCIALITÉ	Sciences et techniques sanitaires et sociales (coef. 16)					Épreuve ponctuelle en Terminale
	Biologie et physiopathologie humaines (coef. 16)					Épreuve ponctuelle en Terminale
	Physique-chimie pour la santé (coef. 5)		**Écrit, 2 h** : 4 exercices (2 de physique, 2 de chimie), avec des questions sur la démarche expérimentale, des questions appelant à rédaction d'un argumentaire, des questions reposant sur des aspects quantitatifs simples			
MATIÈRES COMMUNES	Mathématiques (coef. 5)		**Écrit, 2 h** : test de maîtrise des automatismes (questions à réponses rapides) + 3 exercices indépendants, certains exercices par ordinateur	Même épreuve	Même épreuve	
	Français (Épreuve anticipée, coef. 10)	Écrit	4 h, commentaire ou contraction de texte + essai			
		Oral	20 min (préparation : 30 min) : exposé sur un des textes du descriptif (12 min) + présentation de l'œuvre choisie et entretien (8 min)			
	Histoire-géographie (coef. 5)		**Écrit, 2 h** : questions de connaissances + analyse de document (sujets d'étude au choix)	Même épreuve	**Écrit, 2 h** : questions de connaissances + analyse de document (sujets d'étude au choix)	
	LVA et LVB (coef. 5)		Compréhension orale et expression écrite, 1 h	Compréhension écrite et expression écrite, 1 h 30	1er temps : Compréhension écrite et orale, expression écrite – 2 h 30 2nd temps : Expression orale – 10 min (10 min de préparation)	
	EPS (coef. 5)		1 épreuve de contrôle en cours de formation		2 épreuves de contrôle en cours de formation	
	Philosophie (coef. 4)					Épreuve ponctuelle en Terminale
	Grand oral (coef. 14)					Épreuve de 20 min en 2 parties qui porte sur un projet travaillé en 1re et Tle : présentation du projet, adossée à 1 ou 2 disciplines de spécialité choisies par l'élève et échange autour du projet

SOMMAIRE

SCIENCES ET TECHNIQUES SANITAIRES ET SOCIALES

BIOLOGIE ET PHYSIOPATHOLOGIE HUMAINES

HISTOIRE-GÉOGRAPHIE

ANGLAIS

SCIENCES ET TECHNIQUES SANITAIRES ET SOCIALES

Évaluation des Sciences et techniques sanitaires et sociales au bac

1 Le programme

■ Sur l'année de Première et de Terminale, cette discipline permet d'analyser, dans leur complexité, des situations d'actualité sanitaire et sociale et d'en comprendre les enjeux. Les élèves identifient et analysent les besoins de santé, les besoins des individus et des groupes sociaux, ainsi que leurs déterminants. L'élève examine les réponses apportées par les politiques publiques, les dispositifs et les institutions sanitaires et sociales.

■ Les programmes de Première et de Terminale s'organisent en **2 pôles** :
- le **pôle thématique**, formant à la compréhension des questions sociales et de santé, ainsi qu'à leur prise en charge dans une société ; ce pôle comporte 4 modules, « Santé, bien-être et cohésion sociale », « Protection sociale », « Modes d'intervention en santé et action sociale » (tous trois étudiés en classe de Première) et « Politiques, dispositifs de santé publique et d'action sociale » (étudié en Terminale) ;
- le **pôle méthodologique**, permettant aux élèves d'appréhender des méthodes servant à déterminer des connaissances en santé et en social, ainsi qu'à la mise en œuvre de projet d'action.

■ Plusieurs disciplines de sciences humaines sont mobilisées, comme la sociologie, le droit ou l'économie. L'élève acquiert par ailleurs les compétences suivantes, comme la capacité à rendre compte d'une démarche, l'esprit critique, la mobilisation du numérique pour appuyer l'analyse d'une question de santé ou sociale, l'autonomie ou encore le travail en équipe.

2 Les modalités d'évaluation

■ Une partie de l'épreuve du baccalauréat est en contrôle continu : elle compte pour 40 % de la note finale, dont 10 % représentés par les bulletins scolaires de Première et Terminale, incluant les notes de ST2S. L'épreuve finale de Terminale représente 60 % de la note finale.

■ L'épreuve finale de Terminale est dotée du coefficient 16.

1 La santé, une diversité d'approches

La santé, longtemps restée préoccupation individuelle, est aujourd'hui l'affaire de l'ensemble de la collectivité. Son approche est devenue diverse dans nos sociétés modernes. Elle est à la fois un principe fondamental garanti par la Constitution et la loi française, mais aussi un droit humain reconnu à l'échelon global par l'Organisation mondiale de la santé (OMS).

1 La santé, un enjeu individuel

A Définitions

Selon l'OMS, la santé est un **état de complet bien-être physique, mental et social qui ne consiste pas uniquement en l'absence de maladie ou d'infirmité**. Cette définition comporte des dimensions multiples : **physiques**, **mentales** et **sociales**.

À SAVOIR

La notion de santé donnée par l'OMS connaît une importante notoriété. Pour autant, elle n'est pas la seule référence existante. Les définitions de la santé sont nombreuses, diverses et souvent complémentaires.

B Les caractéristiques de la santé

■ La définition développée par l'OMS en 1946, présente la santé en tant que notion **relative**, **dynamique**, **variable** et **subjective**.

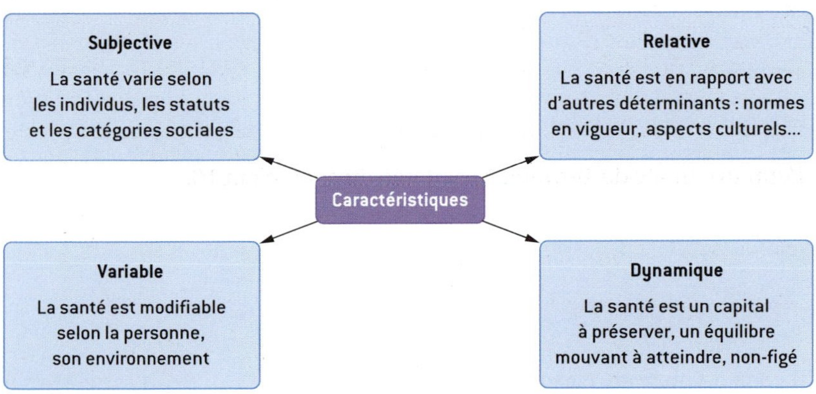

■ Un **bien-être** est à la fois envisagé comme :
- **utopique** : cette définition est formulée après la Seconde Guerre mondiale. Le bien-être semble inatteignable de façon stable et définitive ;
- **positif** : la santé n'existe pas uniquement dans son opposition à la maladie.

> **DÉFINITION**
> **Bien-être** : résultat de la satisfaction de besoins fondamentaux énumérés par **Virginia Henderson**, infirmière en santé publique. Le psychologue **Abraham Maslow** a structuré ces besoins fondamentaux de façon pyramidale.

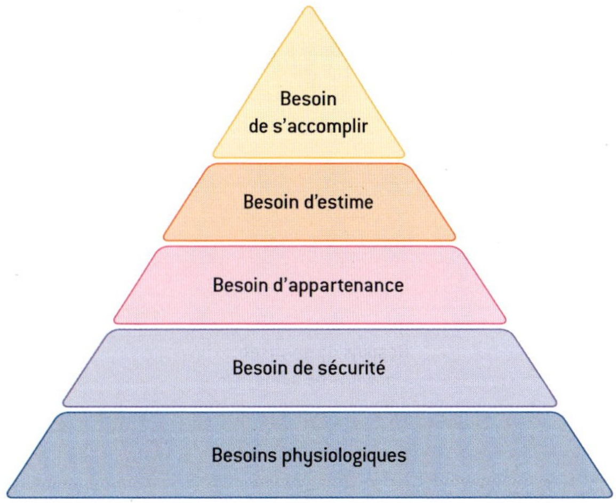

Pyramide de Maslow

2 La santé, en enjeu collectif

La santé ne peut être uniquement envisagée à un niveau individuel. Elle comporte une **dimension collective** faite de multiples interventions et acteurs dont en premier lieu l'individu-citoyen.

A Définitions de la santé publique

■ La définition de l'OMS de 1952, s'appuyant sur celle de Winslow, fait partie des définitions de référence. La santé publique est : « **la science et l'art de prévenir les maladies, de prolonger la vie et d'améliorer la santé et la vitalité mentale et physique des individus par le moyen d'une action collective concertée** [...] ».

> **EXEMPLES**
> En France, la **santé publique** se décline sous forme de stratégie nationale de santé, de plans de santé publique, de programmes, dans le cadre desquels de nombreux dispositifs sont mis en œuvre en faveur des usagers, afin d'améliorer leur capital santé.

■ La santé publique est à la fois une science, un art, une pratique et une discipline, se préoccupant de la **santé globale**, une santé qui concerne une population dans son ensemble et selon ses différents aspects éducatifs, préventifs, curatifs et sociaux.

> **DÉFINITION**
> La **santé globale** concerne une population dans son ensemble.

B Les objectifs de la santé publique

■ Il s'agit de permettre à chaque individu de **jouir de son droit inné à la santé et à la longévité** en faisant en sorte de lutter contre les maladies représentant une importance sociale, d'assainir le(s) milieu(x), d'enseigner à l'individu les règles de l'hygiène personnelle, d'organiser des services médicaux et infirmiers en vue du diagnostic précoce et du traitement préventif des maladies, de mettre en œuvre des mesures sociales pour assurer à chaque membre de la collectivité un niveau de vie compatible avec le maintien de la santé.

■ La santé publique s'efforce de mettre en adéquation une **offre de santé et de soins** avec les **besoins** identifiés et les **demandes** exprimées par les usagers et leurs représentants.

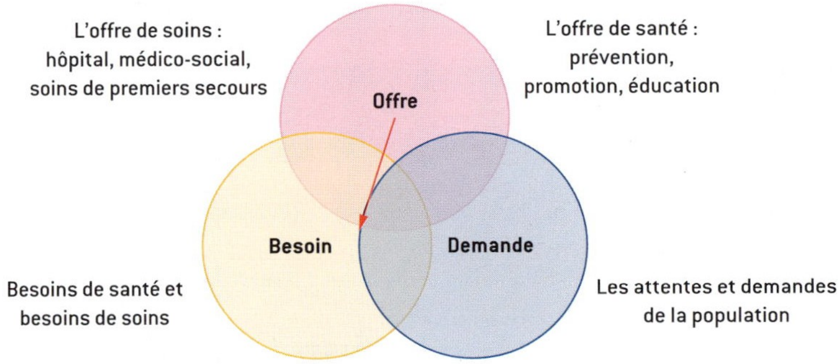

L'offre, les besoins et la demande en santé publique

Campagnes de santé publique

2 Le bien-être social : un processus de construction dynamique

Le bien-être social et la santé entretiennent un rapport étroit à la fois au niveau individuel et collectif. Ces notions complémentaires s'influencent réciproquement et partagent des caractéristiques communes de subjectivité, de relativité et de variabilité. Le bien-être social est atteignable selon une construction dynamique appelée socialisation.

1 Socialisation, intégration et insertion sociale

DÉFINITION

Bien-être social : situation d'un individu jouissant, parmi l'environnement dans lequel il évolue habituellement, de conditions assurant la satisfaction de ses besoins, permettant d'en retirer un bénéfice positif et de se construire socialement.

A Définitions

- La **socialisation**, en quelque sorte « école de la vie », permet à l'individu d'apprendre les normes sociales. Il s'agit d'un processus par lequel des valeurs et des normes sont transmises, dans le but de permettre la construction sociale de l'individu et son intégration par le groupe dans la société. Ce qui fait le caractère dynamique de la socialisation, c'est le travail permanent d'apprentissage et d'adaptation sociale induits par ce processus.

- Le **lien social** désigne le tissu de relations unissant, en fonction d'un certain nombre de règles, des individus dans le cadre d'un groupe, et régissant leurs liens avec d'autres groupes.

- L'**intégration**, selon Durkheim, est le processus par lequel le groupe social s'approprie l'individu pour assurer la cohésion du groupe. C'est grâce à la socialisation que l'intégration peut avoir lieu : le groupe social offre la possibilité à l'individu socialisé d'appartenir au groupe.

- L'**insertion sociale**, quant à elle désigne le processus consistant pour un individu à trouver et occuper une place dans un groupe en fonction d'un certain nombre de dispositions sociales, culturelles et/ou financières.

- La **stratification sociale** consiste en une subdivision des sociétés humaines, selon un certain nombre de catégories hiérarchisées. D'après le sociologue Max Weber, ces catégories présentent des caractéristiques politiques, économiques et sociales qui sont similaires.

B Les instances de socialisation primaire et secondaire

- Différentes instances de socialisation interviennent tout au long de l'existence dans l'apprentissage des règles de vie. Cela permet à l'individu d'assimiler et d'intérioriser des normes ainsi que des valeurs.

- **La socialisation primaire est réalisée durant l'enfance**. La famille (mais pas uniquement) transmet à l'enfant, dès son plus jeune âge, le langage, les codes sociaux les plus élémentaires mais aussi les valeurs qui lui permettront de développer des relations sociales.

■ **La socialisation secondaire se réalise plus tardivement, à partir de l'adolescence, et ne se termine qu'en fin de vie.** C'est une socialisation plus volontaire, associative, professionnelle, politique qui remet parfois en cause les éléments transmis à l'occasion de la socialisation primaire.

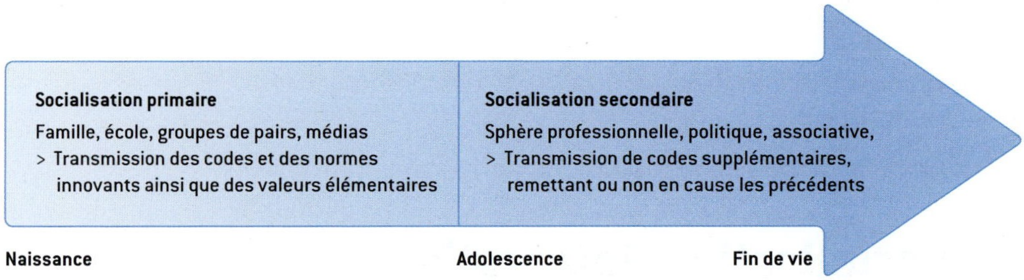

2 Normes sociales, régulation et cohésion

■ Les **normes sociales** sont un ensemble de **règles contraignantes ou constitutives ayant valeur de régulation.** La collectivité et ses décideurs répriment et sanctionnent généralement celui qui ne se soumet pas aux règles voire à certaines mœurs en vigueur ou qui s'en écarte. Le code de la route régit par exemple le respect des règles de sécurité routière. Les normes sociales varient selon les pays, les époques, les contextes socio-économiques, les mœurs, les progrès technologiques.

> **EXEMPLE**
> Ces normes sociales peuvent par exemple porter sur des **conduites** ou des **comportements d'individus**, (personnes conduisant après avoir consommé des substances psychoactives, comme des drogues ou de l'alcool).

■ Elles influencent le bien-être des individus, leur permettant d'adhérer à des valeurs communes individuelles et collectives fondamentales pour permettre le vivre-ensemble et assurer la cohésion d'un groupe social.

■ La cohésion sociale consiste, au sein d'un groupe social en un sentiment d'**appartenance commune** et une **réciprocité de liens**. Elle dépend des visées des individus et est variable selon les attachements et les échanges des uns vis-à-vis des autres.

3 Les indicateurs : mesure des caractéristiques des individus et de leurs évolutions

Les caractéristiques des Français ont considérablement évolué depuis quelques décennies, tant au niveau démographique, socio-économique que sanitaire. Des outils de mesure des situations, appelés indicateurs, permettent d'en dresser un portrait afin que les pouvoirs publics puissent développer les offres en rapport avec les besoins exprimés sur les territoires.

1 Définition et limites des indicateurs

■ Un indicateur désigne un **outil de mesure** ou **critère d'appréciation** de l'état d'un phénomène à un moment donné. La mesure des caractéristiques sanitaires, démographiques et socio-économiques s'effectue à l'aide d'**indicateurs démographiques et sanitaires** présentés soit sous forme de **valeurs absolues**, c'est-à-dire de chiffres permettant d'établir des situations en nombre d'individus soit de **taux**, c'est-à-dire une proportion d'individus rapportée à un total de personnes.

■ Les actions de santé publique sont donc orientées selon le recours à une **diversité d'indicateurs**, que l'on compare à la fois dans le **temps** et dans l'**espace**. Les indicateurs sont déclinés à différents **échelons** : local, régional, national et mondial. Ces données ne sont pas toujours mesurables et n'existent pas dans certains pays.

■ De nombreux facteurs influencent l'accès aux données et leur obtention. Les indicateurs varient en fonction de **déterminants économiques et politiques** notamment ; la **qualité des données recueillies est variable** selon les pays, voire à l'intérieur même de certains États.

EXEMPLE
En effet, dans certains pays en développement et/ou dans des États non démocratiques voire oppressifs, certaines données sont peu disponibles.

2 Intérêts et relativité des indicateurs

■ Les indicateurs permettent de déterminer de façon chiffrée les **besoins** et les **demandes** en santé des populations, ainsi que les évolutions sociales, économiques et démographiques. Ces chiffres donnent lieu à une analyse diagnostique et permettent aux pouvoirs publics de **définir et d'orienter plus efficacement les politiques sociales et de santé publique**, élaborées au niveau national et mises en œuvre sur les territoires.

■ Les indicateurs sont **relatifs** dans la mesure où ils sont influencés par de nombreux déterminants, notamment les normes en vigueur des États et leurs aspects culturels : modes de vie, mœurs culturelles, cultuelles et alimentaires, etc.

3 Les catégories d'indicateurs

Les indicateurs sont de nature : **démographique**, lorsqu'ils se rapportent à la situation et/ou à l'évolution de la structure d'une ou plusieurs populations ; **sanitaire**, quand ils se préoccupent de la situation de santé d'un collectif ; **socio-économique**, lorsqu'ils décrivent les mœurs et les rapports sociaux d'une population ainsi que sa situation économique.

REMARQUE
Les exemples donnés concernent la France.

	Définitions	Chiffres
Indicateurs démographiques		
Espérance de vie à la naissance	Durée de vie moyenne estimée pour une génération fictive soumise aux conditions de mortalité de l'année.	85,3 ans pour les femmes, 79,5 ans pour les hommes en 2017 selon l'INSEE.
Taux de fécondité	Nombre moyen d'enfants par femme en âge de procréer (15-49 ans).	1,88 enfant en 2017.
Mortalité générale	Ensemble des décès dans une population pour une année donnée.	605 000 personnes en 2017, selon l'INSEE.
Indicateurs sanitaires		
Taux de mortalité infantile	Nombre d'enfants décédés avant l'âge de 1 an pour 1 000 naissances vivantes.	3,8‰ en 2018 selon l'INSEE.
Morbidité **Incidence** **Prévalence**	▸ Nombre de cas d'une pathologie dans une population déterminée sur une période donnée ▸ Nombre de nouveaux cas d'une maladie sur une période donnée sur une population déterminée. ▸ Cas totaux d'une maladie donnée sur une période donnée et une population déterminée	Chiffres selon chaque pathologie (cancer, tabagisme...).
Mortalité prématurée	Ensemble des décès dans une population d'individus âgés de moins de 65 ans.	24,2 % des décès masculins et 12,4 % des décès féminins en 2017.
Indicateurs socio-économiques		
PIB (produit intérieur brut)	Somme des richesses produites sur un territoire et sur une période donnée.	2 282 milliards d'euros en 2018.
Taux de chômage	Pourcentage de personnes faisant partie de la population active se trouvant en situation de chômage.	8,8 % en 2018.
Seuil de pauvreté	Part du revenu médian traduisant la pauvreté monétaire d'un individu.	8,8 millions de personnes situant leur revenu sous le seuil de pauvreté à 60 %, ou percevant moins de 1 026 euros par mois en 2018.

INFO
De nouveaux indicateurs ont vu le jour dans les années 1990, afin de rendre compte de manière plus efficace et positive des situations des populations.

 # info
Les nouveaux indicateurs
foucherconnect.fr/19pbst2s01

4 Les niveaux de santé et de bien-être social : des contrastes et des inégalités

Les indicateurs caractérisant la population selon ses différents aspects, quelle que soit l'échelle de population considérée, font apparaître entre les individus et les groupes sociaux des contrastes et des inégalités. Certains indicateurs en France peuvent être améliorés.

1 La santé et le bien-être des Français, entre contrastes et inégalités

A Les points forts

■ **Espérance de vie** : l'espérance de vie (ou âge estimatif moyen de durée de vie d'une population d'une même génération) connaît depuis plusieurs décennies des progrès significatifs grâce notamment à une **amélioration des conditions et de l'hygiène de vie**, des **progrès médicaux et scientifiques** et l'avènement et la **démocratisation du système de protection sociale**. L'espérance de vie en France ne cesse d'augmenter ; la France occupe le 2e rang européen.

Évolution de l'espérance de vie

	Espérance de vie à la naissance		Espérance de vie à 65 ans	
Année	**Hommes**	**Femmes**	**Hommes**	**Femmes**
2008	77,6	84,4	18,3	22,5
2009	77,8	84,5	18,4	22,6
2010	78,0	84,7	18,6	22,7
2011	78,4	85,0	18,9	23,0
2012	78,5	84,8	18,8	22,8
2013	78,8	85,0	19,0	23,0
2014	79,3	85,4	19,3	23,3
2015	79,0	85,1	19,1	23,0
2016 (p)	79,3	85,3	19,3	23,2
2017 (p)	79,4	85,3	19,4	23,2
2018 (p)	79,5	85,4	19,4	23,2

Champ : France métropolitaine. (p) résultats provisoires à fin 2018.

Source : Insee, statistiques de l'état civil et estimations de population.

■ **Mortalité infantile** : cet indicateur traduit annuellement le nombre d'enfants décédés avant l'âge d'un an pour mille naissances vivantes. Le taux de mortalité infantile en France est bas, en comparaison avec les autres États dans le monde.

 # carte
La mortalité infantile dans le monde
foucherconnect.fr/19pbst2s02

Seuls quelques pays du nord de l'Europe ont un taux de mortalité infantile inférieur, comme la Finlande (1,9‰). En revanche, ce taux stagne depuis quelques années en France, alors qu'il gagnerait à diminuer.

B Les points faibles

■ **Espérance de vie en bonne santé** : également appelée espérance de vie sans incapacité (EVSI), cet indicateur traduit la faculté des personnes à vieillir sans présenter de troubles de santé notables invalidant leur vie quotidienne. Même si cet indicateur évolue favorablement depuis quelque temps, l'écart entre l'espérance de vie moyenne (plus de 80 ans) et l'espérance de vie sans incapacité (entre 63 et 65 ans) est de près de 20 ans. Ainsi, les Français vieillissent, mais pas nécessairement dans des conditions optimales de santé.

■ **Mortalité prématurée** : cet indicateur indique le nombre de personnes décédées avant d'avoir atteint l'âge de 65 ans, ce qui concerne environ 1/4 des décès masculins et 1/8 des décès féminins. Ces données interrogent également par leur importance et leurs conséquences pour l'économie. Cette mortalité évitable est en hausse et fait partie des plus élevées d'Europe.

■ **Inégalités de santé** : ces inégalités révèlent un contraste à l'échelle du territoire. De nature différente, elles sont de trois ordres. Les inégalités se mesurent selon :
- **le sexe** : l'espérance de vie est plus favorable aux femmes (elles vivent environ 6 années de plus que les hommes) ;
- **la géographie** : les niveaux de santé constatés sont plus favorables dans le sud de la France que dans le Nord, davantage concerné par une espérance de vie plus faible et par certaines maladies de santé publique : cancers, maladies cardiovasculaires, etc. ;
- **les professions et catégories sociales** : il existe un écart significatif d'espérance de vie entre les cadres et les ouvriers et surtout avec les inactifs.

2 Le bien-être et la santé dans le monde

■ La France se situe au 8e rang parmi les niveaux d'espérance de vie mondiale, le Japon occupant la première place.

 # carte
Les niveaux d'espérance de vie mondiale
foucherconnect.fr/19pbst2s03

■ De graves inégalités sévissent aujourd'hui encore dans le monde en termes de pathologies. Si les maladies chroniques (cancer, maladies cardio-vasculaires, obésité, diabète, maladies neurodégénératives type Alzheimer) caractérisent les priorités de santé publique des pays industrialisés de l'hémisphère nord, certains pays en développement, en Afrique en particulier, souffrent principalement de maladies infectieuses : le paludisme et le VIH occasionnent de nombreux décès et expliquent les niveaux d'espérance de vie peu élevés.

■ Ces mêmes pays souffrent de maladies et de mortalités maternelles et infantiles importantes.

5 Les déterminants de la santé et du bien-être social

Les états de santé et de bien-être social, qu'ils soient individuels ou collectifs, sont fortement influencés par un ensemble de facteurs. Les pouvoirs publics, à qui est assignée la responsabilité de la santé publique, s'efforcent d'agir favorablement sur certains indicateurs. D'autres relèvent davantage de la responsabilité du citoyen, capable d'influencer positivement son capital santé et sa trajectoire sociale.

1 La notion de déterminant

■ Un **déterminant** est un ensemble de **facteurs influençant la santé et/ou le bien-être social** d'un individu ou d'un groupe de population. Il s'agit de caractéristiques et d'éléments environnementaux et/ou internes à l'individu qui peuvent agir directement, indirectement, isolément ou (le plus souvent) en association sur l'état de santé et de bien-être social.

> **À SAVOIR**
> Les états de santé et de bien-être social de l'individu ne sont pas dissociables. Ils sont intimement liés et même s'autodéterminent.

■ Lorsque les déterminants agissent de façon **positive**, on parle de **facteurs protecteurs.** Exemple : se nourrir quotidiennement en respectant la recommandation de 5 portions de fruits et légumes par jour.

■ Lorsque les déterminants agissent de façon **négative**, on parle de **facteurs de risque.** Exemple : avoir des antécédents de cancer du sein parmi plusieurs membres proches de sa famille lorsqu'on est une femme.

2 Diversité et interaction des déterminants

A Les différents types de déterminants

■ Les déterminants agissant sur les personnes et leurs évolutions peuvent être innés ou acquis et varier en fonction de l'individu ou de son appartenance à un groupe social.

■ **Les déterminants liés à la personne** : le sexe constitue un facteur protecteur pour les femmes tout au long de la vie (pour des raisons hormonales), ce qui se vérifie par une espérance de vie importante. L'âge est facteur de risque quand la personne vieillit. Enfin, le patrimoine génétique peut, selon les familles, être un facteur protecteur ou plutôt un facteur de risque.

■ **Les déterminants comportementaux et liés aux modes de vie** : l'alimentation peut être un facteur protecteur ou un facteur de risque selon l'équilibre alimentaire de l'individu, tout comme la pratique physique et/ou sportive, selon qu'elle soit régulière ou peu fréquente. Quant aux toxicodépendances et aux pratiques extrêmes, elles sont autant de facteurs de risque pour l'individu.

■ **Les déterminants environnementaux** : le climat, les pollutions diverses auxquelles est soumis l'individu, l'habitat ou bien simplement l'eau consommée sont autant de facteurs protecteurs ou de risque.

■ **Les déterminants liés aux systèmes de santé et aux services sociaux** : l'accès à des soins et des services sociaux de qualité sont des facteurs protecteurs pour les personnes. En revanche, la restriction ou le refus de soins influencent un mauvais état de santé et/ou de bien-être.

■ **Les déterminants sociaux** : les modes et conditions de vie, le statut et la catégorie sociale, les conditions d'évolution culturelles peuvent agir favorablement ou défavorablement sur la santé et le bien-être social des individus.

#schéma
Les déterminants de la santé et du bien-être social
foucherconnect.fr/19pbst2s04

EXEMPLE

Être cadre ou profession indépendante et évoluer en démocratie garantissent ainsi une meilleure qualité de vie et de santé. À l'inverse, se trouver en situation d'inactivité et/ou devoir vivre dans un régime oppressif minimisent fortement la qualité de vie et de santé.

B Agir sur les déterminants

■ Une action sur les déterminants de la santé et du bien-être social est possible. Elle se traduit pourtant différemment qu'il s'agisse de **déterminants relevant de l'individu** ou bien de l'environnement parmi lequel il évolue collectivement.

■ Actuellement, les **déterminants biologiques** voire génétiques des individus ne sont pas, pour la majorité d'entre eux, accessibles à l'action en santé publique (sauf progrès médicaux et technologiques).

■ En revanche, l'action en santé peut influencer favorablement les **déterminants comportementaux** des personnes grâce aux interventions d'éducation, de promotion sanitaire et de prévention.

■ Quant aux **déterminants sociaux**, ils peuvent être améliorés, sans que cela soit évident pour les décideurs, car les situations des personnes et des groupes sont diverses, et les politiques et dispositifs sociaux développés sont nombreux et complexes.

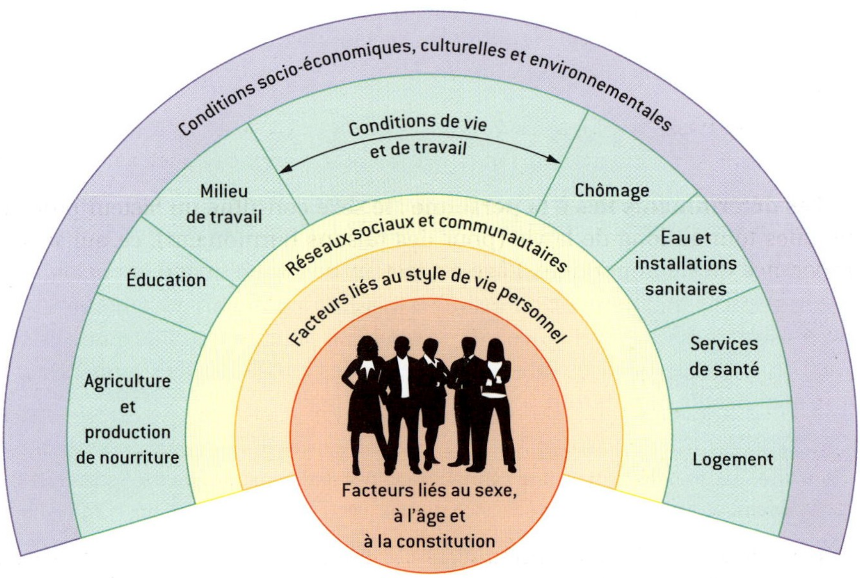

Les déterminants de santé

6 Les préoccupations de santé publique et la reconnaissance des problèmes

Au cœur des préoccupations des populations et des décideurs politiques du XXIe siècle figurent les questions fondamentales des risques sanitaires. Comment sont identifiés les problèmes de santé et les risques sanitaires ? Répondre à cette question permet d'étudier la façon dont ils sont pris en compte par la communauté nationale.

1 Les risques sanitaires et la survenance de crises

A La notion de risque sanitaire

■ **Un risque sanitaire est la survenue possible d'un ou plusieurs effets néfastes pour la santé d'un individu ou d'une population**, suite à l'exposition à un agent agresseur ou à la survenue d'un événement ayant les mêmes effets. Le risque augmente proportionnellement selon l'importance de l'exposition.

■ Le risque est dit :
- **individuel** lorsque la personne en est elle-même à l'origine, en fonction de ses propres comportements à risques (exemple : prise de produits toxiques, comportements routiers dangereux) ;
- **collectif** lorsqu'il concerne une population dans son ensemble quel que soit le territoire considéré (exemple : sûreté d'une centrale nucléaire).

■ Si des données scientifiques en valident l'évidence (exemple : lorsqu'un organisme officiel et reconnu fait le constat d'une défaillance, comme l'autorité de sûreté nucléaire), ce risque peut être envisagé comme **avéré**, voire **subjectif**, lorsqu'il est en fonction de la perception de chacun (exemple : sentiment développé un habitant en fonction de l'exposition à un toxique comme certains pesticides).

B Des risques aux crises sanitaires

■ Nous vivons dans une société aux **risques multiples**. Certains parmi eux demeurent simplement des évènements dont la survenue reste probable voire prévisible, sans toutefois se réaliser.

■ En revanche lorsqu'un risque avéré est insuffisamment pris en compte ou parvient à braver les systèmes de surveillance mis en œuvre, il peut donner lieu à une **crise sanitaire**. Il s'agit alors d'une menace réalisée entraînant des **conséquences pour la santé et le bien-être social de la population**.

DÉFINITION

Une **crise** se manifeste dans une configuration généralement **soudaine**. Son caractère surprenant voire brusque peut être violemment vécu par une population, contraignant les autorités à prendre des mesures immédiates pour stabiliser la situation et tenter de ramener les événements à la situation de pré-crise.

■ La crise est habituellement traduite en santé publique par une **augmentation des indicateurs de morbidité et de mortalité** qui concernent la population.

■ Une crise est évitable :
- **en amont**, grâce à des **dispositifs de vigilance et de surveillance** efficacement mis en œuvre, par le biais d'indicateurs suivis et comparés régulièrement ;
- **en aval**, grâce à un certain nombre de réponses immédiatement déployées afin de conjurer son ampleur en cas de survenance : plan canicule, plan blanc, plan Novi.

 # doc
Quelques exemples de crises sanitaires en France
foucherconnect.fr/19pbst2s05

■ Un **principe de précaution** peut être également mis en œuvre par les décideurs publics consistant à ne pas exposer et/ou permettre l'exposition à des agents dont l'innocuité n'est pas démontrée.

2 La reconnaissance des problèmes de santé publique

■ L'**épidémiologie** est la discipline permettant la **reconnaissance de problèmes de santé publique**. Cette science étudie la fréquence et la répartition dans le temps et l'espace des problèmes de santé dans les populations humaines, ainsi que le rôle des facteurs qui les déterminent, à partir d'indicateurs. **3 branches** de l'épidémiologie peuvent ainsi être distinguées :

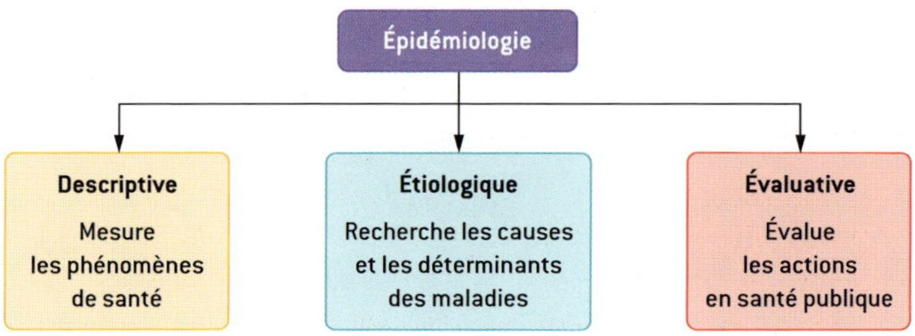

■ Afin de cibler les problèmes nécessitant une action spécifique des pouvoirs publics, plusieurs critères sont utilisés :
- une **morbidité** (incidence et prévalence) voire une **mortalité** élevées ;
- une **évolution estimée comme négative voire grave** ;
- un **coût social important** pour les individus (impact financier familial) et pour la collectivité : dépenses importantes pour le système de protection sociale (ex. affections longue durée développées (ALD)) ;
- la présence de **facteurs de risques associés**.

7 Les problématiques sociales et leur reconnaissance collective

Précarité, pauvreté, voire exclusion sociale sont le fait d'une société aux évolutions rapides, génératrices d'inégalités. Des évolutions que nos politiques doivent accompagner afin de permettre le bien-être du plus grand nombre et garantir la cohésion sociale entre tous.

1 La notion de précarité

A Définition

La **précarité**, selon Joseph Wresinski, consiste en l'absence d'une ou plusieurs des sécurités permettant aux personnes et familles d'assumer leurs responsabilités élémentaires et de jouir de leurs droits fondamentaux. L'insécurité qui en résulte peut être plus ou moins grave et définitive [...].

B Des situations de précarité aux ruptures

■ Les situations de précarité peuvent être causées par des **domaines de la vie courante** constituant habituellement des sécurités pour l'individu. Lorsque ces domaines se trouvent **fragilisés**, qui plus est lorsque ces fragilités s'additionnent et/ou s'enchaînent, elles peuvent générer une situation de précarité qui est souvent un premier maillon contrariant l'**équilibre social** de l'individu.

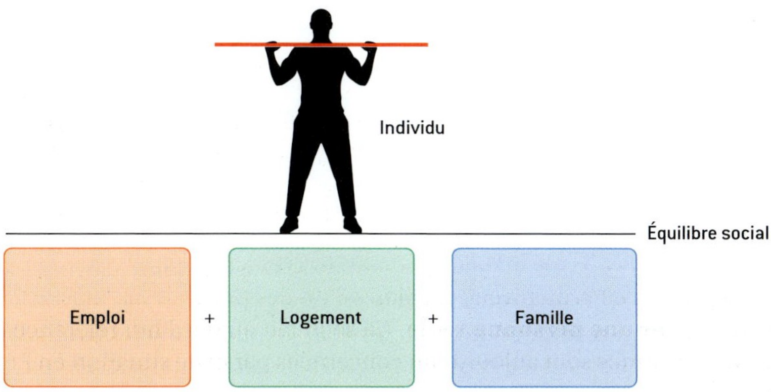

Autres domaines : santé physique et mentale, éducation, scolarité...

■ L'**emploi** constitue le premier de ces domaines. Il est protecteur lorsqu'il garantit un statut durable à l'individu (CDI, statut de fonctionnaire) ainsi qu'une rémunération décente. Il est considéré comme fragilisant lorsqu'il consiste en un CDD, un travail en intérim, une situation de sous-emploi voire un emploi illégal et/ou peu rémunérateur.

■ Le **logement** est protecteur lorsqu'il permet à des individus de vivre dignement, dans des conditions matérielles respectables, selon des conditions de salubrité garanties, à un coût raisonnable en fonction de leurs revenus. Le logement est fragilisant lorsqu'il consiste en habitats, souvent en location, inadaptés aux besoins et au nombre de personnes voire insalubre ou au coût non adapté.

■ La **famille** enfin peut être domaine de protection lorsqu'elle garantit à l'individu équilibre familial et rapports harmonieux. Elle est en revanche fragilisante lorsqu'elle est source de mésententes, de ruptures, de situations d'isolement.

ATTENTION

Les situations de précarité doivent être repérées avant qu'elles ne se transforment en situations de pauvreté (ce qui n'est pas systématique), voire qu'elles donnent lieu à une rupture grave des liens sociaux pouvant aller jusqu'à l'exclusion.

2 La notion de pauvreté

A Définitions

■ Selon le Conseil européen de 1984, sont considérées comme pauvres les personnes dont les ressources matérielles, culturelles et sociales sont si faibles qu'elles sont **exclues des modes de vie minimaux acceptables** dans la société. C'est-à-dire que leurs ressources ne leur permettent plus de satisfaire à leurs besoins les plus élémentaires. Les situations de pauvreté sont diverses : économique, sociale, éducative, sanitaire, environnementale. Les définitions de la pauvreté sont donc multiples et peuvent prendre différentes formes.

■ La **pauvreté monétaire** désigne la condition d'une personne qui manque de ressources et de moyens matériels lui permettent de mener une existence décente.

■ La **nouvelle pauvreté**, forme de pauvreté propre aux sociétés modernes, riches et industrialisées, est caractérisée par une fragilisation de la situation des personnes liée aux mutations économiques, sociales et sociétales et aux crises qui les caractérisent.

B Les seuils de pauvreté

■ Il s'agit de **niveaux de revenus en dessous desquels un individu ou un ménage est considéré comme pauvre**. Le revenu pris en compte est le **revenu dit disponible**, c'est-à-dire après prélèvement des impôts et versement des prestations sociales, selon l'Observatoire des inégalités.

■ Eurostat utilise pour la mesure de cette situation le seuil de pauvreté à 60 % c'est-à-dire correspondant à 60 % du niveau médian de vie des populations, soit en 2019 à **1 026 euros mensuels pour une personne seule**. Ce seuil fait aujourd'hui référence. Environ **8,8 millions de personnes** sont aujourd'hui concernées par cette situation en France.

3 Le processus d'exclusion sociale

A Définition

L'**exclusion sociale** consiste en une non-réalisation des droits sociaux de base garantis par la loi selon le Conseil national des politiques de lutte contre la pauvreté et l'exclusion sociale. L'exclusion sociale concerne des personnes placées hors de la sphère économique de la société dans laquelle ils évoluaient habituellement.

DÉFINITION

Les **droits sociaux** consistent en un ensemble de règles nouvelles dont bénéficie la population, impliquant une action de la part de l'État, en fonction de l'évolution des mœurs et des besoins des individus.

B L'exclusion : à la fois spirale et réalisation d'un processus

■ L'exclusion peut être la **conséquence de la pauvreté voire de la précarité**, mais ce n'est pas toujours le cas. Parfois la personne bascule soudainement dans cette situation sans avoir auparavant connu ces évènements.

■ La spirale de l'exclusion, lorsque l'individu s'y engage, est un processus qui l'entraîne progressivement à l'écart du groupe parmi lequel il évoluait jusqu'alors. 3 dimensions cumulées peuvent engendrer l'exclusion sociale :

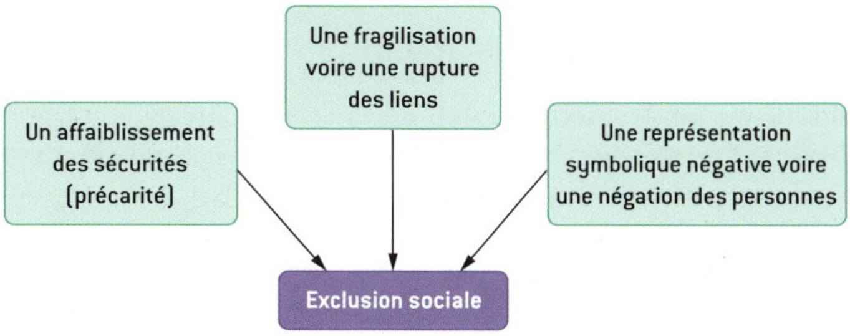

4 Des inégalités sociales menacent la cohésion

■ Les inégalités sociales peuvent se définir, pour les individus, comme des **écarts de situation en termes de conditions et de trajectoires sociales**. Assimilées à des différences entre les **professions et les catégories sociales**, elles sont également fonction du **sexe** des individus, de l'**âge** ainsi que de l'**appartenance ethnique**.

DÉFINITION

La **trajectoire sociale** consiste en un cheminement de l'individu et de ses positions successives en termes de statuts sociaux tout au long de sa vie sociale.

■ Les inégalités sont à la fois le reflet et un facteur d'un certain nombre de déséquilibres inter-individus et inter-groupes. Elles peuvent être génératrices de tensions entre des individus ou des groupes sociaux, voire même menacer le vivre-ensemble et la cohésion sociale due au plus grand nombre. Les inégalités induisent des écarts de situations mal perçues par les personnes.

5 La reconnaissance des problèmes sociaux par la collectivité

■ Afin de permettre un vivre ensemble harmonieux, et ainsi atteindre la cohésion visée, les pouvoirs publics doivent être en mesure de lutter efficacement contre les situations d'exclusion et agir sur les environnements qui génèrent ces situations, en mettant en œuvre des réponses adaptées.

■ Pour ce faire, les pouvoirs publics font appel aux :
- **médias** : télévision, radio, presse, qui ont une place importante dans la connaissance des problèmes sociaux, en sensibilisant et informant les citoyens et les pouvoirs publics ;
- **réseaux sociaux** : Twitter, Facebook, etc. qui relayent l'information et mobilisent également les populations ;
- **groupes sociaux représentatifs** : mouvements citoyens, syndicaux, associatifs (parfois représentés par des personnalités) qui s'emparent des problèmes sociaux et incitent citoyens et politiques à (ré)agir ;
- **pouvoirs publics** eux-mêmes, garants de la cohésion sociale nationale, que les populations incitent et exhortent à prendre ou améliorer les mesures prises en faveur des plus vulnérables.

SE TESTER ET S'ENTRAÎNER

Cochez la ou les bonne(s) réponse(s).

1. La définition de la santé selon l'OMS en 1946 (« état de complet bien-être physique, mental, et social ne consistant pas seulement en l'absence de maladie ou d'infirmité ») présente la santé en tant que notion :
❑ subjective
❑ utopique
❑ dynamique
❑ négative
❑ relative

2. Nous pouvons dire de la santé qu'elle est :
❑ un équilibre à atteindre
❑ un capital à préserver
❑ un état figé
❑ une situation dissociable du bien-être social

3. La santé publique :
❑ s'oppose à la santé individuelle
❑ a des visées différentes de celles de la seule santé curative
❑ englobe la santé individuelle
❑ responsabilise l'individu

4. Un groupe social peut se définir comme :
❑ une cohabitation d'individus les uns aux côtés des autres
❑ une entente d'individus basée sur des valeurs similaires
❑ une réciprocité de liens
❑ une entente d'individus malgré des différences

5. Le respect de lois et de règles permet la régulation de la vie en société :
❑ oui
❑ non

6. Chaque individu endosse plusieurs statuts et rôles sociaux afférents au cours de son existence :
❑ oui
❑ non

7. Les normes sont des règles de conduites relatives :
❑ vrai
❑ faux

8. Les indicateurs peuvent relever des catégories suivantes :
❑ démographiques
❑ socio-économiques
❑ ethniques
❑ sanitaires

9. Ils constituent des points positifs du portrait de santé des Français :
❑ l'espérance de vie
❑ la mortalité infantile
❑ l'espérance de vie sans incapacité (EVSI)
❑ la mortalité prématurée

10. L'épidémiologie compte :
❑ une seule branche
❑ trois branches
❑ deux branches
❑ quatre branches

11. L'indice de développement humain (IDH) :
❑ est un indicateur récent
❑ progresse de façon égale dans le monde
❑ remplace le PIB (produit intérieur brut)
❑ répond à de nouveaux besoins de mesures

12. Les inégalités sociales sont majoritairement cumulatives et génératrices d'inégalités :
❑ vrai
❑ faux

13. Une lutte efficace contre les inégalités s'appuie plutôt sur une approche globale :
❑ vrai
❑ faux

14. Un déterminant de santé et de bien-être social :
❑ peut agir isolément
❑ surdétermine un état de santé et de bien-être en s'additionnant à d'autres
❑ agit généralement isolément

15. Les déterminants sur lesquels les pouvoirs publics peuvent être efficaces sont :
❑ biologiques et génétiques
❑ sociaux
❑ comportementaux et liés aux modes de vie

16. La notion de risque est évolutive :
❑ vrai
❑ faux

17. Une crise sanitaire peut apparaître progressivement :
❑ oui
❑ non

18. L'exclusion sociale est la conséquence systématique de la précarité et/ou de la pauvreté :
❑ vrai
❑ faux

19. Combien de personnes en France se situent sous le seuil de pauvreté à 60 % :
❑ 3 millions
❑ 5 millions
❑ 9 millions
❑ 12 millions

20. Les groupes de pression ont une valeur forte dans l'émergence des problèmes sociaux :
❑ vrai
❑ faux

CORRIGÉS

1. subjective/utopique/dynamique/relative ; 2. un équilibre à atteindre/un capital à préserver ; 3. a des visées différentes de celles de la seule santé curative/englobe la santé individuelle/responsabilise l'individu ; 4. une entente d'individus basée sur des valeurs similaires/une réciprocité de liens/une entente d'individus malgré des différences ; 5. oui ; 6. oui ; 7. vrai ; 8. démographiques/socio-économiques/sanitaires ; 9. l'espérance de vie/la mortalité infantile ; 10. trois branches ; 11. est un indicateur récent/progresse de façon égale dans le monde/répond à de nouveaux besoins de mesures ; 12. vrai ; 13. vrai ; 14. peut agir isolément/surdétermine un état de santé et de bien-être en s'additionnant à d'autres ; 15. sociaux/comportementaux et liés aux modes de vie ; 16. vrai ; 17. non ; 18. faux ; 19. 9 millions d'individus ; 20. vrai.

8 Du risque social à la protection sociale, un projet de société

Le risque social consiste en un ensemble d'événements ayant comme conséquence pour l'individu une diminution de ses recettes et une augmentation de ses dépenses. Santé, famille, vieillesse ou emploi sont ainsi des évènements que la société doit garantir afin de permettre au plus grand nombre de jouir de conditions d'existence dignes.

1 La notion de risque social

A Définition

Selon la banque de données en santé publique (BDSP) le **risque social** désigne un **événement dont la survenue est le plus souvent incertaine ou imprévue**, provoquant une **diminution du niveau de vie**, soit parce que les dépenses augmentent, soit parce que les ressources diminuent. Ce risque est qualifié de « social » car il est pris en charge par la collectivité. Selon la situation, les risques sociaux sont dits **traditionnels** ou sont qualifiés de **risques émergents**.

B Les risques traditionnels et émergents

- Les **risques traditionnels** consistent en un certain nombre d'événements anciens, c'est-à-dire dont l'existence est au moins aussi ancienne que celle de notre système de protection sociale.

EXEMPLE

Ils correspondent aux branches de la Sécurité sociale créée en 1945 : maladie, **maternité, invalidité, décès, accidents du travail, maladies professionnelles, famille, vieillesse**. Chacun de ces évènements, récurrents et (re)connus par notre système de prise en charge, occasionne une **hausse des dépenses** et une **diminution des revenus** de l'individu.

- Les **risques émergents** sont des événements méconnus jusqu'alors. Ils sont propres à l'ère post-industrielle et en lien direct avec les nouveaux modes de vie et de consommation. Ils sont les conséquences des gains en matière de conditions de vie et de développement des progrès. Récents ou nouveaux, ces risques ne font pas à ce jour l'objet d'une couverture spécifique de protection.

EXEMPLE

Il s'agit spécialement de la dépendance, mais également d'une forme de précarité nouvelle, de pauvreté voire d'exclusion sociale, de l'emploi et du logement.

2 Du risque social à la protection sociale, un projet de société

- La protection sociale est née de la volonté de garantir et protéger les individus des conséquences négatives dues à l'exposition aux risques sociaux. Pour faire face à ces risques, des mécanismes de prévoyance collective doivent être mis en œuvre :
– des **prestations sociales**, versées directement aux ménages, soit en espèces, soit en nature ;
– des **services sociaux**, désignant l'accès par les individus à des services, fournis à prix réduit voire gratuitement.

■ Les prestations sociales répondent à deux techniques de protection sociale, selon une **logique de protection universelle** qui a pour but de couvrir certaines catégories de dépenses pour chacun. Les prestations sont donc accordées sans conditions de cotisations ni de ressources, mais sont les mêmes pour tous (prestations familiales). Les techniques de protection sociale sont les suivantes :
- une **technique d'assurance sociale**, dont l'objectif est de prévenir contre la perte de revenus (chômage, maladie, vieillesse, accident du travail). Les prestations sociales sont financées par des **cotisations** prélevées sur les salaires et donc réservées à ceux qui cotisent ;
- une **technique d'assistance**, dont l'objectif est d'instaurer une solidarité entre les individus pour lutter contre les formes de pauvreté. La prestation assure alors un revenu minimum, sous conditions de ressources, mais sans besoin de cotisations, en ne couvrant pas spécifiquement un risque (exemple : RSA, Allocation adulte handicapé...).

9 Les droits sociaux et l'importance de l'accès aux droits

Santé, famille, logement, retraite, solidarité, emploi sont autant de droits sociaux de l'individu s'inspirant de droits fondamentaux garantis par nos démocraties. Ils permettent à la fois bien-être individuel, vivre-ensemble citoyen et cohésion sociale nationale. Les droits sociaux évoluent en même temps que se transforment la société et ses mœurs, qu'il convient d'accompagner pour répondre aux besoins de chacun.

1 Des droits fondamentaux anciens

■ La Constitution française de 1958 ne fait pas explicitement mention des **droits fondamentaux** de l'individu. En France, c'est le **préambule de la Constitution** qui garantit grand nombre de nos libertés et de nos droits, selon trois sources :
- la **Déclaration des droits de l'homme et du citoyen** de 1789 ;
- le **préambule de la Constitution** de 1946 ;
- la **Charte de l'environnement** adossée à la Constitution en 2005.

> DÉFINITION
> Les **droits fondamentaux** sont ceux accordés et assurés à chaque individu dans un état de droit et une démocratie. Ils sont les principaux droits d'un individu reconnus par la Déclaration des droits de l'homme et du citoyen ainsi que par la Constitution en France.

■ Les principes fondamentaux auxquels renvoient ces textes forment la **base de notre démocratie**, auquel le Conseil constitutionnel a beaucoup contribué, veillant, par la jurisprudence, à assurer leur respect.

2 Des droits sociaux récents et évolutifs

■ En France, c'est le préambule de la Constitution de 1946, intégré dans la Constitution de la Ve République de 1958, qui signe l'évolution des droits fondamentaux vers les droits sociaux. Comme les mœurs et les besoins changent, il est nécessaire que **le droit s'adapte au développement social des personnes**, leur permettant de se prémunir contre les risques sociaux (ou plutôt leurs conséquences) et leur garantir des conditions d'existence dignes.

> DÉFINITION
> Les **droits sociaux** consistent en un ensemble de règles nouvelles dont bénéficie la population, impliquant une action de la part de l'État, en fonction de l'évolution des mœurs et des besoins des individus. Exemple : droit au repos, aux loisirs, à la protection de la santé...

■ C'est ainsi que la France, en tant qu'**État providence**, a inscrit dans sa Constitution, c'est-à-dire **dans son niveau de droit le plus fondamental**, l'accès des individus à l'**éducation**, à la **culture**, aux **soins**, à l'**emploi**, etc.

■ Des droits naturels, on passe ainsi à l'application du **droit positif**, permettant socialement l'accès des personnes au bien-être social.

DÉFINITIONS

- Les **droits naturels**, acquis dès la naissance, sont universels. Ils représentent les droits issus de la nature même de l'homme (ex. : la liberté, la propriété, la sûreté, la résistance à l'oppression…).
- Les **droits positifs** désignent l'ensemble des règles de droit appliquées à un certain moment et dans un endroit donné (ex. : coutume, législation dans un État donné…).

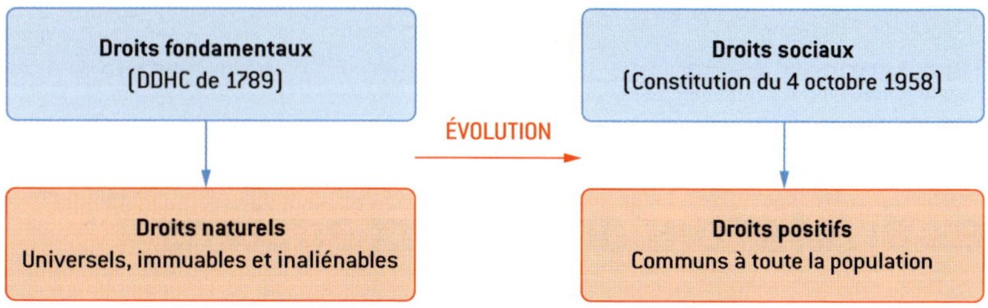

Les droits fondamentaux et sociaux

3 L'importance de l'accès aux droits

Les pouvoirs publics, par le biais des lois s'appuyant sur les acteurs sociaux sur les territoires, doivent travailler à satisfaire aux objectifs des politiques sociales pouvant se résumer ainsi :
- **favoriser le bien-être social** du plus grand nombre ;
- **permettre la justice** et la **cohésion sociale** entre les individus et les groupes de population ;
- **lutter contre les inégalités sociales**.

Pour atteindre ces objectifs, il est nécessaire de permettre au plus grand nombre, et en particulier aux populations les plus vulnérables, un accès satisfaisant aux droits sociaux. Un **accompagnement** peut être développé en faveur de ces publics afin qu'ils connaissent leurs droits et leurs obligations, mais également les possibilités de les faire valoir. L'accompagnement passe notamment par une :
- **information large** concernant les droits et les devoirs des personnes ;
- **orientation des publics** vers les structures, les services et/ou les professionnels en charge d'accompagner et de faciliter l'exercice des droits ;
- **aide à l'accomplissement des démarches** nécessaires à l'exercice d'un droit ou d'une obligation ;
- **assistance** permettant à une personne d'être accompagnée et/ou représentée par un professionnel compétent devant certaines commissions ou administrations.

10 L'organisation générale du système de protection sociale

Le système de protection sociale français vise à garantir au plus grand nombre une couverture permettant à chacun de faire face aux conséquences des risques sociaux. Subordonnée aux techniques de l'assistance et de l'assurance, la protection sociale repose sur la sécurité sociale, qui est fondée sur une solidarité nationale imposée, bénéficiant à l'ensemble de la population et s'additionnant à une protection sociale complémentaire.

1 Les techniques de protection sociale

Assistance et **assurance** constituent en France des techniques complémentaires caractérisant et structurant notre système de protection sociale.

A L'assistance

■ L'**assistance** a pour objectif d'instaurer une **solidarité entre les individus** afin de lutter contre les formes de pauvreté. La prestation assure alors un revenu minimum, sous conditions de ressources, mais sans besoin de cotisations, en ne couvrant pas un risque en particulier. Synonyme d'**entraide**, l'assistance donne lieu à une **solidarité nationale** ancrée dans l'histoire de notre protection sociale.

■ Née de la sphère privée et familiale, au départ facultative, l'assistance est mise en œuvre ensuite dans le cadre d'une **charité d'église**. Les besoins des individus évoluant, elle devient étatique au XVIIIe siècle, avec la création de **bureaux de bienfaisance** en charge de recevoir les pauvres et de gérer leur droit. En 1905, l'État s'implique davantage, des moyens sont attribués aux communes afin d'appliquer un droit de secours aux indigents.

■ **1945** marque un tournant avec la création de la **Sécurité sociale**, inspirée en partie par des logiques de solidarité. En 1953, les **bureaux d'aide sociale** naissent. La loi du 6 janvier 1986 crée les **centres communaux d'action sociale** (CCAS).

B L'assurance

■ L'**assurance** est une technique de protection relevant de la responsabilité, dont l'objectif est de prévenir contre la perte de revenus, conséquence du chômage, de la maladie, de la vieillesse, des accidents du travail. L'individu doit avoir la capacité économique de souscrire à une couverture de protection sociale. Les prestations sociales sont financées par des **cotisations** prélevées sur les salaires et donc **réservées à ceux qui cotisent**.

■ À l'origine, certains individus se regroupaient notamment selon leur corporation afin de mettre en place une solidarité leur offrant une couverture économique de protection. Une **participation financière** était demandée aux membres, afin de créer un **capital commun**, qui était ensuite redistribué aux autres membres en ayant besoin.

■ Au début du XXe siècle, on assiste aux premiers pas d'un **système organisé au niveau national** : avec l'institution d'un régime d'**assurance obligatoire** pour les salariés du commerce et de l'industrie, d'autres plus tardives institueront une assurance garantissant les personnes contre les conséquences des risques maladie, famille, invalidité, maternité, vieillesse et décès des salariés.

2 La protection sociale de base

■ La **protection sociale de base** consiste en un ensemble de dispositifs, essentiellement économiques, prenant en charge, selon différents mécanismes de prévoyance, le(s) préjudice(s) subi(s) en fonction de la survenue d'un risque social.

■ La **Sécurité sociale** repose sur des techniques d'assurance, d'assistance voire d'universalité. Par ses différents régimes, elle couvre les risques **maladie**, **maternité**, **invalidité**, **accident du travail**, **maladie professionnelle**, **famille** et **vieillesse**.

■ Le régime d'**assurance chômage** protège depuis 1958, des risques inhérents à la perte d'emploi dans un actuel cadre de service public de l'emploi. C'est l'Union nationale pour l'emploi dans l'industrie et le commerce (Unedic) qui gère ce régime.

■ La protection sociale de base est servie selon deux catégories de prestations :
- **prestations en nature** : remboursements de soins et de consultations médicales, d'appareillages, de médicamenteux, de transports sanitaires ;
- **prestations en espèces** : indemnités journalières versées en cas d'interruption médicale de travail, prestations sociales de chômage et familiales, retraites.

3 La protection sociale complémentaire

■ La **protection sociale complémentaire** consiste en un ensemble de dispositifs complétant la protection sociale de base afin de prendre en charge le préjudice subi par l'individu lors de la survenue d'un risque social. Les prestations sont servies soit en nature soit en espèces. La protection sociale complémentaire comporte :
- les **régimes d'intervention sociale des pouvoirs publics** : aide sociale et action sociale, mécanismes relevant de l'assistance, de la solidarité et de l'universalité.
- des **prestations des services sociaux**, pour favoriser l'accès aux services en établissant une tarification réduite et adaptée, voire gratuite (ex. : crèches, protection maternelle et infantile), ou de prestations ayant pour objectif d'accompagner les individus dans la lutte contre la pauvreté et l'exclusion sociale (ex. : RSA).

DÉFINITIONS

▶ L'**aide sociale** désigne l'ensemble des mesures et des prestations sociales versées, constituant une obligation pour la collectivité. Elles sont destinées à porter secours aux plus vulnérables.

▶ L'**action sociale**, obligatoire ou facultative, désigne les interventions des départements et des communes relatives à l'accompagnement social et économique des plus démunis, s'ajoutant à l'aide sociale pour plus d'efficacité.

■ La protection sociale complémentaire comprend par ailleurs les mutuelles, les institutions de prévoyance et les sociétés d'assurances (privées).

DÉFINITIONS

- Les **mutuelles** sont des organismes instituant une solidarité entre leurs membres par le biais de cotisations versées. Sans but lucratif, elles investissent leurs fonds en faveur de leurs adhérents et dans une visée de protection les concernant.
- Les **institutions de prévoyance** sont des structures régies par le code de la Sécurité sociale, qui, comme les mutuelles, sont sans but lucratif et garantissent collectivement les individus contre un certain nombre de risques (maladie, décès, dépendance).
- Les **assurances (privées)** sont des organismes à but lucratif qui, en contrepartie de cotisations ou de primes versées, garantissent les individus contre les conséquences de risques identifiés faisant l'objet d'un contrat.
- Les **régimes de retraite complémentaire** constituent des régimes obligatoires de retraite mis en œuvre par un certain nombre de caisses assurant un complément de revenu aux personnes à la retraite, en échange de cotisations.

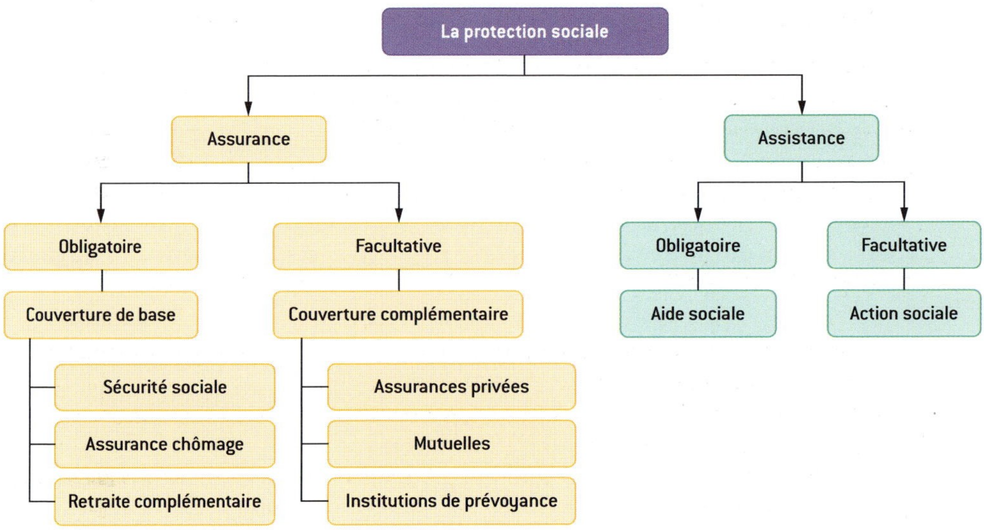

La protection sociale

SE TESTER ET S'ENTRAÎNER

Cochez la ou les bonne(s) réponse(s).

1. La protection sociale protège l'individu contre les risques sociaux :
❑ vrai ❑ faux

2. Les risques sociaux traditionnels comportent :
❑ la maladie
❑ l'emploi
❑ la dépendance
❑ la vieillesse

3. Les risques sociaux émergents comportent :
❑ la maternité
❑ la pauvreté
❑ la précarité
❑ la famille

4. Les droits fondamentaux sont ceux accordés et assurés à chaque individu dans un état de droit et une démocratie :
❑ vrai ❑ faux

5. Les droits sociaux sont :
❑ plus récents que les droits fondamentaux
❑ consacrés par le préambule de la Constitution de 1946
❑ le résultat de l'application d'un droit positif
❑ adaptés au développement social des personnes

6. Favoriser l'accès aux droits permet de lutter contre les inégalités sociales :
❑ vrai ❑ faux

7. L'assistance et l'assurance sont des techniques de protection sociale :
❑ complémentaires
❑ non contributives
❑ s'opposant
❑ permettant la solidarité

8. L'assurance est une technique de protection sociale reposant sur la responsabilité de l'individu :
❑ vrai ❑ faux

9. Les prestations consistant en des indemnités journalières versées par la Sécurité sociale en cas d'arrêt médical de travail sont :
❑ les prestations en nature
❑ les prestations en espèces

10. Elle désigne l'ensemble des mesures prises par la collectivité, constituant une obligation de venir en aide aux plus vulnérables :
❑ l'aide sociale
❑ l'action sociale

11. Les mutuelles et institutions de prévoyances désignent des organismes à but lucratif :
❑ vrai ❑ faux

12. La Sécurité sociale est née après la Première Guerre mondiale :
❑ vrai ❑ faux

13. Le principe des trois U comporte :
❑ l'université
❑ l'unicité
❑ l'uniformité
❑ l'universalité

14. Le régime général constitue la principale dépense du système de Sécurité sociale :
❑ vrai ❑ faux

15. Elle constitue depuis le 1er janvier 2016 la couverture de base des Français :
❑ la CMU
❑ la PUMa

CORRIGÉS

1. faux ; 2. la maladie/la vieillesse ; 3. la pauvreté/la précarité ; 4. vrai ; 5. consacrés par le préambule de la Constitution de 1946/le résultat de l'application d'un droit positif/adaptés au développement social des personnes ; 6. vrai ; 7. complémentaires/permettant la solidarité ; 8. Vrai ; 9. les prestations en espèces ; 10. l'aide sociale 11. faux ; 12. faux ; 13. l'unicité/l'uniformité/l'universalité ; 14. vrai ; 15. la PUMa.

11 La Sécurité sociale : origines, fonctionnement et organisation

La Sécurité sociale constitue depuis 1945 le pivot de notre système de protection sociale. Après la Seconde Guerre mondiale, un contexte de reconstruction et un besoin collectif de sécurité incite les pouvoirs publics à faire évoluer ce système.

1 Les origines de la Sécurité sociale

■ Sous l'égide de son père fondateur, Pierre Laroque, la Sécurité sociale voit le jour par une **ordonnance du 4 octobre 1945**, et est généralisée en 1946 à l'ensemble du territoire national. Elle est inspirée du rapport britannique de Lord Beveridge qui, en 1942, donne lieu à notre modèle, établissant le principe des « 3 U », pour universalité, uniformité et unicité :
- **universalité** : le système concerne l'ensemble de la population, salarié ou non, et vise à couvrir l'ensemble de ses risques ;
- **uniformité** : le système couvre la population de manière égalitaire ;
- **unicité** : le système est homogène sur l'ensemble du territoire, il est placé sous la surveillance de l'État.

■ La France s'est également inspirée du système allemand, fondé sous le chancelier Bismarck, s'appuyant sur des principes d'**assistance,** d'**universalité** et de **responsabilité**. La Sécurité sociale française est unique en son genre et consiste en un **système mixte car comportant à la fois assistance et assurance.**

2 Le fonctionnement de la Sécurité sociale

■ La Sécurité sociale couvre les risques maladie, accidents du travail, maladies professionnelles, maternité, décès, invalidité, vieillesse et famille.

■ Il s'agit d'un système obligatoire à destination de la population consistant en un ensemble de dispositifs permettant de garantir les personnes, socialement et économiquement, contre les conséquences financières engendrées selon les risques encourus.

■ Structurée en **régimes**, en **branches** et en **caisses**, ce système se base sur un ensemble d'assurances sociales obligatoires organisées par l'État et destinées aux assurés salariés cotisants et à leurs ayants droit.

3 L'organisation et le financement de la Sécurité sociale

A Une organisation en branches

■ L'organisation du système se structure ainsi :
- les **branches maladie**, **maternité**, **accidents du travail** et **maladie professionnelle** sont gérées par la **Caisse nationale d'assurance maladie** (CNAM) ;
- la **branche retraite** est gérée par la **Caisse nationale d'assurance vieillesse** (CNAV) ;

- la **branche famille** est gérée par la **Caisse nationale des allocations familiales** (CNAF) ;
- la **branche recouvrement** gérée par l'**Agence centrale des organismes de la Sécurité sociale** (ACOSS).

■ Une **assurance chômage** est créée en 1958 par les partenaires sociaux à l'initiative du général de Gaulle.

B Un financement basé sur le prélèvement de cotisations

■ Le principal financement du système de Sécurité sociale consiste en des **cotisations prélevées sur les salaires en fonction des revenus**. Les prestations sont servies selon des conditions fixées par la loi, la redistribution des recettes permet la couverture de l'ensemble de la population.

■ L'assistance et l'assurance cumulées mènent ainsi à la solidarité voire l'universalité. La gestion démocratique du système est ainsi réalisée de façon tripartite entre des représentants de l'État, des salariés et du patronat.

12 Le régime général de la Sécurité sociale et l'Assurance maladie

Le régime général est le plus important parmi les régimes de la Sécurité sociale à la fois en nombre d'assurés sociaux et en montant des dépenses des prestations. Il concerne les travailleurs salariés indépendants et plus généralement tous les travailleurs qui ne dépendent pas d'un régime spécifique. L'affiliation des assurés y est obligatoire.

1 Le régime général

■ Le régime général de la Sécurité sociale est celui qui prend en charge les salariés du secteur privé. C'est le plus important des régimes de la Sécurité sociale. Il couvre ainsi près de 26 millions de personnes et s'est progressivement étendu aux chômeurs ou à certains agents contractuels de l'État.

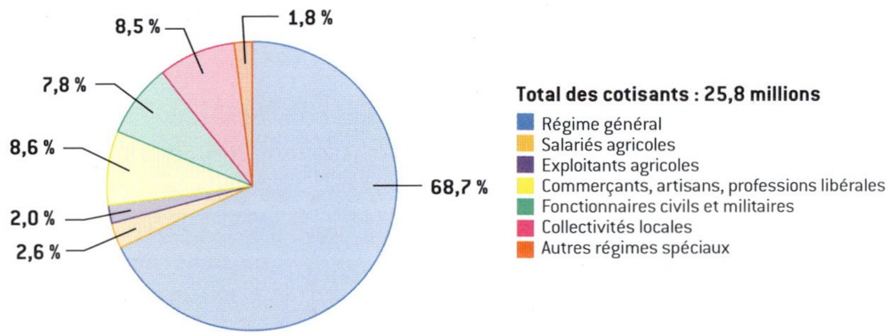

Source : l'Assurance retraite.

Les cotisants dans les principaux régimes

■ La maladie, la maternité, les accidents du travail et les maladies professionnelles sont gérés par la **Caisse nationale de l'assurance maladie** (**Cnam**) qui en assure à la fois la politique de gestion et financière.

REMARQUE

Depuis 2010, les anciennes caisses régionales d'assurance maladie (CRAM) sont devenues les **caisses d'assurance retraite et de santé au travail (Carsat)**, sauf en Île-de-France : elles assurent notamment des missions de prévention et d'action sociale et encadrent et informent sur les prestations retraites et les pensions.

■ La **Caisse primaire d'assurance maladie** (**CPAM**) assure localement la gestion des droits et l'accès aux soins des assurés. Pour la famille, c'est la **Caisse nationale des allocations familiales** (**Cnaf**) qui assure la gestion de ce risque au niveau national. Localement, ce sont les **caisses d'allocations familiales** (**CAF**) qui administrent le service des prestations relatives à la famille.

■ La **vieillesse** concerne la **Caisse nationale de l'assurance vieillesse** (**Cnav**) qui gère les retraites notamment et les Carsat qui assurent au niveau des territoires la gestion des prestations.

■ L'**Agence centrale des organismes de la Sécurité sociale** (Acoss) gère nationalement les cotisations recouvrées par l'**Urssaf (Unions de recouvrement des cotisations de Sécurité sociale)** et les **allocations familiales** au niveau local.

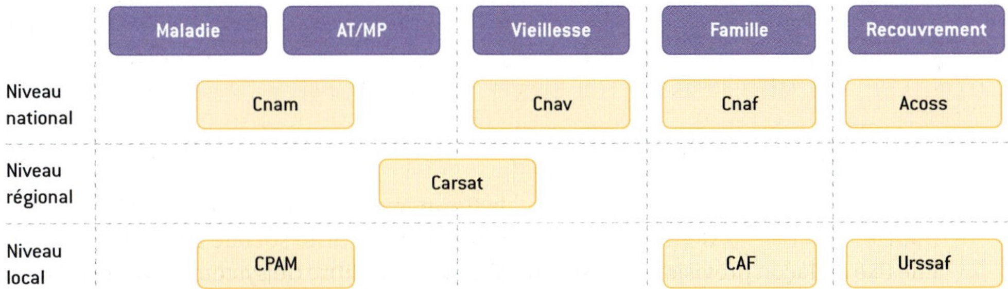

Organisation du régime général de la Sécurité sociale

2 L'Assurance maladie

■ L'**affiliation obligatoire à la Sécurité sociale** confère à l'assuré un **numéro d'immatriculation**, par le biais de sa carte Vitale, permettant la gestion de ses droits et ceux de ses ayants droit.

■ La CPAM constitue le guichet d'accueil unique de l'Assurance maladie, elle gère notamment les droits des assurés et de leurs ayants droit et tient un rôle d'information les concernant.

■ La loi du 13 août 2004, instaurant un parcours de soins coordonné, impose à l'assuré le choix d'un médecin traitant. Si l'assuré ne fait pas de choix, il sera pénalisé au niveau de son **ticket modérateur** par l'Assurance maladie.

DÉFINITION

Le **ticket modérateur** correspond à la somme restante à la charge des assurés après remboursement de l'Assurance maladie.

■ La loi du 27 janvier 2016 de modernisation du système de santé prévoit la généralisation du tiers payant pour la part de l'Assurance maladie. Ce projet est abandonné sous la présidence d'Emmanuel Macron.

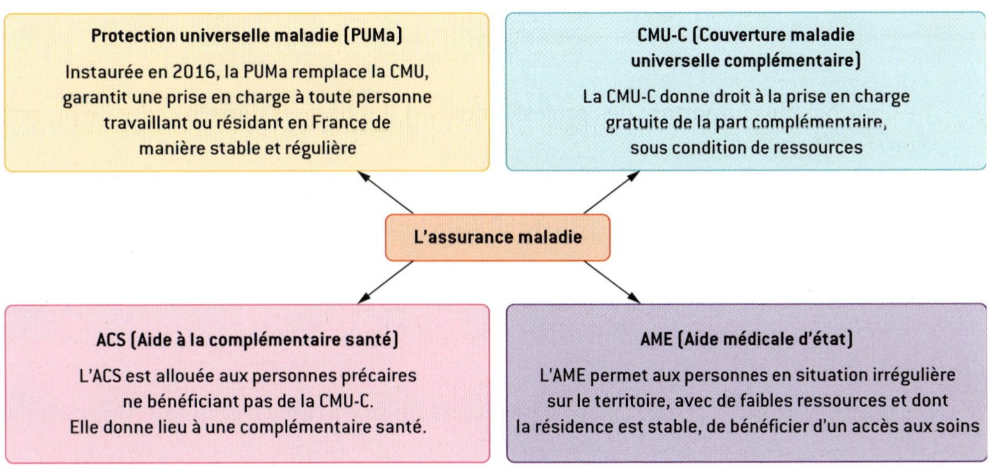

- L'État est garant de l'accès aux soins du plus grand nombre et s'assure de l'équilibre des régimes en concertation avec les représentants à la fois des salariés et du patronat.

- L'Union nationale des caisses d'assurance maladie (UNCAM) assure depuis 2004 la gestion de l'assurance maladie correspondant au régime général, incluant le régime dissous des indépendants depuis 2018, ainsi que le régime agricole. La **loi hôpital, patients, santé et territoire** (HPST) de 2009 confère aux **Agences régionales de santé** (ARS) la coordination des risques de ces régimes afin de développer des soins de santé développés et organisés plus efficacement par le biais notamment de la prévention et l'éducation à la santé.

- Depuis 1996, chaque année, une **loi de financement de la Sécurité sociale** (LFSS) détermine et autorise les dépenses et les recettes de la Sécurité sociale ainsi que leur évolution. Elle fixe de façon prévisionnelle les conditions d'équilibre du système ainsi que ses objectifs de dépenses (Objectif national des dépenses d'Assurance maladie – ONDAM).

- L'**Assurance maladie** est financée grâce à des cotisations salariales et patronales notamment, mais pas uniquement :

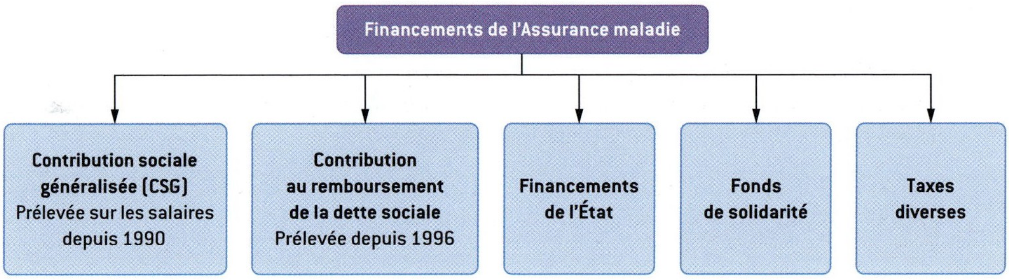

3 Une maîtrise nécessaire des dépenses de Sécurité sociale

- Afin de limiter et de prévenir l'évolution excessive des dépenses de santé, qui ont fortement augmenté depuis trente ans, des mesures ont été mises en œuvre dès la fin des années 1990. Dans le courant des années 2000 sont institués :
– la **contribution forfaitaire de 1 euro par consultation**, afin de responsabiliser l'usager ;
– la **hausse de la CSG** et de certaines **taxes** sur les médicaments, le tabac et d'autres produits néfastes pour la santé (ex. : soda) ;
– contrôle plus important des professionnels et des usagers dans le cadre de prescriptions ou d'arrêts maladie ;
– un **parcours de soins coordonné** est mis en œuvre en 2004, les usagers sont sanctionnés en cas de non-respect. Dans ce même cadre est instauré un **dossier médical personnel** (DMP) permettant un suivi plus efficace et plus économique de chaque usager ;
– utilisation des **médicaments dits « génériques »** dont les coûts sont moindres à prendre en charge.

13 L'action en santé : ses modes d'intervention

L'action en santé est la mise en œuvre d'interventions pour améliorer et/ou rétablir la santé. Elle a profondément évolué depuis les années 1980. Longtemps demeurée individuelle et curative, du fait du médecin de famille, elle est aujourd'hui l'affaire de l'ensemble de la communauté, dans un cadre de démocratie sanitaire.

1 Une pluralité de modes d'intervention en santé

De nouveaux principes d'intervention, aux côtés de la **restauration de la santé**, ont été déployés afin d'agir sur le capital santé des individus et des populations à différents stades de prise en charge.

DÉFINITION

La **restauration de la santé** permet aux individus de recouvrer une santé qui a été fragilisée par la maladie (après un cancer, une opération chirurgicale...).

A La prévention

■ Le concept général de **prévention** est décliné par l'OMS en 3 niveaux (**primaire**, **secondaire** et **tertiaire**) et est défini ainsi : « La prévention consiste en l'ensemble des mesures et des dispositifs ayant pour but d'améliorer l'état de santé de la population en évitant ou réduisant l'apparition, le développement ou l'aggravation des maladies, accidents et handicaps. »

■ La prévention est également définie dans la loi du 4 mars 2002, relative aux droits des malades et à la qualité du système de santé. Elle est reprise dans la loi du 9 août 2004, qui la replace dans un contexte plus global de santé publique.

Niveaux de prévention et objectifs	**Primaire (I) Éviter l'apparition de la maladie**	**Secondaire (II) Éviter le développement de la maladie**	**Tertiaire (III) Éviter l'aggravation de la maladie**
Objectif visé par rapport aux maladies, accidents et handicaps	Diminuer l'incidence (le nombre de nouveaux cas)	Diminuer la prévalence (le nombre de cas totaux)	Limiter les complications, séquelles et récidives
Périodicité d'intervention	Avant l'événement	À un stade précoce de développement	En aval de l'événement
Exemple de mesures	Campagne d'information et de sensibilisation, vaccination préventive	Dépistage précoce	Rééducation fonctionnelle et réadaptation

■ Une prévention en association avec l'**éducation** et la **promotion de la santé** aura davantage d'efficacité.

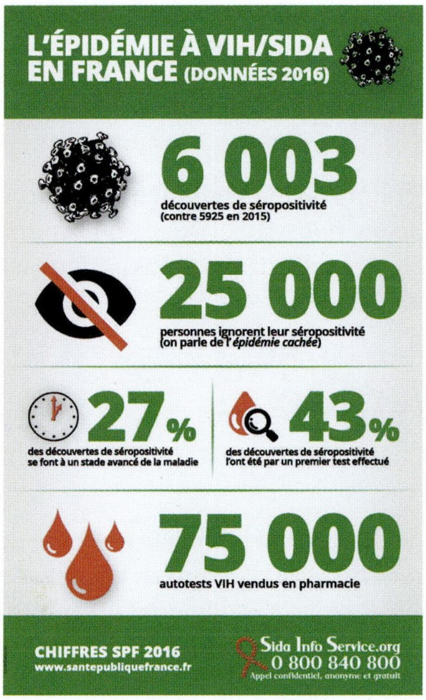

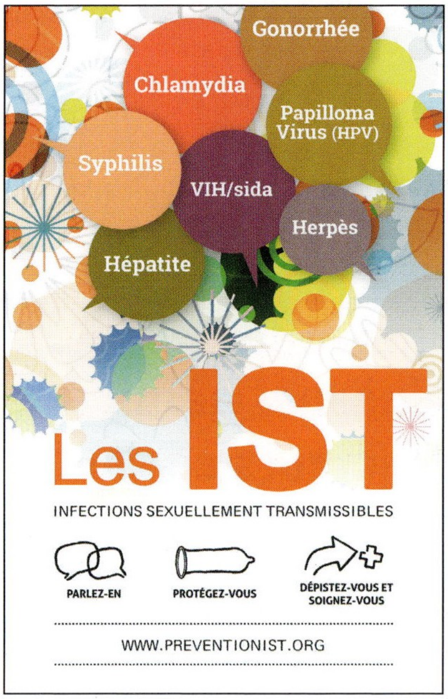

Deux exemples de campagnes d'information et de sensibilisation

B L'éducation pour la santé

L'éducation pour la santé désigne selon l'OMS un ensemble d'activités d'information et d'éducation qui incitent les gens à **vouloir** être en bonne santé, à **savoir** comment y parvenir, à **faire** ce qu'ils peuvent individuellement et collectivement pour conserver la santé, à **recourir** à une aide en cas de besoin. Elle agit donc sur les dimensions suivantes, pour une efficacité globale : savoirs, savoir-faire et savoir-être.

C La promotion de la santé

■ La promotion de la santé trouve son inspiration et se définit selon plusieurs textes comme la Déclaration d'Alma-Ata (1978) et la charte d'Ottawa (1986). Elle est devenue essentielle dans la loi du 9 août 2004 et occupe une place primordiale parmi ses objectifs.

■ Elle vise l'**égalité en matière de santé**. Ses interventions ont pour but de réduire les écarts actuels caractérisant l'état de santé, et d'offrir à tous les individus les mêmes ressources et possibilités pour réaliser pleinement leur potentiel santé.

■ En tant que modalité d'intervention, la promotion de la santé place l'individu **au cœur de sa prise en charge**, le **responsabilise**, et lui confère les moyens d'apprendre, d'agir sur sa santé et de faire les choix les plus efficaces pour maintenir et améliorer son capital santé.

D La restauration de la santé

■ Restaurer la santé, c'est-à-dire la rétablir auprès de l'individu après qu'elle ait été amoindrie (maladie, accident) est une autre modalité d'intervention en santé publique. La restauration de la santé, essentiellement **curative** jusqu'ici, engendre une hausse trop importante des dépenses en la matière.

■ L'**éducation thérapeutique** de l'usager, qui consiste à **prévenir** et **éduquer** plutôt que de chercher à guérir, permet des économies pour notre système de santé.

E La veille et la sécurité sanitaires

Un autre volet d'intervention de la santé publique est la **vigilance** et la **surveillance face aux risques**, qui plus est en ce qui concerne les nouveaux risques que connaît la société. Cette surveillance est confiée à un large réseau d'**institutions** ayant pour mission de **protéger la santé contre la survenance de crises.**

2 L'usager parmi une diversité d'acteurs en santé

■ L'usager se situe au cœur de notre système de santé. Il bénéficie de l'offre de soins développée sur le territoire mais surtout d'un véritable statut d'**acteur** de sa propre trajectoire de santé, d'autant plus depuis la loi de mars 2002, relative à la démocratie sanitaire. La place et la participation de l'usager sont très importantes dans ce contexte.

■ Un usager se situe parmi un **système de santé**, c'est-à-dire un ensemble de structures, de mesures et de dispositifs permettant de maintenir, de restaurer ou de développer la santé globale de la population. On citera parmi ses composantes :
- les **pouvoirs publics**, qui assurent un rôle nécessaire de contrôle et de régulation en matière de droits des usagers, dans le cadre des politiques développées ;
- les **organismes de protection sociale**, protégeant les individus contre l'exposition aux risques sociaux ;
- l'**offre de soins**, à savoir l'ensemble des structures et des professionnels en charge de dispenser des réponses de santé en faveur des individus ;
- les **organismes de prévention**, de **veille** et de **sécurité sanitaire**.

3 La démocratie sanitaire, les droits des usagers et le parcours de santé

A La notion de démocratie sanitaire

■ La démocratie sanitaire est une démarche associant, dans un esprit de dialogue et une logique de concertation, l'**usager** et l'**ensemble des acteurs du système de santé**, dans l'élaboration et la mise en œuvre des politiques de santé publique.

■ Les **agences régionales de santé** (ARS) développent et animent cette démarche sur les territoires régionaux selon les demandes exprimées localement et ce par le débat public ainsi qu'une participation large d'acteurs, dont en premier le citoyen.

B Les droits des usagers et le parcours de santé

- Chaque usager détient fondamentalement, en sa qualité d'être humain, un certain nombre de droits en tant que personne : droit au respect de sa vie intime et privée, de sa dignité, de ses croyances et valeurs. À ceux-ci s'ajoutent des droits en tant qu'acteur responsable de sa santé : droit d'accès à l'information le concernant, par le biais notamment de son dossier médical (DMP), droit de participation aux instances de représentation des usagers.

- Depuis 2010, les ARS structurent en matière de prévention les parcours de santé des usagers sur les territoires, afin de mutualiser les modalités d'intervention.

14 L'intervention sociale : des interventions plurielles pour des besoins nouveaux

Longtemps, la puissance publique n'est pas intervenue pour protéger les populations. L'État s'est peu à peu investi et les intervenants de l'action sociale et médico-sociale ont continué à se professionnaliser pour faire face à des situations nouvelles et des mœurs changeantes. Les modes d'intervention, les objectifs de prévention, de réduction des inégalités, d'inclusion et de cohésion sociale ont ensuite été adaptés.

1 Une pluralité de modes d'intervention

Les modes d'intervention sociale développés ci-après sont complémentaires et mis en œuvre de façon parallèle. Ils prennent en compte les besoins individuels et tendent à développer du lien social entre les citoyens.

A L'assistance

■ L'assistance repose une **solidarité** et une **entraide** afin de prévenir et d'enrayer la pauvreté, par le versement d'un revenu minimum, sous conditions de ressources, mais sans besoin de cotisations. Cela assure la protection des personnes.

■ L'assistance est ancrée dans l'histoire de notre protection sociale. Elle fut d'abord privée et facultative, relevant du domaine familial, puis elle releva d'une charité d'église, et enfin fut étatique avec la bienfaisance née au XVIIIe siècle. La création de la Sécurité sociale en 1945 est inspirée par la solidarité et cela a continué en 1953 avec les bureaux d'aide sociale et en 1986 avec les centres communaux d'action sociale (CCAS).

B L'accompagnement social

■ L'accompagnement social est une modalité d'intervention des **travailleurs sociaux**, basée sur une démarche volontaire, s'appuyant sur la rencontre entre un individu et un travailleur social.

■ L'individu est ainsi placé au cœur du changement grâce aux dispositifs et ressources (associations, ressources extérieures, etc.) mis à sa disposition. Il peut ainsi agir favorablement sur sa trajectoire sociale.

> **DÉFINITION**
> Un **travailleur social** vient en aide à des personnes ou des familles en difficulté, dans le but d'améliorer leur bien-être, leur autonomie et leur insertion sociale.

C Le développement social local

■ Le développement social local est une démarche globale d'intervention sur un territoire mobilisant à la fois les acteurs et les ressources afin d'organiser une évolution sociale positive et d'améliorer les conditions de vie des habitants aux niveaux individuel et collectif.

■ Face à la fragilisation du lien social, le développement social local répond au défi majeur de la cohésion sociale. Il ambitionne de développer un projet territorial global, partagé et coordonné, visant un changement durable et de promotion sociale de ses habitants, engageant le pouvoir des populations à influer sur leurs environnements et leurs modes de vie propres, par le projet et la solidarité.

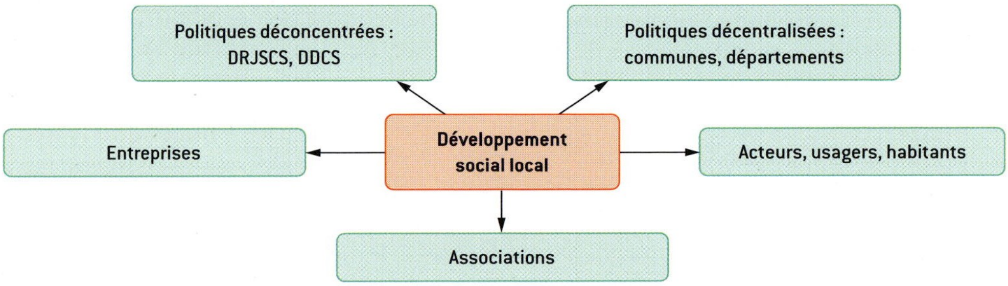

Le développement social local et ses acteurs

MÉMO

- **DRJSCS** : directions régionales de la jeunesse, des sports et de la cohésion sociale.
- **DDCS** : direction départementale de la Cohésion sociale.

2 Du diagnostic social à l'intervention et de l'intervention à l'insertion sociale

■ Un **diagnostic social** est une étape préalable à tout développement en faveur des citoyens-usagers et de leurs environnements de vie et/ou d'évolution. Il permet l'articulation entre les individus, leurs caractéristiques, leurs besoins et problématiques d'une part, et la définition d'un projet commun mis en œuvre d'autre part.

■ L'**intervention sociale** ne peut être élaborée et développée que sur la base de ce diagnostic, et cela en fonction d'un projet et de la négociation d'une forme de contractualisation du lien.

■ Cette intervention vise une **insertion sociale** efficace des personnes. En effet, selon l'IIDRIS, cette action cherche à faire évoluer un individu isolé ou marginal vers une situation caractérisée par des échanges satisfaisants avec son environnement. Le résultat de cette action s'évalue par la nature et la densité des échanges entre un individu et son environnement.

3 La place de l'usager parmi les acteurs de l'intervention sociale

La place de l'usager est aujourd'hui prépondérante car il est le premier à pouvoir agir favorablement sur sa trajectoire de vie.

A La place et participation de l'usager

■ La loi du 30 juin 1975 introduit la notion « d'**usager-administré** » dans les institutions sociales et médico-sociales, prolongée par la loi du 2 janvier 2002 reconstruisant le rapport usager-professionnels.

■ **L'usager participe à sa prise en charge**, il n'est plus simplement un aidé en attente d'un développement de la part d'un travailleur social. L'usager a des droits reconnus et est encouragé à participer à sa prise en charge, à s'exprimer et à prendre part aux choix et aux décisions qui le concernent.

■ L'usager devient ainsi **acteur de sa prise en charge**, de son projet de vie, de sa trajectoire et dans la résolution de ses problèmes en fonction des risques sociaux et des difficultés sociales qu'il peut rencontrer. Des outils ont été mis en place depuis cette période afin de garantir les droits de l'usager.

B Le rôle et les implications des acteurs

Les acteurs impliqués dans les réponses en faveur de l'usager interviennent dans l'accompagnement, pensé selon les besoins des citoyens-acteurs. Les développements complémentaires visent à satisfaire les objectifs indiqués précédemment.

 # vidéo
Les acteurs de l'intervention sociale
foucherconnect.fr/19pbst2s06

SE TESTER ET S'ENTRAÎNER

Cochez la ou les bonne(s) réponse(s).

1. Combien dénombre-t-on de niveau(x) de prévention :
❑ un niveau ❑ trois niveaux
❑ deux niveaux ❑ cinq niveaux

2. La prévention secondaire agit à un stade précoce :
❑ vrai ❑ faux

3. En général, la prévention s'inscrit isolément, en fonction d'autres principes :
❑ vrai ❑ faux

4. L'éducation pour la santé agit sur plusieurs dimensions de savoirs :
❑ vrai ❑ faux

5. La promotion de la santé est une démarche profondément responsabilisante en ce qui concerne l'usager :
❑ vrai ❑ faux

6. L'assistance a toujours été assurée par l'État :
❑ vrai ❑ faux

7. Dans l'accompagnement social, la place de l'usager est secondaire :
❑ vrai ❑ faux

8. Le développement social :
❑ mobilise des acteurs multiples
❑ donne une place importante à l'usager
❑ satisfait aux objectifs assignés aux politiques sociales
❑ comporte des organes déconcentrés

9. L'intervention sociale :
❑ repose toujours sur un diagnostic préalable
❑ tient compte des besoins et des problèmes des personnes
❑ permet toujours l'insertion sociale des individus
❑ fait évoluer positivement le statut de l'usager

10. Le rôle des acteurs dans l'intervention sociale est complémentaire :
❑ vrai ❑ faux

CORRIGÉS

1. trois niveaux ; 2. vrai ; 3. faux ; 4. vrai ; 5. vrai ; 6. faux ; 7. faux ; 8. mobilise des acteurs multiples/donne une place importante à l'usager/satisfait aux objectifs assignés aux politiques sociales/comporte des organes déconcentrés ; 9. repose toujours sur un diagnostic préalable/tient compte des besoins et des problèmes des personnes/fait évoluer positivement le statut de l'usager ; 10. vrai.

15 La recherche documentaire, une démarche de recueil de données

Cerner un objet d'étude consiste nécessairement à recueillir des données. La recherche documentaire permet d'accéder à un certain nombre d'informations qui, une fois collectées et analysées, permettent d'élargir les connaissances concernant cet objet.

1 Définition

La **recherche documentaire** est une méthodologie développée dans le champ sanitaire et social. Il s'agit d'une succession d'étapes pour rechercher des informations en lien avec une thématique, et cela dans des documents divers. Ces documents sont variés à la fois en termes de : **nature** : essais, articles (numérique) de presse, documents professionnels, etc. ; **provenance** : fonds documentaires d'une structure professionnelle, d'une bibliothèque, d'une médiathèque, d'un CDI, Internet, etc.

2 Les données et informations recueillies

■ Les données du champ de la santé et/ou du social sont nombreuses et de nature variée. Ces données sont des éléments indispensables pour appréhender efficacement une situation - problème portant sur la santé et/ou le bien-être social d'un collectif. Elles permettent de donner lieu à une analyse préalable voire un diagnostic.

■ Elles permettent d'évaluer les situations ainsi que leur ampleur grâce aux mesures reposant sur les indicateurs caractérisant les populations. Leur collecte doit donc être réalisée avec méthode. Une fois ce travail fait, les données sont traitées et analysées et deviennent des informations exploitables par les décideurs.

ATTENTION

Ces données font l'objet d'un traitement de précaution particulier car elles portent souvent sur la vie privée des personnes. Le RGPD (règlement général sur la protection des données) est ainsi mis en œuvre en 2018 pour protéger les données personnelles des utilisateurs (nom, date de naissance, numéro de téléphone, photographies...).

■ Ces données portent sur :
- la **santé** des personnes, selon un ou plusieurs aspects (physique, mental, etc.). Elles sont recueillies généralement par des professionnels du champ de la santé (publique), à l'occasion d'examens individuels de santé cliniques ou complémentaires ou à l'échelle d'une population ;
- **les caractéristiques sociales et les ressources des individus** : elles sont recueillies dans ce cas par des professionnels du champ du social à l'échelle d'un territoire ou des organismes spécialisés (Insee, DREES) dans un contexte plus vaste.

■ Une fois traitées, les données deviennent des informations pouvant se présenter sous forme écrite, visuelle ou orale.

REMARQUES

- Les données **quantitatives** permettent d'évaluer de façon chiffrée une situation, de mesurer des tendances d'évolution. Elles interrogent le qui, quoi, où et quand sur une base élargie.
- Les données **qualitatives** complètent les données quantitatives et interrogent le pourquoi et le comment, donnant lieu à une information approfondie reposant sur quelques individus ou situations.

3 Les caractéristiques de la recherche

- L'objectif de la recherche documentaire est le **recueil de données** permettant de cerner un sujet d'étude et d'étayer des connaissances. Les buts sont de répondre à un besoin d'information ; de porter sur un sujet, une thématique, des informations spécifiques.
- Cette méthode permet d'obtenir des **renseignements complets** et une **diversité d'informations**. Les sources sont multiples et les comparaisons entre les données sont possibles.
- En revanche, beaucoup de temps est nécessaire au recueil des données. Parfois, celles-ci sont incomplètes, erronées, pas toujours réactualisées. Il est possible de perdre le fil de la recherche. Il y a également peu de souplesse dans l'obtention de renseignements figés, et les données sont limitées à l'existant.

4 Méthodologie de la recherche documentaire

Étape 1
Cerner le sujet de recherche :
– définir chacun des termes du sujet ;
– développer la méthode QQOQCCP.

↓

Étape 2
Identifier les sources documentaires pour répondre au questionnement de l'objet d'étude :
– grâce à une banque de données accessible par un moteur de recherche ;
– en se référant à un professeur documentaliste qui peut informer, guider, orienter.

↓

Étape 3
Valider les sources et les documents pertinents

↓

Étape 4
Sélectionner, extraire, analyser les données
Faire la sélection et extraire les données au niveau de chaque source, les analyser.

→

Étape 5
Organiser, structurer, synthétiser l'information
Faire le bilan des informations recueillies, les comparer, les synthétiser dans le cadre d'un document selon un plan logique.

↓

Étape 6
Réaliser une bibliographie ou sitographie

MÉMO

La méthode QQOQCCP consiste à répondre aux questions qui, quoi, où, quand, comment, combien, pourquoi ?

REMARQUE

Les informations recueillies sont valides si elles respectent les critères de qualité suivants :
- **fiabilité** : source sûre, valable, vérifiée (sites officiels, portails institutionnels…) ;
- **pertinence** : si les données sont adaptées au sujet de recherche ;
- **disponibilité** et **accessibilité** des données ;
- caractère **récent** et **actualisé** des données.

REMARQUE

La bibliographie ou sitographie doit être élaborée au fur et à mesure de l'avancement du travail, il convient donc de **lister les sources consultées**.

16 La démarche d'étude à caractère sanitaire et social

La démarche d'étude vise à collecter et analyser des données pour mettre en évidence une situation, comme un problème ou des besoins d'usagers. Elle s'applique autant à la conception de projets qu'aux politiques d'ensemble. Elle permet le recueil d'informations indispensables, apportant *in fine* des réponses en faveur des personnes.

1 Démarche d'étude, intérêts et types d'études, méthodes d'enquête

A Définition

La **démarche d'étude** consiste en une succession d'étapes mises en œuvre de façon méthodique, permettant d'éclairer un certain nombre de données concordantes caractérisant une situation qui pose problème parmi un collectif et/ou des besoins d'individus et d'usagers non satisfaits.

B Intérêts et types d'études

■ Pour développer des dispositifs et des politiques sur les territoires ou au niveau national, les décideurs et les acteurs doivent donner lieu à une **étude** c'est-à-dire un **recueil d'informations** basé sur des **indicateurs**.

■ Afin de s'y référer, ces informations doivent satisfaire aux **critères de qualité** précédemment énoncés (*cf.* fiche 15). On distingue généralement deux types d'études portant :
- sur la santé ou ses facteurs d'influence, il s'agit de l'**étude épidémiologique** (ex. : étude sur la consommation de drogues chez les jeunes et des impacts engendrés en France) ;
- ou sur le domaine social, il s'agit de l'**étude psychosociale** (ex. : étude portant sur les caractéristiques sociales des individus).

C Méthodes, types d'enquête et données à collecter

■ Ces méthodes s'appuient sur des modes de recueil de données. Les données sont de nature **quantitative** lorsqu'elles sont numériques ou chiffrées (ex. : enquête sur les pratiques contraceptives chez les jeunes femmes). Elles sont **qualitatives** lorsqu'elles sont basées sur des expériences, des ressentis, des opinions exprimées (ex. : enquête de satisfaction sur la qualité de l'accueil dans un établissement).

■ L'enquête est dite **transversale** lorsqu'elle permet d'étudier un fait sur un temps plutôt court (ex. : enquête sur l'accueil des personnes âgées en hôpital de jour). Elle est dite **longitudinale** si sa durée est longue ou si elle porte sur plusieurs périodes, permettant de suivre par exemple l'évolution d'une situation (ex. : enquête sur le recours au dispositif de revenu de solidarité active (RSA) pour les personnes en situation de précarité).

■ Si l'enquête est réalisée sur la totalité d'une population, ce qui est rare, elle est dite **exhaustive**. Si ce n'est pas le cas, on parle d'**enquête par échantillon**. Dans ce cas, l'enquête est réalisée selon :
- un tirage au sort : on parle dans ce cas d'**échantillon aléatoire** ;
- un tri ou un choix représentatif de la population étudiée, c'est-à-dire de **quotas** ;
- une sélection de personnes dans le cadre d'une enquête sur la durée : on parle de **panel** ;
- un groupe de personnes suivi dans le temps : il s'agit d'une **cohorte**.

D L'importance du respect de la vie privée

■ **L'article 9 alinéa 1 du Code civil indique que chacun a « droit au respect de sa vie privée ».** Le respect des informations privées et professionnelles, concernant chacun(e), est ainsi posé, cela recouvre les données à caractère écrit, oral et visuel. Chaque personne est ainsi protégée dans son intimité personnelle, familiale et intime. Les informations concernant sa santé restent privées.

■ Le **secret professionnel** est l'interdiction, sous peine de sanctions, de divulguer tout ce que le professionnel a appris, compris, lu, entendu, deviné ou déduit dans le cadre de son exercice professionnel. Le secret professionnel induit également des notions de discrétion professionnelle et de secret partagé. Il s'agit d'une **obligation** pour l'ensemble des secteurs sanitaire, social, médico-social depuis les lois de 2002, réaffirmées par celle du 26 janvier 2016. Tout professionnel de ce champ ne respectant pas ce secret s'expose à une peine pénale (articles 226-13 et 226-14 du Code pénal) d'un an d'emprisonnement et de 15 000 euros d'amende. En plus de ces sanctions pénales s'appliquent un certain nombre de sanctions disciplinaires.

■ La **Commission nationale de l'informatique et des libertés (CNIL)**, instituée le 6 janvier 1978, vise à garantir le respect et la protection de la vie privée par la gestion des fichiers informatisés. Elle accompagne les professionnels et les particuliers pour les aider à maîtriser leurs données personnelles et à exercer leurs droits.

2 L'objet d'étude et les outils d'aide à la détermination

A Définition

■ L'**objet d'étude** est déterminé par le commanditaire de l'étude selon le constat d'un manque d'informations sur un sujet d'ordre sanitaire ou social. Le commanditaire d'une étude est l'initiateur du projet, celui qui en passe la commande.

■ Selon l'orientation choisie, un questionnement problématique est développé et des hypothèses sont déterminées ; l'étude vérifie ces hypothèses afin de répondre à la situation-problème de départ.

B Les outils d'aide à la détermination de l'objet d'étude

■ Afin de déterminer l'objet d'étude, certains outils peuvent être mobilisés, comme la carte mentale (ou heuristique) ou une méthode appelée Métaplan.

DÉFINITION

- **Carte heuristique :** il s'agit d'une représentation schématique permettant de modéliser (organiser, visualiser, partager) le cheminement de la pensée portant sur une thématique et de visualiser les liens entre les idées.
- **Métaplan :** il s'agit d'un outil ou d'une technique d'animation permettant de donner lieu à un échange vivant et de collecter des idées.

 # outil
Le Métaplan
foucherconnect.fr/19pbst2s07

3 Les étapes de la démarche d'étude

Étape 1
Déterminer l'objet d'étude :
– définir son contexte, sa population, son lieu ;
– élaborer une problématique et rédiger des hypothèses

↓

Étape 2
Réaliser une recherche documentaire (voir fiche 15)

↓

Étape 3
Concevoir et réaliser un outil de recueil de données adapté :
– repérer le mode de recueil le plus adapté : enquête par questionnaire, entretien d'investigation, observation... ;
– concevoir et réaliser l'outil d'investigation adéquat.

↓

Étape 4
Traiter et analyser les données, les mettre en forme :
– les dépouiller, les trier, les classer, les interpréter, les analyser afin de confirmer ou infirmer les hypothèses de départ ;
– les mettre en forme

↓

Étape 5
Présenter l'étude

REMARQUE

Le thème d'étude est choisi en fonction d'un contexte précis. Sa délimitation permet de respecter l'orientation choisie. L'étude doit être menée selon l'objet d'étude défini au départ.

REMARQUE

Cette seconde étape permet de mieux cibler l'étude à partir de données disponibles déjà existantes.

REMARQUE

La mise en forme sera plus efficace si les données sont présentées sous forme de tableaux, d'infographies, de diagrammes...

REMARQUE

Une fois terminé, le rapport sera diffusé auprès des acteurs concernés par cette enquête : professionnels, institutions, grand public...

SE TESTER ET S'ENTRAÎNER

Cochez la ou les bonne(s) réponse(s).

1. La recherche documentaire fait partie des outils de recueil de données du champ sanitaire et social :
❑ vrai
❑ faux

2. L'importance d'une situation ou d'un problème est évaluée selon un certain nombre d'indicateurs chiffrés :
❑ vrai
❑ faux

3. Les données concernant la vie privée des personnes :
❑ sont des données parmi d'autres
❑ font l'objet d'un traitement particulier
❑ peuvent être quantitatives
❑ peuvent être qualitatives

4. La recherche documentaire fait partie des modes de recueil de données les plus fréquemment employés :
❑ vrai
❑ faux

5. La recherche documentaire peut être réalisée auprès d'un professionnel :
❑ vrai
❑ faux

6. La démarche d'étude :
❑ peut être appliquée à la conception de projets
❑ peut servir au développement d'une politique d'ensemble
❑ est facultative dans l'obtention de données
❑ porte sur les réponses à apporter à un collectif

7. Il existe deux principaux types d'études :
❑ vrai
❑ faux

8. L'objet d'étude dépend du thème choisi par le commanditaire :
❑ vrai
❑ faux

9. Ces éléments constituent des outils de recueil de données :
❑ l'enquête par questionnaire
❑ l'entretien d'investigation ou interview
❑ le questionnaire d'enquête
❑ le guide d'entretien

10. Une carte mentale peut servir à déterminer un objet d'étude :
❑ vrai
❑ faux

CORRIGÉS

1. faux ; 2. vrai ; 3. font l'objet d'un traitement particulier/peuvent être quantitatives/peuvent être qualitatives ; 4. vrai ; 5. vrai ; 6. peut être appliquée à la conception de projets/peut servir au développement d'une politique d'ensemble ; 7. vrai ; 8. vrai ; 9. le questionnaire d'enquête/le guide d'entretien ; 10. vrai.

BIOLOGIE ET PHYSIO-PATHOLOGIE HUMAINES

Évaluation de la Biologie et physiopathologie humaines au bac

1 Le programme

■ Cette discipline couvre, sur l'année de Première et de Terminale, l'étude de l'organisation générale et du fonctionnement global du corps humain, ainsi que ses principaux dérèglements.

■ L'enseignement de BPH sur les 2 années s'organise en **5 pôles** traitant des grandes fonctions physiologiques et abordant les problèmes actuels de santé publique :
- **Fonctionnement intégré et l'homéostasie** : organisation hiérarchisée de l'organisme, son fonctionnement et sa régulation (étude du sang et régulation de la glycémie) ;
- **Motricité de l'organisme** : appareil locomoteur (squelette, muscle, système nerveux) et ses affections ;
- **Fonctions de nutrition** : fonctions digestive, respiratoire et circulatoire et quelques dysfonctionnements ;
- **Transmission de la vie et hérédité** : étude des caractères héréditaires et mécanismes de leur transmission ;
- **Défense de l'organisme :** compréhension des mécanismes immunitaires et ouverture vers des problèmes sanitaires et sociaux.

■ En classe de Première, le programme s'organise en 5 parties :
- Organisation et fonctionnement intégré de l'être humain ;
- Appareil locomoteur et motricité ;
- Appareil digestif et nutrition ;
- Appareil cardio-vasculaire et circulation sanguine ;
- Appareil respiratoire et échanges gazeux.

■ À chaque partie sont associées des techniques de diagnostic ou d'exploration fonctionnelle du corps humain, ainsi que de la terminologie médicale liée à l'étude des organes, de leurs fonctions et des pathologies associées.

REMARQUES

En Terminale, l'enseignement de spécialité est la « Chimie, biologie et physiopathologie humaines » ; la chimie est dispensée par un enseignant de Physique-Chimie.

2 Les modalités d'évaluation

Une partie de l'épreuve du baccalauréat est en contrôle continu : elle compte pour 40 % de la note finale, dont 10 % représentés par les bulletins scolaires de première et terminale, incluant les notes de BPH. L'épreuve finale de Terminale représente 60 % de la note finale ; elle inclut l'épreuve d'enseignement de spécialité Chimie, biologie et physiopathologie humaines, affectée d'un coefficient 16 (soit 16 % de la note finale).

1 Les niveaux d'organisation du vivant

L'être humain est une structure hiérarchisée en différents niveaux d'organisation s'édifiant les uns à partir des autres pour donner le niveau le plus complexe, l'organisme, structure autonome.

1 Les différents niveaux du corps humain

- Le niveau le plus simple est le **niveau chimique**, où l'on trouve les **atomes** qui se combinent pour former des **molécules** : eau, glucides, protéines...
- Certaines molécules s'associent ensuite pour former les constituants de base de la cellule, c'est-à-dire son ultrastructure (**organites**, membrane plasmique...).
- Les **cellules** sont les unités structurales et fonctionnelles des organismes vivants. On atteint alors le **niveau cellulaire**.
- Les organismes les plus simples ne sont constitués que d'une seule cellule (organisme unicellulaire), mais chez d'autres organismes tels que les êtres humains (organisme pluricellulaire), les cellules s'unissent pour former divers **tissus**. C'est le **niveau tissulaire**.
- Plusieurs tissus s'assemblent ensuite pour former des **organes**, dont certains s'associent pour travailler de façon coordonnée : c'est le niveau des **appareils** et des **systèmes**.
- Le dernier niveau est celui de l'**organisme** qui regroupe tous ces niveaux travaillant ensemble pour assurer le maintien de la vie.

> **À SAVOIR**
> - **Cyt(o)** : cellule.
> - **Hist(o)** : tissu.

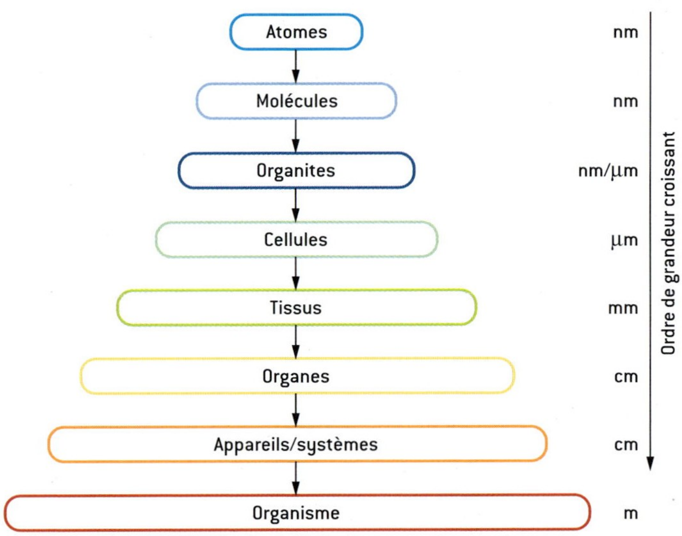

Les différents niveaux d'organisation du vivant

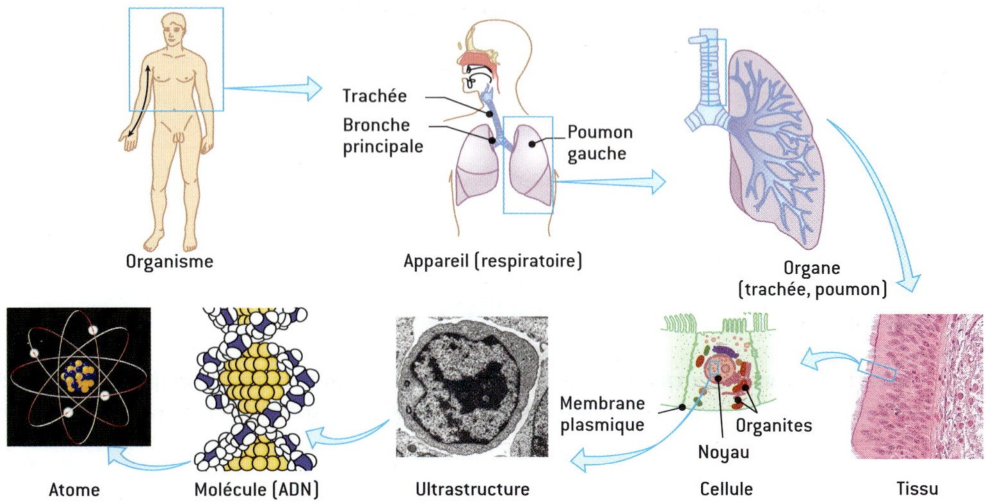

2 Les moyens d'observation de la matière vivante

Chaque niveau d'organisation exige un ou plusieurs moyens d'observation selon la taille de ses constituants :
- à l'**œil nu** (observation macroscopique) ou à l'aide d'examens d'**imagerie médicale** pour les **organes**. Ces examens permettent aussi de mieux comprendre la physiologie des organes, c'est-à-dire leur fonctionnement ;
- à l'aide d'un **microscope optique** (ou photonique) pour les **tissus** et les **cellules** ;
- à l'aide d'un **microscope électronique** (à transmission ou à balayage) pour l'**ultrastructure** de la cellule et les molécules ;
- à l'aide d'**analyses biochimiques** pour identifier les **molécules**.

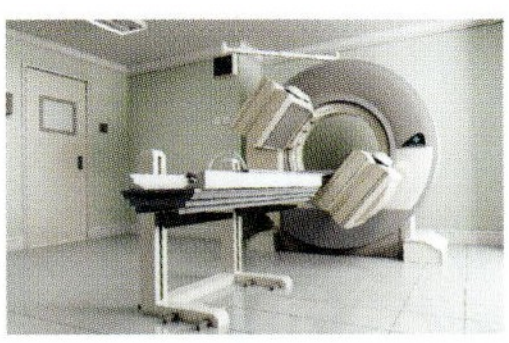

Imagerie médicale

Microscope optique

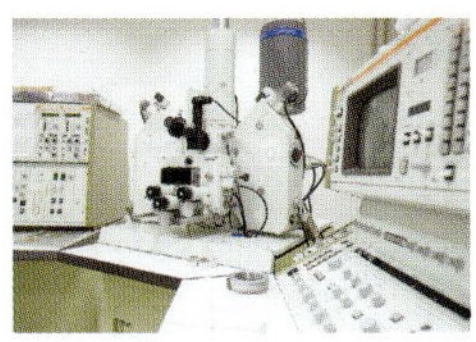

Microscope électronique

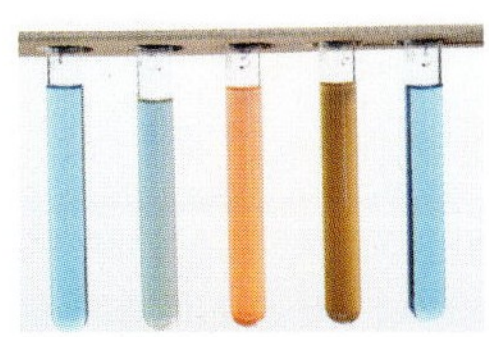

Analyse biochimique

MOTS À RETENIR

Analyse biochimique, appareil, cellule, imagerie médicale, microscopies optique et électronique, molécule, organe, système, tissu, ultrastucture.

2 L'organisation spatiale du corps humain

L'anatomie est la science qui étudie les structures des êtres vivants. Elle permet de décrire la forme et la disposition des organes, ainsi que les relations qu'ils établissent entre eux.

1 La position anatomique

■ L'orientation du corps humain dans l'espace permet de localiser précisément chaque structure corporelle. Ceci implique que le sujet étudié soit dans une position conventionnelle appelée **position anatomique de référence**.

■ Le sujet est debout, face à l'observateur, les membres inférieurs joints et les membres supérieurs le long du tronc, les paumes vers l'avant.

 # schéma
La position anatomique
foucherconnect.fr/19pbst2s08

2 Les différents plans

A Définition

Chaque élément composant notre corps est observable selon **3 plans** : **transversal**, **sagittal** et **frontal**. Ces différents plans sont des lignes imaginaires permettant de situer et d'orienter les organes les uns par rapport aux autres sur des **coupes** obtenues lors d'**examens d'imagerie médicale**.

DÉFINITION
Coupe : section du corps ou d'une structure du corps selon le plan utilisé.

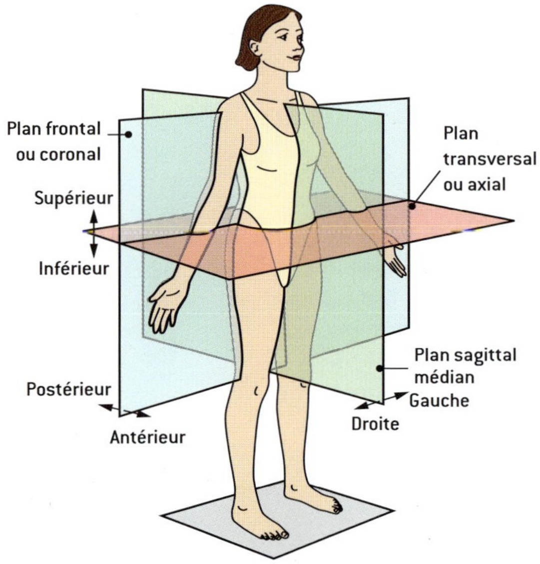

Les différents plans anatomiques

À SAVOIR

- **Antérieur** : situé vers l'avant.
- **Postérieur** : situé vers l'arrière.
- **Supérieur** : situé au-dessus de.
- **Inférieur** : situé au-dessous de.
- **Latéral** : situé sur le côté.
- **Médian** : au milieu de.

B Le plan transversal, transverse ou axial

C'est un plan horizontal qui divise le corps en 2 parties : **supérieure** et **inférieure**.

C Le plan sagittal

C'est un plan vertical qui divise le corps en parties droite et gauche. S'il partage le corps en 2 parties symétriques, il est appelé **plan sagittal médian**.

REMARQUES

- Les orientations « droite » et « gauche » sont relatives au sujet étudié. Elles sont donc inversées par rapport à ce que voit l'examinateur.
- Les structures situées à proximité du plan sagittal médian sont dites « médianes ».

D Le plan frontal ou coronal

C'est un plan vertical et perpendiculaire au plan sagittal. Il divise le corps en 2 parties : **antérieure** et **postérieure**.

3 Les principales régions du corps

■ Le corps humain est constitué de plusieurs parties, elles-mêmes divisées en **régions anatomiques** : la tête, le tronc et les membres supérieurs et inférieurs.

■ La tête est reliée au tronc par le cou, tandis que les membres supérieurs et inférieurs sont reliés au tronc, respectivement, par l'épaule et la hanche. Chaque membre est formé de 3 segments, reliés par des **articulations** : le coude et le poignet pour les membres supérieurs, le genou et la cheville pour les membres inférieurs.

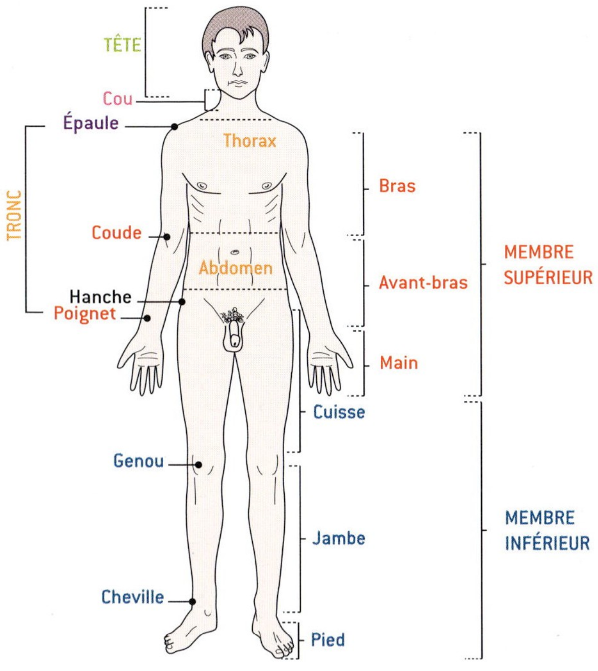

3 Les grandes fonctions des appareils du corps humain

Les appareils et les systèmes sont composés d'organes de morphologie différente participant tous à la même fonction mais assurant chacun un rôle spécifique au sein de ceux-ci.

1 Les appareils

Fonctions	Appareils	Rôles
Nutrition	Appareil respiratoire, appareil cardiovasculaire, appareil digestif, appareil urinaire	Apport en nutriments et O_2 aux cellules et rejet des déchets de l'organisme
Reproduction	Appareil reproducteur	Transmission de la vie
Relation	Système nerveux, appareil locomoteur (squelette, muscles)	Communication entre les milieux extérieur et intérieur, coordination des activités de l'organisme et motricité
Régulation	Système nerveux, système immunitaire, système endocrinien, système lymphatique	Maintien de l'homéostasie, défense de l'organisme

2 La fonction de nutrition

Elle est assurée par les appareils chargés de l'**approvisionnement** des cellules en **nutriments** et **gaz respiratoires**, ainsi que ceux chargés de l'**élimination** des déchets : appareils respiratoire, cardiovasculaire, digestif et urinaire.

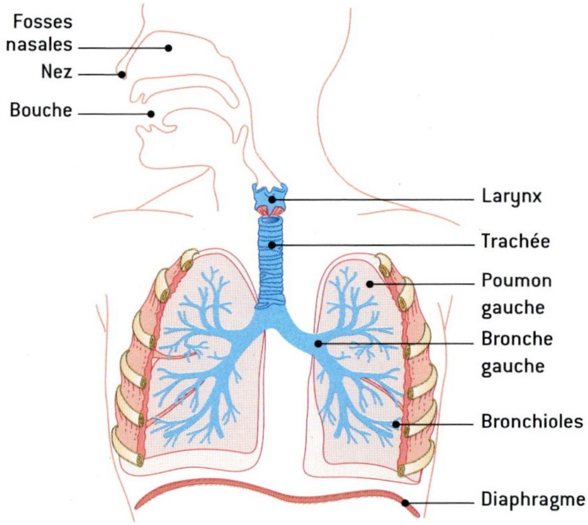

L'appareil respiratoire

REMARQUE

En anatomie, on distingue l'**appareil**, qui est un ensemble d'organes bien délimités, du **système,** qui est un ensemble de structures non délimitées et diffuses dans l'organisme. Ces deux termes sont toutefois très souvent utilisés comme synonymes (il n'est d'ailleurs pas demandé de faire la distinction entre les deux dans le programme de 1re ST2S).

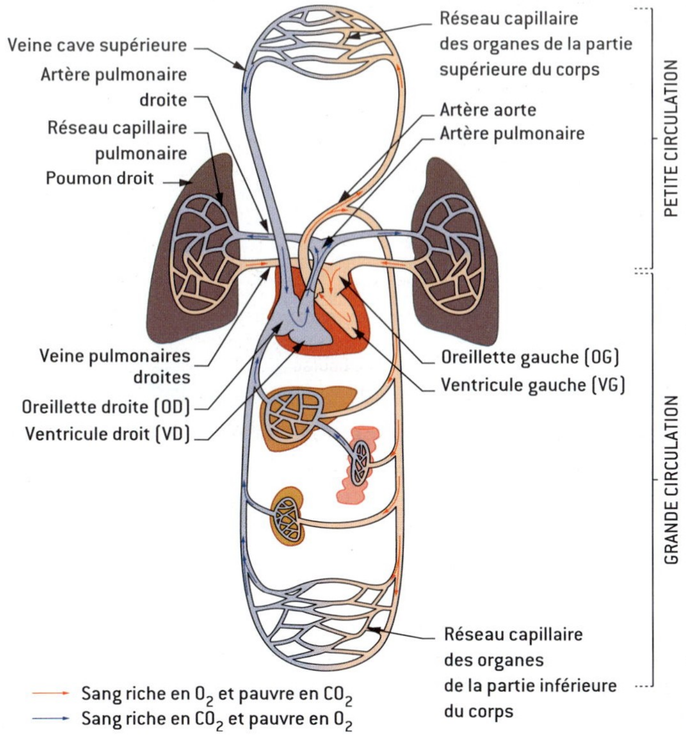

L'appareil cardiovasculaire

 # schéma
Coupe frontale du cœur
foucherconnect.fr/19pbst2s09

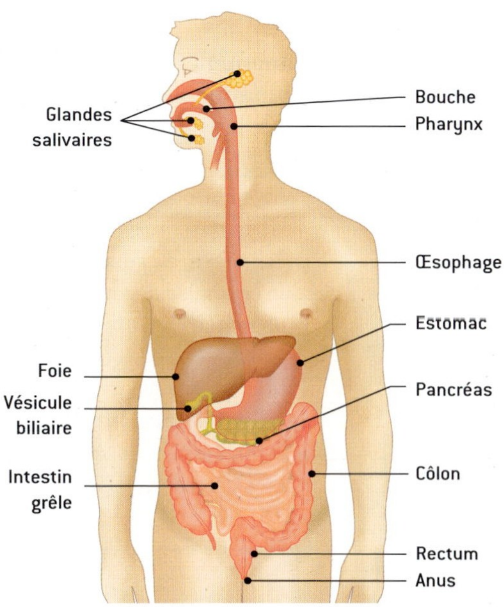

L'appareil digestif

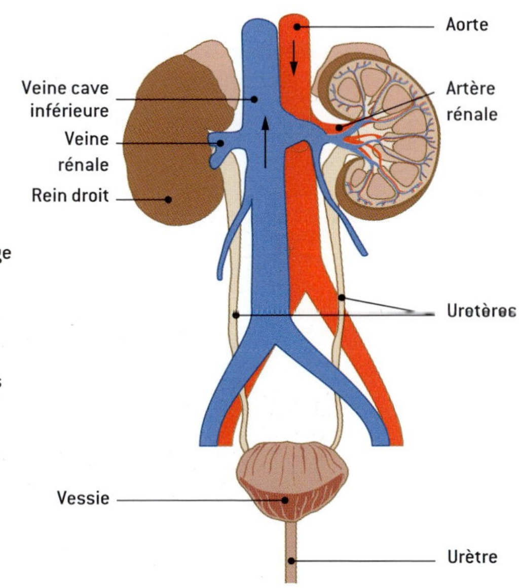

L'appareil urinaire

3 La fonction de reproduction

Son rôle est d'assurer la **transmission de la vie**, grâce à l'appareil reproducteur.

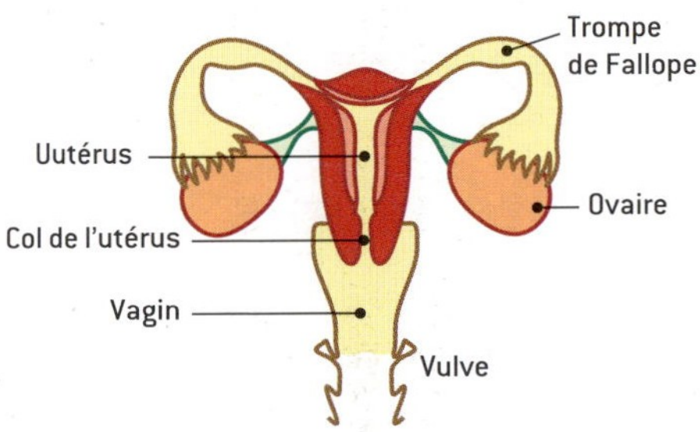

L'appareil génital féminin (coupe frontale)

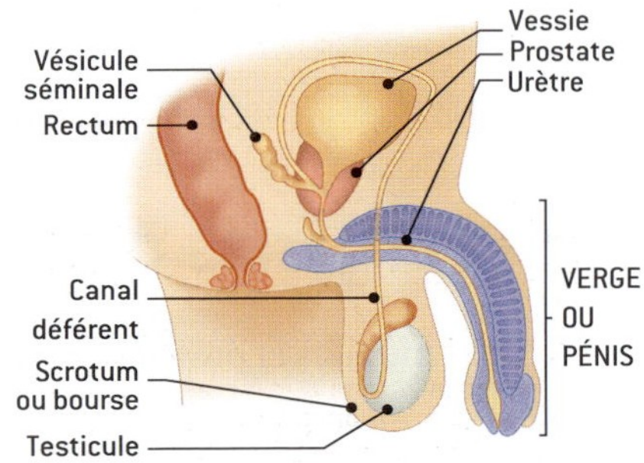

L'appareil génital masculin (coupe sagittale)

4 La fonction de relation

Elle est effectuée par les appareils spécialisés dans les **échanges** entre l'organisme et le milieu extérieur ainsi que dans la **coordination** des activités de l'organisme et la motricité. Cette fonction est assurée par le système nerveux et l'appareil locomoteur.

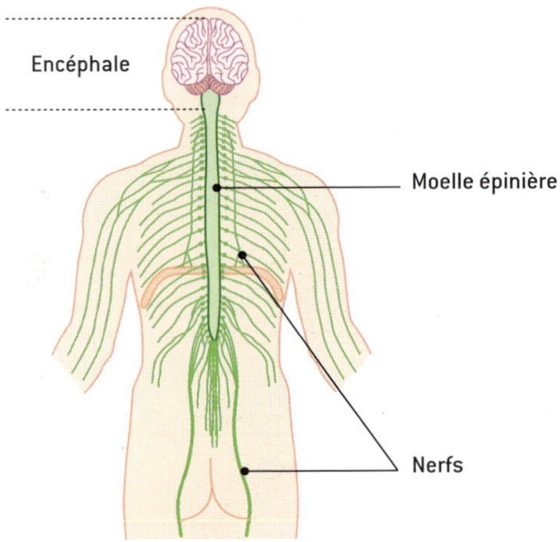

L'organisation générale du système nerveux

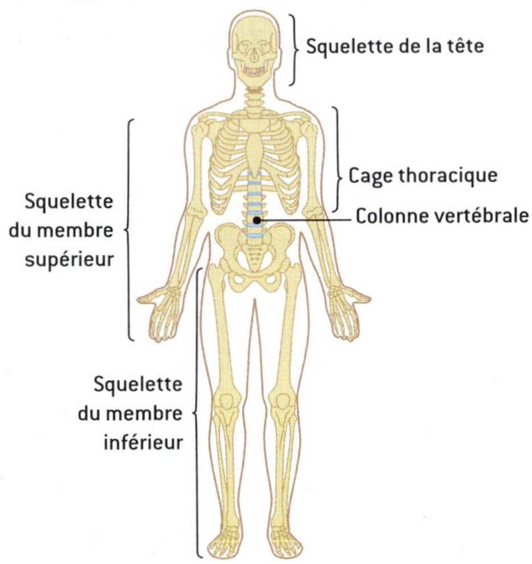

L'appareil locomoteur

5 La fonction de régulation

Elle est assurée par les systèmes nerveux, immunitaire, endocrinien et lymphatique qui ont pour rôles le **maintien de l'homéostasie** et la **défense de l'organisme**.

#schéma
Les principales glandes endocrines
foucherconnect.fr/19pbst2s10

DÉFINITION

Homéostasie : elle correspond au maintien constant des paramètres du milieu intérieur de l'organisme.

4 Les cavités corporelles

Les cavités du tronc et de la tête sont des espaces de l'organisme délimités par une paroi et contenant des organes, appelés viscères.

1 Les organes des cavités postérieures

Ils sont entourés et protégés par 3 membranes, les **méninges**.

A La cavité crânienne

Délimitée par les os du crâne, la cavité crânienne contient l'**encéphale**.

B La cavité rachidienne

Délimitée par la colonne vertébrale, la cavité rachidienne, également appelée cavité vertébrale ou spinale, contient la **moelle épinière**.

2 Les organes des cavités antérieures

A La cavité thoracique

■ Poumons et cœur sont entourés et protégés par une enveloppe appelée **séreuse** : la **plèvre** pour les poumons et le **péricarde** pour le cœur.

DÉFINITION

Séreuse : enveloppe protectrice formée de 2 feuillets séparés par un liquide. Celui-ci assure le glissement d'un feuillet sur l'autre, permettant le mouvement des organes sans frottements.

■ Les poumons et les bronches sont situés latéralement, tandis que la trachée, l'œsophage, le cœur et les gros vaisseaux se trouvent dans la région médiane.

B La cavité abdomino-pelvienne

Séparée de la cavité thoracique par le **diaphragme**, la cavité abdomino-pelvienne présente 2 sous-cavités séparées par un plan fictif (situé au niveau du sacrum). Les organes sont entourés et protégés par une **séreuse** : le **péritoine**.

a La cavité abdominale

En position supérieure, elle contient la plus grande partie des organes de l'appareil digestif (estomac, intestin grêle, côlon, foie, vésicule biliaire, pancréas), ainsi que les 2 reins et la rate.

b La cavité pelvienne

Elle contient :
- des **organes de l'appareil digestif** : portion terminale du côlon, rectum et anus ;
- des **organes de l'appareil urinaire** : vessie, partie inférieure des uretères et urètre ;
- les **organes de l'appareil reproducteur** :
  - pour la femme : utérus, ovaires, vagin,
  - pour l'homme : prostate, vésicules séminales et canaux déférents.

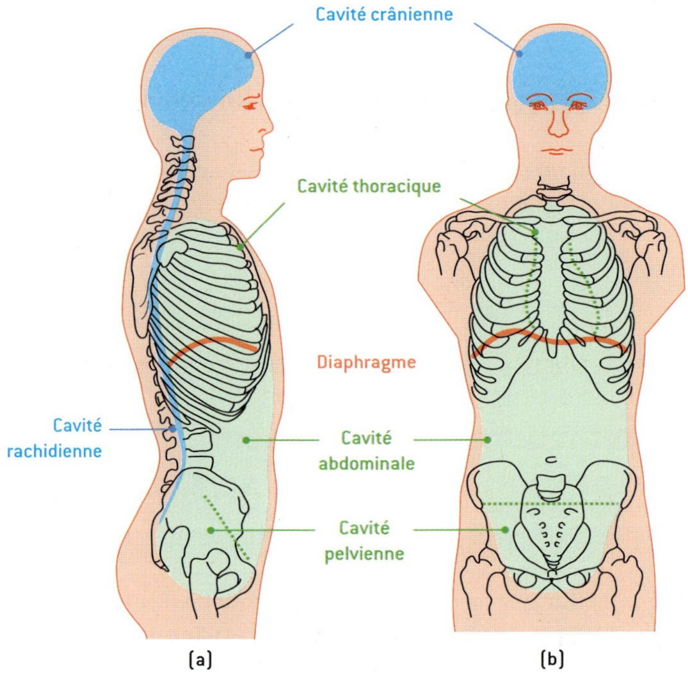

Les cavités corporelles

À RETENIR

<table>
<tr><th colspan="4">Cavités antérieures</th><th colspan="2">Cavités postérieures</th></tr>
<tr><th colspan="2">Cavité thoracique</th><th colspan="2">Cavité abdomino-pelvienne</th><th rowspan="2">Cavité crânienne</th><th rowspan="2">Cavité rachidienne</th></tr>
<tr><td rowspan="2">Poumons, bronches</td><td rowspan="2">Trachée, œsophage, cœur, gros vaisseaux sanguins</td><th>Cavité abdominale</th><th>Cavité pelvienne</th></tr>
<tr><td>Organes de l'appareil digestif, rate, reins</td><td>Organes de l'appareil digestif, urinaire, reproducteur</td><td>Encéphale</td><td>Moelle épinière</td></tr>
</table>

5 Les tissus épithélial et conjonctif

Un tissu est un ensemble de cellules spécialisées participant à une même fonction. Tous les organes sont constitués de tissus différents en proportions variables selon le rôle de l'organe. Il existe 4 familles de tissus : le tissu épithélial, le tissu conjonctif, le tissu musculaire et le tissu nerveux.

1 Le tissu épithélial

Le tissu épithélial, ou **épithélium**, est constitué de **cellules jointives** qui reposent sur une couche protéique (la lame basale) séparant les cellules épithéliales du tissu conjonctif sous-jacent.

REMARQUE

Le tissu épithélial présent au niveau des orifices naturels de l'organisme, et associé à du tissu conjonctif, constitue une **muqueuse**.

A Les épithéliums de revêtement

Ils recouvrent l'organisme ou tapissent les cavités internes. Il existe différents types d'épithéliums qui se distinguent par la forme de leurs cellules et par le nombre de couches de cellules :
- lorsque l'épithélium est formé d'une **simple couche de cellules**, il est facilement traversé et assure les **échanges** de matière entre 2 milieux (par exemple, au niveau des alvéoles pulmonaires) ;
- lorsque l'épithélium est formé de **plusieurs couches de cellules**, il assure, grâce à son épaisseur, une **protection** mécanique vis-à-vis du milieu extérieur (par exemple, au niveau de la peau et des muqueuses respiratoire, digestive...).

REMARQUE

Le tissu épithélial qui tapisse l'intérieur de la cavité cardiaque et des vaisseaux (sanguins et lymphatiques) est appelé **tissu endothélial** ou **endothélium**.

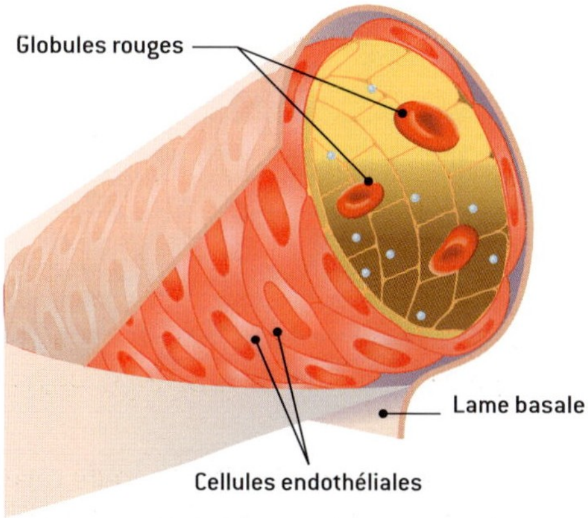

L'endothélium d'un capillaire sanguin

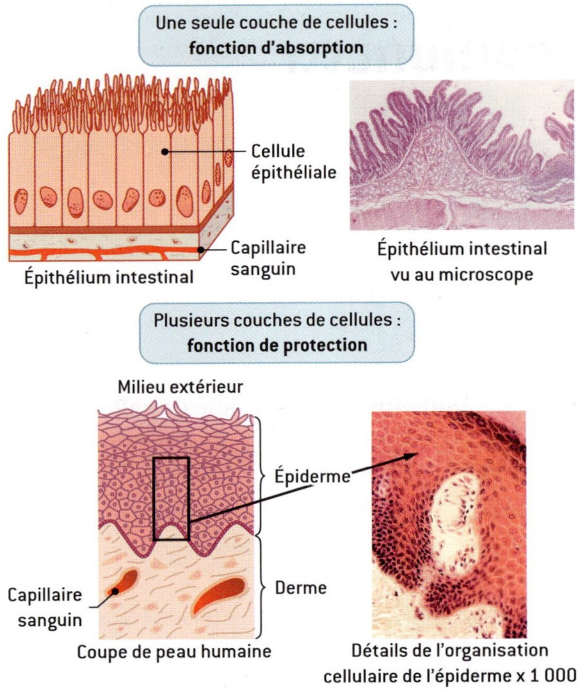

Le lien structure/fonction d'un épithélium

■ Certaines cellules de l'épithélium de revêtement peuvent présenter des particularités structurales qui lui permettent d'assurer une fonction précise.

■ Par exemple, les **cellules à microvillosités** présentent, vers la lumière, des replis membranaires qui augmentent sa surface, favorisant les échanges et l'absorption de substances.

■ Les **cellules ciliées**, quant à elles, présentent des cils à la surface de leur membrane, permettant le déplacement de substances situées dans la lumière.

■ Les **cellules caliciformes, ou cellules mucus** sécrètent du mucus dans le milieu extérieur, qui joue un rôle protecteur (ce sont des glandes exocrines).

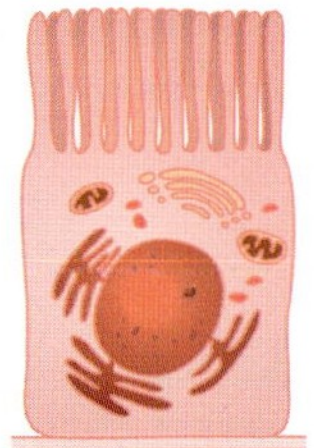

Cellules à microvillosités

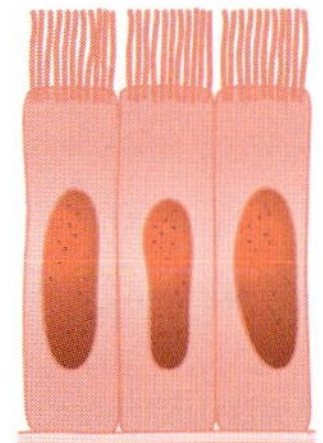

Cellules ciliées

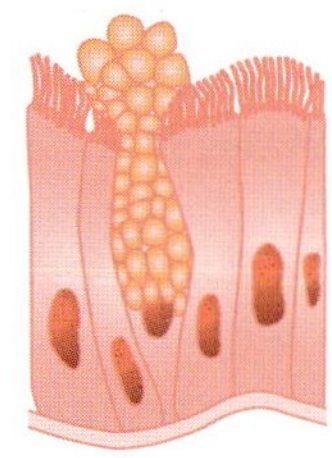

Cellules caliciformes

B Les épithéliums glandulaires

■ Certaines cellules épithéliales se spécialisent pour sécréter des substances. Elles constituent le tissu épithélial glandulaire qui compose les **glandes** (glandes unicellulaires ou pluricellulaires).

■ Si les glandes restent en contact avec l'épithélium de revêtement et déversent leur sécrétion (enzymes, larme, sueur, lait…) dans le milieu extérieur ou dans une cavité par l'intermédiaire d'un canal excréteur, elles sont dites **exocrines**.

■ Si les glandes déversent leurs sécrétions (hormones) directement dans le sang, elles sont dites **endocrines** et sont donc au contact de nombreux capillaires sanguins.

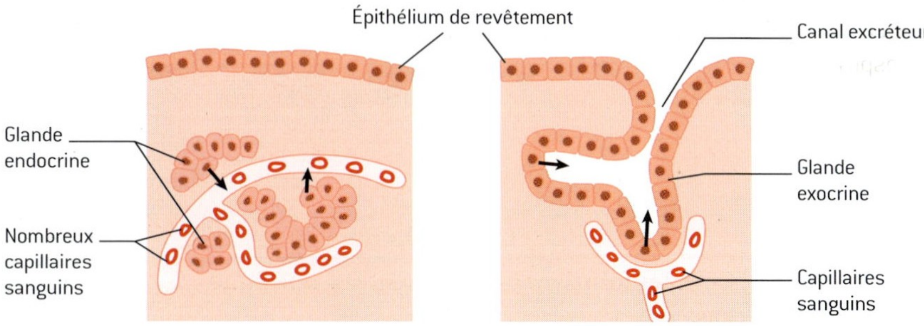

À SAVOIR

- **Exo-** : hors de.
- **Crin(o)** : sécrétion.
- **Exocrine** : qui sécrète dans le milieu extérieur.
- **Endo-** : à l'intérieur, dedans.
- **Endocrine** : qui sécrète dans le milieu intérieur (plasma, lymphe).

2 Le tissu conjonctif

A Les éléments constitutifs

■ Le tissu conjonctif est constitué de diverses **cellules dispersées** dans une **matrice**.

■ Les cellules conjonctives ont pour fonction de relier, d'ancrer et de soutenir les structures de l'organisme ; elles comprennent des types cellulaires très divers (cellules immunitaires, cellules graisseuses...).

■ La matrice contient 2 types de **fibres protéiques** baignant dans une sorte de gel appelé **substance fondamentale** : des fibres de **collagène**, conférant une résistance à l'étirement, et des fibres d'**élastine**, conférant une élasticité au tissu.

B Les différents tissus conjonctifs

REMARQUE

Le tissu conjonctif localisé autour des organes porte le nom de séreuse ou d'adventice.

Selon les proportions de ses constituants (cellules et fibres protéiques) et leur nature, le tissu conjonctif se spécialise et présente des propriétés et donc des fonctions particulières (sang, lymphe, tissu fibreux dense, tissu élastique, tissu osseux, tissu cartilagineux, tissu adipeux). Le plus abondant est le **tissu conjonctif lâche** qui assure une fonction de **soutien**, de **remplissage** et d'**emballage** des différentes structures de l'organisme.

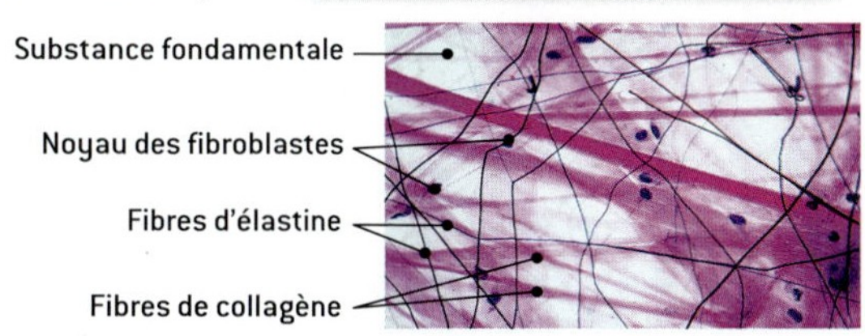

Le tissu conjonctif lâche

REMARQUES

- Le **tissu adipeux**, constitué de cellules graisseuses appelées adipocytes, représente une réserve énergétique et assure une fonction de protection mécanique et thermique.
- Le **tissu sanguin** et le **tissu lymphatique** assurent une fonction de transport (cellules, gaz respiratoires, nutriments...).

C La comparaison des tissus épithélial et conjonctif

<table>
<tr><th></th><th colspan="4">Tissu épithélial</th><th>Tissu conjonctif</th></tr>
<tr><td>Caractéristiques</td><td colspan="4">Cellules jointives qui reposent sur une lame basale</td><td>Cellules dispersées dans une matrice constituée de :
- substance fondamentale ;
- fibres protéiques</td></tr>
<tr><td rowspan="2">Fonctions</td><td colspan="2">Épithélium de revêtement qui recouvre les surfaces</td><td colspan="2">Épithélium glandulaire qui sécrète des substances</td><td rowspan="2">Tissu conjonctif lâche :
- fixation et soutien ;
- remplissage ;
- emballage</td></tr>
<tr><td>Une seule couche de cellules : zone d'échanges</td><td>Plusieurs couches de cellules : barrière/ protection</td><td>Exocrine dans le milieu extérieur/ cavité</td><td>Endocrine dans le sang</td></tr>
</table>

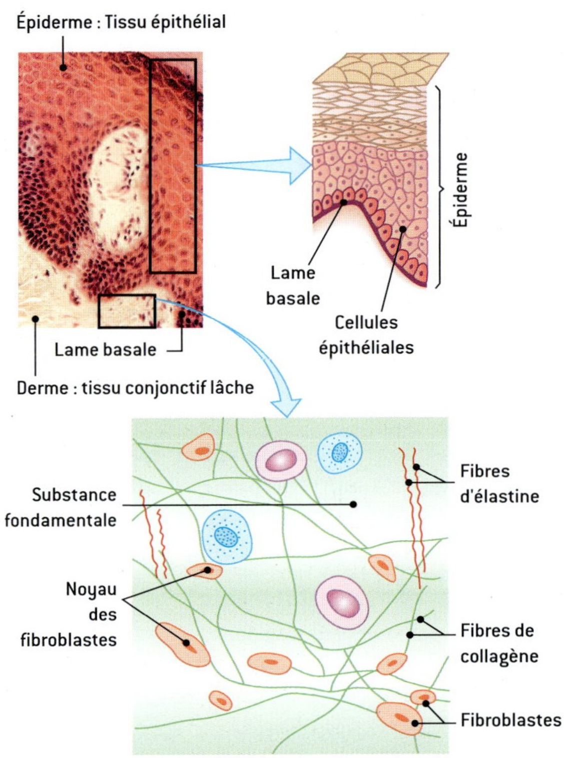

Les tissus constituant la peau

À SAVOIR

- **My(o)** : muscle.
- **Cyt(o)** : cellule.
- **Myocyte** : cellule musculaire.

6 L'étude de la cellule animale

Les cellules sont les plus petites unités de structure et de fonction de tous les organismes vivants. Le corps humain est constitué de plus de 200 types cellulaires présentant une grande diversité de forme et de taille.

1 L'organisation générale d'une cellule animale

A Les caractéristiques générales

■ La grande diversité des cellules est souvent liée à leur fonction : on parle de **cellules différenciées** et **spécialisées**. Malgré cette diversité, l'organisation générale d'une cellule, quelle qu'elle soit, présente des caractéristiques identiques.

■ La cellule est délimitée par une **membrane cytoplasmique** contenant le **cytoplasme** dans lequel baignent le noyau et de nombreux autres organites.

DÉFINITION

Cellule différenciée : cellule ayant des caractéristiques spécifiques lui permettant d'assurer une fonction précise.

À SAVOIR

- **Logo** : étude.
- **Cyt(o)** : cellule.
- La science qui étudie les cellules est la **cytologie**.

B La membrane cytoplasmique

Elle constitue une frontière avec le milieu extérieur. Elle contrôle les échanges de matière et d'informations avec celui-ci.

C Le cytoplasme

■ Le **cytoplasme** est constitué de 2 parties :
- le **cytosol** (ou hyaloplasme), milieu riche en eau et substances solubles (protéines, glucides, ions, etc.) et dans lequel se produisent des réactions chimiques indispensables à la vie. Il contient aussi un réseau de filaments protéiques formant la charpente de la cellule appelé **cytosquelette**. Celui-ci intervient dans les changements de forme de la cellule et dans le déplacement des organites dans le cytosol ;
- les **organites**, accomplissant chacun une fonction spécifique qui participe à la vie de la cellule.

■ La plupart des cellules humaines possèdent un seul **noyau**, renfermant l'**information génétique**. Certaines peuvent n'en posséder aucun (hématie), d'autres plusieurs (cellule musculaire striée).

À SAVOIR

- « **a** » : absence ; **mono** : unique ; **pluri** : plusieurs ; **nuclé(o)** : noyau.
- Une cellule est dite **anucléée** quand elle ne contient pas de noyau.
- Elle est dite **mononucléée** quand elle en contient un seul et **plurinucléée** quand elle en contient plusieurs.

2 L'observation de l'ultrastructure des cellules

La microscopie électronique à transmission (MET) est indispensable à l'étude de la structure interne des cellules, appelée **ultrastructure**. Elle permet d'observer les organites présents dans le cytoplasme. Le cliché obtenu, en noir et blanc (il peut être traité ensuite pour une mise en couleur), est appelé **électronographie**.

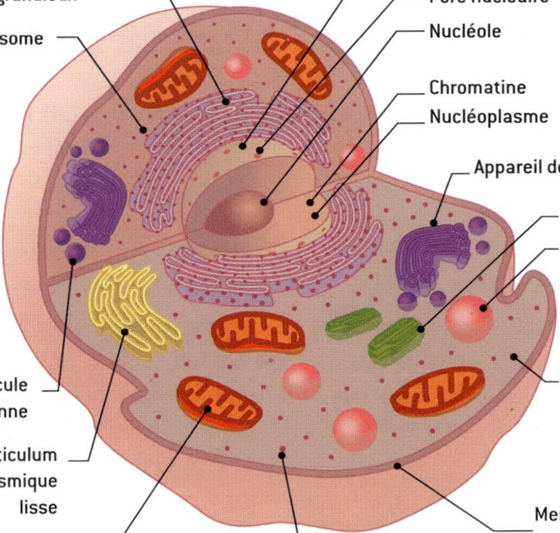

L'ultrastructure d'une cellule

A Le noyau

■ Il est délimité par une **enveloppe nucléaire**, interrompue en certains endroits par des **pores nucléaires** permettant des échanges entre le noyau et le cytoplasme. Dans le **nucléoplasme** baignent le **nucléole** (lieu de production de certains ARN) et la chromatine (composée de filaments d'ADN).

■ Le noyau assure le stockage et l'expression de l'information génétique portée par l'ADN.

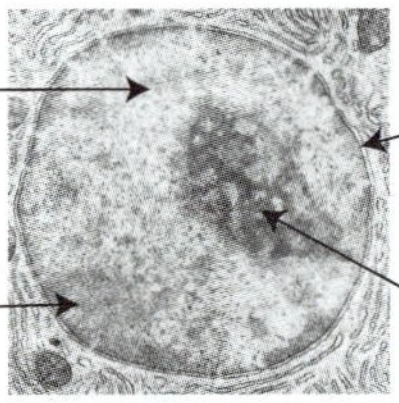

Électronographie du noyau

REMARQUE
L'ADN et l'ARN sont étudiés en Terminale ST2S.

À SAVOIR
La structure du noyau change d'aspect lors de la division cellulaire : la chromatine qui le compose se condense et évolue en chromosomes tandis que l'enveloppe nucléaire et le nucléole disparaissent.

B Les mitochondries

De forme cylindrique ou sphérique, elles sont délimitées par une enveloppe dont la membrane interne forme des replis vers l'intérieur appelée matrice : les crêtes mitochondriales. Elles jouent un rôle important dans la **respiration cellulaire**, assurant la production d'énergie dans les cellules.

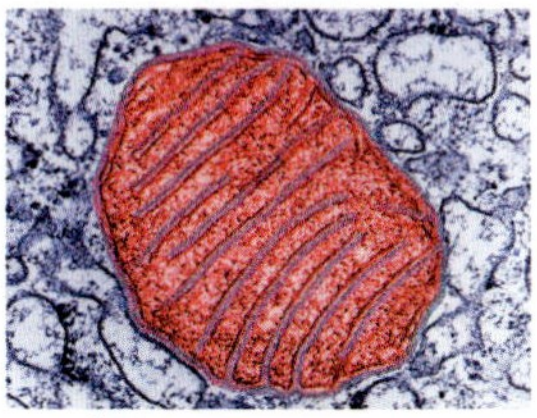

Électronographie d'une mitochondrie

C Le réticulum endoplasmique

Il forme un réseau de canaux communiquant les uns avec les autres ainsi qu'avec l'enveloppe nucléaire. On distingue :
- le **réticulum endoplasmique granuleux (ou rugueux) (REG ou RER)** : il porte sur sa face externe des granulations appelées ribosomes. Il intervient dans la synthèse des protéines et leur maturation ;
- le **réticulum endoplasmique lisse (REL)** : il est impliqué dans la synthèse des lipides et le stockage des ions Ca^{2+}.

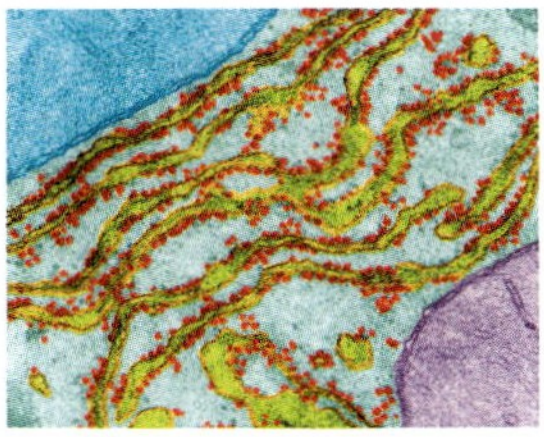

Électronographie du réticulum endoplasmique granuleux

À SAVOIR

Les ribosomes peuvent se trouver sous 3 formes dans le cytoplasme : libres, portés à la surface de la membrane du REG ou associés à une molécule d'ARNm (ARN messager) sous forme de polysomes. Ils assurent la synthèse des protéines sous forme de REG ou polysomes uniquement.

D L'appareil de Golgi

Il est constitué d'empilements de saccules aplatis et creux au niveau desquels sont assurés la maturation et le tri des protéines produites au niveau du REG. À leurs extrémités bourgeonnent des **vésicules**, ou **grains de sécrétion**, qui se détachent et transportent ensuite les protéines vers les autres compartiments cellulaires, vers la membrane plasmique ou vers l'extérieur de la cellule. Certaines de ces vésicules forment les **lysosomes**, riches en enzymes digestives capables de dégrader les déchets cellulaires et les corps étrangers.

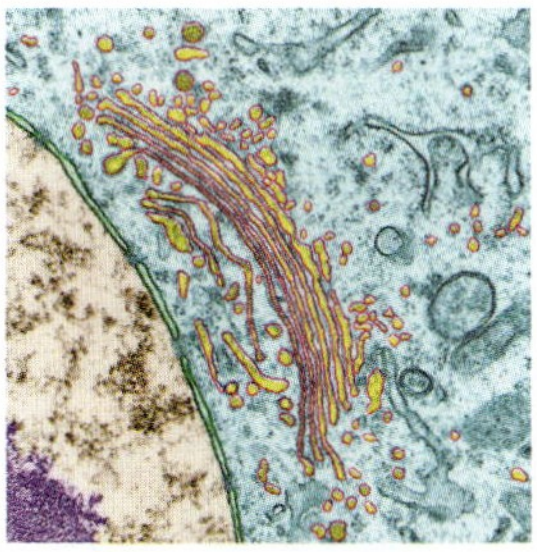

Électronographie de l'appareil de Golgi

E Le centrosome

Il est formé de **2 centrioles**, perpendiculaires l'un par rapport à l'autre. Chaque centriole est un petit tube creux dont la paroi est constituée de 9 triplets de microtubules. Les centrioles interviennent lors de la division cellulaire ainsi que dans la formation et le fonctionnement des cils et des flagelles.

 # schéma
Récapitulatif de l'organisation d'une cellule
foucherconnect.fr/19pbst2s11

À SAVOIR

La proportion de chaque organite dépend de sa fonction et peut varier au cours de la vie de la cellule. Ainsi, par exemple, une cellule musculaire contient de nombreuses mitochondries nécessaires à la production d'énergie dont a besoin la cellule pour se contracter.

7 Les biomolécules

L'être humain, comme tous les systèmes vivants, est composé de biomolécules organiques et minérales.

1 Les fonctions des biomolécules

■ Les principales biomolécules appartiennent aux familles des **glucides**, **protides**, **lipides**, **acides nucléiques**, **vitamines**, **sels minéraux** et **eau**. Elles ont un rôle **structural**, **fonctionnel** ou **énergétique** au sein de l'organisme.

■ Ainsi, chacune des structures cellulaires constitue une architecture moléculaire issue de l'assemblage de diverses biomolécules (voir chapitre 6). On peut citer par exemple les acides nucléiques, présents dans le noyau, ou les glucides, lipides et protéines présents dans la membrane plasmique.

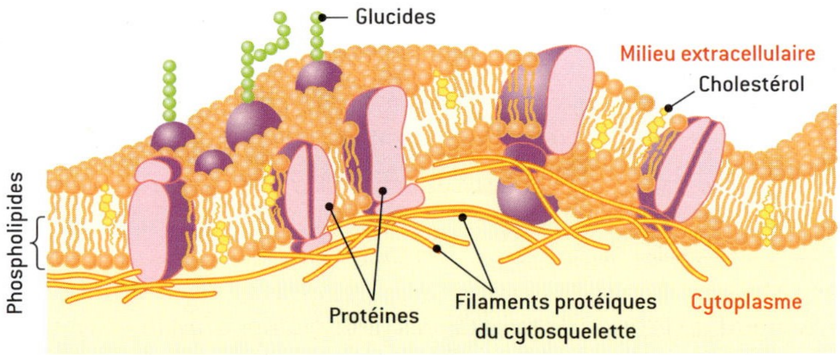

Exemple d'assemblage de biomolécules : la membrane plasmique

> **REMARQUE**
> Les biomolécules présentes dans les cellules sont apportées par l'alimentation et proviennent de la digestion des aliments en nutriments, qui seront ensuite utilisés les cellules (voir partie « Appareil digestif et nutrition »).

2 Les biomolécules organiques

A Les glucides

a Les monomères

Ce sont des molécules simples appelées **oses**, comme le glucose, le galactose, le fructose, le ribose, etc.

b Les dimères

Ce sont des glucides formés de la **combinaison de 2 oses**. Les principaux sont le **lactose** (composé d'un glucose et d'un galactose), le **saccharose** (composé d'un glucose et d'un fructose) et le **maltose** (composé de 2 molécules de glucose).

c Les polymères

- Ce sont des macromolécules constituées par l'assemblage d'un grand nombre de monomères.

- Certains polymères glucidiques ne comportent qu'un seul type de monomère, le glucose, présent en plusieurs milliers d'exemplaires. C'est le cas du **glycogène**, substance de réserve présente dans le foie et le muscle, de l'**amidon** et de la **cellulose** (tous deux d'origine végétale).

B Les protides

a Les monomères

Ce sont les **acides aminés** entrant dans la composition des polypeptides et protéines.

REMARQUE

Certains acides aminés, dits essentiels ou indispensables, ne sont pas synthétisés par la cellule : ils doivent obligatoirement être apportés par l'alimentation.

b Les polymères

Ils sont constitués par l'enchaînement linéaire d'acides aminés. On parle de **polypeptides** jusqu'à 50 à 100 acides aminés, et de **protéines** au-delà.

C Les lipides

Ils représentent un groupe de substances hétérogènes dont le point commun est leur caractère **hydrophobe** qui les rend insolubles dans l'eau.

a Les acides gras

Ce sont des acides organiques comportant une longue chaîne carbonée. Ils sont soit saturés, soit insaturés, selon qu'ils possèdent ou non une ou plusieurs doubles liaisons.

REMARQUE

Certains acides gras insaturés sont qualifiés d'acides gras essentiels ou indispensables car l'organisme est incapable de les synthétiser et ils doivent donc être apportés par l'alimentation.

b Les triglycérides (TG)

Ce sont des molécules constituées par l'association de 3 acides gras fixés sur un alcool, le glycérol. Ils constituent les lipides de réserve des cellules.

c Les phospholipides

Ils sont formés par l'association d'un groupement phosphate et de 2 acides gras. On les retrouve dans les membranes cellulaires.

d Le cholestérol

Il entre dans la composition des membranes cellulaires. C'est aussi un précurseur de la vitamine D ainsi que de certaines hormones.

D Les acides nucléiques

Ils sont composés d'un enchaînement de monomères appelés nucléotides. Ce sont l'ADN et l'ARN.

REMARQUE
Les acides nucléiques seront étudiés en classe de Terminale ST2S.

E Les vitamines

Ce sont des molécules organiques sans valeur énergétique, mais indispensables en petite quantité à l'organisme car elles activent les réactions cellulaires. On les classe en fonction de leur solubilité :
- **vitamines liposolubles** : A, D, E et K ;
- **vitamines hydrosolubles** : vitamines du groupe B et vitamine C.

3 Les biomolécules minérales

A Les minéraux

Ils entrent dans la composition de la matière vivante et permettent le bon fonctionnement de l'organisme. Ils sont classés en 2 catégories :
- les **macro-éléments**, minéraux les plus abondants (Ca, P, Mg, K, Na, Cl).
- les **oligo-éléments**, présents en très faible quantité (fer, iode, cuivre zinc).

B L'eau

■ Principal composant de la matière vivante, l'eau représente environ 60-70 % de la masse corporelle et est répartie dans 2 compartiments :
- **compartiment intracellulaire (2/3)** : il représente l'eau contenue dans le cytosol des cellules ;
- **compartiment extracellulaire (1/3)** : il correspond à la lymphe interstitielle dans laquelle baignent les cellules et aux liquides circulants délimités par des vaisseaux (lymphe canalisée, plasma).

■ L'eau possède des propriétés biologiques diverses : elle intervient comme réactif dans les réactions d'hydrolyse des molécules, joue le rôle de solvant, assure le transport des substances dans l'organisme et permet le maintien de la température corporelle, etc.

8 L'interdépendance des appareils

L'organisme est constitué de différents appareils assurant chacun un rôle précis. Il existe toutefois une interdépendance des appareils, chacun d'eux ayant une relation d'action avec un autre. Ce fonctionnement coordonné grâce à une communication entre les appareils leur permet ainsi d'assurer les fonctions nécessaires à la vie de l'individu.

1 Les interactions entre appareils

- L'être humain échange de la matière et de l'énergie avec son environnement.
- Afin d'assurer son fonctionnement, **chaque cellule puise en permanence dans le sang les éléments dont elle a besoin** (nutriments, dioxygène) et le charge en déchets qui sont rejetés vers le milieu extérieur. Ce mécanisme est assuré par une interaction entre l'appareil cardiovasculaire, qui assure la circulation de la matière, et des systèmes ouverts sur l'extérieur : appareil digestif, respiratoire et urinaire.

2 La circulation de l'information

- Malgré la consommation et la production permanentes de diverses molécules par les cellules, la **composition du milieu intérieur reste stable** : cette **homéostasie** est permise par une régulation très fine des paramètres du milieu intérieur.
- L'interrelation entre appareils implique donc une communication entre les cellules afin d'adapter l'activité de chaque organe aux besoins de l'organisme. 2 moyens de communication sont utilisés pour assurer l'homéostasie : la communication **nerveuse** et la communication **hormonale**.

DÉFINITIONS

- **Milieu intérieur** : ensemble des liquides dans lesquels baignent les cellules, c'est-à-dire le plasma et la lymphe.
- **Homéostasie** : maintien constant des paramètres physiques et chimiques du milieu intérieur. Exemples : pH, température, taux sanguin en glucose.

Les caractéristiques des communications hormonale et nerveuse

	Système endocrinien	Système nerveux
Cellule impliquée	Cellule endocrine	Neurone
Molécule impliquée	Hormone	Neurotransmetteur
Mode de circulation de l'information	Sang	Nerf
Rayon d'action de la molécule	Long (action à distance)	Très court

DÉFINITION

Hormone : molécule sécrétée par une cellule endocrine et transportée par voie sanguine jusqu'à une cellule cible dont elle modifie l'activité.

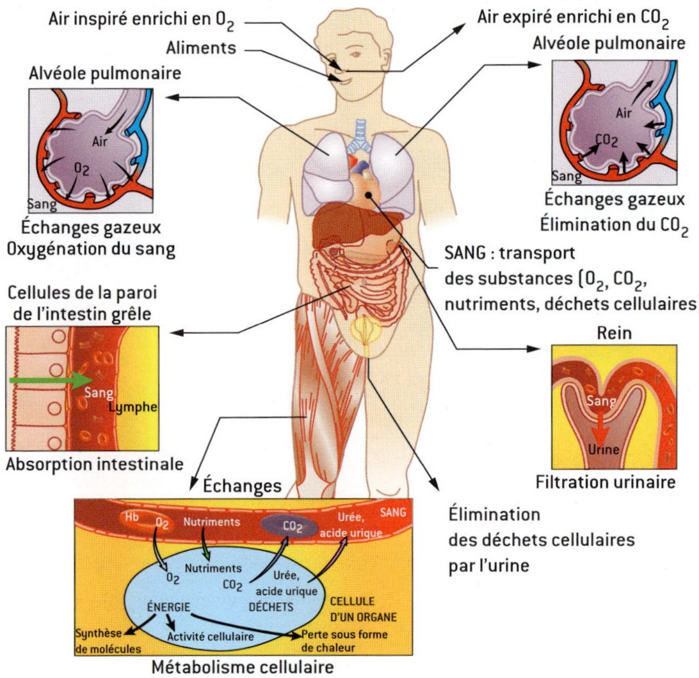

Le sang, lien entre chaque cellule et le milieu extérieur

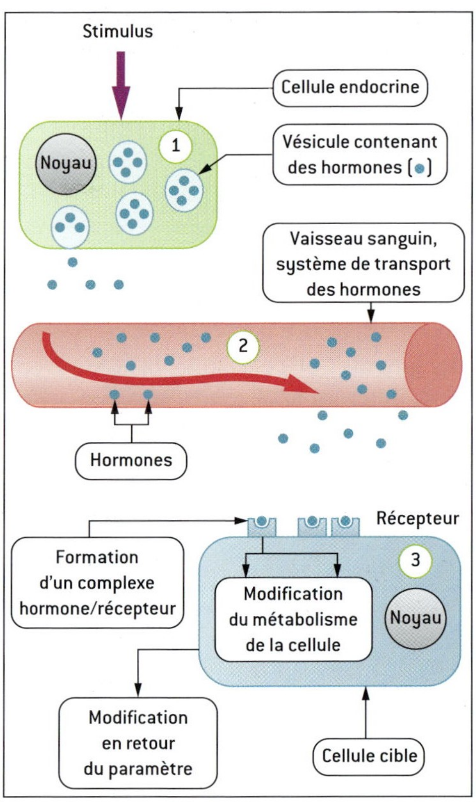

La communication hormonale

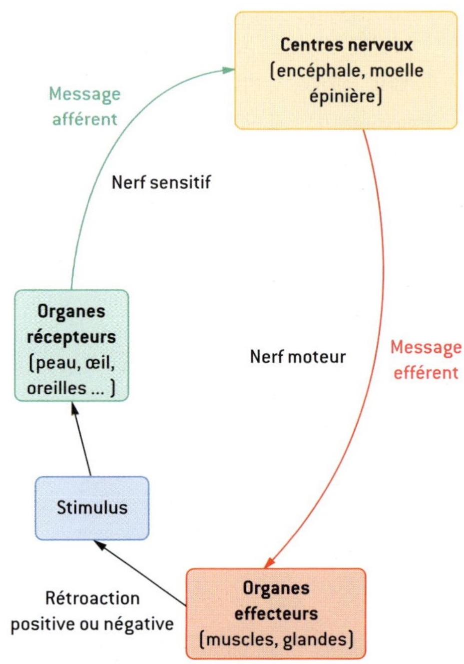

La communication nerveuse

 # schéma
Les deux modes de communicaton dans l'organisme
foucherconnect.fr/19pbst2s12

OBJECTIF BAC

EXERCICE 1

Indiquer le plan de coupe de chacun des clichés ci-dessous.

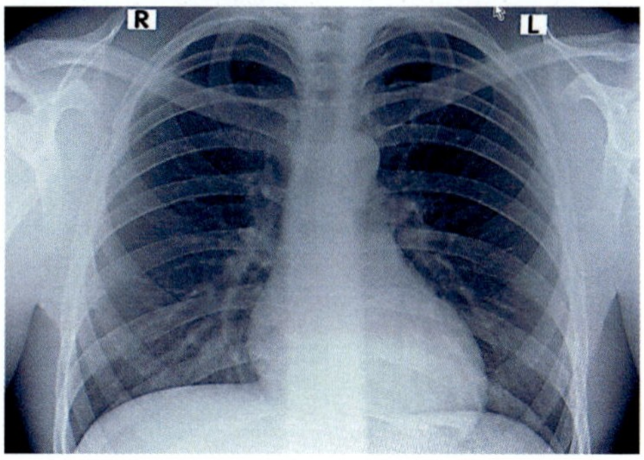

Doc. 1

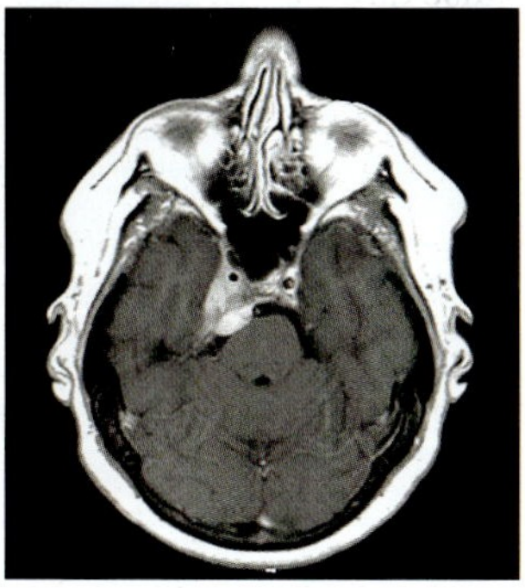

Doc. 2

EXERCICE 2

Préciser, pour chaque organe, la cavité de l'organisme dans laquelle il est situé et l'appareil ou système qui lui est associé.

Organe	Cavité	Appareil/système associé à l'organe
Poumon		
Vessie		
Encéphale		
Cœur		
Estomac		
Moelle épinière		
Utérus		
Œsophage		

EXERCICE 3

Identifier chacun des tissus présentés dans les documents 1 et 2 et justifier la réponse en indiquant la (les) caractéristique(s) qui permet(tent) de déterminer chacun d'eux.

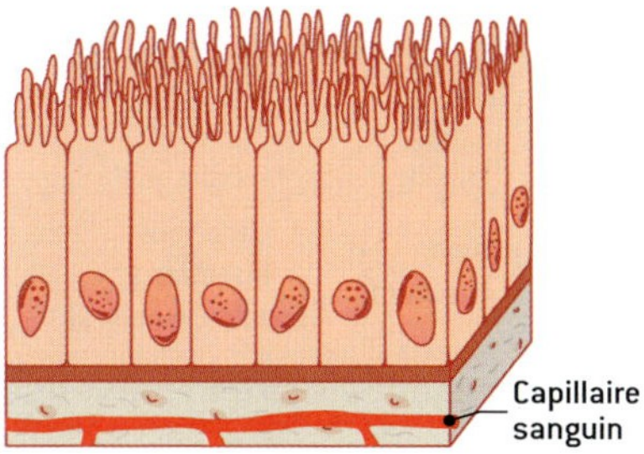

Doc. 1

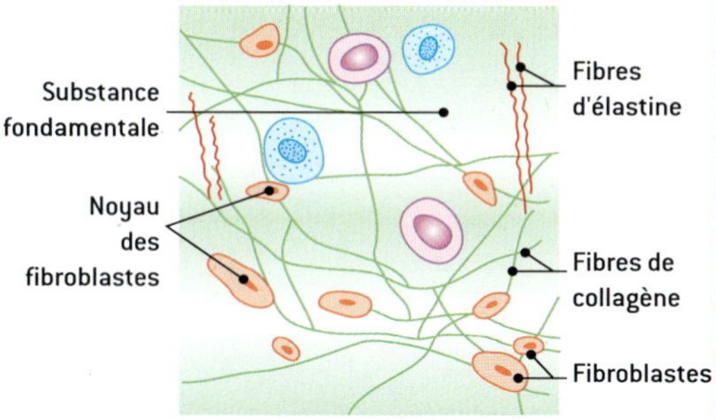

Doc. 2

EXERCICE 4

Le plasmocyte est une cellule immunitaire issue de la transformation de leucocytes (globules blancs) particuliers, appelés lymphocytes B. Le plasmocyte, à l'inverse du lymphocyte B, est spécialisé dans la production, la maturation et la sécrétion dans le sang de protéines appelées anticorps.

Le document 1 présente le schéma d'interprétation d'un lymphocyte B.

Le document 2 présente le schéma d'interprétation d'un plasmocyte.

1. Légender les deux documents suivants.

2. Indiquer quelles sont les transformations subies par le lymphocyte B pour devenir un plasmocyte.

3. Expliquer quelles sont les caractéristiques cytologiques du plasmocyte lui permettant d'assurer sa fonction.

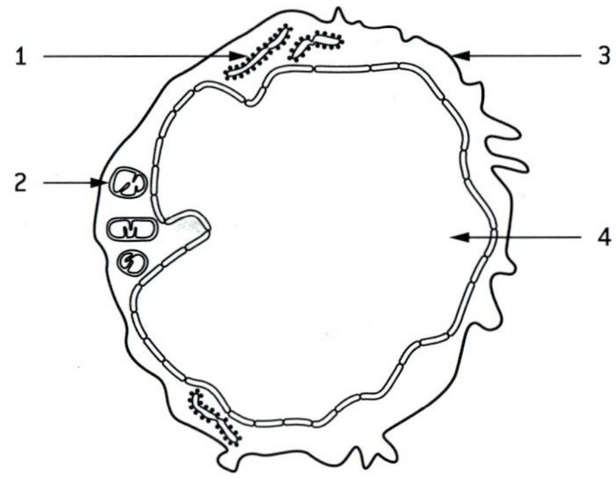

Doc. 1

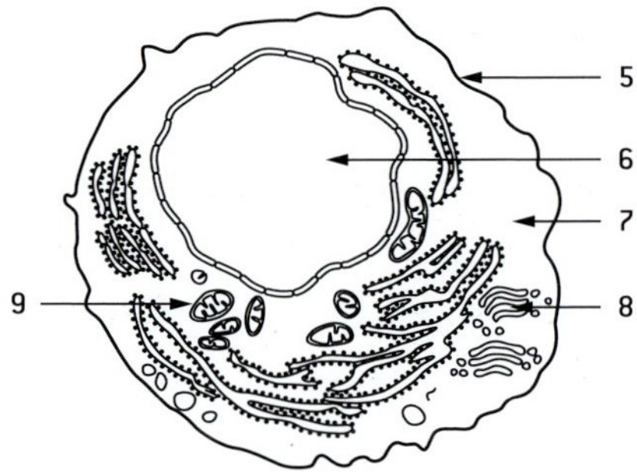

Doc. 2

corrigés
foucherconnect.fr/ 19pbst2s13

9 L'équilibre alimentaire

Les biomolécules, indispensables au fonctionnement cellulaire, doivent être apportées par les aliments, substances complexes assurant la nutrition de l'organisme. L'alimentation, d'origine animale ou végétale, permet ainsi l'apport en quantités variables de glucides, lipides, protides, sels minéraux, vitamines et eau.

1 Les caractéristiques nutritionnelles des aliments

- La nutrition est l'approvisionnement des organes en biomolécules minérales et organiques utilisables par les cellules : les **nutriments**. Ils permettent de subvenir aux besoins de l'organisme en matière et en énergie. Ceux-ci sont directement présents dans les aliments (eau, vitamines, sels minéraux) ou proviennent de la simplification moléculaire des **aliments** lors de la digestion.

À SAVOIR

L'eau, les sels minéraux et les vitamines sont qualifiés de **micronutriments** car ils doivent être apportés en faible quantité, à l'inverse des glucides, lipides et protides qui sont eux qualifiés de macronutriments car leur apport doit être important.

- On peut classer les aliments en **différents groupes**, en fonction de leurs caractéristiques nutritionnelles (les biomolécules majoritaires sont indiquées en gras).

Groupes		Apport nutritionnel
Viandes et charcuteries, produits de la pêche, œufs (VPO)		**Protides**, lipides, sels minéraux (**fer**), vitamines
Lait et produits laitiers		**Protides**, lipides, sels minéraux (calcium)
Fruits et légumes		**Vitamines hydrosolubles**, **sels minéraux**, eau, **fibres**, glucides simples
Féculents		**Glucides complexes** (dits « lents »), protides, **fibres**, vitamines, sels minéraux
Légumineuses		
Matières grasses ajoutées		**Lipides**, **vitamines liposolubles** (A, D, E, K)
Produits sucrés ou sucrés et gras		**Glucides simples** (dits « rapides »), lipides
Boissons	Eau	**Eau**, vitamines hydrosolubles, sels minéraux
	Boissons sucrées	**Eau**, vitamines hydrosolubles, sels minéraux, **glucides simples** (dits « rapides »)

2 L'intérêt nutritionnel des biomolécules alimentaires

Les biomolécules contenues dans les aliments assurent divers rôles :
– un **rôle énergétique** : elles fournissent l'énergie nécessaire au fonctionnement de l'organisme (essentiellement **glucides** et **lipides**) ;

- un **rôle structural** (ou plastique) : elles constituent des éléments bâtisseurs de la matière vivante (essentiellement **protides, lipides** et **calcium**) ;
- un **rôle fonctionnel** : elles permettent le bon fonctionnement de l'organisme (essentiellement **vitamines, sels minéraux, fibres** (cellulose), eau).

> **REMARQUE**
> La cellulose est un glucide complexe non digestible qui a pour fonction de faciliter le transit intestinal.

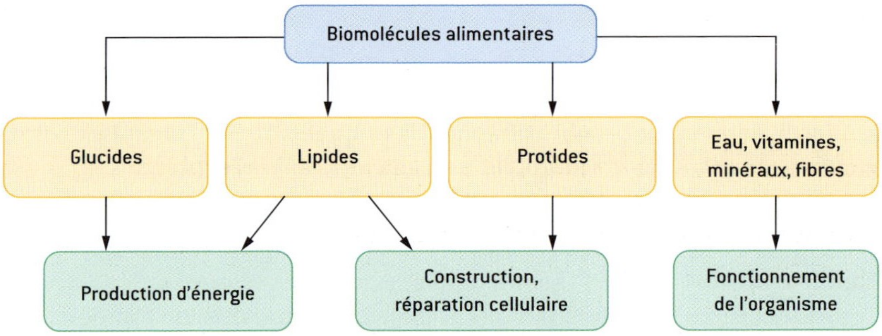

Le rôle principal des biomolécules

 # schéma
Les glucides dans l'alimentation
foucherconnect.fr/19pbst2s14

3 La ration alimentaire

La **ration alimentaire** journalière est l'ensemble des aliments et boissons ingérés par un individu en 24 heures. Celle-ci doit satisfaire les **besoins qualitatifs** et **quantitatifs** de l'organisme pour assurer son bon fonctionnement.

A Les besoins qualitatifs

- Ils sont satisfaits par l'ensemble des **nutriments** dont a besoin l'organisme pour le renouvellement cellulaire, pour la croissance et pour le maintien de l'équilibre pondéral (afin de compenser les pertes de divers composés tels que l'eau et les sels minéraux par la sueur, l'urine, les selles et la respiration).

- Ces besoins sont couverts par les oses, les acides aminés essentiels, les acides gras essentiels, les vitamines, les sels minéraux, l'eau, mais aussi les fibres alimentaires.

B Les besoins quantitatifs

L'apport énergétique total (AET) permet de couvrir les dépenses énergétiques, soit environ 9 000 à 11 000 kJ/jour. Il est satisfait essentiellement par les glucides et les lipides.

a Le métabolisme basal

Il correspond aux dépenses permettant d'assurer les **fonctions vitales** (respiration, activités cérébrale et cardiaque, excrétion). Pour un adulte au repos, il est d'environ 7 000 kJ/jour. Ces besoins varient avec l'âge (augmentation en période de croissance), le sexe, le poids et la taille de l'individu.

b Le métabolisme extra-basal

Il correspond aux **dépenses énergétiques supplémentaires**, qui varient selon les besoins : activité physique, digestion, thermorégulation, grossesse, allaitement, maladie. Il est d'environ 2 000 à 4 000 kJ/jour.

DÉFINITION
Métabolisme : ensemble des réactions chimiques (synthèse ou dégradation de matière) se déroulant dans la cellule.

C L'équilibre de la ration alimentaire

■ Afin de couvrir les besoins quantitatifs et qualitatifs de l'organisme, il doit exister un équilibre dans les apports journaliers en glucides, lipides et protides.

■ Les besoins nutritionnels conseillés sont les suivants :
- **glucides** : 40-55 % de l'AET (en privilégiant les glucides complexes) ;
- **lipides** : 35-40 % de l'AET (en limitant les acides gras saturés) ;
- **protides** : 10-20 % de l'AET (en réduisant la consommation de viande et de charcuterie).

■ De plus, aucun aliment ne contient à lui seul tous les nutriments nécessaires à l'organisme. Il est donc nécessaire d'avoir une **alimentation diversifiée**, comportant des aliments de chaque groupe, afin d'avoir un apport nutritionnel qualitativement et quantitativement satisfaisant. La pyramide alimentaire permet d'avoir une vue d'ensemble des proportions souhaitables pour chaque groupe d'aliment.

MOTS À RETENIR
Aliment, biomolécule, équilibre alimentaire, nutriment.

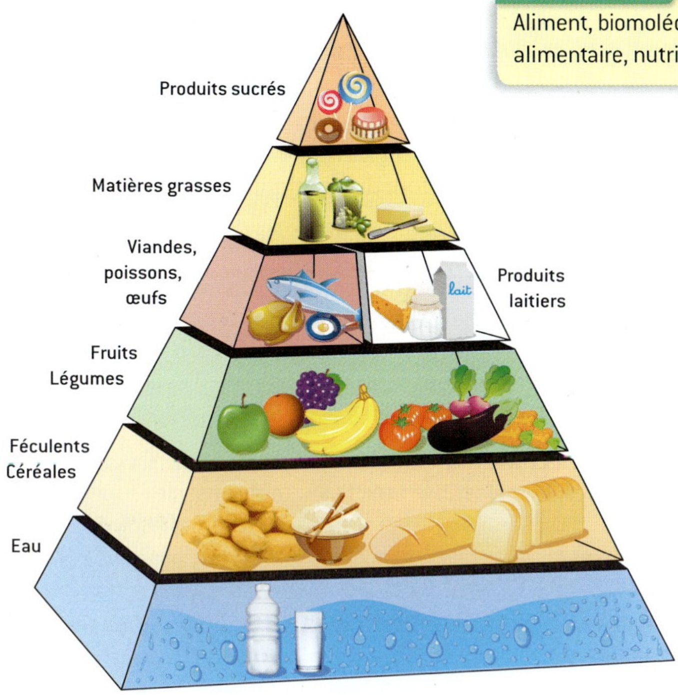

La pyramide alimentaire

10 Les déséquilibres alimentaires

Lorsque la ration alimentaire ne fournit pas les apports nutritionnels ou énergétiques correspondant aux besoins de l'organisme, il y a déséquilibre alimentaire, par excès ou par carence. Ce déséquilibre, qu'il soit global ou spécifique d'un nutriment particulier, peut conduire au développement de diverses pathologies.

1 L'obésité, une malnutrition par excès d'apport

A L'indice de masse corporelle : indicateur d'obésité

L'obésité est définie selon l'OMS comme un **excès de masse grasse** (**tissu adipeux**) dans l'organisme, entraînant des complications sur la santé. Il existe différents niveaux d'obésité déterminés par l'**indice de masse corporelle** ou **IMC** :

$$\textbf{IMC (kg/m}^2\textbf{)} = \frac{\text{masse (kg)}}{\text{taille}^2 \text{ (m)}}$$

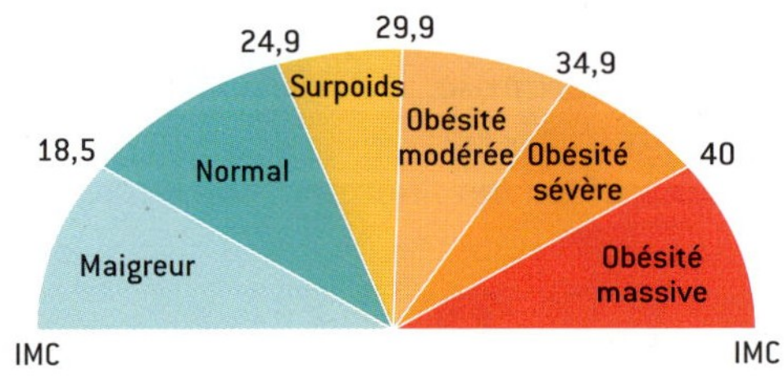

À SAVOIR

- **Adip(o)** : graisse.
- **Cyt(o)** : cellule.
- Le **tissu adipeux** est un tissu conjonctif riche en cellules graisseuses appelées adipocytes.

REMARQUE

L'IMC est toutefois une valeur générale et ne prend pas en compte le taux de masse musculaire (masse maigre), ni la répartition de la masse grasse (et donc le type d'obésité, à savoir gynoïde ou androïde, selon qu'elle est répartie sur la partie basse ou haute du corps). Le diagnostic est donc établi à l'aide de 2 autres paramètres : le tour de taille et le rapport tour de taille/tour de hanche.

B Les facteurs de risque

- L'obésité est une maladie plurifactorielle, mais dans 98 % des cas, elle est due à un **déséquilibre alimentaire**, avec un apport énergétique supérieur aux dépenses. Une alimentation hypercalorique et pauvre en fibres, le grignotage ou encore la consommation de plats préparés conduit l'organisme à mettre en réserve, sous forme de graisse, l'excès de glucides et/ou de lipides non utilisés, entraînant une augmentation de la masse corporelle.
- La **sédentarité**, en diminuant la masse maigre au profit de la masse grasse, constitue un facteur favorisant du surpoids et de l'obésité.

REMARQUE

Le niveau d'activité physique (NAP) recommandé à la population générale est de 30 min/jour d'activité d'intensité modérée.

■ D'autres facteurs favorisent la prise de poids tels que l'ingestion de certains médicaments, des troubles hormonaux, le sevrage tabagique, le stress mais aussi les régimes amaigrissants successifs.

■ Il peut exister également une prédisposition génétique avec, dans certaines familles, une plus grande susceptibilité à la prise de poids.

■ Enfin, dans 2 % des cas, l'obésité est due à une maladie génétique (mutation sur le gène de la leptine, impliquée dans la régulation de l'appétit, ou sur son récepteur).

REMARQUE

Des études scientifiques suggèrent que la composition de la flore intestinale (appelée microbiote), moins diversifiée chez l'obèse, serait associée à une certaine susceptibilité dans le développement de l'obésité.

C Les conséquences pathologiques

■ L'obésité entraîne de nombreux troubles de la santé, pouvant conduire à une **mortalité précoce**.

■ Les troubles les plus fréquents sont le diabète de type 2, des atteintes cardiovasculaires (hypertension artérielle, infarctus du myocarde, insuffisance cardiaque), respiratoires (dyspnée d'effort voire au repos, apnée du sommeil), mécaniques (arthrose, tendinite, lombalgie), digestives (reflux gastrique) ou encore certains cancers (prostate et côlon chez l'homme, seins et ovaires chez la femme).

REMARQUE

L'obésité a aussi des conséquences physiologiques et sociales importantes, avec une discrimination du sujet obèse, une perte d'estime de soi et un état dépressif pouvant altérer de façon significative la qualité de vie.

DÉFINITIONS

- **Dyspnée** : difficulté à respirer.
- **Apnée** : arrêt temporaire de la respiration.
- **Lombalgie** : douleur de la région lombaire.
- **Tendinite** : inflammation d'un tendon.
- **Arthrose** : dégénérescence d'une articulation.

D La prévention

■ Elle s'appuie sur des **mesures hygiéno-diététiques**, c'est-à-dire relatives au mode de vie et à l'alimentation.

■ Elle repose sur des campagnes d'information qui encouragent la population à adopter une **alimentation équilibrée** et la **pratique régulière d'une activité physique**.

E Les traitements

■ La perte de poids s'obtient par plusieurs moyens souvent combinés :
- le **traitement hygiéno-diététique** : ce sont les conseils mis en œuvre dans le cadre de la prévention ;
- le **traitement médicamenteux** : il a pour objectif de limiter les apports énergétiques en diminuant la digestion des graisses par la lipase, et donc leur absorption ;
- le **traitement chirurgical** : dans les cas d'obésité sévère, on peut réduire la capacité de l'estomac par gastroplastie, afin de provoquer un remplissage plus rapide et augmenter ainsi la sensation de satiété.

- Il existe 3 techniques de chirurgie restrictive de l'estomac :
- l'**anneau gastrique** : réduction de la partie supérieure de l'estomac avec un anneau ajustable ;
- la ***sleeve* gastrectomie** : suppression des 2/3 de l'estomac ;
- le ***bypass* gastrique** : court-circuit du tube digestif.

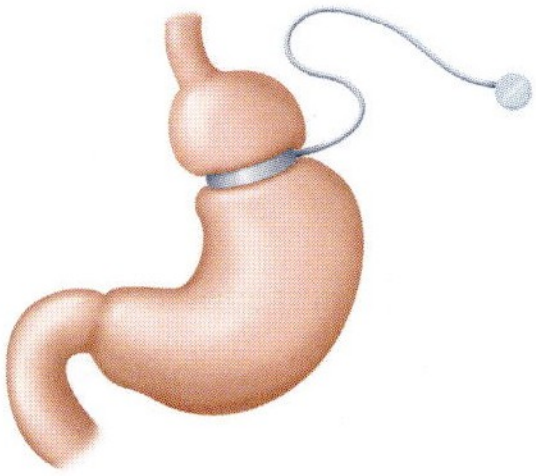

Anneau gastrique

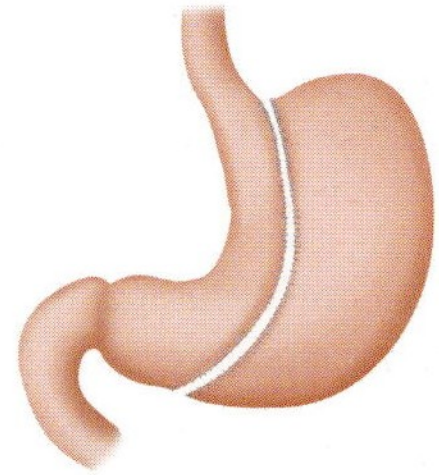

Sleeve gastrectomie

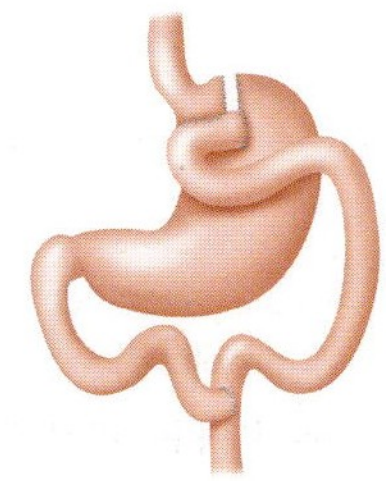

Bypass gastrique

2 Les malnutritions par carence d'apport

Elles conduisent à des troubles nutritionnels en raison d'un déficit dans la ration alimentaire qui ne permet pas de combler les besoins de l'organisme.

A Les carences spécifiques

- Elles ne concernent qu'une seule catégorie de nutriment. Dans ce cas, l'apport énergétique est satisfaisant, mais l'apport nutritionnel incorrect : on parle de **carence qualitative**. C'est le cas du **Kwashiorkor**, dû à un apport insuffisant en acides aminés essentiels. Cette pathologie touche les enfants dans les pays en voie de développement au moment du sevrage. Elle se traduit notamment par une anémie, des œdèmes (visage, abdomen) et un retard staturo-pondéral.

- Un autre trouble nutritionnel, le **rachitisme**, est dû à une carence en vitamine D entraînant un défaut de calcification osseuse et un squelette de petite taille et fragile.

B Les carences globales

- Elles s'étendent à toutes les catégories d'aliments : dans ce cas, l'apport énergétique fourni par l'alimentation est très inférieur aux besoins. On parle de **carence quantitative** qui peut être liée à :
- une insuffisance dans l'apport alimentaire. C'est le cas du **marasme**, forme grave de dénutrition affectant les enfants en bas âge dans les pays touchés par la famine ;
- un refus de s'alimenter. C'est le cas de l'**anorexie** qui correspond à une diminution ou une perte de l'appétit, ayant des causes organiques (malformation du tube digestif, par exemple) ou mentales (situation la plus courante).

REMARQUE

Dans le cas de l'anorexie mentale, qui touche majoritairement les jeunes filles, on parle davantage de trouble du comportement alimentaire que de trouble nutritionnel.

- Dans les 2 cas, ces carences nutritionnelles se manifestent par une maigreur très prononcée (**cachexie**), associée à un grand affaiblissement de l'organisme, pouvant être mortel dans les situations extrêmes.

11 L'organisation et l'histologie de l'appareil digestif

L'appareil digestif a pour fonction de transformer les aliments en nutriments, lesquels passent ensuite dans la circulation sanguine et lymphatique pour être apportés aux cellules. Il est composé du tube digestif, constitué d'organes creux dans lesquels transitent les aliments, et de glandes annexes qui déversent leurs sécrétions dans ce tube.

1 Les organes du tube digestif

■ **La cavité buccale.** Elle contient le **palais osseux** (prolongé à l'arrière par une petite saillie musculaire, la luette), la **langue** qui contribue à la formation du bol alimentaire et participe à la déglutition, et les **dents** qui permettent la mastication des aliments et la formation du bol alimentaire.

■ **Le pharynx.** Carrefour des voies digestives et respiratoires, c'est à son niveau que se déroule la **déglutition**.

■ **L'œsophage.** Conduit situé en arrière de la trachée artère, il permet le **passage du bol alimentaire** vers l'estomac.

■ **L'estomac.** Situé sous le diaphragme, c'est une poche correspondant à une dilatation locale du tube digestif. Il est limité par 2 muscles circulaires, contrôlant l'ouverture, appelés **sphincters** : le cardia, à la jonction avec l'œsophage, et le pylore, à la jonction avec l'intestin grêle.

■ **L'intestin grêle.** C'est un long conduit divisé en 3 parties : le **duodénum** qui encadre le pancréas, le **jéjunum** formant des anses horizontales et l'**iléon** formant des anses verticales.

■ **Le côlon ou le gros intestin.** Il ressemble à un conduit en forme de U renversé qui entoure l'intestin grêle. Il est divisé en plusieurs parties : le **cæcum** (qui porte l'**appendice**), le **côlon ascendant**, le **côlon transverse**, le **côlon descendant** et le **côlon sigmoïde**.

■ **Le rectum et l'anus.** Le rectum fait suite au côlon. Il est prolongé par le canal anal qui s'ouvre à l'extérieur par l'anus.

REMARQUE

Les viscères abdominaux sont entourés d'une séreuse, le péritoine, dont les replis, formant le mésentère, maintiennent en place les anses du jéjuno-iléon dans la cavité abdominale.

2 Les glandes digestives annexes

■ **Les glandes salivaires.** Ce sont des glandes exocrines sécrétant la salive déversée ensuite dans la cavité buccale. Il en existe 3 paires : les glandes parotides, les glandes sous-maxillaires, les glandes sublinguales.

■ **Le foie.** Situé à droite sous le diaphragme, il se divise en 4 lobes de tailles inégales. Le foie produit la bile qui s'écoule hors du foie par le **canal hépatique**, et rejoint la **vésicule biliaire** où elle est stockée momentanément. La bile quitte ensuite la vésicule biliaire par le **canal cystique** pour rejoindre le **canal cholédoque** qui déverse celle-ci au niveau du duodénum.

■ **Le pancréas.** C'est une glande mixte située sous l'estomac. Le pancréas exocrine (99 % de la glande) déverse le suc pancréatique dans le duodénum par les canaux pancréatiques.

À SAVOIR

Le pancréas exerce également une fonction endocrine : il sécrète 2 hormones, le glucagon et l'insuline, intervenant dans la régulation de la glycémie.

3 La représentation de l'appareil digestif

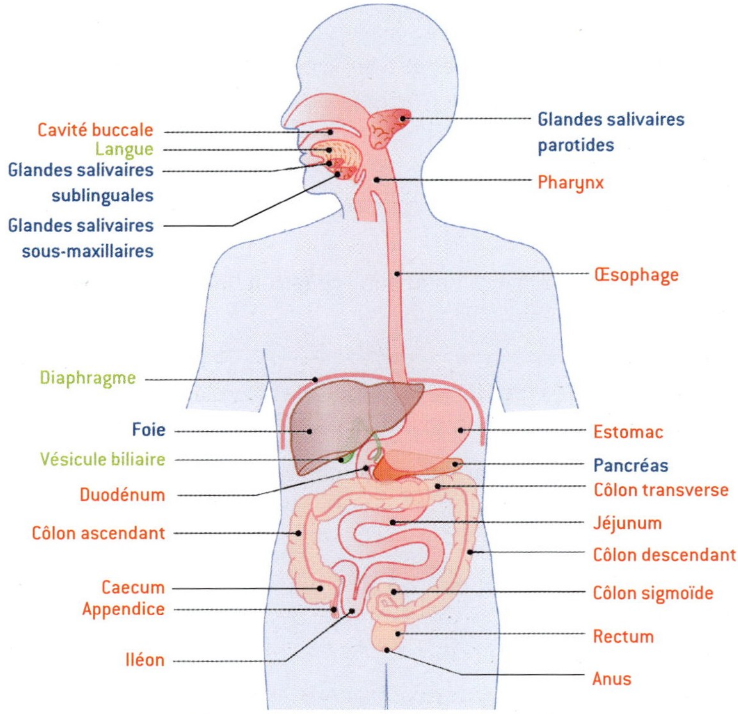

L'ensemble de l'appareil digestif

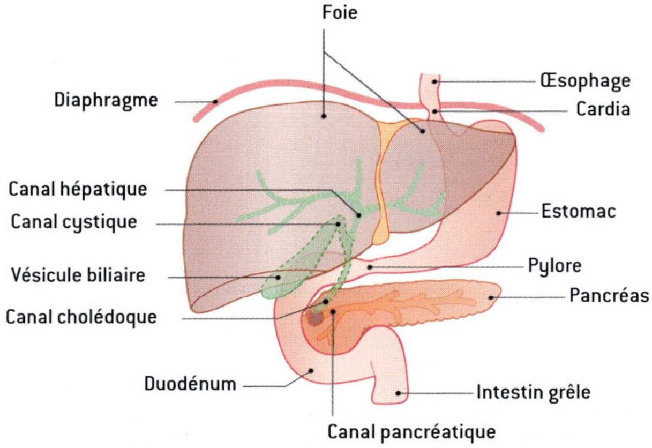

Zoom sur une partie de l'appareil digestif

4 L'histologie du tube digestif

À l'exception de la bouche (constituée uniquement d'une muqueuse), la paroi des différents organes du tube digestif possède la même organisation en 4 couches, à savoir, de la lumière du tube vers le milieu intérieur :
- une **muqueuse** tapissant l'intérieur du tube digestif appelé « lumière », constituée d'un épithélium de revêtement reposant sur un tissu conjonctif lâche ;
- une **sous-muqueuse**, constituée de tissu conjonctif lâche riche en capillaires sanguins ;
- une **musculeuse**, formée de tissu musculaire lisse disposé en 2 couches ;
- une couche externe protectrice : **adventice** (œsophage) ou **séreuse** (constituant le péritoine qui tapisse l'abdomen, de l'estomac au côlon).

REMARQUES

- Muqueuse et sous-muqueuse sont séparées par une fine couche de tissu musculaire.
- Contrairement aux autres organes du tube digestif, la musculeuse de l'estomac est constituée de 3 couches de tissu musculaire.

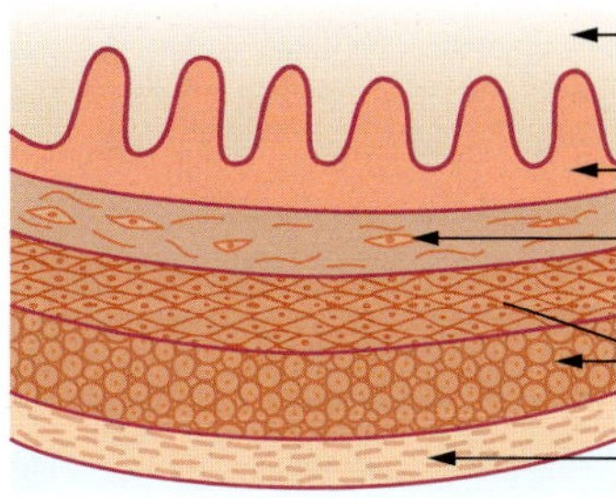

Coupe transversale schématique du tube digestif

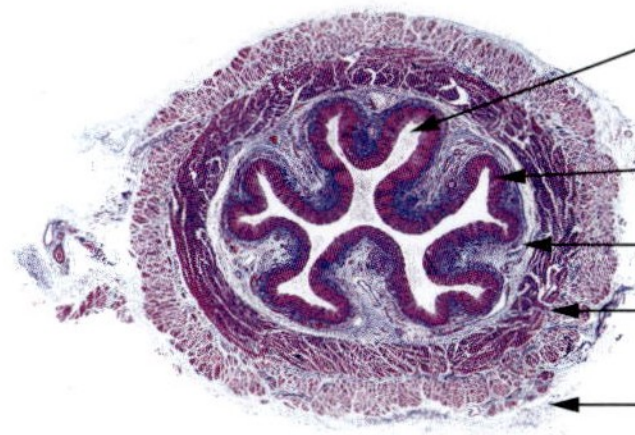

Coupe transversale d'œsophage

À SAVOIR

Terminologie liée à l'appareil digestif

Racine	Organe/sécrétion
Appendic(o)	Appendice
Bucc(o)	Bouche
Chol(é)	Bile
Cholécyst(o)	Vésicule biliaire
Col(o)	Côlon
Duodén(o)	Duodénum
Entér(o)	Intestin
Gastr(o)	Estomac

Racine	Organe/sécrétion
Hépat(o)	Foie
Jéjun(o)	Jéjunum
Ilé(o)	Iléon
Odont(o)	Dent
Oesophag(o)	Œsophage
Pharyng(o)	Pharynx
Stomat(o)	Bouche
Rect(o)	Rectum

12 Une technique d'exploration de l'appareil digestif

La fibroscopie digestive est une technique d'endoscopie appliquée à l'exploration du tube digestif.

1 Le principe de la fibroscopie

■ La fibroscopie (ou endoscopie) est un **examen visuel direct** d'une cavité ou d'un conduit à l'aide d'une **sonde** comportant des **fibres optiques** permettant d'éclairer et de visualiser les structures observées.

■ Dans le cas de la **fibroscopie digestive**, la sonde est un tube souple introduit par la bouche (observation de l'œsophage, de l'estomac et du duodénum), ou par l'anus (observation du rectum et du côlon). L'examen est réalisé à jeun et nécessite une préparation afin de vider le contenu du tube digestif pour faciliter l'observation de la paroi digestive.

REMARQUE

Des micro-instruments sont généralement introduits dans le fibroscope afin de réaliser des gestes chirurgicaux (pinces à biopsie, fibres laser, ciseaux...).

À SAVOIR

- **Endo** : à l'intérieur.
- **-scopie** : action de regarder.
- L'endoscopie permet de visualiser l'intérieur d'un organe en passant généralement par les voies naturelles. L'endoscopie d'une cavité close nécessite une incision chirurgicale.

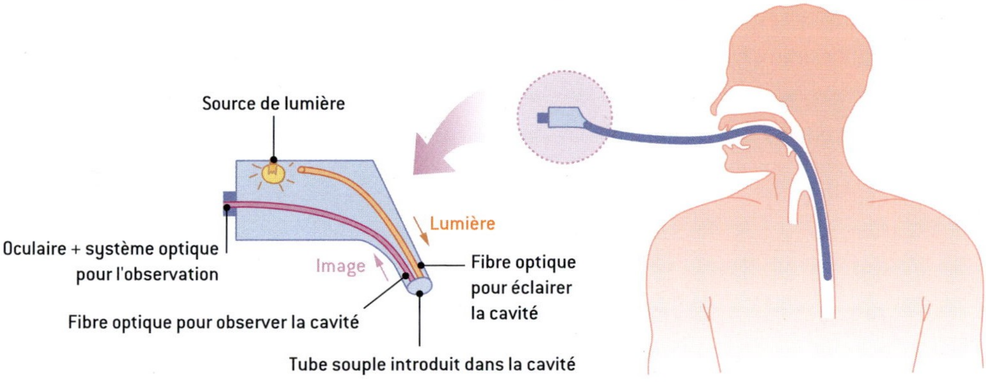

Le principe de la fibroscopie digestive

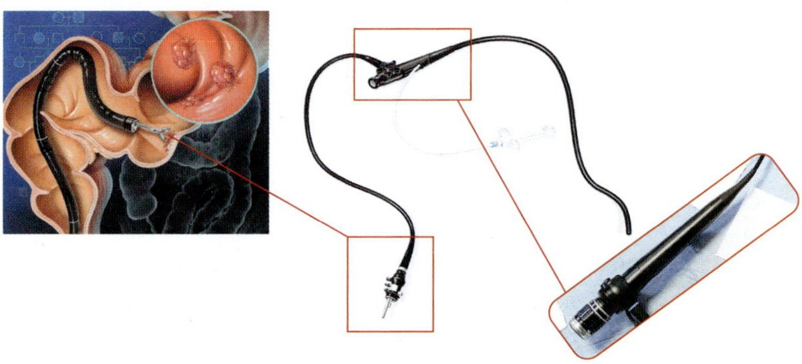

La fibroscopie

2 Les intérêts de la fibroscopie

A L'intérêt diagnostique

■ L'observation de la muqueuse digestive permet de réaliser le diagnostic de plusieurs pathologies :
- **ulcère** (lésion érosive de la muqueuse) ;
- **inflammation de la muqueuse**, par exemple une gastro-entérite (inflammation de la muqueuse de l'estomac et de l'intestin grêle) ;
- **sténose** (réduction de la lumière d'un conduit, par exemple l'œsophage) ;
- **hernie hiatale** (remontée d'une partie ou de la totalité de l'estomac en direction du thorax vers l'œsophage) ;
- **polype** (tumeur bénigne d'une muqueuse, formant une masse arrondie).

DÉFINITION

Hernie : sortie d'un organe hors de la cavité qui le contient normalement.

■ Cette technique permet aussi de réaliser des biopsies (prélèvement de tissu vivant dans le but d'une analyse microscopique) à l'aide de micro-instruments chirurgicaux, afin de confirmer un diagnostic.

B L'intérêt thérapeutique

Cet examen permet également de réaliser des traitements :
- exérèse (ablation) de polypes ;
- extraction de corps étranger ;
- dilatation d'une sténose ;
- cautérisation (arrêt des saignements) d'ulcère hémorragique.

REMARQUE

Dans certains cas, comme pour une appendicite (inflammation de l'appendice), il est nécessaire de réaliser une incision de la paroi abdominale afin de réaliser une appendicectomie (ablation de l'appendice).

3 Les indications de la fibroscopie

La fibroscopie permet d'observer l'anatomie du tube digestif et l'aspect de sa muqueuse. La portion du tube digestif explorée varie en fonction des symptômes présentés.

À SAVOIR

Racines	Suffixes
Héma-, hémo- : sang -phago : manger, déglutir -pepsie : digérer/digestion	-algie : douleur -ite : inflammation -ectomie : ablation, exérèse -rragie : écoulement sanguin -rrhée : écoulement non sanguin -émèse : vomissement

Signe d'appel	Signification	Organe(s) à explorer	Examen pratiqué
Gastralgie	Douleur à l'estomac	Estomac	Gastroscopie
Hématémèse	Vomissement de sang	Estomac	Gastroscopie Œsophagoscopie
Rectalgie	Douleur au rectum	Rectum	Rectoscopie
Rectorragie	Émission de sang rouge vif (non digéré) par le rectum	Rectum	Rectoscopie
Méléna	Présence de sang noir (digéré) dans les selles	Côlon	Coloscopie
Dysphagie	Difficulté pour déglutir	Pharynx Œsophage	Pharyngoscopie Œsophagoscopie
Dyspepsie	Difficulté pour digérer	Estomac	Gastroscopie Œsophagoscopie
◗ Diarrhée ◗ Constipation	◗ Émission fréquente de selles liquides ◗ Émission rare de selles dures	Côlon	Coloscopie

4 Les avantages et les inconvénients de l'examen

■ La fibroscopie est un examen simple à réaliser qui peut être répété afin de suivre l'évolution d'une lésion.

■ Il présente toutefois quelques inconvénients :
- il est nécessaire de réaliser une anesthésie générale dans la plupart des cas ;
- c'est un examen invasif présentant un risque, très faible, de perforation du tube digestif pouvant provoquer des hémorragies ;
- il existe un risque, très faible, de contamination microbienne à l'origine d'une infection nosocomiale.

DÉFINITION
Infection nosocomiale : infection contractée en milieu hospitalier.

13 La physiologie de la digestion

En raison de leur taille, les macromolécules constitutives des aliments que nous ingérons ne sont pas assimilables par les cellules : elles doivent être digérées en nutriments qui seront ensuite absorbés, puis utilisés par les cellules. Ceci est réalisé grâce à 2 phénomènes qui se déroulent dans le tube digestif.

1 Les phénomènes mécaniques de la digestion

Au cours de sa progression par **péristaltisme** dans le tube digestif, le contenu alimentaire est brassé et fragmenté, ce qui augmente la surface de contact avec les **sécrétions digestives**. Ces phénomènes mécaniques sont permis grâce aux contractions de la musculeuse présente dans la paroi du tube digestif.

DÉFINITION

Digestion : ensemble des phénomènes mécaniques et chimiques aboutissant à la simplification des aliments en molécules de petite taille utilisables par les cellules, les nutriments.

Organes	Phénomènes mécaniques	État à l'entrée	État à la sortie
Bouche	◗ Mastication : action des dents (fractionnement, broyage) ◗ Insalivation : action de la salive (humidification, lubrification)	Aliment	Amas pâteux : bol alimentaire
Pharynx	◗ Déglutition : passage des aliments de la bouche vers l'œsophage grâce à l'action de la langue	Bol alimentaire	Bol alimentaire
Œsophage	◗ Mouvements péristaltiques : progression	Bol alimentaire	Bol alimentaire
Estomac	◗ Brassage, fragmentation	Bol alimentaire	Bouillie épaisse : chyme
Intestin grêle	◗ Brassage, imprégnation avec les sécrétions hépatiques, pancréatiques et intestinales ◗ Mouvements péristaltiques : progression	Chyme	Émulsion fluide et homogène : chyle
Côlon	◗ Mouvements péristaltiques : progression ◗ Défécation : élimination des résidus non-digérés dans les selles	Chyle (résidus de la digestion)	Selles (= matières fécales)

REMARQUE

L'eau, les sels minéraux et les vitamines sont déjà à l'état de nutriments ; ils ne sont donc pas digérés lors de leur transit dans le tube digestif.

À SAVOIR

- Le péristaltisme est une succession d'ondes de contractions et de relâchements de la musculeuse qui se propagent le long du tube digestif. Celles-ci permettent la progression du contenu digestif.
- La fermeture du cardia empêche le reflux du chyme vers l'œsophage. Lorsqu'il est suffisamment fluide, le chyme est ensuite évacué dans l'intestin grêle grâce à des ouvertures saccadées du pylore.

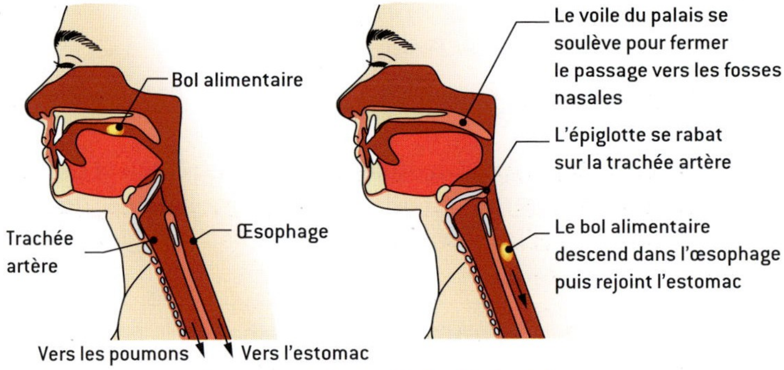

Le mécanisme de la déglutition

2 Les phénomènes chimiques de la digestion

La digestion chimique correspond à une succession de réactions d'**hydrolyses** en présence de **catalyseurs** biologiques, les **enzymes**, sécrétées par les glandes digestives.

DÉFINITIONS

- **Hydrolyse** : décomposition d'une molécule par de l'eau.
- **Catalyseur** : molécule qui accélère la vitesse d'une réaction chimique et qui n'est pas modifiée par la réaction.
- **Enzyme** : protéine catalytique agissant à une température et un pH précis, et ayant une spécificité de substrat et de réaction.

A La digestion dans la bouche

La salive contient une enzyme appelée **glucidase** (amylase), qui hydrolyse une partie de l'amidon en maltose.

$$\text{Amidon} + \text{eau} \xrightarrow{\text{glucidase}} \text{maltose}$$

B La digestion dans l'estomac

Le suc gastrique contient une enzyme appelée **protéase** qui réalise, à **pH acide**, l'hydrolyse partielle des protéines en polypeptides.

$$\text{Protéines} + \text{eau} \xrightarrow{\text{protéase}} \text{polypeptides}$$

REMARQUES

- La muqueuse gastrique est protégée de l'acidité du milieu par le mucus produit par les cellules de l'estomac.
- L'acidité gastrique assure la destruction de la plupart des agents microbiens apportés par l'alimentation.

C La digestion dans l'intestin grêle

Le contenu du **chyme** déversé par l'estomac subit l'action de 3 sécrétions digestives.

a Les sécrétions pancréatiques

Le suc pancréatique, déversé au niveau du duodénum, contient un équipement enzymatique complet capable d'agir sur toutes les molécules organiques du chyme :
- **action sur les glucides** : l'hydrolyse de l'amidon (non hydrolysé dans la bouche) par une glucidase libère du maltose :

Amidon + eau → maltose
glucidase

- **action sur les protides** : l'hydrolyse des protéines (non hydrolysées dans l'estomac) par une protéase libère des polypeptides et des acides aminés :

Protéines + eau → polypeptides + acides aminés
protéase

- **action sur les lipides** : l'hydrolyse des triglycérides (TG) par une **lipase** libère des acides gras (AG), des monoglycérides (MG) et des diglycérides (DG). L'action de la lipase est facilitée par la **bile** produite par le foie et déversée au niveau du duodénum :

TG + eau → AG + MG, DG
lipase

b Les sécrétions hépatiques

Le foie produit en permanence la **bile** (liquide jaunâtre, clair), mais celle-ci est stockée et concentrée entre les repas dans la vésicule biliaire. La bile est **dépourvue d'enzymes**, mais contient des **sels biliaires** et du **cholestérol** qui **stabilisent l'émulsion** formée avec les gouttes de lipides, **facilitant ainsi l'action de la lipase** en offrant une surface de contact plus importante. L'émulsion permet de fragmenter les gouttes de lipides en microgouttelettes qui restent dispersées dans la lumière intestinale.

c Les sécrétions intestinales

■ Les enzymes intestinales, localisées au niveau des entérocytes (cellules intestinales) du jéjuno-iléon, achèvent l'hydrolyse des molécules du chyle :
- **action sur les glucides** : l'hydrolyse du maltose, du lactose et du saccharose par une glucidase libère du glucose, du galactose et du fructose :

Maltose + eau → glucose + glucose
glucidase

Lactose + eau → galactose + glucose
glucidase

Saccharose + eau → fructose + glucose
glucidase

– **action sur les protides** : l'hydrolyse des polypeptides par une peptidase libère des acides aminés :

Polypeptide + eau → acides aminés
peptidase

– **action sur les lipides** : l'hydrolyse des diglycérides (DG) et monoglycérides (MG) par une lipase libère des acides gras et du glycérol :

DG, MG + eau → acides gras + glycérol
lipase

■ Le **chyle**, issu de l'action du suc intestinal, contient des **nutriments** (oses, acides aminés, acides gras, glycérol, sels minéraux, vitamines, eau) ainsi que des macromolécules non digérées, notamment de la cellulose (**fibres**).

MOTS À RETENIR

Digestion, enzyme, hydrolyse, nutriment.

 # schéma

Bilan récapitulatif de la digestion chimique

foucherconnect.fr/19pbst2s64

3 Le rôle du microbiote dans la digestion

Le **microbiote** intestinal (ou flore intestinale) est l'ensemble des **micro-organismes non pathogènes** (bactéries, virus et champignons microscopiques) qui vivent dans le tube digestif, principalement l'intestin grêle et le côlon. Il exerce de nombreuses fonctions physiologiques, notamment digestives, dont les principales sont :
- la **fermentation des résidus alimentaires non digestibles**, produisant des gaz et surtout des acides gras assurant la nutrition des entérocytes ;
- la **synthèse de certaines vitamines** (K et groupe B) ;
- l'**absorption des nutriments** (glucides, lipides, sels minéraux…) ;
- la **stimulation de la motricité** du tube digestif.

REMARQUE

Le tube digestif abrite 10 fois plus de micro-organismes que de cellules constituant notre corps, avec une densité maximale au niveau du côlon. Ce microbiote, unique pour chaque individu, exerce également une protection vis-à-vis des germes pathogènes par un « **effet barrière** », et assure le développement et le fonctionnement de l'immunité intestinale mais aussi générale.

14 La physiologie de l'absorption

À l'issue de la digestion, les nutriments subissent une absorption : ils traversent la paroi de l'intestin grêle et passent dans le milieu intérieur, c'est-à-dire dans le sang et la lymphe.

1 Les caractéristiques histologiques de la muqueuse intestinale

La muqueuse intestinale présente une structure histologique permettant d'assurer de façon efficace l'absorption des nutriments.

A Une grande surface d'échanges

■ La paroi intestinale se compose de **replis successifs** dirigés vers la lumière de l'intestin grêle qui augmentent sa surface et facilitent ainsi les échanges :
- la muqueuse et la sous-muqueuse forment des replis, visibles à l'œil nu : les **valvules conniventes** ;
- au niveau des valvules conniventes, la muqueuse forme aussi des replis, visibles au microscope optique : les **villosités intestinales** ;
- au niveau des villosités, la membrane plasmique des entérocytes forme encore des replis, visibles au microscope électronique : les **microvillosités**.

REMARQUE
Les entérocytes de la muqueuse intestinale sont appelés « cellules à bordure en brosse », en raison de l'aspect donné par la présence des microvillosités à leur pôle apical (pôle dirigé vers la lumière du tube digestif).

■ L'ensemble de ces 3 structures confère à la paroi intestinale une **importante surface d'échanges** de plus de 200 m^2.

B Une paroi intestinale très fine

L'épithélium intestinal est un épithélium simple, constitué d'**une seule couche** d'entérocytes et de cellules à mucus (cellules caliciformes). La **finesse** de la muqueuse intestinale favorise le passage des nutriments au travers des entérocytes vers les vaisseaux sanguins ou lymphatiques.

C Une importante vascularisation

■ Au centre de chaque villosité, à proximité des entérocytes, se trouvent :
- un réseau de vaisseaux sanguins, composé d'une **artériole** afférente, de **capillaires** artériels puis veineux, et d'une **veinule** efférente ;
- un vaisseau lymphatique central appelé **chylifère**.

■ Ce réseau vasculaire développé permet une prise en charge efficace des nutriments et leur transport par voie sanguine ou lymphatique vers les cellules de l'organisme.

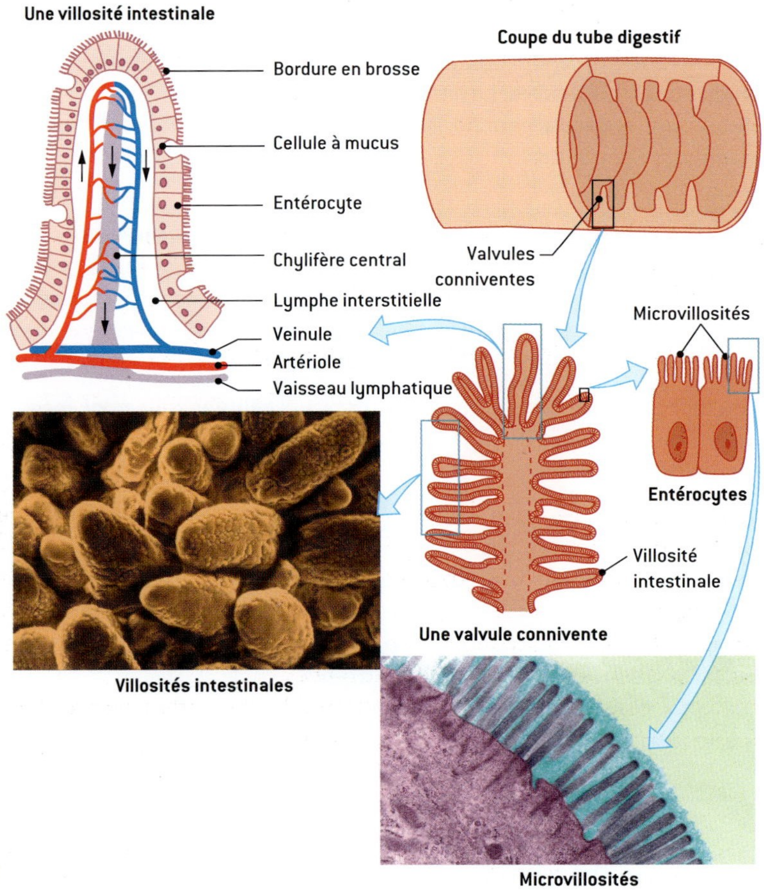

La structure de la muqueuse intestinale

2 Les voies d'absorption intestinale

Après leur passage de la paroi intestinale au travers des entérocytes, les nutriments parviennent dans la lymphe interstitielle et, selon leur nature chimique, sont absorbés par **voie sanguine** ou par **voie lymphatique**.

A La voie sanguine

Elle concerne les **nutriments hydrophiles** (oses, acides aminés, acides gras à courte chaîne, glycérol, sels minéraux et vitamines hydrosolubles). Ceux-ci rejoignent le foie par la veine porte hépatique, où ils seront mis en réserve, transformés ou redistribués à l'ensemble de l'organisme. Dans ce cas, ils quittent le foie par la veine sus-hépatique qui rejoint la veine cave inférieure.

B La voie lymphatique

■ Elle prend en charge les **nutriments hydrophobes**, soit les acides gras à longue chaîne (plus de 10 atomes de carbone) et les vitamines liposolubles (A, D, E et K). Ceux-ci, transportés sous forme de lipoprotéines, pénètrent dans les chylifères qui convergent ensuite au niveau du canal thoracique. La lymphe est déversée dans la circulation sanguine au niveau de la veine sous-clavière gauche, qui rejoint ensuite la veine cave supérieure puis la circulation sanguine générale.

À SAVOIR

Lorsqu'ils traversent les entérocytes, les acides gras et les vitamines A, D, E et K se combinent à du cholestérol et des protéines, nommées apoprotéines, pour former des particules hydrophiles, les lipoprotéines. Celles-ci, trop volumineuses pour pénétrer dans les capillaires sanguins, empruntent la voie lymphatique dont les capillaires sont plus perméables.

■ Selon leur nature, les nutriments apportés aux cellules sont stockés (glucose, acides gras, acides aminés), utilisés à des fins énergétiques (glucose, acides gras) ou structurales (acides aminés, acides gras).

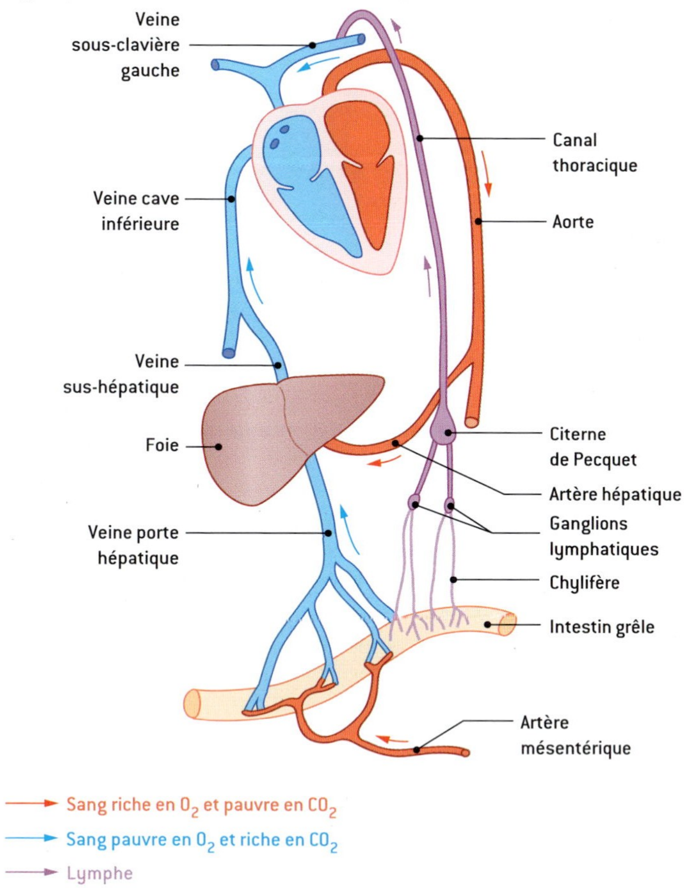

La vascularisation digestive

3 Le mécanisme d'absorption de l'eau

■ L'eau contenue dans le tube digestif représente un volume de 9 L et provient de l'alimentation (aliments et boissons) et des sécrétions digestives. La quasi-totalité de l'eau (8,5 L) est absorbée dans le sang au niveau de l'intestin grêle par **osmose**, qui correspond au déplacement de l'eau d'un **milieu hypotonique** (ici, la lumière du tube digestif) vers un **milieu hypertonique** (ici, le milieu intérieur, soit la lymphe et le plasma qui reçoivent les nutriments absorbés).

■ Ce phénomène physique tend à maintenir l'**équilibre osmotique** (isotonie) entre ces 2 milieux.

schéma
L'osmose
foucherconnect.fr/19pbst2s15

À SAVOIR

Le milieu le moins concentré en solutés (pression osmotique la plus faible) est dit « hypotonique » par rapport au milieu le plus concentré (pression osmotique la plus forte) qui est dit « hypertonique ». Si les 2 milieux ont la même pression osmotique, ils sont dits « isotoniques ».

4 Une pathologie digestive : l'alactasie

■ Le déficit en lactase, ou **intolérance au lactose**, correspond à une **absence** ou une **diminution partielle de l'activité de la lactase**, enzyme qui hydrolyse le lactose en glucose et galactose.

■ En cas d'**alactasie**, l'organisme est incapable de digérer des quantités importantes de lactose : celui-ci, ne pouvant être absorbé, reste dans la lumière du tube digestif. Il en résulte :
- une **fermentation du lactose par le microbiote**, produisant des gaz à l'origine de ballonnements et de douleurs abdominales ;
- une **augmentation de la pression osmotique** dans le tube digestif liée à la présence du lactose dans le tube digestif, responsable d'une diminution de l'absorption de l'eau par osmose, à l'origine des diarrhées.

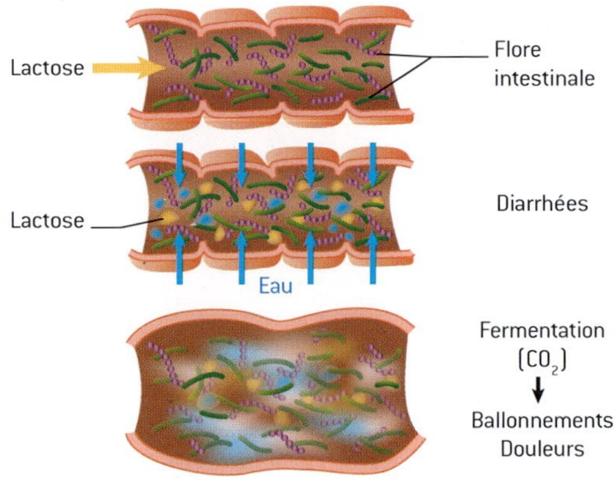

OBJECTIF BAC

EXERCICE 1

Analyser le déjeuner d'une femme adulte en répondant aux questions ci-dessous.

Contenu du déjeuner		Composition pour 100 g d'aliments (en g)		
Aliments	**Portion (en g)**	**Protides**	**Lipides**	**Glucides**
Lentilles en salade	40	24	1,8	58
Steak haché	120	20	9	0
Épinards à la crème	120 15	2,3 3	0,3 30	3,5 3,5
Pomme	150	0,3	0,4	14
Pain	50	8	0	55

1. Indiquer à quel groupe appartient chacun des aliments consommés par cette femme. Quels sont les groupes alimentaires absents dans ce repas ?
2. Calculer, à l'aide des données du tableau, l'apport énergétique total de ce repas. (Rappel : l'énergie apportée par 1 g de glucides ou 1 g de protides est de 17 kJ, 1 g de lipides apporte 38 kJ.)
3. L'apport énergétique journalier de référence pour une femme adulte est d'environ 9 000 kJ/jour. Sachant que l'apport énergétique du déjeuner doit représenter 40 % de l'apport énergétique total, vérifier si ce repas respecte cet équilibre.
4. Les proportions dans l'apport énergétique en protides, lipides et glucides doivent être respectivement de 10-20, 35-40 et 40-55 %. Comparer avec la répartition de ce repas et proposer des améliorations à cette ration alimentaire.

EXERCICE 2

On réalise expérimentalement des essais d'hydrolyse de l'amidon. Les résultats obtenus sont consignés dans le tableau ci-dessous.

Tubes	Contenu du tube	Température d'incubation	pH	Résultats des tests au bout de 20 min	
				Eau iodée	**Liqueur de Fehling**
1	Amidon + eau	37 °C	7	Bleu marine	Bleu
2	Amidon + eau + salive	37 °C	7	Jaune	Précipité rouge brique
3	Amidon + eau + salive	0 °C	7	Bleu marine	Bleu
4	Amidon + eau + salive	37 °C	4	Bleu marine	Bleu
5	Amidon + eau + salive	37 °C	10	Bleu marine	Bleu

1. Analyser et interpréter les résultats obtenus pour chacun des tubes.
2. Conclure sur les conditions d'hydrolyse de l'amidon.
3. À l'aide de vos connaissances, écrire l'équation de la réaction qui s'est produite dans le tube 2.

EXERCICE 3

Différentes expériences ont été menées afin de comprendre certains aspects de la digestion des protides. Des prélèvements effectués pendant la digestion à différents niveaux du tube digestif ont permis d'obtenir les résultats consignés dans le tableau ci-dessous :

Le devenir des protides dans le tube digestif

		Présence dans...				
	Taille (nm)	**...la bouche**	**...l'estomac**	**...le duodénum**	**...le jéjunum et l'iléon**	**...le côlon**
Protéines	76	+++	++	Traces	Traces	Traces
Peptides	2 à 30	-	+	++	Traces	Traces
Acides aminés	0,8	-	-	+	+++	Traces

Analyser les résultats présentés dans ce tableau. Conclure sur le devenir des protides dans le tube digestif en précisant les lieux de digestion et d'absorption.

EXERCICE 4

Le lactose, principal glucide contenu dans le lait, est dégradé dans l'intestin grêle par la lactase. Les produits de la digestion, le glucose et le galactose, sont absorbés au niveau de la muqueuse intestinale. Une personne intolérante au lactose n'est pas capable de digérer ce glucide. Chez le nouveau-né intolérant, en l'absence de l'exclusion du lactose dans l'alimentation, une dénutrition et une déshydratation sévère surviennent, mettant sa vie en jeu.

Pour confirmer le diagnostic d'alactasie, un test de tolérance au lactose est réalisé. Il consiste à suivre l'évolution de la glycémie après ingestion de lactose. Plusieurs dosages sanguins sont réalisés : à jeun, puis à intervalles réguliers après l'ingestion.

Le graphique présente les résultats du test pour 2 nouveau-nés, dont l'un est suspecté de souffrir d'alactasie.

1. Analyser et expliquer les résultats obtenus pour le nouveau-né de référence ne souffrant pas d'alactasie.
2. Analyser les résultats obtenus pour le nouveau-né testé et expliquer en quoi ils permettent de conclure à une alactasie.
3. À l'aide de vos connaissances sur l'osmose, expliquer le risque de déshydratation chez cet enfant.

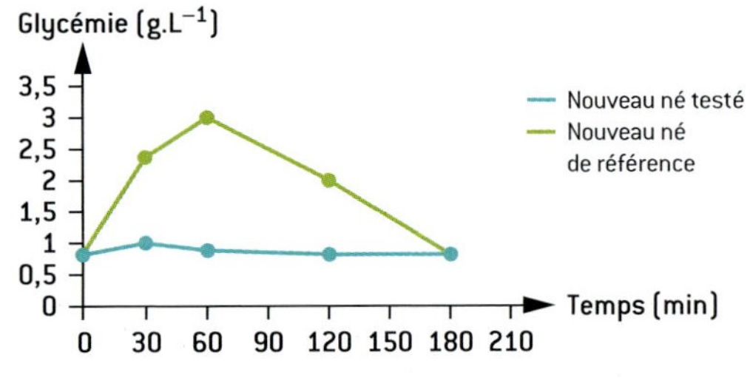

corrigés
foucherconnect.fr/19pbst2s13

15 L'organisation générale du squelette

Le squelette est un élément essentiel de l'appareil locomoteur ; constitué de 206 os, il assure la motricité (avec l'appareil musculaire), protège certains organes internes et forme la charpente de l'organisme. La mobilité entre 2 os, reliés entre eux par des ligaments, est assurée par des structures mettant en contact 2 surfaces osseuses, les articulations.

1 Les vues antérieure et postérieure du squelette humain

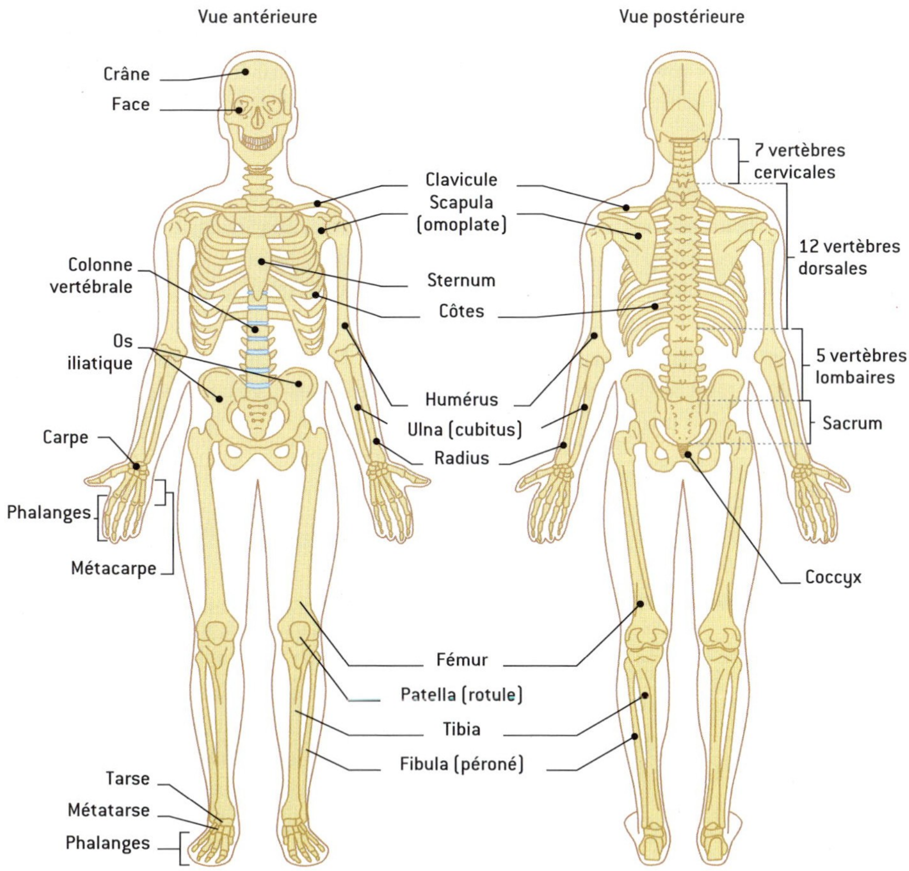

2 Le squelette axial

A La tête

a Le crâne

Les os du crâne forment la **cavité crânienne** qui contient et protège l'encéphale. Ils sont soudés par des articulations immobiles appelées sutures.

b La face

Elle constitue le support des muscles de la face.

B Le tronc

Il est constitué de la colonne vertébrale, ou rachis, et se compose de **33 vertèbres** intercalées par des **disques intervertébraux** : 7 **cervicales** ; 12 **dorsales** (ou **thoraciques**) articulées avec les côtes ; 5 **lombaires** ; 5 **sacrées**, soudées pour former le **sacrum** ; 4 **coccygiennes**, soudées pour former le **coccyx**.

À SAVOIR

Les disques intervertébraux sont constitués de cartilage ; ils amortissent les chocs et permettent une certaine flexibilité du rachis.

C La cage thoracique

Elle contient et protège les organes vitaux tels que le cœur et les poumons. Elle est constituée par :
- le **sternum**, os plat et long ;
- 12 paires de **côtes** qui partent du **rachis dorsal** : 7 paires de vraies côtes, reliées chacune au sternum par un cartilage propre à chacune ; 3 paires de fausses côtes, reliées au sternum par un cartilage commun et 2 paires de côtes flottantes, non reliées au sternum.

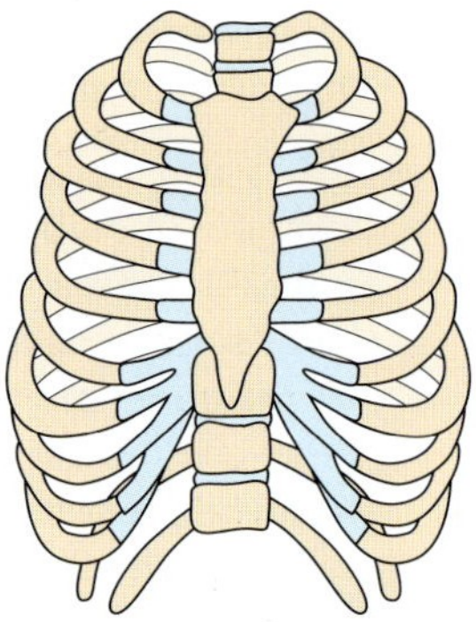

Vue antérieure de la cage thoracique

3 Le squelette appendiculaire

A Le membre supérieur

■ La **ceinture scapulaire** relie les 2 membres supérieurs au squelette axial. Elle est constituée de 2 **scapulas** (ou **omoplates**), à l'arrière, et de 2 **clavicules**, à l'avant.

■ Le **bras** contient l'**humérus**, formant avec la scapula l'articulation de l'épaule.

■ L'**avant-bras** contient 2 os formant avec l'humérus l'articulation du coude : un **ulna** (ou **cubitus**) et un **radius**.

■ La **main** est formée du **carpe**, os courts du poignet, du **métacarpe**, os longs de la paume et des **phalanges**, os des doigts.

B Le membre inférieur

■ La **ceinture pelvienne** relie les 2 membres inférieurs au squelette axial. Elle est constituée de 2 **os iliaques** (ou os coxaux) reliés entre eux par du cartilage. Chaque os iliaque est composé de 3 os soudés : le **pubis**, à l'avant, l'**ilion**, latéralement et l'**ischion**, à l'arrière.

REMARQUE

Les 2 os iliaques, le sacrum et le coccyx constituent le bassin, ou pelvis ; celui-ci protège la vessie et les organes génitaux internes.

■ La **cuisse** contient le **fémur**, qui forme avec l'os iliaque l'articulation de la **hanche**.

■ La **jambe** est constituée du **tibia**, de la **fibula** (ou **péroné**) et de la **patella** (ou **rotule**). Ces 3 os forment l'articulation du **genou**.

■ Le **pied** contient le **tarse**, le **métatarse**, os longs de la plante du pied, et les **phalanges**.

4 Les articulations mobiles

■ Une **articulation** est une structure anatomique mettant en contact 2 surfaces osseuses.

■ Les articulations assurant la mobilité entre 2 os des membres inférieurs ou supérieurs sont dites **synoviales**. Les surfaces articulaires sont recouvertes de **cartilage** afin d'éviter le frottement des os lors des mouvements. Entre ces 2 surfaces se trouve une **membrane synoviale** sécrétant dans une cavité le liquide synovial qui lubrifie les surfaces articulaires et assure la nutrition du cartilage.

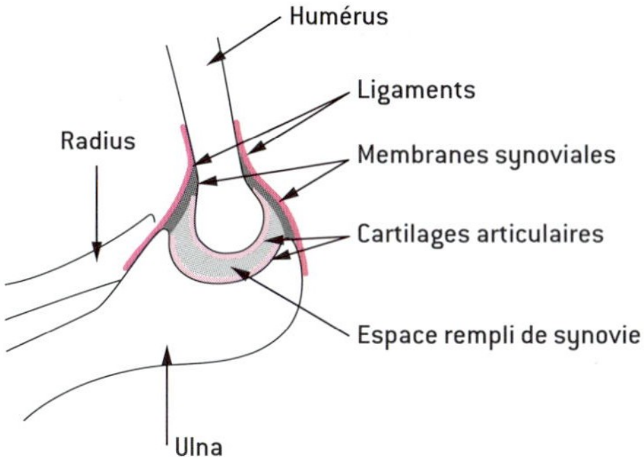

L'articulation de l'humérus et de l'ulna (cubitus) chez l'être humain

■ La mobilité des articulations est permise grâce à la contraction des muscles rattachés au squelette par les **tendons**. Les os sont reliés par des **ligaments** permettant de les maintenir en place et de limiter l'amplitude des mouvements : ils assurent ainsi une protection contre les fortes tractions ou torsions.

À SAVOIR

Racines	Sens	Racine	Sens
Arthr(o)	Articulation	Médull(o), myél(o)	Moelle
Cervic(o)	Cou	Osté(o)	Os
Chondr(o)	Cartilage	Rachi, rachid(o)	Rachis
Cost(o)	Côte	Tendin(o)	Tendon
Cox(o)	Hanche	Thorac(o)	Thorax
Gon(o)	Genou		

16 L'organisation générale du système nerveux

Le système nerveux est un système de régulation et de coordination des fonctions de l'organisme. Il reçoit et analyse les informations provenant de l'environnement et de l'organisme et élabore une réponse adaptée qu'il envoie en direction des organes effecteurs. Il est composé du système nerveux central (SNC), composé des centres nerveux, et du système nerveux périphérique (SNP), composé des nerfs.

1 Le système nerveux central

#schéma
Le système nerveux
foucherconnect.fr/19pbst2s16

A Généralités

■ Il perçoit, sélectionne et traite les informations provenant des récepteurs sensoriels, puis les transmet vers des organes effecteurs par l'intermédiaire des nerfs.

■ Le système nerveux central est composé de 2 **centres nerveux**, l'**encéphale** et la **moelle épinière**, protégés par :
- la **boîte crânienne** et le **rachis** ;
- un ensemble de 3 membranes périphériques, les **méninges** ;
- le **liquide céphalo-rachidien** (LCR).

REMARQUE
Le LCR circule librement entre les méninges et dans des cavités centrales du SNC (ventricules et canal de l'épendyme). Il protège contre les traumatismes extérieurs en amortissant les chocs et permet de diminuer la pression à la base du cerveau en le faisant « flotter ». Sa composition est proche de celle du plasma, ce qui lui permet d'assurer des échanges nutritifs avec le tissu nerveux et l'évacuation des déchets toxiques. Il exerce également une fonction immunitaire grâce aux cellules immunitaires qu'il contient.

B L'anatomie de l'encéphale

a Le cerveau

■ Il est formé de 2 **hémisphères cérébraux**, recouverts à la périphérie par le **cortex** qui présente de nombreux replis, et reliés par le **corps calleux**.

REMARQUE
À la base du cerveau se trouvent l'hypothalamus et l'hypophyse, qui forment le **complexe hypothalamo-hypophysaire**, régulant de nombreuses fonctions de l'organisme par une action neuroendocrine.

■ Chacun des hémisphères abrite un ensemble de cavités, appelées ventricules, reliées entre elles et dans lesquelles circule le liquide céphalo-rachidien.

b Le tronc cérébral

Il occupe la partie inférieure de l'encéphale qui précède la moelle épinière.

C Le cervelet

C'est une masse finement plissée située en arrière du tronc cérébral.

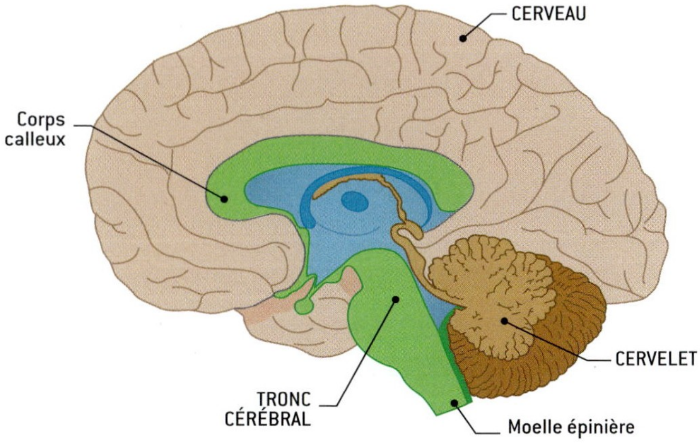

Coupe de l'encéphale

C La moelle épinière

La moelle épinière, logée dans le **canal rachidien**, forme un long cordon qui s'étend de la première vertèbre cervicale C1 à la deuxième vertèbre lombaire L2. Au centre de la moelle épinière se trouve le canal de l'épendyme dans lequel circule le liquide céphalo-rachidien.

REMARQUE

La moelle épinière est un centre de coordination des réflexes ; elle est également responsable de la conduction des informations entre l'encéphale et la périphérie par l'intermédiaire des nerfs.

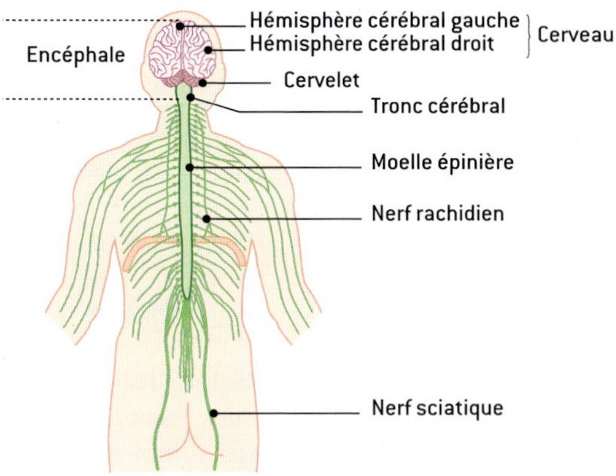

L'organisation générale du système nerveux

2 Le système nerveux périphérique

Le système nerveux périphérique est constitué par l'ensemble des nerfs qui mettent en relation les centres nerveux avec les autres organes du corps. Il est composé de :
- **12 paires de nerfs crâniens**, partant de l'encéphale ;
- **31 paires de nerfs rachidiens**, partant de la moelle épinière.

Les nerfs sont constitués de **fibres nerveuses**, assemblées parallèlement en **faisceaux** séparés par du tissu conjonctif vascularisé. Ce sont des **voies de conduction des messages nerveux** :
- un **nerf sensitif** contient des fibres afférentes, c'est-à-dire qui transmettent un message nerveux de la périphérie vers les centres nerveux ;

– un **nerf moteur** contient des fibres efférentes, c'est-à-dire qui transmettent un message nerveux des centres nerveux vers la périphérie.

REMARQUE
Un nerf contenant les 2 types de fibres est dit « mixte ».

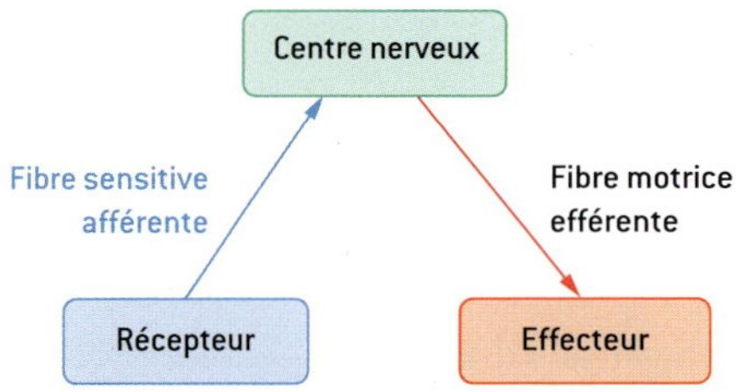

Schématisation d'un arc réflexe

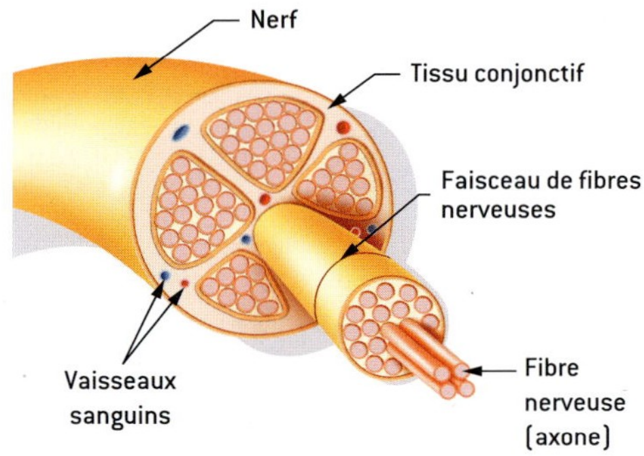

L'organisation d'un nerf

3 Le tissu nerveux

■ Le tissu nerveux est formé de 2 types de cellules : les **neurones**, très différenciés, spécialisés dans la transmission du message nerveux, et des cellules conjonctives qui occupent la plus grande partie du tissu nerveux, les **cellules gliales**, exerçant une fonction de soutien et de nutrition des neurones.

■ Le neurone, **unité structurale et fonctionnelle** du tissu nerveux, est constitué :
– d'un **corps cellulaire** contenant le noyau et les organites cytoplasmiques ;
– de prolongements cytoplasmiques : les **dendrites**, courts, ramifiés et nombreux, et l'**axone**, long et unique, qui constitue la **fibre nerveuse** et se termine par des ramifications formant l'**arborisation terminale**.

■ La propagation de l'influx nerveux est **unidirectionnelle** : le neurone reçoit les informations au niveau des dendrites et les transmet à d'autres cellules, par le biais de l'axone, au niveau de l'arborisation terminale.

■ La plupart des axones sont entourés d'un manchon isolant et discontinu appelé **gaine de myéline**, qui s'interrompt à intervalles réguliers au niveau des **nœuds de Ranvier**.

À SAVOIR
Un neurone seul, isolé, n'a aucun intérêt physiologique. La fonction du système nerveux implique que les neurones se connectent entre eux grâce à leur structure ramifiée, réalisant ainsi un réseau de communication très complexe.

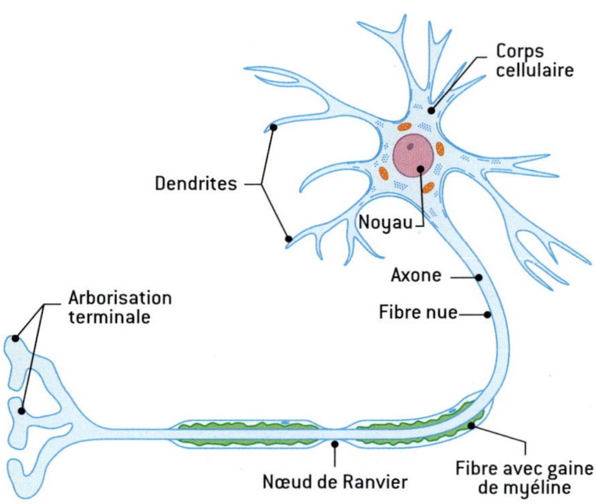

La structure d'un neurone

17 La physiologie nerveuse

La fibre nerveuse possède 2 propriétés à la base de son fonctionnement : l'excitabilité, qui lui permet de produire, à la suite d'une stimulation efficace, une réponse sous forme d'influx nerveux, et la conductibilité, qui lui permet de propager l'influx nerveux des dendrites ou du corps cellulaire jusqu'à l'arborisation terminale de l'axone.

1 Le potentiel de repos d'une fibre nerveuse

Le **potentiel de repos** est la **différence de potentiel** (ddp) entre l'intérieur et l'extérieur de la fibre nerveuse au repos. Ce potentiel de membrane peut être mesuré à l'aide d'un oscilloscope et de micro-électrodes placées de part et d'autre de la membrane plasmique de l'axone. On observe une ddp généralement de l'ordre de - 60 mV à - 70 mV au repos, indiquant que l'intérieur de la fibre est plus électronégatif que l'extérieur.

REMARQUE

Le potentiel de repos résulte d'une répartition inégale de certains ions de part et d'autre de la membrane plasmique de la cellule. Il est caractéristique de toutes les cellules vivantes et sa valeur varie selon les types cellulaires.

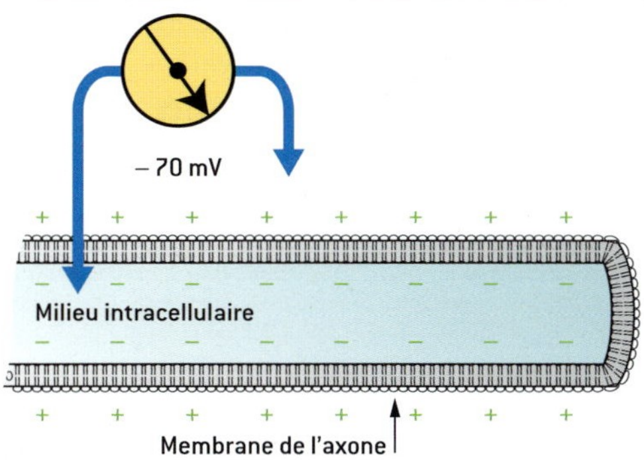

Le dispositif d'enregistrement du potentiel de repos

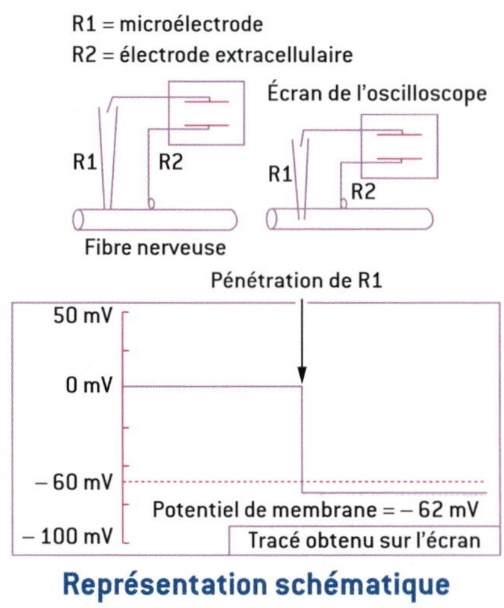

Représentation schématique de la différence de potentiel membranaire d'une fibre nerveuse

2 Le potentiel d'action d'une fibre nerveuse

La fibre nerveuse est capable de réagir à certaines stimulations (électriques, physiques ou chimiques) en modifiant son potentiel de membrane, produisant une **réponse électrique** appelée **potentiel d'action**.

A Les phases du potentiel d'action

Le potentiel d'action est une **variation brève** (environ 3 millisecondes) et **locale** de la polarité de la membrane plasmique d'un neurone en réponse à une stimulation efficace. Il apparaît sous la forme d'une séquence stéréotypée que l'on peut décomposer en 3 phases, visibles sur l'écran de l'oscilloscope :

- **dépolarisation** : inversion de la ddp qui devient positive (pendant un très court instant et sur une petite portion de la membrane, l'intérieur de la cellule devient positif par rapport à l'extérieur) ;
- **repolarisation** : la ddp s'inverse de nouveau et revient vers une valeur négative ;
- **hyperpolarisation** : la ddp est transitoirement inférieure à sa valeur de repos, puis elle revient vers sa valeur initiale.

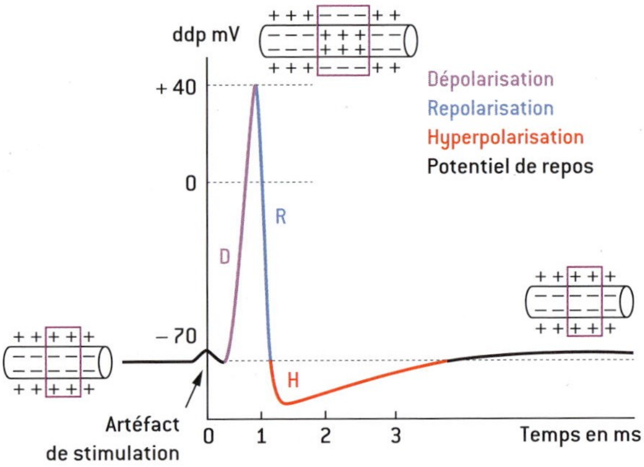

Le potentiel d'action

REMARQUES

- Les modifications de charges électriques mesurées au niveau de la membrane plasmique lors d'un potentiel d'action sont dues à des flux transitoires d'ions entre l'intérieur et l'extérieur de la cellule.
- L'artéfact est une perturbation électrique observée après chaque stimulation d'une fibre nerveuse. Celui-ci ne doit pas être pris en compte dans l'interprétation des expériences.

B Le seuil de réponse

Un potentiel d'action n'est déclenché que si l'intensité de stimulation de la fibre nerveuse est suffisante (on parle de stimulation efficace). Lorsque cette intensité, appelée **seuil d'excitabilité**, est atteinte, l'amplitude et la durée du potentiel d'action généré sont identiques, quelle que soit l'intensité : on dit que la fibre nerveuse répond à la **loi du « tout ou rien »**.

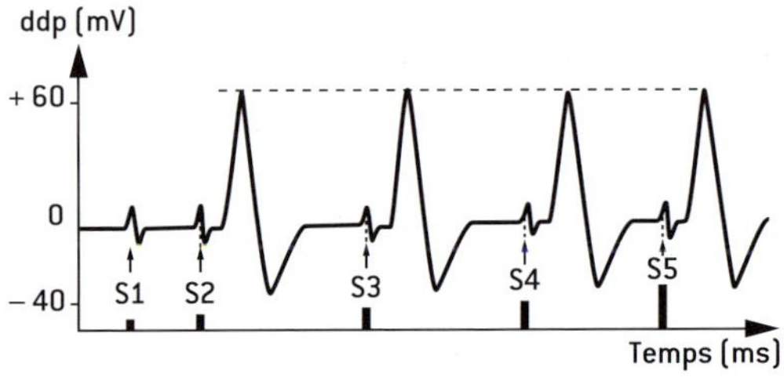

La réponse d'une fibre nerveuse après 5 stimulations d'intensité croissante

À SAVOIR

Toutes les fibres nerveuses n'ont pas la même sensibilité ; elles ne possèdent donc pas toutes le même seuil d'excitabilité.

C Le codage de l'information

Le codage de l'information au niveau de la fibre nerveuse est en **modulation de fréquence** : plus l'intensité de la stimulation est importante, plus les potentiels d'action sont rapprochés dans le temps.

REMARQUE

Pour simplifier, on schématise souvent l'activité d'une fibre nerveuse sous la forme d'une simple variation de fréquence des potentiels d'action schématisés par de petits bâtons ; ces potentiels d'action successifs sont généralement nommés « trains de potentiels d'action ».

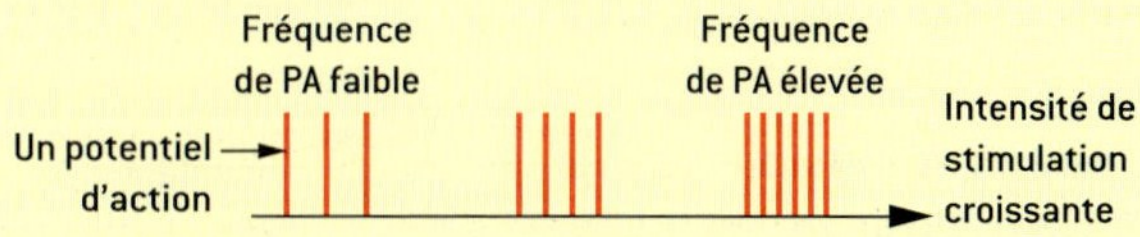

D La propagation du message nerveux

Le potentiel d'action produit au niveau de la fibre nerveuse devient localement un stimulus électrique, générant à son tour un nouveau potentiel d'action à proximité. La naissance de nouveaux potentiels d'action de proche en proche, le long de la fibre nerveuse, assure la **propagation unidirectionnelle de l'influx nerveux** jusqu'à l'arborisation terminale de l'axone.

REMARQUE

La vitesse de propagation de l'influx nerveux augmente avec la température, le diamètre de l'axone et le type de fibre (elle est plus importante dans les fibres possédant une gaine de myéline).

3 La transmission de l'influx nerveux au niveau d'un nerf

Un nerf est constitué d'un ensemble de fibres nerveuses possédant chacune un **seuil d'excitabilité différent**. Sa réponse à des stimulations d'intensité croissante montre qu'**il ne suit pas la loi du « tout ou rien »**. En effet, l'amplitude du potentiel d'action du nerf augmente avec le nombre de fibres nerveuses excitées ; lorsque l'ensemble des fibres composant le nerf ont été recrutées (donc dépolarisées), le nerf présente un potentiel d'action d'amplitude maximale.

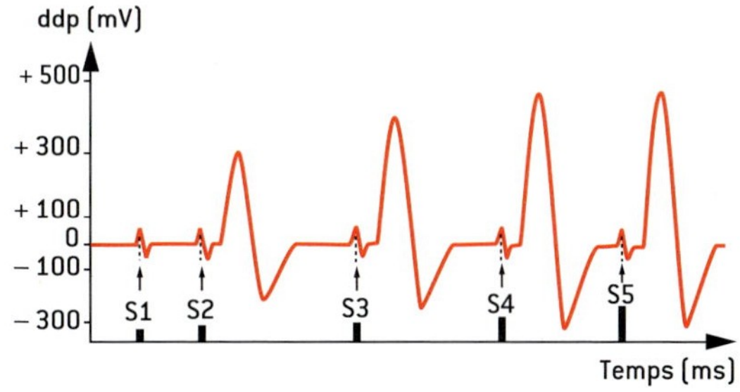

La réponse d'un nerf après 5 stimulations d'intensité croissante

18 La structure du muscle strié et la contraction musculaire

Le muscle strié, dit squelettique car il recouvre le squelette, présente une organisation hiérarchisée qui lui permet d'assurer sa fonction de contraction, responsable de la motricité du corps et du maintien de la posture.

1 L'organisation générale du muscle strié

Le muscle strié squelettique est divisé en de nombreux **faisceaux** de cellules musculaires appelées **fibres musculaires** ou **myocytes**. Ces faisceaux, parallèles au grand axe du muscle, sont séparés par du tissu conjonctif dans lequel se trouvent des vaisseaux sanguins et des nerfs. Le muscle se prolonge par les **tendons** qui permettent son rattachement à l'os et la mise en mouvement du squelette.

À SAVOIR
- **My(o)** : muscle.
- **Cyt(o)** : cellule.
- Un **myocyte** est donc une cellule musculaire.

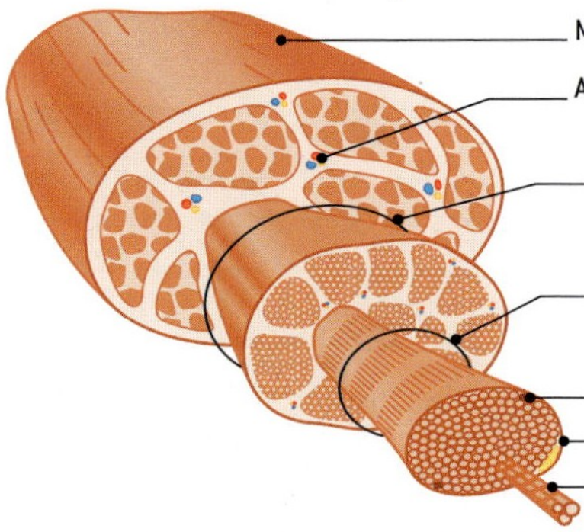

L'organisation hiérarchisée du muscle strié squelettique

2 La structure et l'ultrastructure des fibres musculaires striées

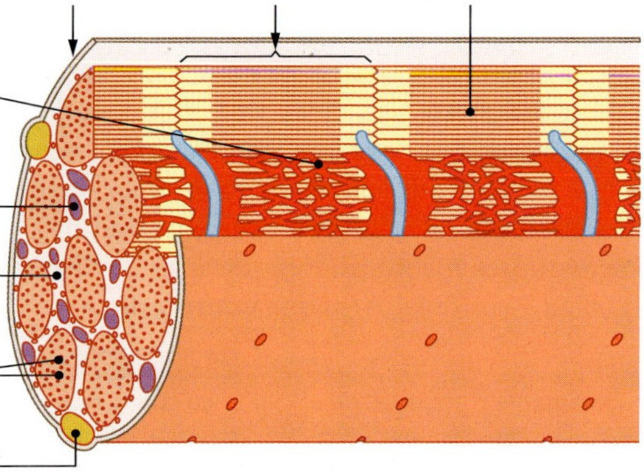

L'ultrastructure d'une fibre musculaire striée squelettique

Les myocytes sont des cellules cylindriques très longues (0,1 mm à plusieurs cm de long) limitées par une membrane plasmique appelée **sarcolemme**, dont des replis pénètrent dans le myocyte. Le cytoplasme, appelé **sarcoplasme**, contient : **plusieurs noyaux aplatis** disposés à la périphérie ; de la **myoglobine**, protéine proche de l'hémoglobine, qui met en réserve le dioxygène ; de **nombreuses mitochondries** ; des **grains de glycogène** ; un **réticulum endoplasmique lisse**, appelé **réticulum sarcoplasmique** ; de **longs cylindres** rangés parallèlement au grand axe de la fibre : les **myofibrilles**.

3 L'ultrastructure des myofibrilles

Les myofibrilles sont constituées de filaments protéiques appelés **myofilaments**. On en observe des fins d'**actine** qui s'engagent entre d'autres plus épais de **myosine**. Ceux-ci s'organisent en unités structurales contractiles les unes à la suite des autres : les **sarcomères**.

REMARQUE

Au microscope, les myofibrilles apparaissent sous forme d'une succession régulière de bandes claires et de bandes sombres, donnant un aspect strié au myocyte, d'où le terme de fibre musculaire striée.

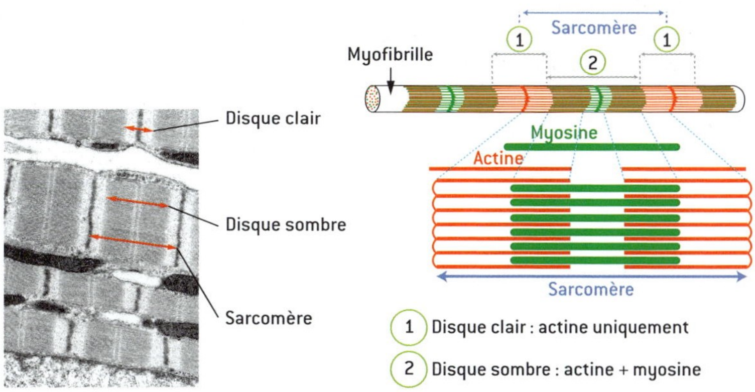

Microphotographie et schéma d'un sarcomère

4 Le mécanisme de la contraction musculaire

La contraction du muscle strié se manifeste par une **diminution de sa longueur**, associée à une augmentation de son volume. Le glissement des filaments d'actine et de myosine les uns par rapport aux autres entraîne un **raccourcissement de l'ensemble des sarcomères** qui conduit à un raccourcissement des myofibrilles, et donc de la fibre musculaire : la cellule musculaire est dite **contractile**.

 # schéma
Le raccourcissement des sarcomères
foucherconnect.fr/19pbst2s17

À SAVOIR

Les myofilaments d'actine et de myosine ne sont pas contractiles ; à l'inverse du sarcomère, leur longueur ne varie pas durant la contraction musculaire.

REMARQUE

La contraction musculaire nécessite une source d'énergie afin de réaliser le travail mécanique. Lors d'un effort prolongé, la fibre musculaire mobilise ses réserves de glycogène afin de libérer du glucose, lequel est ensuite dégradé par la respiration cellulaire, productrice d'énergie.

19 Le fonctionnement de la jonction neuromusculaire

Le muscle possède les propriétés d'excitabilité et de contractibilité. Sous l'effet d'une stimulation, il se contracte, ce qui entraîne le mouvement des os auxquels il est relié. La contraction coordonnée de chacune des cellules du muscle, sous commande nerveuse, fait suite à la réception d'un message nerveux moteur émis par les centres nerveux et transmis par une fibre nerveuse motrice.

1 La jonction neuromusculaire

Lorsque l'influx nerveux arrive au niveau de l'arborisation terminale de l'axone, le message nerveux est transmis par **voie chimique** à la fibre musculaire au niveau d'une zone de jonction neuromusculaire appelée **synapse**. Chaque synapse comporte :
- un **élément présynaptique**, constitué par l'extrémité de la fibre nerveuse (appelé bouton synaptique) riche en vésicules synaptiques contenant des substances chimiques appelées neurotransmetteurs ;
- la **fente synaptique**, espace entre les éléments pré- et postsynaptiques ;
- un **élément postsynaptique**, constitué par la fibre musculaire.

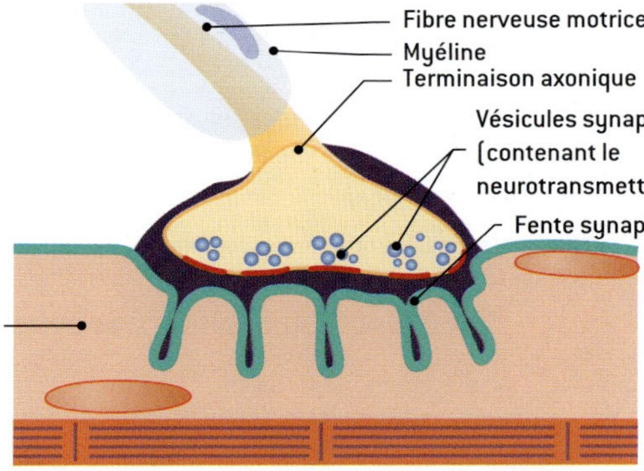

Schéma d'une synapse neuromusculaire

2 La transmission synaptique du message nerveux

L'arrivée du potentiel d'action à l'extrémité de la fibre nerveuse (①) conduit à la libération par exocytose d'un **neurotransmetteur**, l'**acétylcholine** (Ach), dans la **fente synaptique**. Sa fixation sur des **récepteurs membranaires spécifiques** présents sur la fibre musculaire (②) génère un flux d'ions (③) et une dépolarisation à l'origine d'un **potentiel d'action musculaire** (④). Celui-ci se propage ensuite le long du sarcolemme, déclenchant la **contraction musculaire**.

REMARQUE
Le neurotransmetteur est ensuite rapidement hydrolysé par une enzyme présente dans la fente synaptique, ce qui conduit à son détachement du récepteur, et donc à l'arrêt de la contraction musculaire.

À SAVOIR

Un neurotransmetteur est un messager chimique présent dans les vésicules synaptiques situées au niveau de l'arborisation terminale d'un axone. Il assure la transmission du message nerveux entre la fibre nerveuse et une autre fibre nerveuse, ou une fibre musculaire, ou une cellule glandulaire.

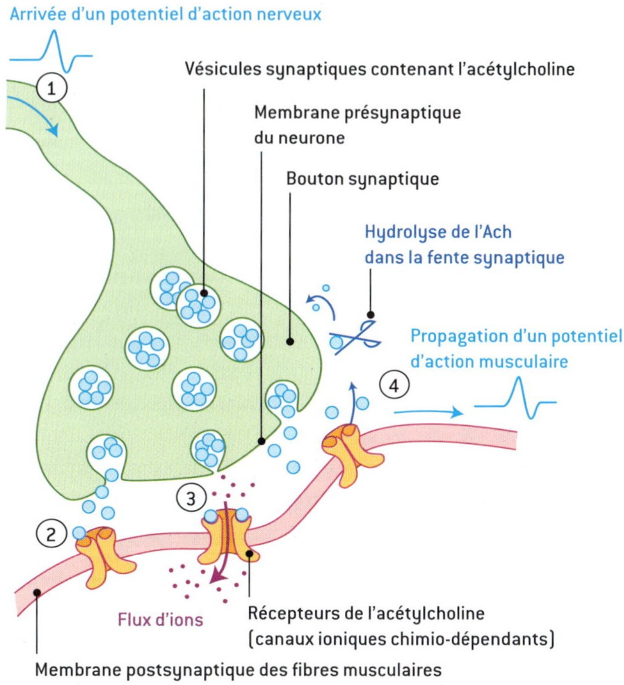

Sur ce schéma, les structures membranaires et moléculaires ne sont pas à la même échelle.

Le fonctionnement d'une synapse

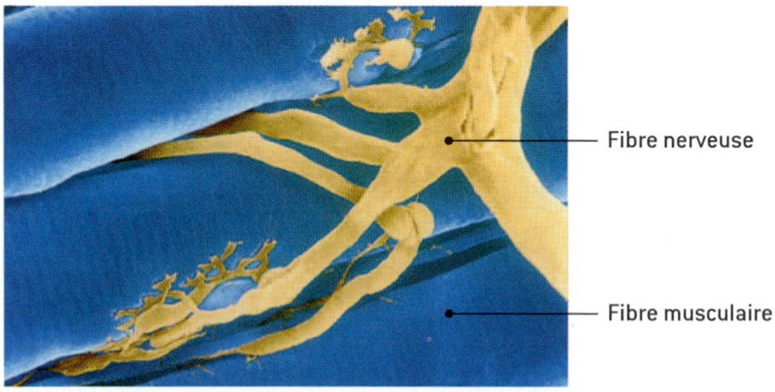

Synapse observée en microscopie électronique

20 Les techniques d'exploration de l'appareil locomoteur

La radiographie est la technique d'imagerie médicale la plus courante pour l'exploration du squelette et la détection de traumatismes osseux, tandis que la tomodensitométrie (ou scanographie) et l'imagerie par résonance magnétique sont surtout utilisées pour l'exploration anatomique ou fonctionnelle du système nerveux.

1 La radiographie

A Le principe

- La radiographie est un examen basé sur l'**absorption différentielle des rayons X** selon la nature des tissus traversés.

- Le patient est placé entre une source émettrice de rayons X et un film photographique. Après émission de rayons X vers la région à explorer, le flux résiduel sortant (non absorbé) de rayons X impressionne un film photographique (récepteur). L'image obtenue est appelée **cliché** ou négatif. Dans le cas de la radiographie numérique, l'image est enregistrée sur un **support informatique puis convertie en image numérique**.

- Les **tissus radio-opaques absorbent les rayons X** (tissus de forte densité, comme les os ou les dents). Le flux résiduel sortant est donc nul, le film n'est pas impressionné par les rayons X et les zones apparaissent **blanches**. Ce sont des zones d'**opacité**.

- Les **tissus radiotransparents se laissent traverser par les rayons X** (tissus de faible densité, comme les poumons, la vessie, les muscles). Le flux sortant de rayons X est donc égal au flux entrant, le film est impressionné et les zones apparaissent **noires ou sombres**. Ce sont des zones de **clarté**.

À SAVOIR

L'atténuation du faisceau de rayons X par un organe est d'autant plus importante que le tissu est épais et dense. On obtient donc un cliché du corps avec des zones présentant différents niveaux de gris selon la proportion de rayons X arrêtés.

Tableau récapitulatif du principe de la radiographie

	Tissus denses	Tissus mous
Absorption des rayons X	Oui	Non
Impression de la plaque photo	Non	Oui
Coloration de la zone	Blanche	Noire
Nom de la zone	Opacité	Clarté

REMARQUE

Afin de pouvoir examiner les organes remplis de liquide ou d'air, on administre au patient un produit de contraste (iode, baryum) qui se dépose sur les parois de l'organe à observer et le rend opaque aux rayons X.

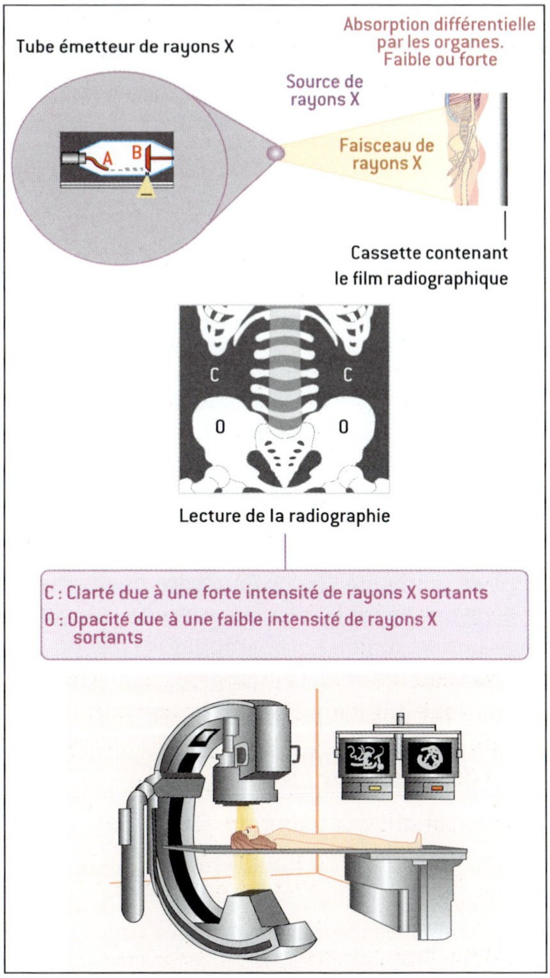

Le principe de la radiologie

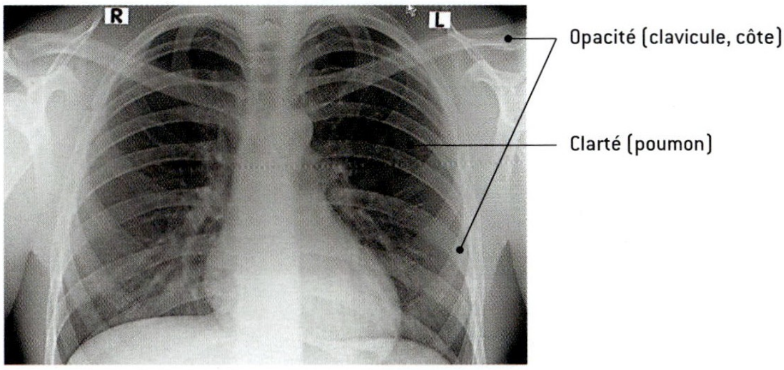

Radiographie de la cage thoracique

B Les intérêts diagnostiques

■ La radiographie est un examen **simple**, **rapide**, **indolore** et relativement **peu coûteux**. Cet examen est utilisé pour observer et **détecter des anomalies au niveau de nombreux organes** (tumeur pulmonaire, kyste du sein, sténose d'un vaisseau sanguin…).

■ Dans le cadre de l'exploration du squelette, la radiographie permet de **rechercher des anomalies osseuses** (fractures, déviation du rachis...) ou **articulaires** (arthrose, luxation...), d'**assurer un suivi** des réparations osseuses ou le **contrôle d'une chirurgie orthopédique** (en cas de pose de prothèse articulaire, par exemple).

C Les inconvénients

De fortes doses de rayons X sont **néfastes** pour l'organisme et peuvent provoquer des **altérations de l'ADN**. Ces examens ne peuvent donc pas être répétés trop souvent, et les organes radiosensibles (ovaires, testicules) doivent être protégés. Le personnel médical est également protégé par une vitre plombée qui bloque le passage des rayons X. Ils sont **contre-indiqués** chez la femme enceinte en raison du risque de malformations chez l'enfant à naître. L'examen est **invasif** en cas d'utilisation de produits de contraste. Enfin, certains produits de contraste, comme l'iode, peuvent provoquer des **allergies**.

2 La tomodensitométrie (TDM)

A Le principe

■ Cette technique est basée, comme la radiologie conventionnelle, sur l'**absorption différentielle des rayons X** selon la nature des tissus traversés. La différence réside dans l'exploration de l'organisme en **différentes coupes** grâce à un appareillage particulier et un traitement **informatique** des données recueillies.

■ Le patient est placé sur une table, dans un appareil mobile en forme d'anneau appelé tomodensitomètre ou **scanner**. L'émetteur de rayons X placé dans le scanner se déplace le long du patient en tournant autour de lui. Le flux résiduel de rayons X non absorbés est recueilli au fur et à mesure du déplacement par le détecteur, diamétralement opposé dans l'anneau, puis converti en image par l'ordinateur auquel il est relié. Comme pour la radiographie classique, les différences d'absorption des rayons X par les tissus sont traduites en niveaux de gris (du noir au blanc).

REMARQUE
Pour améliorer la qualité des images, des produits de contraste (iodés) sont administrés dans la plupart des cas.

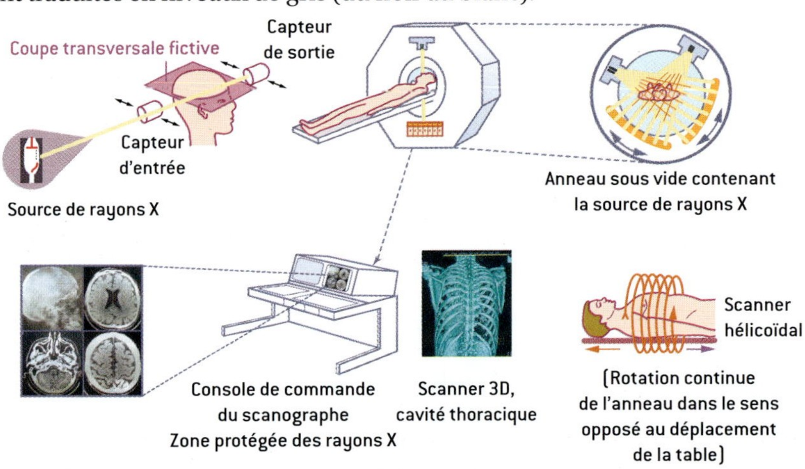

Le principe de fonctionnement du scanographe

B Les intérêts diagnostiques

- Cet examen permet d'explorer l'anatomie de la plupart des organes et de repérer d'éventuelles anomalies telles que les kystes, les tumeurs, les infections, les hémorragies...

- Il est très utilisé pour le diagnostic et la localisation des atteintes du système nerveux : traumatisme crânien, tumeur cérébrale, accident vasculaire cérébral, lésions de la moelle épinière.

C Les avantages par rapport à la radiographie classique

- L'obtention d'images en coupe permet une reconstitution de l'organe en 3 dimensions : on peut donc distinguer des structures qui seraient superposées sur un cliché classique.

- La qualité de l'image, d'une grande précision, permet de repérer des anomalies non visibles en radiographie conventionnelle.

REMARQUE

On retrouve toutefois les inconvénients liés à la nocivité des rayons X (bien que la dose de rayons X soit plus faible) et au caractère invasif et allergisant des produits de contraste s'ils sont utilisés.

3 L'imagerie par résonance magnétique (IRM)

A Le principe

Cette technique repose sur les propriétés magnétiques des **atomes d'hydrogène**, abondants dans le corps humain. L'appareil, en forme de tunnel dans lequel est allongé le patient, est composé d'un aimant qui émet un **champ magnétique** intense. Les protons H^+ contenus dans l'organisme entrent en résonance et émettent des signaux analysés et convertis en image par un ordinateur.

À SAVOIR

Cet examen, sans danger et indolore, est toutefois contre-indiqué pour les porteurs d'éléments métalliques sensibles aux champs magnétiques, tels que les stimulateurs cardiaques et certaines prothèses métalliques et implants auditifs.

B Les intérêts diagnostiques

- L'IRM fournit des **images anatomiques et fonctionnelles** dans les **3 plans de coupe** ; cette exploration renseigne donc sur d'éventuelles anomalies de fonctionnement d'un organe.

- Tous les organes contenant des atomes d'hydrogène peuvent être explorés, et plus particulièrement les organes mous, riches en eau et donc en protons (muscles, cœur, reins, foie...).

- Il est très utilisé pour le diagnostic de pathologies en neurologie (tumeurs, accidents vasculaires cérébraux, pathologies neurodégénératives, atteintes médullaires...) et la précision de ses images permet d'éviter des biopsies, par exemple dans le cas des tumeurs cérébrales.

REMARQUE

Il est possible d'injecter un produit de contraste appelé gadolinium pour améliorer la qualité des images ; celui-ci présente toutefois le risque d'entraîner une réaction allergique.

21 Les atteintes de l'appareil locomoteur et du système nerveux central

Les pathologies de l'appareil locomoteur font partie des affections les plus fréquentes rencontrées dans la population. Malgré sa résistance, le squelette est susceptible de subir des traumatismes engendrant des troubles de la motricité, et nécessitant, dans certains cas, un traitement chirurgical. Le système nerveux central peut, quant à lui, être affecté par des tumeurs, des traumatismes ou des accidents vasculaires cérébraux (AVC).

1 Une atteinte de l'appareil locomoteur : la coxarthrose

A Définition

La coxarthrose est une **maladie dégénérative de l'articulation de la hanche** qui se traduit par une **usure prématurée du cartilage**. Cette maladie, chronique, évolue lentement et conduit à un frottement des os, puis à des déformations irréversibles de l'articulation, voire, dans les cas extrêmes, une perte totale de la mobilité articulaire.

À SAVOIR

Les maladies dégénératives sont des pathologies qui se traduisent par une dégénérescence, c'est-à-dire un processus de dégradation progressive, d'un ou plusieurs organes.

B Le diagnostic

La disparition du cartilage gêne les mouvements de la hanche, ce qui rend ceux-ci très douloureux et réduit progressivement la mobilité de la personne atteinte. Douleur et raideur de la hanche sont donc les signes recherchés par le médecin lors de l'examen clinique. L'examen radiographique de la hanche est l'examen paraclinique qui permet de confirmer le diagnostic.

C Les facteurs de risque

Ils sont multiples : l'âge (+ de 40 ans), le sexe (les femmes sont plus touchées à partir de la ménopause), le surpoids et l'obésité, les microtraumatismes répétés, une surcharge articulaire (port de charges lourdes, sport…), une prédisposition héréditaire, des malformations articulaires, etc.

REMARQUE

Il faut distinguer l'arthrose, maladie dégénérative, de l'arthrite, qui est une maladie inflammatoire, aiguë ou chronique, de l'articulation.

D Le traitement

Il comprend des antalgiques et des anti-inflammatoires, un régime hygiéno-diététique amaigrissant si nécessaire, une activité physique régulière, de la kinésithérapie. Il est possible de réaliser la pose chirurgicale d'une prothèse de la hanche par arthroplastie pour récupérer les fonctions de mobilité et soulager la douleur.

> DÉFINITION
> **Arthroplastie** : réparation chirurgicale d'une articulation.

2 Les atteintes du système nerveux

A Au niveau de l'encéphale

Les conséquences des lésions neuronales varient selon la région cérébrale touchée et l'étendue du traumatisme. L'**AVC** (accident vasculaire cérébral), parfois appelé attaque cérébrale, est par exemple, la première cause de handicap acquis chez l'adulte. Quand il n'est pas fatal, il entraîne des séquelles, comme une **hémiplégie**, une **aphasie** ou une **amnésie**.

> À SAVOIR
> Un accident vasculaire cérébral est une défaillance circulatoire neurologique due à la lésion d'une ou plusieurs artères cérébrales (par occlusion dans 80 % des cas ou hémorragie dans 20 % des cas).

B Au niveau de la moelle épinière

Plus la lésion est haute, plus les conséquences sont importantes :

- en cas de **compression médullaire**, comme pour une hernie discale, le patient peut retrouver sa mobilité mais des séquelles persistent parfois, telles que des **névralgies** ou des **paresthésies** ;
- en cas de **section de la moelle épinière**, lors d'une fracture du rachis avec déplacement par exemple, les lésions sont irréversibles, avec des troubles moteurs ou sensoriels, voire mortelles en cas d'atteinte au niveau des 2 premières vertèbres cervicales (par arrêt des fonctions cardiaque et respiratoire).

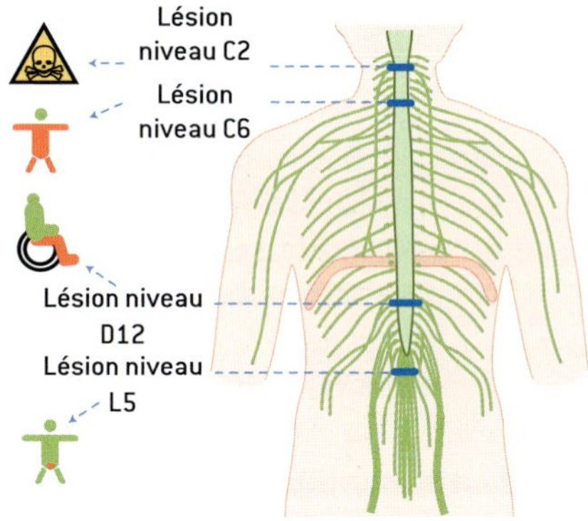

Les différentes hauteurs de lésions médullaires

> DÉFINITIONS
> - **Aphasie** : perte du langage.
> - **Amnésie** : perte de la mémoire.
> - **Hémiplégie** : paralysie de la moitié droite ou gauche du corps.
> - **Névralgie** : douleur sur le trajet d'un nerf (neur(o), nevr(o) = nerf).
> - **Tétraplégie** : paralysie des membres supérieurs et inférieurs.
> - **Paraplégie** : paralysie des membres inférieurs (et de la partie basse du tronc).
> - **Paralysie** : perte de motricité et de sensibilité d'une partie du corps.
> - **Paresthésie** : trouble de la sensibilité.

OBJECTIF BAC

EXERCICE

On stimule électriquement un neurone et on enregistre sa réponse, présentée sur le document 1.

1. Identifier le phénomène global enregistré entre les repères C et F puis nommer les différentes phases identifiables sur ce document en utilisant les repères A à F.

2. Le document 2 présente les enregistrements de la réponse d'une fibre nerveuse après des stimulations d'intensité croissante (S1 < S2 < S3 < S4 < S5). Analyser ces enregistrements et en déduire la propriété de la fibre nerveuse ainsi mise en évidence.

Doc. 1 Enregistrement de la réponse d'un neurone à une stimulation électrique

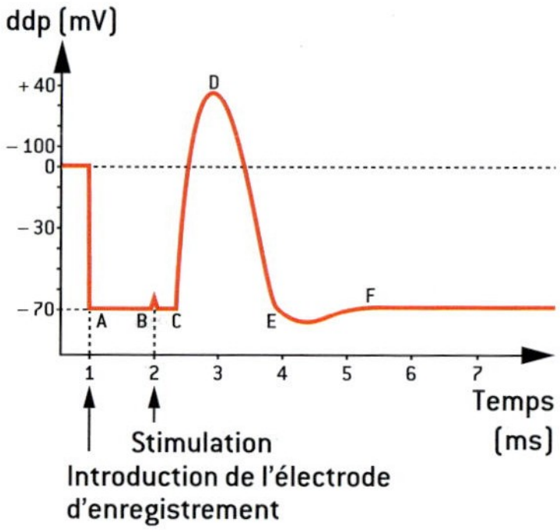

Doc. 2 Enregistrement de la réponse d'une fibre nerveuse

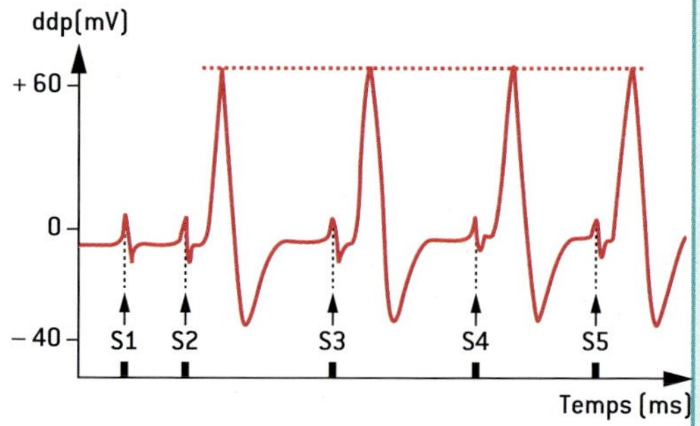

La nicotine est une substance toxique présente dans la fumée de tabac. Elle modifie le fonctionnement des synapses entre les neurones dopaminergiques (neurones libérant de la dopamine, qui entre dans le circuit neuronal de la récompense et du plaisir). Pour comprendre le mode d'action de la nicotine, on réalise des expériences à partir du montage expérimental schématisé sur le document 3. Ce document représente une synapse neuro-neuronale, dont le principe de fonctionnement est similaire à celui de la synapse neuromusculaire. Les expériences réalisées et les résultats obtenus sont décrits dans le tableau ci-dessous.

3. Annoter les repères 1 à 6 du document 3.

Doc. 3 Représentation d'une synapse neuro-neuronale

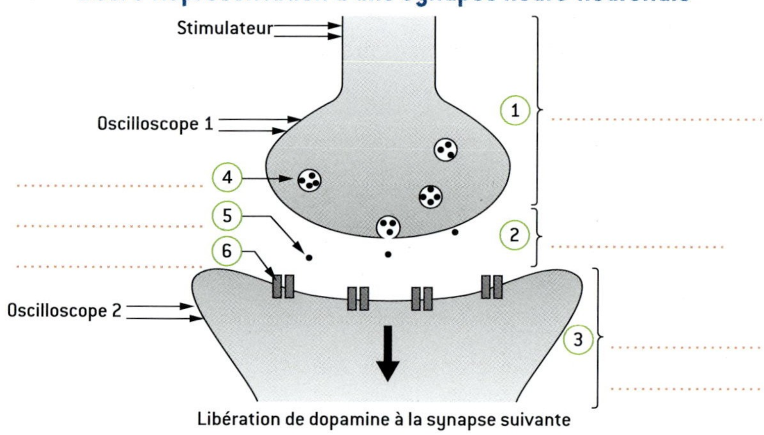

Protocole expérimental	Enregistrement de l'oscilloscope 1	Enregistrement de l'oscilloscope 2	Libération de dopamine par l'élément 3
A : Aucune stimulation appliquée	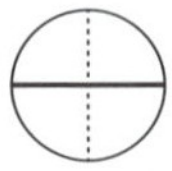	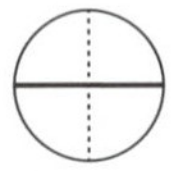	Non
B : Stimulation appliquée sur l'élément 1 du doc.			Oui
C : Aucune stimulation appliquée et injection de nicotine dans la zone 2 du doc.	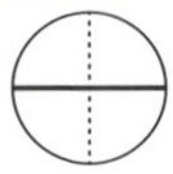		Oui

4. Analyser chacune des expériences du tableau afin de montrer l'effet de la nicotine sur la transmission synaptique.

5. Légender le document 4 représentant l'ultrastructure d'une fibre musculaire striée.

Doc. 4 Organisation d'une fibre musculaire striée squelettique

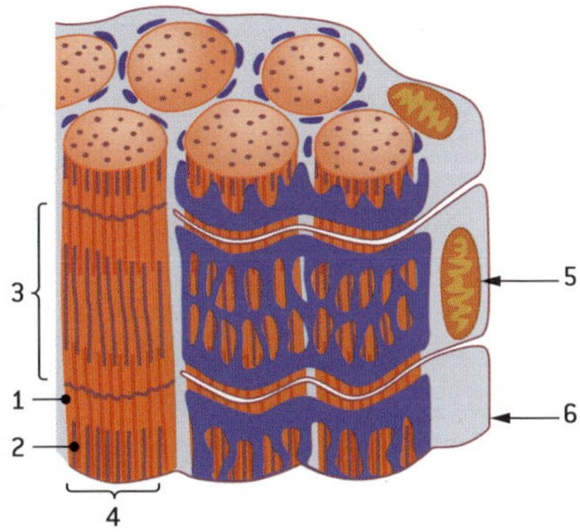

6. Le document 5 représente 2 photographies vues au microscope électronique de l'unité fonctionnelle du muscle lors de sa contraction et leur schéma d'interprétation. Analyser ce document, puis l'interpréter en expliquant le mécanisme permettant de passer de l'état relâché à l'état contracté.

Doc. 5 L'unité fonctionnelle du muscle

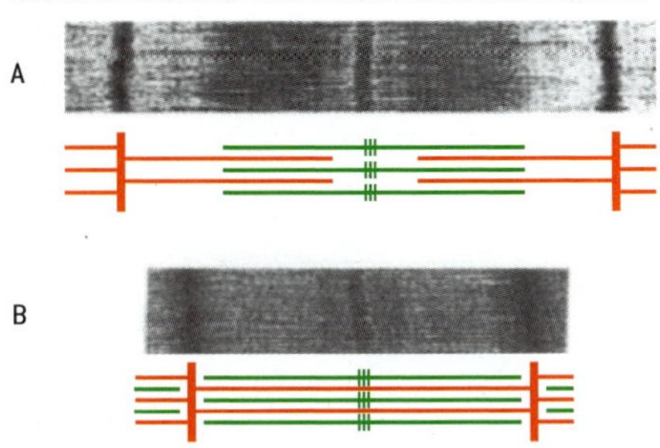

22 L'anatomie et la physiologie du cœur

Le cœur présente une organisation qui lui permet d'assurer sa fonction d'organe propulseur du sang. C'est un muscle présentant une activité électrique particulière, à l'origine d'un fonctionnement autonome appelé automatisme cardiaque.

1 L'anatomie du cœur

- Le cœur est divisé longitudinalement en 2 **hémi-cœurs indépendants** et **asymétriques**.
- La paroi du cœur est constituée de 3 tuniques, dont la principale, appelée **myocarde**, est composée de tissu musculaire, impliqué dans la contraction cardiaque.
- Ces valves, en empêchant le sang de refluer, imposent une **circulation intracardiaque à sens unique**.
- La vascularisation du cœur est assurée par les vaisseaux coronaires visibles à la surface du cœur.

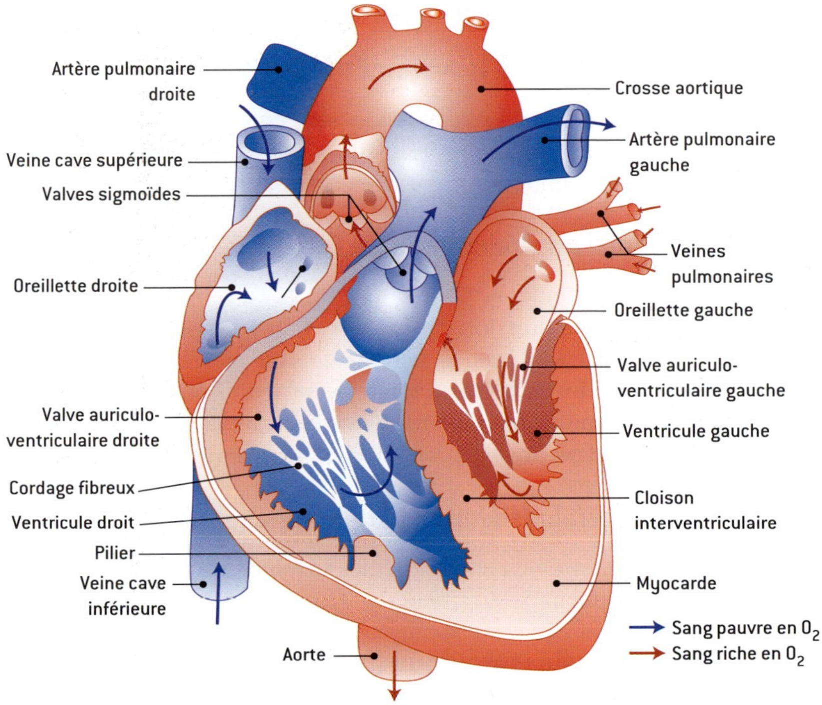

Coupe frontale du cœur

2 L'aspect mécanique de la révolution cardiaque

A Les phases de la révolution cardiaque

La **révolution cardiaque**, ou **cycle cardiaque**, est constituée d'une **alternance cyclique** de contractions (**systoles**) et de relâchements (**diastoles**) :
– **systole auriculaire** : contraction des oreillettes qui chassent le sang qu'elles contiennent dans les ventricules ;
– **systole ventriculaire** : contraction des ventricules qui mettent le sang sous pression puis l'éjectent dans les artères ;
– **diastole générale** : relâchement du cœur, avec remplissage des oreillettes puis des ventricules.

a La systole auriculaire (phase AB)

Les oreillettes se contractent ; la pression sanguine dans les oreillettes étant supérieure à celle des ventricules, les valves auriculo-ventriculaires (VAV) restent ouvertes. Cette étape permet un **remplissage actif des ventricules** qui complète le remplissage passif ayant eu lieu durant la diastole générale précédente. À la fin de cette phase, les ventricules contiennent un **volume de sang maximal** appelé volume télédiastolique (VTD).

b La systole ventriculaire isovolumétrique (phase BC)

Les ventricules se contractent ; la pression sanguine dans les ventricules augmente et devient supérieure à celle dans les oreillettes, qui se relâchent : fermeture des VAV. Les valves sigmoïdes (VS) étant toujours fermées, le **volume ventriculaire reste constant**.

c La systole ventriculaire isotonique (phase CD)

La contraction des ventricules se poursuit. La pression ventriculaire continue d'augmenter et devient supérieure à la pression dans l'artère (aorte ou pulmonaire) : les VS s'ouvrent et le sang est éjecté dans les artères. Le volume de sang éjecté est appelé **volume d'éjection systolique** (VES). À la fin de cette phase, les ventricules contiennent un **volume de sang minimal** appelé volume télésystolique (VTS). Lorsque la pression sanguine ventriculaire devient de nouveau inférieure à la pression dans les artères, les VS se referment.

d La diastole générale isovolumétrique (phase DE)

Toutes les valves sont fermées : les ventricules se relâchent au cours d'une **phase à volume constant**, et le sang revient passivement dans les oreillettes.

e La diastole générale isotonique (phase EF)

Le relâchement des oreillettes et des ventricules se poursuit. La pression dans les oreillettes devient supérieure à celle dans les ventricules : ouverture des VAV, permettant un **remplissage passif et partiel des ventricules**.

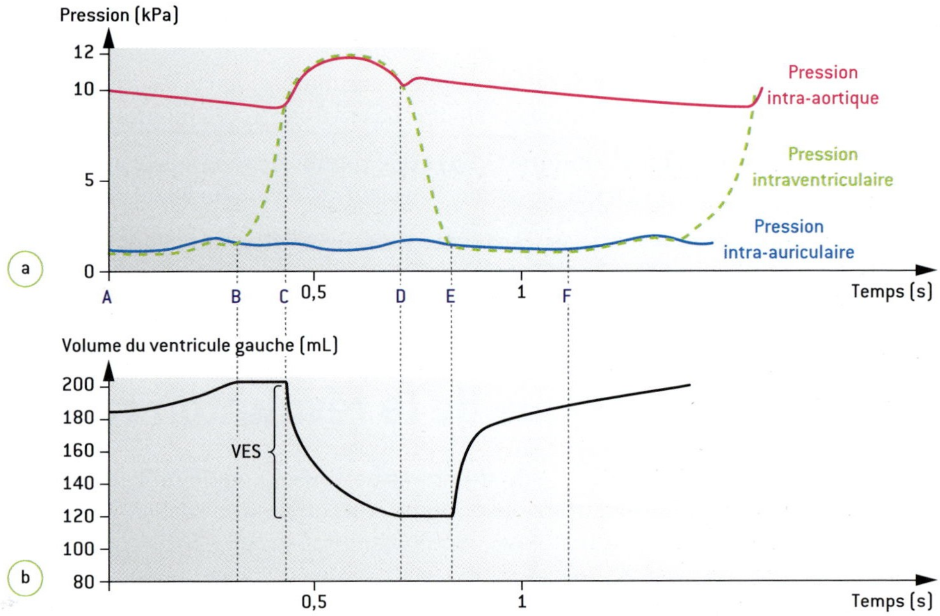

Les variations hémodynamiques lors d'un cycle cardiaque

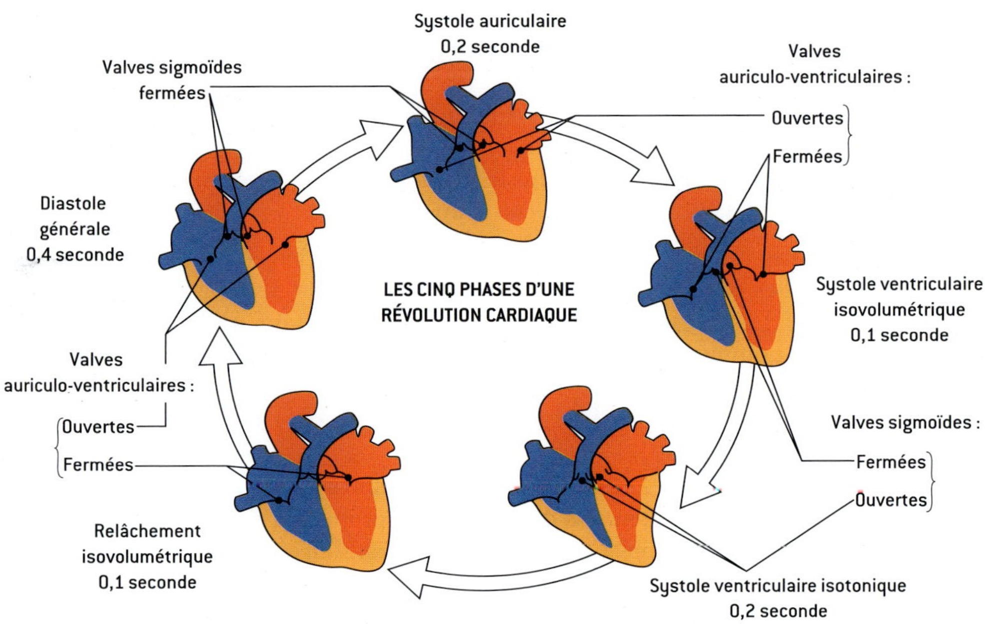

B Le phonocardiogramme

L'enregistrement des bruits du cœur nécessite un stéthoscope muni d'un microphone. Il permet de distinguer 2 sons émis par le cœur lors de la fermeture des valves :
- le premier, **TOUM**, **sourd et long**, correspond à la **fermeture des valves auriculo-ventriculaire** ; il marque le début de la systole ventriculaire,
- le second, **TA**, **court et sec**, correspond à la **fermeture des valves sigmoïdes** ; il marque la fin de la systole ventriculaire.

C La fréquence et le débit cardiaques

■ La **fréquence cardiaque (FC)** correspond au nombre de cycles (ou révolutions) cardiaques en une minute. Au repos, sa valeur est d'environ 75 cpm (contractions par minute).

■ Le **volume d'éjection systolique (VES)** est le volume de sang éjecté par chacun des ventricules dans les artères lors de la systole. Sa valeur est d'environ 80 ml au repos.

■ Le **débit cardiaque (DC)** est le volume de sang éjecté par chaque ventricule en une minute. Sa valeur est d'environ 5 L/min au repos.

$$\textbf{DC (L/min)} = \textbf{FC (cpm)} \times \textbf{VES (L)}$$

3 L'aspect électrique de la révolution cardiaque

Le cœur fonctionne en l'absence de structures nerveuses : on dit qu'il est doué d'un **automatisme**. Cet automatisme trouve son origine dans un tissu spécialisé : le **tissu nodal**.

A Le tissu nodal

■ C'est tissu spécialisé localisé en des points précis du cœur :
- le **nœud sinusal**, situé dans la paroi de l'oreillette droite, au point d'arrivée de la veine cave supérieure ;
- le **nœud septal** ou nœud auriculo-ventriculaire, situé dans l'oreillette droite au-dessus de la valve tricuspide ;
- le **faisceau de His**, qui prend naissance au niveau du nœud septal et se prolonge dans le septum ;
- le **réseau de Purkinje** qui constitue le prolongement du faisceau de His ; il se ramifie en 2 branches dans les parois des ventricules droit et gauche.

■ Les cellules nodales sont des cellules peu différenciées et donc peu contractiles ; en revanche, elles ont un potentiel de membrane instable, responsable d'**auto-excitations rythmiques**. Cette instabilité électrique de leur membrane produit des **dépolarisations spontanées** nommées **potentiels d'action nodaux**, à l'origine de l'automatisme cardiaque.

B La chronologie de la contraction myocardique

■ L'onde de dépolarisation naît de façon **spontanée** et **rythmique** au niveau du **nœud sinusal** et génère des **potentiels d'action** qui se propagent de proche en proche jusqu'aux myocytes auriculaires, déclenchant la **systole auriculaire**.

■ L'onde de dépolarisation est ensuite transmise aux ventricules par l'intermédiaire du nœud septal, puis se propage à l'ensemble des myocytes ventriculaires par le **faisceau de His** et le **réseau de Purkinje**, déclenchant la **systole ventriculaire**.

À SAVOIR

Ainsi, le nœud sinusal, qui possède la fréquence de dépolarisation la plus élevée, impose son rythme d'excitation à l'ensemble du tissu nodal et aux myoctes : on l'appelle **stimulateur principal** ou **pacemaker** du cœur.

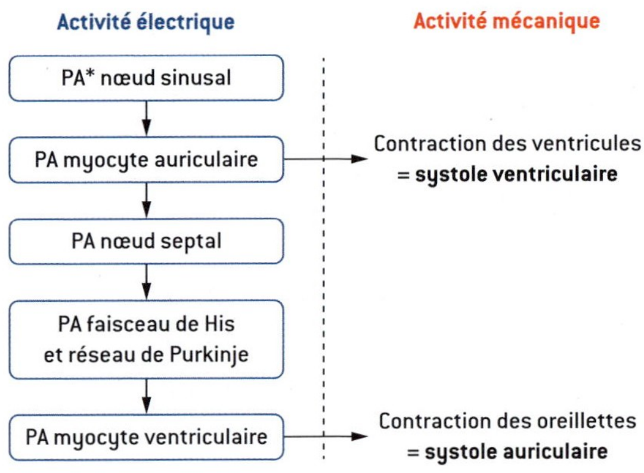

* PA : potentiel d'action.

C L'enregistrement de l'activité électrique du cœur

■ L'électrocardiographie est un examen enregistrant l'**activité électrique du cœur** à l'aide d'électrodes cutanées. On obtient un tracé appelé **électrocardiogramme** (ECG) dont l'étude permet d'évaluer l'état fonctionnel du cœur et renseigne sur une éventuelle anomalie cardiaque, telle qu'une **arythmie**.

> **DÉFINITION**
> **Arythmie** : une arythmie correspond à un rythme cardiaque irrégulier.

■ Chaque cycle cardiaque est caractérisé sur l'ECG par la succession de **3 ondes** :
- **onde P** : elle correspond à la **dépolarisation des oreillettes**, qui précède et déclenche la systole auriculaire ;
- **complexe QRS** : elle correspond à la **dépolarisation des ventricules**, qui précède et déclenche la systole ventriculaire. Pendant ce temps, se déroule la repolarisation des oreillettes ;
- **onde T** : elle correspond à la **repolarisation du ventricule**. Cette onde est suivie d'un tracé plat correspondant à la diastole générale sur le cardiogramme.

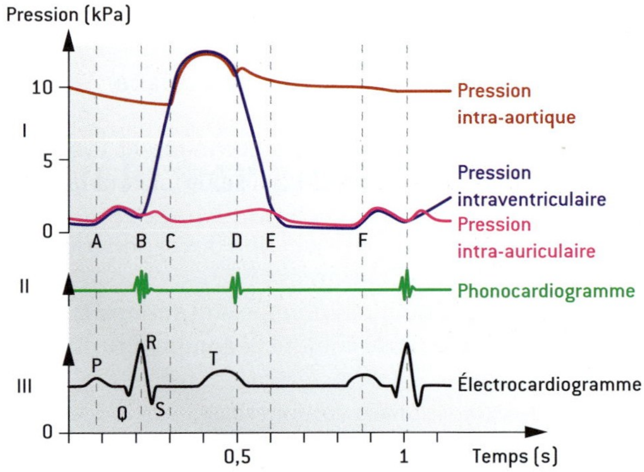

Les différentes manifestations d'une révolution cardiaque

23 La circulation du sang dans les vaisseaux

Le sang circule dans un ensemble de vaisseaux qui forment un système clos. La paroi de ceux-ci présente une organisation particulière qui confère aux différents types de vaisseaux leurs caractéristiques circulatoires.

1 L'organisation générale du système circulatoire

On distingue 2 circulations :
- la **circulation pulmonaire**, ou **petite circulation**, qui permet l'oxygénation du sang au niveau des poumons (assurée par les artères et veines pulmonaires) ;
- la **circulation générale**, ou **systémique**, ou **grande circulation**, qui permet l'approvisionnement des organes en O_2 et en nutriments (assurée par l'artère aorte et les veines caves).

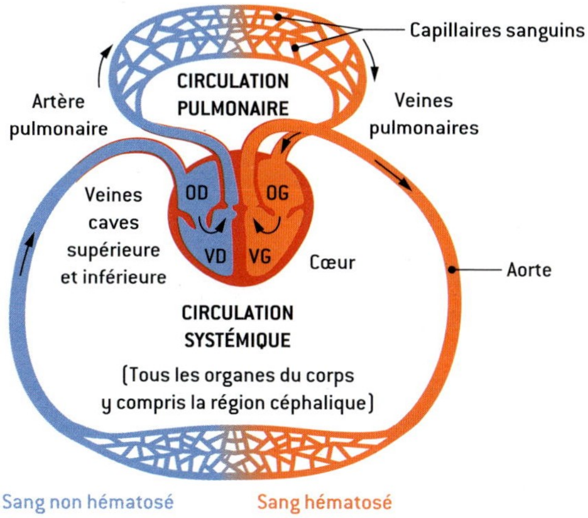

Schéma simplifié de l'appareil cardiovasculaire

> À SAVOIR
> - **Angi(o), vascul(o), vas(o)** : vaisseaux.
> - **Artéri(o)** : artère.
> - **Phléb(o)** : veine.

2 L'histologie des parois vasculaires

■ La paroi des vaisseaux sanguins, à l'exception des capillaires, présente la même organisation en 3 couches tissulaires concentriques :
- l'**intima**, tunique interne : endothélium reposant sur une lame basale ;
- la **média**, tunique moyenne : tissu conjonctif composé de fibres élastiques (élastine) et de cellules musculaires lisses ;
- l'**adventice**, tunique externe : tissu conjonctif.

■ Chaque vaisseau possède des particularités histologiques :
- **capillaires** : **paroi fine**, constituée uniquement d'une intima ;
- **veines** : **paroi souple**, dont l'intima forme des replis appelés **valvules** ;
- **artères** : **paroi rigide**, dont la média est bordée par une **limitante élastique interne** et **externe**.

À SAVOIR

Les artères proches du cœur dites élastiques ont une média riche en fibres d'élastine.
Les artères éloignées du cœur dites musculaires ont une média riche en cellules musculaires lisses.

3 Les propriétés hémodynamiques des vaisseaux

A Le lien structure/fonction des vaisseaux

a Les artères de type élastique

■ **Lors de la systole**, le sang est éjecté dans les artères sous une pression élevée ; la rigidité des artères leur permet de résister à cette forte pression et les fibres élastiques de la média, distendues, mettent en réserve le sang.

■ **Lors de la diastole**, la pression dans l'artère diminue ; les fibres élastiques se détendent et reprennent leur position initiale. Le retour de l'artère à son calibre normal permet de continuer l'écoulement, sous une faible pression, du sang préalablement mis en réserve.

■ Ces artères élastiques, grâce à leur flexibilité, s'adaptent ainsi aux variations de pression ; elles **régularisent le débit sanguin** en transformant progressivement le flux artériel discontinu à la sortie du cœur en flux sanguin continu dans les artères périphériques.

Élasticité des grosses artères

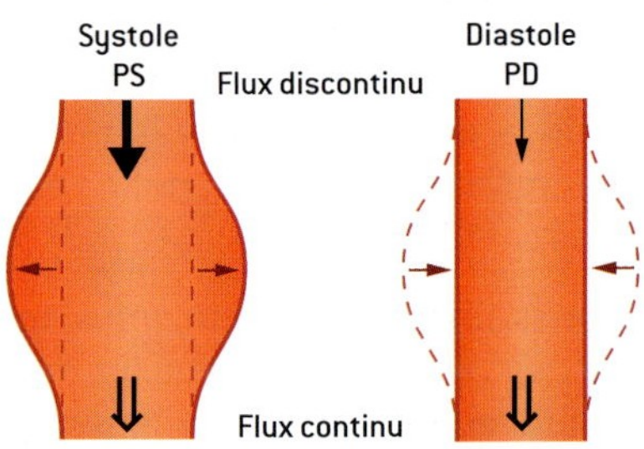

L'élasticité artérielle

b Les artères de type musculaire

Ces artères sont douées de **vasomotricité** pour **adapter le débit sanguin** selon l'activité, et donc selon les besoins, des organes qu'elles irriguent. Ainsi, une vasodilatation de l'artère (par contraction des myocytes lisses de la média) augmente le débit sanguin, tandis qu'une vasoconstriction (par relâchement des myocytes) le diminue.

Vasomotricité des artérioles

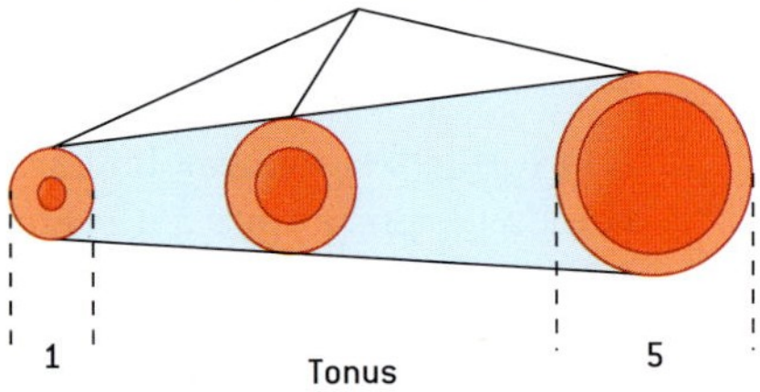

La vasomotricité artériolaire

À SAVOIR

Il ne faut pas confondre le débit cardiaque, à la sortie du cœur, avec le débit sanguin, au niveau des organes.

c Les capillaires

Ils constituent un **important réseau sanguin** situé au niveau des organes, entre artérioles et veinules. La **finesse de leur paroi** leur permet d'être facilement traversés ; elle est donc adaptée aux échanges gazeux et de nutriments.

d Les veines

Les **valvules**, présentes dans les veines infra-cardiaques, **empêchent le reflux** du sang et **favorisent ainsi le retour du sang** vers l'oreillette droite.

B L'écoulement du sang dans les vaisseaux

a Les artères

■ La pression dans les artères élastiques, proches du cœur, varie entre une pression maximale (**pression systolique**, lors de la contraction du cœur) et une pression minimale (**pression diastolique**, lors du relâchement du cœur). La différence entre les deux est appelée **pression différentielle**.

■ À mesure que l'on s'éloigne du cœur, ces pressions diminuent, puis la pression différentielle devient nulle au niveau des capillaires.

■ Plus on s'éloigne du cœur, plus le diamètre des vaisseaux diminue, ce qui entraîne une augmentation de la résistance à l'écoulement du sang, et donc une **diminution de la vitesse** d'écoulement sanguin.

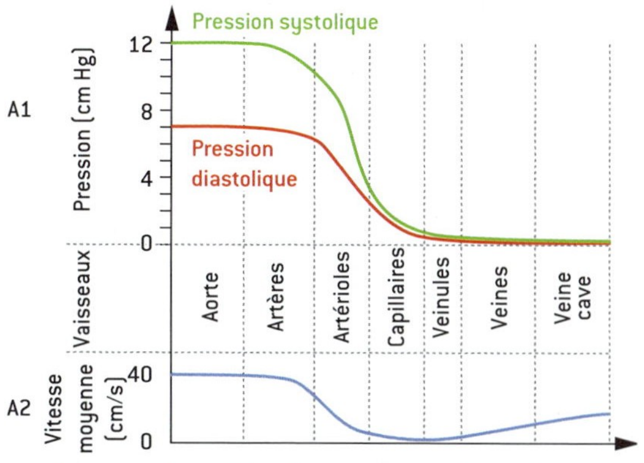

La pression et la vitesse sanguines dans les vaisseaux de la circulation générale

b Les capillaires

Le sang circule dans ce grand réseau vasculaire à **basse pression** et à **vitesse faible**, ce qui facilite les échanges gazeux et de nutriments entre le sang et la lymphe interstitielle.

c Les veines

À la sortie des organes, les capillaires veineux s'unissent pour former les veinules, puis les veines, ce qui conduit à une augmentation du calibre des vaisseaux et donc **de la vitesse** du sang, ce qui facilite son retour vers l'oreillette droite.

4 La pression artérielle

■ Elle est mesurée lors de l'auscultation à l'aide d'un stéthoscope et d'un **tensiomètre** qui indique 2 valeurs, exprimées en cm de mercure (Hg), correspondant respectivement à la pression systolique et la pression diastolique.

■ Les valeurs de pressions artérielles normales chez l'adulte sont comprises entre 9 et 13 cm de Hg pour la **pression systolique** et entre 6 et 8 cm de Hg pour la **pression diastolique**.

■ On définit l'**hypertension artérielle** par une pression supérieure de façon chronique à 14/9 et l'**hypotension** par une pression inférieure à 9/6.

24 La régulation de l'activité cardiaque

Bien que doué d'automatisme grâce au tissu nodal, le cœur est sous contrôle du système nerveux qui module son activité en fonction des besoins de l'organisme. Le fonctionnement cardiaque est de type réflexe, il ne dépend pas de la volonté.

1 Les éléments de l'arc réflexe cardiaque

Le cœur subit un double contrôle nerveux par 2 systèmes antagonistes nommés **système sympathique** et **système parasympathique**.

A Les centres nerveux

Il existe un **centre bulbaire parasympathique**, avec une **action cardiomodératrice**, et un **centre bulbaire sympathique** (appelé aussi orthosympathique) relié à un **centre médullaire, sympathique**, tous deux avec une **action cardioaccélératrice**.

REMARQUE
La stimulation de l'un des centres inhibe l'activité de l'autre. Néanmoins, c'est le **système parasympathique** qui exerce une **action modératrice permanente et prédominante** sur le cœur.

B Les récepteurs sensoriels

Ce sont des récepteurs vasculaires situés dans le **sinus carotidien** et dans la paroi de la **crosse aortique**. Il s'agit de **barorécepteurs**, c'est-à-dire qu'ils sont sensibles à l'étirement et donc à une variation de la pression artérielle.

C Les nerfs

- Il existe **2 nerfs sensitifs cardiomodérateurs**, qui propagent un message nerveux en direction du centre bulbaire parasympathique : le **nerf de Héring**, issu du sinus carotidien et le **nerf de Cyon**, issu de la crosse aortique.
- Il existe 2 nerfs moteurs :
  – le **nerf vague** (appelé aussi **nerf X** ou **nerf pneumogastrique**), **cardiomodérateur** : ses fibres nerveuses, issues du centre bulbaire parasympathique, propagent un message nerveux vers le cœur (précisément, le nœud sinusal et le nœud septal) ;
  – le **nerf cardiaque**, **cardioaccélérateur** : ses fibres nerveuses, issues du centre médullaire sympathique, gagnent la chaîne ganglionnaire, où elles subissent un relais synaptique, avant d'innerver l'ensemble du myocarde (dont le nœud sinusal et le nœud septal).

D L'effecteur

Il s'agit du **cœur** qui réagit différemment selon qu'il reçoit un message nerveux issu du système nerveux sympathique ou parasympathique : le nerf cardiaque entraîne une **tachycardie**, tandis que le nerf vague entraîne une **bradycardie**.

DÉFINITIONS
- **Bradycardie** : ralentissement du rythme cardiaque.
- **Tachycardie** : accélération du rythme cardiaque.

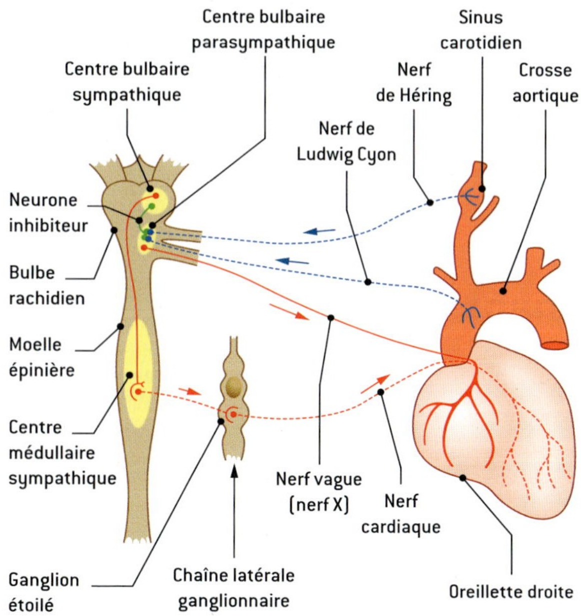

L'anatomie de l'innervation cardiaque

2 Les neurotransmetteurs impliqués dans la régulation cardiaque

■ L'arrivée d'un message nerveux (sous forme de potentiels d'action) à l'extrémité des fibres nerveuses entraîne la libération de **neurotransmetteurs** dans la fente synaptique. Ces neurotransmetteurs vont se fixer sur des récepteurs post-synaptiques des cellules nodales, ce qui va entraîner une modification du potentiel membranaire de la cellule modale.

■ La stimulation des fibres du nerf X conduit à la libération d'un neurotransmetteur : l'**acétylcholine** (Ach). En diminuant la fréquence de dépolarisation spontanée des cellules nodales, l'Ach entraîne une **bradycardie** : c'est une substance **cardiomodératrice**.

■ La stimulation des fibres du nerf cardiaque conduit à la libération de **noradrénaline** (NA). En augmentant la fréquence de dépolarisation spontanée des cellules nodales, la noradrénaline entraîne une **tachycardie** : c'est une substance dite **cardioaccélératrice**.

Tableau récapitulatif des acteurs de la régulation cardiaque

Système nerveux	Nerfs sensitifs	Centres nerveux	Nerfs moteurs	Neurotrans-metteur libéré	Effet sur le rythme cardiaque
Parasympa-thique	Nerfs de Héring et Cyon	Bulbe rachidien	Nerf vague	Acétylcholine	Bradycardie
Sympathique	-	Bulbe rachidien Moelle épinière	Nerf cardiaque	Noradréna-line	Tachycardie

 # schéma
Exemple : le cas d'une hémorragie
foucherconnect.fr/19pbst2s19

25 Des pathologies de l'appareil cardiovasculaire

Les maladies cardiovasculaires sont dues à une atteinte des vaisseaux, le plus souvent par athérosclérose, qui constitue la première cause de mortalité dans les pays développés. D'évolution lente et sans symptôme durant une longue période, elle perturbe progressivement la circulation sanguine et peut avoir des conséquences dramatiques, tel qu'un infarctus du myocarde.

1 L'athérosclérose

A Définition

L'athérosclérose se caractérise par la formation sur la paroi des artères d'une plaque lipidique, appelée **plaque d'athérome**, à l'origine d'une **sténose**, associée à des modifications de la paroi avec une **fibrose** et une **sclérose**.

DÉFINITIONS

- **Athérome** : dépôt de lipides riches en cholestérol (athéro = bouillie) ; se rapporte ici aux dépôts lipidiques.
- **Sténose** : réduction du diamètre interne d'un conduit.
- **Fibrose** : transformation d'un tissu en tissu fibreux par dépôt de collagène.
- **Sclérose** : durcissement d'un tissu lié à la fibrose.

B La formation de la plaque d'athérome

- La maladie trouve son origine dans une **lésion** de la paroi artérielle au niveau de l'**intima**, dont les causes sont diverses : traumatique (turbulence circulatoire, hypertension artérielle), biochimique (excès de cholestérol), toxique (nicotine) ou infectieuse. La lésion fragilise l'intima et augmente sa perméabilité : le cholestérol pénètre sous l'endothélium, s'accumule puis s'oxyde, ce qui déclenche une **réaction inflammatoire**.

- Les monocytes (cellules immunitaires) traversent l'intima et ingèrent le cholestérol oxydé, formant des **cellules spumeuses** : c'est le stade de la **strie lipidique**.

- Les cellules musculaires lisses de la média migrent vers l'intima. Elles perdent alors leur propriété contractile et sécrètent des fibres de collagène qui entourent les **cellules spumeuses**, à l'origine d'un nodule fibro-lipidique : c'est le stade de la **plaque d'athérome**, qui réduit le diamètre de l'artère. Cette sténose entraîne une diminution du débit sanguin, à l'origine de **pathologies ischémiques**.

- La **fibrose** due au dépôt de collagène, et associée à un éventuel **dépôt calcique**, est responsable d'une **sclérose** de l'artère. Il en résulte une perte d'élasticité de l'artère, qui peut conduire à de l'**hypertension artérielle**.

À SAVOIR

L'hypertension artérielle constitue donc un facteur de risque, mais aussi une conséquence de l'athérosclérose.

C L'évolution de la plaque d'athérome

■ L'athérosclérose reste longtemps sans manifestations cliniques. Toutefois, au fur et à mesure de sa progression sur plusieurs années, la plaque d'athérome se fragilise et peut conduire à des complications, révélées par des signes liés à un défaut d'oxygénation cellulaire.

■ La **sténose** conduit à une **ischémie transitoire** (à l'effort ou au cours d'un stress important), responsable d'une **hypoxie**.

■ Une **ulcération** de la plaque entraîne l'adhésion plaquettaire, avec un risque de **thrombose** au niveau de la plaque, conduisant à une ischémie permanente responsable d'une **anoxie** et d'une **nécrose**.

■ La fissure ou la rupture de la plaque entraîne la migration d'un fragment de plaque dans l'artère, provoquant une **embolie** vasculaire, avec les mêmes conséquences que la thrombose.

■ En cas d'**hémorragie intra-plaque**, l'accumulation de sang dans la plaque entraîne une brutale augmentation de son volume, avec un risque d'**occlusion** de l'artère.

■ La paroi de l'artère, fragilisée, peut former un anévrisme, puis se rompre : c'est la **rupture d'anévrisme**, entraînant une **hémorragie** interne, responsable d'une anoxie et une nécrose.

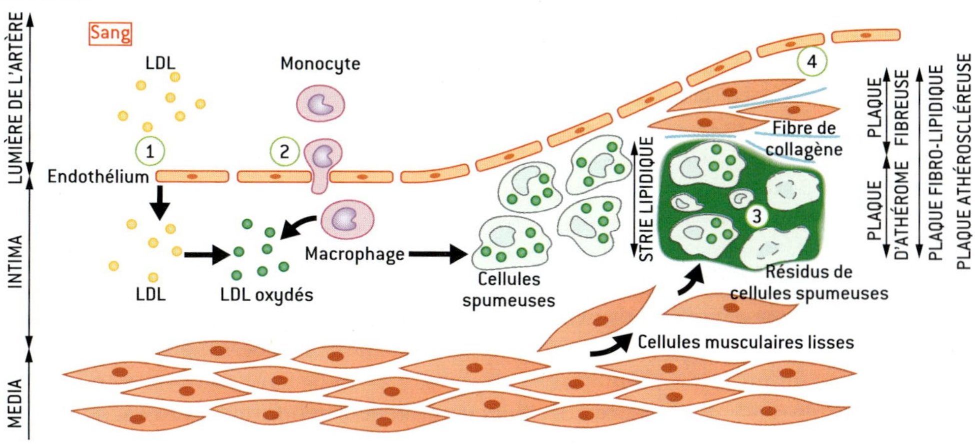

La pathogénie de l'athérosclérose

DÉFINITIONS

- **Anévrisme** : dilatation locale, vers l'extérieur, de la paroi d'une artère.
- **Anoxie** : absence d'apport en dioxygène aux tissus (ox(o) = oxygène).
- **Embolie** : obstruction d'un vaisseau par un fragment de plaque d'athérome ou de caillot.
- **Hypoxie** : insuffisance de l'apport en dioxygène aux tissus.
- **Ischémie** : insuffisance (cas de la sténose) ou absence (cas de la thrombose) de l'apport sanguin aux cellules.
- **Nécrose** : mort des cellules (nécr(o) = mort).
- **Thrombose** : oblitération d'un vaisseau par un caillot sanguin (thromb(o) = caillot).

D Les principales localisations et conséquences de l'athérosclérose

Les conséquences vont dépendre de la localisation de la lésion, de son importance et du nombre de plaques.

REMARQUE

L'athérosclérose se développe dans toutes les zones où il y a des contraintes mécaniques (virages, bifurcations des artères) ou des fortes pressions.

Principales localisations	Conséquences de l'athérosclérose
Artères coronaires	Angor (= angine de poitrine) Infarctus du myocarde
Artères des membres inférieurs	Artérite
Artères carotides et cérébrales	Accident vasculaire cérébral

DÉFINITIONS

- **Artérite** : inflammation des artères.
- **Accident vasculaire cérébral** (AVC) : défaillance circulatoire neurologique (de nature ischémique ou hémorragique) due à la lésion d'un ou plusieurs vaisseaux cérébraux.

E Les facteurs favorisants

L'athérosclérose est une maladie plurifactorielle ; l'**excès de cholestérol** constitue toutefois le principal facteur de risque. Sa prévention repose essentiellement sur des règles hygiéno-diététiques.

REMARQUE

Tous ces facteurs vont générer des phénomènes inflammatoires chroniques et diffus dans l'organisme qui constituent la caractéristique principale de l'athérosclérose.

Facteurs de risque	Prévention primaire
Non modifiables - Age (risque augmenté avec l'âge) - Sexe (hommes plus touchés) - Hérédité	
Modifiables - Alimentation peu équilibrée et hypercalorique - Surpoids/obésité - Diabète, hyperlipidémie - Hypertension artérielle - Alcool / Tabac - Sédentarité	- Alimentation équilibrée, pauvre en acides gras saturés et en glucides simples, riche en fruits et légumes - Traitement du diabète et de l'hyperlipidémie - Limiter le sel - Limiter la consommation d'alcool et de tabac - Pratiquer une activité physique

À SAVOIR

L'hyperlipidémie est essentiellement due à une hypercholestérolémie.

2 L'infarctus du myocarde et l'angor

A Étude comparée des 2 cardiopathies

		Angor	Infarctus du myocarde (IDM)
Définition	Quoi ?	Sténose d'une artère coronaire	Thrombose d'une artère coronaire
	Conséquences ?	Ischémie myocardique transitoire ↓ Hypoxie	Ischémie myocardique permanente ↓ Anoxie ↓ Nécrose
	Quand ?	Lors d'un effort ou d'un stress	À tout moment
Signes cliniques		Douleurs rétrosternales constrictives avec irradiation vers le cou, la mâchoire inférieure, l'épaule et le bras gauche	
		- Douleur d'intensité variable et brève - Cesse au repos et avec vasodilatateur coronarien (trinitrine)	- Douleur très intense et prolongée - Ne cesse pas avec vasodilatateur - Tachycardie, arythmie - Pâleur, vomissements, dyspnée - Agitation, sueurs froides

À SAVOIR

Les signes cliniques et les conséquences de l'IDM, irréversibles, dépendent de l'étendue du territoire nécrosé et de sa localisation. Dans tous les cas, le tissu myocardique nécrosé est ensuite remplacé par du tissu fibreux, non contractile.

DÉFINITIONS

- **Cardiopathie** : affection du cœur.
- **Dyspnée** : difficulté à respirer.
- **Rétrosternales** : en arrière du sternum.

B Les moyens de diagnostic de l'infarctus du myocarde

a L'électrocardiogramme (ECG)

Il présente des ondes de nécrose caractéristiques de l'infarctus du myocarde (IDM).

Stade précoce, au bout de quelques heures

Surélévation du segment ST

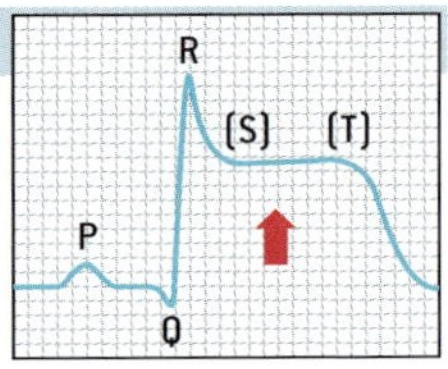

Stade de séquelle, présent à vie

Onde Q profonde, pathologie persistante

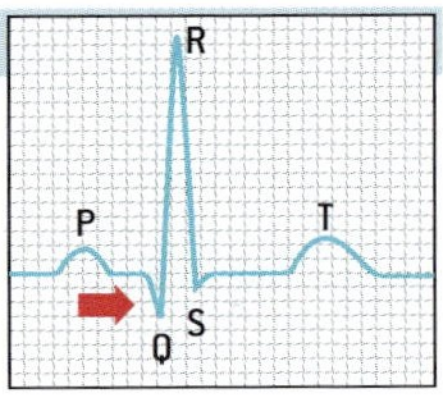

Les modifications de l'ECG lors d'un IDM

b Le dosage des enzymes cardiaques

Une augmentation de leur taux sanguin traduit une nécrose des myocytes cardiaques qui libèrent leur contenu dans le sang.

C Les traitements de l'IDM

a La défibrillation

En cas de fibrillation, on utilise en urgence un **défibrillateur** qui délivre un choc électrique afin de rétablir un rythme cardiaque normal.

b Le traitement médicamenteux

- Perfusion en urgence d'un **thrombolytique** pour détruire le caillot.
- Administration d'antalgique pour lutter contre la douleur.
- Les récidives sont prévenues par la prescription d'un vasodilatateur coronarien et d'un antiagrégant plaquettaire.

c Les traitements chirurgicaux

Ils ont pour but de rétablir une irrigation sanguine suffisante du myocarde.

■ **L'angioplastie transluminale (ou endoluminale** : elle consiste en la dilatation de l'artère sténosée à l'aide d'une sonde munie d'un ballonnet gonflable. Un stent est généralement laissé en place afin de maintenir le vaisseau ouvert.

■ **Le pontage aorto-coronarien** : il consiste en une dérivation, à l'aide d'un greffon veineux ou artériel, entre l'artère aorte et une artère coronaire située en aval de la thrombose ou de la sténose afin de court-circuiter celle-ci.

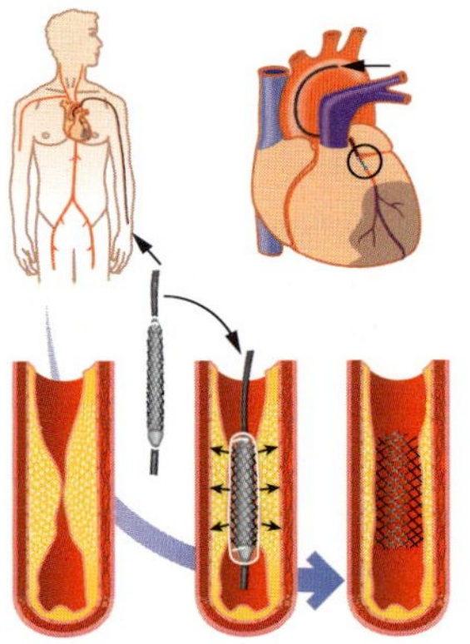

L'angioplastie coronaire avec une pose d'un stent

 # schéma
Le pontage veineux et le pontage artériel
foucherconnect.fr/19pbst2s20

26 Les techniques d'exploration de l'appareil cardiovasculaire

Il existe plusieurs examens paracliniques qui offrent des intérêts variés pour explorer le cœur et les vaisseaux sanguins. Ils permettent le dépistage, le diagnostic, la surveillance, voire le traitement des maladies cardiovasculaires.

1 L'angiographie

■ L'angiographie est un examen **radiologique des vaisseaux** (sanguins et lymphatiques) après opacification de ceux-ci par injection d'un produit de contraste iodé.

■ Cet examen présente un double intérêt :
- **intérêt diagnostique** : il permet visualiser les vaisseaux et d'établir un diagnostic de certitude pour des pathologies vasculaires telles qu'une sténose, une thrombose ou un anévrisme ;
- **intérêt thérapeutique** : il permet d'intervenir sur la lésion vasculaire, afin par exemple, de dilater une sténose ou de combler un anévrisme.

REMARQUE
Cet examen est invasif et présente des risques d'allergie au produit de contraste iodé.

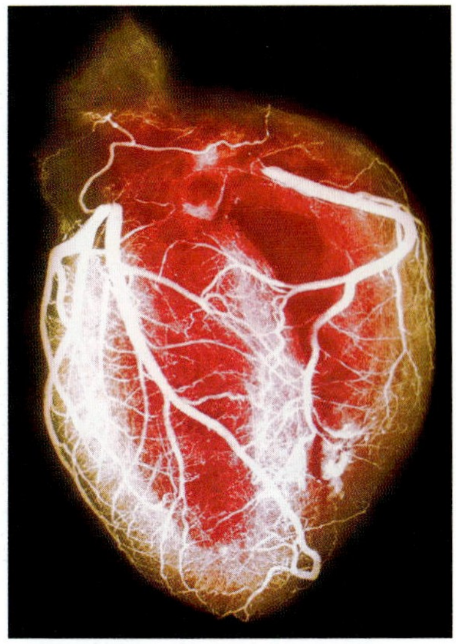

La coronarographie

2 L'échographie cardiaque

■ L'échographie est un examen d'imagerie médicale basé sur l'utilisation des **ultrasons** (US).

■ Une **sonde émettrice/réceptrice d'US** est déplacée sur la peau, au niveau de la région à explorer préalablement enduite d'un gel qui permet la conduction des US. L'onde d'US se propage au travers des organes et subit une **réflexion partielle**, appelée « écho », chaque fois qu'elle rencontre un nouveau type de tissu. Cet écho est renvoyé vers la sonde qui est reliée à un **ordinateur**, permettant de reconstituer l'**image** de l'organe sur un écran.

■ Cet examen permet d'observer la morphologie du cœur (cavités, valves) et d'étudier son activité (contraction, fonctionnement des valves).

schéma
Le principe de l'échographie
foucherconnect.fr/19pbst2s21

3 Le doppler

■ Le doppler est un examen à **enregistrement graphique** utilisant la transmission d'**ultrasons** pour mesurer la vitesse d'écoulement du sang dans les vaisseaux.

■ Le principe est identique à celui de l'échographie, avec, dans le cas présent, un signal renvoyé par les hématies. Cet écho constitue l'**effet Doppler**, proportionnel à la vitesse des hématies. Celui-ci est analysé et transformé en une courbe, accompagnée le plus souvent d'un son ou de couleurs reflétant la **vitesse de circulation du sang**.

■ Généralement couplé à l'échographie, cet examen constitue l'**écho-doppler**. Il permet un **repérage des structures vasculaires** et une **localisation des perturbations du flux sanguin**, en lien avec un obstacle (thrombose), une déformation (anévrisme) ou un rétrécissement de la lumière du vaisseau (sténose).

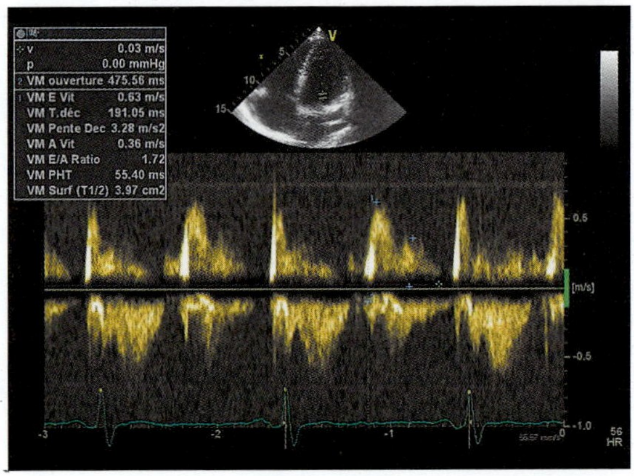

Le doppler

4 La scintigraphie

 # schéma
Le principe de la scintigraphie cardiaque
foucherconnect.fr/19pbst2s22

■ La scintigraphie est un examen d'imagerie médicale fondé sur la détection d'un **traceur radioactif** qui, après injection par voie intraveineuse, va se fixer spécifiquement sur les cellules de l'organe étudié.

■ Le traceur fixé émet un **rayonnement gamma** détecté par une **gamma-caméra** reliée à un ordinateur. Celui-ci reconstitue ensuite l'image de la structure étudiée à partir de la répartition du traceur.

■ Cet examen a pour but l'étude du fonctionnement du myocarde, ainsi que la surveillance de son irrigation. Il permet de localiser des zones ischémiques pendant un effort physique en cas d'angor, ou des zones de nécrose après un infarctus du myocarde. Dans ce cas, il est possible de mesurer son étendue et de pronostiquer la viabilité du myocarde.

À SAVOIR

Lors d'une scintigraphie cardiaque, le traceur injecté (thallium ou technétium) est fixé uniquement par les myocytes cardiaques vivants irrigués par les artères coronaires. Une ischémie transitoire conduit à une diminution de la fixation du traceur par les myocytes, tandis qu'une ischémie permanente entraîne une absence totale de fixation du traceur.

5 L'électrocardiographie

L'électrocardiographie est un examen à **enregistrement graphique** de l'**activité électrique** du cœur au moyen d'**électrodes cutanées**, précordiales et périphériques. On obtient un tracé appelé **électrocardiogramme**. Son analyse permet de dépister des anomalies cardiaques, telles que des troubles du rythme ou un infarctus du myocarde.

REMARQUE

Dans certains cas, il est possible de procéder à un enregistrement pendant 24 heures par un appareil portable, ensuite analysé par ordinateur. C'est la méthode de Holter qui permet la détection de troubles du rythme non permanents.

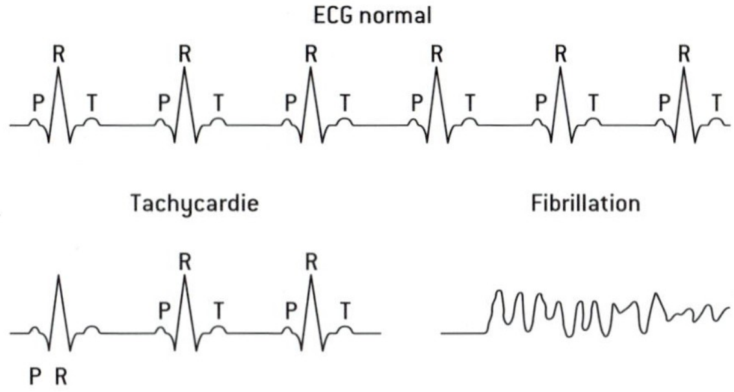

ECG normal et ECG pathologiques

DÉFINITION

Fibrillation : contractions rapides et désordonnées des myocytes cardiaques.

OBJECTIF BAC

EXERCICE

Monsieur X, 65 ans, est hospitalisé en pleine nuit en urgence dans un service de cardiologie. Il souffre de douleurs rétrosternales constrictives intenses irradiant dans le cou, la mâchoire et le bras gauche. Le médecin note la persistance de la douleur malgré l'administration d'un vasodilatateur coronarien. Il administre à Monsieur X un thrombolytique qui fait cesser rapidement la douleur. Un ECG pratiqué en urgence permet d'établir le diagnostic d'infarctus du myocarde (IDM).

1. Expliquer l'arrêt de la douleur suite à l'administration du thrombolytique chez Monsieur X.

2. Le document 1 présente 3 phases du cycle cardiaque. Compléter le tableau du document 1 en prenant soin de rétablir l'ordre chronologique.

3. Le document 2 présente l'ECG de Monsieur X et celui d'un sujet sain. Indiquer quelle est l'anomalie présente sur l'ECG de Monsieur X permettant de diagnostiquer un IDM.

4. Quelques temps après, une coronarographie pratiquée chez Monsieur X révèle une anomalie au niveau de l'artère coronaire droite (document 3). Un traitement par angioplastie est envisagé.

a. Décrire l'anomalie observée sur la coronarographie de Monsieur X et donner le terme médical correspondant.

b. Indiquer l'intérêt de l'angioplastie dans le cas de Monsieur X.

Un an après, Monsieur X fait de nouveau un accident cardiovasculaire, avec rupture d'anévrisme au niveau de l'artère aorte, conduisant à une hémorragie. On se propose d'étudier les mécanismes de régulation cardiaque mis en jeu lors de cet accident.

Le document 4 présente les différentes structures anatomiques intervenant dans la régulation nerveuse de la pression artérielle, ainsi que le sens des influx nerveux.

5. Pour étudier le mécanisme de la régulation nerveuse de l'activité cardiaque, on réalise une série d'expériences sur un animal. On étudie d'abord l'effet de la section de 3 nerfs (nerfs A, B et C) sur la fréquence cardiaque. Puis, on étudie l'effet sur la fréquence cardiaque d'une stimulation électrique au niveau de l'extrémité centrale ou de l'extrémité périphérique du nerf sectionné. Les expériences et les résultats sont consignés dans le tableau ci-dessous.

Nerfs étudiés		Nerf A	Nerf B	Nerf C
Effet de la section du nerf		Augmentation de la fréquence cardiaque	Augmentation de la fréquence cardiaque	Diminution de fréquence cardiaque
Excitations électriques	**Bout périphérique**	Diminution de fréquence cardiaque	Sans effet	Augmentation de la fréquence cardiaque
	Bout central	Sans effet	Diminution de fréquence cardiaque	Sans effet

Analyser chacune des expériences réalisées sur les nerfs A, B et C, et en déduire le rôle puis la nature sensitive ou motrice de chacun des nerfs A, B et C étudiés. Puis à l'aide du document 4, indiquer à quel nerf correspond chacun des nerfs A, B et C : Nerf cardiaque ; nerf de Hering ou nerf X.

6. Le tableau ci-dessous montre les résultats des paramètres cardiovasculaires obtenus lors de l'hémorragie de Monsieur X.

	Avant l'hémorragie	Après l'hémorragie	
		Mesures immédiates	Mesures effectuées 5 min après l'arrêt de l'hémorragie
Pression artérielle (mm Hg)	12,7	8,5	11,7
Fréquence cardiaque (cpm)	70	70	90

a. Analyser l'évolution de la pression artérielle et de la fréquence cardiaque.

b. Expliquer les modifications constatées après arrêt de l'hémorragie.

Doc. 1 Les 3 phases du cycle cardiaque

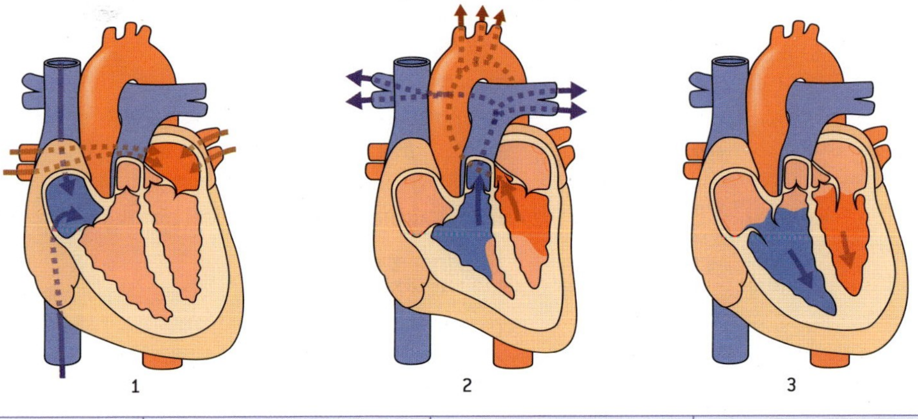

Ordre chronologique	État des valves auriculo-ventriculaires	État des valves sigmoïdes	Nom de la phase du cycle cardiaque

Doc.2 Comparaison de 2 ECG

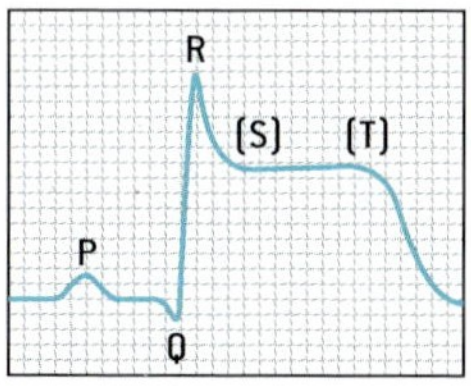

ECG de Monsieur X

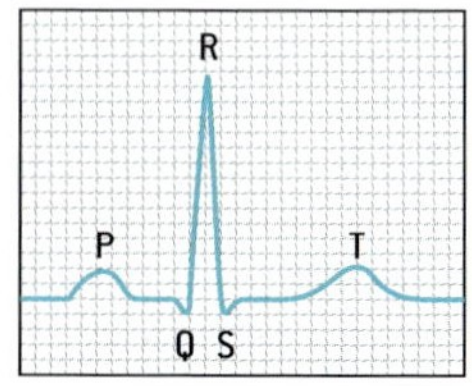

ECG d'un sujet sain

Doc. 3 Coronarographie de Monsieur X (à gauche) et d'un sujet sain (à droite)

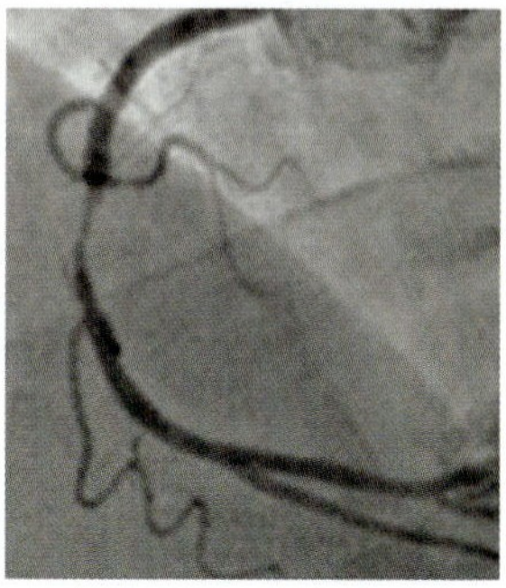

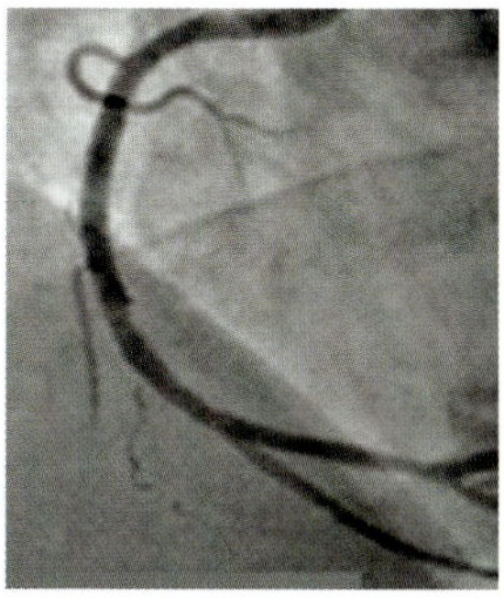

Doc. 4 Anatomie de l'innervation cardiaque

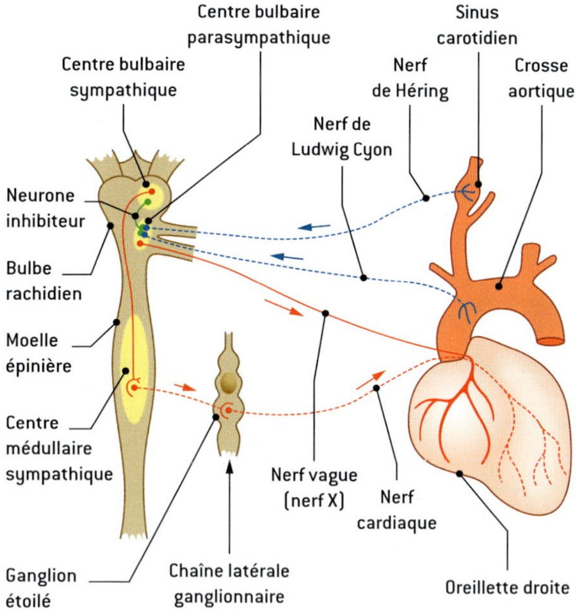

27 L'anatomie et l'histologie de l'appareil respiratoire

L'appareil respiratoire a pour fonction d'assurer les échanges gazeux entre l'air et le sang au niveau de la partie terminale des voies respiratoires. La structure de celles-ci est évolutive et adaptée à une modification de leurs fonctions : de voies de conduction et de filtration de l'air, elles deviennent une zone d'échanges gazeux au niveau alvéolaire.

1 L'organisation de l'appareil respiratoire

A L'organisation générale de l'appareil respiratoire

L'appareil respiratoire est composé :
- d'une **zone de conduction de l'air**. Ce sont les **voies aériennes** :
  - **supérieures** : fosses nasales, pharynx, larynx,
  - **profondes**, dans la cage thoracique : trachée, bronches extra-pulmonaires puis intrapulmonaires, bronchioles situées dans les poumons ;
- d'une **zone respiratoire**, au niveau de laquelle s'effectuent les échanges gazeux. Elle est constituée des **alvéoles**, situées dans les poumons à l'extrémité des bronchioles.

À SAVOIR

Les poumons sont constitués de 2 lobes à gauche et 3 lobes à droite.

À SAVOIR

- **Bronch(o)** : bronche.
- **Laryng(o)** : larynx.
- **Nas(o), rhino)** : nez.
- **Pneum(o), pulm(o)** : poumon.
- **Traché(o)** : trachée.

REMARQUE

Les poumons sont recouverts d'une membrane, la plèvre, qui leur permet de suivre les mouvements de la cage thoracique lors des mouvements respiratoires.

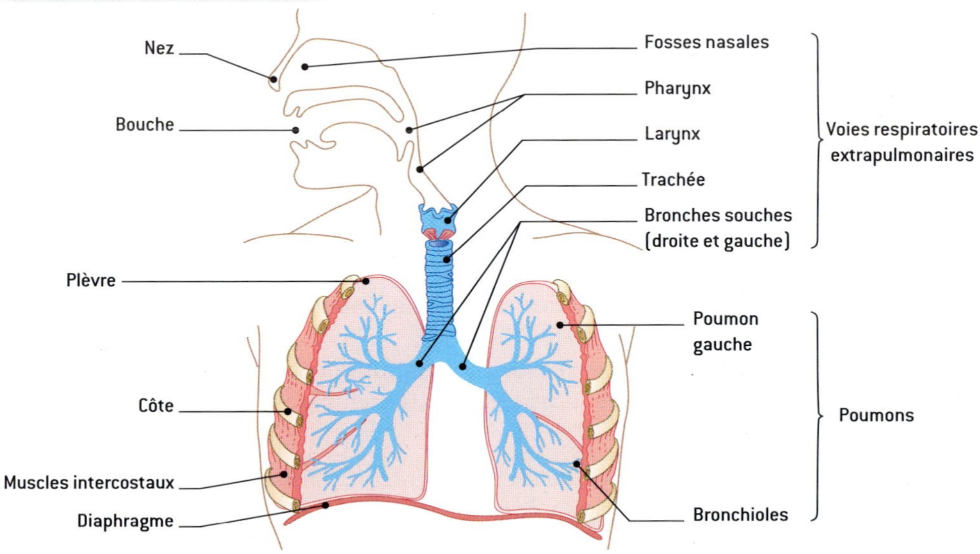

Schéma général de l'appareil respiratoire

B La vascularisation des poumons

Les poumons sont situés dans la cavité thoracique et reposent sur le diaphragme. Ils présentent une **double vascularisation** reliée au cœur :
- une **circulation nutritive**, appartenant à la **circulation générale** (artère et veine bronchiques), assure l'apport en O_2 et nutriments aux cellules du tissu pulmonaire ;
- une **circulation fonctionnelle** appartenant à la **circulation pulmonaire** (artère et veine pulmonaires), assure l'hématose du sang au niveau des alvéoles pulmonaires.

REMARQUE

Les poumons sont les seuls organes perfusés par la totalité du débit sanguin cardiaque *via* l'artère pulmonaire, ce qui est indispensable pour assurer l'hématose du sang.

 # schéma
Relations vasculaires cœur-poumons
foucherconnect.fr/19pbst2s23

2 L'histologie des voies respiratoires profondes

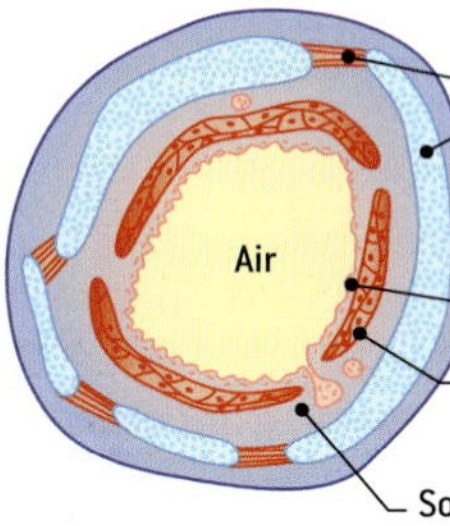

Schéma de coupe de bronche

■ L'organisation de l'arbre trachéo-bronchique repose sur le principe général de **divisions successives des conduits** : il est constitué de structures tubulaires qui se ramifient et dont le diamètre diminue au fur et à mesure de leur progression dans les poumons.

■ La paroi est constituée de **3 tuniques concentriques** présentant une **composition évolutive** dans les voies respiratoires :
- une **muqueuse** : tissu épithélial (cellules ciliées, cellules caliciformes) qui reposent sur un tissu conjonctif (TC) lâche (chorion) richement vascularisé et contenant des fibres élastiques ;
- une **sous-muqueuse** : tissu conjonctif (TC) fibro-musculo plus ou moins cartilagineux avec des glandes à mucus en proportions variables ;
- une **adventice** : tissu conjonctif vascularisé et innervé.

3 La fonction des voies respiratoires profondes

■ La structure histologique des voies respiratoires est **adaptée à leurs fonctions** :
- le **cartilage** rigidifie la paroi pour maintenir les conduits béants et permettre le libre passage de l'air dans la lumière ;
- les nombreux **vaisseaux sanguins** réchauffent l'air ambiant inspiré ;
- le **tissu musculaire lisse** contrôle le diamètre des conduits ;
- le **mucus** produit par les cellules caliciformes humidifie l'air inspiré et participe à son épuration en piégeant les particules inhalées ;
- les **cils**, par leur balayage permanent et synchronisé, déplacent les particules piégées dans le **mucus** vers le pharynx, où elles sont dégluties (l'ensemble est appelé escalator muco-ciliaire).

À SAVOIR

La **bronchomotricité** est la capacité des bronches à faire varier leur diamètre. À l'expiration, les cellules musculaires se contractent, ce qui réduit la lumière des bronches (bronchoconstriction) tandis qu'à l'inspiration, elles se relâchent, ce qui augmente la lumière (bronchodilatation).

■ Au fur et à mesure de la progression dans les voies respiratoires, l'épaisseur de la paroi diminue et sa structure se simplifie : il y a une **réduction progressive des cellules caliciformes et ciliées** ainsi que du **cartilage** et une **organisation circulaire du tissu musculaire lisse**.

	Trachée	Bronches	Bronchioles
Muqueuse	◗ Épithélium + TC ◗ Cellules ciliées ◗ Cellules caliciformes	◗ Épithélium + TC ◗ Cellules ciliées ◗ Cellules caliciformes moins nombreuses	◗ Épithélium + TC ◗ Cellules ciliées disparaissant progressivement
Sous-muqueuse (= tunique moyenne)	◗ TC ◗ Cartilage en forme de fer à cheval ◗ Bords libres du cartilage reliés par le muscle trachéal (face postérieure) ◗ Nombreuses glandes à mucus	◗ TC ◗ Pièces cartilagineuses reliées par des bandelettes musculaires ◗ Fibres musculaires lisses ◗ Glandes à mucus plus rares	◗ TC ◗ Fibres musculaires lisses
Adventice	Tissu conjonctif	Tissu conjonctif	Tissu conjonctif

4 La barrière alvéolo-capillaire

■ C'est la zone de contact entre une alvéole et un capillaire où se produisent les échanges gazeux entre l'air alvéolaire et le sang.

■ La **paroi alvéolaire** est constituée de 2 types de cellules :
- les **pneumocytes I**, très étalés. Ils forment une fine barrière cellulaire au travers de laquelle diffusent les gaz respiratoires ;
- les **pneumocytes II**, cellules à microvillosités. Ils sécrètent le **surfactant** tapissant l'intérieur des alvéoles. Cette substance riche en lipides empêche l'affaissement des alvéoles entre 2 inspirations.

■ Entre les alvéoles se trouve du tissu conjonctif riche en capillaires sanguins et en fibres élastiques.

■ La barrière alvéolo-capillaire est une **structure très favorable aux échanges respiratoires** grâce à 3 caractéristiques :
- une **grande surface** alvéolaire ;
- une **vascularisation importante** ;
- une **faible épaisseur** due à la fusion paroi capillaire/paroi alvéole.

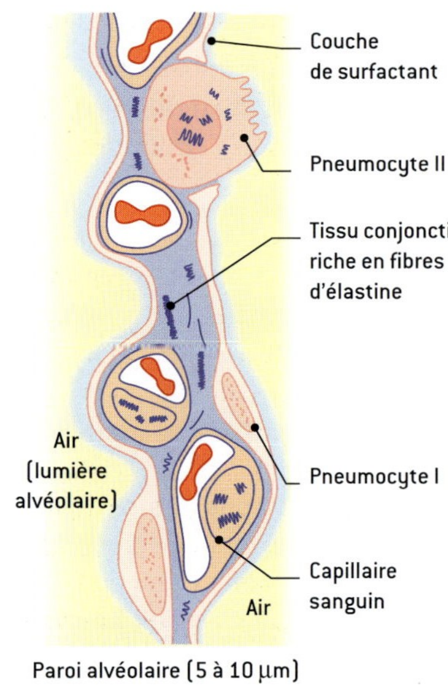

Barrière alvéolo-capillaire

28 Le transport et les échanges des gaz respiratoires

Les cellules produisent de l'énergie grâce à la respiration cellulaire. Ceci implique un renouvellement permanent des gaz respiratoires, avec un approvisionnement en dioxygène et un rejet du dioxyde de carbone produit. Les échanges gazeux se déroulent à 2 niveaux : pulmonaire et tissulaire. Le système cardiovasculaire assure la liaison entre ces 2 zones d'échanges grâce à la prise en charge par le sang des gaz respiratoires.

1 La respiration cellulaire

La respiration cellulaire est une réaction productrice d'**énergie** qui se déroule majoritairement au niveau des **mitochondries**. Elle consiste en la **dégradation** de **glucose** ($C_6H_{12}O_6$), en présence de **dioxygène**, avec libération de **dioxyde de carbone** et d'**eau** :

$$C_6H_{12}O_6 + 6O_2 \rightarrow 6CO_2 + 6H_20$$

Énergie

REMARQUE

Une partie de l'énergie produite par la respiration cellulaire est dissipée sous forme de chaleur, assurant le maintien de la température corporelle.

2 Les échanges gazeux

Les gaz dissous se déplacent d'un milieu à un autre par **diffusion** selon leur **gradient de pression partielle (Pp)**, du milieu où la Pp est la plus forte vers celui où elle est la moins forte, jusqu'à équilibre de leurs pressions partielles.

À SAVOIR

La pression partielle d'un gaz est la pression exercée par celui-ci dans un mélange gazeux. Seule la fraction dissoute d'un gaz participe à la pression partielle, qui est proportionnelle à sa quantité dans le mélange.

A Au niveau pulmonaire

Le O_2 dissous diffuse de l'air alvéolaire vers le sang, tandis que le CO_2 dissous diffuse dans le sens inverse. Ceci constitue l'**hématose**, c'est-à-dire le passage du sang d'un état riche en CO_2 à un état riche en O_2. Le sang qui quitte les poumons et rejoint le cœur par les veines pulmonaires est dit **hématosé**.

B Au niveau tissulaire

Le O_2 dissous diffuse du sang vers les cellules, tandis que le CO_2 dissous diffuse des cellules vers le sang.

À SAVOIR

L'état du sang ne change pas lors de son parcours entre les cellules et les alvéoles pulmonaires, c'est-à-dire que les pressions partielles en O_2 et CO_2 dans le sang ne varient pas entre les poumons et les tissus.

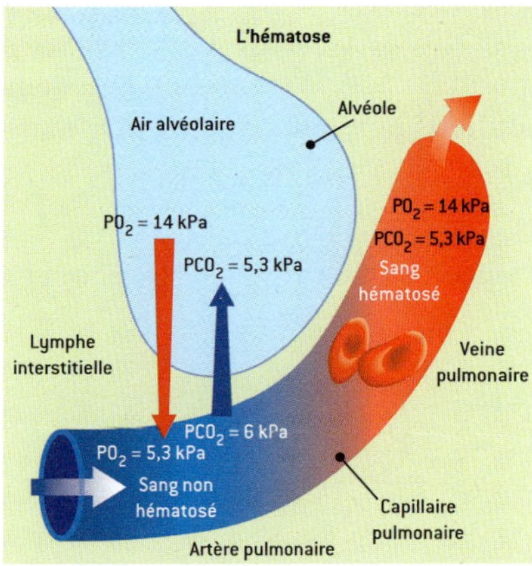

Les échanges gazeux pulmonaires

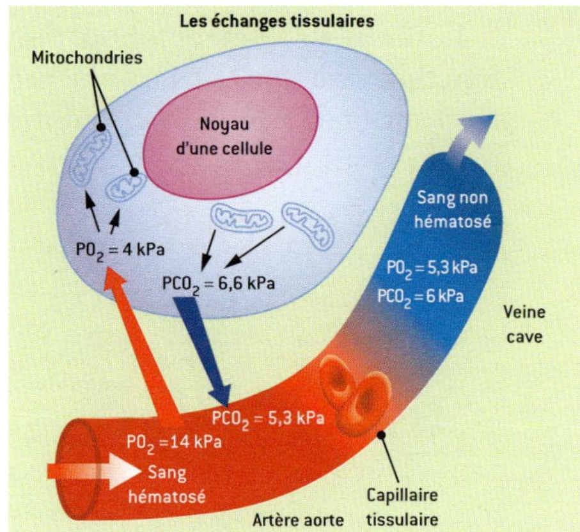

Les échanges gazeux tissulaires

3 Le transport sanguin des gaz respiratoires

A Le transport du dioxygène

a Les différentes formes de transport du dioxygène

■ Le dioxygène est transporté sous 2 formes dans le sang :
- majoritairement **combiné à l'hémoglobine** (**Hb**) dans les hématies (98 %) ;
- en faible quantité **dissous** dans le plasma et le cytoplasme des hématies (2 %).

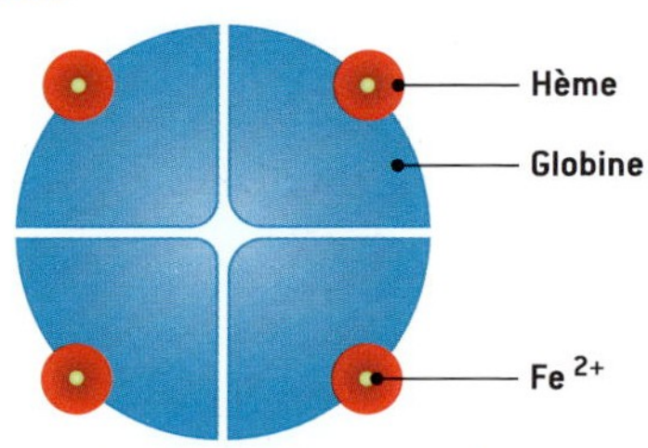

Schéma d'une molécule d'hémoglobine

■ L'hémoglobine est un pigment respiratoire présent exclusivement dans les hématies. Il est formé de 4 chaînes polypeptidiques appelées **globine** avec un **hème** au centre de chacune. L'hème est une molécule non protéique contenant un **atome de fer** sous forme Fe^{2+} qui peut fixer de **façon réversible** une molécule de O_2.

À SAVOIR

On parle d'anémie quand le taux sanguin en hémoglobine diminue.

■ Équation de fixation du dioxygène sur l'hémoglobine :

$$Hb + 4O_2 \underset{2}{\overset{1}{\rightleftarrows}} Hb(O_2)_4$$

■ **Au niveau des poumons**, l'hémoglobine se charge en O_2 (sens 1 de la réaction). Elle peut fixer de 1 à 4 molécules de O_2 dissous ; quand elle est liée à 4 molécules d'O_2, elle est dite **saturée** et est appelée **oxyhémoglobine**.

■ **Au niveau des tissus**, l'hémoglobine se décharge partiellement en O_2 (sens 2 de la réaction). Le O_2 libéré (1 à 2 molécules O_2, le plus souvent) se retrouve à l'état dissous dans le sang et diffuse dans les cellules selon son gradient de pression.

b La modulation de la prise en charge du dioxygène par l'hémoglobine

■ L'**affinité de l'hémoglobine pour le O_2**, c'est-à-dire sa capacité à fixer celui-ci**, varie en fonction de la PpO_2**. La courbe présentant le pourcentage de saturation de l'hémoglobine en O_2 en fonction de la PpO_2 montre que la saturation augmente avec la PpO_2, mais de façon non proportionnelle.

À SAVOIR

La saturation de l'hémoglobine en O_2 (SaO_2) est le rapport du taux d'oxyhémoglobine sur l'hémoglobine totale.

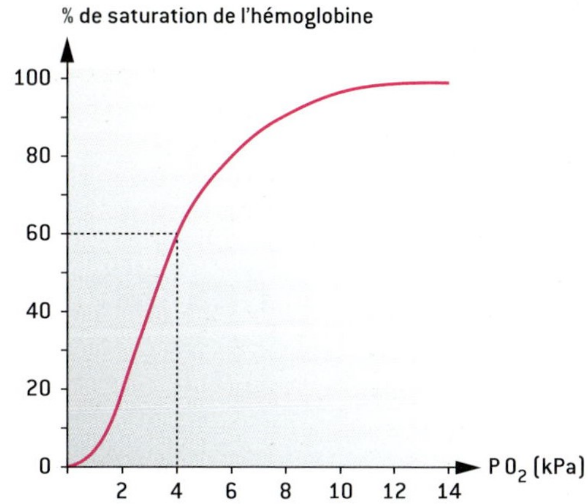

Courbe de saturation de l'hémoglobine en fonction de la PO_2

■ **À forte PpO_2** (au niveau alvéolaire, avec PpO_2 = 14 kPa), l'hémoglobine présente une **forte affinité** pour le O_2 : il y a donc une **prise en charge** maximale du O_2 par l'hémoglobine (98 % de $Hb(O_2)_4$).

■ **À faible PpO_2** (au niveau cellulaire, avec PpO_2 = 4 kPa), l'hémoglobine présente une **faible affinité** pour le O_2 (60 % de $Hb(O_2)_4$) : il y a **dissociation de l'oxyhémoglobine** (98-60 = 38 % dissociée) et libération du O_2 qui se retrouve à l'état dissous et diffuse dans les cellules.

À SAVOIR

À failble PO_2, la pente de la courbe est forte, ce qui signifie qu'une faible diminution de la PpO_2 entraîne une forte dissociation de l'oxyhémoglobine et donc une augmentation de la libération du O_2. Ainsi, lors d'un effort physique, la respiration cellulaire étant plus importante au niveau des muscles pour augmenter la production d'énergie, la PpO2 cellulaire diminue (3 kPa par exemple). Ceci favorise la dissociation de l'oxyhémoglobine et la diffusion du O_2 dans les cellules musculaires, ce qui répond à leurs besoins accrus en O_2.

B Le transport du dioxyde de carbone

Le CO_2 est transporté dans le sang sous 3 formes :
- **dissous** dans le plasma et le cytoplasme des hématies (5-10 %) ;

- **combiné à l'hémoglobine** (30 %) ;
- **combiné à l'eau** (plasma, cytoplasme des hématies) sous forme d'ions hydrogénocarbonates HCO_3^- (60 %).

À SAVOIR

- Le dioxygène et le dioxyde de carbone transportés sous forme combinée doivent d'abord se dissocier de leur transporteur pour se retrouver à l'état dissous et diffuser.
- Lorsque le CO_2 se combine à l'eau, il y a libération d'ions H^+, ce qui conduit à une baisse du pH sanguin.

4 Les facteurs modulant l'affinité de l'hémoglobine pour le dioxygène

La **température**, le **pH** et le **CO_2** sont des facteurs physiologiques susceptibles de modifier l'affinité de l'hémoglobine pour le O_2. Lors d'une activité physique, l'augmentation de la respiration cellulaire au niveau des muscles entraîne une **augmentation de la température, de la $PpCO_2$ et une baisse du pH**. Ces facteurs interagissent pour favoriser la dissociation de l'oxyhémoglobine (courbe décalée vers la droite) et donc la libération des molécules de O_2 et leur diffusion dans les cellules musculaires.

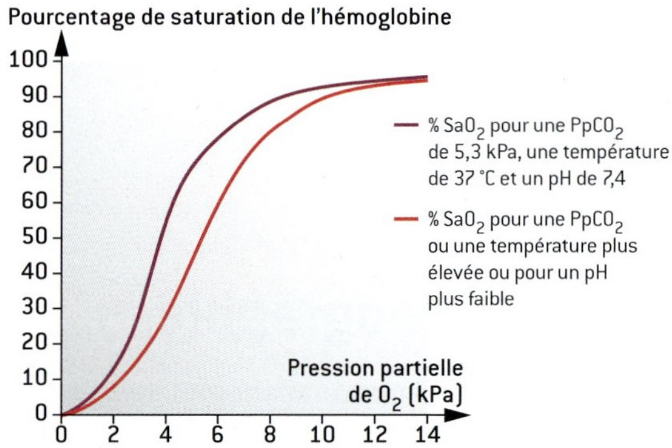

La modulation de la saturation de l'hémoglobine en fonction de la $PpCO_2$, de la température ou du pH

Ainsi, les cellules sont mieux alimentées en O_2, ce qui répond à l'augmentation de leurs besoins lors de l'exercice musculaire.

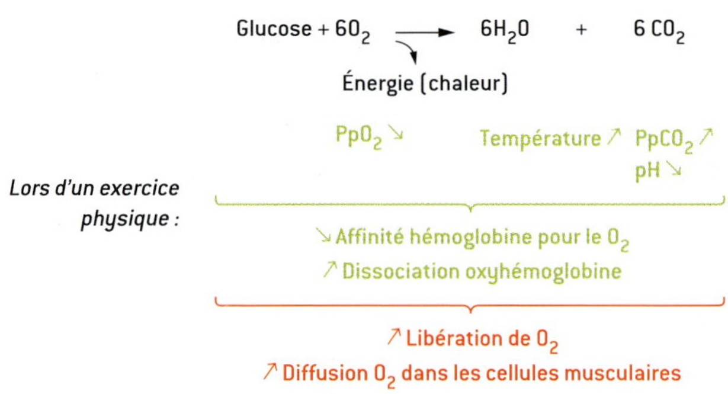

L'incidence de l'activité physique sur la libération de dioxygène au niveau tissulaire

29 Les techniques d'exploration de l'appareil respiratoire

Il existe plusieurs moyens d'étude de l'appareil respiratoire. Son exploration anatomique se fait par radiographie, scanographie et fibroscopie, tandis que la spirométrie permet son étude fonctionnelle.

1 La radiographie

C'est un examen d'imagerie médicale basée sur l'absorption différentielle des **rayons X (RX)** en fonction de la nature des tissus traversés (voir chapitre 20). Indispensable à tout bilan pneumologique, il permet d'observer une opacification des zones de clartés pulmonaires en cas de pneumopathie.

À SAVOIR

- **Path(o)** : atteinte, maladie.
- **Pneum(o)** : poumon.
- **Pneumopathie** : maladie pulmonaire.

 # schéma
Radiographie frontale du thorax
foucherconnect.fr/19pbst2s24

2 La scanographie

Appelé aussi **tomodensitométrie**, c'est un examen basé sur le même principe que la radiographie (utilisation des **RX**), mais qui permet d'obtenir des **images en coupe**, donc plus précises, des poumons. Les images sont traitées numériquement, colorisées et éventuellement reconstituées en 3 dimensions (voir chapitre 20).

 # schéma
Scanner axial du thorax
foucherconnect.fr/19pbst2s25

3 La fibroscopie

- Cet examen endoscopique permet une **vision directe** des conduits respiratoires à l'aide d'une **sonde souple** munie de **fibres optiques** (voir chapitre 12).
- Il offre un **double intérêt** :
  - **diagnostique** : visualisation de lésions bronchiques ;
  - **thérapeutique** : aspiration de sécrétions bronchiques, traitement ou ablation de lésions, réalisation de biopsies à l'aide de micro-instruments chirurgicaux.

 # schéma
Bronchoscopie
foucherconnect.fr/19pbst2s26

À SAVOIR

L'examen endoscopique des bronches est appelé bronchoscopie.

4 La spirométrie

C'est un examen à **enregistrement graphique** qui mesure la **capacité respiratoire**, c'est-à-dire les différents **volumes d'air échangés** lors de mouvements respiratoires. Ces volumes peuvent être mesurés lors d'une inspiration et d'une expiration normales ou forcées, au repos ou lors d'un effort.

A Le principe

Le sujet souffle ou aspire dans un **spiromètre** comportant une turbine reliée à un capteur. Les courants d'air générés mettent en mouvement la turbine ; les données sont transmises, *via* le capteur, à un ordinateur qui traduit les volumes d'air déplacés sous forme d'un graphe appelé **spirogramme**.

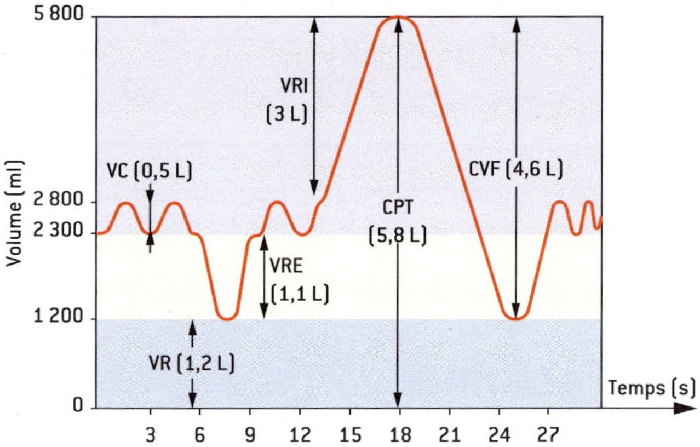

Spirogramme (volumes d'air mobilisés au cours du cycle respiratoire)

Volume d'air mesuré	Définition
Volume courant (VC)	Volume d'air entrant et sortant des poumons lors d'un cycle respiratoire normal
Volume de réserve inspiratoire (VRI)	Volume d'air inspiré en plus du volume courant lors d'une inspiration forcée
Volume de réserve expiratoire (VRE)	Volume d'air expiré en plus du volume courant lors d'une expiration forcée
Volume résiduel (VR)	Volume d'air restant dans les poumons après une expiration forcée
Capacité vitale forcée (CVF)	Volume d'air expulsé lors d'une expiration forcée qui suit une inspiration forcée
Volume d'expiration maximal en une seconde (VEMS)	Volume d'air expulsé pendant la première seconde d'une expiration forcée qui suit une inspiration forcée
Capacité pulmonaire totale (CPT)	Volume pulmonaire total (CPT = CVF + VR)

À SAVOIR

L'indice de Tiffeneau, déterminé par le rapport VEMS/capacité vitale forcée, renseigne sur un éventuel syndrome obstructif. Sa valeur normale est d'environ 0,8 (ou 80 %) ; une diminution de celui-ci en dessous de 70 % traduit une résistance des voies respiratoires au passage de l'air.

 # schéma
Spirogramme (courbe volume/temps)
foucherconnect.fr/19pbst2s27

B L'intérêt

Cette technique est utilisée dans les bilans pneumologiques pour dépister ou suivre l'évolution de pathologies respiratoires obstructives comme l'asthme ou la mucoviscidose, ainsi que l'efficacité des traitements.

À SAVOIR

- **Pnée** : respiration.
- **Spir(o)** : respiration.

30 Des pathologies respiratoires

Les pathologies respiratoires touchent les voies aériennes, y compris les voies nasales, les bronches et les poumons. Elles vont d'infections aiguës comme la pneumonie et la bronchite à des affections chroniques telles que l'asthme. Certaines de ces pathologies peuvent êtres dues à la consommation de tabac.

1 L'asthme

A Les mécanismes physiopathologiques

■ L'asthme est une bronchopathie obstructive très répandue qui touche plus de 4 millions de personnes en France. Cette maladie résulte de l'association d'une prédisposition génétique et de facteurs environnementaux ; elle se manifeste par des crises pouvant conduire à une hospitalisation dans les cas les plus sévères.

■ L'asthme est caractérisé par une **inflammation chronique des bronches**, entraînant une hyperréactivité de la muqueuse à l'origine :
- d'une **bronchoconstriction**, par contraction des muscles lisses de la paroi ;
- d'une **bronchorrhée** ;
- d'un **gonflement** de la muqueuse bronchique (= œdème).

■ Ces 3 modifications entraînent une **obstruction partielle de la lumière des bronches**, responsable d'une augmentation de la résistance des voies aériennes au passage de l'air.

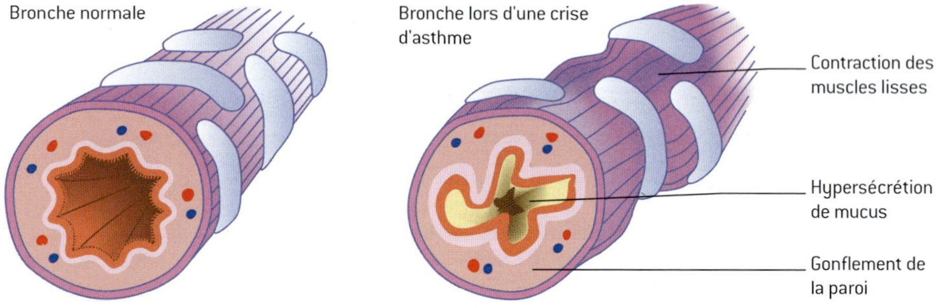

Bronche normale — **Bronche lors d'une crise d'asthme**

B Les signes cliniques

Lors d'une crise d'asthme, la difficulté de l'air à circuler dans les bronches se manifeste par :
- une **respiration sifflante**, surtout à l'expiration ;
- une **dyspnée** ;
- une **sensation d'oppression thoracique** ;
- une **toux grasse** avec expectorations.

DÉFINITIONS

- **Bronchorrhée** : hypersécrétion de mucus.
- **Dyspnée** : difficulté à respirer.
- **Expectoration** : rejet de mucus par la bouche.

REMARQUE

Les crises peuvent survenir à tout moment de la journée, mais apparaissent le plus souvent pendant la nuit. Entre 2 crises, la respiration est le plus souvent normale.

C Les facteurs de risque

Plusieurs facteurs peuvent déclencher une crise :
- allergènes : pollen, acariens, poils d'animaux, moisissures… ;
- substances irritantes : fumée de tabac, pollution atmosphérique, produits chimiques… ;
- autres : infection virale, exercice physique, air froid et sec…

D La prévention et le traitement

■ Elle consiste en la suppression des facteurs déclenchants de la crise après identification de ceux-ci.

■ Il repose sur l'inhalation d'**anti-inflammatoires** pour réduire l'inflammation et d'un **bronchodilatateur** qui augmente le calibre des bronches en relâchant les cellules musculaires de la paroi.

2 Le tabagisme

A Les conséquences générales du tabagisme

Le tabagisme constitue la principale cause de décès qui pourraient être évités dans les pays industrialisés. Une exposition active ou passive à la fumée de tabac agresse l'appareil respiratoire et conduit à de nombreuses maladies infectieuses, inflammatoires, allergiques et cancéreuses.

La fumée de tabac inhalée lors du tabagisme actif ou passif contient plus de 4 000 substances toxiques, dont 4 sont particulièrement nocives pour l'organisme : nicotine, goudrons, monoxyde de carbone et substances irritantes. Lors de l'inhalation, la fumée se dépose sur les muqueuses respiratoires et digestives, et une partie des substances toxiques passe dans le sang : le tabagisme produit donc des lésions essentiellement au niveau des appareils respiratoire, digestif et urinaire, ainsi que du système cardiovasculaire.

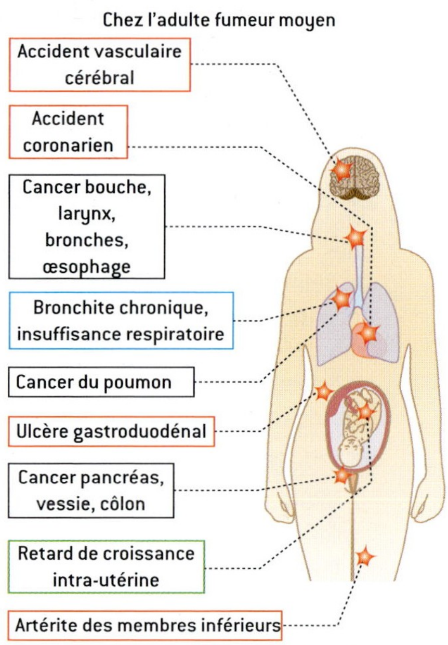

Pathologies liées au tabagisme

À SAVOIR

Le tabagisme passif est une intoxication tabagique involontaire due à l'inhalation de fumée de tabac produite par les fumeurs de l'entourage.

REMARQUE

En France, chaque année, plus de 65 000 décès sont imputables au tabagisme.

B Les principaux constituants de la fumée du tabac

a La nicotine

C'est une substance addictive stimulante du système nerveux central, provoquant une **dépendance** tabagique.

REMARQUE

La nicotine entraîne aussi une tachycardie, une tachypnée, une hypertension artérielle et une augmentation des maladies cardiovasculaires avec un risque augmenté chez la femme lors de l'association pilule contraceptive-tabac.

b Les goudrons

Ils sont responsables de **cancers**, principalement au niveau des voies respiratoires. Les signes d'alerte des cancers broncho-pulmonaires sont un **hémoptysie**, une toux tenace, un essoufflement anormal ou des infections respiratoires répétées.

REMARQUE

Plus de 90 % des cas de cancer du poumon sont dus au tabac.

c Le monoxyde de carbone

Ce gaz se fixe avec une affinité beaucoup plus importante sur l'hémoglobine que le dioxygène. Il en résulte une **hypoxémie** à l'origine d'une hypoxie, qui se manifestent sur le plan clinique par une **cyanose** ainsi qu'une tachycardie et une tachypnée compensatrices.

d Les substances irritantes

Elles entraînent une **inflammation des bronches** et une modification des mécanismes de défense des voies aériennes, avec **diminution de l'action des cils** et **bronchorrhée**. L'accumulation du mucus dans les voies respiratoires favorise les infections respiratoires (rhume, grippe, pneumonie) et les maladies bronchiques obstructives comme l'asthme et les broncho-pneumopathies chroniques obstructives (BPCO), pouvant conduire à l'insuffisance respiratoire.

DÉFINITIONS

- **BPCO** : maladie pulmonaire caractérisée par une obstruction permanente et progressive des voies respiratoires.
- **Cyanose** : coloration bleue de la peau et des muqueuses.
- **Hémoptysie** : crachement de sang d'origine respiratoire.
- **Hypoxémie** : diminution de la teneur du sang en dioxygène.
- **Hypoxie** : diminution de l'apport en dioxygène aux cellules.

OBJECTIF BAC

EXERCICE

Monsieur X, 45 ans, consulte son médecin généraliste pour des crises de toux persistantes, une asthénie importante, des dyspnées et un essoufflement au moindre effort. Il signale fumer depuis l'âge de 20 ans, et être fréquemment sujet à des bronchites. À l'issue de l'examen clinique, le médecin suspecte une pneumopathie avec syndrome obstructif et prescrit des examens complémentaires. On s'intéresse aux conséquences physiopathologiques du tabagisme afin d'expliquer les symptômes ressentis par Monsieur X.

1. Le document 1 montre 2 micrographies de l'épithélium de la muqueuse bronchique chez un sujet sain et chez Monsieur X. Comparer ces 2 micrographies et, à l'aide de vos connaissances sur la fonction de l'épithélium bronchique, expliquer les crises de toux et les bronchites répétées chez Monsieur X.

2. Le tableau du document 2 présente les pressions partielles en dioxygène et en dioxyde de carbone chez un non-fumeur et chez Monsieur X. Le document 3 présente le pourcentage de saturation de l'hémoglobine en dioxygène en fonction de la pression partielle en O_2.

a. À l'aide des données du document 2, déterminer graphiquement sur le document 3, pour un sujet non-fumeur puis pour Monsieur X, le pourcentage de saturation de l'hémoglobine en dioxygène dans le sang arrivant aux cellules puis dans le sang sortant des cellules.

Calculer dans chacun des cas le pourcentage de dissociation de l'oxyhémoglobine au niveau des cellules.

b. Conclure sur l'effet du tabac sur les échanges gazeux au niveau cellulaire et expliquer l'asthénie et l'essoufflement ressentis par Monsieur X.

3. Une des conséquences physiopathologiques du tabagisme provient du monoxyde de carbone (CO) contenu dans la fumée de tabac. Le document 4 présente les volumes de O_2 et de CO transportés par le sang chez un non-fumeur et chez Monsieur X. Analyser les résultats et, à l'aide de vos connaissances, expliquer ces résultats.

4. On réalise un test de spirométrie chez Monsieur X. On lui demande de prendre une inspiration forcée suivie d'une expiration forcée réalisée le plus rapidement et le plus longtemps possible. Le tracé obtenu permet de mesurer le VEMS (volume d'expiration maximal en une seconde) et la CVF (capacité vitale forcée), correspondant au volume d'air maximal expiré après une inspiration maximale. Le rapport entre le VEMS et la CVF, appelé indice de Tiffeneau, est compris entre 70 % et 80 % chez un sujet sain adulte ; un indice inférieur à 70 % est signe d'un syndrome obstructif.

Sur le document 5, déterminer le VEMS et la CVF chez un sujet sain non-fumeur et chez Monsieur X. Calculer l'indice de Tiffeneau dans les 2 cas et interpréter les résultats.

Doc. 1 Coupe transversale de la muqueuse respiratoire

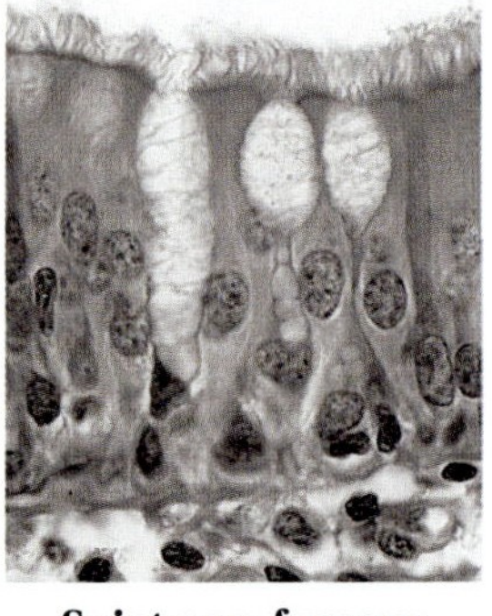

Sujet non-fumeur

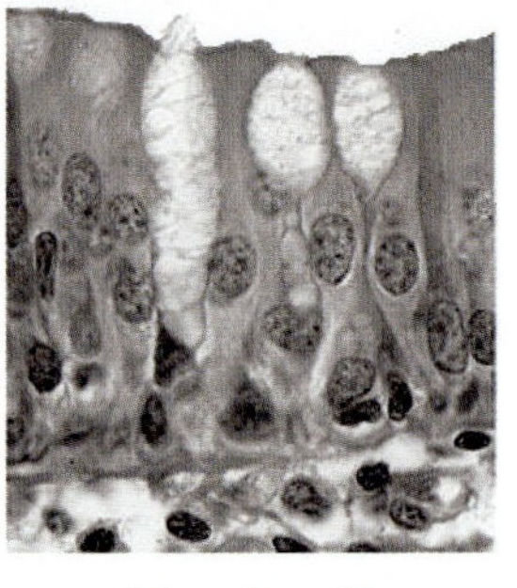

Monsieur X

Doc. 2 Pressions partielles des gaz respiratoires dans les poumons

	Patient non-fumeur			M. X (fumeur)		
	Air alvéolaire	Sang entrant dans les poumons	Sang sortant des poumons	Air alvéolaire	Sang entrant dans les poumons	Sang sortant des poumons
$P_p\ O_2$ (en kPa)	14	5,3	14	14	5,3	9
$P_p\ CO_2$ (en kPa)	5,3	6,1	5,3	5,3	6,1	5,3

Doc. 3 SaO_2 en fonction de la P_pO_2

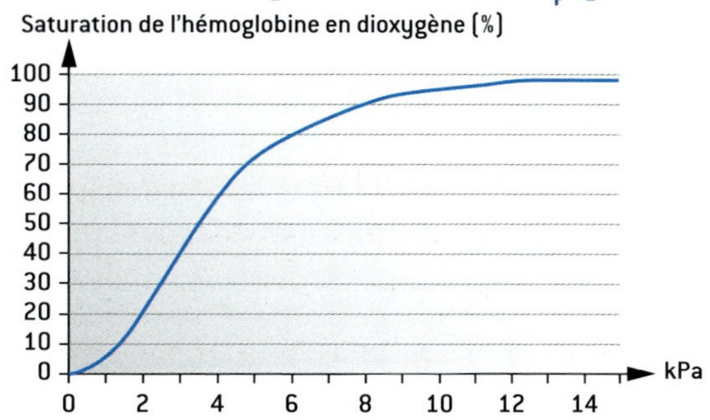

Doc. 4 Volumes d'O_2 et de CO transportés par le sang

	Millilitres d'O_2 par litre de sang	Millilitres de CO par litre de sang
Non-fumeur	197	3
M. X	178	22

Doc. 5 Courbe de spirométrie

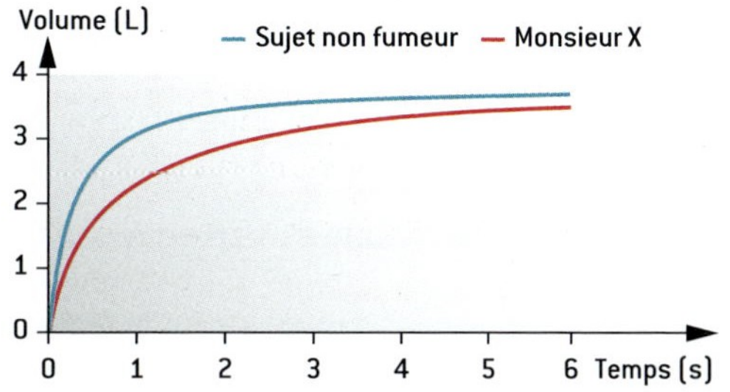

corrigés
foucherconnect.fr/ 19pbst2s13

PHYSIQUE-CHIMIE POUR LA SANTÉ

Évaluation de la Physique-chimie pour la santé au bac

L'enseignement de cette spécialité a pour objectifs d'amener les élèves à maîtriser la compréhension des phénomènes abordés, de former des citoyens responsables et autonomes et de susciter et préparer la poursuite d'études ainsi qu'une insertion professionnelle réussie dans les secteurs du travail social et de la santé.

1 Le programme

- Le programme de physique-chimie pour la santé vise la construction d'une culture marquée par le dialogue entre physique, chimie, biologie et physiopathologie humaine. Un préambule concerne la mesure et les incertitudes. Il est suivi de 3 thèmes.
- Le domaine de la **mesure et des incertitudes** permet d'approcher et de quantifier les phénomènes physiques et chimiques, de suivre leur évolution dans le temps, d'élaborer des modèles et de délimiter leurs domaines de validité, tout en présentant chaque résultat final d'une mesure avec la mention de l'incertitude-type et de l'unité associées.
- Le 1er thème « **Prévenir et sécuriser** » : le développement des activités humaines entraîne une évolution des usages dans la vie quotidienne : le citoyen est amené à utiliser des produits phytosanitaires, des médicaments et des cosmétiques, il consomme également des aliments et il est de plus en plus sensibilisé à la nécessité d'adopter une attitude responsable vis-à-vis d'autrui et de l'environnement. La prévention des risques liés aux activités quotidiennes s'appuie sur des connaissances physico-chimiques précises ; elle détermine à la fois le cadre d'information réglementaire et la formation du citoyen.
- Le 2e thème « **Analyser et diagnostiquer** » : pour établir un diagnostic, le médecin ausculte son patient et le soumet le cas échéant à des examens complémentaires qui s'appuient sur des notions et des phénomènes propres à la chimie et à la physique. Ces examens déterminent les décisions médicales.
- Le 3e thème « **Faire des choix autonomes et responsables** » : le meilleur accès à l'information détermine pour le citoyen sa capacité à adopter une posture critique et responsable. Les domaines de la santé et de l'environnement connaissent des avancées soutenues par les progrès de la chimie, de la physique, de la biologie et de la physiopathologie humaine. Si les politiques publiques dans les domaines sanitaire et environnemental tracent un cadre réglementaire, le citoyen doit tout de même faire des choix autonomes et avisés.

2 Les modalités d'évaluation

- La physique-chimie pour la santé est évaluée tout au long de l'année de Première, à l'occasion d'une épreuve commune de contrôle continu (coefficient 5) au 3e trimestre mais aussi grâce aux notes des bulletins scolaires (coefficient 10).
- L'épreuve commune de contrôle continu comprend une ou des questions sur la démarche expérimentale, une ou des questions appelant à rédaction d'un argumentaire, une ou des questions reposant sur des aspects quantitatifs simples. Le sujet est composé de 4 exercices indépendants, 2 dans le domaine de la chimie, 2 dans le domaine de la physique. L'énoncé du sujet repose sur des supports variés (texte, photos, graphes, schémas, tableaux) et appelle des réponses écrites dont la forme est multiple (texte, schémas, graphes).
- Cette épreuve est notée sur 20 points (10 points en chimie et 10 points en physique).

Préambule : mesure et incertitudes

Nous effectuons des mesures quotidiennement : taille, masse, tension... Réaliser plusieurs mesures d'une grandeur physique permet d'augmenter la précision et d'associer des outils statistiques.

1 Les grandeurs physiques et les unités

- Une **grandeur physique** correspond à une **propriété physique** pouvant être mesurée ou calculée. Les différentes valeurs possibles s'expriment à l'aide d'un nombre réel souvent accompagné d'une **unité de mesure**.
- Les unités de mesure en France font partie du **système international SI**. Il quantifie les 7 grandeurs indépendantes : la masse en kilogramme (kg), le temps en seconde (s), la longueur en mètre (m), la température en kelvin (K), l'intensité électrique en ampère (A), la quantité de matière en mole (mol) et l'intensité lumineuse en candela (cd).
- Il est important de connaître ces unités principales pour établir des relations homogènes.

2 L'étude statistique

On ne mesure pas une grandeur seulement pour obtenir la valeur de cette grandeur mais aussi pour lui associer une incertitude afin de pouvoir **qualifier la qualité de la mesure**. Cette incertitude est liée aux **erreurs de mesures** qui peuvent être dues à l'instrument de mesure (précision, entretien, etc.), à l'opérateur ou à la variabilité de la grandeur mesurée. L'incertitude de mesure est la valeur qui caractérise la dispersion des valeurs qui peuvent être attribuées à la grandeur mesurée. **On la note u**.

A Exploiter une série de mesures

- On considère la série suivante de mesures de la masse d'une femme de 17 ans.

57,0	57,2	57,1	57,2	57,5	57,1	57,1	57,0	56,9	57,0
56,8	57,3	57,5	57,1	57,1	56,8	57,3	57,4	57,2	57,1

- On peut regrouper ces mesures par tranche de 0,2 kilogramme et ensuite les représenter par un histogramme.

Masse m (kg)	56,8 à 56,9	57,0 à 57,1	57,2 à 57,3	57,4 à 57,5
Nombre de mesures	3	9	5	3

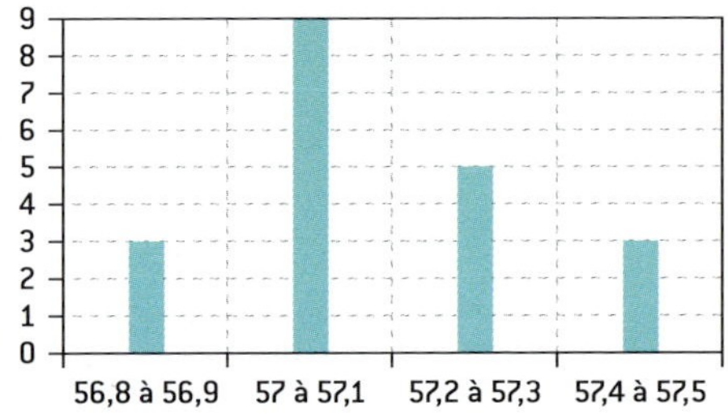

- La **moyenne** de cette série est la somme des mesures divisée par le nombre de mesures :

$$\bar{m} = \frac{1}{n}\sum_{i=1}^{n} m_i = 57{,}1 \text{ kg}$$

■ **L'écart-type σ_{n-1}** indique la dispersion des mesures autour de la moyenne : $\sigma_{n-1} = \sqrt{\frac{1}{n-1}\sum_{i=1}^{n}(m_i - \bar{m})^2}$

REMARQUE
Plus les valeurs sont proches de la valeur moyenne et plus l'écart-type est faible.

B L'incertitude-type

Les erreurs de mesure sont de deux types : **aléatoire** ou **systématique**.

a L'incertitude-type aléatoire ou de répétabilité U_A

Lorsqu'une même personne répète plusieurs fois, dans les mêmes conditions, la mesure d'une même grandeur, les valeurs obtenues peuvent être différentes : il s'agit d'**erreurs de mesure aléatoires**. L'incertitude associée est une **incertitude de répétabilité U_A** dite de type A, pouvant être évaluée par des méthodes statistiques. On utilise la moyenne et l'écart-type σ_{n-1}, issus de l'exploitation d'un nombre important de valeurs mesurées : $U_A = 2u_A = 2\frac{\sigma_{n-1}}{\sqrt{n}}$.

b L'incertitude-type systématique U_B

Il faut prendre en compte la précision de l'appareil de mesure, la façon dont il est utilisé et la qualité du mesurage. L'erreur correspondante est l'**erreur systématique** et l'incertitude associée est dite de **type B**. Alors, l'incertitude de mesure est l'incertitude élargie $U_B = 2U_B$, pour un niveau de confiance de 95 %.

EXEMPLES

Détermination de quelques erreurs systématiques

- Pour la mesure avec un instrument à affichage digital, l'incertitude est égale à 1 unité du **dernier chiffre stable** affiché à l'écran. Ici l'incertitude sur la pression est $u_B = 1$ hPa et l'incertitude élargie à 95 % est $U_B(P) = 2u_B(P) = 2$ hPa. Ainsi la pression est $P = 975 \pm 2$ hPa.
- Pour la mesure avec un instrument gradué, l'incertitude peut être considérée comme égale à la moitié de la plus petite graduation de l'appareil. Ici, l'incertitude sur la température est $u_B = 0{,}5$ °C et l'incertitude élargie à 95 % est $U_B(T) = 2u_B(T) = 1$ °C. Ainsi la température est $T = 20 \pm 1$ °C.

c L'incertitude-type composée U

■ Il faut associer les 2 incertitudes-types afin de trouver l'incertitude-type composée.

■ Le résultat de la mesure est la somme de la valeur vraie de l'erreur aléatoire et de l'erreur systématique.

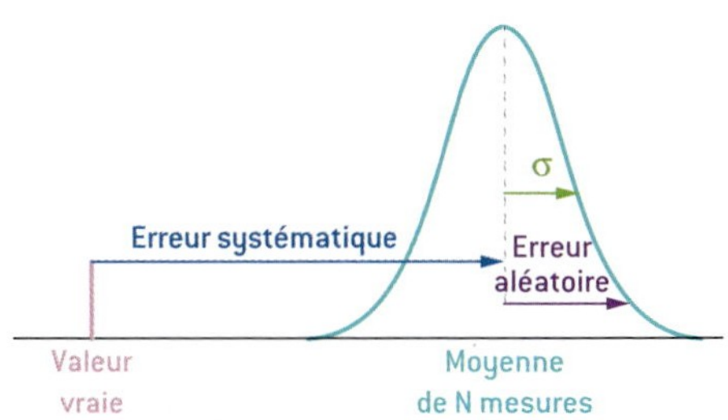

■ Ainsi, si l'on dispose d'un ensemble de mesures d'une grandeur X, où chacune d'entre elles est affectée d'une incertitude de type B, on obtient l'incertitude-type composée : $u = \sqrt{u_A^2 + u_B^2}$; $U = 2u$; $M = \bar{m} \pm U$

■ Le résultat X des mesures est donc : $X = x \pm U(X)$, où x est la moyenne des mesures et U(X) est l'incertitude élargie à 95 % de confiance.

d L'incertitude-type sur une mesure indirecte

- Une **mesure indirecte** d'une grandeur X consiste à mesurer plusieurs grandeurs physiques a, b, etc. et de calculer X à partir de ces grandeurs mesurées.
- La relation permettant le calcul d'une mesure indirecte sera toujours donnée.

C Écrire le résultat d'une mesure

- En physique, le nombre de chiffres avec lequel on écrit une valeur correspond aux **chiffres significatifs**.
- Les règles pour compter les chiffres significatifs (CS) sont :

1. Pour une valeur écrite en notation non scientifique, tous les chiffres sont significatifs, sauf les zéros au début de la valeur.

2. Dans le cas d'une valeur écrite en notation scientifique sous la forme $a \times 10^n$, les chiffres qui composent l'écriture de a sont significatifs.

EXEMPLES

d = 625,2 m : cette valeur comporte 4 CS
d = $6{,}28 \times 10^2$ m : cette valeur comporte 3 CS
d = $0{,}62 \times 10^3$ m : cette valeur comporte 2 CS
d = $6{,}20 \times 10^2$ m : cette valeur comporte 3 CS

3. Les zéros : un zéro à gauche d'un nombre n'est jamais significati mais un zéro à droite d'un nombre est significatif.

- La valeur d'une grandeur physique doit être écrite afin que le dernier chiffre écrit soit **le seul chiffre affecté par l'incertitude.**
- Ainsi, l'incertitude doit s'exprimer avec un seul chiffre et l'estimation de la grandeur mesurée admet comme dernier CS celui de même position que celui de l'incertitude.

EXEMPLE

La mesure d'une intensité électrique donne une valeur I = 50,15875 A avec une incertitude U(I) = 0,09258 A.
On garde tout d'abord un chiffre pour l'incertitude U(I) = 0,09 A, puis on exprime le résultat de l'intensité mesurée I avec comme dernier chiffre significatif, l'arrondi à deux chiffres après la virgule : I = 50,16 ± 0,09 A.

D Évaluer et améliorer l'acceptabilité d'un résultat

Il est possible de comparer la valeur mesurée I avec une valeur de référence $I_{réf}$ en calculant leur écart relatif : $\left|\frac{I - I_{réf}}{I_{réf}}\right|$ souvent exprimé sous la forme d'un pourcentage. Plus il est faible et plus la mesure donne un résultat proche de celui attendu.

E Améliorer une mesure

La mesure est d'autant meilleure que son incertitude de mesure est faible. Pour l'améliorer, il est possible :
- d'augmenter le nombre de mesures, puisqu'une série de mesures a une incertitude plus faible qu'une mesure ponctuelle et d'éliminer les valeurs aberrantes ;
- d'exploiter les appareils de mesures dans la gamme de valeur où leur précision est la meilleure et de les contrôler ;
- de faire réaliser des mesures dans un laboratoire certifié afin de valider la qualité des mesures des appareils.

1 L'utilisation en toute sécurité des produits ménagers acides et basiques

Nous utilisons quotidiennement à la maison des solutions acides telles que le vinaigre, des détartrants, etc. et également des solutions basiques comme l'eau de Javel ou les déboucheurs. Ces produits sont prêts à l'emploi ou doivent être dilués. Certains sont sans danger lors de leur utilisation, alors que d'autres nécessitent des précautions.

1 Les solutions aqueuses

A La quantité de matière n

a Le calcul de la masse molaire M

■ La **masse molaire M** d'une **espèce chimique X** est la **masse d'une mole** de l'espèce X. Elle s'exprime en grammes par mole (**$g.mol^{-1}$**).

■ Pour la calculer, on fait la somme des **masses molaires atomiques** des éléments la constituant.

EXEMPLE

La masse molaire de l'acide sulfurique H_2SO_4 est :
$M(H_2SO_4) = 2\ M(H) + M(S) + 4\ M(O) = 2 \times 1{,}0 + 32{,}1 + 4 \times 16{,}0 = 98{,}1\ g.mol^{-1}$.

b Le calcul de la quantité de matière n

La quantité de matière n_X d'une espèce X est obtenue à partir de sa masse m_X et de sa masse molaire M(X) :

$$\mathbf{n_X = \frac{m_X}{M(X)}}$$

n_X : quantité de matière de l'espèce en mole (mol)

m_X : masse de l'espèce en gramme (g)

M(X) : masse molaire de l'espèce en gramme par mole ($g.mol^{-1}$)

REMARQUE

La masse de l'espèce X est calculée selon la formule : $\mathbf{m_X = n_X \times M(X)}$.

B La concentration massique C_m

a Le calcul de la concentration massique C_m

DÉFINITION

Soluté : espèce chimique qui est dissoute par un solvant. On obtient alors une solution. Si le solvant est l'eau, on obtient une solution aqueuse.

La **concentration massique C_m** d'une espèce chimique en solution est la **masse de l'espèce chimique par litre** de solution. C'est le rapport de la masse de l'espèce chimique par le volume de solution. Elle s'exprime en kilogrammes par litre **$kg.L^{-1}$**.

$$C = \frac{m}{V}$$

m : masse de l'espèce chimique en kilogramme (kg)

V : volume de la solution en litre (L)

C : concentration massique de l'espèce en solution en kilogramme par litre ($kg.L^{-1}$)

REMARQUE

On utilise aussi très souvent comme unité le gramme par litre ($g.L^{-1}$).

b La préparation d'une solution aqueuse de concentration massique définie

Pour préparer une solution aqueuse de concentration massique précise par dissolution, il faut utiliser une **balance** et de la **verrerie jaugée**. Le mode opératoire est le suivant :
- **peser la masse m** sur un **verre de montre** taré ;
- **introduire cette masse**, en utilisant un **entonnoir**, dans une **fiole jaugée** (ayant le volume approprié) propre et remplie à moitié avec de l'eau distillée ou déminéralisée ;
- **rincer** le verre de montre et l'entonnoir, mettre les eaux de rinçage dans la fiole jaugée ;
- **dissoudre** totalement le solide ;
- **compléter la fiole jaugée** jusqu'au trait de jauge avec de l'eau déminéralisée. Homogénéiser.

C La concentration molaire C

La **concentration molaire C** d'une espèce chimique en solution est la **quantité de matière de l'espèce chimique contenue par litre** de solution. C'est le rapport de la **quantité de matière** de l'espèce chimique par le **volume de solution**. Elle s'exprime en mole par litre **$mol.L^{-1}$**.

$$C = \frac{n}{V}$$

n : quantité de matière de l'espèce chimique en mole (mol)

V : volume de la solution en litre (L)

C : concentration molaire de l'espèce en solution en mole par litre ($mol.L^{-1}$)

REMARQUE

La concentration massique est liée à la concentration molaire : $C_m = C \times M$.

D La dilution d'une solution aqueuse

■ Il est possible d'obtenir une solution aqueuse d'une espèce chimique de concentration donnée à partir d'une solution contenant la **même espèce** mais ayant une **concentration plus importante**.

■ La solution la **plus concentrée** s'appelle la **solution mère** et la **solution diluée** est la **solution fille**.

■ Le volume de solution mère à prélever est obtenu avec la relation $\mathbf{C_{fille} \times V_{fille} = C_{mère} \times V_{mère}}$:
- C_{fille} est la concentration de la solution diluée.
- $C_{mère}$ est la concentration de la solution mère.
- V_{fille} est le volume final de la solution diluée.
- $V_{mère}$ est le volume à prélever de la solution mère.

■ Le rapport $x = \frac{C_{mère}}{C_{fille}}$ ou $\frac{V_{fille}}{V_{mère}}$ s'appelle « facteur de dilution ». Il indique que la solution a été diluée x fois.

■ Pour préparer une solution aqueuse de **concentration précise** par **dilution**, il faut utiliser de la verrerie jaugée. Le mode opératoire est le suivant :
– rincer la pipette jaugée avec la solution mère ;
– prélever le volume de solution mère nécessaire avec la pipette jaugée munie d'une propipette ;
– introduire le volume de solution mère dans une fiole jaugée (ayant le volume approprié) propre et remplie à moitié avec de l'eau distillée ou déminéralisée ;
– compléter la fiole jaugée jusqu'au trait de jauge avec de l'eau déminéralisée. Homogénéiser.

 # vidéo
Dilution et dissolution
foucherconnect.fr/19pbst2s28

2 Le pH d'une solution aqueuse

A Définitions

a Le pH : potentiel hydrogène

■ **La relation de définition du pH est valable entre 0 et 14, quelles que soient les concentrations des ions.**

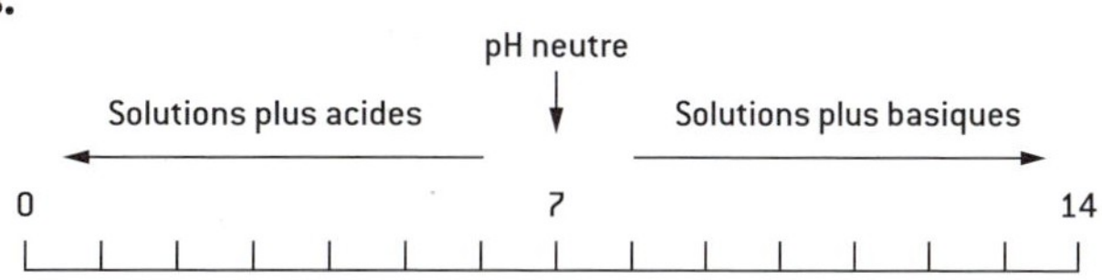

– Une solution **acide** a un pH compris entre 0 et 7.
– Une solution **neutre** a un pH égal à 7,0.
– Une solution **basique** a un pH compris entre 7 et 14.

■ Plus le pH est bas (< 7) et plus la solution est acide, inversement, plus le pH est élevé (> 7) et plus la solution est basique.

b La relation entre pH et concentration en ion H_3O^+

■ Les propriétés **acides** ou **basiques** d'une solution vont dépendre de la **concentration en ion oxonium H_3O^+**.

■ Les chimistes mesurent une grandeur liée à la concentration en ion oxonium notée $[H_3O^+]$:

pH = – log $[H_3O^+]$ — **pH** en unité pH ; **$[H_3O^+]$** en $mol.L^{-1}$

■ Inversement, la concentration en ions oxonium $[H_3O^+]$ est liée au pH par : **$[H_3O^+] = 10^{-pH}$**.

■ Plus une solution **contient des ions H_3O^+**, plus son **pH est faible**.

EXEMPLE

1. Le pH d'une solution est 3,5. La solution est-elle acide ou basique ?
2. Quelle est la concentration en ions oxonium $[H_3O^+]$?

Réponses :
1. Comme le pH est inférieur à 7, la solution est acide.
2. La concentration en ions oxonium se calcule avec $[H_3O^+] = 10^{-pH}$, soit :
$[H_3O^+] = 10^{-3,5} = 3,1 \times 10^{-4}$ $mol.L^{-1}$.

B La mesure du pH

■ Le pH peut être mesuré avec du papier pH en trempant un agitateur en verre dans la solution à tester et en touchant ensuite le papier pH avec celui-ci. Le papier pH prend ensuite une teinte qui correspond à un certain pH. La méthode est rapide mais peu précise : le pH est déterminé à une unité près.

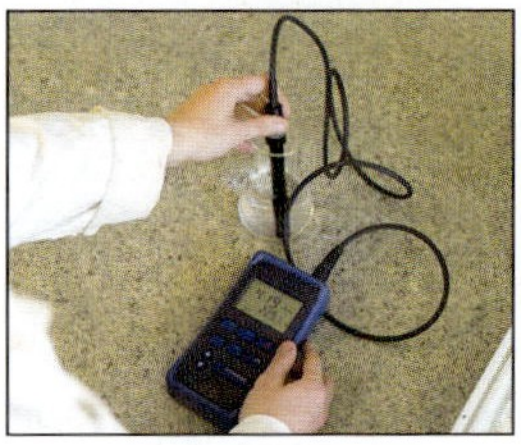

■ Une technique plus précise consiste à utiliser un pH-mètre : il faut rincer la sonde de pH avec de l'eau déminéralisée puis l'essuyer avant de la tremper dans la solution. Il faut homogénéiser la solution pour mesurer correctement la valeur du pH. Cette méthode est plus précise : le pH est déterminé à 0,1 près.

ATTENTION
Il faut étalonner le pH-mètre avant de l'utiliser.

C Le produit ionique de l'eau

■ À 25 °C, le **produit ionique** de l'eau est : $K_e = [H_3O^+] \times [HO^-] = 1{,}0 \times 10^{-14}$.

■ Le produit ionique est une constante. Ainsi, comme le produit entre les concentrations des ions oxonium et hydroxyde doit être constant, lorsqu'une concentration augmente l'autre diminue : plus le pH devient acide, plus la concentration en ions oxonium augmente et plus celle des ions hydroxyde faiblit.

3 Les acides et les bases en solution aqueuse

A Les acides et les bases selon la théorie de Brönsted

■ Un **acide** est une espèce chimique capable de **céder un proton H^+** en solution aqueuse.

■ Une **base** est une espèce chimique capable de **capter un proton H^+** en solution aqueuse.

EXEMPLE
L'acide éthanoïque CH_3COOH est un acide, il peut donc céder un proton H^+ selon la demi-équation : $CH_3COOH = CH_3COO^- + H^+$.

B Les couples acide/base

a Définitions

■ Un couple acide/base comporte un **acide A** et une **base B**. Une **demi-équation** lie les deux espèces chimiques : **A = B + H$^+$**

■ Les espèces A et B sont dites **conjuguées** et forment le **couple A/B**. On utilise le signe égal dans les **demi-équations**. La forme **acide est écrite en premier** dans un couple acide/base.

PHYSIQUE-CHIMIE

EXEMPLE

L'acide méthanoïque a pour formule HCOOH. C'est un acide, il est donc possible d'écrire la demi-équation où il intervient : $HCOOH = HCOO^- + H^+$.
Ainsi, l'ion méthanoate $HCOO^-$ est la base conjuguée de l'acide méthanoïque.
Les deux espèces forment le couple $HCOOH/HCOO^-$.

b Les couples acide/base importants

Couple	Demi-équation protonique
H_3O^+/H_2O (ion oxonium/eau)	$H_3O^+ = H_2O + H^+$
H_2O/OH^- (eau/ion hydroxyde)	$H_2O = OH^- + H^+$
CH_3COOH/CH_3COO^- (acide éthanoïque/ion éthanoate)	$CH_3COOH = CH_3COO^- + H^+$
NH_4^+ / NH_3 (ion ammonium/ammoniaque)	$NH_4^+ = NH_3 + H^+$

■ La molécule d'eau fait partie de deux couples acide/base, elle peut capter ou céder un proton.

■ Il faut aussi connaître l'acide chlorhydrique : $H_3O^+ + Cl^-$, qui est obtenu par la réaction du chlorure d'hydrogène HCl avec l'eau selon : $HCl + H_2O = Cl^- + H_3O^+$.

■ Pour donner une solution aqueuse d'acide sulfurique, il faut dissoudre H_2SO_4 qui est un diacide pouvant réagir avec l'eau selon la réaction : $H_2SO_4 + 2\,H_2O = SO_4^{2-} + 2\,H_3O^+$.

4 La sécurité : le règlement CLP

A La présentation

Le sigle CLP correspond à « *Classification, Labelling, Packaging* », ce qui signifie « Classification, étiquetage, emballage ». Ce règlement présente les :
- pictogrammes de danger ;
- classes de catégorie de dangers ;
- mentions d'avertissement ;
- mentions de danger ;
- mentions de conseils de prudence.

B Les neuf pictogrammes de danger

Ils sont marqués SGH, ce qui correspond à « Système Général Harmonisé », et numérotés de 1 à 9. Les pictogrammes de danger sont positionnés au milieu de l'étiquette. Ce système distingue 2 mentions d'avertissement : l'indication « **Attention** » qui signale des catégories de danger moins grave, alors que la mention « **Danger** » est réservée aux catégories de dangers les plus sévères.

a Les pictogrammes de dangers physiques

SGH01

Attention ou danger
Substances explosives
ou auto-réactives

SGH02

Attention ou danger
Gaz, liquides, solides
ou aérosols inflammables

SGH03

Attention ou danger
Gaz, liquides ou solides
comburants

SGH04

Attention
Gaz sous pression

SGH05

Attention
Substances ou mélanges corrosifs pour les métaux

b Les pictogrammes de dangers pour la santé humaine

SGH05

Danger
Cause des lésions cutanées
ou oculaires graves

SGH06

Danger
Toxicité aiguë par voie
orale, cutanée ou par
inhalation

SGH07

Attention
Toxicité aiguë par voie
orale, cutanée ou par
inhalation, ou irritation
cutanée ou oculaire

SGH08

Attention ou danger
Mutagénicité sur
les cellules germinales ou
toxicité spécifique pour
certains organes cibles

c Les pictogrammes de dangers pour l'environnement

SGH09

Attention
Dangers aigus ou chroniques pour le milieu aquatique

C Les mentions de danger et les conseils de prudence

- L'étiquette comporte des **mentions de danger et des conseils de prudence** (en dessous de la mention d'avertissement « Danger » ou « Attention »).

- Ces mentions et conseils complètent les pictogrammes de danger et aident l'utilisateur à adapter son attitude.

- Les **mentions de danger** sont écrites en toutes lettres et précédées de la lettre « H » suivie d'un nombre. Les **conseils de prudence** sont écrits en toutes lettres et précédées de la lettre « P » suivi d'un nombre.

D Le cas des solutions acides et basiques

■ Les solutions acides et basiques sont dangereuses à manipuler. Elles présentent des pictogrammes de **danger pour la santé humaine** et aussi pour **l'environnement**. Le port d'une **blouse**, de **lunettes** et de gants est nécessaire, voire un travail sous la hotte.

■ Lors des **mélanges** d'acides et de bases, les réactions sont **immédiates** et elles **dégagent de la chaleur**.

E Le protocole de neutralisation d'une solution acide par une solution basique

■ Dans le cadre de la **gestion des déchets**, il est important de neutraliser les solutions acides ou basiques avant de les rejeter. L'ajout de **solutions acides** dans une **rivière** contribue à diminuer son pH et à **dégrader l'écosystème**.

■ Pour neutraliser une solution acide, il convient d'évaluer son pH avec une bandelette ou un papier pH. On se place sous une hotte avec une agitation permettant d'homogénéiser la solution. La mesure de la température est importante. On commence à ajouter modérément une solution basique et on note l'évolution du pH ; si la température augmente fortement, il faut ralentir les ajouts. Lorsque le pH dépasse 2, alors il est possible d'introduire une sonde de pH pour suivre plus précisément sa neutralisation. On continue les ajouts de solution basique jusqu'à atteindre un pH compris entre 6,5 et 7,5.

ENTRAÎNEMENT AU CONTRÔLE CONTINU

EXERCICE 1

On a mesuré le pH de différentes solutions de produits ménagers :

Solutions	Ammoniaque	Eau distillée	Acide chlorhydrique	Déboucheur	Vinaigre
pH	10,5	7,0	1,5	13	2,8

Comment classer des produits ménagers selon leur acidité ?

EXERCICE 2

L'acide lactique a pour formule chimique CH_3–CH(OH)–COOH.

1. Écrire la formule chimique de sa base conjuguée, l'ion lactate, puis la demi-équation protonique liant les deux membres du couple.

2. On veut obtenir un volume V = 100 ml d'une solution diluée de concentration c′ = 0,010 mol.L^{-1}.

a. Détailler le mode opératoire permettant d'obtenir cette solution fille à partir de la solution mère.

b. Comment va évoluer le pH lors de la dilution ?

corrigés
foucherconnect.fr/19pbst2s29

2 L'utilisation en toute sécurité des antiseptiques et des désinfectants

Des espèces chimiques sont utilisées afin d'assurer une absence totale de bactéries ou de virus dans le domaine médical. Les risques de contamination sont ainsi limités.

1 Les oxydants et les réducteurs en solution aqueuse

A Définitions

■ Un **oxydant** est une espèce chimique capable de **capter un ou plusieurs électrons** en solution aqueuse. Quand l'oxydant a capté un ou plusieurs électrons, il est **réduit**.

EXEMPLE
L'ion Fe^{2+} est un oxydant, il se transforme en fer métallique en captant 2 électrons : $Fe^{2+} + 2\ e^- = Fe$.

■ Un **réducteur** est une espèce chimique capable de **céder un ou plusieurs électrons** en solution aqueuse. Quand le réducteur a cédé un ou plusieurs électrons, il est **oxydé**.

B Les couples oxydant/réducteur

■ Un couple **oxydant/réducteur** comporte un **oxydant Ox** et un **réducteur Réd**. Une demi-équation électronique, aussi appelée équation d'oxydo-réduction, lie les deux espèces chimiques :

$$\text{Oxydant} + n\ e^- = \text{Réducteur ou Ox} + n\ e^- = \text{Réd}$$

■ Ox et Réd forment le couple oxydant réducteur Ox/Réd.

■ On place un signe égal dans les demi-équations électroniques au lieu d'une simple flèche utilisée pour les réactions chimiques.

ATTENTION
La forme oxydante est toujours écrite en premier dans le couple.

Couple oxydant/réducteur	**Demi-équation électronique**
I_2/I^- (diiode/ion iodure)	$I_2 + 2\ e^- = 2\ I^-$
O_2/H_2O_2 (dioxygène/peroxyde d'hydrogène)	$O_2 + 2\ H^+ + 2\ e^- = H_2O_2$
H_2O_2/H_2O (peroxyde d'hydrogène/eau)	$H_2O_2 + 2\ H^+ + 2\ e^- = 2\ H_2O$
MnO_4^-/Mn^{2+} (ion permanganate/ion manganèse)	$MnO_4^- + 8\ H^+ + 5\ e^- = Mn^{2+} + 4\ H_2O$
ClO^-/Cl^- (ion hypochlorite/ion chlorure)	$ClO^- + H_2O + 2\ e^- = Cl^- + 2\ OH^-$

EXEMPLE

Dans l'équation $C_6H_8O_6 = C_6H_6O_6 + 2\ H^+ + 2\ e^-$, $C_6H_8O_6$ cède les électrons, c'est le réducteur du couple tandis que $C_6H_6O_6$ est l'oxydant puisqu'il les reçoit. Le couple est donc $C_6H_6O_6/C_6H_8O_6$.

C La réaction d'oxydo-réduction

■ Une réaction d'oxydo-réduction se produit entre l'oxydant Ox_1 d'un couple et le réducteur d'un autre couple $Réd_2$. Il y a transfert d'électrons :
- le réducteur $Réd_2$ cède des électrons et est oxydé en oxydant Ox_2 ;
- l'oxydant Ox_1 capte les électrons cédés et est réduit en réducteur $Réd_1$.

■ Le nombre d'électrons cédés par le réducteur 2 est égal au nombre d'électrons captés par l'oxydant 1, car les électrons ne peuvent pas exister à l'état libre en solution aqueuse.

$$\begin{array}{lll} Ox_1/Réd_1 & Ox_1 + n_1e^- = Réd_1 & (\times n_2) \\ Ox_2/Réd_2 & Réd_2 = Ox_2 + n_2e^- & (\times n_1) \\ \hline & n_2\ Ox_1 + n_1\ Réd_2 \rightarrow n_2\ Réd_1 + n_1\ Ox_2 & \end{array}$$

REMARQUE

En 1re ST2S, vous devez être capable d'écrire l'équation d'oxydo-réduction, les demi-équations électroniques étant données.

EXEMPLE

En utilisant le tableau précédent, écrire l'équation d'oxydation des ions iodure I^- par les ions permanganate MnO_4^-.

Les couples et les demi-équations qui interviennent sont :

MnO_4^-/Mn^{2+} : $MnO_4^- + 8\ H^+ + 5\ e^- = Mn^{2+} + 4\ H_2O$

et **I_2/I^-** : $I_2 + 2\ e^- = 2\ I^-$

Il faut multiplier la première par 2 et la seconde par 5 pour avoir le même nombre d'électrons dans chacune, soit :

MnO_4^-/Mn^{2+} : $\mathbf{2\ MnO_4^- + 16\ H^+ + 10\ e^- = 2\ Mn^{2+} + 8\ H_2O}$ et I_2/I^- : $\mathbf{5\ I_2 + 10\ e^- = 10\ I^-}$.

L'équation finale est alors : $\mathbf{2\ MnO_4^- + 16\ H^+ + 10\ I^- \rightarrow 2\ Mn^{2+} + 8\ H_2O + 5\ I_2}$

2 Les propriétés oxydantes des produits ménagers et pharmaceutiques

A Définitions

■ Un **antiseptique** est un **produit** ou un **procédé** employé pour **assurer l'antisepsie** dans les conditions précises. Les antiseptiques ont souvent un **caractère oxydant**.

■ L'**antisepsie** est une opération permettant d'**éliminer les micro-organismes** et les **virus** au niveau des **tissus vivants**. Le résultat de cette opération est **momentané**.

■ La **désinfection** permet d'**éliminer les micro-organismes** et les **virus** indésirables portés par des **milieux inertes** contaminés. Le résultat de cette opération est **momentané.** Un **désinfectant** est un produit utilisé pour la désinfection.

■ Certains produits ont un **spectre large** : ils agissent sur un **grand nombre de micro-organismes**, d'autres ont un **spectre étroit**, leur action est nettement plus **limitée**.

B Exemples de désinfectants et d'antiseptiques

Espèce chimique	Produits	Désinfectant	Antiseptique	Bactéries	Virus	Champignons
ClO^- : ion hypochlorite	Eau de Javel diluée	×	×	+++	+++	+++
	Eau de Dakin		×	+++	+++	+++
I_2 : diiode	Bétadine		×	+++	+++	+++
	Teinture d'iode		×	+++	+++	+++
C_2H_6O : éthanol	Alcool à 70 %	×	×	+++	+	+
	Gel hydro-alcoolique		×	+++	+	+
H_2O_2 : eau oxygénée	Solution à 3 %		×	+	+	+
MnO_4^- : ion permanganate	Cristaux à dissoudre ou solution			+	-	-

Toutes ces espèces présentent un spectre large sauf l'eau oxygénée et l'ion permanganate, qui ont un spectre étroit.

C Les précautions d'emploi des antiseptiques et désinfectants

■ Les espèces chimiques actives contenues dans les antiseptiques et les désinfectants subissent des altérations avec le temps, la température ou la lumière. Il convient donc de les stocker séparément à l'abri de la lumière et de la température dans un endroit adapté.

■ Ainsi, l'eau oxygénée se décompose d'autant plus vite au cours du temps avec la présence de lumière et une température élevée selon : $2\ H_2O_2 + 2\ H^+ = 2\ H_2O + O_2$.

■ Par ailleurs, leur usage nécessite de lire convenablement la notice, de les manipuler après s'être lavé les mains et d'éviter tout contact avec l'ouverture du flacon.

■ Il faut absolument proscrire tout mélange entre ces produits ou avec d'autres produits ménagers comme on peut le voir dans le cas de l'eau de Javel, qui peut former un gaz extrêmement toxique le dichlore Cl_2, en milieu acide.

EXEMPLE

Il faut considérer les couples $HClO/Cl_2$ et Cl_2/Cl. Les réactifs sont alors $HClO^-$ et Cl^-.

Les demi-équations électroniques de ces couples sont écrites dans le sens de la réaction :

$HClO/Cl_2$: $2\ HClO + 2\ H^+ + 2\ e^- = 2\ Cl_2 + 2\ H_2O$

Cl_2/Cl^- : $2\ Cl^- = Cl_2 + 2\ e^-$

L'équation est $2\ HClO + 2\ Cl^- + 2\ H^+ \longrightarrow 3\ Cl_2 + 2\ H_2O$

On ajoute ces deux équations car le même nombre d'électrons intervient.

Il ne faut donc jamais verser une espèce acide (acide chlorhydrique, détartrant, vinaigre…) dans de l'eau de Javel. Le dichlore produit est très dangereux.

PHYSIQUE-CHIMIE

ENTRAÎNEMENT AU CONTRÔLE CONTINU

EXERCICE 1

La vitamine C est une vitamine hydrosoluble essentielle à notre métabolisme et aussi un conservateur qui évite l'oxydation des aliments. Sa formule chimique est $C_6H_8O_6$.

1. Donner la définition d'un oxydant.

2. La vitamine C ou acide ascorbique est associée à l'acide déshydrocorbique de formule $C_6H_6O_6$ selon la demi-équation : $C_6H_8O_6 = C_6H_6O_6 + 2\ H^+ + 2\ e^-$. La vitamine C est-elle un oxydant ou un réducteur ? Justifier la réponse.

3. Le dioxygène de l'air oxyde les aliments, il fait partie du couple O_2/H_2O dont la demi-équation est $O_2 + 4\ H^+ + 4\ e^- = 2\ H_2O$. Comment le jus de citron (contenant de la vitamine C) versé sur des crudités, peut-il protéger de l'oxydation du dioxygène ? Écrire l'équation d'oxydo-réduction se produisant entre l'acide ascorbique et le dioxygène de l'air.

EXERCICE 2

La bétadine scrub 4 % est employée pour le lavage des mains, le nettoyage des plaies et l'antisepsie avant opération. Le principe actif est l'iode sous forme I_3^- associée à un polymère, qui oxyde les composés présents à l'intérieur des cellules et limite leur croissance ou les tue. Elle agit sur les bactéries, les champignons et les virus.

1. Quel peut être l'emploi de la bétadine scrub 4 % ?

2. La bétadine scrub 4 % a-t-elle un spectre large ou étroit ?

3. Comment appelle-t-on une espèce qui détruit les bactéries ? Les champignons ? Les virus ?

4. La proportion de produit actif dans la bétadine scrub 4 % est 4,0 % en masse. Quelle masse de produit actif a-t-on dans un volume V = 150 ml en considérant une masse volumique $\rho = 1,0\ g.mL^{-1}$? En déduire la concentration massique de produit actif.

 # corrigés
foucherconnect.fr/19pbst2s29

3 La limitation des risques électriques dans l'habitat

L'électricité est présente aussi bien dans nos maisons qu'au travail, etc. Cependant, la manipulation du matériel n'est pas sans risque et il faut veiller à la sécurité des personnes.

1 La tension alternative sinusoïdale et l'intensité

A La lecture d'un écran d'oscilloscope

a L'oscilloscope

■ Un écran d'oscilloscope peut être considéré comme un **repère** sur lequel va figurer la **courbe représentant la tension suivie en fonction du temps**.

■ L'axe **vertical** correspond à la **tension observée** et l'axe **horizontal** correspond au **temps**. On parle de **division** sur un oscilloscope ce qui correspond à un **carreau**.

■ La face avant de l'oscilloscope comporte des **boutons de réglage** qui définissent :
- l'**échelle des tensions** : **Sv**, la **sensibilité verticale**, qui s'exprime en **V/div** ;
- l'**échelle des temps** : **Sh**, la sensibilité horizontale, a été étudié au collège, mais on utilise de préférence au lycée le terme $\mathbf{V_B}$, **vitesse de balayage** (ou base de temps), qui s'exprime en **ms/div**.

■ Pour mesurer une **tension**, il faut donc **multiplier le nombre de divisions verticales par la sensibilité verticale Sv**.

■ Pour mesurer un temps, il faut donc multiplier le **nombre de divisions horizontales par la vitesse de balayage $\mathbf{V_B}$** (ou sensibilité horizontale Sh).

b La tension sinusoïdale

■ Une tension sinusoïdale est **alternative** (elle est successivement positive et négative) et **périodique**. Sa forme caractéristique se trouve sur le schéma ci-contre :

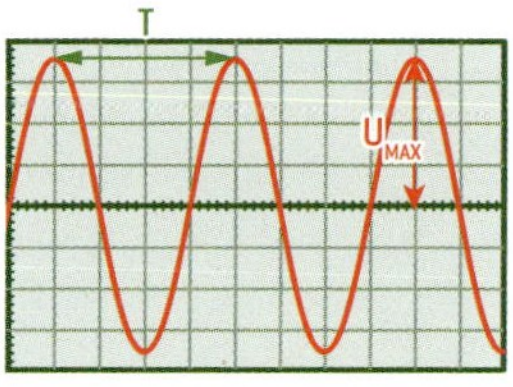

- la **période T**, exprimée en seconde (s), est la plus petite durée qui permette à la tension de se reproduire identique à elle-même ;
- la **fréquence f** est l'inverse de la période ou le nombre de périodes par seconde : $\mathbf{f = \frac{1}{T}}$;
- de même, la **période T** est l'inverse de la fréquence : $\mathbf{T = \frac{1}{f}}$.

REMARQUE
Il faut penser à exprimer la période en seconde pour réaliser un calcul correct de la fréquence.

■ La **fréquence** s'exprime en **hertz** (Hz). La fréquence de la tension du secteur vaut 50 Hz et donc la période vaut : $T = \frac{1}{f} = \frac{1}{50} = 0{,}020\ s = 20\ ms$.

■ L'**amplitude U_m** est la **valeur maximale de la tension** au cours d'une période. Pour la mesurer, on utilise aussi l'oscillogramme et on mesure le nombre de divisions verticales séparant la ligne médiane d'un sommet de la courbe.

EXEMPLE

On obtient l'oscillogramme ci-contre lorsque les réglages sont : $V_B = 5{,}0$ ms/div et Sv = 2,0 V/div.

1. Déterminer la période et la fréquence de cette tension.

2. Déterminer l'amplitude Um de cette tension.

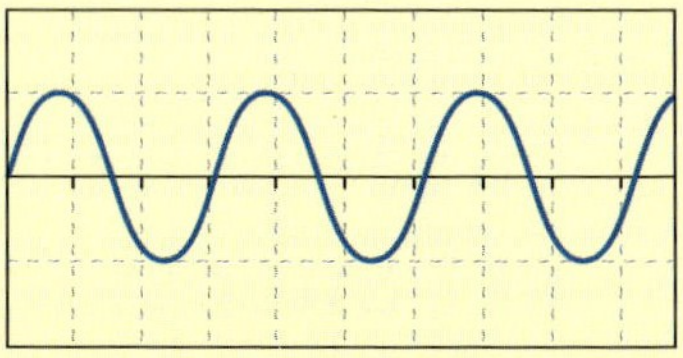

Réponses :

1. Un motif du signal s'étend sur 3,2 divisions, donc la période vaut $T = 3{,}2 \times 5{,}0 = 16\ ms = 16 \times 10^{-3}$ s.

La fréquence de cette tension est donc l'inverse de la période, $f = \frac{1}{16 \times 10^{-3}} = 63$ Hz.

2. L'amplitude U_m de cette tension vaut 2,0 V car il n'y a qu'une division entre la ligne médiane et un sommet. Or une division verticale vaut 2,0 volts, donc l'amplitude vaut 2,0 volts.

B La tension efficace U_e

■ La **tension efficace U_e** d'une tension alternative sinusoïdale est mesurée à l'aide d'un **voltmètre**.

■ Elle est liée à la tension maximale par la relation $\mathbf{U_e = \frac{U_m}{\sqrt{2}}}$ avec U_m et U_e en volts (V).

C L'intensité du courant électrique

L'**intensité** I du courant s'exprime en **ampère** de symbole **A**. Elle est mesurée à l'aide d'un **ampèremètre**, branché en série dans le circuit.

2 La sécurité domestique et au travail

À SAVOIR

Une prise électrique murale est composée de deux fiches femelles dont l'une est **la phase** et l'autre est **le neutre** ainsi que d'une fiche mâle, qui est **la prise de Terre**. La tension efficace entre la phase et le neutre vaut 230 V.

A L'impact sur les personnes

■ Il faut éviter l'**électrisation**, qui est le passage de courant électrique dans le corps humain. Lorsque cela entraîne le décès, il est alors question d'**électrocution**.

■ Les effets physiologiques de l'électricité sont liés à l'**intensité du courant** qui circule dans le corps humain et non à la tension. On considère les dangers liés à un courant passant entre les deux mains ou, entre une main et les pieds d'une personne.

■ Le tableau ci-après présente les effets du courant alternatif selon l'intensité électrique :

En courant alternatif	Effet
1 A	Arrêt du cœur
40 mA à 75 mA	Seuil de fibrillation cardiaque irréversible
30 mA	Seuil de paralysie respiratoire
10 mA	Seuil de non-lâcher, contraction musculaire
0,5 mA	Seuil de perception, sensation très faible

B Les dispositifs de protection et la classe d'un appareil

■ Le réseau électrique comporte des fils électriques dont la section doit être adaptée à l'intensité électrique alimentant les appareils.

■ La **protection des installations** est réalisée par un système qui coupe l'alimentation dès que le courant dépasse un seuil jugé dangereux (qui pourrait par exemple conduire à un incendie par mise en contact des fils conducteurs après fusion des gaines de protection) pour les instruments électriques à travers lesquels ce courant passe. Ceci est assuré par :
- les **fusibles**, qui fondent dès que l'intensité du courant devient trop élevée ;
- les **disjoncteurs**, qui sont des interrupteurs qui coupent le circuit, dès que l'intensité dépasse la valeur fixée.

■ L'ensemble de l'installation électrique doit être raccordé à la terre. Cette mise à la terre garantit un cheminement de courant de défaut d'isolement, qui sera détecté par le disjoncteur différentiel, qui déclenchera automatiquement la coupure du courant. Ceci protège les personnes d'une électrisation. Il faut alors :
- une **prise de terre** ;
- des **conducteurs** associés aux différents circuits de l'installation électrique ;
- une **liaison équipotentielle principale** reliant à la terre les canalisations métalliques rentrant dans le bâtiment.

■ Les hommes sont protégés efficacement de l'électrocution par le **disjoncteur différentiel** : c'est une **protection efficace des hommes**. Il va se déclencher dès qu'il détecte un courant de fuite au niveau de la terre, supérieur à un seuil. En général, ce seuil est choisi à 30 mA. Le disjoncteur différentiel est placé sur le panneau électrique principal.

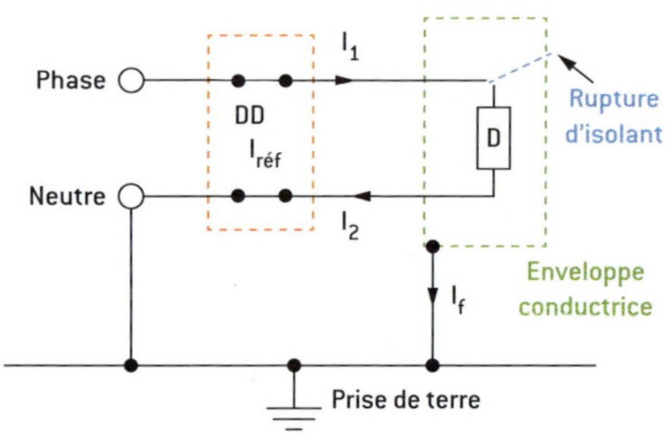

■ S'il n'y a pas de défaut (pas de rupture d'isolant) $I_1 = I_2$, le disjoncteur différentiel (DD) ne se déclenche pas.

■ En présence d'un défaut d'isolement $I_1 - I_2 = I_f$, le circuit de détection du disjoncteur différentiel compare le courant de fuite I_f et l'intensité de référence permise $I_{réf}$. Si I_f atteint $I_{réf}$ (intensité de déclenchement) les interrupteurs s'ouvrent et l'équipement sera automatiquement mis hors tension.

 # vidéo
Le disjoncteur différentiel
foucherconnect.fr/19pbst2s30

ENTRAÎNEMENT AU CONTRÔLE CONTINU

EXERCICE 1

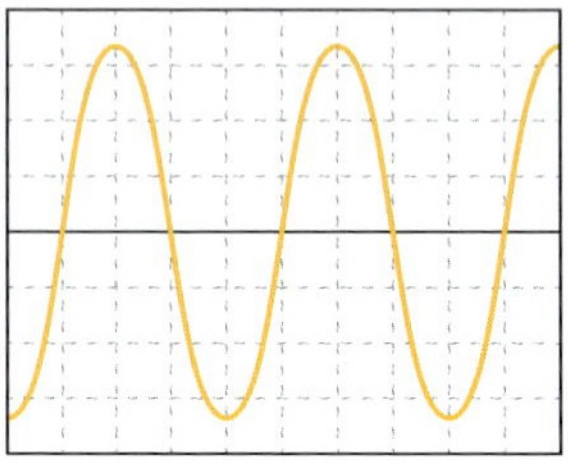

On étudie la tension aux bornes d'une ampoule d'un oscilloscope : sur son écran apparaît la figure ci-après. Les réglages sont sur l'axe horizontal : 5 ms/carreau et sur l'axe vertical 5 V/carreau.

1. Évaluer la valeur de la période T puis la valeur de la tension maximale U_{max} aux bornes de la lampe.
2. Un voltmètre indique 12 Volts. Que représente cette mesure ?
3. Comment se branchent un voltmètre ou un oscilloscope pour une mesure de tension ?

EXERCICE 2

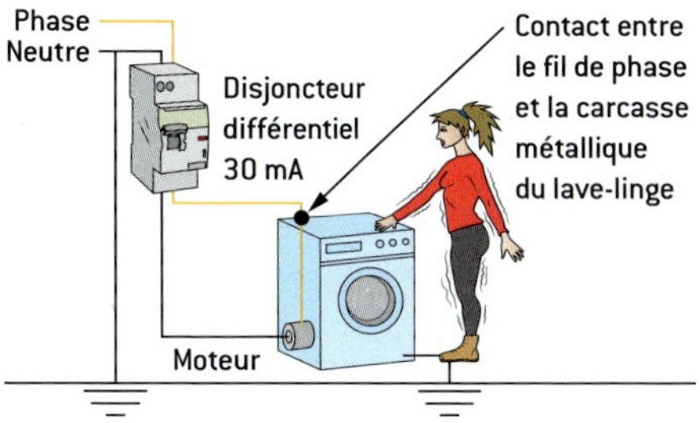

1. Dans une installation électrique domestique, quel appareil de protection place-t-on à l'entrée des circuits ?
2. Dans une installation domestique qui possède une bonne prise de terre, quel est l'appareil qui protège le corps humain ? Où est-il dans l'installation ?
3. Expliquer à partir du schéma l'importance d'un disjoncteur différentiel.

EXERCICE 3

Indiquer la bonne réponse.

1. Un interrupteur différentiel « compare » :
a. des tensions ; b. des intensités ; c. des résistances.
2. Brancher trop d'appareils sur une prise de courant peut entraîner :
a. une surtension ; b. une surintensité ; c. un court-circuit.
3. Dans une installation conforme aux normes de sécurité, on peut s'électrocuter en touchant :
a. uniquement le fil de neutre ; b. uniquement le fil de terre ; c. uniquement le fil de phase.
4. Le passage du courant à travers le corps humain est :
a. une électrocution ; b. une électrisation ; c. un électrochoc.
5. Le passage d'un courant alternatif d'intensité 100 mA pendant 1 seconde provoque sur le corps humain :
a. aucun effet ; b. des effets non dangereux ; c. des effets irréversibles.

corrigés
foucherconnect.fr/19pbst2s29

4 L'utilisation des infrarouges dans certains systèmes de détection

Les rayonnements infrarouges IR font partie des ondes électromagnétiques. Leurs applications sont variées : depuis la télécommande jusqu'aux soins médicaux, en passant par la détection.

1 Les ondes électromagnétiques

La **lumière visible**, les **rayonnements infrarouges** et les **ultraviolets** font partie des ondes électromagnétiques. Le domaine de la lumière visible se trouve dans un domaine restreint de longueur d'onde : de **400 à 800 nm**, compris entre les ultraviolets et les infrarouges.

REMARQUE
Un nanomètre (nm) est un sous-multiple du mètre $1 \text{ nm} = 1{,}0 \times 10^{-9} \text{ m}$.

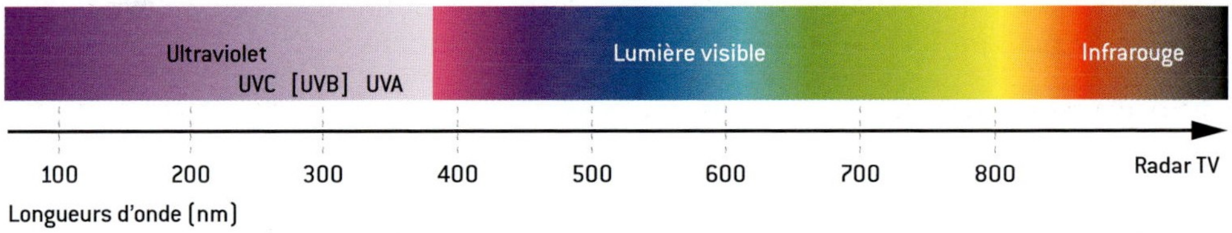

2 La température d'un corps et le rayonnement émis

■ La **température** d'un corps est liée au **rayonnement qu'il émet** : lorsque l'on fait passer un courant plus élevé dans le filament d'une ampoule alors la température du filament augmente et l'ampoule brille plus fortement. Sa couleur évolue avec la température.

■ Pour étudier le rayonnement des corps, on a considéré un corps théorique opaque, isolé et maintenu à température constante. Il porte le nom de « **corps noir** ». Lorsque l'on augmente la température d'un corps noir, on obtient des courbes d'intensité de la lumière en fonction de la température : ces courbes ont toutes la même forme et peuvent s'emboîter.

■ On remarque que ces courbes passent par un maximum qui évolue avec la température : **plus la température augmente et plus la longueur d'onde λ_m** (correspondant au maximum) **diminue**. La température du corps et la longueur d'onde λ_m évoluent en sens contraires.

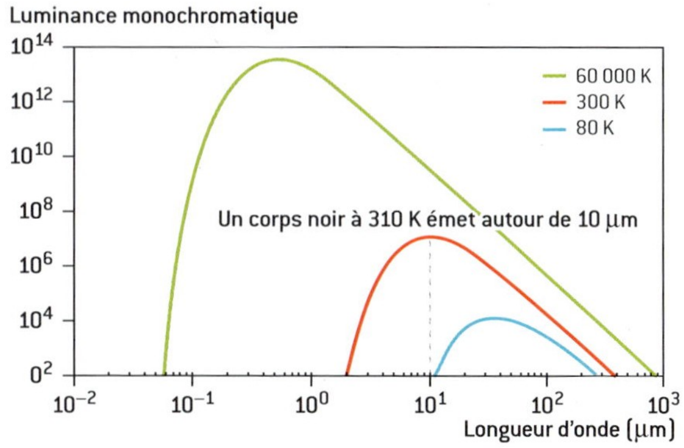

■ La longueur d'onde λ_m qui correspond au maximum de rayonnement, est inversement proportionnelle à la température absolue T du corps. Le produit de la longueur d'onde λ_m par la température absolue est donc une constante.

$\boldsymbol{\lambda_m \times T = 2{,}9 \times 10^{-3}}$ **K.m**

$\boldsymbol{\lambda_m}$: longueur d'onde correspondant au maximum d'émission (m)
T : température absolue (K) = 273 + θ température en degré Celsius

■ Cette loi s'appelle la **loi de Wien.** Un corps noir rayonne donc dans toutes les longueurs d'onde mais préférentiellement dans un domaine particulier.

EXEMPLE

La température du corps humain vaut 37 °C soit 310 K. La valeur de λ_m, longueur d'onde correspondant au maximum d'émission (m) est déterminée à partir de la loi de Wien.
On obtient $\lambda_m = \dfrac{2{,}9 \times 10^{-3}}{T}$ soit $\lambda_m = \dfrac{2{,}9 \times 10^{-3}}{310} = 9{,}4 \times 10^{-6}$ m. Cette longueur d'onde fait partie du domaine infrarouge, invisible à l'œil nu et sans danger pour l'homme.

3 L'utilisation des rayonnements infrarouges

■ Les rayonnements infrarouges sont utilisés dans les **télécommandes** des appareils de salon : un émetteur envoie l'information jusqu'au récepteur de l'appareil.

■ Les infrarouges peuvent servir à **détecter le passage d'une personne** coupant le faisceau entre un émetteur et un récepteur.

■ Le rayonnement infrarouge produit par une personne peut aussi être détecté par des **capteurs reliés à une alarme** pour lutter contre les cambrioleurs. De même, des individus peuvent être observés la nuit à l'aide de jumelles « infrarouge » comportant des systèmes optiques sensibles à ce rayonnement.

■ Dans le domaine médical, les infrarouges sont utilisés dans les thermomètres auriculaires et en thermographie (technique d'imagerie médicale employée pour la détection du cancer du sein).

5 L'influence de la vitesse d'un véhicule sur sa distance d'arrêt

Lorsqu'un véhicule est en mouvement il dispose d'énergie cinétique qui peut produire des dégâts lorsque le conducteur ne maîtrise pas sa conduite.

1 L'énergie cinétique E_c d'un objet en mouvement de translation

■ Un solide adopte un **mouvement de translation** lorsque tout segment de ce solide reste parallèle à lui-même au cours du mouvement. Tous les points du solide ont alors la même **vitesse v**.

■ L'**énergie cinétique E_c** d'un solide en translation est l'énergie qu'il possède du fait de sa masse et de sa vitesse. Elle dépend de sa masse m et de sa vitesse v :

$$E_c = \frac{1}{2} mv^2$$

m : masse du solide en kilogramme (kg)
v : vitesse en mètre par seconde ($m.s^{-1}$)
E_c : énergie cinétique en joule (J)

■ La vitesse intervient au carré dans la formule énergie cinétique : lorsque la vitesse est doublée alors l'énergie cinétique est quadruplée.

EXEMPLE

Un camion de masse m = 38 tonnes se déplace à vitesse constante v = 90 $km.h^{-1}$ sur une route droite et horizontale. On recherche l'énergie cinétique de ce camion.
On peut employer la formule $E_c = \frac{1}{2} mv^2$ pour calculer son énergie cinétique, puisque le camion a un mouvement de translation.
Il faut convertir les valeurs numériques données pour pouvoir faire l'application numérique (rappel : 1 $m.s^{-1}$ = 3,6 $km.h^{-1}$) :
m = 38 tonnes = $3,8 \times 10^4$ kg et v = 90 $km.h^{-1}$ = 25 $m.s^{-1}$.
Ainsi, l'énergie cinétique vaut $E_c = 0,5 \times 3,8 \times 10^4 \times 25^2$ soit $E_c = 1,2 \times 10^7$ J = **12 MJ**.

2 La distance d'arrêt d'un véhicule

A Définitions

■ Lorsqu'un automobiliste se rend compte qu'il est face à un danger, il lui faut un **temps de réaction** avant d'actionner les freins : pendant ce laps de temps la voiture continue à avancer d'une **distance DR** (**distance de réaction**).

 # vidéo
La distance d'arrêt
foucherconnect.fr/19pbst2s31

■ Ensuite, la voiture est freinée, mais elle parcourt la **distance DF** (**distance de freinage**) avant de s'arrêter complètement.

■ La **distance d'arrêt**, notée **DA**, d'un véhicule est égale à la somme de la distance DR parcourue pendant le temps de réaction et de la distance DF parcourue pendant le temps de freinage.

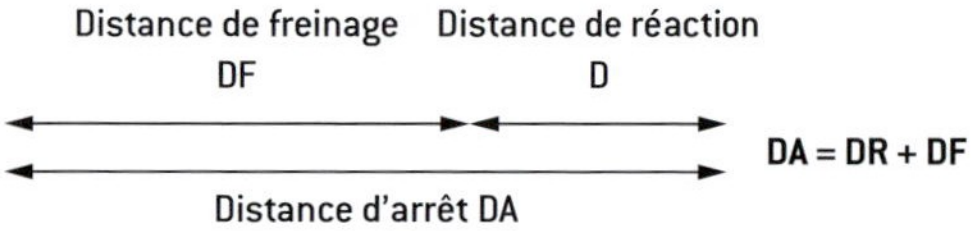

B Les facteurs influançant la distance de réaction DR

■ Le temps de réaction est estimé à 1 seconde en moyenne, si la voiture roule à 30 $m.s^{-1}$ (108 $km.h^{-1}$), la voiture avance donc de 30 mètres avant de commencer à freiner.

■ Le temps de réaction peut être accru selon l'état de santé du conducteur (sous traitement, en état d'ébriété, drogué), des conditions météorologiques qui agissent sur la visibilité (temps clair, brouillard, pluie, jour/ nuit) et en cas d'utilisation d'un téléphone portable.

C Les facteurs influançant la distance de freinage DF

La distance de freinage dépend de la vitesse du véhicule. Elle peut être modifiée selon l'état de la surface du sol (sèche, humide, grasse, verglacée), des conditions météorologiques, de l'état des suspensions, de l'état des pneus, de l'état des freins.

D La nécessité du port de la ceinture de sécurité

Lors d'un freinage brutal ou d'un choc, le véhicule ralentit fortement, voire s'arrête d'un coup. Les passagers ne sont freinés, que s'ils sont attachés à la voiture. Sinon, ils conservent leur vitesse et donc leur énergie cinétique et continuent à se déplacer vers l'avant. Ils heurtent alors le pare-brise avec la vitesse d'avant le freinage ! La ceinture de sécurité permet aux passagers d'avoir la même vitesse que la voiture lors d'une décélération forte.

ENTRAÎNEMENT AU CONTRÔLE CONTINU

EXERCICE

Une voiture de masse m = 1,5 tonne ayant une vitesse v = 35 $m.s^{-1}$ freine brusquement en un point A et s'arrête en B pour éviter un chat qui traverse la route à une distance AB = 140 m.

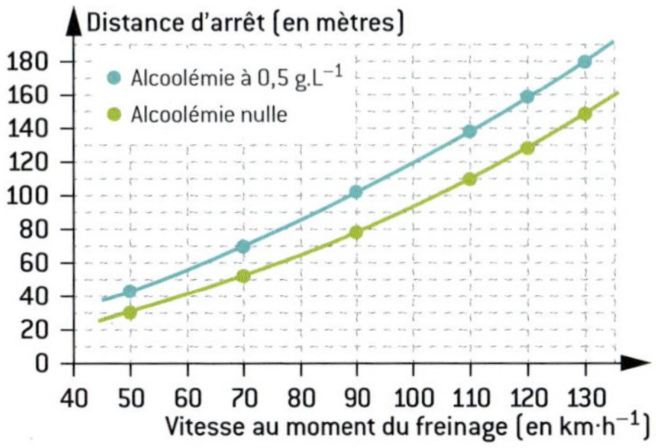

1. Déterminer l'énergie cinétique de la voiture au point A, puis celle au point B.

Avant de s'arrêter, ce véhicule se déplace sur une distance appelée distance d'arrêt et notée DA. Cette distance est constituée de deux phases :

– distance de réaction DR : distance parcourue pendant le temps de réaction du conducteur ;

– distance de freinage DF : distance parcourue par le véhicule entre le moment où le conducteur freine et celui où le véhicule s'arrête.

2. Donner la relation entre DA, DR et DF.

3. On rappelle que la distance d'arrêt dépend de différents facteurs comme : l'alcoolémie du conducteur, la prise de cannabis, l'état des pneus du véhicule, la présence de verglas…

Pour chacun des facteurs présentés ci-dessus, préciser s'ils ont une influence sur la distance de réaction DR ou sur la distance de freinage DF.

4. On a représenté graphiquement la DA d'un véhicule en fonction de la vitesse au moment du freinage. Expliquer pourquoi la courbe correspondant à l'alcoolémie à 0,5 $g.L^{-1}$ est au-dessus de l'autre.

5. En vous aidant du graphique, déterminer la distance d'arrêt lorsque la vitesse vaut 125 $km.h^{-1}$ pour une alcoolémie nulle, puis pour une alcoolémie à 0,5 $g.L^{-1}$.

6. Pourquoi le port de la ceinture de sécurité est-il important ?

corrigés
foucherconnect.fr/19pbst2s29

6 Les ondes sonores dans le processus d'audition

Les sons nous permettent de communiquer. Une déficience auditive est un handicap pouvant parfois être corrigé par une prothèse efficace.

1 Les caractéristiques des sons

A La fréquence ou hauteur du son

L'oreille humaine peut entendre les **fréquences comprises entre 20 Hz et 20 kHz**. Les **infrasons** ont des fréquences **inférieures à 20 Hz** et les **ultrasons** ont des fréquences **supérieures à 20 kHz**. Les infrasons et les ultrasons sont **inaudibles** par les êtres humains.

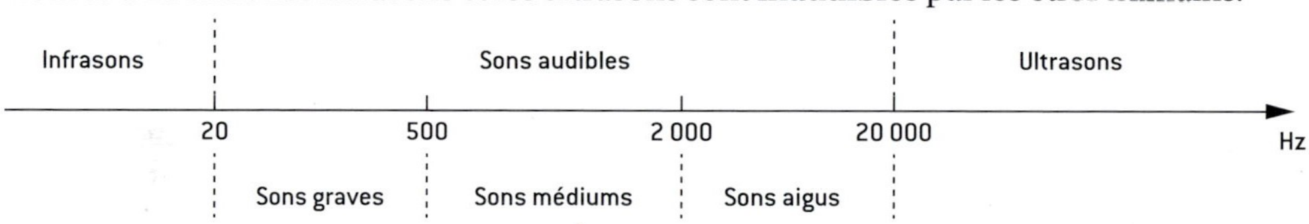

B L'intensité et le niveau sonores

- Le **niveau sonore** L (*level* en anglais) s'exprime en décibel (dB).
- Lorsque l'intensité sonore est multipliée par 10 alors le niveau sonore augmente de 10 dB. Donc lorsque l'on passe d'un niveau sonore de 50 dB à 70 dB, cela veut dire que l'intensité sonore a été multipliée par 100.
- Le seuil de douleur est de 130 dB, cependant l'oreille peut subir des traumatismes à partir de 80 dB.

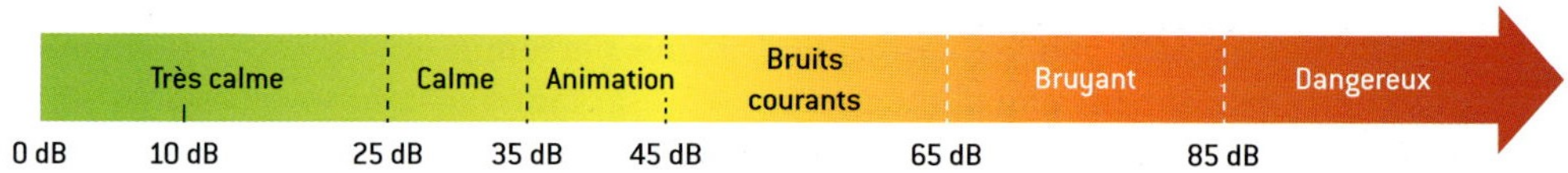

EXEMPLES

Correspondances de différents niveaux sonores

130 dB : avion au décollage
105 dB : concert, discothèque
90 dB : tondeuse à gazon
80 dB : rue à fort trafic
70 dB : salle de classe bruyante
60 dB : conversation normale
50 dB : pluie
40 dB : bureau tranquille
30 dB : conversation à voix basse
10 dB : studio d'enregistrement
0 dB : laboratoire d'acoustique

- L'audition doit être protégée soit en portant un casque lorsque c'est nécessaire, soit en limitant le temps passé à écouter des sons dont le niveau sonore est supérieur à 80 décibels, en particulier en boîte de nuit, en concert ou avec un baladeur muni d'écouteurs.

2 La détection et la correction d'une perte auditive

A La perception du son par une oreille

■ Un émetteur sonore vibre et met les couches d'air autour de lui en **vibration** : le son produit se propage alors en une succession de **compressions** et de **dépressions** de l'air depuis l'émetteur jusqu'au récepteur.

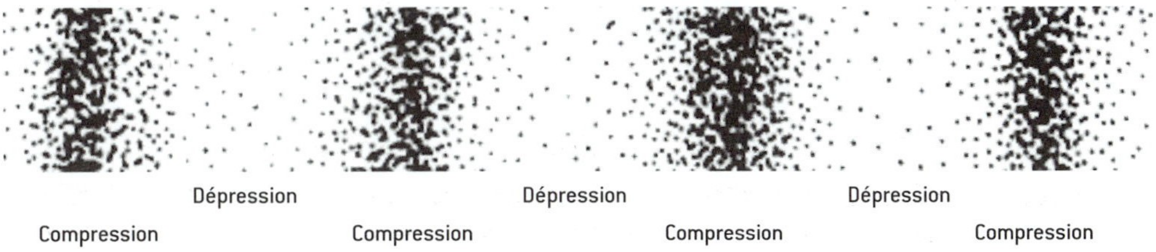

■ Une fois le son arrivé au niveau de l'oreille humaine, le tympan vibre alors sous l'action de ces variations de pression.

B Le seuil de perception

■ La **perception** de l'oreille humaine **augmente avec la fréquence** pour être maximale vers **3 à 4 kHz**. Elle diminue ensuite rapidement. Avec l'âge, les sons ayant une fréquence supérieure à 12 kHz sont moins bien perçus et deviennent parfois inaudibles.

■ On peut faire un **bilan d'audition** et obtenir un **audiogramme** qui permet de mesurer la **capacité auditive** d'une personne. Il est basé sur des sons purs à fréquences choisies et on mesure le seuil de l'audition pour ces différentes fréquences. Le patient dispose d'un casque sur la tête et on adresse à une oreille les différentes fréquences en augmentant le niveau sonore : lorsque le patient entend un son, il prévient le médecin.

■ Les différents résultats sont placés sur un graphique et comparés au seuil normal d'audition pour les mêmes fréquences afin de déterminer le déficit auditif du patient.

■ L'audiogramme à gauche correspond à une personne entendant normalement alors que celui de droite est celui d'une personne présentant une déficience auditive. La couleur rouge correspond à l'oreille gauche et la courbe bleue à l'oreille droite.

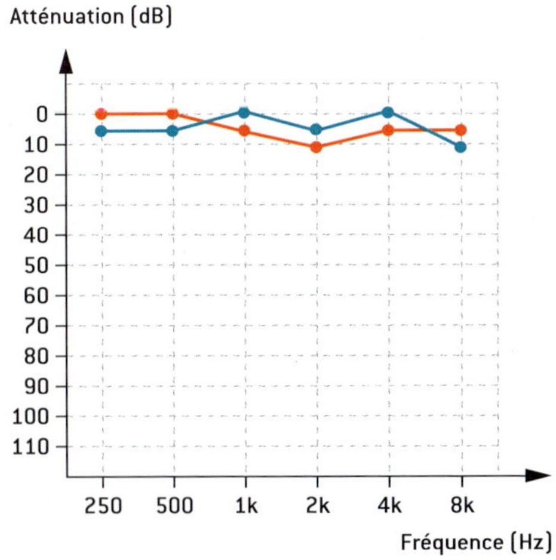

Personne entendante

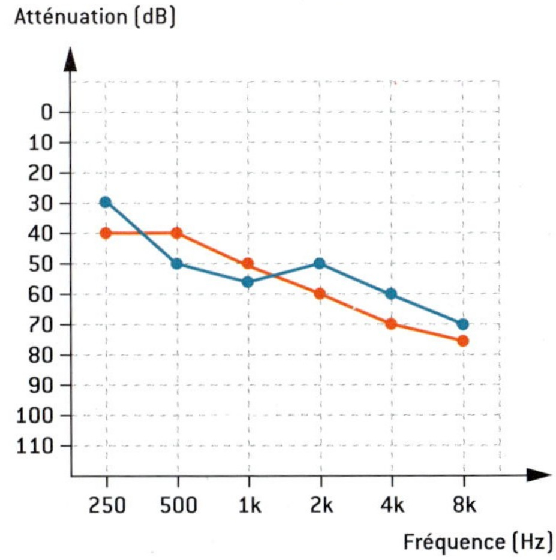

Personne avec une déficience auditive

Audition	Perte moyenne	Incidence
Normale	< 20 dB	Aucune
Surdité légère	de 21 à 40 dB	Voix normale perçue
Surdité moyenne	de 41 à 70 dB	Voix criée perçue
Surdité sévère	de 71 à 90 dB	Voix criée proche de l'oreille perçue
Surdité profonde	> 90 dB	Rien n'est perçu

C La compensation d'une déficience auditive

- Lorsqu'une personne semble être atteinte d'une perte auditive, elle doit **consulter un oto-rhino-laryngologiste** (ORL). Celui-ci réalisera un bilan : soit il existe un traitement médico-chirurgical, soit il dirigera le patient vers un **audiologiste** qui le conseillera sur la prothèse la plus appropriée.
- Une prothèse auditive capte le son et l'amplifie avant de l'émettre dans le conduit auditif de la personne. Elle est utile pour les conversations à deux ou en petit groupe.

ENTRAÎNEMENT AU CONTRÔLE CONTINU

EXERCICE

1. Quelles sont les grandeurs physiques représentées sur les axes des courbes ci-contre ?
2. Quelle partie de l'audiogramme est surtout impactée au cours du vieillissement ?
3. Pour les sons graves, quelle est la perte moyenne en dB à 60 ans ?

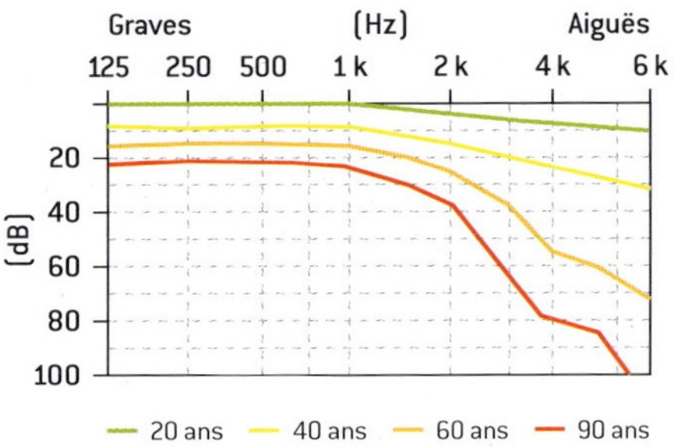

Audiogrammes pour une personne au cours de sa vie

corrigés
foucherconnect.fr/19pbst2s29

7 La propagation de la lumière dans le processus de la vision

La vue est un des cinq sens. Elle nous met en contact avec le monde. À la naissance ou au cours de notre vie, des défauts peuvent se manifester : ils sont très souvent corrigés par des lunettes ou des lentilles cornéennes.

1 Le mécanisme de la vision chez l'être humain

- Dans un milieu **homogène** et **transparent** la lumière se propage en **ligne droite**.
- L'œil va **capter la lumière** environnante puis la **transmettre au cerveau**, où elle est analysée.
- La lumière pénètre au niveau de la **pupille** avant de passer dans le **cristallin**, lentille convergente dont la forme est modifiée en accommodant (par action de muscles) afin que l'image se forme sur la **rétine**.
- On peut modéliser un œil en optique par un ensemble : **diaphragme** (pupille), **lentille** (cristallin) et **écran** (rétine).

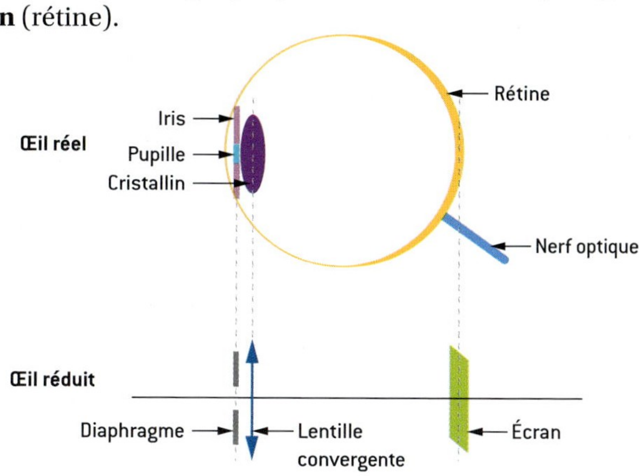

2 Les lentilles minces

A Deux types de lentilles

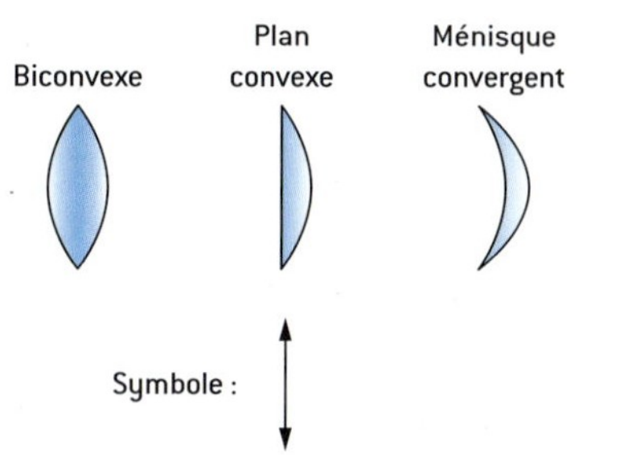

Lentilles à bords minces, convergentes

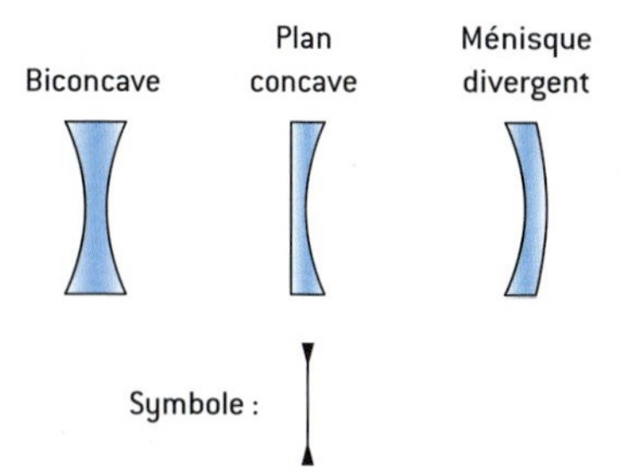

Lentilles à bords épais, divergentes

B Les propriétés des lentilles

Lorsqu'un faisceau comportant des rayons parallèles est envoyé sur une lentille parallèlement à l'axe optique, on observe :

Pour une **lentille convergente** : les faisceaux se rapprochent et convergent en un point F'.

Pour une **lentille divergente** : les faisceaux s'écartent et semblent provenir d'un point : le foyer principal image.

C Les faisceaux particuliers

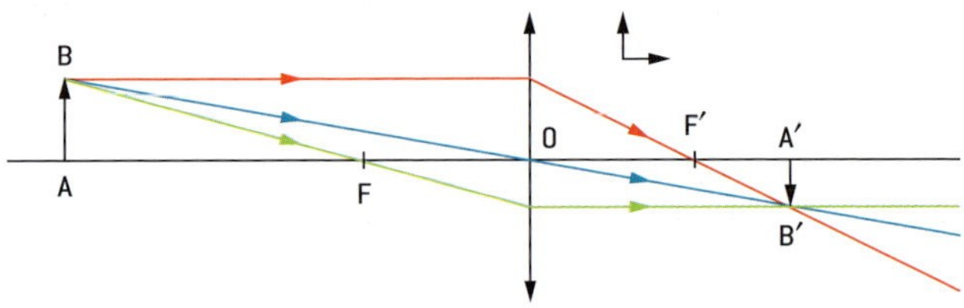

■ On utilise les propriétés de trois faisceaux pour construire l'image A′B′ d'un objet AB orthogonal à l'axe optique. On a les faisceaux issus de B :
- le faisceau **parallèle à l'axe optique**, qui **converge en F′**, en rouge ;
- le faisceau **passant par le centre optique**, qui n'est **pas dévié**, en bleu ;
- le faisceau **passant par F** et qui **ressort parallèle à l'axe optique**, en vert.

■ L'intersection des trois faisceaux précédents permet de trouver le point image B′.

■ Le grandissement ã obtenu est : $\gamma = \frac{\overline{A'B'}}{\overline{AB}}$. Il est positif lorsque l'objet et l'image sont de même sens et négatif lorsqu'ils sont de sens contraire.

■ Si l'objet est placé **entre l'infini et le foyer objet F**, alors l'image A′B′ se forme de l'autre côté de la lentille, elle est réelle, renversée et peut être observée sur un écran. Le **grandissement est alors négatif**.

■ Si l'objet est placé **entre le foyer objet F et le centre optique**, alors l'image A′B′ se forme du même côté de la lentille, elle est virtuelle, droite et ne peut pas être observée sur un écran. Le **grandissement est positif**. On utilise la lentille en tant que loupe (voir ci-contre).

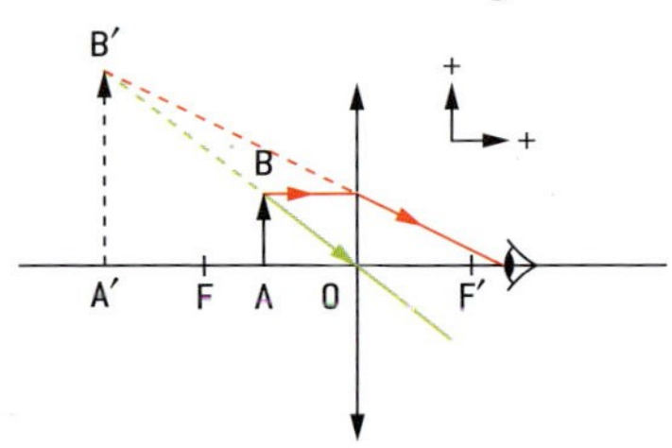

D La distance focale f′ et la vergence C

■ La **distance focale f′** exprimée en mètre (m) est la distance OF′. C'est une grandeur caractéristique de la lentille : $\mathbf{f' = OF'}$.

■ Cette distance est **positive** pour les **lentilles convergentes** et **négative** pour les **lentilles divergentes**.

■ L'inverse de la distance focale f′ s'appelle la **vergence C (ou V)** de la lentille. Elle s'exprime surtout en **dioptrie** (δ) ou en m^{-1} : $\mathbf{C = \frac{1}{f'}}$.

E La vergence de deux lentilles minces accolées

■ L'utilisation de lentilles minces **accolées** est fréquente : le port de lentilles cornéennes (ou verres de contact) apporte du confort au patient. Cela peut atténuer les aberrations ou modifier une convergence.

■ Si l'épaisseur totale des deux lentilles L_1 et L_2 de vergence C_1 et C_2 est faible, alors l'ensemble est équivalent à une **lentille mince unique** de centre optique O dont la vergence C est la somme des vergences des lentilles L_1 et L_2 : $\mathbf{C = C_1 + C_2}$.

3 Les défauts de l'œil et leurs corrections

A L'œil emmétrope

■ L'œil normal est aussi nommé œil emmétrope.

■ Lorsqu'on observe au loin, à l'infini, l'œil se « repose » et l'image se forme sur la rétine. Le **punctum remotum PR** est le **point le plus éloigné observé sans accommodation**. Il se trouve à l'infini pour un œil emmétrope.

■ En regardant des objets plus proches, le cristallin a besoin de se déformer pour que l'image soit toujours nette, donc sur la rétine : c'est l'**accommodation**.

■ La distance minimale d'observation d'un objet à l'œil nu est $d_m = 0{,}25$ m en moyenne, elle correspond au **punctum proximum** d'un œil normal. En deçà de cette valeur, la fatigue oculaire arrive vite.

B L'œil myope

Dans le cas de l'œil myope, le **punctum remotum n'est pas à l'infini** : l'image d'un objet éloigné se forme en **avant de la rétine sans accommodation**. L'œil est trop convergent. Ce défaut est corrigé en employant des verres ou des lentilles divergentes.

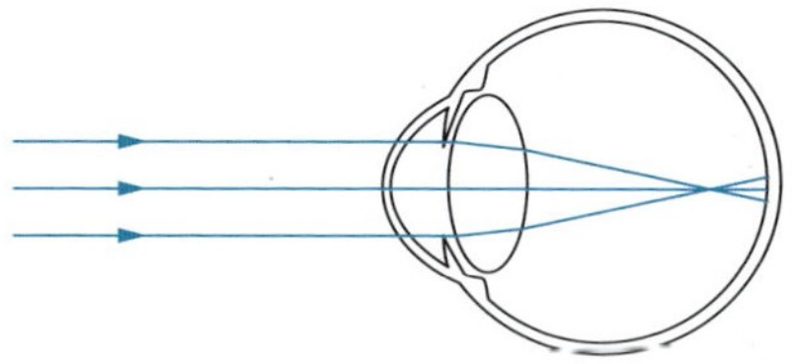

Sans correction, une tache ronde et floue se forme sur la rétine

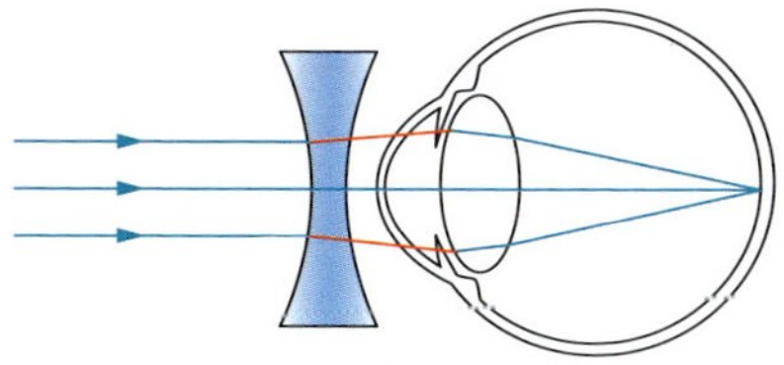

Avec correction, l'image est un point, elle est nette

C L'œil hypermétrope

L'œil **hypermétrope** n'est pas assez convergent au repos. Il perçoit une tache ronde et floue d'un objet éloigné. Une correction utilisant des verres ou des lentilles convergents permet d'obtenir une image nette.

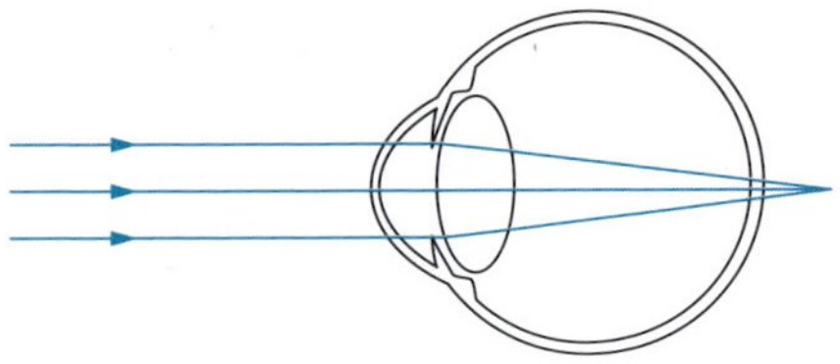

Sans correction, une tache ronde et floue se forme sur la rétine

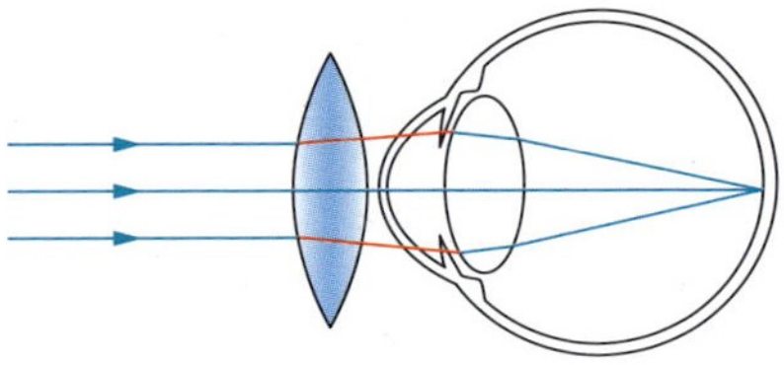

Avec correction, l'image est un point, elle est nette

D La presbytie et l'astigmatisme

- La presbytie apparaît avec l'âge : le cristallin perd de son élasticité et nécessite une correction avec des verres convergents pour une vision de près.
- L'astigmatisme correspond à une symétrie imparfaite de l'œil, liée à des inégalités de courbure de la cornée ou des hétérogénéités dans l'œil. Ce défaut est corrigé par le port de verres ou de lentilles cornéennes.

ENTRAÎNEMENT AU CONTRÔLE CONTINU

EXERCICE 1

Le document ci-contre indique la zone de vision claire pour plusieurs types d'œil.

1. Pour chacun des 5 schémas, trouver la légende correspondante parmi les suivantes :
a. Œil normal ; b. Œil presbyte ; c. Œil myope ; d. Œil hypermétrope ; e. Œil myope presbyte.

2. Les yeux presbyte, myope et hypermétrope ont besoin de lentilles correctrices. Préciser la nature de ces lentilles pour chaque type d'œil à l'aide du document.

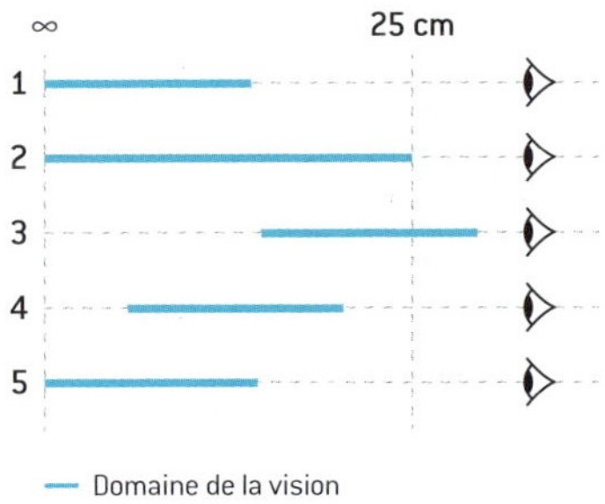

EXERCICE 2

Un objet A_1B_1 se trouve devant une lentille convergente L. On obtient une image A_2B_2 ayant la même taille que A_1B_1. La lentille convergente L a une distance focale $f' = OF' = 2{,}0$ cm de centre optique O.

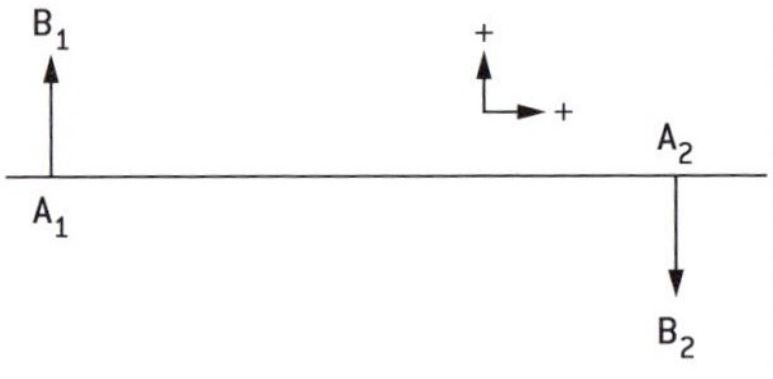

1. Quelle est la valeur du grandissement γ dans cette situation ?
2. Faire apparaître la lentille L sur la figure en traçant un ou des rayons lumineux particuliers.
3. Déterminer alors la position des foyers F et F′ de la lentille L à l'aide des autres rayons lumineux particuliers.
4. Quelle est la valeur de la vergence de la lentille L ?

EXERCICE 3

Un objet lumineux AB de 2,0 cm de haut est placé perpendiculairement à l'axe optique d'une lentille de distance focale $f = OF' = 4{,}0$ cm.

Déterminer par construction graphique la position et la taille de l'image A′B′ si la distance entre l'objet AB et le centre optique de la lentille est $OA = 6{,}0$ cm ?

corrigés foucherconnect.fr/19pbst2s29

8 Les propriétés des fluides et la pression sanguine

Le sang circule dans le corps grâce au cœur qui fonctionne comme une pompe. Le système cardiovasculaire est complexe mais son principe est proche de celui d'un réseau hydraulique.

1 Le débit d'un liquide

A Définition

■ Le **débit en volume D** (ou débit volumique) d'un liquide est le volume de liquide qui traverse une section d'un tuyau pendant l'unité de temps.

■ On exprime ce débit D en fonction du volume V de liquide qui a traversé la section du tuyau pendant la durée Δt :

$$\mathbf{D} = \frac{\mathbf{V}}{\mathbf{\Delta t}}$$

V : volume en mètre cube (m^3)
Δt : durée en seconde (s)
D : débit en mètre cube par seconde ($m^3.s^{-1}$)

REMARQUES
On utilise aussi d'autres unités de débit :
- le litre par seconde : $1\ L.s^{-1} = 1\ dm^3.s^{-1} = 1 \times 10^{-3}\ m^3.s^{-1}$;
- le litre par minute : $1\ L.min^{-1} = 1\ dm^3.min^{-1} = 0{,}017\ dm^3.s^{-1} = 1{,}7 \times 10^{-5}\ m^3.s^{-1}$.

B Le débit volumique et vitesse d'écoulement

■ Un liquide a une vitesse d'écoulement v constante dans un tuyau cylindrique de section S en régime permanent.

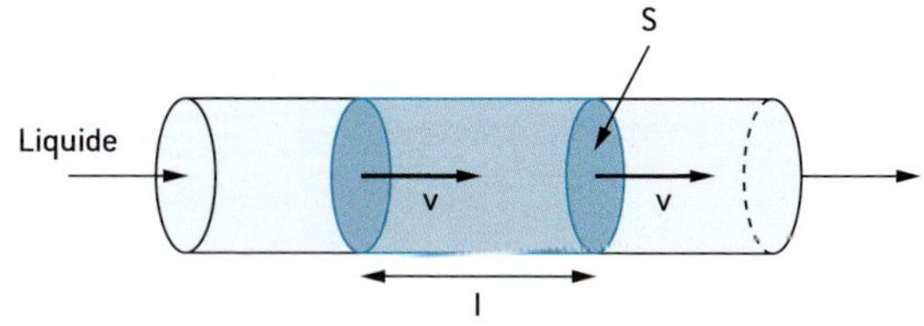

■ Le débit peut s'exprimer par la relation :

$$\mathbf{D = S \times v}$$

D : débit en mètre cube par seconde ($m^3.s^{-1}$)
v : vitesse en mètre par seconde ($m.s^{-1}$)

REMARQUES
$1\ cm^2 = 1 \times 10^{-4}\ m^2$
$1\ dm^2 = 1 \times 10^{-2}\ m^2$

■ Le débit est donc le produit de la vitesse v par la section S en régime permanent.

C Le lien avec la fréquence cardiaque f_C

■ Le cœur envoie un **volume d'éjection systolique V_{ES}** à chaque battement. La **fréquence cardiaque f_C** est le nombre de battements par minute. Le produit de la fréquence cardiaque

f_C par le volume d'éjection systolique V_{ES} est donc un volume par minute et le **débit cardiaque D_C** est exprimé en litre par minute.

$$D_C = f_C \times V_{ES}$$

V_{ES} : volume d'éjection systolique (L)
f_C : fréquence cardiaque en battements par minute (min^{-1})
D_C : débit cardiaque en litre par minute ($L.min^{-1}$)

- Le volume d'éjection systolique V_{ES} a une **valeur moyenne de 65 ml**. Pour une personne ayant une fréquence cardiaque de 60 battements par minute, cela correspond à un débit cardiaque $D_C = 60 \times 65 = 3\,900$ $ml.min^{-1} = 3,9$ $L.min^{-1}$.

- Le **volume de sang** dans le corps humain est compris **entre 4 et 6 litres**.

2 La pression

A La pression p exercée par une force F

Une force pressante est représentée par un vecteur force $\vec{F}$ agissant uniformément et perpendiculairement sur la surface S, elle exerce alors une pression p sur la surface S. La **pression p** s'exprime par :

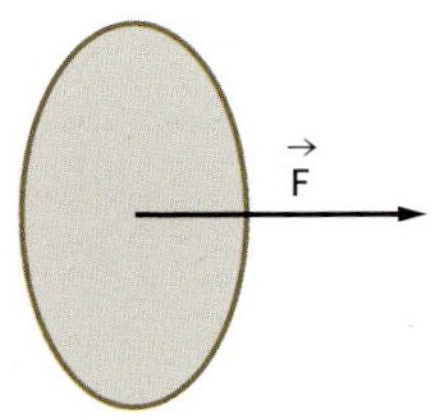

$$p = \frac{F}{S}$$

F : force en newton (N)
S : aire en mètre carré (m^2)
p : pression en newton par mètre carré ($N.m^{-2}$) ou pascal (Pa).

REMARQUE
La pression de l'air ambiant est voisine de 10^5 Pa.
Une pression égale à 1 pascal est une toute petite pression.
1 Pa = 1 $N.m^{-2}$.

ATTENTION
Ne pas mélanger le poids P et la pression p qui utilisent la même lettre.

EXEMPLE
Une force F, dont la valeur est F = 500 N, s'exerce perpendiculairement à une paroi d'aire S = 50 cm^2. Il faut alors calculer la pression exercée par cette force sur cette surface.

Méthode :
Il faut d'abord convertir l'aire en mètre carré : $S = 50 \times 10^{-4}$ m^2.
La pression se calcule selon $p = \frac{F}{S}$ soit $p = \frac{500}{50 \times 10^{-4}} = 1,0 \times 10^5$ Pa.

B Les autres unités de pression

L'unité du système international est le pascal (Pa), il correspond à 1 newton par mètre carré : 1 Pa = 1 $N.m^{-2}$. On emploie aussi fréquemment :

L'hectopascal	Le bar	L'atmosphère	Le centimètre de mercure
1 hPa	1 bar	1 atm	1 cm Hg
1×10^2 Pa	1×10^5 Pa	$1,013 \times 10^5$ Pa	1333 Pa

3 La différence de pression entre deux points d'un fluide

A La pression en un point d'un liquide

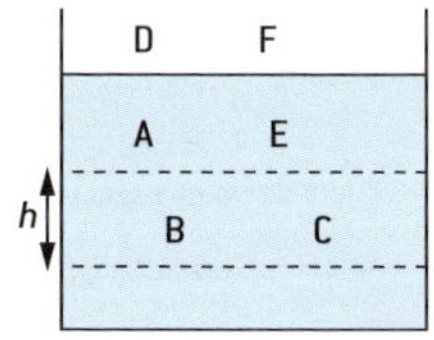

■ La pression reste la même en tout point d'un même plan horizontal : ainsi $p_A = p_E$, $p_B = p_C$ et $p_D = p_F = p_{atm.}$

■ Si on augmente la profondeur, la pression p augmente : ainsi $p_C > p_E > p_F$.

B La loi fondamentale de la statique des fluides

■ La différence de pression Δp entre deux points A et B séparés d'une dénivellation h d'un fluide en équilibre vaut :

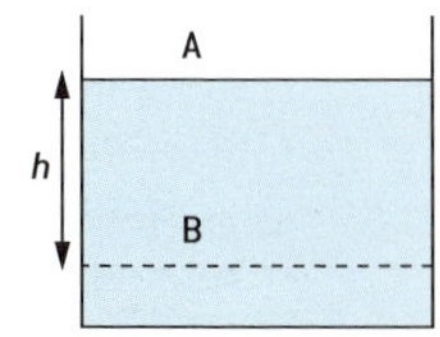

$$\Delta p = p_A - p_B = \rho \times g \times h$$

ρ : masse volumique du fluide en kilogramme par mètre cube ($kg.m^{-3}$)
g : champ de pesanteur en newton par kilogramme ($N.kg^{-1}$) = 9,8 $N.kg^{-1}$
Δp : la différence de pression en pascal (Pa)

■ Si le point A est choisi à la surface du liquide, alors sa pression est égale à la pression atmosphérique p_{atm}. La pression au point B est donc égale à $p_B = p_A + \rho \times g \times h$ soit $p_B = p_{atm} + \rho \times g \times h$, où h est la profondeur.

EXEMPLE

L'eau de mer a une masse volumique $\rho_{mer} = 1\,030\ kg.m^{-3}$. La différence de pression entre deux points séparés d'une dénivellation h = 10 m est déterminée avec la formule $\Delta p = \rho \times g \times (z_A - z_B)$ soit $\Delta p = 1\,030 \times 9{,}8 \times 10 = 1{,}01 \times 10^5$ Pa, ce qui correspond aussi à environ 1 bar. Ainsi, à chaque fois que l'on descend de 10 mètres sous l'eau, la pression s'accroît de 1 bar.

4 Application à la tension artérielle

■ Le sang circule dans les artères avec une pression supérieure à la pression atmosphérique. Cette surpression est la **tension artérielle**, elle est définie selon : $\mathbf{T = p_{sang} - p_{atm}}$.

■ Ces trois grandeurs sont des pressions, on les exprime en **centimètre de mercure** : 1 cm Hg = 1 333 Pa.

■ La tension artérielle nécessite deux mesures :
- la **pression systolique** ou pression **maximale** lors de la contraction du cœur : environ 13 cm Hg ;
- la **pression diastolique** ou **pression minimale** lors du relâchement du cœur (diastole) : environ 8 cm Hg.

■ Le médecin annonce alors : « Votre tension est 13/8 ».

■ La tension se mesure en position allongée au niveau du cœur. Les pressions sanguines sont alors quasiment identiques en tout point du système artériel. En position debout, la tension varie : elle est plus forte au niveau des pieds et plus faible au niveau du cerveau.

EXEMPLE

Le médecin indique la tension d'un individu en bonne santé : 13.
Cela signifie que la pression maximale vaut T = 13 cm Hg de plus que la pression atmosphérique, soit $T = \rho \times g \times h$ soit $T = 13\,600 \times 9{,}8 \times 0{,}13 = 1{,}73 \times 10^4$ Pa de plus que la pression atmosphérique.

ENTRAÎNEMENT AU CONTRÔLE CONTINU

EXERCICE

Pression et tension artérielle

Dans un dictionnaire, au terme « pression », on trouve la définition suivante : « Action exercée par une force qui presse sur une surface donnée. Pression atmosphérique, pression exercée par l'air atmosphérique. Pression artérielle, pression exercée par le sang sur les parois des artères [...] »

1. Donner la relation entre la force pressante F, la surface S et la pression p. Donner les unités SI de chacune des grandeurs intervenant dans cette relation.

Application numérique : calculer la force pressante F exercée par un fluide agissant sur un élément de surface d'aire $S = 3{,}0$ cm² avec une pression $p = 13{,}3$ kPa.

2. La pression artérielle est mesurée sous le nom de « tension artérielle » que l'on notera T dans la suite du problème. Pour évaluer les différences de tension artérielle dans le corps humain entre deux points A et B, on applique la relation suivante : $T_A - T_B = \rho \times g \times h$.

T_A : tension artérielle en A et T_B : tension artérielle en B.

a. Que représentent ρ, g et h dans la formule précédente ?

b. Peut-on dire que la tension artérielle est la même en tout points d'un homme couché ? Justifier.

c. Un homme mesurant 1,80 m se tient debout. La valeur de la tension artérielle au niveau du cœur pour cet homme debout est $T_C = 13{,}3$ kPa.

Calculer la valeur de la tension artérielle T_P au niveau de ses pieds sachant que la dénivellation entre le cœur et les pieds de cet homme vaut h = 1,4 m.

Données : $\rho_{sang} = 1{,}06 \times 10^3$ kg.m^{-3} ; $g = 9{,}8$ N.kg^{-1}.

corrigés
foucherconnect.fr/19pbst2s29

PHYSIQUE-CHIMIE

9 La description des molécules organiques

Notre corps est composé d'eau, de minéraux et de matière organiques. Ces molécules ont des structures et des noms complexes mais suivent toutes les mêmes règles simples.

1 La représentation des molécules organiques

Une espèce chimique organique contient au moins les éléments chimiques carbone C et hydrogène H : ce sont des hydrocarbures. Elle est donc constituée d'une chaîne carbonée et éventuellement de groupes caractéristiques.

A Le nombre de liaisons des atomes H, C, O et N

■ Un élément chimique comporte des électrons dans leur nuage électronique, qui remplissent progressivement les **couches électroniques** K, L, M... Les électrons de la **dernière couche** électronique sont les **électrons de valence**.

■ Une **liaison de covalence** (ou doublet liant) correspond à la mise en commun de **deux électrons de valence** par deux atomes. Chaque atome fournit un électron. Le doublet d'électrons de liaison appartient entièrement aux deux atomes. La liaison est représentée par un trait entre les deux atomes. Le nombre d'électrons partagés correspond au nombre nécessaire pour que la couche externe soit complétée à 2 (règle du duet) ou à 8 (règle de l'octet). Les électrons de valence **non partagés** donnent des **doublets non liants**.

Atome	H	C	N	O
Nombre d'électrons	1	6	7	8
Structure électronique	$(K)^1$	$(K)^2(L)^4$	$(K)^2(L)^5$	$(K)^2(L)^6$
Nombre d'électrons sur la couche de valence	1	4	5	6
Nombre de liaisons	1	4	3	2
Nombre de doublets non liants	0	0	1	2

B Les représentations

Une molécule peut être représentée par sa **formule brute** mais celle-ci n'apporte pas beaucoup d'informations.

a La formule développée plane

La formule **développée plane** est plus utile mais peu utilisée. Tous les **atomes** apparaissent dans le **même plan**, ainsi que toutes les **liaisons** entre ces atomes. Les angles de représentation entre les liaisons sont de 90°, (120° lorsqu'il y a des doubles liaisons), ceci ne correspond pas à la réalité géométrique de la molécule. Cependant cette représen-

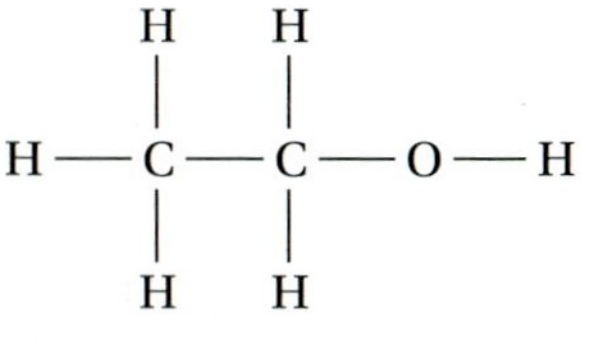

tation apporte des informations supplémentaires par rapport à la formule brute : **type de liaisons** et **groupes caractéristiques** dans la molécule. La molécule peut être nommée. L'éthanol est représenté ci-contre.

b La formule semi-développée

La formule semi-développée (plane) : elle est plus rapide à écrire que la précédente, en gardant les mêmes informations. On supprime simplement les liaisons mettant en jeu l'hydrogène. L'éthanol s'écrit alors : $CH_3—CH_2—OH$.

c La formule de Lewis

La formule de **Lewis** : il y a les doublets non liants en plus. C'est la formule la plus complète. L'éthanol s'écrit :

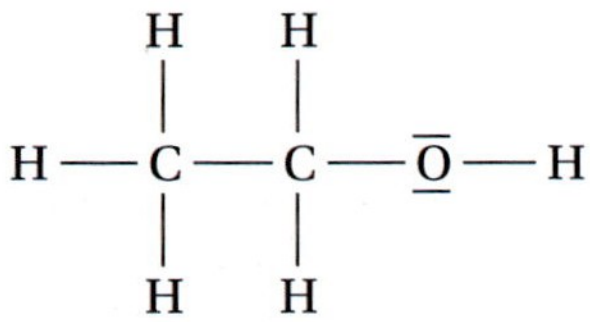

d La formule topologique ou représentation topologique

■ Une molécule organique contient systématiquement du carbone et de l'hydrogène. De plus, la chaîne carbonée se place sous forme de ligne brisée dans l'espace (pour limiter les interactions entre les atomes la constituant). On représente alors la molécule sous forme de segments, chaque extrémité de segment représentant un atome de carbone. Les atomes d'hydrogène reliés directement aux atomes de carbone ne figurent pas sur la représentation. Les groupes caractéristiques sont représentés de manière explicite ainsi que les atomes d'hydrogène qu'ils portent.

■ L'éthanol s'écrit : OH 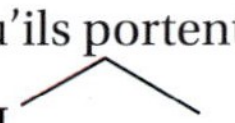 . Attention, dans cette représentation l'extrémité liée à l'oxygène n'est pas un atome de carbone. Il y a deux atomes de carbone.

2 La nomenclature en chimie organique

A Les alcanes

■ Les alcanes sont des hydrocarbures ne comportant que du carbone et de l'hydrogène, ainsi que des liaisons simples : il n'y a pas de liaisons multiples.

Formule semi-développée	Nom	Représentation topologique
CH_4	méth**ane**	1 seul carbone donc impossible de la représenter
$CH_3—CH_3$	éth**ane**	
$CH_3—CH_2—CH_3$	prop**ane**	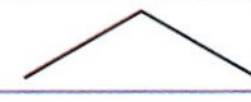
$CH_3—CH_2—CH_2—CH_3$	but**ane**	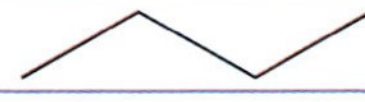
$CH_3—CH_2—CH_2—CH_2—CH_3$	pent**ane**	
$CH_3—CH_2—CH_2—CH_2—CH_2—CH_3$	hex**ane**	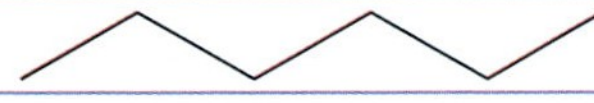

■ Les ramifications possibles sont : - CH_3 : méthyl et - C_2H_5 : éthyl

■ Pour nommer un alcane, il faut rechercher la chaîne carbonée la plus longue possible. Le sens de la numérotation des atomes de carbone est tel que le nombre formé par la somme des indices rassemblés est minimum.

EXEMPLE

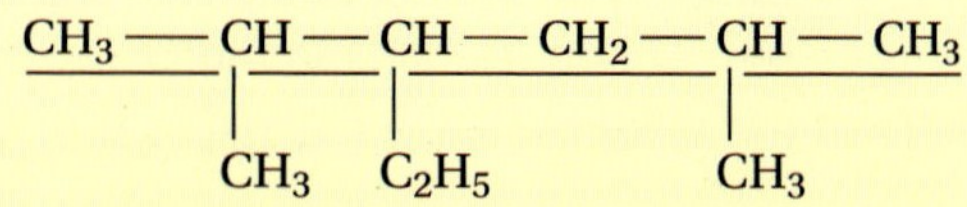

1. La chaîne la plus longue est soulignée, elle a 6 éléments carbone : c'est un hexane.
2. On cherche alors les substituants, il y a deux CH_3 et un C_2H_5. Dans l'ordre alphabétique, éthyl se place avant méthyl et comme il y a deux méthyls, la molécule est éthyl-diméthylhexane.
3. Il faut trouver les indices de position, si on compte en commençant à gauche, on aura les méthyls placés sur les carbones 2 et 5 et l'éthyl porté par le carbone 3 ; si on compte en commençant à droite, on aura les méthyls placés sur les carbones 2et 5 et l'éthyl porté par le carbone 4. Il faut donc numéroter la chaîne à partir de la gauche.
La molécule se nomme donc : 3-éthyl-2,5-diméthylhexane.

B Les groupes caractéristiques

■ Une molécule organique comporte un **groupe caractéristique** ou **groupe fonctionnel** lorsqu'elle contient au moins un atome autre que le carbone ou l'hydrogène.

EXEMPLE
L'acide lactique CH_3–CH(OH)–COOH comporte la fonction alcool et la fonction acide carboxylique.

■ Des molécules ayant un même groupe caractéristique ont des propriétés chimiques semblables. Elles appartiennent à une même famille.

Nom des familles	Groupe	Formule générale	Suffixe
Alcool	—OH	R—OH	-ol
Amine	$—NH_2$	$R—NH_2$	-amine
Étheroxyde	C—O—C	R—O—R′	
Aldéhyde	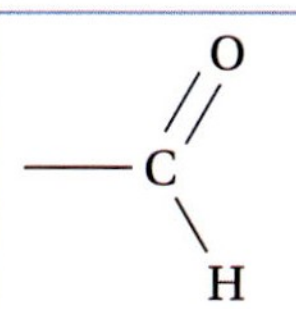	R—CHO	-al
Cétone	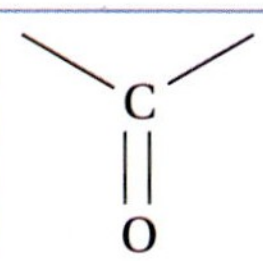	R—CO—R′	-one
Acide carboxylique	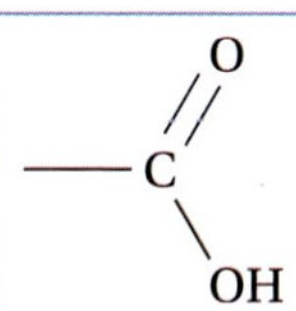	R—COOH	Acide -oïque
Ester	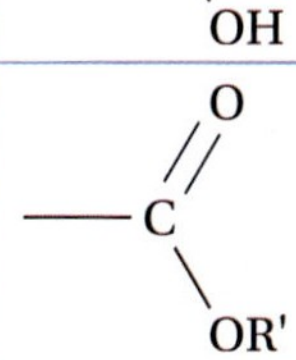	R—COOR′	
Amide	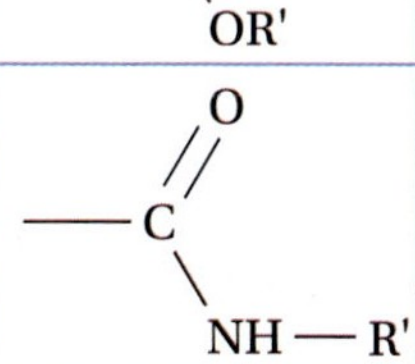	R—CONHR ou $R—CONH_2$	amide

DÉMONSTRATION

Nom d'une molécule portant une fonction chimique

Méthodologie

1. Rechercher la fonction chimique présente dans la molécule.

fonction trivalente > fonction divalente > fonction monovalente.

2. Rechercher alors la chaîne carbonée principale (la plus longue possible), contenant la fonction chimique prépondérante. Elle constitue le squelette de la molécule et le nombre d'atomes de carbone inclus dans cette chaîne, détermine le **nom principal** de la molécule. La numérotation des atomes de cette chaîne est telle que la fonction chimique prioritaire doit avoir l'indice le plus faible.

3. Rechercher alors l'ensemble des substituants accrochés sur cette chaîne principale : chaîne alkyle, fonction chimique non prioritaire... Les noms des substituants sont classés par ordre alphabétique et sont respectivement précédés d'un indice de position à l'avant. Ceci constitue le **préfixe** de la molécule.

Exemple

On considère la molécule :

$$\underline{CH_3 - CH - CH_2 - CH_2OH}$$
$$\quad | $$
$$CH_3$$

1. La molécule comporte la fonction alcool –OH, le nom se terminera par –ol.

2. La fonction est portée par une chaîne à quatre carbones, c'est un butan-1-ol : la chaîne est numérotée à partir de la droite pour que l'alcool ait l'indice le plus petit.

3. Il y a une ramification méthyl, placée sur le troisième carbone, la molécule se nomme donc : 3-méthylbutan-1-ol.

Un nom de molécule est attribué de la manière suivante :

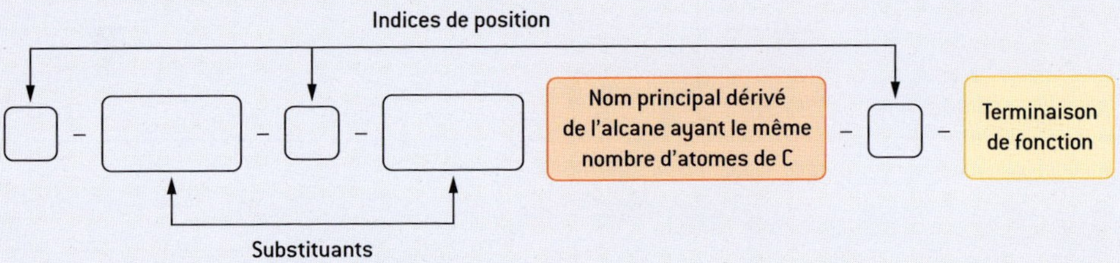

C L'isomérie de constitution

Deux molécules ayant la même formule brute mais pas la même formule semi-développée, sont des **isomères de constitution**. Elles peuvent être :

– isomères **de chaîne** : butane $CH_3—CH_2—CH_2—CH_3$ et 2-méthylpropane

$$CH_3 - CH - CH_3$$
$$|$$
$$CH_3$$

– isomères **de fonction** : propanal $CH_3—CH_2—CHO$ et propanone $CH_3—CO—CH_3$.

– isomère **de position de groupe fonctionnel** : propan-1-ol $CH_3—CH_2—CH_2OH$ et propan-2-ol $CH_3—CHOH—CH_3$.

EXERCICE

Compléter le tableau suivant.

Formule semi-développée	Représentation topologique	Nom
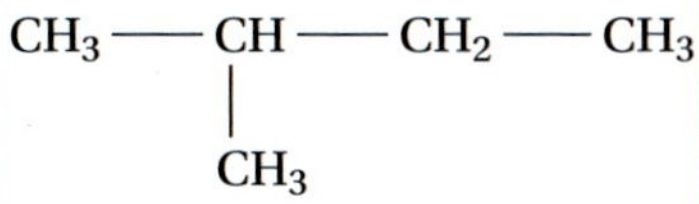		
	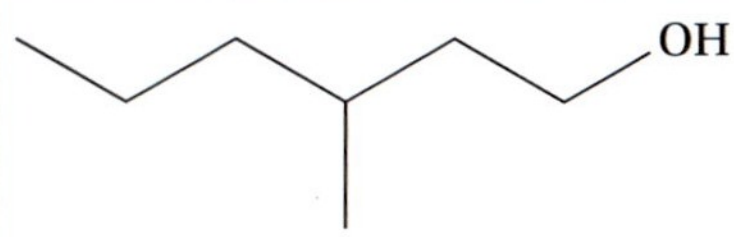	
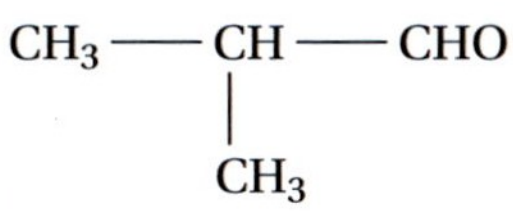		
	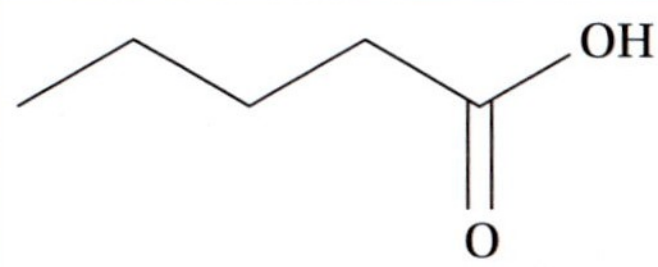	
CH_3-CH_2-COO-CH_3		
		2-méthylpropanamide

corrigés
foucherconnect.fr/19pbst2s29

10 La structure des molécules d'intérêt biologique

Les glucides, les lipides et les protéines constituent les trois grandes familles de notre alimentation. Ce sont des molécules organiques qui ont des fonctions identiques lorsqu'elles appartiennent à la même famille.

1 Les glucides

A La reconnaissance de quelques groupes fonctionnels

- Les glucides simples comportent les fonctions **alcools**, **aldéhydes** et **cétones**.
- Dans le fructose ci-contre, on remarque une fonction **cétone** et **cinq fonctions alcool** dans la chaîne. C'est un **cétose**.
- Dans le glucose ci-contre, on remarque une fonction **aldéhyde** et **cinq fonctions alcool** dans la chaîne. C'est un **aldose**.
- Ces molécules ont tendance à former des cycles grâce à une **réaction intramoléculaire**. Dans le cas du fructose, on obtient alors le β-D-fructopyranose :

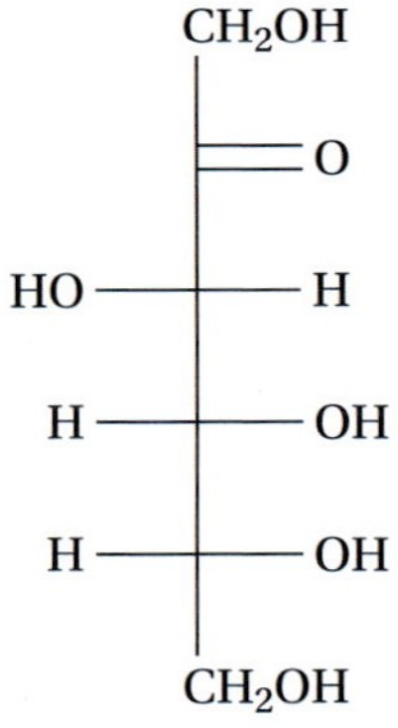

Fructose

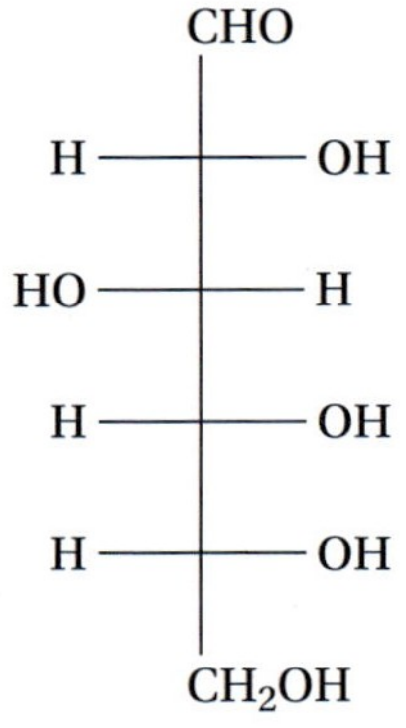

Glucose

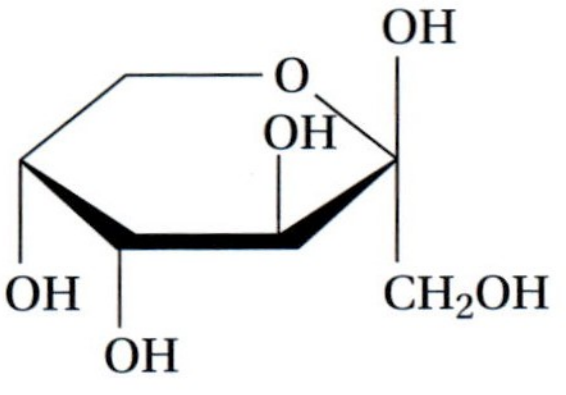

B La différenciation expérimentale des aldéhydes et des cétones

- On introduit dans un tube à essai quelques ml de liqueur de Fehling et un peu de l'espèce chimique à tester. On homogénéise puis on chauffe le tube à essai, l'extrémité étant tournée dans une direction sans danger. Si le produit comporte une **fonction aldéhyde** alors on obtient un **précipité rouge brique** (figure 1) sinon rien ne se produit (figure 2).

 # vidéo
Différenciation des aldéhydes et cétones
foucherconnect.fr/19pbst2s32

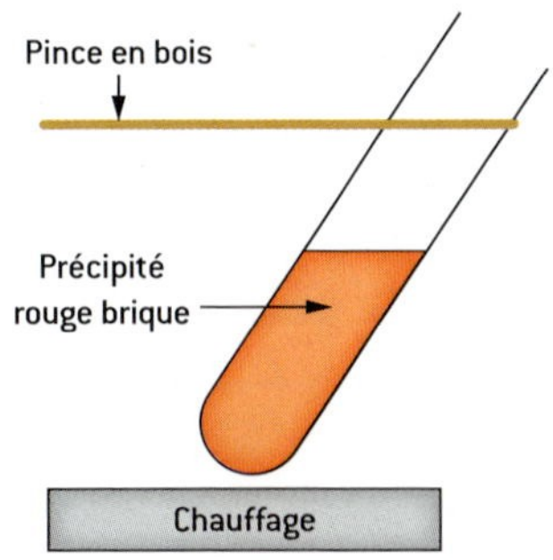

Figure 1

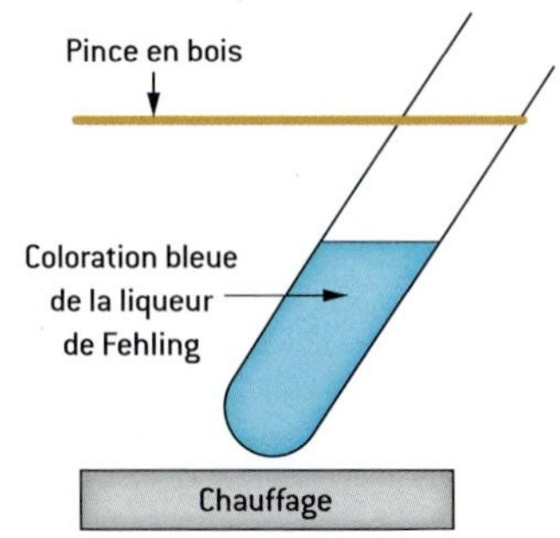

Figure 2

■ Les aldoses donneront donc un test positif à la liqueur de Fehling, contrairement aux cétoses.

2 Les lipides

A Définition

Les lipides sont des substances biologiques sans unité structurale bien définie. Ils sont **insolubles dans l'eau** mais pas dans les solvants organiques (éthanol, éther…). Parmi les lipides, on trouve les **acides gras**, les **triglycérides**, les **stérols**…

B Les acides gras

■ Un acide gras est un acide carboxylique ayant une chaîne contenant de 4 à 28 atomes de carbone, en général en nombre pair. Ils sont **à longue chaîne** pour une longueur de 14 à 24 atomes de carbone et **à très longue chaîne** au-delà. On le note **R—COOH**.

■ Ils peuvent être saturés et il n'y a alors que des liaisons simples :
- acide palmitique : $CH_3(-CH_2)_{14}$-COOH ;
- acide stéarique : $CH_3(-CH_2)_{16}$-COOH.

■ Ils peuvent être insaturés avec une ou plusieurs doubles liaisons C=C :
- acide oléique : $CH_3(-CH_2)_7$-**CH=CH**$(-CH_2)_7$-COOH ;
- acide α-linoléique : $CH_3(-CH_2)_3(-CH_2$-**CH=CH**$)_2(-CH_2)_7$-COOH.

C Les triglycérides

Les lipides permettent de stocker de l'énergie dans le corps sous forme de triglycérides, qui sont le résultat de la réaction du glycérol CH_2OH—CHOH—CH_2OH avec trois acides gras R—COOH. On obtient alors un triester :

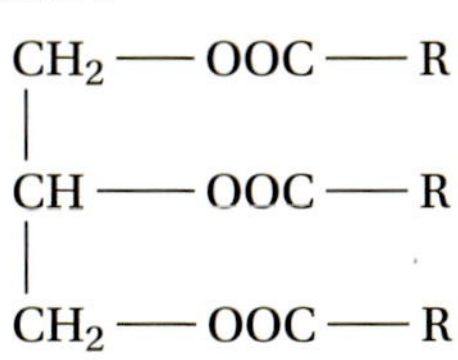

D Les stérols

■ Les **stérols** sont des lipides dont le noyau de base est représenté ci-contre. Ils sont considérés comme une sous-classe des stéroïdes.

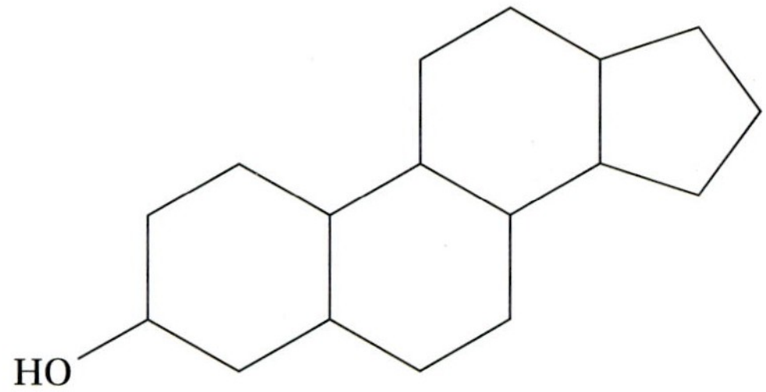

■ Le cholestérol est l'un des stérols les plus communs et répandus.

3 Les protéines

A Les acides α-aminés

■ Un **acide α-aminé** est un composé organique portant sur un même atome de carbone, une fonction amine primaire -NH_2 et un groupe acide carboxylique -COOH. Le « alpha : α », signifie que le groupe NH_2 est porté sur le carbone adjacent à COOH.

R — CH — COOH
        |
      NH_2

■ Dans le nom **acide aminé**, on retrouve donc la fonction acide carboxylique et la fonction amine.

■ L'atome de carbone porteur de ces deux fonctions est aussi lié à un atome d'hydrogène et à une chaîne latérale R.

■ On connaît environ 150 acides aminés dans les organismes vivants dont la plupart sont des acides α-aminés. Vingt acides α-aminés seulement participent à la synthèse des protéines, dont huit sont appelés acides α-aminés essentiels car ils ne sont pas synthétisés par le corps humain et ils doivent être apportés par les aliments sous forme de protéines.

Nom	Abréviation	Formule
Glycine	Gly	H — CH — COOH | NH_2
Alanine	Ala	CH_3 — CH — COOH | NH_2
Valine	Val	H_3C \\ CH — CH — COOH / | H_3C NH_2
Leucine	Leu	H_3C \\ CH — CH_3 — CH — COOH / | H_3C NH_3

Nom	Abréviation	Formule
Isoleucine	Ile	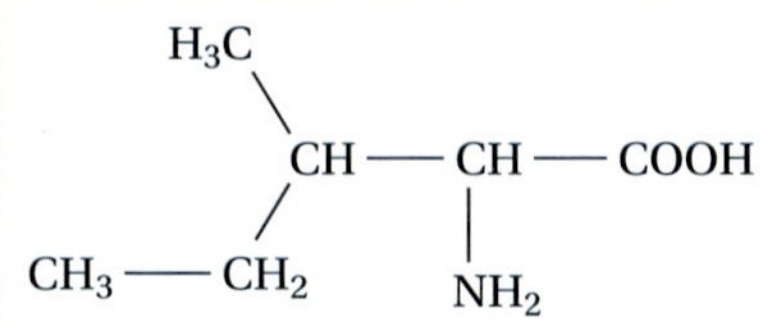
Sérine	Ser	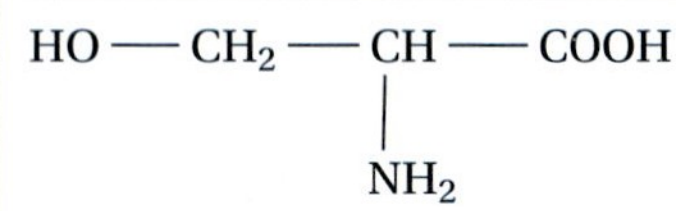
Thréonine	Thr	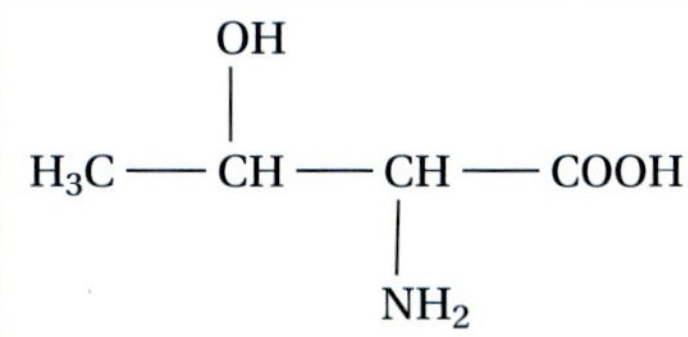
Cystéine	Cys	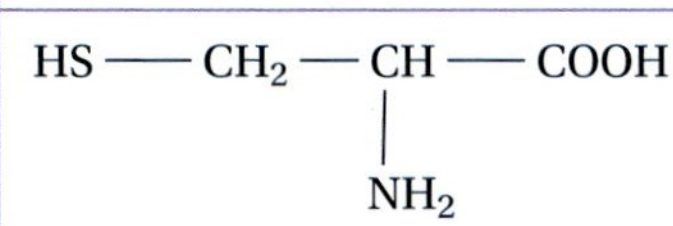

B La liaison peptidique : condensation de deux acides aminés

■ La **fonction acide carboxylique** d'un acide aminé peut réagir avec la **fonction amine** d'un autre acide aminé pour former une **fonction amide**. Cette liaison unissant deux acides aminés s'appelle **liaison peptidique**.

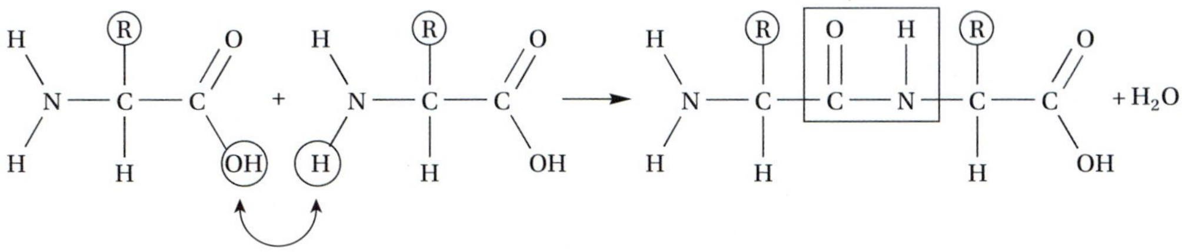

■ La liaison peptidique encadrée est un cas particulier du groupe amide. Cette réaction permettant l'union de molécules avec élimination d'eau est une condensation : c'est la réaction inverse de l'hydrolyse.

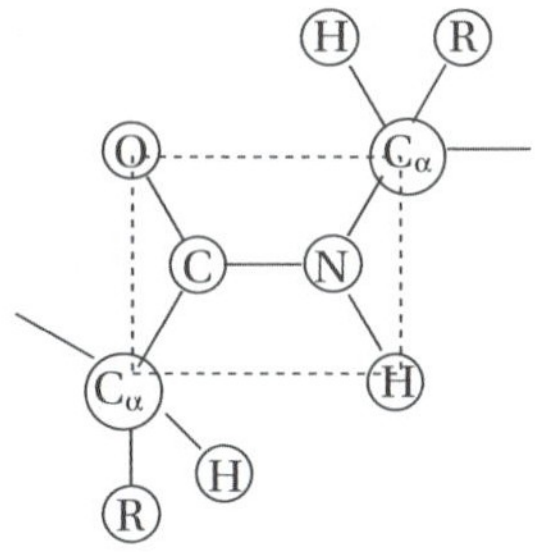

■ Un dipeptide est l'union de 2 acides α-aminés, un tripeptide est l'union de 3 et un polypeptide est l'union d'un plus grand nombre. On retrouve les acides α-aminés constitutifs en étudiant la chaîne du polypeptide (la liaison peptidique est encadrée) :

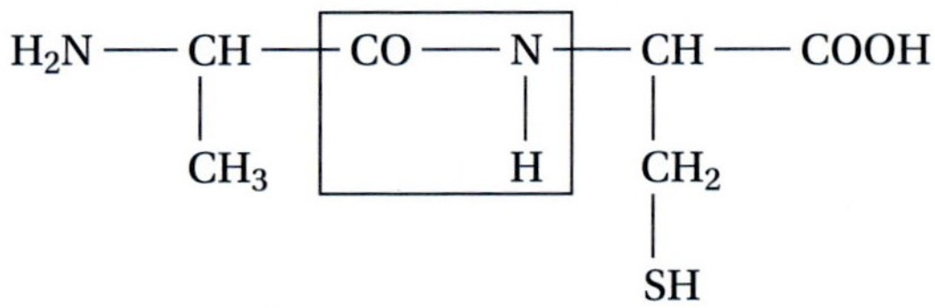

■ Ce dipeptide comporte dans l'ordre l'alanine Ala : 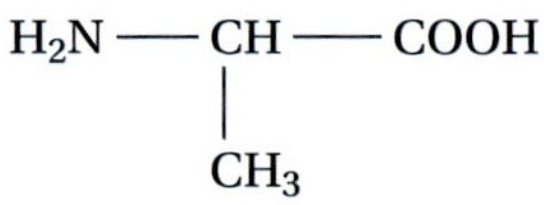 et la cystéine Cys : 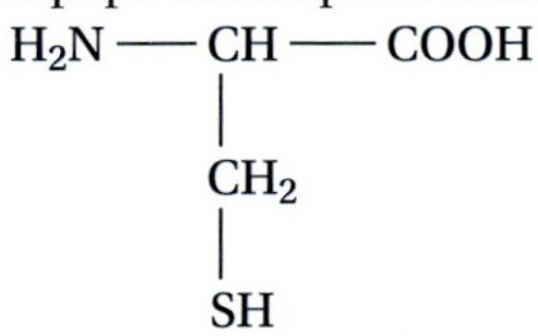

Le dipeptide est donc Ala-Cys.

REMARQUES

- Une protéine est un polypeptide de très grande taille.
- L'urée NH_2—CO—NH_2 est un produit de dégradation des acides aminés.

4 Les vitamines

■ Les **vitamines** sont des substances organiques essentielles au fonctionnement de notre organisme, qui ne les synthétise pas suffisamment : elles sont indispensables en petites quantités pour les échanges vitaux.

■ La **vitamine C** est une vitamine soluble **dans l'eau**, sensible à la chaleur et à la lumière. Elle est requise dans la synthèse des globules rouges et contribue au système immunitaire.

■ Cette molécule est un antioxydant ou réducteur, elle protège aussi l'organisme des radicaux libres et des dérivés de l'oxygène, qui font vieillir les cellules.

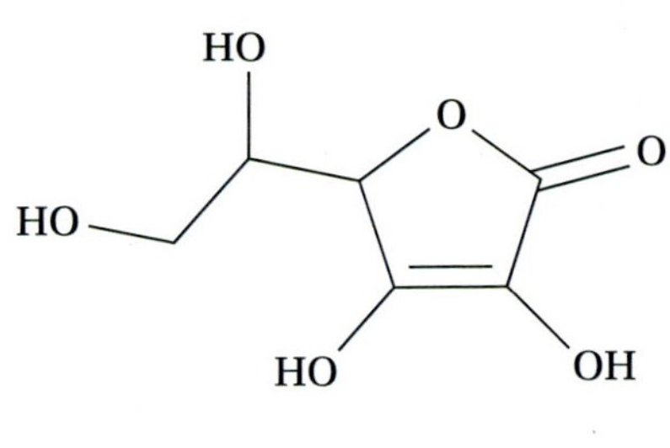

EXERCICE

1. On trouve parmi les glucides simples le glucose CH_2OH-CHOH-CHOH-CHOH-CHOH-CHO et le fructose CH_2OH-CO-CHOH-CHOH-CHOH-CH_2OH. Quelles sont les fonctions portées par ces deux molécules ?

2. Les lipides apportent beaucoup d'énergie à l'organisme. Un exemple de lipide est la molécule ci-contre. Quelles sont les fonctions portées par cette molécule ?

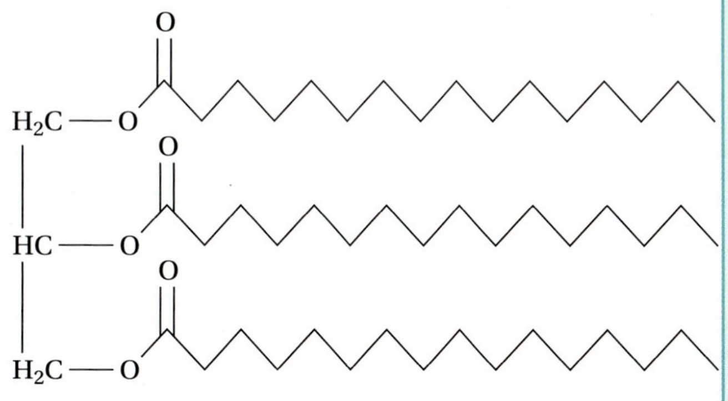

3. Les protéines sont de grandes molécules comportant des acides α-aminés, dont la sérine fait partie, de formule semi-développée :

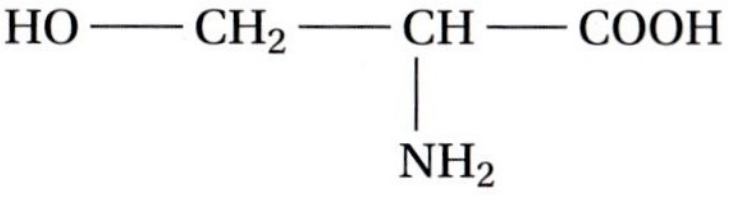

a. Après avoir recopié la formule de la molécule de sérine, encadrer et nommer les groupes fonctionnels.

b. Dessiner en projection de Fischer la configuration de la D-sérine.

4. Un mélange équimolaire de sérine et d'alanine permet par réaction de condensation d'obtenir des dipeptides. L'alanine a pour formule semi-développée :

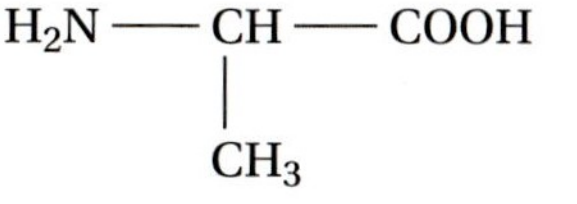

Recopier et compléter l'équation de réaction de condensation suivante en ne précisant la formation que d'un seul dipeptide :

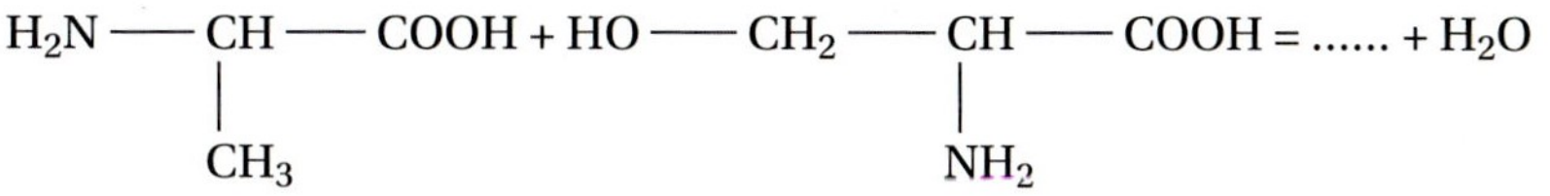

5. On considère maintenant le dipeptide suivant :

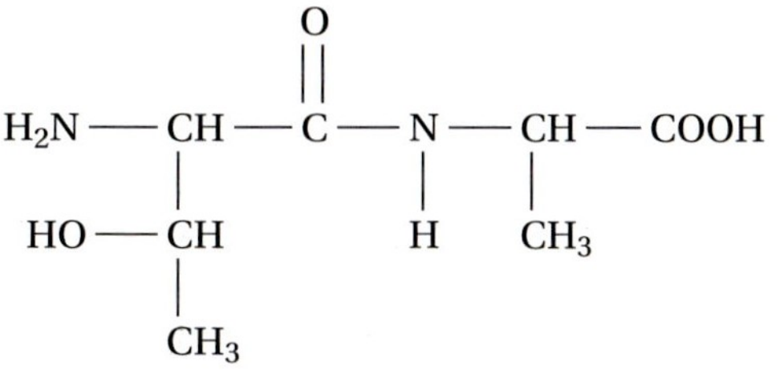

Écrire les formules semi-développées des acides α-aminés mis en jeu dans la synthèse de ce dipeptide.

 # corrigés
foucherconnect.fr/19pbst2s29

11 L'eau et les molécules d'intérêt biologique

L'eau est une molécule particulière : elle est le composé majoritaire de notre corps et sans elle la vie sur Terre serait impossible.

1 L'eau molécule polaire

A L'électronégativité

■ **L'électronégativité** d'un atome est sa capacité à attirer à lui le doublet d'électrons engagé dans une liaison de covalence : **plus son électronégativité est forte plus il est attracteur**. Dans le tableau ci-dessous, on trouve la valeur de l'électronégativité de Pauling de quelques éléments.

Éléments chimiques	H	C	N	O	Na	S	Cl
Électronégativité	2,2	2,6	3,0	3,4	0,90	2,6	3,2

■ Dans le cas d'une liaison entre 2 éléments chimiques A et B, on calcule la différence d'électronégativité entre les deux :
– si la différence est **inférieure ou égale à 0,4**, la liaison est apolaire. Le doublet d'électrons est **équitablement réparti** : A—B (H—H ; C—H ; C—C...) ;
– si la différence est **comprise entre 0,5 et 2**, la liaison est **polaire.** La probabilité de présence du doublet d'électrons est plus grande vers B, l'élément le plus électronégatif : $A^{\delta+}$—$B^{\delta-}$. A porte alors une charge partielle positive δ + et B, porte alors une charge partielle négative δ- (O—H ; C—O ; C—Cl...) ;
– si la différence est **supérieure à 2**, la liaison est ionique. B, l'élément le plus électronégatif, porte une charge négative entière - et A une charge positive entière + : $A^+ + B^-$ ($Na^+ + Cl^-$).

B La polarité de l'eau

L'eau comporte **2 liaisons OH** polarisées qui se répartissent dans un plan. Le **barycentre des charges positives** se place au milieu des deux éléments hydrogène, ce qui ne coïncide pas avec le barycentre des charges : la molécule est alors **polaire**.

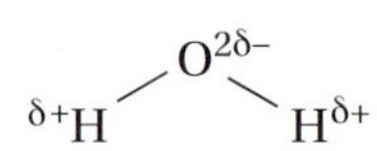

C La liaison hydrogène

Les liaisons O—H et N—H sont polaires. Une liaison hydrogène peut s'établir entre l'élément hydrogène d'une liaison O—H ou N—H d'une molécule et un élément électronégatif porteur d'un doublet non liant comme l'oxygène ou l'azote d'une autre molécule. On montre ici une liaison hydrogène présente entre des molécules d'eau.

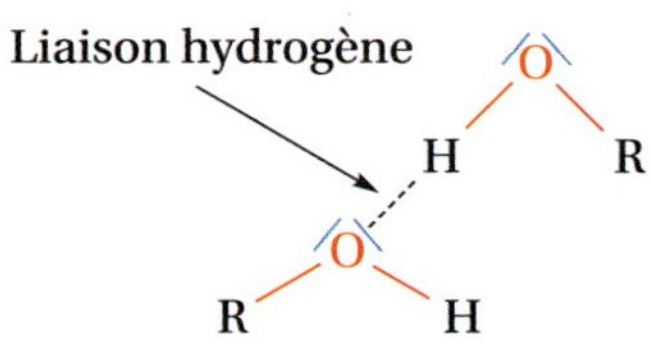

2 Les états physiques de l'eau

■ L'eau peut se trouver dans différents états physiques entre lesquels on peut passer par des transferts thermiques à températures constantes.

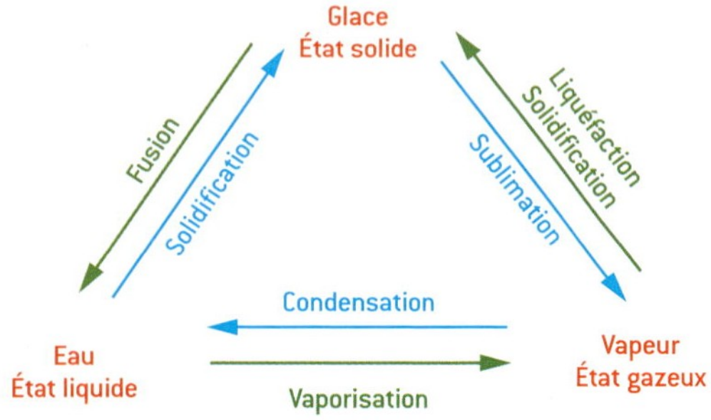

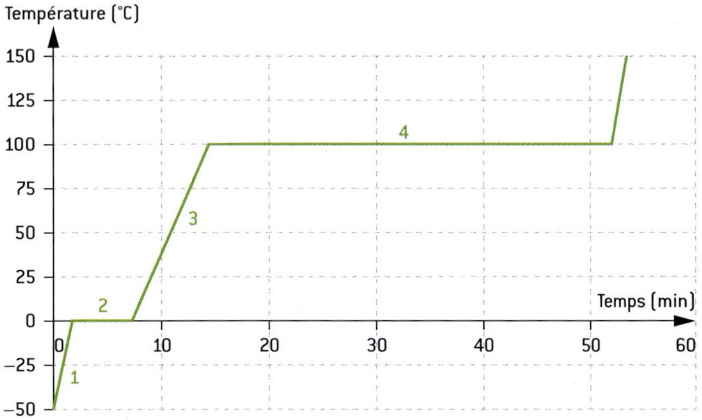

Évolution de la température en fonction du temps d'1 kg d'eau recevant une puissance de 1 000 W

■ On trouve ci-dessus l'évolution de la température d'un bloc d'1 kg de glace chauffé régulièrement sans perte thermique : sa température augmente de - 50 °C à 0 °C (1). Il y a un palier de changement d'état avec fusion de la glace vers de l'eau liquide à 0 °C (2).

■ La température de l'eau augmente ensuite régulièrement jusqu'à 100 °C (3). Il y a un palier de changement d'état avec vaporisation de l'eau liquide vers la vapeur d'eau à 100 °C (4).

■ Il faut apporter beaucoup plus d'énergie pour vaporiser l'eau à 100 °C que pour faire fondre une même masse de glace à 0 °C.

■ La liaison hydrogène, bien que moins forte qu'une liaison covalente, permet d'expliquer les températures élevées de fusion et d'ébullition de l'eau.

■ La masse volumique de la glace est plus faible que celle de l'eau : une même masse de glace occupe plus de place que de l'eau, aussi la glace flotte à la surface de l'eau.

3 La solubilité des substances moléculaires dans l'eau

A Les glucides et l'eau

■ Les glucides portent des **fonctions polaires alcools**. S'ils sont de petite taille, alors ils sont extrêmement solubles dans l'eau, jusqu'à donner des sirops visqueux. Ces groupes polaires forment de nombreuses **liaisons hydrogène avec les molécules d'eau**.

■ Les **oligoholosides**, glucides de plus grandes masses molaires sans être des macromolécules, portent suffisamment de fonctions polaires alcools pour être relativement **solubles dans l'eau**.

■ Les **polyholosides**, glucides formant de très grandes chaînes, tels que l'amidon, gonflent en présence d'eau chaude et donnent des gels. D'autres comme la cellulose, ayant une structure cristalline différente, sont insolubles.

B L'hydrophobie et l'hydrophilie

■ En général, les **molécules polaires** sont **solubles dans l'eau** car elles portent des groupes **hydrophiles**.

■ Les **molécules apolaires** ne sont **pas solubles dans l'eau** car elles ne sont **pas hydrophiles**. Les alcanes et les molécules organiques ayant une longue chaîne hydrocarbonée sans fonction polaire sont **hydrophobes**.

C La miscibilité

■ L'eau est un bon solvant polaire, elle solubilise efficacement les espèces ioniques et polaires.

■ Un solvant apolaire sera un bon solvant des molécules apolaires (en particulier les molécules organiques).

■ Les **solvants polaires** et les **solvants apolaires** ne sont **pas miscibles** : si on les mélange, on obtiendra **deux phases**, celle d'en dessous étant la plus dense. Si un des solvants est l'eau et l'autre est un solvant organique (éther, cyclohexane...), on parle de **phase aqueuse** et de **phase organique**. On obtient dans une ampoule à décanter une séparation :

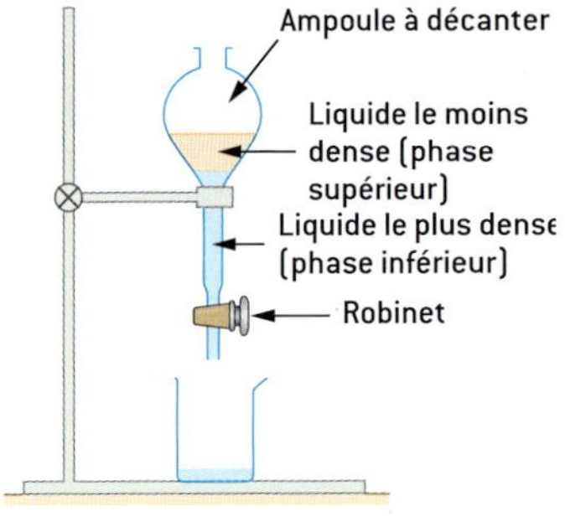

Solvants	Densités
Eau	1,0
Éther	0,71
Cyclohexane	0,78
Dichlorométhane	1,3

■ Pour un mélange eau/éther, la phase inférieure sera la phase aqueuse et la phase supérieure la phase organique car l'eau est plus dense que l'éther. Dans le cas d'un mélange eau/dichlorométhane, ce serait l'inverse car le dichlorométhane est plus dense que l'eau.

D Les micelles

DÉFINITION
Lipophile : qui apprécie les substances grasses.

■ Une molécule ou un ion comportant une longue chaîne hydrocarbonée apolaire et une partie polaire (alcool, ion carboxylate...), tels les savons, aura des propriétés différentes :
- la partie $-COO^-$ est ionique et polaire, elle « aime » l'eau, elle est hydrophile ;
- la partie R hydrocarbonée est apolaire, elle « n'aime » pas l'eau, elle est hydrophobe ou lipophile (qui retient les substances grasses).

■ On peut représenter schématiquement l'ion carboxylate du savon de la façon suivante :

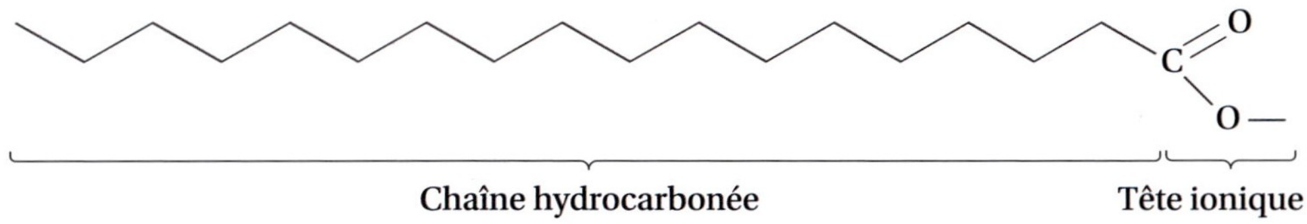

■ Pour simplifier, on peut aussi le représenter par :

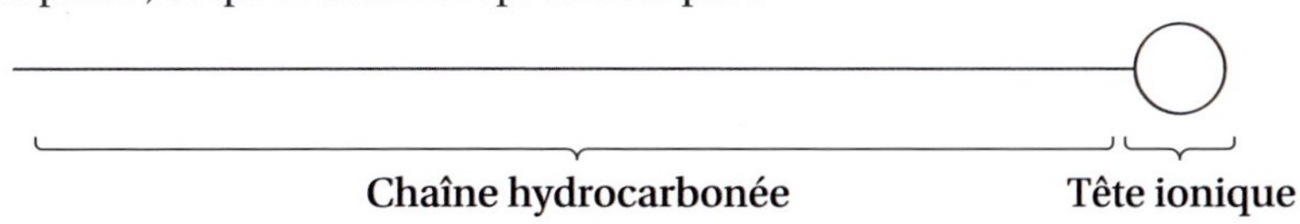

■ La tête ionique de l'ion carboxylate est hydrophile, elle aime l'eau, tandis que la chaîne hydrocarbonée est hydrophobe, elle fuit l'eau.

■ Ces espèces sont peu solubles dans l'eau en raison de la partie apolaire mais elles peuvent adopter des structures en micelles qui accroissent leur solubilité et leur donnent un comportement différent selon que le solvant soit polaire ou apolaire.

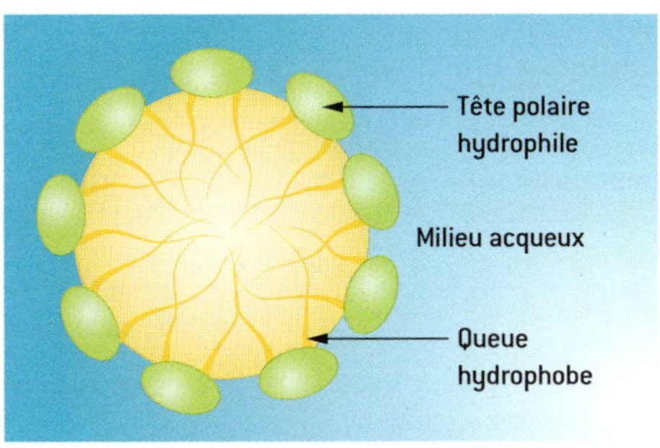

Micelle dans un milieu aqueux

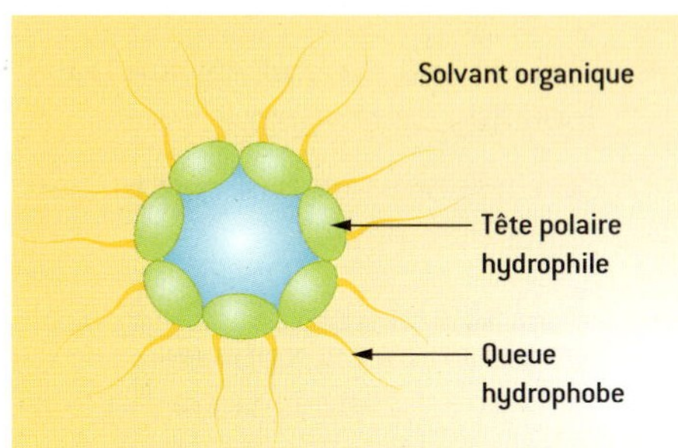

Micelle dans un solvant organique

12 L'analyse des besoins énergétiques pour une alimentation réfléchie

Nous avons besoin de nourriture pour satisfaire nos besoins vitaux et nos activités : la qualité de notre alimentation contribue à une bonne hygiène de vie.

1 Les besoins énergétiques de l'être humain

A Les formules de Harris et Benedict (1919)

■ Les scientifiques Harris et Benedict ont donné 2 formules de calcul de la **dépense énergétique** de base pour **24 heures** en **kilocalories** selon le sexe de l'individu :
- pour un homme : $13{,}75 \times$ poids (kg) $+ 500{,}33 \times$ taille (m) $- 6{,}76 \times$ âge (an) $+ 66$;
- pour une femme : $9{,}56 \times$ poids (kg) $+ 184{,}96 \times$ taille (m) $- 4{,}68 \times$ âge (an) $+ 655$.

EXEMPLES

◗ Pour une femme de 18 ans dont la masse est 52 kg pour une taille de 1,65 m, la dépense énergétique de base vaut : $9{,}56 \times 52 + 184{,}96 \times 1{,}65 - 4{,}68 \times 18 + 655 = 1\,373$ kcal.

◗ Pour un homme de 18 ans dont la masse est 60 kg pour une taille de 1,78 m, la dépense énergétique de base vaut : $13{,}75 \times 60 + 500{,}33 \times 1{,}78 - 6{,}76 \times 18 + 66 = 1\,660$ kcal.

■ L'unité d'énergie est le joule, cependant la kilocalorie est encore largement utilisée dans le domaine de la santé. Les conversions sont : 1 kcal = 4,18 kJ = $4{,}18 \times 10^3$ J. Ainsi, la dépense énergétique de base pour l'homme de l'exemple vaut 1 660 kcal = 6 939 kJ et pour une femme 1 373 kcal = 5 739 kJ.

B Les pertes de chaleur

Les pertes de chaleur du corps humain se font par transferts thermiques qui sont des modes de transfert d'énergie. Ils s'expriment en joule (J). Ce sont surtout la **conduction** et la **convection** qui interviennent.

a La conduction

La conduction thermique est le phénomène qui permet d'avoir une température homogène au sein d'un corps. La conduction se produit par la transmission de l'agitation thermique de proche en proche entre molécules ou atomes, que ce soit pour un solide, un liquide ou un gaz.

EXEMPLES

La peau est au contact des habits ou de l'air directement, sa température va dépendre de la température extérieure, de l'épaisseur et de la nature des habits portés. Au contact de l'eau, le transfert thermique est plus important qu'au contact de l'air pour une même surface exposée.

b La convection

La convection est un transfert d'énergie thermique assuré par le mouvement des particules au sein d'un liquide ou d'un gaz. Ceci se réalise si le liquide ou le gaz est en mouvement.

EXEMPLES

Si un mouvement d'air s'opère près de notre corps, on ressent une variation de la température plus importante car il y a plus d'échanges thermiques.

c L'évaporation

L'évaporation correspond à un transfert d'énergie thermique assuré par le changement d'état de l'eau à la surface de la peau (produite par transpiration) : la quantité d'énergie échangée peut être importante.

EXEMPLE

C'est ce phénomène qui permet également le séchage du linge, d'autant plus rapide s'il y a du vent.

C La transformation endothermique ou exothermique

Lorsque nous recevons de l'argent, nous le comptons positivement ; lorsque nous le dépensons, le décompte est négatif. Ce sont les mêmes règles en physique et en chimie :
- une transformation physique ou chimique **exothermique cède de la chaleur**, l'énergie est comptée **négativement**. Une combustion est exothermique, la liquéfaction l'est aussi ;
- une transformation physique ou chimique endothermique nécessite de la chaleur, l'énergie est comptée **positivement**. Il faut fournir de l'énergie à des glaçons pour les faire fondre.

2 La satisfaction des besoins énergétiques de l'être humain

A Identifier la présence de substances dans les aliments

Les aliments comportent des glucides, protides, lipides et certains minéraux, qui peuvent être mis en évidence. Pour cela, il faut ajouter à la substance à tester (en solution dans l'eau) quelques réactifs, éventuellement chauffer et observer un changement de couleur. Le test est dit positif s'il y a changement de couleur et négatif sinon.

a La présence de glucides

Le **test de Fehling** détermine la présence de glucose (ou d'autres sucres simples contenant la fonction aldéhyde). Il sera positif (précipité rouge-brique) s'il y a du glucose dans la solution testée (voir chapitre 10). La formule brute du glucose est $C_6H_{12}O_6$.

b La présence d'amidon

vidéo
Test amidon
foucherconnect.fr/19pbst2s33

■ La présence d'amidon (ou de glycogène) est mise en évidence avec le **lugol**, contenant de l'eau iodée.

■ Mettre dans un tube à essai 1 cm de la solution à tester et ajouter 6-8 gouttes de lugol et observer l'apparition éventuelle d'une couleur violacée. Si cette couleur apparaît alors le test est positif, sinon le résultat est négatif.

c La présence de protides ou protéines

■ Le **test au biuret** permet de déterminer la présence de protides.

■ Mettre la substance à analyser dans un tube à essai, puis ajouter 3 gouttes de **soude** afin de rendre le milieu basique. Attention, c'est très corrosif ! Ajouter délicatement quelques gouttes de **sulfate de cuivre**. Si une coloration violette se forme après agitation, le test est positif.

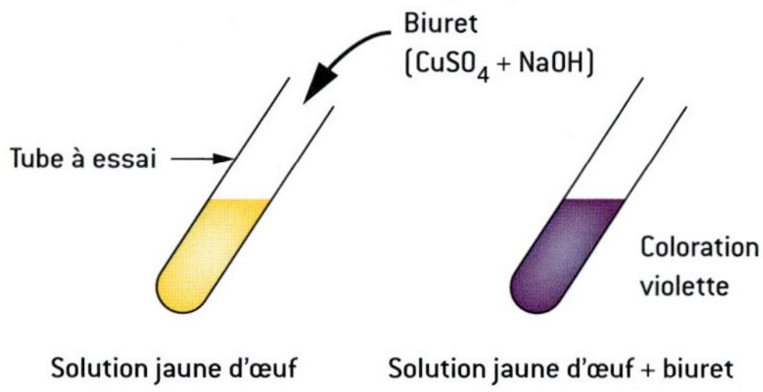

d La présence de lipides

■ Le test à l'émulsion permet de déterminer la présence de lipides.

■ Introduire la substance à tester dans un tube à essai et ajouter un peu d'eau. Boucher le tube et agiter. Si une émulsion se forme, le test est positif.

e La présence de l'ion calcium Ca^{2+}

■ Les ions calcium Ca^{2+} ne colorent pas les solutions aqueuses, il faut donc un test pour indiquer leur présence (ou leur absence).

■ Le test est réalisé avec de l'oxalate d'ammonium ($C_2O_4^{2-} + 2\ NH_4^+$) dont les ions oxalate $C_2O_4^{2-}$ provoquent la précipitation des ions calcium.

■ Introduire un échantillon de quelques millilitres de solution à analyser dans un tube à essai. Ajouter quelques gouttes (2 ou 3) d'oxalate d'ammonium. Si un précipité blanc se forme alors le test est positif et confirme la présence d'ions calcium. Sinon, le test est négatif ce qui signifie soit une absence totale d'ions calcium soit une concentration très faible (inférieure au seuil de détection du test).

B La valeur énergétique des aliments

■ La calorie (cal) est l'énergie nécessaire pour augmenter la température d'un gramme d'eau d'un degré Celsius. C'est devenu une unité utilisée en diététique : on considère que notre corps brûle les aliments.

EXEMPLE

La valeur énergétique de la banane est ainsi de 376 kJ et sa valeur calorique de 90 kcal (1 kcal = 1×10^3 cal). Elles sont toutes deux établies en fonction de sa composition en nutriments.

REMARQUE

On notera par ailleurs que la formule « valeur énergétique » est couramment employée pour désigner la « valeur calorique », tout comme « calorie » est employé à la place de « kilocalorie ».

PHYSIQUE-CHIMIE

■ En nutrition, afin de respecter une alimentation équilibrée, les aliments peuvent être classés en **5 groupes** selon leurs composants nutritionnels :
- les **produits laitiers**, qui apportent principalement du calcium et des protéines ;
- les **viandes**, **poissons** et **œufs**, pour les protéines et le fer ;
- les **matières grasses**, pour les acides gras et les vitamines liposolubles ;
- les **céréales**, **féculents**, **légumes secs** pour les glucides et les fibres ;
- les **fruits et légumes** pour les vitamines et les fibres.

DÉFINITION

Alimentation équilibrée : c'est l'apport, chaque jour, des aliments de chacun des 5 groupes en quantités nécessaires afin de fournir à l'organisme les nutriments essentiels à son bon fonctionnement.

C La valeur calorique d'une ration alimentaire

Pour déterminer la valeur calorique d'un plat ou d'un ensemble de plats, il faut multiplier la masse avalée de chaque aliment par sa valeur calorique.

EXEMPLE

Une personne prenant un repas constitué de 80 g d'avocat, 110 g de steak, 150 g de brocolis et un yaourt de 125 g aura un apport calorique :
- avocat : 160 kcal/100 g soit 80/100 × 160 = 128 kcal
- steak : 210 kcal/100 g soit 110/100 × 210 = 231 kcal
- brocolis : 35 kcal/100 g soit 150/100 × 35 = 53 kcal
- yaourt : 62 kcal/100 g soit 125/100 × 62 = 78 kcal

} soit un total de 490 kcal = 2 048 kJ

3 La production d'énergie par les transformations biochimiques des aliments

A L'aspect énergétique des transformations biochimiques

■ 1 gramme de glucides ou de protéines apporte 4 kilocalories à l'organisme alors qu'1 gramme de lipides apporte 9 kilocalories.

■ L'alimentation humaine doit couvrir les besoins en énergie du corps, qui dépend beaucoup de l'activité physique :
- les **glucides** doivent couvrir une plage large allant de **40 à 55 %** des calories selon l'activité physique, en prenant ces glucides dans les légumes, les légumineuses, les fruits, les tubercules et les produits céréaliers peu transformés ;
- les **lipides** doivent apporter de **30 à 40 %** des calories totales ;
- les **protéines** peuvent contribuer pour **15 à 30 %** des calories avec au moins la moitié de protéines végétales.

■ La valeur calorique d'un aliment est déterminée en fonction de sa composition. Ainsi, 100 grammes de lait demi-écrémé apportent : 3,3 g de protéines, soit 13,2 kcal (3,3 × 4) ; 1,5 g de lipides, soit 13,5 kcal (1,5 × 9) ; 4,5 g de glucides, soit 18 kcal (4,5 × 4). L'apport calorique de 100 grammes de lait est la somme des trois : 13,2 + 13,5 + 18 = 44,7 kcal soit 187 kJ.

B La transformation du glucose dans l'organisme

■ Dans le corps humain, en **milieu aérobie**, le glucose va former de l'**eau**, du dioxyde de carbone ainsi que de l'énergie : $C_6H_{12}O_6 + 6\ O_2 \rightarrow 6\ CO_2 + 6\ H_2O$. En milieu **anaérobie** le glucose va former du **dioxyde de carbone**, de l'**acide pyruvique** qui pourra être transformé en acide lactique, et beaucoup moins d'énergie qu'en milieu aérobie : $C_6H_{12}O_6 \rightarrow 2\ C_3H_4O_3$ + résidu organique.

DÉFINITIONS

Milieu aérobie : milieu qui contient du dioxygène.

Milieu anaérobie : milieu qui ne contient pas de dioxygène.

■ Les sportifs ont des besoins énergétiques importants : ils doivent brûler dans les muscles beaucoup de glucose, ce qui nécessite un volume de dioxygène élevé. Cela explique qu'ils aient une demande en dioxygène élevée.

■ Une combustion correspond à l'oxydation d'un combustible (substance capable de brûler) en présence d'un autre réactif (comburant) avec production de chaleur, de rayonnement et formation de dioxyde de carbone et d'eau si la combustion est complète.

■ Pour le glucose, la transformation conduit à la même équation que dans le corps humain en aérobie : $C_6H_{12}O_6 + 6\ O_2 \rightarrow 6\ CO_2 + 6\ H_2O$, ainsi on dit que le corps brûle le glucose.

■ Pour l'acide pyruvique, la transformation est modélisée par : $2\ C_3H_4O_3 + 5\ O_2 \rightarrow 6\ CO_2 + 4\ H_2O$.

C La réaction d'hydrolyse

■ Une réaction d'hydrolyse consiste en la coupure d'une molécule sous l'action de l'eau.

■ Dans le cas du lactose (glucide présent dans le lait) de formule chimique $C_{12}H_{22}O_{11}$, l'hydrolyse conduit à la formation de glucose et de galactose selon la réaction : $C_{12}H_{22}O_{11} + H_2O \rightarrow C_6H_{12}O_6 + C_6H_{12}O_6$. Les deux oses produits ont la même formule brute.

ENTRAÎNEMENT AU CONTRÔLE CONTINU

EXERCICE

Une personne végétarienne consomme au cours de son repas : 150 g d'avocat, 30 g d'amande, 200 g de soupe, 50 g de fromage et 100 g de crème caramel.

1. Quel est l'apport calorique correspondant à ce repas ?
2. Ce repas vous semble-t-il équilibré ?
3. Quel problème peut survenir en étant végétarien ?

Données : apport calorique par aliment : avocat : 160 kcal/100 g ; amande : 634 kcal/100 g ; soupe : 20 kcal/100 g ; fromage : 210 kcal/100 g ; crème caramel : 136 kcal/100 g.

 # corrigés
foucherconnect.fr/19pbst2s29

13 Le stockage et la transformation des glucides dans l'organisme

Les glucides constituent une des trois grandes familles de notre alimentation avec les lipides et les protéines. Ils peuvent être lents (composés de longues chaînes) ou rapides (composés de chaînes courtes) et très rapidement digérés.

1 Le classement des glucides

Les glucides se répartissent dans de nombreuses familles dont les principales sont :

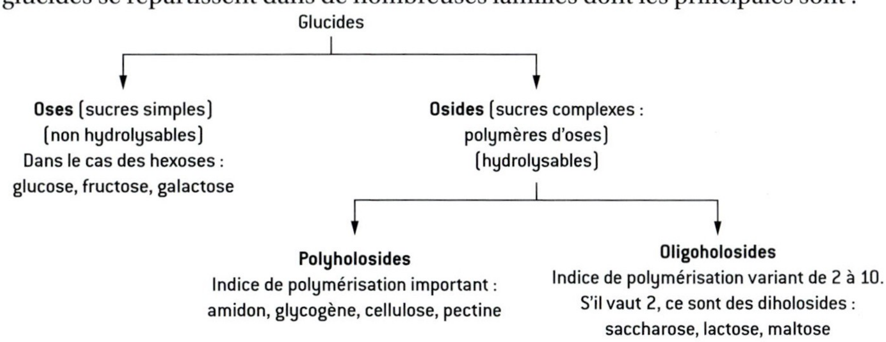

2 Les groupes caractéristiques

A La convention de Fisher

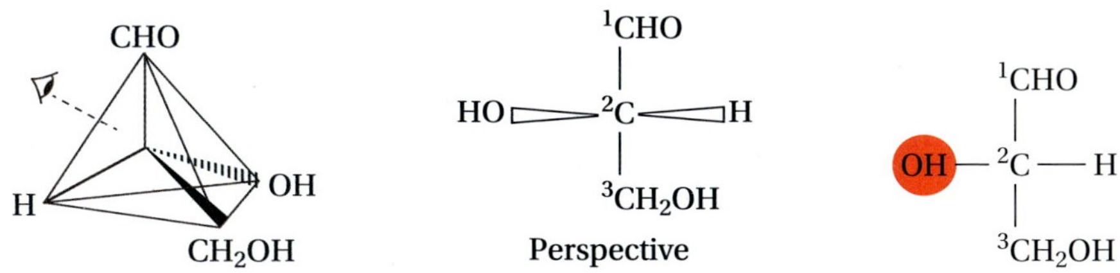

La convention de Fisher représente les glucides en plaçant l'œil de manière à ce que pour chaque carbone, l'hydrogène et la fonction alcool soient placés horizontalement en avant du plan. La fonction aldéhyde du 1er carbone ou la foncion cétone du 2nd carbone étant elles vers le haut.

B L'appartenance à la série D ou à la série L de Fisher

- L'appartenance à la série D ou L pour un ose à n carbone est déterminée par la configuration de l'avant dernier carbone C_{n-1} : D, lorsque OH est à droite et L, lorsqu'il est à gauche.
- Il faut parler d'isomères : même formule brute mais une formule semi-développée différente.

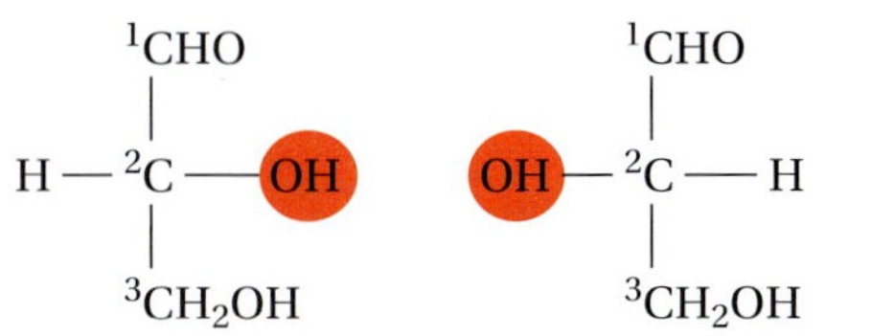

D-glycéraldéhyde L-glycéraldéhyde

REMARQUE

Pour un ose donné, les formes D et L sont appelées énantiomères, car les deux molécules sont symétriques l'une de l'autre mais pas identiques.

C Les isomères parmi les glucides

- **Épimérie** : deux épimères sont deux isomères ne différant que par la configuration absolue d'un seul C. Le D-glucose et le D-galactose ont une forme inversée au niveau du C4 (voir ci-dessous).

- **Énantiomérie** : deux énantiomères sont deux isomères différant par la configuration absolue de tous leurs carbones asymétriques et qui sont images l'un de l'autre dans un miroir (exemple : D-ribose et L-Ribose).

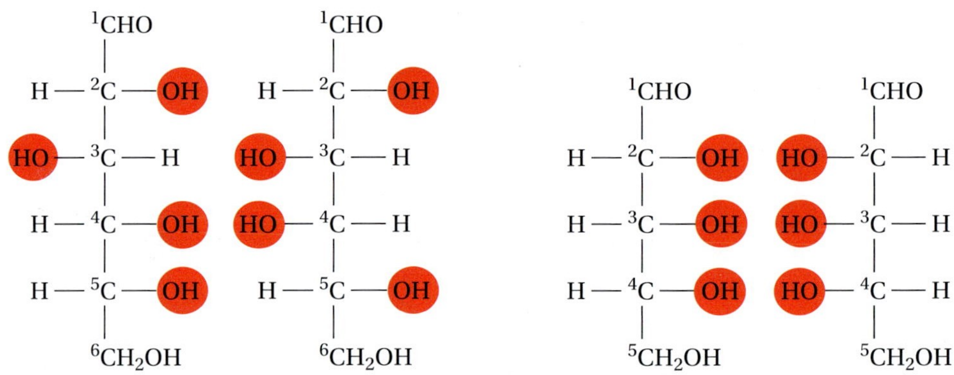

D-glucose D-galactose D-Ribose L-Ribose

3 La transformation chimique des glucides complexes

A L'hydrolyse enzymatique

- L'hydrolyse enzymatique permet de scinder des grosses molécules en des plus petites en présence d'enzyme qui vont catalyser la réaction. En milieu acide, du lactose produit deux hexoses (oses comportant six éléments carbone) qui sont le glucose et le galactose.

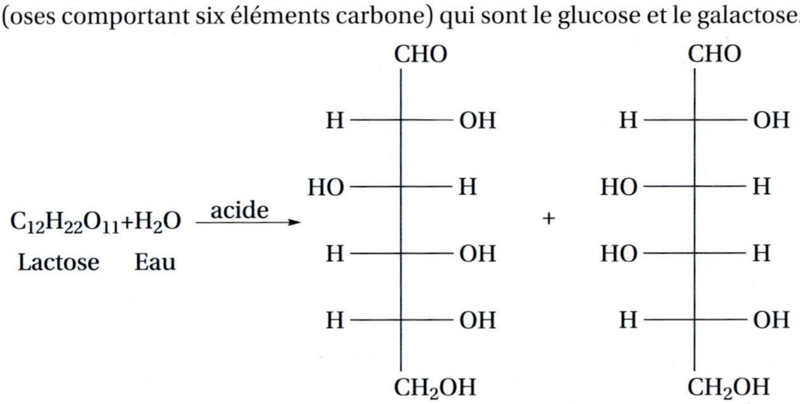

Glucose Galactose

■ Lors de la dégradation des osides en milieu acide et en présence d'eau, on obtient des glucides simples ou oses.

■ Lorsque l'on hydrolyse de l'amidon, glucide complexe, il faut utiliser des enzymes (catalyseur) pour le faire à la température du corps humain. On obtient des glucides simples.

B Le protocole du suivi de l'hydrolyse de l'amidon

■ On introduit de l'empois d'amidon dans un tube à essai que l'on place dans un bain-marie à 37°C. On attend 3 minutes pour l'équilibrage en température, on introduit un peu de solution d'amylase et on déclenche le thermomètre afin de suivre l'évolution de la réaction au cours du temps. On prélève quelques gouttes du mélange toutes les trois minutes et on fait un test à l'eau iodée (pour montrer la présence d'amidon).

■ On obtient :

■ La couleur est de moins en moins sombre, il y a donc de moins en moins d'amidon. Il faut du temps pour réaliser cette hydrolyse à 37 °C, température idéale pour la réaction.

■ L'équation générale d'hydrolyse de l'amidon s'écrit : $(C_6H_{10}O_5)n + n\ H_2O \rightarrow n\ C_6H_{12}O_6$

4 Les polymères du glucose

■ Un polymère est une molécule constituée de l'**assemblage de plusieurs petites molécules** identiques ou semblables. L'amidon et le glycogène sont des **polymères de glucose**, c'est-à-dire qu'ils sont constitués d'un assemblage de molécules de D-glucose.

■ L'amidon est une molécule **de réserve** pour les végétaux supérieurs (et un élément courant de l'alimentation humaine) tandis que le glycogène est une **molécule de stockage de glucides et donc d'énergie** pour l'**être humain**.

■ L'amidon et le glycogène ont des unités glucose ; ils ont des structures semblables :

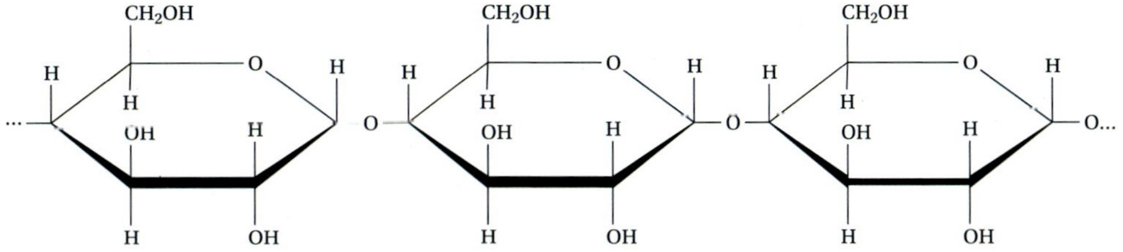

■ Le corps humain a une réserve d'environ 500 g de glycogène dans le foie et les muscles. Le glycogène est décomposé facilement par des enzymes (l'amylase) en glucose.

> DÉFINITION
> **Glycémie** : teneur en glucose dans le sang.

■ La **glycémie** est contrôlée dans le corps par l'**insuline** (hormone naturellement sécrétée en continu par le pancréas pour les personnes non-diabétiques). Cette hormone permet au glucose d'entrer dans les cellules du corps ou de passer dans le sang. L'organisme produit la quantité nécessaire d'insuline en fonction de ses besoins et des aliments consommés.

14 L'usage des ressources naturelles pour l'alimentation humaine

La nature des sols permet la croissance des végétaux utiles à notre alimentation. Une utilisation raisonnée des composés synthétiques en agriculture est nécessaire pour limiter la pollution de la terre, des rivières et éviter à l'être humain de consommer des produits chimiques nuisibles à son organisme.

1 L'eau potable

A Les critères de potabilité de l'eau

■ L'eau brute est puisée dans des retenues, des rivières ou des lacs. Elle est transformée afin de devenir conforme aux normes définies par la réglementation française basée sur 63 critères répartis selon 7 groupes. Cette réglementation permet d'offrir une eau sûre, agréable à boire, claire, inodore et équilibrée en sels minéraux.

■ Ces 7 groupes sont basés sur les critères suivants :
- les **paramètres organoleptiques** : couleur, saveur, odeur, transparence ;
- les **paramètres physico-chimiques** : température, pH ;
- les **paramètres liés aux substances « indésirables »** dont la présence doit être inférieure à un certain seuil (fluor, nitrates...) ;
- les **paramètres liés aux substances toxiques** (métaux lourds comme le plomb ou le mercure, arsenic...) dont la présence doit être contrôlée précisément avec des concentrations autorisées très faibles ;
- les **paramètres microbiologiques** : absence de bactéries, virus pathogènes ;
- les **paramètres liés aux pesticides** et produits apparentés ;
- les **paramètres concernant les eaux adoucies** devant contenir une concentration minimale en calcium nécessaire à l'équilibre physiologique.

B La composition ionique de différentes eaux

■ Les eaux minérales naturelles et les eaux de source proviennent d'une ressource profonde, naturellement microbiologiquement saine. Elles sont donc commercialisées sans traitement de désinfection microbiologique. Leur exploitation est soumise à autorisation préfectorale et leur qualité est contrôlée.

■ Lorsqu'une eau a été reconnue d'intérêt public, elle se voit attribuer un périmètre de protection dans lequel les travaux souterrains sont quasiment interdits.

■ L'eau de source provient de sources différentes, même de régions éloignées. Elle doit être conforme aux normes de l'eau potable mais l'ensemble de ses critères de qualité n'est pas obligatoirement constant.

■ Les eaux de consommation n'ont pas toute la même composition ionique : pour s'imprégner de minéraux et se charger parfois en gaz carbonique (dioxyde de carbone), elles doivent séjourner de nombreuses années dans le sous-sol. Les substances minérales sont importantes pour l'organisme humain, mais il ne peut les produire lui-même et doit donc les rechercher dans la nourriture.

■ Les compositions moyennes des eaux minérales sont données en milligramme par litre :

Ions \ Eaux	Contrex	Évian	Vichy St-Yorre	Vittel	Volvic	Eau douce de lac	Eau douce de rivière
Sodium Na^+	9,1	5	1708	3,8	9,4	0,17	0,39
Potassium K^+	3,2	1	132		5,7		0,04
Calcium Ca^{2+}	486	78	90	202	9,9	0,22	0,52
Magnésium Mg^{2+}	84	24	11	36	6,1	0,15	0,21
Chlorure Cl^-	8,6	4,5	322		8,4	0,3	0,23
Nitrate NO_3^-	2,7	3,8		4,6	6,3		
Hydrogéno-carbonate HCO_3^-	403	357	4368	402	65,3	0,43	1,1
Sulfate SO_4^{2-}	1187	10	174	306	6,9	0,10	0,21
pH		7,2	6,6		7		

■ Les eaux douces utilisées pour alimenter la population en eau « du robinet » contiennent peu d'ions. Elles doivent subir des traitements préalables (désinfection, filtration…) pour être potables. Les besoins en oligo-éléments pour un être humain sont de l'ordre de 1 g par jour pour le calcium, 0,8 g pour le phosphore et 0,3 g pour le magnésium. Ces espèces doivent être apportées par l'alimentation, l'eau constituant une bonne source.

DÉFINITION

Oligo-élément : substance présente en très faible proportion dans les nutriments, mais nécessaire au fonctionnement des êtres vivants.

C Les origines de la pollution de l'eau

■ L'eau est polluée par différents acteurs :
- les **industries** qui la prélèvent dans des rivières et des nappes phréatiques, l'utilisent et déversent ensuite des déchets dans les rivières ;
- les **habitants des villes** qui produisent des eaux contenant des déchets organiques, des selles, des médicaments contenus dans les urines ;
- les **agriculteurs** qui emploient des engrais, des pesticides, des insecticides, des fongicides dans des conditions ne respectant pas un bon usage : ils sont employés en quantités importantes, sans nécessairement respecter les réglementations sur l'utilisation des pesticides.

■ Des contaminations accidentelles peuvent intervenir lors de déversements de camions ou de citernes industrielles. Les sacs plastiques non biodégradables sont aussi une source de pollution.

D Les bonnes pratiques pour préserver l'eau

Dans le monde, 10 % de l'eau est utilisée à des fins domestiques, 20 % par l'industrie et le reste par l'agriculture. L'eau sert massivement pour les plantes et les animaux. Une grande partie s'évapore. On peut prendre soin d'arroser le soir ou avec des systèmes fournissant la juste quantité d'eau pour les plantes. L'utilisation de techniques d'irrigation moderne, de recyclage de l'eau domestique et une vigilance plus marquées pour les sources d'eau sont nécessaires.

2 Les sols, milieux d'échange de matières

A Le complexe argilo-humique

Le **complexe argilo-humique** est une **structure formée d'argile et d'humus**. L'humus est composé de matière organique qui va participer à la structuration du sol en s'associant avec des particules d'argiles. Les deux étant chargés négativement, ils **retiennent les cations** essentiels à la plante (Ca^{2+}, Mg^{2+}, K^+, Na^+...). Cela permet des échanges de cations qui ont lieu entre le complexe argilo-humique et la solution du sol, ce qui les rend accessibles aux plantes.

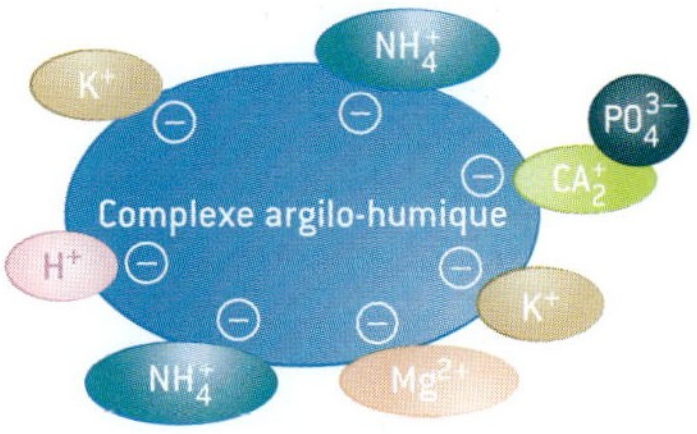

B Les apports d'azote, de phosphore et de potassium

■ Les engrais apportent des éléments nécessaires aux plantes car les sols actuels sont lessivés en raison des méthodes employées en agricultures.

DÉFINITION

Lessivage des sols : transport des éléments du sol (sédiments, engrais, pesticides, etc.) par les eaux de surfaces (pluie) vers les nappes phréatiques. Ce phénomène a deux conséquences : l'appauvrissement et la dégradation des sols lessivés ainsi que la pollution des cours d'eau et des apports sédimentaires.

■ Les valeurs indiquées sur les emballages d'engrais correspondent à la composition en pourcentage massique. On retrouve dans les engrais :
- de l'**azote (N), sous forme ion nitrate NO_3^- ou ion ammonium NH_4^+**, qui favorise surtout la pousse des parties vertes de la plante (tiges et feuilles), leur précocité et leur développement ;
- du **phosphore (P), sous forme anhydride phosphorique P_2O_5**, qui joue sur la formation des fleurs et des graines et sur le développement radiculaire. Il renforce la résistance naturelle des plantes aux agressions quelles qu'elles soient ;
- du **potassium (K), sous forme K_2O**, qui permet la floraison et le développement des fruits et de tous les organes de réserve tels que les racines et les tubercules. La coloration des fleurs et des fruits est améliorée ainsi que la résistance aux maladies.

■ Les engrais ont été utilisés de manière immodérée, ce qui a dégradé les écosystèmes (eutrophisation des lacs, algues vertes, eaux non potables...), conduisant à d'importantes concentrations d'ions nitrates ou phosphates. Ces engrais doivent être employés à des doses correctes sous peine de polluer les cours d'eau et les nappes phréatiques.

C Les autres produits chimiques

■ Les agriculteurs disposent de nombreux produits phytosanitaires (produit chimique utilisé pour soigner ou prévenir les maladies des organismes végétaux pour garantir une récolte).

DÉFINITION

Produit phytosanitaire : produit chimique utilisé pour soigner ou prévenir les maladies des organismes végétaux afin de garantir une récolte.

■ On trouve :
- les **insecticides** : produits permettant de lutter contre des insectes ;
- les **fongicides** : produits permettant de lutter contre des champignons et moisissures ;
- les **herbicides** : produits permettant d'éliminer des « mauvaises herbes ».

■ L'emploi de ces mélanges, s'il n'est pas réalisé correctement, contribue à détruire des écosystèmes voire à mettre en danger la santé des agriculteurs, des riverains ou des consommateurs, puisqu'il restera des résidus de ces pesticides dans les végétaux récoltés.

■ Dans les produits phytosanitaires, des espèces chimiques (glucose, ions...) peuvent être dosées :
- en utilisant des bandelettes à lecture directe en comparant avec une échelle ;
- avec une échelle de teinte, composée de solutions de concentrations connues, de la plus faible à la plus forte, qui va utiliser le même principe que la bandelette.

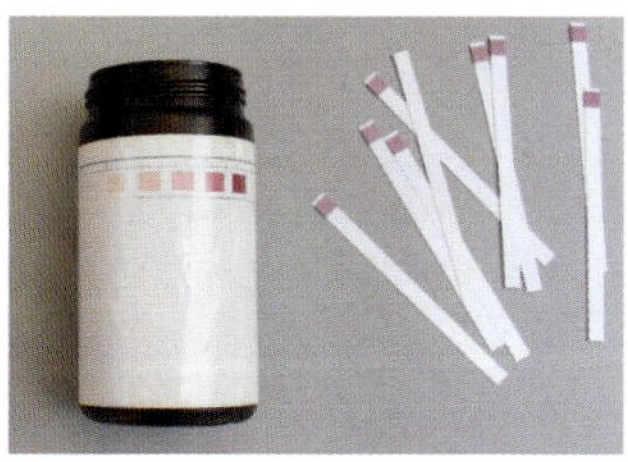

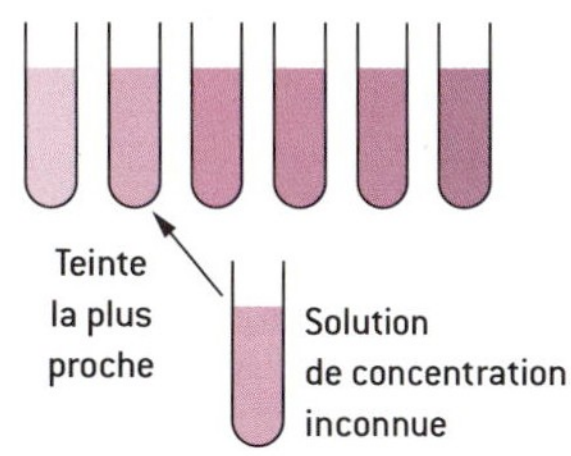

D La compétition entre le rôle de nutriment et d'agrocarburant des céréales

■ Des céréales sont cultivées pour être ensuite transformées en agrocarburant (on dit souvent biocarburant, mais cela n'a rien d'une culture biologique). Jusqu'à présent, seule la partie comestible était convertie ce qui pose un problème éthique : transformer de la nourriture en carburant quand des populations sont sous-nourries...

■ On se base sur le blé : 80 % de sa masse peut donner de la farine, qui comporte 75 % de glucides complexes (amidon...), quelques pourcents de fibres, 10 % de protéines et de l'eau. 1 kg de blé comporte donc $0{,}80 \times 850 = 680$ g pouvant être utilisés dans l'alimentation, dont la valeur énergétique est 3,0 kcal.g^{-1} soit 3 Mcal ou 12 MJ.

■ Un kilogramme de blé permet de produire environ 400 g de bioéthanol. Or, l'énergie libérée par la combustion d'un kilogramme d'éthanol est 29 MJ. Ainsi, 1 kg de blé, transformé en bioéthanol, pourra produire $29 \times 0{,}40 = 12$ MJ, soit la même valeur que pour l'apport calorique. Mais la transformation du blé en bioéthanol consomme beaucoup d'énergie, aussi cultiver du blé en vue de la production de bioéthanol pose de nombreuses questions.

ENTRAÎNEMENT AU CONTRÔLE CONTINU

EXERCICE

Suite à une analyse de l'eau montrant une concentration en ion nitrate égale à 65 mg/L supérieure à la norme de 50 mg/L, le maire d'un village déconseille provisoirement la consommation de l'eau du robinet. À l'aide des documents et de vos connaissances :

1. Justifier l'avis émis par le maire.
2. Montrer comment l'apport d'azote par les agriculteurs peut être source de pollution de l'eau, en prenant en compte les interactions entre le sol et les nitrates en termes d'échanges d'ions.
3. Un agriculteur du village utilise 175 kg/ha d'azote pour ses cultures de légumes. Proposer une argumentation pour le convaincre de diminuer cet apport d'azote aux cultures.

L'azote est un élément fertilisant important mais il est également potentiellement polluant car son utilisation peut conduire à une accumulation de nitrates dans les sols (voir le graphique ci-dessous dans le cas d'un champ de légumes).

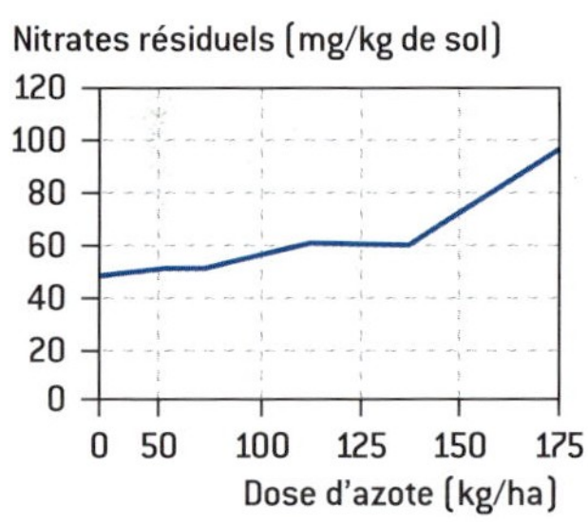

Doc. 1 : Rendement relatif en fonction de l'apport en azote

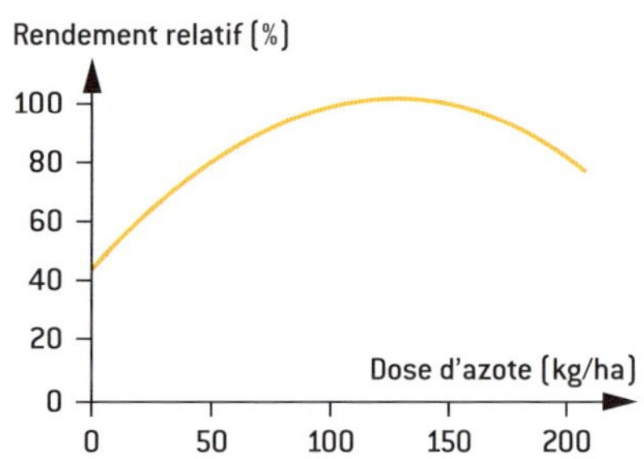

Doc. 2 : Teneur en ions nitrate en fonction de l'apport en azote

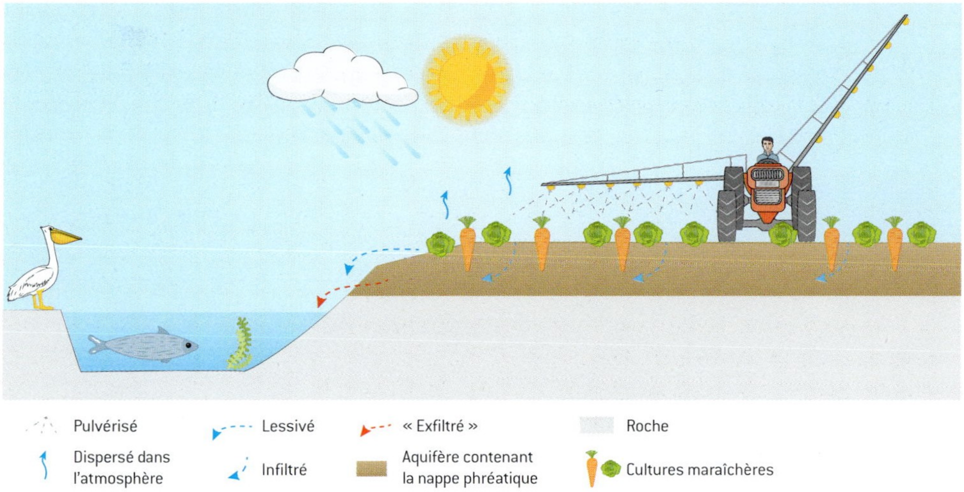

Doc. 3 : Devenir des ions nitrates pulvérisés

#corrigés
foucherconnect.fr/19pbst2s29

MATHÉMATIQUES

MATHÉMATIQUES

Évaluation des Mathématiques en contrôle continu

1 Les modalités d'évaluation

■ Le contrôle continu pour l'enseignement de mathématiques en Première technologique comporte deux épreuves écrites passées aux 2e et 3e trimestres de l'année de Première.

■ Chaque épreuve dure 2 heures :
– la partie 1 est un test de maîtrise des automatismes, noté sur 5 points, durant 20 minutes, sans calculatrice. Les feuilles-réponses sont ramassées dès que le test est terminé ;
– la partie 2 est composée de trois exercices indépendants, chacun noté sur 5 points (d'une durée de 30 minutes environ).

■ Les épreuves communes de contrôle continu de mathématiques sont affectées d'un coefficient 5.

2 Dans cet ouvrage

■ À la fin de chacun des 6 chapitres de cet ouvrage figurent des sujets d'entraînement corrigés pour chacune des deux parties des épreuves de contrôle continu (automatismes et exercices).

■ Accessibles par flashcode : des exercices supplémentaires, des documents sur la programmation et des fiches « Utilisation de la calculatrice », signalés par les pictos :

 # doc
Utilisation de la calculatrice pour les suites
foucherconnect.fr/19pbst2s34

1 Suites numériques

Les suites permettent de modéliser des situations réelles discrètes simples choisies en lien avec les autres disciplines de 1re ST2S et dans la vie quotidienne (évolution de l'effectif d'une population, d'une colonie bactérienne, du prix d'un article...).

1 Suite arithmétique et suite géométrique

A Suites arithmétiques

DÉFINITION

Une **suite arithmétique** est une suite numérique dont chaque terme s'obtient en ajoutant au précédent un nombre réel constant ***r*** appelé **raison**.

■ Pour tout nombre entier naturel n, $\boldsymbol{u_{n+1} = u_n + r}$.

EXEMPLES

1° La suite (u_n) des nombres entiers naturels pairs est une suite arithmétique de premier terme $u_0 = 0$ de raison $r = 2$: pour tout entier naturel n, $u_{n+1} = u_n + 2$.
2° Soit (v_n) la suite arithmétique de premier terme $v_0 = 2$ et de raison $r = -1$;
$v_1 = v_0 + r$; $v_1 = 2 - 1$; $v_1 = 1$;
$v_2 = v_1 + r$; $v_2 = 1 - 1$; $v_2 = 0$;
$v_3 = v_2 + r$; $v_3 = -1$.

■ Une suite arithmétique de raison r est :
croissante, si $r > 0$; **décroissante**, si $r < 0$; **constante** si $r = 0$.

■ **La représentation graphique d'une suite arithmétique (u_n) dans un repère du plan est constituée de points alignés de coordonnées (n, u_n).**

B Suites géométriques

DÉFINITION

Une **suite géométrique** est une suite numérique dont chaque terme s'obtient en multipliant le précédent par une constante ***q*** appelé de **raison**.

En ST2S, on prend $q > 0$.

■ Pour tout nombre entier naturel $\boldsymbol{u_{n+1} = qu_n}$.

EXEMPLE

On considère la suite géométrique (u_n) de premier terme $u_0 = 2$ et de raison $q = 0{,}9$.
$u_1 = qu_0$; $u_1 = 0{,}9 \times 2$; $u_1 = 1{,}8$;
$u_2 = qu_1$; $u_2 = 0{,}9 \times 1{,}8$; $u_2 = 1{,}62$;
$u_3 = qu_2$; $u_3 = 0{,}9 \times 1{,}62$; $u_3 = 1{,}458$...

■ Une suite géométrique de raison q strictement positive et de premier terme strictement positif est :
croissante, si $q > 1$; **décroissante**, si $0 < q < 1$; **constante**, si $q = 1$.

Exemple de représentation graphique d'une suite géométrique :

EXEMPLE

On considère la suite géométrique (u_n) de premier terme $u_0 = 1$ et de raison $q = 2$. $u_1 = 2u_0 = 2$; $u_2 = 2u_1 = 4$; $u_3 = 2u_2 = 8$. Sur la figure, on a placé les quatre premiers points de la représentation graphique de la suite (u_n). Ils sont situés sur une courbe qui n'a pas été étudiée en Seconde.

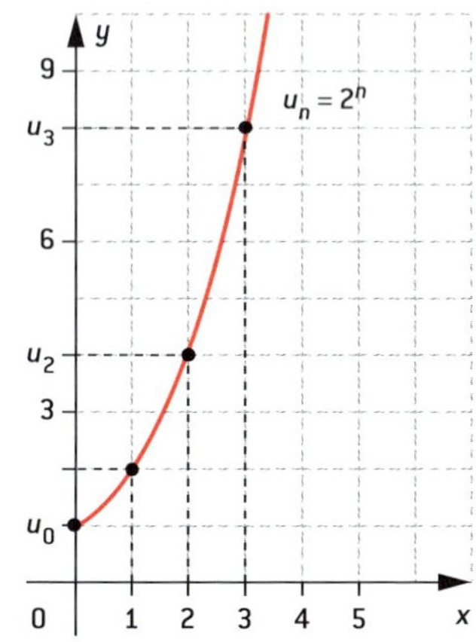

Augmentation ou diminution de x % par heure, par mois, par an

• Chaque fois qu'on est confronté à une situation du type « une population, un prix… augmente de x % tous les ans par mois, par heure », on peut définir une suite géométrique de raison $1+\dfrac{x}{100}$.

• S'il s'agit d'une diminution de x %, on peut définir une suite géométrique de raison $1-\dfrac{x}{100}$.

EXERCICE RÉSOLU

ÉNONCÉ

On prévoit que le nombre de malades atteints d'une certaine pathologie respiratoire, en France, augmente de 6 % par an à partir de 2018. On désigne par u_n le nombre de malades l'année $(2018 + n)$. On a $u_0 = 61\,353$.

Dans ce qui suit, tous les résultats sont à arrondir à l'unité.

1. Calculer le nombre de malades en 2019.

2. Calculer le nombre de malades prévisibles pour 2020 et 2021.

3. Démontrer que la suite (u_n) est une suite géométrique dont on précisera la raison.

4. Donner, en le justifiant, le sens de variation de la suite (u_n).

MÉTHODE

Déduire de $u_{n+1} = u_n + \dfrac{x}{100}u_n$ que : $u_{n+1} = qu_n$, où q est un nombre réel à déterminer.
q est la raison de la suite géométrique.

SOLUTION

1. Le nombre de malades en 2019 est : $61\,353 + \dfrac{6}{100} \times 61\,353 \approx 65\,034$.

2. Le nombre de malades prévisibles pour 2020 est : $65\,034 + \dfrac{6}{100} \times 65\,034 \approx 68\,936$.
Pour 2021 : $68\,936 + \dfrac{6}{100} \times 68\,936 \approx 73\,072$.

3. Pour tout entier n, $u_{n+1} = u_n + \dfrac{6}{100}u_n$; $u_{n+1} = u_n + 0{,}06u_n$; $u_{n+1} = u_n(1 + 0{,}06)$; $u_{n+1} = 1{,}06u_n$.
La suite (u_n) est une suite géométrique de raison 1,06.

4. La raison est : $1{,}06 > 1$, la suite géométrique (u_n) est croissante.

 # doc
Utilisation de la calculatrice pour les suites
foucherconnect.fr/19pbst2s34

2 Algorithme programmation et suites

A Notion de liste en informatique

DÉFINITION

Une **liste** en informatique est une collection **ordonnée** d'éléments (entiers, flottants, chaînes de caractères, booléens...) séparés par des virgules et mis entre crochets.

EXEMPLE

`L = [2, 3, 5, 8, 13]` est une liste de 5 entiers, distincte de la liste `[3, 2, 5, 8, 13]`.
`notes = ['1e3', 12, 9.5, 18]` est une liste de 4 éléments :
une chaîne de caractère (`1e3`), deux entiers (12 et 18) et un flottant (`9.5`).

REMARQUES

- Une liste d'entiers ou de flottants peut représenter une suite numérique comme la liste L.
- On peut visualiser une liste comme une série de « boîtes » dans lesquelles chaque élément de la liste est rangé. Les boîtes sont numérotées par un **indice**.
- **Attention : la numérotation commence à 0.**

`notes = ['1e3', 12, 9.5, 18]`

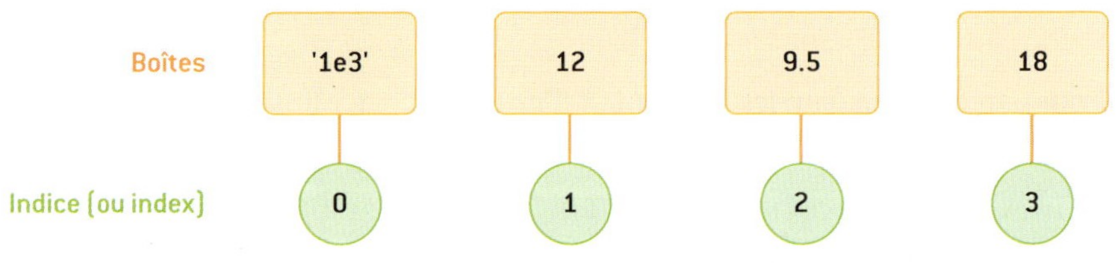

EXEMPLE

L'élément d'indice 0 de `L`, noté `L[0]`, a pour valeur 2 ; `L[1]` a pour valeur 3 ; `L[4]` a pour valeur 13.
`notes[0]` a pour valeur `'1e3'`, `notes[1]` a pour valeur 12, `notes[3]` a pour valeur 18.

Générer une liste

• Voyons d'abord le cas particulier de la fonction **range**. L'instruction `range(6)` permet de générer la liste `[0, 1, 2, 3, 4, 5]` (faire `list(range(6))` pour afficher la liste) et `range(1, 6)` permet de générer la liste `[1, 2, 3, 4, 5]`.

Attention : range(n) correspond à la liste des entiers de 0 à $n - 1$ et range(n, m) à celle des entiers de n à $m - 1$.

• Une liste peut être générée « **en extension** », c'est-à-dire en écrivant l'ensemble de ses éléments.

EXEMPLE

`jours = ['lundi', 'mardi', 'mercredi', 'jeudi', 'vendredi']`

• On peut également générer une liste par **ajouts successifs** d'un élément. L'instruction `L.append(x)` ajoute x à la fin de la liste `L` (append signifie « ajouter » en anglais).

EXEMPLES

L'instruction `jours.append('samedi')` crée la liste :
`['lundi', 'mardi', 'mercredi', 'jeudi', 'vendredi', 'samedi']`.
Le programme suivant crée la liste `[2, 4, 6, 8, 10]`.

```
L = []
for   k in range(1, 6):
      L.append(2 * k)
```

MATHÉMATIQUES

• On peut aussi générer une liste « **en compréhension** », notamment par une formule définissant ses éléments.

EXEMPLES

L'instruction `L = [2 * n for n in range(1,6)]` crée la liste `[2, 4, 6, 8, 10]`.
On peut ajouter une condition dans laquelle != signifie ≠.
L'instruction `L = [2 * n for n in range(1,6) if n !=3]` crée la liste `[2, 4, 8, 10]`.

Manipuler des éléments d'une liste et leur indice

Le tableau suivant résume les principales manipulations sur les éléments d'une liste.

On considère la liste `L = [2, 4, 6, 8, 10]`.

Objectif	Instruction	Résultat
Obtenir le 3e élément de la liste, d'indice 2.	`L[2]`	`6`
Donner le nombre d'éléments de la liste.	`len(L)`	`5`
Rechercher l'indice d'un élément de la liste.	`L.index(8)`	`3`
Ajouter le nombre 12 à la liste.	`L.append(12)`	`[2, 4, 6, 8, 10, 12]`
Supprimer l'élément d'indice 2.	`del L[2]`	`[2, 4, 8, 10, 12]`

Parcourir les éléments d'une liste

Pour parcourir un à un les éléments x d'une liste `L`, on utilise `for x in L:`.

EXEMPLE

Le programme suivant calcule la somme des nombres de la liste `pairs`.

```
pairs = [2, 4, 6, 8, 10]
somme = 0
for i in pairs:
    somme = somme + i
```

La valeur de la variable `somme` en fin d'exécution est 30.

B Suites et situations algorithmiques

Calculer un terme de rang donné d'une suite définie par récurrence

On considère la suite (u_n) définie par $u_0 = 1$ et, pour tout entier naturel n, $u_{n+1} = 2u_n + 3$. On souhaite calculer u_{20}.

• Avec un tableur

Comme ci-contre, on entre en B2 la valeur de u_0 et en B3 la formule =2*B2+3 correspondant à la relation de récurrence.
On recopie la cellule B3 vers le bas jusqu'en B22.
La cellule B22 affiche la valeur de $u_{20} = 4\,194\,301$.

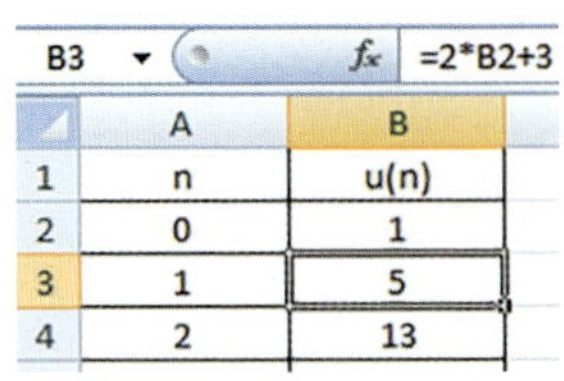

• Avec Python

Langage naturel	Python

$u \leftarrow 1$
Pour k de 1 à 20
    $u \leftarrow 2u + 3$
Fin Pour
	`u = 1`
	`for k in range(1, 21):`
	    `u = 2 * u + 3`

En fin d'algorithme, la variable u contient la valeur de u_{20}. Le programme Python fournit la valeur 4 194 301.

Attention, en Python `range(1, 21)` correspond à la liste des entiers consécutifs de 1 à 20. Pour que la boucle `for` s'exécute 20 fois, il faut donc indiquer `range(1, 21)`.

Déterminer et représenter une liste de termes

• Cas d'une suite définie par son terme général

EXEMPLE

On considère la suite (u_n) définie, pour tout entier naturel n, par $u_n = n^2$. On souhaite calculer et représenter avec Python les termes de u_0 à u_{10}.
On exécute le programme suivant qui utilise le module `pyplot` de représentation graphique.

```
import matplotlib.pyplot as plt
L = [n**2 for n in range(11)]
plt.scatter(range(11), L)
plt.show()
```

Ce programme est présenté ici pour introduire de façon progressive l'utilisation du langage Python dans l'étude des suites.
Le programme commence par dresser la liste de toutes les ordonnées des points à tracer.
La liste L est : `[0, 1, 4, 9, 16, 25, 36, 49, 64, 81, 100]`.
Les points sont ensuite représentés. L'instruction `plt.scatter(range(11), L)` représente le « nuage de points » dont les abscisses sont données par la liste `range(11)` et les ordonnées par la liste `L`. Le mot « scatter » signifie dispersion en anglais.
C'est ce programme que nous utiliserons désormais pour faciliter l'appropriation de la notion de liste en informatique.

Voir la figure 1 page suivante.

• Cas d'une suite définie par récurrence

EXEMPLE

On considère la suite (u_n) définie par $u_0 = \frac{3}{4}$ et, pour tout entier naturel n, $u_{n+1} = u_n^{\,2}$.
On souhaite calculer et représenter avec Python les termes de u_0 à u_5.
On exécute le programme suivant.

Programme

```
import matplotlib.pyplot as plt
u = 3/4
L = [u]
for  k in range(1, 6):
     u = u ** 2
     L.append(u)
plt.scatter(range(6), L)
plt.show()
```

La liste `L` est : `[0.75, 0.5625, 0.31640625, 0.1001129150390625, 0.010022595757618546, 0.00010045242572063329]`.

REMARQUE

On rappelle que l'instruction `'L.append(u)'` ajoute u à la fin de la liste L.

Voir la figure 2 page suivante.

MATHÉMATIQUES

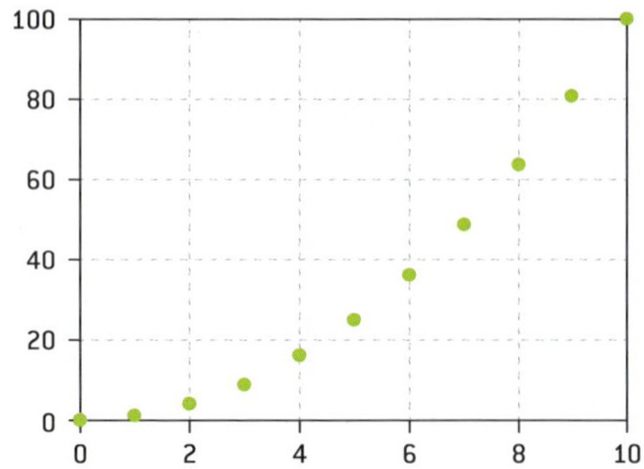

Figure 1

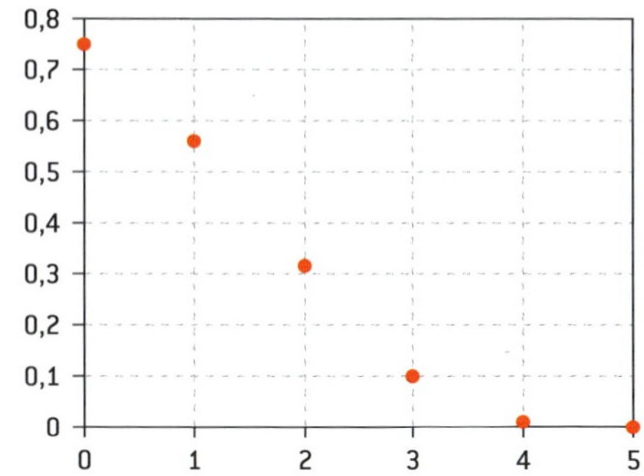

Figure 2

Algorithme de seuil

EXEMPLE

On considère la suite (u_n) définie pour tout entier naturel n par $u_n = 0{,}9^n$.
On admet que (u_n) est décroissante et on recherche le plus petit entier n pour lequel $u_n \leq 0{,}5$.
On ne sait pas combien d'itérations seront nécessaires, on utilise donc une boucle `while` avec un compteur qui s'incrémente tant que u_n est supérieur à 0,5.

Langage naturel	Python

$n \leftarrow 0$
Tant que $0{,}9^n > 0{,}5$
    $n \leftarrow n+1$
Fin Tant que
	`n = 0`
	`while 0.9 ** n > 0.5:`
	`    n = n + 1`

La valeur de la variable `n` en fin de programme est 7. On en déduit que $0{,}9^7$ est la plus petite puissance de 0,9 inférieure ou égale à 0,5.

 # doc
Memento Python
foucherconnect.fr/pbst2s65

PREMIER EXERCICE

Partie I : Automatismes ***Sans calculatrice (20 minutes, 5 points)***

Aucune justification n'est demandée.

1. **Passer d'une formulation additive à une formulation multiplicative et réciproquement** *(2 points)*

Recopier et compléter les phrases suivantes.

a. Augmenter de 30 %, c'est multiplier par... ;

b. Diminuer de 40 %, c'est multiplier par... ;

c. Multiplier par 2, c'est augmenter de ...% ;

d. Multiplier par 0,75, c'est diminuer de ...%.

2. **Appliquer un taux d'évolution** *(1 point)*

a. Calculer le prix soldé d'un article coûtant 80 € après une remise de 40 %.

b. Après une remise de 30 %, un article coûte 35 €. Combien coûtait-il avant remise ?

3. **Calculer un taux d'évolution** *(1 point)*

a. Entre 2017 et 2018, en France, le chiffre d'affaires du marché de la bande dessinée est passé de 500 à 510 millions d'euros. Quel taux d'évolution en pourcentage cela représente-t-il ?

b. **QCM**. Entre 2017 et 2018, le nombre de smartphones vendus dans le monde, en millions d'unités, est passé de 1464 à 1405, cela représente une diminution de :

- 8 % ;
- 6 % ;
- 4 % ?

4. **Évolutions successives** *(1 point)*

a. Un prix augmente de 30 % puis baisse de 30 %. Le prix est-il revenu à sa valeur initiale ?

b. Une baisse de 20 % suivie d'une baisse de 10 % est-elle équivalente à une baisse de 30 % ?

CORRIGÉ

1. a. $1+\frac{30}{100}=1{,}3$; b. 0,6 ; c. $2=1+\frac{100}{100}$. Donc : 100 % ; d. 25 %.

2. a. $80\times\left(1-\frac{40}{100}\right)=48$. b. 50 €.

3. a. $\frac{510}{500}=1{,}02=1+\frac{2}{100}$. Donc : + 2 %.
b. 4 %.

4. a. Le coefficient multiplicateur correspondant aux deux évolutions est :
$\left(1+\frac{30}{100}\right)\left(1-\frac{30}{100}\right)=1{,}3\times0{,}7=0{,}91$.
$0{,}91=1-\frac{9}{100}$. Le prix a baissé de 9 %.
b. Non, à une baisse de 27 %.

À SAVOIR

Taux d'évolution et coefficient multiplicateur (rappel)

- Si t est le **taux d'évolution** de y_1 à y_2, alors $y_2=(1+t)y_1$.
$c=\frac{y_1}{y_2}=1+t$ est le **coefficient multiplicateur** de y_1 à y_2.

Exemples

1. Une hausse de 10 % pour une quantité passant de y_1 à y_2 se traduit par :
$y_2=y_1+\frac{10}{100}y_1=\left(1+\frac{10}{100}\right)y_1=1{,}1\,y_1$. Le coefficient multiplicateur est $c=1{,}1$.

2. Une baisse de 10 % se traduit par :
$y_2=y_1-\frac{10}{100}y_1=\left(1-\frac{10}{100}\right)y_1=0{,}9\,y_1$. Le coefficient multiplicateur est $c=0{,}9$.

- Deux évolutions (hausses ou baisses) successives, de coefficients multiplicateurs c et c', correspondent à une évolution globale (hausse ou baisse) de coefficient multiplicateur $c.c'$ (Ou : **pour deux évolutions successives, on multiplie les coefficients multiplicateurs**).
- Deux évolutions (hausse et baisse) sont **réciproques** si et seulement si leurs coefficients multiplicateurs c et c' sont tels que $c.c'=1$.

DEUXIÈME EXERCICE

Partie II *Avec la calculatrice et le tableur (5 points)*

L'emploi de travailleurs handicapés

Suite à la loi de 2005 relative au handicap, tout employeur de plus de 20 salariés est soumis à l'obligation d'emploi de travailleurs handicapés : il est tenu d'employer des travailleurs handicapés dans une proportion d'au moins 6 % de l'effectif total du personnel.

Le tableau ci-dessous donne, de 2016 à 2018, le nombre total de salariés ainsi que le nombre de salariés handicapés d'une entreprise privée.

Année	**2016**	**2017**	**2018**
Nombre total de salariés	1 764	1 771	1 805
Nombre de salariés handicapés	60	62	65

1. Calculer le taux d'évolution de 2017 à 2018 du nombre de salariés handicapés dans cette entreprise. Arrondir à 0,1 %.

2. On suppose qu'à partir de 2018, le nombre de salariés handicapés augmente de 5 % chaque année dans cette entreprise, et on en modélise l'évolution à l'aide d'une suite. Ainsi, pour tout entier naturel n, on note u_n une estimation du nombre de salariés handicapés pour l'année $(2018+n)$. On a donc : $u_0 = 65$.

Indiquer sans justification la nature de la suite (u_n). Préciser sa raison.

3. On utilise une feuille de calcul automatisé pour obtenir les termes de la suite (u_n).

Quelle formule peut-on saisir dans la cellule C2 qui, recopiée vers la droite, permet de remplir ce tableau ?

	A	B	C	D	E
1	Année	2018	2019	2020	2021
2	Nombre de salariés handicapés	65			

4. a. Calculer u_3 (arrondir le résultat à l'unité). Interpréter le résultat.

b. Selon ce modèle, sachant que l'entreprise s'est fixée comme perspective d'employer au total 1 850 salariés en 2021, peut-on penser que l'obligation d'emploi des travailleurs handicapés y sera respectée en 2021 ?

CORRIGÉ

1. Le coefficient multiplicateur est : $\frac{65}{62} \approx 1{,}048 = 1 + 0{,}048$.

Le taux d'évolution est donc $t \approx 4{,}8\,\%$.

2. La suite (u_n) est une suite géométrique de raison 1,05.

3. =B2*1,05.

4. a. $u_3 = 1{,}05u_2$, $u_2 = 1{,}05u_1$, $u_1 = 1{,}05u_0$, d'où : $u_3 = (1{,}05)^3 u_0 = 65 \times (1{,}05)^3 \approx 75$.

u_3 est le nombre de salariés handicapés employés dans l'entreprise en 2021.

b. $\frac{75}{1850} \approx 0{,}041 = 4{,}1\,\%$. L'obligation d'emploi n'est pas respectée.

TROISIÈME EXERCICE

Partie II *Avec la calculatrice et de l'algorithmique (5 points)*

Les dépenses d'assurance maladie

La loi de financement de la Sécurité sociale comprend un objectif national de dépenses d'assurance maladie, qui est voté chaque année par le Parlement.

Le montant des dépenses d'assurance maladie a été pour l'année 2016 de 185,2 milliards d'euros. Le Parlement a voté une croissance de ces dépenses de 2,1 % pour l'année 2017.

1. Montrer que le montant des dépenses d'assurance maladie voté pour l'année 2017 est de 189,1 milliards d'euros (à cent millions près). Pour estimer les montants des années suivantes, il a prévu chaque année une augmentation de 2,1 % de ces dépenses. On modélise à l'aide d'une suite (v_n) le montant, en milliards d'euros, des dépenses d'assurance maladie voté chaque année. On note v_0 le montant voté pour l'année 2016 et v_n le montant voté pour l'année $(2016+n)$, où n est un entier positif ou nul. On a ainsi $v_0 = 185,2$.

	A	B
1	n	v_n
2	0	185,2
3	1	189,1
4	2	
5	3	

On veut utiliser la feuille de calcul automatisé ci-dessus afin d'obtenir les valeurs successives de la suite (v_n).

2. Quelle formule peut-on entrer dans la cellule B3 de sorte que, recopiée vers le bas, elle permette d'afficher les valeurs de la suite (v_n) ?
3. Indiquer sans justification la nature de la suite (v_n). Donner la valeur de sa raison.
4. Déterminer une estimation du montant des dépenses d'assurance maladie pour l'année 2020. (Arrondir la valeur à la centaine de millions.)
5. On donne l'algorithme suivant :

$v \leftarrow 185,2$
$k \leftarrow 0$
Tant que $v < 210$
  $v \leftarrow v \times 1,021$
  $k \leftarrow k+1$
Fin Tant que

Interpréter la valeur de k à la fin de l'exécution de cet algorithme.

CORRIGÉ

1. Le coefficient multiplicateur de l'augmentation est : $1+\dfrac{2,1}{100}=1,021$. $185,2\times 1,021 \approx 189,1$.
2. =$B2*1,021.
3. La suite (v_n) est une suite géométrique de premier terme $v_0 = 185,2$ et de raison $q = 1,021$.
4. 2020 correspond à $n = 4$. En complétant la colonne B jusqu'au rang 6, on obtient $v_4 = 189,1\times(1,021)^3 \approx 201,3$. L'estimation du montant des dépenses d'assurance maladie en 2020 est donc de 201,3 milliards d'euros.
5. L'algorithme calcule les valeurs successives de v_k et s'arrête dès que $v_k \geq 210$, puis affiche k. Il permet de déterminer le nombre d'années nécessaires pour que les dépenses dépassent 210 milliards d'euros.

exo
foucherconnect.fr/19pbst2s35

2 Fonctions de la variable réelle

Les fonctions permettent de modéliser des situations d'évolutions continues et d'étendre le champ des présentations graphiques rencontrées en mathématiques, dans la vie courante, dans le domaine de la santé, en physique-chimie, en économie, en technologie...

1 Fonctions de référence

Fonction carré

• C'est la fonction définie pour tout x par : $f(x) = x^2$.

• Son tableau de variation est :

x	$-\infty$	0	$+\infty$
Variation de f	↘	0	↗

• Sa courbe représentative, qui est une **parabole**, est donnée ci-dessous.

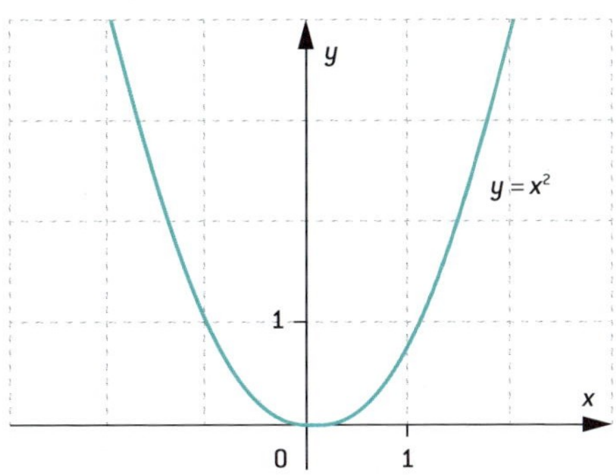

Fonction cube

• C'est la fonction définie pour tout x par : $f(x) = x^3$.

• Son tableau de variation est :

x	$-\infty$	$+\infty$
Variation de f	↗	

• Sa courbe représentative est :

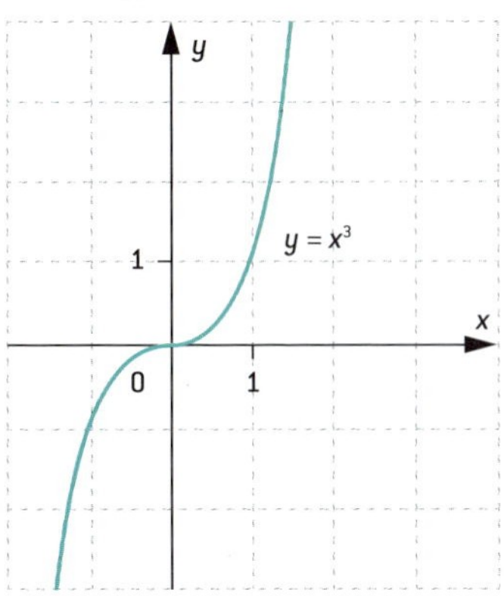

Fonction racine carrée

• C'est la fonction définie sur l'intervalle $[0, +\infty[$ par $f(x) = \sqrt{x}$.

• Son tableau de variation est :

x	0	$+\infty$
Variation de f	0 ↗	

• Pour tout $x \geq 0$, $f(x) \geq 0$.

• Sa courbe représentative est :

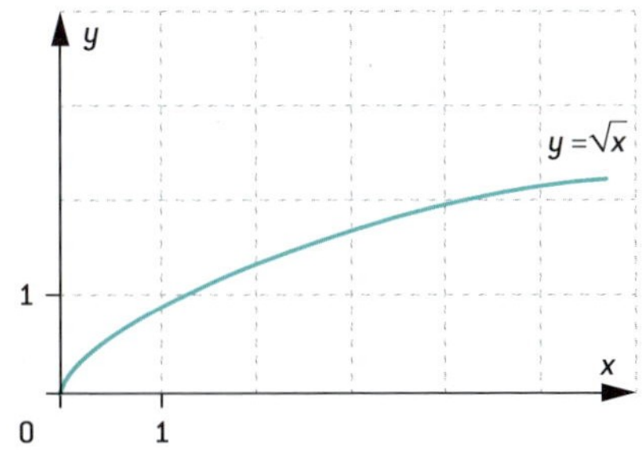

■ Fonction inverse

• C'est la fonction définie sur $]-\infty, 0[$ ou sur $]0, +\infty[$ par : $f(x) = \dfrac{1}{x}$.

• f est décroissante sur $]-\infty, 0[$ et f est décroissante sur $]0, +\infty[$; son tableau de variation est :

x	$-\infty$	0	$+\infty$
Variation de f	↘	‖	↘

• Sa courbe représentative, qui est une **hyperbole**, est constituée par deux branches :

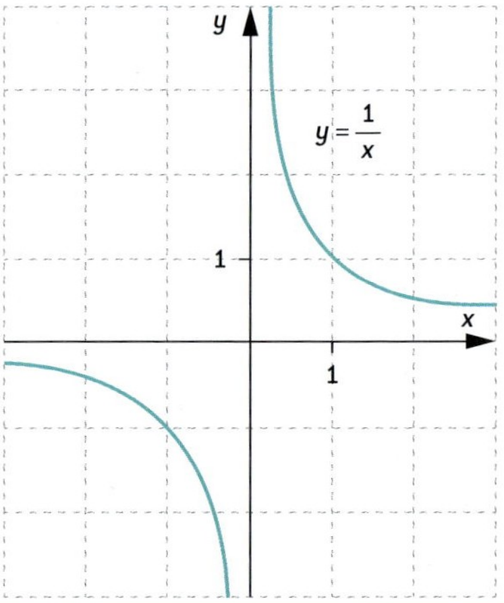

2 Fonctions polynômes de degré 2

Dans tout ce qui suit, *a* et *b* sont des constantes réelles avec $a \neq 0$.

■ La représentation graphique d'une fonction polynôme de degré 2 est une **parabole**.

A Fonctions $x \mapsto ax^2$

■ Le sens de variation des fonctions $f : x \mapsto ax^2$ est donné par les tableaux suivants :

Cas où $a > 0$			
x	$-\infty$	**0**	$+\infty$
$f(x) = ax^2$	↘	0	↗

f admet pour **minimum** $f(0) = 0$.

Cas où $a < 0$			
x	$-\infty$	**0**	$+\infty$
$f(x) = ax^2$	↗	0	↘

f admet pour **maximum** $f(0) = 0$.

■ La représentation graphique d'une fonction $x \mapsto ax^2$ admet l'axe des ordonnées pour axe de symétrie.

■ Les représentations graphiques des fonctions $f : x \mapsto ax^2$ et $g : x \mapsto -ax^2$ sont symétriques par rapport à l'axe des abscisses.

EXEMPLE

Sur la figure ci-contre, figurent les représentations graphiques des fonctions $f : x \mapsto ax^2$, avec : $a = -2$, $a = -1$, $a = -\dfrac{1}{4}$, $a = \dfrac{1}{4}$, $a = 1$, $a = 2$.

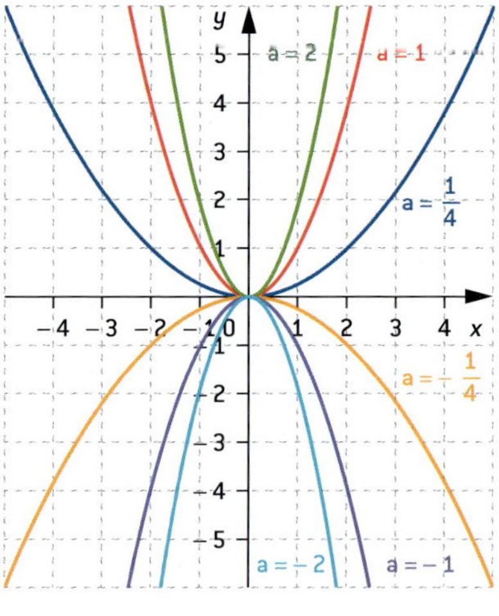

B Fonctions $x \mapsto ax^2 + b$

Dans un repère $(O;\vec{i},\vec{j})$, la représentation graphique de la fonction $x \mapsto ax^2 + b$ est la transformée par la translation de vecteur $b\vec{j}$ de la représentation graphique de la fonction $x \mapsto ax^2$.

EXEMPLE

Sur la figure ci-contre, les représentations graphiques d'équations $y = 1{,}2x^2 + 1{,}5$ et $y = 1{,}2x^2 - 2$ sont respectivement les transformées par les translations de vecteur $1{,}5\vec{j}$ et $-2\vec{j}$ de la représentation graphique d'équation $y = 1{,}2x^2$.

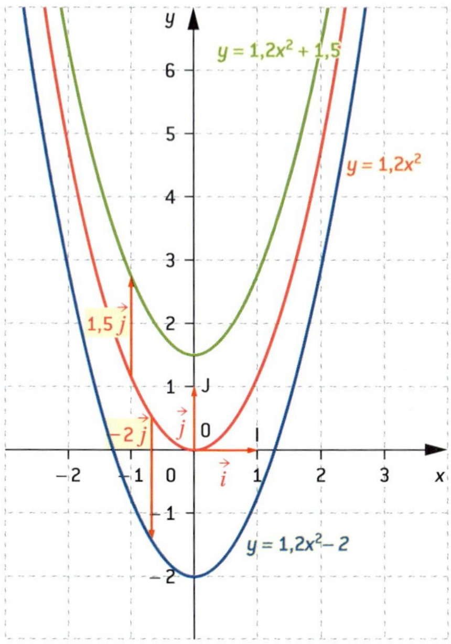

C Fonctions $x \mapsto a(x - x_1)(x - x_2)$

- La représentation graphique de la fonction $x \mapsto a(x - x_1)(x - x_2)$ est une parabole ayant pour **axe de symétrie** la parallèle à l'axe des ordonnées coupant l'axe des abscisses au point d'abscisse $\dfrac{x_1 + x_2}{2}$.
- Le **sommet** de cette parabole est le point (de la parabole) d'abscisse $\dfrac{x_1 + x_2}{2}$.

EXERCICE RÉSOLU

ÉNONCÉ

Soit f la fonction définie sur $[-2, 4]$ par $f(x) = (x+1)(x-3)$ et P sa représentation graphique dans un repère orthonormé, donnée ci-contre.

1. Déterminer les points d'intersections de la courbe P et de l'une des abscisses.

2. Déterminer une équation de l'axe de symétrie de la parabole P.

3. Déterminer les coordonnées du sommet S de P.

4. Donner le tableau de variation de la fonction f.

5. a. Déterminer graphiquement le signe de $f(x)$.

b. Déterminer par un tableau de signes le signe de $f(x)$.

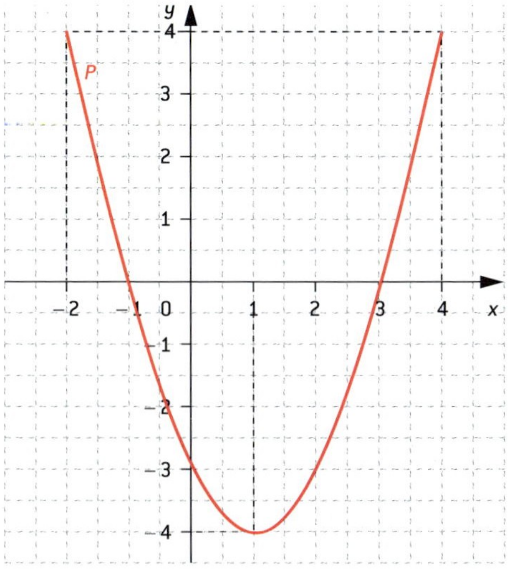

SOLUTION

1. Les coordonnées des points cherchés ont des coordonnées (x, y) qui vérifient $f'(x)=3x^2-7,5$ et $y = 0$. Donc $(x+1)(x-3)=0$, c'est-à-dire $x=-1$ ou $x = 3$. Les points cherchés ont pour coordonnées $(-1, 0)$ et $(3, 0)$.

2. L'axe de symétrie de la parabole P a pour abscisse : $\dfrac{-1+3}{2}=1$. L'équation de cet axe est $x=1$.

3. Le sommet S étant sur l'axe de symétrie de P, son abscisse est 1 et son ordonnée est : $f(1)=-4$.

4.

x	-2		1		4
$f(x) = (x+1)(x-3)$	4	↘	-4	↗	4

5. a. Sur la figure, on lit que les points de P d'ordonnée négative ont une abscisse comprise entre -1 et 3. D'où le tableau de signes :

x	-2		-1		3		4
Signe de $f(x)$		+	0	–	0	+	

b. $x+1\geq 0$ équivaut à $x\geq -1$; $x-3\geq 0$ équivaut à $x\geq 3$. On remplit le tableau de signes suivant :

x	-2		-1		3		4
$x+1$		–	0	+		+	
$x-3$		–		–	0	+	
$(x+1)(x-3)$		+	0	–	0	+	

3 Fonctions polynômes de degré 3

- Les fonctions $f : x \mapsto ax^3$ sont :
  - strictement croissantes sur $\mathbb{R}$ dans le cas où $a>0$;
  - strictement décroissantes sur $\mathbb{R}$ dans le cas où $a<0$.

- La représentation d'une fonction $x \mapsto ax^3$ est symétrique par rapport à l'origine du repère.

- Les représentations graphiques des fonctions $f : x \mapsto ax^3$ et $g : x \mapsto -ax^3$ sont symétriques par rapport à l'axe des abscisses et l'axe des ordonnées.

- Dans un repère $\left(O ; \vec{i}, \vec{j}\right)$, la représentation graphique de la fonction $x \mapsto ax^3+b$ est la transformée par la translation de vecteur $b\vec{j}$ de la représentation graphique de la fonction $x \mapsto ax^3$.

- La **racine cubique** d'un nombre réel c est la solution unique de l'équation $x^3=c$, notée $c^{\frac{1}{3}}$ ou $\sqrt[3]{c}$.

4 Programmation et fonctions

A Fonctions en informatique

■ La syntaxe d'une fonction en langage Python est :

```
def nom(paramètre1, paramètre2):
    Instructions
    return résultats
```

ATTENTION

- À ne pas oublier les deux points en fin de première ligne.
- À respecter l'indentation, c'est-à-dire le décalage à droite après la première ligne.
- À utiliser le mot-clé return pour renvoyer des résultats.

■ Une fonction peut avoir aucun, un ou plusieurs paramètres.

EXEMPLE

Exemple de fonction avec un paramètre

On peut définir en langage Python une fonction mathématique d'une variable réelle comme la fonction f définie par $x \mapsto x^3 - x$ de la façon suivante.

Fonction	Exécution : calcul de $f(-1)$
`def f(x):` `    return x ** 3 - x`	`>>> f(-1)` `0`

■ Le résultat éventuel d'une fonction, renvoyé par le mot-clé `return` est utilisable dans un programme ou une autre fonction.

B Résolution approchée d'une équation par balayage

■ On suppose que l'équation $f(x) = k$ admet une unique solution dans l'intervalle $[a, b]$ et que la fonction f est dérivable et strictement monotone sur cet intervalle. La fonction Python suivante fournit un encadrement de la solution obtenu par un balayage dont le pas figure en paramètre.

Cas où f est croissante sur $[a, b]$	Cas où f est décroissante sur $[a, b]$

`def balayage(pas):`
`    x = a`
`    while f(x) < k:`
`        x = x + pas`
`    return(x - pas, x)`
	`def balayage(pas):`
	`    x = a`
	`    while f(x) > k:`
	`        x = x + pas`
	`    return(x - pas, x)`

doc
Compléments en algorithmique
foucherconnect.fr/19pbst2s36

PREMIER EXERCICE

Partie I : Automatismes ***Sans calculatrice (20 minutes, 5 points)***

Aucune justification n'est demandée.

1. **Proportion d'une proportion** *(1,5 point)*

Un institut de santé publique réalise une étude sur l'efficacité de deux médicaments A et B soignant une même forme de migraine, auprès d'une population de patients prenant l'un de ces deux médicaments. En cas de migraine, 60 % des patients interrogés prennent le médicament A, les autres prennent le médicament B.

70 % des patients qui prennent le médicament A se déclarent soulagés.

90 % des patients qui prennent le médicament B se déclarent soulagés.

a. Quelle proportion, en pourcentage, de la population des patients interrogés, représente l'ensemble des patients qui prennent le médicament A et se déclarent soulagés ?

b. Même question qu'au a. en remplaçant A par B.

c. Quelle est la proportion de patients de la population interrogée qui se déclarent soulagés après avoir pris l'un des deux médicaments ?

2. **Passer d'une écriture d'un nombre à un autre** *(1,5 point)*

a. Écrire sous forme décimale chacun des nombres suivants : $E=1{,}44\times10^4$; $F=20{,}8\times10^{-3}$.

b. Écrire sous forme décimale, puis sous forme scientifique le nombre suivant :
$G=3\times10^3+10^{-1}+10^{-2}$.

3. **Développer factoriser** *(1 point)*

a. Développer réduire l'expression suivante : $E=(t-2)(t+2)-(t-2)^2$.

b. Mettre sous forme d'un produit de facteurs du premier degré l'expression suivante :
$F=(2x-3)^2+(x-2)(2x-3)$.

4. **Lire graphiquement l'équation réduite d'une droite** *(1 point)* **QCM**

Une équation de la droite (AB) est :

a. $y=\frac{1}{4}x-2$; b. $y=-\frac{1}{2}x+4$; c. $y=-\frac{1}{4}x+2$.

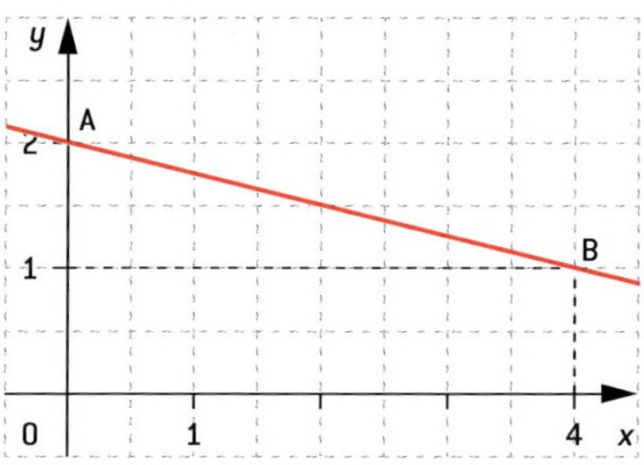

CORRIGÉ

1. **Proportion d'une proportion**

Si p est la proportion de A dans E et p′ la proportion de E dans F, alors la proportion de A dans F est pp′.

a. $0{,}6\times0{,}7=0{,}42$; b. $0{,}4\times0{,}9=0{,}36$; c. $0{,}36\times0{,}42=0{,}78$.

2. a. $E=1{,}44\times10\,000=14\,400$; $F=20{,}8\times0{,}001=0{,}0208$.

b. **Écriture scientifique**

La notation $a\times10^n$ s'appelle l'écriture scientifique.

$G=3\times0{,}001+0{,}1+0{,}01=0{,}113=133\times10^{-3}$.

3. a. $E=t^2-4-(t^2-4t+4)=4t-8$.

b. $F=(2x-3)[(2x-3)+(x-2)]=(2x-3)(3x-5)$.

4. La droite (AB) passe par le point A(0, 2). En remplaçant x par 0 dans chacune des 3 équations, seule l'équation du c donne $y=2$. La réponse est la réponse c.

MATHÉMATIQUES

Partie II *(5 points)*

Lectures graphiques

Soit f la fonction définie sur l'intervalle $\left[-\frac{3}{2}, 3\right]$ par : $f(x)=(x+1)(x-2)^2$. La courbe représentative $\mathscr{C}$ de f est donnée ci-contre.

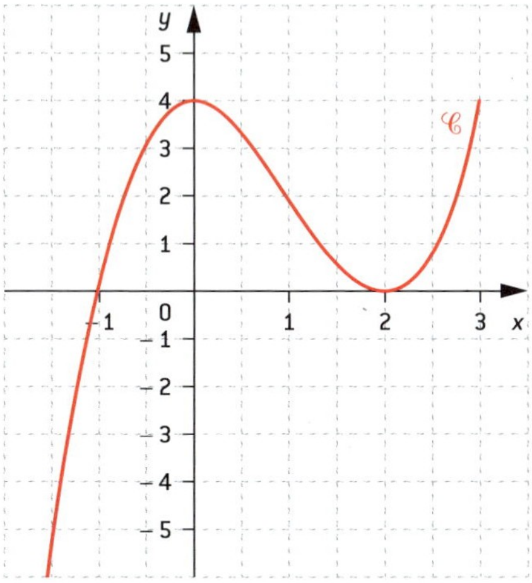

1. Résoudre graphiquement, ou par le calcul, l'équation $f(x)=0$.
2. Déterminer graphiquement l'abscisse du ou des points de $\mathscr{C}$ dont l'ordonnée est 4.
3. Résoudre graphiquement l'équation $f(x)=2$.
4. Donner dans un tableau le signe de $f(x)$ lorsque x varie dans $\left[-\frac{3}{2}, 3\right]$.
5. Proposer un tableau de variation pour la fonction f.

CORRIGÉ

1. L'équation $f(x)=0$ équivant à : $(x+1)(x-2)^2=0$, donc à $x+1=0$ ou $(x-2)^2=0$, $x=-1$ ou $x=2$.
2. Il y a deux points dont l'ordonnée est 4. Leurs abscisses sont 0 et 3.
3. Les solutions de l'équation $f(x)=2$ sont les abscisses des points de la courbe C dont l'ordonnée est 2. On trouve trois solutions : $x_1 \approx -0{,}75$; $x_2=1$; $x_3 \approx 2{,}75$.
4. On peut obtenir graphiquement le signe de $f(x)$.

x	$-\frac{3}{2}$		-1		2		3
Signe de $f(x)$		–	0	+	0	+	

On peut aussi étudier (dans un tableau) le signe de $(x+1)(x-2)^2$.

5. $f\left(-\frac{3}{2}\right)=\left(-\frac{1}{2}\right)\times\left(-\frac{7}{2}\right)^2=-\frac{49}{8}$ et $f(3)=4$.

D'où le tableau de variation suivant.

x	$-\frac{3}{2}$		0		2		3
$f(x)$	$-\frac{49}{8}$	↗	4	↘	0	↗	4

TROISIÈME EXERCICE

Partie II : *Avec le tableur (5 points)*

À la suite d'une épidémie dans une région, on a constaté que le nombre de personnes malades t jours après l'apparition des premiers cas est donné par :

$f(t) = 45t^2 - t^3$, pour t appartenant à l'intervalle [0, 45].

1. Quelle formule a-t-on entrée en cellule B2 puis recopiée vers le bas, pour tabuler la fonction f ?

2. Établir le tableau de variation de la fonction f.

3. D'après les calculs apparaissant sur l'image du tableur, déterminer le jour où le nombre de personnes malades est maximal durant cette période de 45 jours et préciser le nombre de personnes malades ce jour-là.

4. Déterminer graphiquement la période durant laquelle le nombre de personnes malades est supérieur ou égal à 10 000 (le pointeur de la souris, approché de la courbe, indique le point de coordonnées $t = 38$, $y = 10\,108$).

	A	B
1	t (jours)	$f(t)$ nombre de personnes malades
2	0	0
3	1	44
4	2	172
5	3	378
6	4	656
7	5	1000
8	6	1404
9	7	1862
10	8	2368
11	9	2916
12	10	3500
13	11	4114
14	12	4752
15	13	5408
16	14	6076
17	15	6750
18	16	7424
19	17	8092
20	18	8748
21	19	9386
22	20	10000
23	21	10584
24	22	11132
25	23	11638
26	24	12096
27	25	12500
28	26	12844
29	27	13122
30	28	13328
31	29	13456
32	30	13500
33	31	13454
34	32	13312

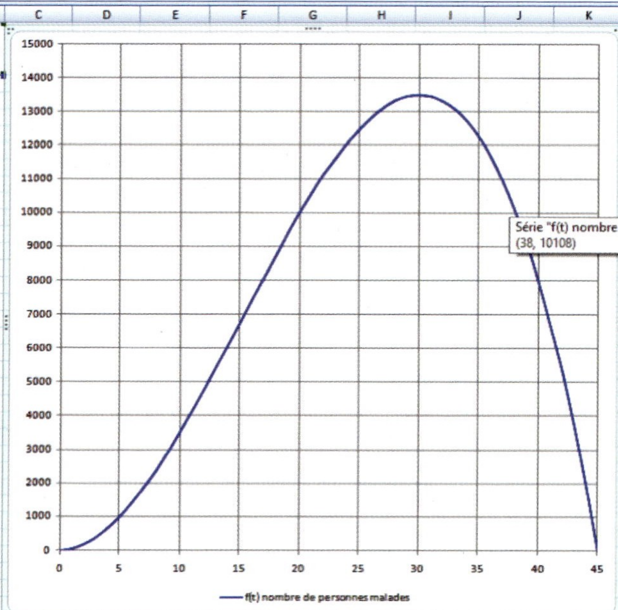

CORRIGÉ

1. On a entré en B2 la formule =45*A2^2-A2^3.

2.

x	0	30	45
$f(x)$	0 ↗	13 500	↘ 0

3. Le 30e jour le nombre maximal de 13 500 est atteint.

4. Du 20e jour au 38e jour.

3 Dérivation

Cette étude donne notamment des outils pour minimiser des coûts dans le cadre des politiques pour la santé et le développement durable.

1 Approche graphique du nombre dérivé

A Sécante et tangente

Sécante à une courbe en un point

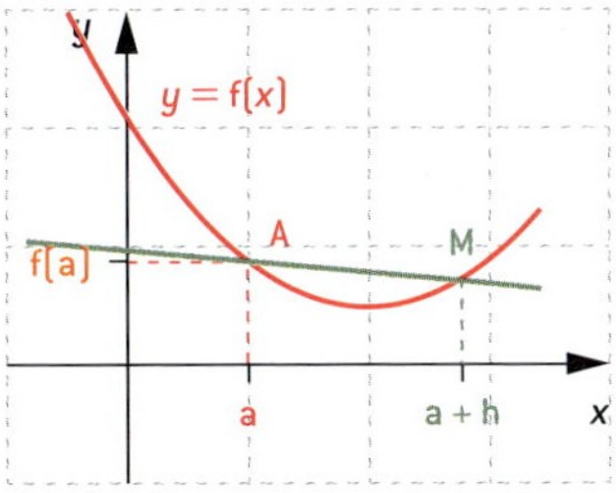

• La courbe $\mathscr{C}$ est la représentation graphique d'une fonction f. A est un point **fixe** d'abscisse a et d'ordonnée $f(a)$.
• On considère le point M de la courbe $\mathscr{C}$ d'abscisse $a + h$ et d'ordonnée $f(a + h)$.
• La droite (AM) est **sécante** à la courbe $\mathscr{C}$.

• Le **taux d'accroissement** de la fonction f entre les valeurs a et $a + h$ est : $\dfrac{f(a+h)-f(a)}{(a+h)-a} = \dfrac{f(a+h)-f(a)}{h}$.
• Le taux d'accroissement $\dfrac{f(a+h)-f(a)}{h}$ est le **coefficient directeur** de la sécante (AM).

À SAVOIR
- Le **taux d'accroissement** d'une fonction f entre les valeurs distinctes x_1 et x_2 est : $\dfrac{f(x_2)-f(x_1)}{x_2-x_1}$.
- Le **coefficient directeur** de la droite (AB) qui passe par les points $A(x_A, y_A)$ et $B(x_B, y_B)$ est : $m = \dfrac{y_B - y_A}{x_B - x_A}$.

Tangente à une courbe en un point

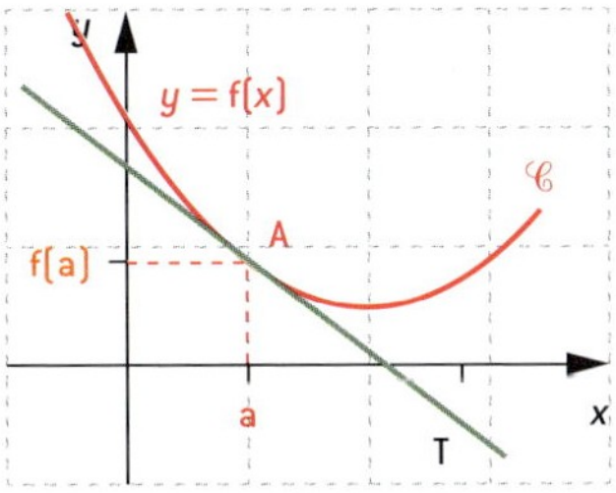

On imagine que le point M se déplace sur la courbe $\mathscr{C}$. En se rapprochant de A. L'abscisse $a + h$ de M se rapproche de l'abscisse a de A, c'est-à-dire que h se rapproche de 0. Lorsque h tend vers 0, les sécantes (AM) tendent vers une position limite représentée par la droite (AT) sur la figure, appelée **tangente à la courbe au point A.**

B Nombre dérivé en un point

DÉFINITION

• Soit f une fonction définie sur un intervalle et soit a un nombre fixé de cet intervalle.
Le **nombre dérivé** de la fonction f en a, **noté $f'(a)$**, est, si elle existe, la limite finie quand h tend vers 0 du taux de variation $\dfrac{f(a+h)-f(a)}{h}$ de la fonction f au point a.
• **Si $f'(a)$ existe**, la fonction **f est dérivable en a.**

2 Fonction dérivée

A Définition

DÉFINITION

Soit f une fonction définie et dérivable sur un intervalle I.

La **fonction dérivée** de f est la fonction qui à tout x de I associe le nombre dérivé $f'(x)$ de f en x.

$$f' : x \to f'(x)$$

B Opérations sur les fonctions dérivables

Dans ce qui suit, f et g sont deux fonctions définies et dérivables sur un même intervalle I.
k est une constante réelle quelconque.

$$(f+g)'(x) = f'(x) + g'(x) \qquad (kf)'(x) = kf'(x)$$

C Dérivée d'un polynôme de degré inférieur ou égal à 3

Le tableau suivant, dans lequel la variable est x, donne les résultats « à savoir ».

$f(x)$	$f'(x)$	Intervalle de validité
k	0	$]-\infty ; +\infty[$
x	1	$]-\infty ; +\infty[$
$mx+p$	m	$]-\infty ; +\infty[$
$f(x) = ax^2 + bx + c$	$f'(x) = 2ax + b$	$]-\infty ; +\infty[$
$f(x) = ax^3 + bx^2 + cx + d$	$f'(x) = 3ax^2 + 2bx + c$	$]-\infty ; +\infty[$

EXEMPLE

• Soit f la fonction définie sur $\mathbb{R}$ pour : $f(x) = 3x + 2$.
Pour tout x de $\mathbb{R}$, $f'(x) = 3$.

• Soit f la fonction définie sur $\mathbb{R}$ pour : $f(x) = -3x^2 + 4x - 1$.
Pour tout x de $\mathbb{R}$, $f'(x) = 2(-3)x + 4 = -6x + 4$.

• Soit f la fonction définie sur $\mathbb{R}$ par $f(x) = -2x^3 - 6x^2 + 3x + 4$.
Pour tout x de $\mathbb{R}$, $f'(x) = 3(-2)x^2 + 2(-6)x + 3 = -6x^2 - 12x + 3$.

3 Construction et équation réduite d'une tangente

A Tracer une droite donnée par un point et son coefficient directeur (rappel)

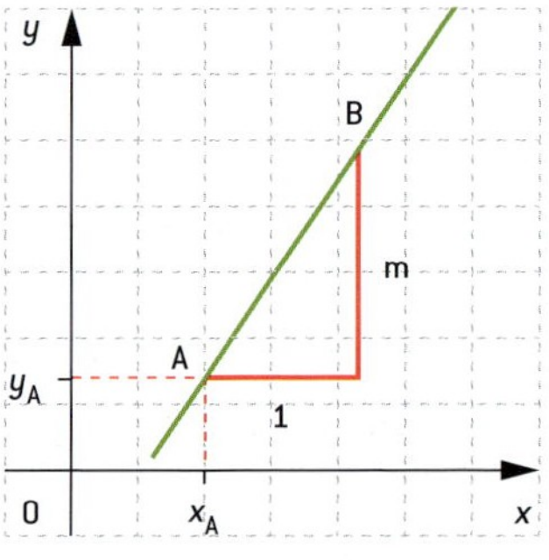

Coefficient directeur

Soit $\mathcal{D}$ la droite d'équation $y = mx + p$ dans un repère $(O ; \vec{i}, \vec{j})$, m est le **coefficient directeur** de $\mathcal{D}$ et p est l'ordonnée à l'origine de $\mathcal{D}$.

MATHÉMATIQUES

■ **Expression du coefficient directeur m d'une droite passant par deux points donnés.**

Soit $M_1(x_1, y_1)$ et $M_2(x_2, y_2)$ deux points de $\mathscr{D}$ d'abscisses différentes : alors $m = \dfrac{y_2 - y_1}{x_2 - x_1}$.

■ **Une méthode pour construire une droite passant par un point donné A et dont le coefficient directeur m est donné.** À partir du point $A(x_A, y_A)$ de la droite $\mathscr{D}$, d'équation $y = mx + p$, on obtient un deuxième point B de la droite $\mathscr{D}$ en ajoutant 1 à l'abscisse A et m à l'ordonnée de A : $x_B = x_A + 1$ et $y_B = y_A + m$.

B Construire la tangente à une courbe en un point

■ On remplace dans la méthode du **A** m par $f'(a)$ le coefficient directeur de la tangente.

■ À partir du point donné $A(x_A, y_A)$ où $y_A = f(x_A)$, on obtient un deuxième point B de la tangente $\mathscr{D}$ en ajoutant 1 à l'abscisse de A et $f'(x_A)$ à l'ordonnée de A : $x_B = x_A + 1$ et $y_B = y_A + f'(x_A)$.

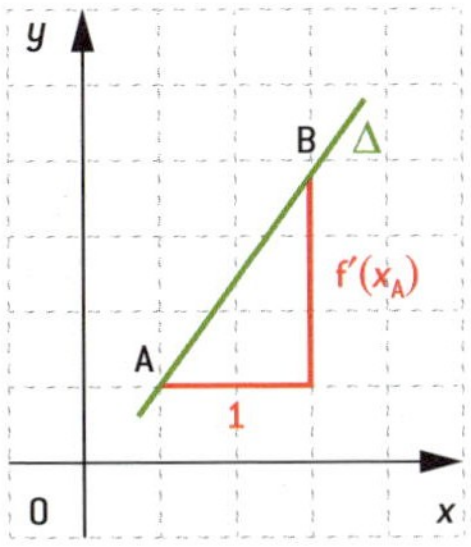

C Équation de la tangente en un point à la courbe représentative de f

■ **Équation de la tangente à la courbe représentative d'une fonction au point d'abscisse a**

$\boldsymbol{y = f'(a)(x - a) + f(a)}$.

EXEMPLE

Soit f la fonction définie sur $\mathbb{R}$ par $f(x) = 2x^2 - x - 1$.
On se propose de déterminer une équation de la tangente à la courbe $\mathscr{C}$ au point d'abscisse $a = 1$. Une équation de la tangente est donc : $y = f'(1)(x - 1) + f(1)$.
$f(1) = 2 - 1 - 1 = 0$.
Pour calculer $f'(1)$ il faut d'abord déterminer $f'(x)$.
Pour tout x de $\mathbb{R}$, $f'(x) = 2(2x) - 1$, $f'(x) = 4x - 1$. D'où $f'(1) = 3$.
L'équation de la tangente est donc : $y = 3(x - 1) + 0$; $y = 3x - 3$.

4 Sens de variation d'une fonction

■ **Le signe de la dérivée comme conséquence du sens de variation de la fonction**

THÉORÈME

Soit f une fonction dérivable sur un intervalle I.
- Si f est croissante sur I, alors $f'(x) \geq 0$ pour tout x de I.
- Si f est décroissante sur I, alors $f'(x) \leq 0$ pour tout x de I.
- Si f est constante sur I, alors $f'(x) = 0$ pour tout x de I.

■ **Le sens de variation d'une fonction comme conséquence du signe de la dérivée**

THÉORÈME

Soit f une fonction dérivable sur un intervalle I.
- Si $f'(x) > 0$ pour tout x de I, alors f est strictement croissante sur I.

- Si $f'(x) < 0$ pour tout x de I, alors f est strictement décroissante sur I.
- Si $f'(x) = 0$ pour tout x de I, alors f est constante sur I.

EXEMPLE

On considère la fonction f définie sur [−2, 3] par :
$f(x) = x^3 - 3x^2 + 1$.

- Pour tout x appartenant à [0, 3], $f'(x) = 3x^2 - 3(2x) + 0$, $f'(x) = 3x^2 - 6x$, $f'(x) = 3x(x - 2)$.
- Les solutions de l'équation $f'(x) = 0$ sont 0 et 2. $x - 2 \geq 0$ équivaut à $x \geq 2$.

Lorsque x varie dans [0, 3], le signe de $f'(x) = 3x(x - 2)$ est donné par le tableau :

x	−2		0		2		3
$3x$		−	0	+		+	
$x - 2$		−		−	0	+	
Signe de $f'(x) = 3x(x - 2)$		+	0	−	0	+	

On peut alors remplir le tableau de variation suivant :

x	−2		0		2		3
Signe de $f'(x)$	0	+	0	−	0	+	
Variation de f	−19	↗	1	↘	−3	↗	1

Minimums et maximums

La **lecture du tableau de variation** ou l'**observation de la représentation graphique** d'une fonction f permet de déterminer ses éventuels **extremums** (minimum m et maximum M) sur son intervalle de définition I. Si m et M existent, alors, **pour tout x de l'intervalle I, on a** : $m \leq f(x) \leq M$.

 # doc
Utilisation de la calculatrice pour les fonctions
foucherconnect.fr/19pbst2s37

PREMIER EXERCICE

Partie I : Automatismes ***Sans calculatrice (20 minutes, 5 points)***

Aucune justification n'est demandée.

Le jour de l'épreuve d'évaluation, une feuille réponse (avec les tableaux et figures à compléter) est fournie.

1. Déterminer le signe d'une expression factorisée du second degré *(1 point)*

Compléter, après l'avoir reproduit, le tableau de signes suivant qui donne le signe de $(-x+3)(2x+1)$.

x	$-\infty$		…		…		$+\infty$
Signe de $(-x+3)$		…				…	
Signe de $(2x+1)$		…				…	
Signe de $(-x+3)(2x+1)$		…				…	

2. Lire graphiquement l'équation réduite d'une droite : QCM *(1 point)*

La droite $\mathscr{D}$ de la figure passe par les points A et B. Pour chacune des questions suivantes trouver la bonne réponse parmi les réponses proposées.

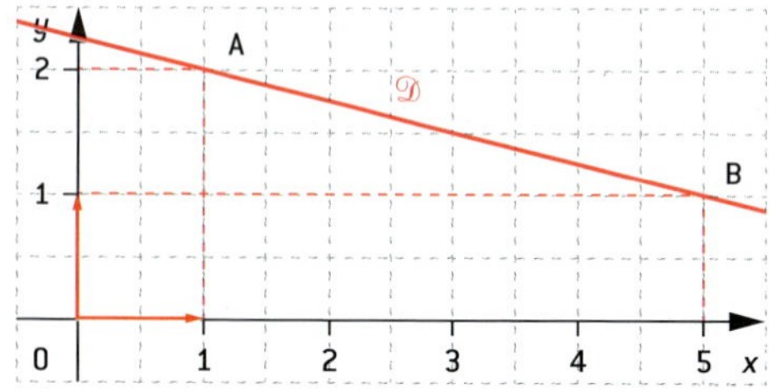

a. Le coefficient directeur de la droite $\mathscr{D}$ est :
0,25 ? ; 4 ? ; −4 ? ; −0,25 ?

b. Une équation de $\mathscr{D}$ est : $y = 0{,}25x - 2{,}25$?
$y = x - 9$? $y = -\frac{1}{4}(x - 9)$? $y = 0{,}25x - 225$?

3. Déterminer graphiquement le signe d'une fonction ou son tableau de variation *(1 point)*

Le plan est muni du repère orthonormé $(O\,;\vec{i},\vec{j})$ (unité : 1 cm). Soit f la fonction polynôme du second degré définie sur l'intervalle [−1, 3] dont on donne la courbe représentative $\mathscr{P}$ sur la figure sur la figure suivante.

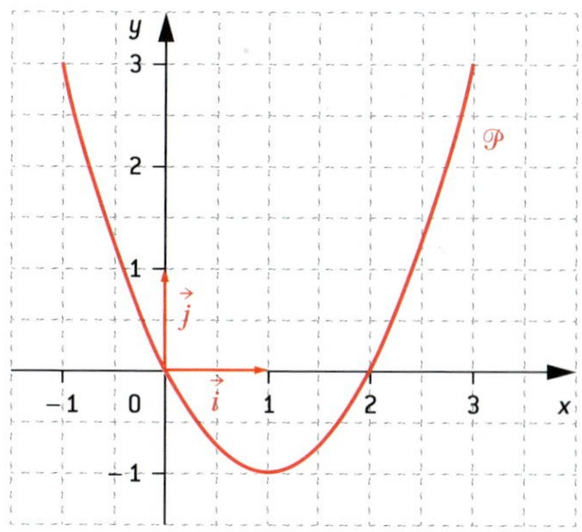

a. Donner, dans un tableau, le signe $f(x)$ lorsque varie dans l'intervalle $[-1, 3]$.

b. Proposer un tableau de variation pour la fonction f.

4. Lire graphiquement l'équation réduite d'une droite *(2 points)*

Les quatre figures ci-dessous donnent la représentation graphique de fonctions avec leur tangente au point A.

Figure 1

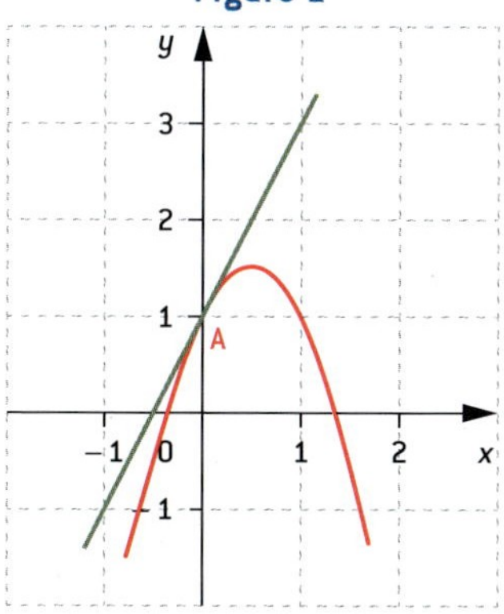

Figure 2

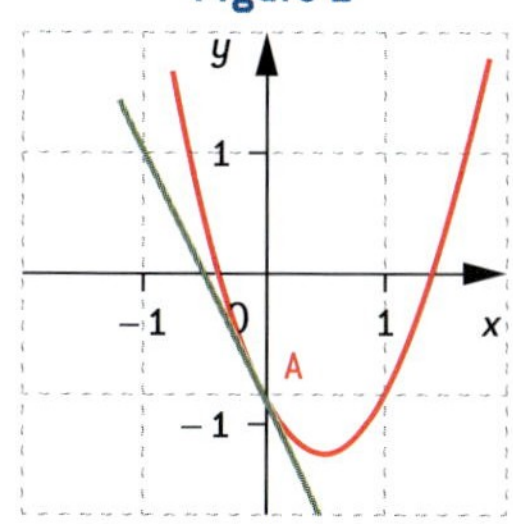

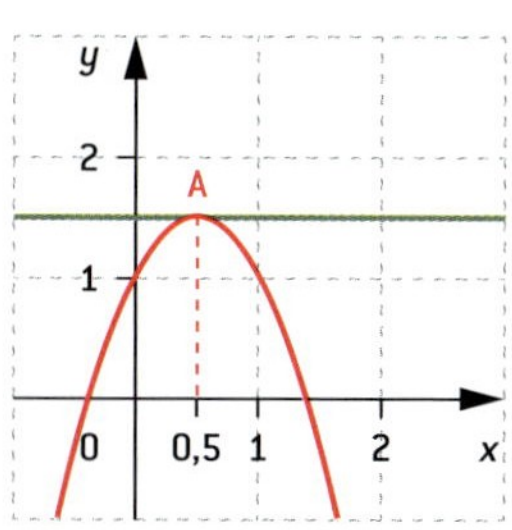

Figure 3

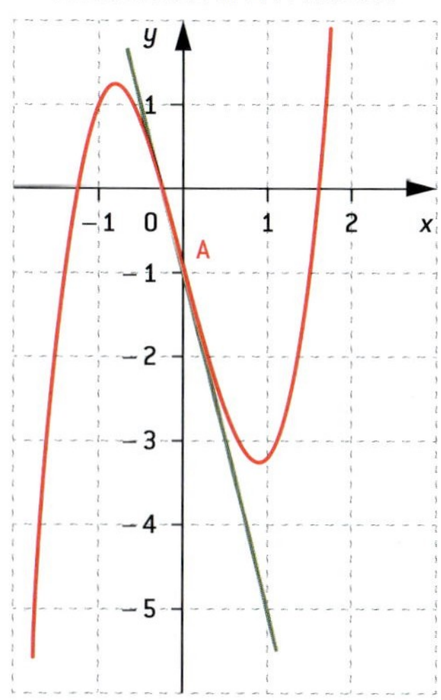

Figure 4

Pour chaque figure, indiquer sans explication l'équation réduite de la tangente en A à choisir parmi les huit équations suivantes :
$E_1 : y=4x+1$; $E_2 : y=2x+1$; $E_3 : y=-4x-1$; $E_4 : x=0,5$;
$E_5 : y=-2x-1$; $E_6 : y=1,5$; $E_7 : y=2x-1$; $E_8 : y=4x-1$.

CORRIGÉ

1. $-x+3\geq 0$ équivaut à : $x\leq 3$; $2x+1\geq 0$ équivaut à : $x\geq -\frac{1}{2}$. D'où le tableau ci-contre.

x	$-\infty$		$-\frac{1}{2}$		3		$+\infty$
Signe de $(-x+3)$		+		+	0	–	
Signe de $(2x+1)$		–	0	+		+	
Signe de $(-x+3)(2x+1)$		–	0	+	0	–	

2. a. On utilise le résultat rappelé au ③ **A** de ce chapitre.

Le coefficient directeur de $\mathscr{D}$ est : $m=\frac{y_B-y_A}{x_B-x_A}=\frac{1-2}{5-1}=-\frac{1}{4}$. La réponse est : – 0,25.

b. L'équation de $\mathscr{D}$ ne peut être que : $y=-\frac{1}{4}(x-9)$.

3. a.

x	-1		0		2		3
Signe de $f(x)$		+	0	–	0	+	

b.

x	-1		1		3
$f(x)$	3	↘	-1	↗	3

4. • Figure 1 : la tangente passe par les points A(0, 1) et B(1, 3). Son coefficient directeur est donc : $m=\frac{y_B-y_A}{x_B-x_A}=\frac{3-1}{1-0}=2$. Une seule équation convient : E_7.

• Figure 2 : la tangente passe par les points A(0, –1) et B(–1, 1). Son coefficient directeur est donc : $m=\frac{1-(-1)}{-1-0}$, $m=-2$. Une seule équation convient : E_5.

• Figure 3 : la tangente est horizontale. Son équation est donc de la forme : $y=k$. Une seule équation convient : E_6.

• Figure 4 : la tangente passe par les points A(0, –1) et B(1, – 5). Son coefficient directeur est donc : $m=\frac{-5-(-1)}{1-0}$, $m=-4$. Une seule équation convient : E_3.

MATHÉMATIQUES

Partie II *(5 points)*

Lectures graphiques, à propos de sécurité routière

Lors d'une ingestion d'alcool à jeun, le taux d'alcool présent dans le sang en grammes par litre, en fonction du temps x exprimé en heures, est donné par $f(x)$ où f est une fonction définie sur [0, 5] dont la courbe $\mathscr{C}$ représentative est donnée ci-contre. I est le point de la courbe $\mathscr{C}$ de coordonnées (2 ; 1,35), J est le point de la courbe $\mathscr{C}$ de coordonnées (4, 0) et K est le point de la courbe $\mathscr{C}$ de coordonnées (0,25 ; 1,4). La droite (OK) est tangente à la courbe $\mathscr{C}$ au point O et la droite (IJ) est tangente à la courbe $\mathscr{C}$ au point I.

La tangente à la courbe $\mathscr{C}$ au point S de coordonnées (1 ; 1,84) est parallèle à l'axe des abscisses.

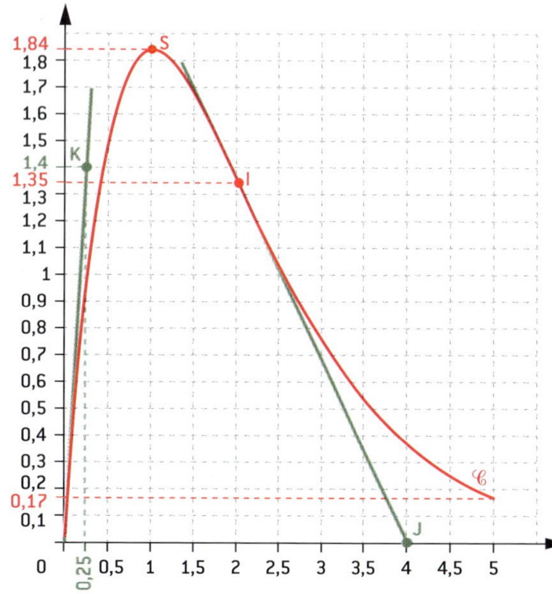

1. Établir le tableau de variation de la fonction f sur l'intervalle [0, 5].
2. Déterminer le taux d'alcool maximal atteint.
3. On désigne par $f'(x)$ le nombre dérivé de la fonction f pour tout x de [0, 5].

On admet que, pour tout x de [0, 5], $f'(x)$ est la vitesse d'évolution du taux d'alcool présent dans le sang.

a. Déterminer graphiquement $f'(0)$.

b. Déterminer graphiquement $f'(2)$.

c. Interpréter en termes de vitesse d'évolution le résultat obtenu au **b)**.

4. Sachant que pour conduire une voiture le taux d'alcool doit être inférieur à 0,5 gramme par litre, au bout de combien de temps après une telle ingestion d'alcool peut-on reprendre le volant ?

CORRIGÉ

1.

x	0	1	5
Variation de f	1 ↗	1,84	↘ 0,17

2. Le taux maximal atteint est : 1,84 gramme par litre.

> Le coefficient directeur de la droite (AB) avec $A(x_A, y_A)$ et $B(x_B, y_B)$ est $m = \dfrac{y_B - y_A}{x_B - x_A}$.

3. a. $f'(0)$ est le coefficient directeur de la tangente (OK) (Voir le paragraphe ① **A** du cours).

D'où, $f'(0) = \dfrac{1{,}4-0}{0{,}25-0}$, $f'(0) = 5{,}6$.

b. $f'(2)$ est le coefficient directeur de la tangente (IJ).

D'où : $f'(2) = \dfrac{0-1{,}35}{4-2} = -0{,}675$; $f'(2) = -0{,}675$.

c. Au bout de deux heures, la vitesse d'évolution est négative, le taux d'alcool présent dans le sang diminue.

4. On lit sur le graphique que $f(3{,}6) \approx 0{,}5$. On peut reprendre le volant au bout de 3,6 heures, c'est-à-dire : $3 + 0{,}6 \times 60$, environ 3 heures et 36 minutes.

TROISIÈME EXERCICE

Partie II *(5 points)*

Fonction polynôme de degré 3 et santé du sport

Conformément à l'usage de la langue courante, on utilise le mot « poids » pour désigner ce qui est en fait la masse.

On a tracé sur l'annexe la courbe $\mathscr{C}$ représentant le poids, en kilogrammes, d'un sportif en fonction du temps, exprimé en années, sur une période d'étude de 5 années.

A. Étude graphique

Les résultats aux questions posées dans cette partie seront donnés en s'aidant du graphique de l'annexe, avec la précision que permet la lecture graphique et en faisant apparaître les traits de construction utiles. (Après avoir reproduit la figure. Le jour de l'épreuve, une feuille réponse avec la figure est fournie.)

1. Pendant combien de mois le poids du sportif est-il au-dessus de 85 kilogrammes sur la période étudiée ?

2. Quel est le poids minimum et le poids maximum du sportif sur la période étudiée.

Annexe

Un carreau en abscisse correspond à une échelle de temps de 1 mois.

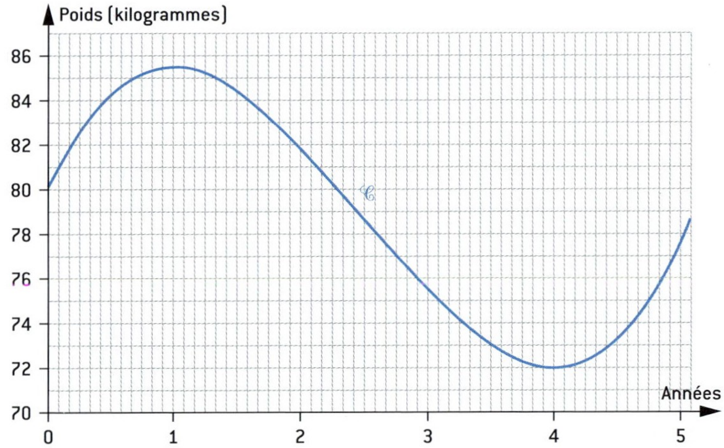

B. Étude d'une fonction

On admet que la courbe $\mathscr{C}$ est la représentation graphique de la fonction f définie sur l'intervalle $[0,5]$ par : $f(x) = x^3 - 7{,}5x + 12x + 80$.

1. La fonction f' est la fonction dérivée de la fonction f. Déterminer $f'(x)$ pour tout réel x appartenant à l'intervalle $[0,5]$.

2. Montrer que $f'(x) = (x-1)(3x-12)$ pour tout réel x appartenant à l'intervalle $[0,5]$.

MATHÉMATIQUES

3. a. Reproduire et compléter le tableau de signes suivant. (Ou compléter sur la feuille réponse.)

x	0 5
$x-1$	
$3x-12$	
$(x-1)(3x-12)$	

b. En déduire le tableau de variations de la fonction f sur l'intervalle $[0, 5]$.

c. Cette étude de la fonction f sur l'intervalle $[0, 5]$ confirme-t-elle les réponses à la seconde question de la partie A ? Justifier la réponse.

Dans une évaluation, la courbe et le tableau précédents sont donnés sur une feuille réponse ramassée à la fin de l'épreuve et ne sont donc pas à reproduire...

CORRIGÉ

A.1. Le poids est au-dessus de 85 kg pendant 8 mois.

2. Le poids minimal est de 72 kg et le poids maximal est de 85,5 kg.

B.1. Pour tout réel x de [0, 5], $f'(x) = 3x^2 - 7{,}5(2x) + 12$,

$f'(x) = 3x^2 - 15x + 12$.

REMARQUE
On applique une formule du paragraphe ② **C**.

2. Pour tout réel x de [0, 5],

$(x-1)(3x-12) = 3x^2 - 12x - 3x + 12$

$(x-1)(3x-12) = 3x^2 - 15x + 12 = f'(x)$

3.a. Pour remplir le tableau de signes, on résout : l'inéquation $x - 1 \geq 0$, équivalent à : $x \geq 1$, et l'inéquation $3x - 12 \geq 0$, équivalente à : $3x \geq 12$ et à : $x \geq 4$.

x	0		1		4		5
$x-1$		−	0	+		+	
$3x-12$		−		−	0	+	
$(x-1)(3x-12)$		+	0	−	0	+	

b. On en déduit le tableau de variation suivant.

x	0		1		4		5
$x-1$		+	0	+	0	+	
Variation de f	80	↗	85,5	↘	72	↗	77,5

c. On retrouve les valeurs minimales et maximales obtenues graphiquement à la partie A.

4 Statistique

Dans cette étude, il s'agit de travailler avec des données réelles dans des domaines variés (santé, démographie, économie, sécurité routière, énergie...).

1 Tableaux croisés d'effectifs

EXEMPLE

On a relevé à un moment donné le taux de cholestérol (exprimé en grammes par litre de sang) et l'âge (en années) d'un échantillon de la population d'une région.
Les résultats sont consignés dans le tableau d'effectifs à double entrée suivant.
On peut lire, par exemple, que dans l'échantillon considéré il y a 8 individus entre 50 et 60 ans qui ont un taux de cholestérol compris entre 2,0 et 2,2.

Taux \ Âge	[20, 30[	[30, 40[	[40, 50[	[50, 60[	[60, 70[	[70, 80[	Total
[1,6 ; 1,8[	23	15	12	9	5	4	68
[1,8 ; 2,0[	14	13	11	9	7	5	59
[2,0 ; 2,2[	4	9	7	8	10	7	45
[2,2 ; 2,4[	0	3	5	5	8	9	30
[2,4 ; 2,6[	1	2	3	3	4	5	18
Total	42	42	38	34	34	30	220

- Notons A l'ensemble des personnes de la tranche d'âge [40, 50[.
- Notons B l'ensemble des personnes dont le taux de cholestérol est dans l'intervalle [2,0 ; 2,2[.
- La sous-population **A** $\cap$ **B** est l'ensemble des personnes qui possèdent conjointement les deux propriétés suivantes :

- leur âge appartient à l'intervalle [40, 50[;
- leur taux de cholestérol appartient à l'intervalle [2,0 ; 2,2[.

2 Calculs de fréquence

A Fréquence d'une sous-population

DÉFINITION

La **fréquence** d'une sous-population A dans une population E est le rapport des effectifs : $f = \frac{n_A}{n_E}$.

EXEMPLE

On reprend l'exemple du paragraphe ①.

MATHÉMATIQUES

• La **fréquence** f_A de la sous-population A dans l'ensemble E des 220 personnes est $f_A = \frac{38}{220} \approx 0{,}17$. De même la fréquence f_B de la sous-population B dans l'ensemble E est $f_B = \frac{45}{220} \approx 0{,}20$.

• La fréquence de $A \cap B$ est appelée **fréquence conjointe** de A et B, $f_{A \cap B} = \frac{7}{220} \approx 0{,}03$.

B Fréquence marginale

Dans les tableaux croisés d'effectifs, en plus des résultats proprement dits, une colonne à droite et une ligne en bas donnent les totaux correspondant à chaque ligne et à chaque colonne de données : ce sont les **marges** du tableau, la case en bas à droite donnant l'effectif total.

DÉFINITION

Dans un **tableau croisé d'effectifs**, une sous-population dont l'effectif figure dans une marge ne dépend que d'une seule variable et sa fréquence est qualifiée de **fréquence marginale**.

EXEMPLE

Dans l'exemple du ② **A**, f_A et f_B sont des **fréquences marginales**.

C Fréquence conditionnelle

DÉFINITION

Pour toutes sous-populations A et B d'effectifs non nuls d'une population E,

la fréquence de B sachant A est $f_A(B) = \frac{n_{A \cap B}}{n_A}$.

EXEMPLE

On reprend l'exemple précédent.

$n_{A \cap B} = 7$ et $n_A = 38$, d'où $f_A(B) = \frac{7}{38} \approx 0{,}18$.

Propriété

La fréquence de B sachant A est $f_A(B) = \frac{f_{A \cap B}}{f_A}$.

3 Algorithmique et croisement de variables catégorielles

A Sous-ensemble de données selon un critère

Avec un tableur

Des données figurent dans une feuille de tableur avec les variables en colonne.
Après sélection des données, la commande « Filtrer » du tableur permet de sélectionner les lignes correspondant à certains critères sur les variables.

EXEMPLE

Un tableau comprend les trois notes des élèves Alice, Bob et Ève. Après sélection des données, un clic sur l'icône « Filtrer » crée une petite flèche à droite du nom de chaque variable (colonne). En cliquant sur cette flèche, il est possible de choisir un filtre numérique personnalisé par exemple pour n'afficher que les lignes pour lesquelles la note 1 est supérieure à 10.

	A	B	C	D
1	Nom	Note 1	Note 2	Note 3
2	Alice	12	8	15
3	Bob	9	11	13
4	Eve	14	12	18

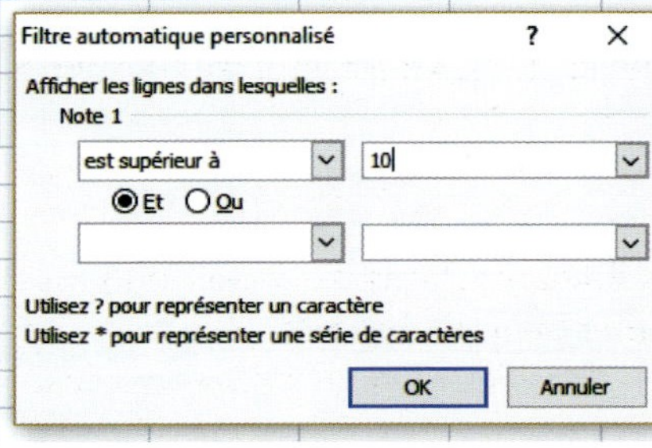

EXERCICE RÉSOLU

ÉNONCÉ

Deux filtres avancés ont été effectués ci-dessous sur un fichier tableur « employes ».

	A	B	C	D	E	F	G	H
1	NOM	Prénom	Sexe	Fonction	Echelon	Secteur	Lieu	Salaire
2			=F	=Cadre				>=2000
3								
4								
5	NOM	Prénom	Sexe	Fonction	Echelon	Secteur	Lieu	Salaire
6	BENNANI	Nadia	F	Cadre	1	Vente	Marseille	2 100,00 €
9	DUPONT	Nathalie	F	Cadre	3	Production	Marseille	3 622,33 €
17	MARTIN	Catherine	F	Cadre	1	Comptabilité	Paris	2 500,00 €
21	ROSSI	Maria	F	Cadre	2	Vente	Marseille	2 165,23 €

	A	B	C	D	E	F	G	H
1	NOM	Prénom	Sexe	Fonction	Echelon	Secteur	Lieu	Salaire
2			=F					>=2000
3			=F	=Cadre				
4								
5	NOM	Prénom	Sexe	Fonction	Echelon	Secteur	Lieu	Salaire
6	BENNANI	Nadia	F	Cadre	1	Vente	Marseille	2 100,00 €
9	DUPONT	Nathalie	F	Cadre	3	Production	Marseille	3 622,33 €
16	LEROY	Sylvie	F	Secrétaire	2	Comptabilité	Nantes	2 196,47 €
17	MARTIN	Catherine	F	Cadre	1	Comptabilité	Paris	2 500,00 €
21	ROSSI	Maria	F	Cadre	2	Vente	Marseille	2 165,23 €

MÉTHODE

Pour filtrer selon des critères complexes, on utilise une boîte de dialogue figurant dans l'onglet « Données » / « Avancé » avec Excel :

Avancé

« Plus de filtres / Filtre spécial » avec LibreOffice :

Filtre spécial...

Expliquer la nature des critères de ces filtres, figurant dans les lignes 1, 2 et 3.

SOLUTION

Dans le premier filtre, le critère est :
(Sexe=F) ET (Fonction=Cadre) ET (Salaire>=2000).
Dans le second filtre, le critère est :
(Sexe=F ET Salaire>=2000) OU (Sexe=F ET Fonction=Cadre).

B Tableau croisé de variables catégorielles

Avec un tableur

Le tableur permet de créer des tableaux croisés dynamiques regroupant les données selon certaines catégories et effectuant les calculs demandés correspondants (sommes, moyennes, effectifs...).

EXEMPLE

On considère les deux variables « Nom » et « Ville » ayant chacune 6 valeurs. On souhaite regrouper les données par « Ville » et compter le nombre de noms pour chaque ville.

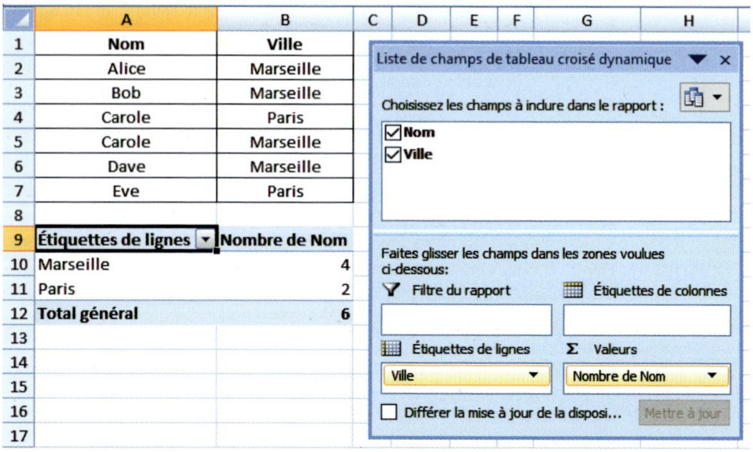

Avec Excel, cliquer dans le tableau de données et faire
Insertion / Tableau croisé dynamique. Choisir les champs (c'est-à-dire les variables) à inclure dans le rapport, en « glisser » le cas échéant en colonne ou en ligne pour améliorer la lisibilité du tableau.

Avec OpenOffice ou LibreOffice, faire Données / Tableau croisé / Créer...

EXERCICE RÉSOLU

ÉNONCÉ

Le tableau croisé dynamique ci-dessous, indiquant des moyennes de salaires, a été produit à partir d'un fichier tableur « employes ».

Moyenne de Salaire	Étiquettes de col				
Étiquettes de ligne	Cadre	Ouvrier	Secrétaire	Vendeur	Total général
⊟F	**2596,89**	**1851,015**	**2196,47**	**1634,11667**	**2118,841** ←
Comptabilité	2500		2196,47		2348,235
Production	3622,33	1851,015			2441,453333
Vente	2132,615 ←			1634,11667	1833,516
⊟M	**2882,155**	**1833,038**	**1805,42**	**2328,415**	**2139,175**
Production	2882,155	1833,038	1805,42		2091,865
Vente				2328,415	2328,415
Total général	**2691,978333**	**1838,17429**	**2000,945**	**1911,836**	**2129,008** ←

Interpréter les trois résultats indiqués par une flèche.

SOLUTION

Le salaire moyen des femmes est 2 118,84 €. Le salaire moyen des femmes cadres dans la vente est 2 132,61 €. Le salaire moyen dans l'entreprise est 2 129 008,00 €.

 # doc
Exemples module Pandas de Python
foucherconnect.fr/19pbst2s38

EXERCICE

Partie II *(5 points)*

Passer d'un graphique aux données, remplir un tableau croisé d'effectifs

1. Dans un département, 5 900 personnes bénéficient de l'Allocation personnalisée d'autonomie (APA).

En utilisant le diagramme circulaire de l'annexe ci-après, calculer le nombre de personnes bénéficiant de l'APA à leur domicile puis le nombre de personnes bénéficiant de l'APA en établissement.

2. Sur l'histogramme de l'annexe, les résultats sont des nombres entiers.

En utilisant cet histogramme, reproduire et compléter le tableau suivant :

Tranches d'âges	Bénéficiaires à domicile (en %)	Bénéficiaires en établissement (en %)
[60, 75[	17	12
[75, 85[		
[85, 95[		
[95, 100[		
Total	100	100

3. Dans cette question, arrondir les résultats à l'unité.

a. Calculer le nombre de personnes âgées de 75 à 85 ans qui bénéficient de l'APA à leur domicile.

b. Quel est le nombre total de personnes de la tranche d'âge [75, 85[qui bénéficient de l'APA ?

c. Après avoir effectué les calculs nécessaires, reproduire et compléter le tableau suivant :

Tranches d'âges	Nombre de bénéficiaires à domicile	Nombre de bénéficiaires en établissement	Total
[60, 75[			
[75, 85[			
[85, 95[	1 322		
[95, 100[		149	
Total			5 900

4. Sur le document accompagnant cette étude statistique, on peut lire : « Si l'APA est accessible à partir de 60 ans, ce sont majoritairement les personnes de plus de 75 ans qui en bénéficient. En effet, plus de 85 % des allocataires ont dépassé cet âge ».

Ces deux affirmations sont-elles exactes ? (Justifier par le calcul.)

Annexe

Répartition des allocataires de l'APA

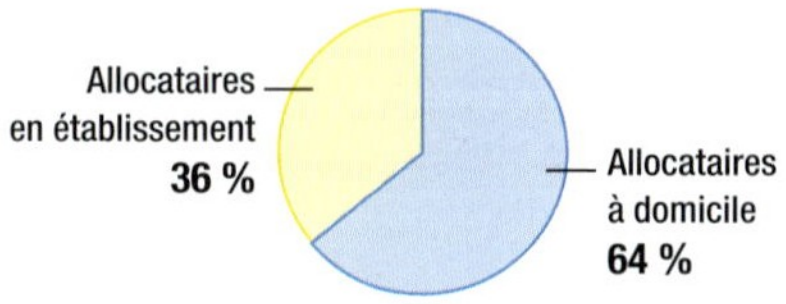

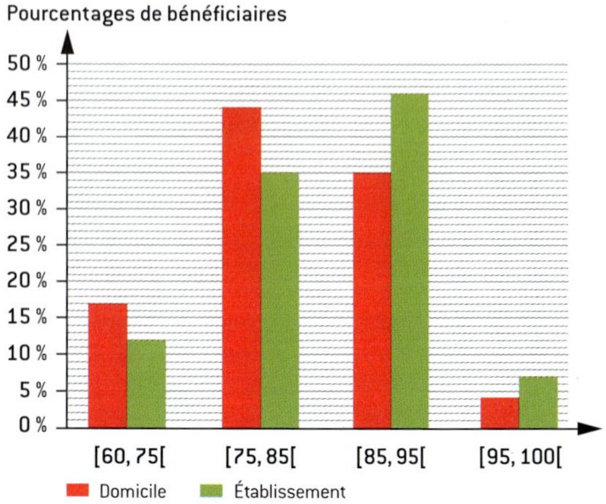

CORRIGÉ

1. Nombre d'allocataires à leur domicile : 5 900 × 0,69 = 3 776.
En établissement : 5 900 – 3 776 = 2 124.

2.

Tranche d'âges	[60, 75[	[75, 85[	[85, 95[	[95, 100[	Total
Bénéficiaires à domicile (en %)	17	44	35	4	100
Bénéficiaires en établissement (en %)	12	35	46	7	100

3. a. Les personnes âgées de 75 à 85 ans représentent 44 % des bénéficiaires de l'APA à domicile. $3\,776 \times 0{,}44 \approx 1\,661$. Il y a 1 661 personnes concernées.

b. Les personnes âgées de 75 à 85 ans représentent 35 % des bénéficiaires de l'APA en établissement. $2\,124 \times 0{,}35 \approx 743$. Au total, dans la tranche d'âge [75, 85[il y a : 1 661 + 743 = 2 404 bénéficiaires de l'APA.

c.

Tranche d'âges	[60, 75[	[75, 85[	[85, 95[	[95, 100[	Total
Nombre de bénéficiaires à domicile (en %)	642	1661	1 322	151	3776
Bénéficiaires en établissement (en %)	255	743	977	149	2 144
Total	897	2404	2 299	300	5 900

4. Il y a 5 003 personnes de plus de 75 ans sur 5 900. $\frac{5\,003}{5\,900} \approx 0{,}848$. Ce n'est pas (tout à fait) exact.

5 Probabilités conditionnelles

1 Vocabulaire, calcul des probabilités

A Vocabulaire

■ Dans une **expérience aléatoire**, Ω est l'ensemble (ou **univers**) de tous les résultats (ou **issues**) possibles.

REMARQUE

Une expérience est **aléatoire** lorsque son résultat (ou issue) ne peut être prévu et lorsque, renouvelée dans les mêmes conditions, elle ne donne pas nécessairement le même résultat.

■ Un **événement** est une partie de Ω.

■ Un **événement élémentaire** est un événement possédant un seul élément.

■ Deux événements A, B sont **disjoints** ou **incompatibles** si et seulement si $\boldsymbol{A \cap B = \varnothing}$.

■ L'**événement contraire** d'un événement A est l'**événement** $\overline{\mathbf{A}}$ constitué des éléments de Ω n'appartenant pas à A.

EXEMPLES

On prélève au hasard une carte dans un jeu de 32 cartes.
- L'**univers** $\boldsymbol{\Omega}$ est l'ensemble des 32 cartes.
- Il y a 32 **issues** possibles.
- « La carte tirée est un valet » est **un événement** que nous pouvons noter A.
- « La carte tirée est un cœur » est **un événement** que nous pouvons noter B.
- $A \cap B$ désigne l'événement : « La carte tirée est un valet et la carte tirée est un cœur » c'est-à-dire : « la carte tirée est le valet de cœur ».

L'événement $A \cap B \neq \varnothing$, c'est-à-dire l'événement $A \cap B$ n'est pas « **impossible** », donc les événements A et B ne sont pas **disjoints** (ou **incompatibles**).
- $A \cup B$ désigne l'événement : « La carte tirée est un valet ou un cœur ». Il y a 11 éléments dans $A \cup B$ (les 8 cœurs et les 3 valets autres que le valet de cœur).
- L'**événement contraire** de l'événement A est l'événement :

$\overline{\mathbf{A}}$: « la carte tirée n'est pas un cœur ».

B Calcul des probabilités

■ La **probabilité d'un événement** A d'un univers fini Ω est la somme des probabilités des événements élémentaires qui constituent A. La probabilité de Ω est 1.

■ Pour tout événement A, $\mathbf{0 \leq \boldsymbol{P(A)} \leq 1}$.

■ L'**équiprobabilité** correspond au cas où tous les événements élémentaires ont la même probabilité.

Dans ce cas, la probabilité d'un événement élémentaire est : $\dfrac{\mathbf{1}}{\textbf{nombre d'éléments de } \boldsymbol{\Omega}}$

et pour tout événement A,

$$P(A) = \frac{\textbf{nombre d'éléments de } \boldsymbol{A}}{\textbf{nombre d'éléments de } \boldsymbol{\Omega}} = \frac{\textbf{nombre de cas favorables}}{\textbf{nombre de cas possibles}}.$$

- Pour tous événements **disjoints** A, B, $\boldsymbol{P(A \cup B) = P(A) + P(B)}$.
- Pour tout événement A, $\boldsymbol{P(\overline{A}) = 1 - P(A)}$. En particulier $\boldsymbol{P(\emptyset) = 0}$.
- Pour tous événements A, B, $\boldsymbol{P(A \cup B) = P(A) + P(B) - P(A \cap B)}$.

EXEMPLE

Une enquête, concernant l'hygiène alimentaire, a été réalisée sur un échantillon de 800 personnes. Les personnes sont réparties en trois groupes.
Type 1 : les végétariens ; type 2 : les végétariens qui mangent néanmoins du poisson ; type 3 : les non-végétariens. La répartition des personnes est donnée dans le tableau suivant.

	Type 1	Type 2	Type 3	Total
Femmes	22	105	313	440
Hommes	12	27	321	360
Total	34	132	634	800

On choisit, au hasard, une des 800 personnes de l'échantillon, chacune ayant la même probabilité d'être choisie. On définit les événements suivants :
A : « La personne choisie est non végétarienne » ;
B : « La personne choisie est un homme ».

Il y a équiprobabilité des tirages donc, d'après un résultat rappelé ci-dessus, $P(A) = \frac{634}{800}$;
$P(A) = 0{,}7925$; $P(B) = \frac{360}{800}$; $P(B) = 0{,}45$.
$A \cap B$ est l'événement : « La personne choisie est un homme non végétarien ».
$P(A \cap B) = \frac{321}{800} = 0{,}40125$.
$A \cup B$ est l'événement : « La personne choisie est non végétarienne ou est un homme ».
$P(A \cup B) = P(A) + P(B) - P(A \cap B)$; $P(A \cup B) = 0{,}79250 + 0{,}45000 - 0{,}40125$;
$P(A \cup B) = 0{,}84125$.

2 Probabilités conditionnelles

A Exemple

Dans un lycée, cette année, au baccalauréat, on a relevé les résultats suivants.

Élèves de terminale	Garçons	Filles	TOTAL
Réussite au baccalauréat	138	205	343
Échec au baccalauréat	33	24	57
TOTAL	171	229	400

Après la publication des résultats, on rencontre au hasard un élève parmi l'ensemble des élèves de terminale. Tous les élèves ont la même probabilité d'être rencontrés. On considère les événements suivants :
G : « L'élève est un garçon » ; A : « L'élève a obtenu son baccalauréat ».
On a $P(A \cap G) = \frac{138}{400} = 0{,}345$ et $P(G) = \frac{171}{400} = 0{,}4275$.
Cherchons maintenant la probabilité de rencontrer une personne admise au baccalauréat **sachant que** c'est un garçon.

La probabilité de rencontrer une personne admise au baccalauréat **sachant que** c'est un garçon est :

$\frac{138}{171} \approx 0{,}807$ (résultat arrondi à 10^{-3}).

Cette probabilité est appelée **probabilité de A sachant G.**

C'est une **probabilité conditionnelle**. On note **$P_G(A)$ la probabilité de A sachant G.**

On a $P_G(A) = \frac{138}{171} \approx 0{,}81$.

Les nombres 138 et 171 sont respectivement $\text{Card}(G \cap A)$ et $\text{Card}(G)$. Nous constatons alors que, dans le cas de ces deux éléments G et A, que : $P_G(A) = \frac{\text{Card}(G \cap A)}{\text{Card}(G)}$.

REMARQUE

On peut remarquer que : $P_G(A) = \frac{138}{171} = \frac{\frac{138}{400}}{\frac{171}{400}} = \frac{P(G \cap A)}{P(G)}$.

B Cas général

D'une manière générale, lorsque les issues sont équiprobables, une probabilité conditionnelle est définie par l'égalité obtenue ci-dessus dans un cas particulier.

DÉFINITION

Lorsque les issues de l'univers Ω sont **équiprobables**, pour tous événements A et B de cardinaux non nuls, **la probabilité de B sachant A est $P_A(B) = \frac{\text{Card}(A \cap B)}{\text{Card}(A)}$.**

Propriété

La probabilité de B sachant A est $P_A(B) = \frac{P(A \cap B)}{P(A)}$.

PREMIER EXERCICE

Partie II *(5 points)*

Test de dépistage

Un laboratoire pharmaceutique élabore un nouveau test de dépistage pour une maladie. Les essais sur un groupe de 10 000 personnes ont donné les résultats suivants :

- 4 % des individus du groupe sont atteints par la maladie ;
- 85 % des personnes atteintes par la maladie réagissent positivement au test ;
- 99 % des personnes non atteintes par la maladie réagissent négativement au test.

1. Compléter, après l'avoir reproduit, le tableau suivant.

Le jour de l'épreuve, une feuille réponse avec le tableau est fournie.

	Personnes malades	Personnes non malades	Total
Personnes testées « négatif »			
Personnes testées « positif »			
Total			10 000

2. On choisit au hasard un individu dans le groupe témoin ; on admet que chaque individu a la même probabilité d'être choisi.

Pour tout évènement E, on note $\overline{E}$ l'évènement contraire de E.

Si F est un évènement de probabilité non nulle, la probabilité de E sachant F est notée $P_F(E)$.

On note les évènements suivants :

- M : « l'individu choisi est atteint par la maladie » ;
- T : « l'individu choisi réagit positivement au test » ;

a. Déterminer les probabilités $P(M)$ et $P(T)$.

b. Déterminer la probabilité qu'un individu réagisse positivement au test sachant qu'il est atteint par la maladie.

c. Calculer la probabilité qu'un individu ne soit pas atteint par la maladie sachant qu'il réagit positivement au test.

Arrondir le résultat au centième.

d. Certains organismes de santé autorisent la commercialisation d'un test de dépistage lorsque la probabilité de ne pas être atteint par la maladie, sachant que la réaction au test est positive et inférieure à 20 %.

Le laboratoire pharmaceutique peut-il espérer, selon ce critère, une commercialisation de son test ?

CORRIGÉ

1.

	Malades	Non malades	Total
Négatif	60	9 504	9 564
Positif	340	96	436
Total	400	9 600	10 000

2. a. $P(M)=\dfrac{400}{10\,000}=0{,}04$; $P(T)=\dfrac{436}{10\,000}=0{,}0436$.

b. $P_M(T)=\dfrac{340}{400}=0{,}85$.

c. $P_T(\overline{M})=\dfrac{96}{436}\approx 0{,}22$.

d. La probabilité est de 22 %, ce qui est supérieur à 20 %. Le laboratoire ne peut pas espérer commercialiser le test.

DEUXIÈME EXERCICE

Partie II *(5 points)*

Épidémie hivernale : un QCM

Les périodes hivernales sont propices au développement de deux maladies : la gastro-entérite et la grippe saisonnière. Dans un lycée, le personnel de santé chargé du suivi médical des élèves a effectué une enquête auprès des 400 élèves du lycée.

- 10 % des élèves du lycée ont contracté la grippe saisonnière durant l'hiver dernier ;
- Parmi ces élèves, 25 % ont aussi contracté une gastro-entérite ;
- Parmi les élèves n'ayant pas contracté la grippe saisonnière durant l'hiver dernier, 15 % ont néanmoins contracté une gastro-entérite.

On choisit au hasard la fiche de suivi médical d'un élève de ce lycée, chaque fiche ayant la même probabilité d'être choisie. On considère les événements suivants :

- S : « L'élève a contracté la grippe saisonnière durant l'hiver dernier » et $\overline{S}$ son événement contraire.
- E : « L'élève a contracté une gastro-entérite durant l'hiver dernier » et $\overline{E}$ son événement contraire.

On donne le tableau suivant, partiellement complété, qui pourra être utilisé dans tout l'exercice. Il n'est pas demandé de le reproduire sur la copie.

L'élève...	A contracté une gastro-entérite	N'a pas contracté une gastro-entérite	Total
A contracté la grippe			
N'a pas contracté la grippe			
Total			400

1. L'événement $S \cap E$ correspond à :
a. « L'élève a contracté une gastro-entérite, sachant qu'il avait eu une grippe saisonnière. »
b. « L'élève a contracté une grippe saisonnière et une gastro-entérite. »
c. « L'élève a contracté une gastro-entérite ou une grippe saisonnière. »
2. La probabilité de l'événement $S \cap E$ est :
a. 0,25. b. 0,025. c. 0,16.
3. La probabilité que l'élève ait eu une gastro-entérite durant l'hiver dernier est :
a. 0,25. b. 0,02. c. 0,16.
4. Sachant que l'élève a eu une gastro-entérite au cours de l'hiver dernier, la probabilité qu'il ait eu la grippe saisonnière est :
a. Environ 0,156. b. Environ 0,089. c. 0,25.

CORRIGÉ

	Avec gastro-entérite	Sans gastro-entérite	Total
Avec la grippe	10	30	40
Sans la grippe	54	306	360
Total	64	336	400

1. Réponse b.
2. Réponse b.
3. Réponse c.
4. Réponse a.

MATHÉMATIQUES

6 Épreuves de Bernoulli Variables aléatoires

Il s'agit de reconnaître une situation aléatoire modélisable par une loi de Bernouilli, de calculer et d'interpréter dans différents contextes l'espérance d'une variable aléatoire.

1 Probabilité associée à la répétition d'épreuves aléatoires identiques et indépendantes de Bernoulli

A Épreuve de Bernoulli

■ Une **épreuve de Bernoulli de paramètre *p*** (nombre réel compris entre 0 et 1) est une épreuve aléatoire comportant deux issues :

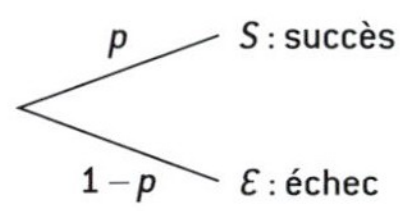

■ Le **paramètre** p est la probabilité de l'évènement « succès », $1 - p$ la probabilité de l'évènement « échec ».

EXEMPLE

Une urne contient dix boules indissociables au toucher : sept rouges et trois vertes. On prélève au hasard une boule dans l'urne, on note sa couleur. Toutes les boules ont la même probabilité d'être prélevées.

Le tirage d'une boule de l'urne est *une épreuve de Bernoulli* de paramètre $p = 0{,}7$, si on appelle « succès » obtenir une boule rouge. Si on appelle « succès » obtenir une boule verte, $p = 0{,}3$.

B Répétition d'épreuves aléatoires identiques et indépendantes de Bernoulli

■ On considère une épreuve aléatoire consistant à répéter n fois, de façon identique et indépendante, une épreuve de Bernoulli de paramètre p.

EXEMPLE

On reprend l'exemple du paragraphe **A**.

On note R l'événement : « la boule prélevée est rouge » ; on note V l'événement : « la boule prélevée est verte ». On remet la boule prélevée dans l'urne et on recommence l'expérience une seconde fois. Un résultat possible est noté par un couple, par exemple (R, R), la première boule est rouge et la seconde est rouge.

Il s'agit de la répétition de deux épreuves de Bernoulli identiques et indépendantes.

On peut construire *l'arbre pondéré* ci-dessous.

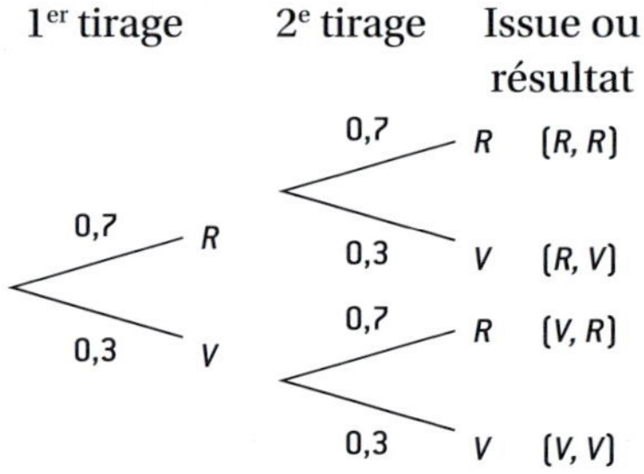

On admet la propriété suivante.

Propriété

Dans un **arbre des probabilités** associé à une répétition d'épreuves aléatoires identiques et indépendantes de Bernoulli, la probabilité d'obtenir un résultat est égale au **produit** des probabilités figurant sur le chemin conduisant à ce résultat.

On a donc : $P(\text{R,R}) = 0{,}7 \times 0{,}7 = 0{,}49$; $P(\text{R,V}) = 0{,}7 \times 0{,}3 = 0{,}21$; $P(\text{V,R}) = 0{,}3 \times 0{,}7 = 0{,}21$; $P(\text{V,V}) = 0{,}3 \times 0{,}3 = 0{,}09$.

2 Variables aléatoires

A Variable aléatoire discrète

EXEMPLE

Une urne contient 10 boules indiscernables au toucher.
Sur chacune d'elles est inscrit un nombre comme l'indique le tableau ci-dessous :

Nombre inscrit	1	2	5	10
Nombre de boules	4	3	2	1

Un joueur mise 4 €, tire une boule au hasard. Chaque boule a la même probabilité d'être tirée. Il reçoit le montant (en euros) inscrit sur la boule.

On peut rajouter une ligne « gain », au tableau de l'énoncé, dont les nombres sont obtenus en retirant la mise de 4 euros dans chaque cas.

Nombre inscrit	1	2	5	10
Nombre de boules	4	3	2	1
Gain en euros	–3	–2	1	6

Nous sommes donc amenés à introduire X qui associe à chaque tirage d'une boule le gain en euros susceptible d'être obtenu.

Chaque valeur possible du gain X, k, a une probabilité notée p_k.

On dit que X est une **variable aléatoire**.

L'ensemble des valeurs prises par la variable aléatoire X est $\{-3, -2, 1, 6\}$.

REMARQUES

- X est une variable aléatoire **discrète**, car elle prend des valeurs isolées (ici : –3, –2, 1, 6).
- On note $\{X=-3\}$, l'événement « obtenir un "gain" de –3 euros ». On note $P(X=-3)$ la probabilité de cet événement.
- $\{X \leq 1\}$ est l'événement « obtenir un gain inférieur ou égal à 1 euro ». On note $P(X \leq 1)$ la possibilité de cet événement.

À RETENIR

Une **variable aléatoire discrète *X*** prend, lors d'une expérience aléatoire, des valeurs $x_1, x_2 ..., x_n$ avec des probabilités $p_1, p_2, ..., p_n$.

B Loi de probabilité

EXEMPLE

On reprend l'exemple du **A**.

À l'aide du deuxième tableau de l'exemple du **A**, on obtient :

$P(X=-3)=\frac{4}{10}=0{,}4$; $P(X=-2)=\frac{3}{10}=0{,}3$; $P(X=1)=\frac{2}{10}=0{,}2$; $P(X=6)=\frac{1}{10}=0{,}1$.

On peut alors remplir le tableau suivant.

$\boldsymbol{k}$	–3	–2	1	6
$\boldsymbol{P(X=k)}$	0,4	0,3	0,2	0,1

Ce tableau définit une fonction $f : k \mapsto f(k) = P(X=k)$ appelée **loi de probabilité associée à la variable aléatoire *X***.

DÉFINITION

Soit X une variable aléatoire discrète prenant, lors d'une expérience aléatoire, des valeurs $x_1, x_2, ..., x_i, ..., x_n$ avec des probabilités $p_1, p_2, ..., p_i, ..., p_n$.

La **loi de probabilité associée à *X*** est la fonction f qui à tout x_i associe $f(x_i) = P(X = x_i) = p_i$.

À RETENIR

En notant $p_i = P(x = x_i)$, on vérifie que la somme des p_i est égale à 1, ce que l'on note : $\boldsymbol{\Sigma p_i = 1}$.

C Espérance

DÉFINITION

L'**espérance d'une variable aléatoire *X*** prenant m valeurs x_i avec les probabilités $p_i = P(X=x_i)$ est $E(X) = p_1x_1 + p_2x_2 + ... + p_mx_m$.

EXEMPLE

On reprend l'exemple du **A** et **B**.

L'espérance $E(X)$ de la variable aléatoire X est : $E(X)=\sum p_i x_i$, c'est-à-dire :

$E(X)=-3\times0{,}4-2\times0{,}3+1\times0{,}2+6\times0{,}1$,

$E(X)=-1$.

On peut interpréter l'espérance comme une « moyenne » des valeurs de la variable aléatoire.

D Loi de Bernoulli (0, 1) de paramètre p

DÉFINITION

La **loi de Bernoulli de paramètre p** est la loi de la variable aléatoire discrète X qui code le résultat d'une épreuve de Bernoulli : 1 pour « succès », 0 pour « échec » :

$$P(X=1)=p \qquad P(X=0)=1-p.$$

3 Algorithmique, programmation et variables aléatoires

A Simuler une réalisation selon une loi de probabilité donnée

On considère la variable aléatoire X dont la loi de probabilité est donnée dans le tableau ci-contre.

x_i	−1	2	4
p_i	2/3	1/6	1/6

Pour simuler une réalisation de la variable aléatoire X, on peut utiliser le générateur de nombres pseudo-aléatoires du tableur, ALEA(), ou de Python, random(), qui produit un nombre au hasard dans [0, 1[. Il suffit de partager l'intervalle [0, 1[en trois parties de longueurs égales à chaque valeur p_i comme sur la figure ci-contre.

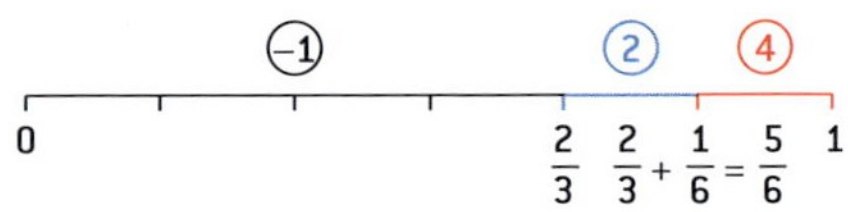

La simulation consiste alors à tirer un nombre au hasard entre 0 et 1 et à renvoyer la réalisation de X correspondant à la zone dans laquelle se situe le nombre tiré.

<table>
<tr><th>Simulation avec un tableur</th><th>Simulation avec Python</th></tr>
<tr><td>En cellule A1, on entre la formule :
=ALEA()
En cellule B1, on entre la formule :
=SI(A1<2/3;-1;SI(A1<5/6;2;4))
La valeur affichée en B1 est une réalisation de X.</td><td><pre>from random import random
def simulX():
    u = random()
    if u < 2 / 3:
        return(-1)
    elif u < 5 / 6:
        return(2)
    return(4)</pre></td></tr>
</table>

REMARQUE

Avec Python, on peut directement utiliser la fonction choices du module random pour obtenir une liste de n réalisations de la variable aléatoire X par :
`choices([-1, 2, 4], [2/3, 1/6, 1/6], k = n).`

B Simuler une réalisation selon une loi de Bernoulli

Il s'agit d'un cas particulier du cas précédent. La variable aléatoire X prend la valeur 1 (« succès ») avec la probabilité p et la valeur 0 avec la probabilité $1-p$.

MATHÉMATIQUES

On partage l'intervalle [0, 1[en deux parties de longueurs p et $1 - p$.

La simulation consiste alors à tirer un nombre au hasard entre 0 et 1 et à renvoyer 1 si le nombre tiré est dans l'intervalle [0, p[et 0 si le nombre tiré est dans [p, 1[.

Simulation avec un tableur	Simulation avec Python

En cellule A1, on entre la valeur de p.
En cellule A2, on entre la formule :
=SI(ALEA()<A1;1;0)
La valeur affichée en A2 est une réalisation de X.
	`from random import random`
	`def bernoulli(p):`
	`    if random() < p:`
	`        return 1`
	`    else:`
	`        return 0`

PREMIER EXERCICE

Partie I : Automatismes *Sans calculatrice (20 minutes, 5 points)*

Aucune justification n'est demandée.

Le jour de l'épreuve d'évaluation, une feuille réponse (avec les tableaux et figures) est fournie.

1. Calculs de pourcentages (dans un restaurant) (1,5 point)

Une enquête a été réalisée auprès de 1 000 habitants d'une ville où est implanté un restaurant. Les résultats sont les suivants.

- 10 % ont moins de 30 ans.
- 40 % ont entre 30 et 50 ans.
- 50 % ont plus de 50 ans.

À la question : « avez-vous déjà mangé dans ce restaurant ? » :

- 20 % des moins de 30 ans ont répondu « oui » ;
- 35 % des personnes âgées entre 30 et 50 ans ont répondu « oui » ;
- 60 % des plus de 50 ans ont répondu « oui ».

a. Compléter, après l'avoir reproduit, le tableau suivant :

	Ont répondu oui	Ont répondu non	Total
Ont moins de 30 ans			
Ont entre 30 et 50 ans			
Ont plus de 50 ans			
Total			1 000

b. Quelle est la proportion des habitants parmi les habitants de l'échantillon qui ont répondu oui ?

2. Proportions de proportions et dons de sang (1,5 point)

Dans une région, 54 % des donneurs de sang sont des hommes. Parmi eux, 37 % ont moins de 40 ans.

Parmi les femmes donnant leur sang, 48 % ont moins de 40 ans.

a. Quelle est la proportion des hommes de moins de 40 ans parmi la population des donneurs de sang de cette région ?

b. Quelle est la proportion des femmes de moins de 40 ans parmi la population des donneurs de sang de cette région ?

c. **Vrai/Faux**. La proportion de donneurs de sang de moins de 40 ans dans cette région est de 44,6 %.

3. **Lire un graphique (échantillonage)** (2 points)

Dans une entreprise du secteur de l'automobile on affirme que 20 % des pièces d'un certain type sont défectueuses. On effectue à l'aide d'un tableur une simulation. Le graphique ci-contre donne l'évolution de la fréquence des pièces défectueuses de ce type dans un échantillon en fonction de la taille de l'échantillon.

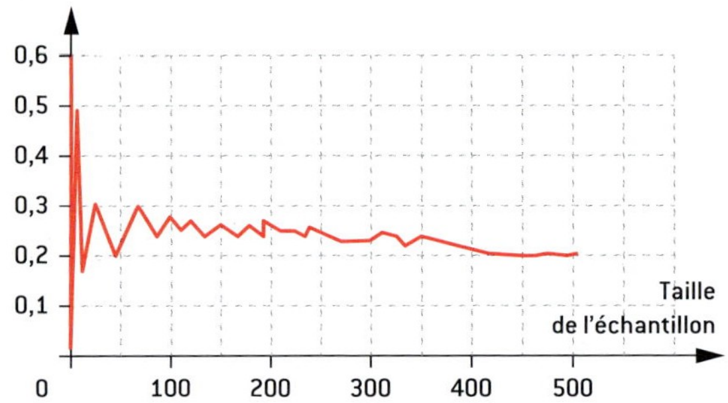

A. **Vrai/Faux**. Lorsque la taille de l'échantillon augmente :

a. La fréquence des pièces défectueuses augmente.

b. La fréquence des pièces défectueuses diminue.

c. La fréquence des pièces défectueuses a tendance à se stabiliser.

B. **QCM**. La probabilité de l'événement A « une pièce prélevée au hasard dans un lot important est défectueuse » est :

a. $P(A) = 0{,}3$ b. $P(A) = 0{,}02$ c. $P(A) = 0{,}2$

CORRIGÉ

	Ont répondu oui	Ont répondu non	Total
Ont moins de 30 ans	20	80	100
Ont entre 30 et 50 ans	140	260	400
Ont plus de 50 ans	300	200	500
Total	460	540	1 000

b. $\frac{460}{1000} = 0{,}46 = 46\,\%$.

2. a. $0{,}54 \times 0{,}40 = 0{,}216 = 21{,}6\,\%$.

b. $0{,}46 \times 0{,}50 = 0{,}23 = 23\,\%$.

c. $44{,}6 = 21{,}6 + 23$. C'est vrai.

3. A. Réponse c. : vrai ; Réponses a. et b. fausses.

B. Réponse c.

MATHÉMATIQUES

DEUXIÈME EXERCICE

Partie II *(5 points)*

Arbre et variable aléatoire

Une urne contient quatre boules, indiscernables au toucher, numérotées de 1 à 4.

Une expérience aléatoire se déroule de la manière suivante :

On tire au hasard une première boule de l'urne et on note son numéro. Après avoir remis cette boule dans l'urne, on en tire au hasard une seconde dont on note aussi le numéro.

À l'issue de cette expérience, on obtient un couple de nombres (on rappelle que, par exemple, le couple (2, 3) est différent du couple (3, 2)).

1. À l'aide d'un arbre ou d'un tableau, établir la liste des 16 couples possibles.

2. Dans cette question, on donnera les probabilités sous la forme de fractions de dénominateur 16.

a. On note A l'événement « obtenir un couple de nombres pairs ».

Montrer que la probabilité de l'événement A est $\frac{4}{16}$.

b. On note B l'événement « obtenir un couple de nombres impairs ».

Calculer la probabilité de l'événement B.

c. On note C l'événement « obtenir un couple de nombres de parité différente » ; calculer la probabilité de l'événement C.

3. On organise un jeu.

Un joueur mise 2 € et réalise ensuite l'expérience aléatoire décrite ci-dessus.

- Si l'événement A est réalisé, le joueur reçoit 8 € de l'organisateur du jeu ;
- Si l'événement B est réalisé, le joueur reçoit 4 € de l'organisateur du jeu ;
- Si l'événement C est réalisé, le joueur reçoit 4 € de l'organisateur du jeu.

On désigne par X la variable aléatoire qui à chaque expérience associe le gain algébrique (positif ou négatif) du joueur.

Par exemple, s'il obtient le couple (2, 2), son gain est 6 €.

a. Déterminer les valeurs prises par la variable aléatoire X.

b. Donner la loi de probabilité de la variable aléatoire X.

c. Calculer l'espérance $E(X)$ de la variable aléatoire X.

CORRIGÉ

1. On peut réaliser l'arbre suivant :

Résultat du premier tirage	Résultat du second tirage	Résultat	Gain
1	1	(1,1)	2
	2	(1,2)	- 6
	3	(1,3)	2
	4	(1,4)	- 6
2	1	(2,1)	- 6
	2	(2,2)	6
	3	(2,3)	- 6
	4	(2,4)	6

Résultat du premier tirage	Résultat du second tirage	Résultat	Gain
3	1	(3,1)	2
	2	(3,2)	- 6
	3	(3,3)	2
	4	(3,4)	- 6
4	1	(4,1)	- 6
	2	(4,2)	6
	3	(4,3)	2
	4	(4,4)	6

Il y a 16 couples possibles.

2. a. Il y a quatre couples de nombres pairs : (2, 2) ; (2, 4) ; (4, 2) ; (4, 4).

Tous les tirages sont équiprobables, donc : $P(A)=\frac{4}{16}$.

b. Il y a quatre couples de nombres impairs : (1, 1) ; (1, 3) ; (3, 1) ; (3, 3).

Tous les tirages sont équiprobables, donc : $P(B)=\frac{4}{16}=\frac{1}{4}$.

c. Il y a huit couples de nombres de parité différente. (16 – (4 + 4) = 8).

Donc, $P(C)=\frac{8}{16}=\frac{1}{2}$.

3. a. Rajoutons une colonne « gain » à l'arbre réalisé dans la question 1.

Les valeurs prises par la variable aléatoire *X* sont : – 6, 2, 6.

b. Il y a 8 tirages correspondant à un « gain » de – 6, donc : $P(X=-6)=\frac{8}{16}$.

Il y a 4 tirages correspondant à un gain de 2, donc : $P(X=2)=\frac{4}{16}$.

Il y a 4 tirages correspondant à un gain de 6, donc : $P(X=6)=\frac{4}{16}$.

La loi de probabilité de la variable aléatoire *X* est donc donnée par :

REMARQUE

On vérifie que $p_1+p_2+p_3=1$. $(\sum p_i=1)$.

Valeurs de $X : x_i$	– 6	2	6
$\boldsymbol{P(X=x_i)=p_i}$	$\frac{8}{16}$	$\frac{4}{16}$	$\frac{4}{16}$

c. L'espérance de la variable aléatoire *X* est :

$E(X)=\sum p_i x_i=\frac{8}{16}(-6)+\frac{4}{16}(2)+\frac{4}{16}(6)$;

$E(X)=-\frac{16}{16}$; $\boldsymbol{E(X)=-1}$.

MATHÉMATIQUES

TROISIÈME EXERCICE

Partie II ***(5 points)***

Le jour de l'épreuve d'évaluation, une feuille réponse (avec les tableaux à compléter) est fournie. Il n'y a donc pas à les reproduire...

Tableau croisé d'effectif, probabilités conditionnelles, variable aléatoire

Dans une usine, deux chaînes de montage A et B fabriquent le même type de matériel pour les personnes à mobilité réduite. La chaîne A en fabrique trois fois plus que la chaîne B. 7 % de la production de la chaîne A est défectueuse contre 2 % pour la chaîne B.

A. 1. On considère une production de 1 200 matériels. Reproduire et compléter le tableau suivant.

Le jour de l'épreuve, une feuille réponse avec le tableau est fournie.

	Chaîne A	Chaîne B	Total
Nombre de matériels défectueux	63		
Nombre de matériels non défectueux			
Total			1 200

2. On prélève au hasard un matériel dans la production totale de l'usine et on admet que les prélèvements sont équiprobables.

a. Déterminer la probabilité que le matériel prélevé soit à la fois défectueux et produit par la chaîne A.

b. Déterminer la probabilité que le matériel prélevé ne soit pas défectueux.

c. Quelle est la probabilité, arrondie au millième, que le matériel prélevé provienne de la chaîne A sachant qu'il est non défectueux.

B. Un matériel défectueux peut présenter 1, 2 ou 3 défauts. Soit X la variable aléatoire qui, à un matériel prélevé au hasard dans la production, associe le nombre de défauts que ce matériel présente.

La loi de probabilité de X est donnée par le tableau suivant.

x	**0**	**1**	**2**	**3**
$P(X = x)$	0,942 5	0,031 8	...	0,006

1. Reproduire sur la copie puis compléter le tableau précédent.

2. Le prix de vente d'un matériel dépend du nombre de défauts qu'il présente.

Nombre de défauts	0	1	2	3
Prix de vente en euros	56	15	10	1

Soit Y la variable aléatoire qui, à un matériel prélevé au hasard dans la production, fait correspondre son prix de vente noté y.

a. Déterminer la loi de probabilité de Y.

b. Calculer l'espérance de Y. Interpréter le résultat obtenu.

CORRIGÉ

A. 1.

	Chaîne A	Chaîne B	Total
Nombre de matériels défectueux	63	6	69
Nombre de matériels non défectueux	837	294	1 131
Total	900	300	1 200

2. a. $p_1 = \dfrac{63}{1200} = 0{,}0525.$

b. $p_2 = \dfrac{294}{1200} = 0{,}0245.$

c. $p_3 = \dfrac{837}{1131} \approx 0{,}740.$

B. 1. $P(X=2) = 1 - [P(X=0) + P(X=1) + P(X=3)]$. $P(X=2) = 0{,}0197.$

2. a.

y_i	56	15
$p_i = P(Y = y)$	0,9425	0,0318
y	10	1
$p_i = P(Y = y)$	0,0197	0,006

b. $E(Y) = \Sigma p_i y_i$.
$E(Y) = 53{,}46.$

MATHÉMATIQUES

FRANÇAIS

Évaluation du Français au bac

Le Français est évalué à l'écrit et à l'oral à la fin de l'année de Première. Les compétences et connaissances évaluées sont la maîtrise de la langue et l'expression, l'aptitude à lire, à analyser et à interpréter des textes. On attend que vous mobilisiez une culture littéraire fondée sur les travaux faits en classe, ainsi que sur votre culture et vos lectures personnelles.

1 Le programme

4 objets d'étude sont étudiés au cours de l'année de Première, la poésie du XIXe au XXIe siècle, la littérature d'idées du XVIe siècle au XVIIIe siècle, le roman et le récit du Moyen Âge au XXIe siècle et le théâtre du XVIIe siècle ou XXIe siècle. **12 œuvres**, renouvelées par moitié tous les ans, sont inscrites au programme.

2 Les modalités d'évaluation

A L'épreuve écrite

- L'épreuve écrite dure **4 heures** et est dotée d'un **coefficient 5**. Le sujet repose sur un **corpus de 1 à 5 documents**, et vous avez le choix entre deux travaux d'écriture : un **commentaire** ou une **contraction de texte suivie d'un essai**.

- Le **commentaire** (noté sur **20 points**) porte sur un texte littéraire en lien avec les objets d'étude (sauf celui portant sur la littérature d'idées) et n'est pas extrait d'une des douze œuvres au programme. Le sujet est formulé de manière à vous guider dans votre travail.

- La **contraction de texte** (notée sur **10 points**) **suivie d'un essai** (noté sur **10 points**) permet d'évaluer votre aptitude à reformuler une argumentation de manière précise, en respectant les idées de l'auteur. Le texte étudié comporte 1 000 mots environ et doit être contracté au quart (soit 250 mots environ). Le nombre de mots utilisés pour la contraction de texte doit être inscrit dans le devoir. Le sujet de l'essai est inscrit dans le cadre de l'objet d'étude sur la littérature d'idées.

B L'épreuve orale

- L'épreuve orale dure **20 minutes**, précédée d'une préparation de 30 minutes, et est dotée d'un **coefficient 5**. La qualité d'expression est évaluée, ainsi que sa capacité à développer un propos et dialoguer avec l'examinateur.

- La première partie de l'épreuve dure 12 minutes environ, et est notée sur 12 points. L'élève lit à voix haute le texte retenu et situe brièvement l'œuvre (2 points). Puis, il explique le passage sélectionné (8 points). Une question de grammaire portant sur une courte phrase ou quelques phrases du texte est ensuite posée (2 points).

- Lors de la seconde partie de l'épreuve, notée sur 8 points, l'élève présente une œuvre qu'il a choisie parmi celles étudiées en classe. Une discussion avec l'examinateur s'ensuit.

1 L'écriture poétique

Le terme poésie vient du grec *poiêsis*, qui signifie « création ». Platon rapproche ainsi le poète d'un dieu car il est capable de créer. La poésie classique, fondée sur la répétition rythmique et sonore, est dite « lyrique » (du grec λυρα qui désigne un instrument de musique) car elle emprunte à la musique la répétition et l'harmonie des sons. Connaître les règles de la poésie versifiée permet de commenter au mieux les textes à l'examen.

1 Le rythme

La poésie classique naît au XVIIe siècle de l'agrégation de nombreuses règles utilisées précédemment. Nicolas Boileau est le premier à fixer dans son *Art poétique* un grand nombre de règles, fondées sur la **répétition rythmique et sonore**.

A Les différents types de vers

Le rythme de lecture d'un vers ainsi que son appellation sont dictés par le **nombre de syllabes** (pieds). Les vers les plus courants sont les suivants.

- **L'octosyllabe (8 pieds) :**
  « Il n'y a pas d'amour heureux,
  Mais c'est notre amour à tous deux »
  Louis Aragon, « Il n'y a pas d'amour heureux », *La Diane française* (1946)
- **Le décasyllabe (10 pieds) :**
  « Déjà la nuit en son parc amassait
  Un grand troupeau d'étoiles vagabondes »
  Joachim Du Bellay, *L'Olive* (1549)
- **L'alexandrin (12 pieds) :**
  « Salut ! Bois couronnés d'un reste de verdure ! »
  Alphonse de Lamartine, « L'automne », *Méditations poétiques* (1820)

REMARQUE

Si vous devez nommer un vers comportant un nombre de syllabes différent, nul besoin de connaître leur nom savant. Dites simplement qu'il s'agit d'un vers de x syllabes. Personne ne vous reprochera de ne pas connaître le terme « hendécasyllabe ».

ZOOM SUR...

L'alexandrin et le décasyllabe

◗ L'alexandrin (considéré comme le vers le plus noble en poésie) et le décasyllabe ont un statut spécial. De par leur longueur, ils sont difficiles à prononcer d'une seule traite et exigent, en poésie classique, que l'on sépare le vers en deux parties, appelées **hémistiches** (nom masculin), à l'aide d'une pause que l'on nomme la **césure** (matérialisée comme ceci : //).

◗ Dans le **décasyllabe**, on peut trouver la césure :

- après la 4e syllabe, créant deux hémistiches que l'on peut symboliser ainsi : 4/6 :

« Ma vie à peine // a commencé d'éclore »
Jean Racine, *Esther* (1689)

- après la 5e syllabe (5/5), ce qui crée une certaine **monotonie** :

« Ainsi partagés, // boiteux et mal faits,
Ces vers languissants // ne plairaient jamais. »
Voltaire, *Dictionnaire philosophique*, Quatrième Volume (1764)

◗ Dans l'**alexandrin**, la césure doit traditionnellement couper le vers en **deux hémistiches égaux** (6/6) :

« Moi qui passais par là, // je crus voir une fée »
Victor Hugo, poème XXI, *Les Contemplations*, livre premier (1856)

◗ Cette pause ne doit jamais couper un mot en deux et les poètes s'en servent parfois pour mettre en avant le mot final du premier hémistiche, ou pour créer des **rimes internes**.

« Au commencement, **Dieu** // vit un jour dans l'espace
Iblis venir à lui ; // **Dieu** dit : "Veux-tu ta grâce ?" »
Victor Hugo, « Puissance égale bonté », *La Légende des siècles* (1859)

Dans ces vers, le même mot est répété avant et après la césure, créant une répétition et un parallélisme.

B La règle du « e » muet

Le « e » ne compte pas comme une syllabe lorsqu'il est placé à certains endroits, on dit alors qu'il est **muet**. Ainsi, le « e » est muet :
– quand il est situé **en fin de vers**, car il n'est jamais prononcé de manière accentuée ;
– dans un mot qui se termine par un « e » et si la première lettre du mot suivant est une voyelle ou un « h » non-aspiré.

« Que me font ces vallons, ces palais, ces chaumièr**(es)** ?
1 2 3 4 5 6 7 8 9 10 11 12
[...] Un seul être vous manqu**(e)**, et tout est dépeuplé. »
1 2 3 4 5 6 7 8 9 10 11 12

Alphonse de Lamartine, « L'isolement », *Méditations poétiques* (1820)

ATTENTION

Dans le cas d'un mot suivi par une voyelle, si ce mot est terminé par -es ou -ent, on fait la liaison avec la voyelle suivante, ce qui signifie que le « e » ainsi suivi d'un -s ou de -nt ne peut pas être muet, sauf s'il est en fin de vers.

« Jusqu**es** aux pièg**es** mal tendus »
1 2 3 4 5 6 7 8

Paul Verlaine, « Jusques aux pervers nonchaloirs », *Chansons pour elle* (1891)

REMARQUE

Par convention, lorsque vous scandez un vers (ou comptez le nombre de syllabes), le « e » muet est indiqué entre parenthèses.
Si vous désignez la lettre « e » dans votre devoir, mettez-la entre guillemets. Si vous voulez évoquer le son du « e » muet, indiquez-le comme ceci : [ə].

C Les accents toniques

■ Ils sont essentiels au **rythme de prononciation** (ce que l'on appelle la **prosodie**). Un mot possède un accent tonique, c'est-à-dire une **syllabe sur laquelle la voix s'élève**. En français, il s'agit de la dernière voyelle non-muette d'un mot (voir la règle du « e » muet). En poésie classique, l'accent le plus important est celui de la **rime**.

DÉFINITION

La **prosodie** désigne la tonalité et l'inflexion donnée à la voix lorsque nous parlons. Dans le cas de la poésie, la prosodie se rapporte à la **musicalité des vers** ainsi qu'à leur **rythme** (accents toniques, césures, montée et descente de la voix...).

■ Dans le cas des **alexandrins** et des **décasyllabes**, un autre accent est à respecter : celui de la **dernière syllabe avant la césure** (en poésie classique, il ne faut pas terminer un hémistiche par une syllabe muette pour cette raison).

■ L'harmonie rythmique de ces vers dépend du bon placement de ces accents. D'autres accents servent à créer des subdivisions à l'intérieur d'un hémistiche et permettent de nombreuses **variations de rythme** qu'il faut savoir analyser. La **ponctuation** est d'une grande aide pour décomposer un vers.

■ Ces règles très contraignantes furent parmi les premières à être **négligées par les auteurs les plus modernes du XIXe siècle**, qui utilisèrent l'effet de **déséquilibre** ainsi créé.

« Quand le **ciel** bas et **lourd** // **pè**se comm(e) un cou**ver**(cle) »
1 2 3 / 1 2 3 // 1 2 3 4 5 6
Charles Baudelaire, « Spleen LXXVIII », *Les Fleurs du Mal* (1857)

ANALYSE GUIDÉE

Ici, le poème installe dès le premier vers une ambiance pesante et oppressante. Baudelaire pose un accent irrégulier sur « pèse » pour mettre en avant ce mot et mimer le mal-être de la dépression (« spleen » définit justement un sentiment de malaise dont on ne parvient pas à cerner l'origine). L'accent est irrégulier car il est placé directement après la césure. Deux accents successifs sont considérés comme inharmonieux, ce qui est le but du poète qui s'exprime sur la dépression et la perte de repères. Notez l'accent régulier sur « lourd », dernière voyelle de l'hémistiche, ainsi que sur « ciel ». Ces deux accents séparent l'hémistiche en deux parties égales de 3 syllabes chacune, créant ce qu'on appelle un rythme ternaire qui, comme dans la musique, donne une impression de rapidité.

D La diérèse et la synérèse

■ Un poète peut choisir de **séparer deux voyelles consécutives en deux syllabes différentes** afin d'obtenir le nombre de pieds souhaité : il s'agit d'une **diérèse**, comme le montrent les vers suivants, extraits du *Misanthrope* de Molière :

« Et je ne hais rien tant, que les contor**sions**
De tous ces grands faiseurs de protesta**tions** »

Les deux termes placés à la rime (en fin de vers) présentent une diérèse sans laquelle on ne pourrait pas avoir d'alexandrins.

FRANÇAIS

■ Si le nombre de pieds souhaité est atteint sans diérèse, deux voyelles consécutives sont considérées comme une seule syllabe. Il s'agit d'une **synérèse** :

« Vous serez au foyer une vieille accroupie,
Regrettant mon amour et votre fier dédain. »
Pierre de Ronsard, « Quand vous serez bien vieille », *Sonnets pour Hélène* (1578)

Le terme « fier » qui comprend pourtant deux sons, est considéré et prononcé comme une seule syllabe afin de préserver les douze syllabes de l'alexandrin.

E Les différents types de strophes

■ Équivalent poétique du paragraphe, la strophe est définie par **le nombre de vers qu'elle contient**. Les strophes les plus courantes sont le **distique** ou couplet (2 vers) ; le **tercet** (3 vers) ; le **quatrain** (4 vers) ; le **quintil** (5 vers) ; le **sizain** (6 vers) ; le **huitain** (8 vers).

■ Il est possible de trouver un **vers solitaire** dans un poème. Portez une attention toute particulière à ce vers et à sa relation au reste du poème.

2 Les jeux sonores

Ils sont primordiaux dans la poésie classique. Des sons se répètent en fin de vers (rimes), mais aussi au milieu des vers. C'est ce que l'on appelle les **assonances** et les **allitérations**, présents dans d'autres formes littéraires.

A L'assonance est la répétition d'une même voyelle

« Je fais souvent // ce rêv(e) étrang(e) et pénétrant », Verlaine, « Mon rêve familier », *Poèmes saturniens* (1866) : l'assonance en « en » accentue ici la douceur du rêve dont parle le poème.

B L'allitération est la répétition d'une même consonne

■ « **T**ou**t** en faisant **t**ro**tt**er ses pe**t**i**t**es bo**tt**ines », Rimbaud, « Roman » *Cahiers de Douai* (1919) : l'allitération en « t » traduit ici la démarche coquette de la jeune fille.

■ Ces répétitions sont souvent utilisées pour **renforcer le sens du texte en imitant des sons** : « Pour qui **s**ont **c**es **s**erpents qui **s**ifflent **s**ur vos têtes ? », Racine, *Andromaque* (1667). L'allitération en « s » imite le son produit par les serpents.

C La richesse et les types de rimes

a La richesse des rimes

Vous devez être capables d'analyser les rimes. Elles peuvent être **pauvres**, **suffisantes** ou **riches**. Ces appellations correspondent au **nombre de sons répétés en fin de vers**. C'est ce qu'on appelle la **richesse des rimes** :

ATTENTION

Un son est différent d'une syllabe. Un minimum d'**une voyelle commune** (a, e, i, o, u, y) est nécessaire pour qu'il y ait rime. Cependant une consonne répétée correspond à un son lorsqu'on cherche à déterminer la richesse des rimes.

- **1 son** (obligatoirement une voyelle) = **rime pauvre**
  « Se trouva fort dépourv**ue**
  Quand la bise fut ven**ue**. »
- **2 sons** (voyelle(s) et/ou consonne) = **rime suffisante**
  « La Cigale, ayant chan**té**
  Tout l'é**té**, »

  (2 sons : [t] + [e])
- **3 sons ou plus** (voyelles et consonnes) = **rime riche**
  « La Fourmi n'est pas prê**teuse** :
  C'est là son moindre défaut.
  Que faisiez-vous au temps chaud ?
  Dit-elle à cette emprun**teuse**. »

  (3 sons : [t] + [ø] « eu » + [z])

La Fontaine, « La Cigale et la Fourmi », *Fables* (1694)

b Les types de rimes

Les rimes peuvent également être **suivies** (ou plates), **croisées** ou **embrassées**. C'est ce qu'on appelle les **types de rimes** :

- **rimes suivies (ou plates) : aabb**...
  « Que savons-nous de plus ?... et la sagesse hum**aine**,
  Qu'a-t-elle découvert de plus en son dom**aine** ?
  Sur ce large univers elle a, dit-on, ma**rché** ;
  Et voilà cinq mille ans qu'elle a toujours che**rché** ! »
  Alfred de Musset, « Rêverie », *Poésies posthumes* (1888)
- **rimes croisées : abab**
  « Aimons toujours ! Aimons enc**ore** !
  Quand l'amour s'en va, l'espoir f**uit**.
  L'amour c'est le cri de l'aur**ore**,
  L'amour c'est l'hymne de la n**uit**. »
  Victor Hugo, « Aimons toujours ! Aimons encore ! », *Les Contemplations* (1859)
- **rimes embrassées : abba**
  « C'est le règne du rire amer et de la **rage**
  De se savoir poète et objet du mé**pris**,
  De se savoir un cœur et de n'être com**pris**
  Que par le clair de lune et les grands soirs d'o**rage** ! »
  Émile Nelligan, « La romance du vin », *Poésies complètes* (1899)

D La syntaxe

■ La syntaxe de la poésie versifiée n'est pas la même que celle du roman ou de la littérature d'idées. En effet, même si la poésie classique préfère les phrases qui se terminent à la fin d'un vers, il est fréquent au XIXe siècle de voir **des phrases qui n'épousent pas exactement le vers**.

■ On parle d'**enjambement** lorsque la phrase commencée au premier vers se termine au début du second. On appelle les éléments mis en valeur au début du second vers un **rejet**, tandis que les éléments accentués à la fin du premier vers portent le nom de **contre-rejet**. L'enjambement crée une sensation d'allongement du vers.

« Demain, dès l'aube, à l'heure où **blanchit la campagne**,
Je partirai. Vois-tu, je sais que tu m'attends. »
Victor Hugo, « Demain, dès l'aube... », *Les Contemplations* (1856)

FRANÇAIS

ANALYSE GUIDÉE

◗ Ici, le poète utilise l'enjambement pour insister sur la sensation que le temps est arrêté au petit matin, quand le soleil n'est pas encore levé. Le groupe verbal « où blanchit la campagne » en position de contre-rejet au vers 1 pose l'atmosphère particulière de ce poème et constitue une image que le lecteur visualise instantanément. Le second groupe verbal mis en avant est « Je partirai », en rejet au début du vers 2. Il fait écho au thème du poème, révélé dans les deux derniers vers (« Et quand j'arriverai, je mettrai sur ta tombe/Un bouquet de houx vert et de bruyère en fleurs »). L'auteur décrit le cheminement matinal vers la tombe de sa fille Léopoldine, décédée quatre ans plus tôt. Ce « Je partirai » renvoie peut-être à sa propre mort inéluctable, par laquelle il pourra rejoindre sa fille. La phrase « je sais que tu m'attends », au vers 2, peut signifier que Léopoldine attend la visite de son père vivant sur sa tombe, ou bien une fois mort, dans l'au-delà.

◗ Il est possible de faire ces remarques, même si vous ignorez la vie de l'auteur. Cependant, l'examinateur aura un avis positif s'il voit que vous connaissez le recueil *Les Contemplations* et la signification du quatrième livre intitulé *Pauca Meae (Quelques vers pour ma fille)*. Étant donné l'omniprésence de Victor Hugo dans la littérature française et aux épreuves du bac, nous ne saurions trop vous conseiller de mémoriser ces informations.

3 L'écriture poétique ou la langue des images

A La forme est indissociable du fond

■ La poésie requiert une compréhension fine de la **forme** du texte, c'est-à-dire la syntaxe, la prosodie, les aspects sonores et visuels du texte. L'**analyse de la forme** doit toujours amener à parler du **sens du texte**, c'est-à-dire le **fond**. Si l'écrivain a choisi telle façon de s'exprimer, c'est parce que le poème veut dire telle chose.

■ Le **style** correspond à la manière d'écrire d'un écrivain, à sa façon singulière de trouver les mots qui parlent à tous, les formules et les tournures adéquates. Les figures de style utilisées font partie du style de l'auteur. Elles sont facilement repérables car elles s'éloignent de l'usage ordinaire de la langue, et donnent souvent un caractère **figuré** à l'écriture, sorte de « boîte à outils » de l'écrivain. La manière très personnelle dont il choisit, combine et place ces outils définit son style.

B Les figures de style les plus courantes

Sans être exhaustive, voici une liste de procédés stylistiques les plus courants en poésie utiles pour comprendre le sens du texte et se donner les moyens d'en analyser la forme.

■ L'**anaphore** et la **répétition** consistent à répéter un mot ou un groupe de mots en début de vers ou de phrase. Elles créent un effet d'insistance : « **Mon bras** qu'avec respect toute l'Espagne admire/**Mon bras**, qui tant de fois a sauvé cet empire » Corneille, *Le Cid,* I, 4.

■ La **métaphore** met en relation deux éléments, un comparé et un comparant, mais sans outil de comparaison. Elle s'appuie sur un point commun qui peut être sous-entendu : « La jeunesse est le printemps de la vie » (**comparé** : la jeunesse ; **comparant** : le printemps ; **point commun sous-entendu** : le commencement).

■ L'**hyperbole** consiste à exagérer fortement la réalité, de façon à frapper l'imagination : « Mon nom sert de rempart à toute la Castille » Corneille, *Le Cid*, I, 6. Ici, le personnage se glorifie et montre sa force et sa notoriété. Il est connu dans toute la Castille et l'évocation de son nom suffit à en défendre les frontières.

■ L'**oxymore** est l'association dans le même groupe syntaxique de deux termes de sens opposés : « un clair-obscur », une « souffrance joyeuse », etc.

> **ATTENTION**
> Oxymore est un nom masculin : on écrit **un** oxymore.

■ L'**allégorie** consiste à personnifier une réalité abstraite, comme le fait le tableau de Delacroix *La Liberté guidant le peuple*, représentant une jeune femme qui incarne la révolte et la victoire de la liberté.

■ La **métonymie** consiste à remplacer un terme par un autre, auquel le premier mot est lié par un rapport de sens : le contenu pour le contenant (boire une **tasse** de café = boire le contenu de la tasse) ; la matière pour l'objet (croiser le **fer** = croiser l'épée) ; la partie pour le tout (une **voile** à l'horizon = un bateau à l'horizon).

■ L'**hypallage** consiste à rapprocher deux termes qui n'ont *a priori* pas de rapport entre eux. On s'attend à ce que l'un des deux mots soit rattaché à un troisième : « La chambre est **veuve** », Guillaume Apollinaire, « Hôtels », *Alcools* (1913).

4 En bref

> **REMARQUE**
> Dès la première lecture du texte, vous pouvez extraire beaucoup d'informations en procédant systématiquement de la façon suivante : posez-vous toutes les questions appropriées et notez les réponses au brouillon en quelques mots.

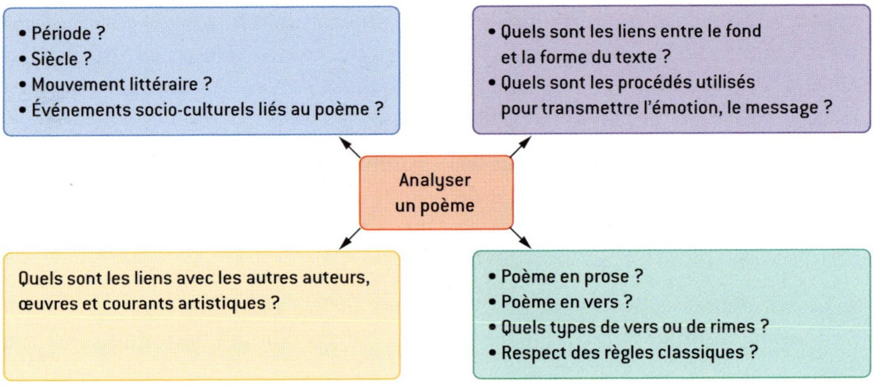

2 L'histoire de la poésie du Moyen Âge à nos jours

Jusqu'à la fin du XVIIIe siècle, la poésie s'identifie au vers et se contente de quelques formes fixes telles que la ballade, le lai, le rondeau, la chanson de geste, l'ode ou encore le sonnet. À partir du XIXe siècle, les poètes commencent à enfreindre les règles très contraignantes de la poésie classique. Peu à peu, les limites du genre deviennent poreuses et la poésie s'ouvre au vers libre, à la prose et aux formes plus originales comme les calligrammes.

1 Les formes fixes de la poésie

A Les formes médiévales

Ces formes issues du Moyen Âge ont des fonctions et des aspects très différents.

■ La **chanson de geste** (du latin gesta : « actions »), comme l'épopée, relate les faits d'armes d'un chevalier. Elle est chantée sur un léger accompagnement musical et repose sur une succession de strophes inégales appelées des laisses. Elle est bâtie sur une assonance (une seule voyelle). La plus célèbre est la *Chanson de Roland*, qui est aussi un des tout premiers textes narratifs en ancien français.

■ La **ballade** est un poème lyrique (le poète y exprime toutes sortes de sentiments, notamment amoureux) de 3 strophes identiques terminées par un refrain et d'une demi-strophe appelée l'envoi, qui reprend les dernières rimes et le refrain. Les strophes sont généralement composées de 8 à 10 vers et les rimes suivent la structure ABABBCBC ou ABABBCCDCD. Cette forme est réservée aux poètes virtuoses car elle est très contraignante. L'une des plus célèbres est la « Ballade des dames du temps jadis » de François Villon.

■ Le **lai** est un poème narratif. Il est souvent rédigé en octosyllabes et exprime la mélancolie et la sensibilité du poète. Marie de France est l'auteure la plus prolifique de cette forme, à tel point que l'on parle des Lais de Marie de France. L'histoire de Tristan et Iseult a été racontée plusieurs fois sous forme de lai.

■ Le **rondeau** est un poème de 3 strophes (5/3/5 ou 4/2/4 vers) contenant seulement 2 rimes. Le premier hémistiche du vers 1 est repris comme un refrain à la fin des strophes 2 et 3.

B L'ode, le sonnet et le haïku (XVIe siècle)

■ L'**ode** est un **poème lyrique** contenant 3 strophes appelées respectivement la strophe, l'antistrophe et l'épode. Elles comportent généralement le même nombre de vers. Il s'agit d'un poème énergique et enthousiaste où l'auteur exprime ses sentiments de manière **joyeuse**.

■ Le **sonnet** est composé de 4 strophes : deux quatrains et deux tercets en alexandrins. Les rimes des quatrains sont traditionnellement embrassées. C'est une forme particulièrement répandue : Ronsard est célèbre pour ses *Sonnets pour Hélène*, Baudelaire l'utilise beaucoup dans *Les Fleurs du mal*, comme le « Sonnet d'automne ».

■ D'origine japonaise, le **haïku** est un poème très bref, un tercet habituellement de 17 syllabes. Il fait référence à un élément naturel pour parler du monde sans nécessairement faire intervenir l'humain. Sa forme lui confère un aspect fulgurant et interdit l'usage des artifices littéraires utilisés dans la poésie lyrique occidentale. Voici un haïku très célèbre, écrit par Bashô, un des principaux auteurs de haïkus japonais :

« Un vieil étang
Une grenouille qui plonge,
Le bruit de l'eau. »

2 La libération de la forme

A Le vers libre

Même si La Fontaine utilisait déjà le vers libre au XVIIe siècle, c'est surtout dès le XIXe siècle que les poètes s'éloignent petit à petit des formes classiques. Les poèmes en vers libres sont constitués de **strophes inégales** et de **vers de longueur variable**, **avec ou sans rimes**. Le poème « Marine » d'Arthur Rimbaud est un exemple de poème en vers libre.

B Les formes poétiques typographiques

■ Si l'on ne peut pas reconnaître une forme fixe, il n'est pas rare d'identifier un **motif** qui se répète dans la succession des vers, comme dans les poèmes en avalanche ou « boule de neige », dans lesquels chaque vers ou strophe comprend une syllabe de plus que le vers précédent. « Les Djinns » de Victor Hugo est un poème en avalanche où chaque strophe contient une syllabe de plus que la précédente.

DÉFINITION
La **typographie** définit les différentes façons d'utiliser et de combiner des lettres, des caractères et des formes en relief.

■ Dans les poèmes en **acrostiche**, les premières lettres de chaque vers constituent un mot ou une phrase « cachés ». Apollinaire joue ainsi avec le prénom Lou dans « Adieu », *Poèmes à Lou* :

[...]
Lentement la nuit noire est tombée à présent
On va rentrer après avoir acquis du zan
Une deux trois A toi ma vie A toi mon sang

La nuit mon cœur la nuit est très douce et très blonde
OLou le ciel est pur aujourd'hui comme une onde
Un cœur le mien te suit jusques au bout du monde

L'heure est venue Adieu l'heure de ton départ
On va rentrer Il est neuf heures moins le quart
Une deux trois Adieu de Nîmes dans le Gard

Guillaume Apollinaire, « Adieu » recueilli dans *Poème à Lou* © Éditions Gallimard

■ Les **calligrammes** sont des poèmes dont les lettres, les mots et les vers forment un dessin en lien direct avec le contenu du poème. Le mot « Calligrammes » a d'ailleurs été employé pour la première fois par Apollinaire en 1918.

FRANÇAIS

C La poésie en prose

■ La poésie en prose se caractérise par l'**absence de vers et de rimes**. Cependant, on peut y retrouver certains des **thèmes chers à la poésie classique ou engagée** (l'amour, la mort, le temps qui passe, la tyrannie, l'horreur de la guerre).

■ On retrouve dans la poésie en prose le goût des **jeux avec les sons** grâce aux assonances et allitérations qui fonctionnent comme des **rimes internes**. La poésie en prose utilise aussi les mêmes figures de style que la poésie versifiée (métaphores, métonymie, etc. Voir fiche 1).

■ La démarche du poète est identique à celle des poètes « classiques » : il souhaite montrer un certain point de vue sur le monde, unique et furtif. Un poème en prose est rarement narratif, car son but n'est pas de raconter une histoire. La poésie en prose est donc souvent un texte **descriptif** et n'est narratif que s'il s'agit de raconter un évènement isolé, comme un instant éphémère pris sur le vif.

3 La mission du poète

A Le poète donne le monde à voir

■ Le poète est un écrivain particulier : il se donne une fonction dans la société. Pour la plupart des hommes, le monde est banal, monotone, répétitif. Le poète, lui, cherche à **retrouver l'émerveillement du premier regard** : il veut faire comprendre aux hommes qu'à force de regarder leur quotidien, ils ne le voient plus. Le poète a donc pour fonction de « réveiller » les hommes et de rendre au monde ce qu'il a de merveilleux, d'extraordinaire, de magique, d'effrayant, d'injuste...

■ Le poète peut revêtir d'autres rôles selon les courants littéraires : le **poète lyrique** et le **poète romantique** utilisent les émotions et le pouvoir de l'imaginaire pour transformer la réalité, le **poète engagé** montre davantage la réalité dans son aspect le plus injuste afin d'inciter les gens à agir.

B Les moyens utilisés

Les poètes **jouent sur la forme dans le but de nourrir le fond du texte**, de créer du sens (ou de jouer sur son absence et sur l'absurdité des choses).

REMARQUES

▸ Il faut toujours percevoir le sens du texte puis étayer votre propos par des remarques formelles et/ou contextuelles (en lien avec le mouvement dont l'auteur se revendique ou s'éloigne, les conditions sociales, historiques et littéraires dans lesquelles l'œuvre a été produite). Ces deux types d'approches sont indissociables et doivent être abordées dans cet ordre. Le même conseil s'applique aux autres formes littéraires et aux autres parties du programme.

▸ Au bac, l'on attend de vous que vous maîtrisiez **l'évolution des mouvements poétiques du XIXe au XXIe siècle**, et que vous soyez capable de reconnaître un auteur qui s'éloigne de ces derniers. Attention, les barrières des siècles sont purement conventionnelles : certains textes publiés au XIXe siècle sont bien plus proches de la modernité des surréalistes du XXe siècle que du romantisme.

POUR ALLER PLUS LOIN

Art et poésie

L'art pictural est sans doute le plus proche de la poésie car les tableaux, sculptures, photographies et films donnent à voir des images et des moments, tout comme la poésie. Certains mouvements littéraires (romantisme, surréalisme...) sont aussi des mouvements artistiques et de nombreux peintres s'en revendiquent. Faites appel à vos connaissances dans ces domaines, à condition que cela soit cohérent et que le sujet s'y prête. Voici quelques œuvres en lien avec cette partie du programme, présumées connues en classe de Première. Toute référence culturelle bien argumentée, citée de manière claire (ne parlez pas d'une œuvre sans en connaître le titre) et qui reste dans les limites du bon goût sera la bienvenue dans votre copie, dans une dissertation notamment.

Romantisme

- Gustave Courbet, *Le Désespéré* (1843-1845)
- Eugène Delacroix, *Jeune orpheline au cimetière* (vers 1824), *La Liberté guidant le peuple* (1830)
- Pierre de Franqueville, *Orphée charmant les animaux* (1598)
- Caspar David Friedrich, *Ruines du monastère d'Oybin* (Le Rêveur), *Falaises de craie à Rügen* (1818-1819), *Voyageur contemplant une mer de nuages* (1818)
- Johann Heinrich Füssli, *Le Cauchemar* (1781)
- Francisco de Goya, *Tres De Mayo* (1814), *Saturne dévorant un de ses fils* (1819-1823)
- William Turner, *Paysage avec une rivière et une baie dans le lointain* (vers 1845)

Füssli, *Le cauchemar*, 1781

Symbolisme

- Arnold Böcklin, *L'île des morts* (1886, série de 5 tableaux)
- Gustav Klimt, *Le Baiser* (1908-1909)
- Gustave Moreau, *Œdipe et le Sphinx* (1864), *Hercule et l'Hydre de Lerne* (1876)
- Edvard Munch, *Le Cri*, (1893)
- Pierre Puvis De Chavannes, *Marie-Madeleine au désert* (1869)

Klimt, *Le baiser*, 1909

Surréalisme

- Luis Buñuel, *Un Chien Andalou* (1929, court-métrage)
- Salvador Dali, *La persistance de la mémoire* (1931), *Montre molle au moment de la première explosion* (1954)
- René Magritte, *La trahison des images* (1928-1929), *Le château des Pyrénées* (1959)

4 En bref

Moyen Âge

La **fin'amor** reprend la hiérarchie féodale (les rapports suzerain-vassal) et les transpose au couple amoureux en plaçant la dame au rang de seigneur et maître

- Chanson de geste
- Ballade → VILLON « La Ballade des pendus »
- Lai
- Rondeau

Chanson de Roland

XVIe siècle

Invention de l'imprimerie

La Pléiade : groupe de poètes lyriques et humanistes qui empruntent les codes des Anciens (auteurs latins et grecs de l'Antiquité)

RONSARD *Sonnets pour Hélène*
DU BELLAY *Défense et illustration de la langue française*

XVIIe siècle

- Monarchie absolue

Poésie classique : vise à plaire et à instruire. Les codes de la poésie classique sont repris dans les tragédies

RACINE
MALHERBE « Les larmes de Saint-Pierre »
BOILEAU *Le Lutrin, L'Art poétique*

XVIIIe siècle

- **Siècle des Lumières**
- Apogée du **commerce triangulaire** (tissus, armes à feu, coton, thé, épices, esclaves)
- Période très rude pour le peuple français : hivers glacials, famine, misère et criminalité
- **Révolution française**
- Apparition d'une nouvelle classe sociale : la **bourgeoisie**

Les Lumières et la prose argumentative laissent peu de place à la poésie, si bien que celle-ci est très peu représentée à cette période

VOLTAIRE
« Poème sur le désastre de Lisbonne »

XIXe siècle

- **Alternance des régimes politiques** (république et empire) avec des répercussions sur le milieu culturel et littéraire
- **Révolution industrielle**
- Émergence de la classe sociale des **ouvriers**

Poésie romantique : expression des sentiments et épanouissement personnel, contre la vision matérialiste et rationaliste de l'époque

Le Parnasse : en réaction à la « sensiblerie » romantique, accent sur la virtuosité technique au lieu des sentiments. Retour aux règles classiques

Poésie symboliste : expression plus libre de la poésie

LAMARTINE *Méditations poétiques*
HUGO *Les Rayons et les Ombres, Les Châtiments, Les Contemplations*
BAUDELAIRE *Les Fleurs du mal, Le Spleen de Paris*
Hugo et Baudelaire ont refusé l'appartenance à un mouvement particulier

XXe siècle

Les **deux guerres mondiales** changent radicalement la vision du monde et la place de l'homme et de la femme dans la société

Surréalisme : l'imaginaire et l'absurde redonnent sens au monde et à la vie quotidienne

Poésie engagée, poésie des tranchées, poésie de la résistance (entre 1914 et 1945)

Poésie contemporaine (après 1945)

Renouveau lyrique (1980)

APOLLINAIRE « Zone », *Calligrammes*
BRETON *Clair de terre*
DESNOS
QUENEAU *Oulipo*

XXIe siècle

Comme les **deux guerres mondiales**, les **attentats terroristes** de 2001 et du début du siècle ont transformé les modes de vie et les milieux culturels occidentaux

BONNEFOY

- La poésie contemporaine échappe aux règles des mouvements littéraires, mais réunit certaines de leurs caractéristiques : **sobriété** et **simplicité** pour exprimer la beauté du monde quotidien
- Expérimentation entre contraintes et liberté, rapprochement avec les **arts plastiques**
- Utilisation des blogs, sites, vidéos...

SE TESTER ET S'ENTRAÎNER

EXERCICE 1

Cochez la ou les bonne(s) réponse(s) et répondez aux questions posées.

1. La poésie est un :
❑ mouvement littéraire
❑ genre littéraire
❑ registre de langue

2. La poésie est écrite :
❑ en vers uniquement
❑ en prose uniquement
❑ en vers ou en prose

3. Un alexandrin est :
❑ un vers de huit syllabes
❑ un vers de dix syllabes
❑ un vers de douze syllabes (ou pieds)
❑ un vers de quatorze syllabes

4. La pause au milieu d'un vers de plus de huit syllabes s'appelle :
❑ une respiration
❑ un hémistiche
❑ une césure
❑ une pause

5. Les deux parties d'un vers de plus de huit syllabes s'appellent :
❑ des césures
❑ des moitiés
❑ des hémistiches
❑ des hémivers

6. Les divisions possibles du décasyllabe sont :
❑ 6/4 ❑ 5/5 ❑ 2/8
❑ 4/6 ❑ 8/2 ❑ 9/1

7. L'accent tonique peut se situer :
❑ sur la dernière syllabe d'un mot
❑ sur la première syllabe d'un mot
❑ sur l'avant-dernière syllabe d'un mot si la dernière est muette (ou élidée)

8. Lorsqu'une phrase commence sur un vers et se termine au milieu du vers suivant, cela s'appelle :
❑ un contre-rejet ❑ un excès
❑ un rejet ❑ un enjambement
❑ un dépassement

9. Combien de syllabes possède le vers suivant ? « Pour qui sont ces serpents qui sifflent sur vos têtes ? »

10. Quelle est la figure de style utilisée dans le vers ci-dessus :
❑ une métaphore ❑ une amphore
❑ une assonance ❑ une allitération
❑ une anaphore ❑ une allégorie
❑ une répétition

11. À quoi sert la figure de style employée dans ce vers : « Pour qui sont ces serpents qui sifflent sur vos têtes ? » ?

EXERCICE 2

1. Scandez le poème suivant (comptez les syllabes et donnez le nom du vers si vous le connaissez).
2. Analysez ce poème en notant au brouillon l'étude que vous en aurez faite.

Emportez-moi dans une caravelle,
Dans une vieille et douce caravelle,
Dans l'étrave, ou si l'on veut, dans l'écume,
Et perdez-moi, au loin, au loin.

Dans l'attelage d'un autre âge.
Dans le velours trompeur de la neige.
Dans l'haleine de quelques chiens réunis.
Dans la troupe exténuée des feuilles mortes.

Emportez-moi sans me briser, dans les baisers,
Dans les poitrines qui se soulèvent et respirent,
Sur les tapis des paumes et leur sourire,
Dans les corridors des os longs et des articulations.

Emportez-moi, ou plutôt enfouissez-moi.

Henri Michaux, « Emportez-moi », in *Mes Propriétés* recueilli dans *L'Espace du dedans* © Éditions Gallimard

CORRIGÉ

Exercice 1

1. La poésie est un genre littéraire.
2. La poésie est écrite en vers ou en prose.
3. Un alexandrin est un vers de douze syllabes (ou pieds).
4. La pause au milieu d'un vers de plus de huit syllabes s'appelle une césure.
5. Les deux parties d'un vers de plus de huit syllabes s'appellent des hémistiches.
6. Les divisions possibles du décasyllabe sont 4/6 ou 5/5.
7. En français, l'accent tonique peut se situer sur la dernière syllabe d'un mot ou sur l'avant-dernière syllabe d'un mot si la dernière est muette (ou élidée).
8. Lorsqu'une phrase commence sur un vers et se termine au milieu du vers suivant, cela s'appelle un enjambement.
9. Le vers comporte 12 syllabes.
10. La figure de style utilisée est une allitération.
11. Ici, cette figure de style sert à imiter le son des serpents.

Exercice 2

1.

Emportez-moi // dans une caravell(e), 1 2 3 4 5 6 7 8 9 10	Décasyllabe régulier 4/6
Dans une vieill(e) // et douce caravell(e), 1 2 3 4 5 6 7 8 9 10	Décasyllabe régulier 4/6
Dans l'étrav(e), // ou si l'on veut, dans l'écum(e), 1 2 3 4 5 6 7 8 9 10	Décasyllabe 3/7 (irrégulier)
Et perdez-moi, // au loin, au loin. 1 2 3 4 5 6 7 8	Octosyllabe régulier 4/4
Dans l'attelag//e d'un autr(e) âg(e). 1 2 3 4 5 6 7 8	Octosyllabe irrégulier (soit la césure tombe 5/3, soit elle coupe le mot)
Dans le velours trompeur de la neig(e). 1 2 3 4 5 6 7 8 9	9 syllabes (on ne sait pas où placer la césure, peut-être 4/5 ?)
Dans l'haleine de quelques chiens réunis. 1 2 3 4 5 6 7 8 91011	11 syllabes (on pourrait faire la diérèse « chi-en » pour avoir un alexandrin mais la césure coupe un mot)
Dans la troup(e) exténuée des feuilles mort(es). 1 2 3 4 5 6 7 8 9 10 11	11 syllabes, même avec la diérèse « exténu-ée »
Emportez-moi sans me briser, dans les baisers, 1 2 3 4 5 6 7 8 9 10 11 12	Alexandrin inhabituel : on doit découper 4/4/4, mais la césure se trouve entre le verbe et le complément
Dans les poitrines qui se soulèv(ent) et respir(ent), 1 2 3 4 5 6 7 8 9 10 11 12	Alexandrin irrégulier, césure possible après « qui » mais coupe la subordonnée.
Sur les tapis // des paum(es) et leur sourir(e), 1 2 3 4 5 6 7 8 9 10	Décasyllabe régulier 4/6
Dans les corridors des os longs et des articulations. 1 2 3 4 5 6 7 8 9 10 11121314 15	15 syllabes, rythme perturbé (allongé)
Emportez-moi, ou plutôt enfouissez-moi. 1 2 3 4 5 6 7 8 9 10 11	11 syllabes. On pourrait faire la diérèse « enfou-issez » mais la césure coupe un mot dans tous les cas.

2.

MÉTHODE

Commencez par noter au brouillon ce qui vous semble intéressant pour comprendre le texte (tout ne vous servira pas forcément, mais cette démarche ne prend pas plus de 5-10 minutes). Voici un exemple de raisonnement possible à la première lecture du texte, puis un exemple de ce qui peut apparaître sur votre brouillon.

Raisonnement semi-rédigé

• Vers irréguliers : 1944, Seconde Guerre mondiale, époque moderne, non-respect des règles classiques.

• Titre et vers 1 : « Emportez-moi » → thème du voyage ? (caravelle = bateau)

• v. 3 : « étrave »/« écume » → bizarre. Volonté d'être sous le navire ? dans l'écume ? de se confondre avec la mer ?

• v. 4 : « perdez-moi » confirme que le poète veut s'égarer, s'évader. MAIS → impératif (comme dans le titre et le v. 1)→ bizarre (normalement, on se perd soi-même, on ne demande pas aux autres de nous perdre).

• v. 5 « dans » → anaphore (vers 2, 3, 5, 6, 7, 8, 10 et 12). v. 5 = phrase nominale, comme les autres vers du deuxième quatrain.

• v. 6 « dans le velours trompeur de la neige » → la douceur invite encore à se confondre avec la nature ? à disparaître ? mais invitation trompeuse. Pourquoi ?

• v. 7 « dans l'haleine de quelques chiens réunis » renvoie à « l'attelage » du v.5 et fait penser aux chiens de traîneau. L'haleine, la neige et l'écume → matières poreuses, on peut s'y perdre et s'y « mélanger ».

• v. 8 « troupe exténuée des feuilles mortes » → « troupe » désigne les chiens ? ou des soldats ? « feuilles mortes » fait penser à l'automne → contraste avec l'hiver évoqué par la neige au v. 6. L'automne peut être une métaphore de la fin de la vie ?

• v. 9 anaphore « emportez-moi » ; douceur « baisers », « sans me briser »

• v. 10 à 12 : lexique du corps et de la vie « poitrines qui se soulèvent et respirent », « paumes », « sourire », « os », « articulations »

• v. 13 : « enfouissez-moi » → retour de la volonté de disparaître (enterré ?). Union avec la nature. MAIS on ne sait pas quelle est la volonté exprimée par le poète. Cette union peut-elle avoir lieu de son vivant ? Désire-t-il/doit-il mourir ? Le thème de la mort apparaît clairement au v. 8 avec les « feuilles mortes ». Sont-elles l'engrais qui entraîne la renaissance au printemps ? Est-ce une métaphore de la condition humaine ?

• Titre du recueil = *L'Espace du dedans*. Michaux cherche-t-il à explorer ce qui se passe à l'intérieur de chacun ? Voyage intérieur ? Imaginaire ? Désir d'être ailleurs en restant à l'intérieur de soi ?

Votre brouillon

Poésie en vers, mais moderne (vers irrégulier) non-respect des règles classiques. Thème du voyage v. 1 et titre, « étrave »/ « écume » v. 3 → sous le navire. Se confondre avec la mer. Se perdre, s'égarer, s'évader. « perdez-moi » v. 4, emploi étrange de l'impératif, comme avec « emportez-moi ». « velours trompeur de la neige » pourquoi trompeur ? Se confondre avec la nature ? Disparaître ? Mourir ? 1er quatrain : champ lexical de la mer.
2e quatrain : chiens de traîneau. Haleine fait penser à neige et écume. « troupe exténuée des feuilles mortes » → automne, contraste avec hiver (« neige » v. 6) engrais pour la renaissance au printemps ? Métaphore du cycle de la vie ? de l'homme ? Champ lexical des saisons.

FRANÇAIS

3e quatrain : champs lexicaux du corps et de la vie (v. 9-12)
« enfouissez-moi » : volonté de disparaître (enterré ?) Recueil : espace du dedans → voyage intérieur ? Se connaître soi-même ? Être ailleurs tout en restant en soi ?

MÉTHODE

- Entraînez-vous à ce travail de première lecture sur des poèmes que vous aimez. Évidemment, ces notes doivent être remises en ordre : par exemple, il faut regrouper les différents passages où le besoin de se confondre avec la nature a été identifié. *Idem* avec les différents champs lexicaux. La première lecture est linéaire, mais dans votre réponse, vous devez faire des liens entre des endroits différents du texte lorsque c'est possible.
- Le résumé peut vous entraîner à parler des thèmes évoqués dans le corpus, des champs lexicaux, des points communs ou différences entre les textes, des courants littéraires. Entraînez-vous à repérer tous ces éléments le plus rapidement possible, y compris avec des textes difficiles comme celui de Michaux.

SUJET DE TYPE BAC

Objet d'étude : La poésie du XIXe au XXIe siècle
Document A : Henri Michaux, « Emportez-moi ! », *Espace du dedans*, 1944
Document B : Charles Baudelaire, « Un hémisphère dans une chevelure », *Spleen de Paris*, 1862
Document C : Arthur Rimbaud, « Ma bohème », *Poésies*, 1870
Document D : Jules Laforgue, « La Cigarette », *Le Sanglot de la Terre*, 1880

Commentaire
Vous commenterez le poème de Henri Michaux (document A).

Contraction de texte
Vous résumerez le document D en veillant à mettre l'accent sur les idées essentielles de l'auteur. Votre réponse comportera environ 250 mots.

Essai
Comment est-il possible de susciter le désir d'évasion chez un lecteur/une lectrice ?

DOCUMENT A

 # outil
Conseils pour réussir l'épreuve écrite et orale
foucherconnect.fr/19pbst2s39

« Emportez-moi »

Emportez-moi dans une caravelle,
Dans une vieille et douce caravelle,
Dans l'étrave, ou si l'on veut dans l'écume,
Et perdez-moi, au loin, au loin.

Dans l'attelage d'un autre âge.
Dans le velours trompeur de la neige.
Dans l'haleine de quelques chiens réunis.
Dans la troupe exténuée de feuilles mortes.

Emportez-moi sans me briser, dans les baisers,
Dans les poitrines qui se soulèvent et respirent,
Sur les tapis des paumes et leur sourire,
Dans les corridors des os longs et des articulations.

Emportez-moi, ou plutôt enfouissez-moi.

Henri Michaux, « Emportez-moi », in *Mes Propriétés* recueilli dans *L'Espace du dedans* © Éditions Gallimard

DOCUMENT B

« Un hémisphère dans une chevelure »

Laisse-moi respirer longtemps, longtemps, l'odeur de tes cheveux, y plonger tout mon visage, comme un homme altéré dans l'eau d'une source, et les agiter avec ma main comme un mouchoir odorant, pour secouer des souvenirs dans l'air.

Si tu pouvais savoir tout ce que je vois ! tout ce que je sens ! tout ce que j'entends dans tes cheveux ! Mon âme voyage sur le parfum comme l'âme des autres hommes sur la musique.

Tes cheveux contiennent tout un rêve, plein de voilures et de mâtures ; ils contiennent de grandes mers dont les moussons me portent vers de charmants climats, où l'espace est plus bleu et plus profond, où l'atmosphère est parfumée par les fruits, par les feuilles et par la peau humaine.

Dans l'océan de ta chevelure, j'entrevois un port fourmillant de chants mélancoliques, d'hommes vigoureux de toutes nations et de navires de toutes formes découpant leurs architectures fines et compliquées sur un ciel immense où se prélasse l'éternelle chaleur.

Dans les caresses de ta chevelure, je retrouve les langueurs des longues heures passées sur un divan, dans la chambre d'un beau navire, bercées par le roulis imperceptible du port, entre les pots de fleurs et les gargoulettes rafraîchissantes.

Dans l'ardent foyer de ta chevelure, je respire l'odeur du tabac mêlé à l'opium et au sucre ; dans la nuit de ta chevelure, je vois resplendir l'infini de l'azur tropical ; sur les rivages duvetés de ta chevelure je m'enivre des odeurs combinées du goudron, du musc et de l'huile de coco.

Laisse-moi mordre longtemps tes tresses lourdes et noires. Quand je mordille tes cheveux élastiques et rebelles, il me semble que je mange des souvenirs.

Baudelaire, « Un hémisphère dans une chevelure », *Spleen de Paris*, 1862

DOCUMENT C

« Ma bohème »

Je m'en allais, les poings dans mes poches crevées ;
Mon paletot aussi devenait idéal ;
J'allais sous le ciel, Muse ! et j'étais ton féal ;
Oh ! là là ! que d'amours splendides j'ai rêvées !
Mon unique culotte avait un large trou.
- Petit-Poucet rêveur, j'égrenais dans ma course
Des rimes. Mon auberge était à la Grande Ourse.
- Mes étoiles au ciel avaient un doux frou-frou

Et je les écoutais, assis au bord des routes,
Ces bons soirs de septembre où je sentais des gouttes
De rosée à mon front, comme un vin de vigueur ;
Où, rimant au milieu des ombres fantastiques,
Comme des lyres, je tirais les élastiques
De mes souliers blessés, un pied près de mon cœur !

Rimbaud, « Ma Bohème », *Poésies*, 1870

DOCUMENT D

« La cigarette »

Oui, ce monde est bien plat ; quant à l'autre, sornettes.
Moi, je vais résigné, sans espoir, à mon sort,
Et pour tuer le temps, en attendant la mort,
Je fume au nez des dieux de fines cigarettes.
Allez, vivants, luttez, pauvres futurs squelettes,

FRANÇAIS

Moi, le méandre bleu qui vers le ciel se tord,
Me plonge en une extase infinie et m'endort
Comme aux parfums mourants de mille cassolettes.
Et j'entre au paradis, fleuri de rêves clairs
Où l'on voit se mêler en valses fantastiques
Des éléphants en rut à des chœurs de moustiques.
Et puis, quand je m'éveille en songeant à mes vers,
Je contemple, le cœur plein d'une douce joie,
Mon cher pouce rôti comme une cuisse d'oie.

Laforgue, « La Cigarette », *Le Sanglot de la Terre*, 1880

OBJECTIF BAC

Le commentaire de texte

▶ Le texte de Michaux peut être abordé sous de nombreux angles. Cependant, le sujet de l'exercice de contraction de texte donne une piste de départ. Ces textes ont été rassemblés à cause de leur thème commun, celui de l'évasion. Il est très nettement perceptible chez Michaux dès le titre et le premier vers. Votre commentaire doit donc parler de ce thème. En revanche, un commentaire doit avoir deux ou trois parties et suivre un schéma précis qui est le suivant :

- une **introduction** de quelques lignes où vous présentez le(s) thème(s), le contexte, puis le texte (auteur, titre du poème, titre du recueil). L'introduction doit se terminer par une présentation de votre plan : « Dans un premier temps, nous aborderons... Dans un second temps, il sera question de... » ;
- un **développement** de deux ou trois parties. À l'intérieur de chaque partie, plusieurs idées sont accompagnées par des arguments et des exemples (citations du texte). Vous devez rédiger de manière claire en mettant en avant l'analyse, en utilisant des connecteurs logiques, en sautant des lignes entre chaque partie, en créant un alinéa chaque fois que vous changez d'idée. Faites des transitions d'une phrase ou deux entre chaque partie (rédiger les transitions au brouillon peut vous aider à trouver l'ordre idéal des parties) ;
- une **conclusion** pour résumer l'intérêt du texte, ouvrir sur d'autres questions et mettre en avant des liens potentiels avec d'autres textes ou œuvres.

▶ Surtout**, ne paraphrasez jamais un texte**, mais reformulez-le toujours avec vos mots. Paraphraser n'apporte aucune valeur à votre travail, cela ne fait que persuader votre correcteur que vous ne savez pas ce que vous faites, voire que vous avez un niveau très mauvais. Citez le texte en utilisant des guillemets et en indiquant le numéro des lignes (ou des vers). Une citation doit toujours être accompagnée par une interprétation. À l'inverse, **n'avancez jamais une idée sans la justifier par une analyse**.

 # corrigés
foucherconnect.fr/19pbst2s40

3 L'écriture argumentative

La littérature d'idées rassemble des œuvres qui appartiennent à des genres littéraires différents mais qui partagent une volonté d'instruire, de convaincre, de persuader ou de débattre. Sa vocation première n'est pas de raconter une histoire (comme le récit) ou de rechercher l'esthétisme pur (comme la poésie). Si elle utilise la narration ou la beauté du langage, c'est dans un but de transmission de messages et d'idées.

1 Les fonctions du texte argumentatif et la rhétorique

■ La littérature d'idées cherche à :
- **enseigner**, lorsqu'elle transmet des **faits** et des **savoirs avérés** ;
- **convaincre**, lorsqu'elle utilise des **arguments** ;
- ou **persuader**, lorsqu'elle joue sur les **émotions** pour changer le point de vue d'un interlocuteur.

 # vidéo
Le concours d'éloquence des avocats du Barreau de Paris
foucherconnect.fr/19pbst2s41

■ Les moyens mis en œuvre pour enseigner, convaincre ou persuader forment un ensemble appelé la **rhétorique**. Aristote fait partie des premiers à avoir étudié l'art du discours dans la Grèce antique. Traditionnellement, la rhétorique comporte cinq parties :
- l'***inventio*** (invention) : l'art de trouver des arguments et des procédés pour convaincre ;
- la ***dispositio*** (disposition) : l'art d'organiser ses arguments ;
- l'***elocutio*** (élocution) : la capacité à trouver les mots justes qui mettent en valeur les arguments, c'est ce que l'on appelle le style ;
- l'***actio*** : la diction, les gestes de l'orateur, etc. ;
- la ***memoria*** : les procédés pour mémoriser le discours.

■ La **rhétorique** englobe aujourd'hui la communication écrite et désigne un ensemble de **règles destinées au discours** (au sens général, le discours regroupe tout ce qui utilise le langage pour convaincre, à l'écrit comme à l'oral).

2 Les différents types de textes argumentatifs

A Avant le XVIe siècle, une argumentation entre oral et écrit

■ Avant l'invention de l'imprimerie en 1451, **les livres sont rares et coûteux**. Seuls les ouvrages religieux et scientifiques font partie de la littérature d'idées, et peu de gens sont capables de les lire. Les **discours publics** et les **chansons** remplissent donc majoritairement ce rôle de transmission (beaucoup furent retranscrits par la suite).

■ Les **sermons**, dont l'origine est très ancienne, sont des discours religieux destinés à **guider les croyants** dans leur vie quotidienne. Au XVIIe siècle, Bossuet compte parmi les grands orateurs et auteurs de sermons.

■ L'**éloge** sort du cadre religieux. Il consiste à **dresser un portrait flatteur** d'un individu ou d'une institution. Certains éloges sont passés à l'écrit, comme l'*Éloge du parasite* de Lucien de Samosate (IIe siècle) ou, plus récemment, *L'Oraison funèbre à Jean Moulin* par André Malraux, prononcée en 1964.

■ Le **blâme** permet d'affirmer son engagement. La visée est de convaincre le lecteur de l'aspect néfaste d'une idée, d'une institution, d'un événement… Le blâme est le contraire de l'éloge et, à ce titre, il existe aussi dès l'Antiquité, mais revient sur la scène littéraire au XVIe siècle (certains auteurs mêlent éloge et blâme, comme Erasme dans *L'Éloge de la folie* en 1509). Un exemple plus récent est la critique du régime de Napoléon III faite par Victor Hugo dans ses *Châtiments*.

■ Le blâme se rapproche du **pamphlet**, qui focalise la critique sur une personnalité haut placée, souvent en la tournant en ridicule. L'un des pamphlets les plus connus est l'article publié à la fin du XIXe siècle par Emile Zola sous le titre « J'accuse ! », dans lequel il prend la défense du capitaine Dreyfus, injustement accusé de trahison, et dénonce le comportement de personnages de haut rang dans la société.

B Le XVIe siècle et l'apparition de l'essai

Montaigne contribue quant à lui à l'apparition d'un genre nouveau au XVIe siècle : l'**essai**. Dans les *Essais*, Montaigne utilise une approche peu usitée jusqu'alors : il y parle de nombreux sujets de manière personnelle, allant jusqu'à décrire ses propres sensations, sentiments et pensées, pour ensuite tirer des conclusions philosophiques qui s'appliqueraient à tous. Ce **passage du personnel à l'universel** a inspiré de nombreux philosophes et écrivains. Les thèmes abordés sont souvent liés à un **engagement** : politique, social, humaniste, existentiel.

C La transmission par la narration

■ L'**apologue** est l'un des genres les plus répandus et les plus populaires de la littérature d'idées car il prend la forme d'un **récit**. Il s'agit donc d'un texte à la fois narratif et démonstratif : par le biais des personnages et de leurs actions, on cherche à démontrer un point de vue, à transmettre un message ou des valeurs (humanisme, esprit critique, modération, prudence, etc.). Les *Fables* de Jean de La Fontaine illustrent clairement cette définition : les personnages y sont très bien caractérisés et une **morale** finale explicite le message de l'auteur. Toutefois, les apologues ne sont pas toujours aussi clairs sur leurs intentions et, dans certains cas, le message est **implicite**.

La Barbe Bleue, Gustave Doré, 1862

■ Plusieurs genres font partie des **apologues** :
– les **utopies** et les **dystopies**, qui montrent un futur imaginaire idéal dans le cas de l'utopie (*Gargantua* de Rabelais), catastrophique dans le cas de la dystopie (*1984* de George Orwell ou *Le Meilleur des Mondes* d'Aldous Huxley) ;
– les **contes philosophiques** comme *L'Ingénu* ou *Micromégas* de Voltaire, les **contes** de Perrault (*Peau d'Âne*), de Grimm (*Hansel et Gretel*) et d'Andersen (*La Reine des Neiges*) ;
– les **paraboles** (textes religieux racontant les aventures des saints et servant de supports aux enseignements de l'Église) ;
– les **fables** (Ésope, La Fontaine…) et **fabliaux** (récits animaliers du Moyen Âge, avec ou sans morale finale).

3 Les spécificités du texte argumentatif

A Les registres littéraires

Les meilleurs orateurs savent varier leur ton et susciter l'émotion qui guidera le mieux l'interlocuteur vers son idée. C'est pourquoi on peut trouver plusieurs registres dans un même texte. Voici les principaux registres employés dans la littérature d'idées.

> RAPPEL
> Un registre correspond à l'**intonation globale** d'un texte, d'un paragraphe ou d'une phrase. Il peut être utilisé dans n'importe quel genre (poésie, théâtre, roman, etc.).

a Le registre épidictique

■ Utilisé dans l'éloge et dans le blâme, il rassemble tous les procédés servant à provoquer soit l'admiration, soit le dégoût. Cela peut être par l'emploi de **superlatifs**, l'usage de **majuscules**, un **lexique mélioratif ou péjoratif**, l'**apostrophe**, etc.

■ Racine, dans la dédicace d'*Andromaque*, se sert du registre épidictique pour faire l'éloge d'Henriette d'Angleterre :

> « **MADAME**, Ce n'est pas sans sujet que je mets **votre illustre nom** à la tête de cet ouvrage. Et de quel autre nom pourrais-je **éblouir les yeux** de mes lecteurs, que de celui dont mes spectateurs ont été **si heureusement éblouis** ? On savait que **VOTRE ALTESSE ROYALE** avait **daigné** prendre soin de la conduite de ma tragédie. On savait que vous m'aviez prêté quelques-unes de **vos lumières** pour y ajouter de nouveaux ornements. On savait enfin que vous l'aviez **honorée de quelques larmes** dès la première lecture que je vous en fis […]. »

b Le registre didactique

■ On présente des **faits** et des **connaissances**, on pose des questions et on y répond (ou on tente d'y répondre). Dans certains cas, on guide l'interlocuteur pour qu'il trouve lui-même la réponse à la question.

■ Dans *L'Écume des jours* de Boris Vian, Colin explique comment fonctionne son piano-cocktail. Les faits sont présentés par l'emploi des verbes que l'on pourrait appeler « univoques » : ils n'ont qu'un seul sens possible, sont clairs, mathématiques et l'apprentissage du fonctionnement de l'appareil est facile :

> « À chaque note, dit Colin, je fais correspondre un alcool, une liqueur ou un aromate. La pédale forte **correspond** à l'œuf battu et la pédale faible à la glace. Pour l'eau de Seltz, **il faut** un trille dans le registre aigu. Les quantités **sont en raison directe** de la durée : à la quadruple croche **équivaut** le seizième d'unité, à la noire l'unité, à la ronde la quadruple unité. »

c Le registre polémique

■ C'est une **critique virulente** de l'adversaire ou de l'interlocuteur **dans le but de convaincre d'autres personnes**. On cherche à provoquer un **débat** en portant des accusations et, de préférence, en apportant des preuves et des exemples pour étayer ce que l'on dit. À l'inverse du registre élogieux, on utilise des adjectifs, verbes et noms péjoratifs, des superlatifs et tout autre moyen de dénigrer ou affaiblir la parole de l'interlocuteur.

FRANÇAIS

- Zola emploie le registre polémique dans *Mes Haines* :
  « Je **hais** les **sots** qui font les **dédaigneux**, les **impuissants** qui crient que notre art et notre littérature meurent de leur belle mort. Ce sont les cerveaux **les plus vides**, les cœurs **les plus secs**, les gens enterrés dans le passé, qui feuillettent avec **mépris** les œuvres vivantes et tout enfiévrées de notre âge, et les déclarent nulles et étroites. »

d Le registre satirique

- La **satire** est une **moquerie par le ridicule**. Molière fait la satire des médecins dans *Le Médecin malgré lui*. Sganarelle fait semblant d'être médecin, et tous les autres personnages sont convaincus qu'il l'est réellement alors que ses questions et son diagnostic sont ridicules, inefficaces et n'ont rien à voir avec la maladie qu'on lui demande de soigner. Cela montre qu'à l'époque, la foi envers la médecine était aveugle et qu'on prêtait aux médecins des compétences qu'ils n'avaient qu'en apparence.

- Albert Cohen, dans *Belle du Seigneur*, emploie également le registre satirique : « Lisez les annonces de ces demoiselles de bonne famille, présentant bien, avec espérances directes et prochaines, comme elles disent. Lisez et vous verrez qu'elles veulent un monsieur non seulement aussi long que possible, mais encore énergique, ayant du caractère, et elles font des yeux émerveillés, comme si c'était beau et grand alors qu'en réalité c'est répugnant. Du caractère ! s'écria-t-il avec douleur. Du caractère, elles l'avouent ! Elles avouent, les angéliques effrontées, qu'il leur faut un cher fort et silencieux, avec chewing-gum et menton volontaire, un costaud, un viril, un coq prétentieux ayant toujours raison, un ferme en ses propos, un tenace et implacable sans cœur, un capable de nuire, en fin de compte un capable de meurtre ! Caractère n'étant ici que le substitut de force physique, et l'homme de caractère un produit de remplacement, l'ersatz civilisé du gorille. Le gorille, toujours le gorille ! ».

e Le registre ironique

REMARQUE
Les registres satirique et ironique font tous deux appel à l'ironie. On évoque un registre satirique ou ironique quand les procédés de l'un ou de l'autre sont majoritaires dans le texte, mais on parle simplement d'ironie ou de satire si l'on commente une phrase minoritaire dans un extrait.

- Avec le registre ironique, **on dit le contraire de ce qu'on veut dire**, on fait semblant de **défendre la thèse inverse de la nôtre pour la tourner en ridicule**, en donnant des arguments faux, erronés, hors sujet…

- Victor Hugo use de ce registre dans *Le Dernier Jour d'un condamné* :
  « Il ne croit pas, ce geôlier, que j'aie à me plaindre de lui et de ses sous geôliers. **Il a raison. Ce serait mal à moi de me plaindre** ; ils ont fait leur métier ; **ils m'ont bien gardé** ; et puis, ils ont été **polis** à l'arrivée et au départ. **Ne dois-je pas être content ?** »

B Les procédés de l'argumentation

Pour ne pas ennuyer l'interlocuteur, de nombreuses figures de style permettent d'utiliser des images (sens figuré et jeux sur les mots), des procédés d'**insistance**, d'**atténuation** ou d'**opposition** peuvent aussi être employés.

a Les figures d'animation, d'analogie, de substitution

■ La **comparaison** sert à décrire un objet, une personne ou une chose (le **comparé**) en utilisant une chose différente (le comparant) mais qui présente un ou plusieurs points communs avec l'objet décrit. Elle utilise un terme comparatif (comme, tel que, ainsi que, pareil à…) : « **Candide**, qui tremblait comme un philosophe… »

■ La **métaphore** est une comparaison plus frappante car elle n'utilise pas de terme comparatif et rapproche donc davantage les deux choses étrangères que l'on met en présence : « L'oeil de **faucon** de **Javert** » (Victor Hugo, *Les Misérables*), « **Vous** êtes **un beau ciel d'Automne**, clair et rose ! » (Baudelaire, « Causerie », *Les Fleurs du mal*).

■ La **métonymie** intervient lorsque l'on parle d'une partie d'un objet en désignant en réalité l'objet en entier, ou bien son contenu, comme dans les expressions « boire **un verre** d'eau » (= boire le contenu du verre), « croiser **le fer** » (= croiser l'épée), « **une voile** à l'horizon » (= un bateau au loin).

■ La **personnification** donne à une chose ou à un être vivant non-humain des caractéristiques humaines (sentiments, émotions, sensations, usage de la parole, pouvoir de décision et actions conscientes…) : « L'**habitude** venait me prendre dans ses bras et me portait jusque dans mon lit comme un petit enfant. » (Marcel Proust, *Du Côté de chez Swann*)

■ L'**antonomase** consiste à transformer un nom commun en nom propre et vice versa. Par exemple, on appelle « un **apollon** » un homme très attirant, un **Tartuffe** est un hypocrite (comme le personnage de la pièce éponyme de Molière).

b Les figures d'insistance

■ L'**hyperbole** regroupe tous les moyens par lesquels on peut exagérer et amplifier ce qu'on dit. Les comparatifs et superlatifs, ainsi que des termes au sens très fort peuvent être des procédés hyperboliques : « **Rien n'était si** beau… », « une harmonie **telle qu'**il n'y en eut jamais en enfer. », le « **meilleur** des mondes ».

■ L'**anaphore** est la répétition d'un même terme en début de phrase ou de groupe de mots : « Rien n'était **si** beau, **si** leste, **si** brillant, **si** bien ordonné que les deux armées. »

■ L'**accumulation** : souvent utilisée dans les descriptions, l'accumulation **renforce une impression** en enchaînant plusieurs éléments de même type. L'accumulation est similaire à l'énumération, mais elle s'applique à l'échelle d'une phrase ou d'un paragraphe, tandis que l'énumération est une suite de termes isolés. Dans les deux cas on utilise la ponctuation faible pour séparer chaque élément : virgule, point-virgule, etc. : « **Ici des vieillards** criblés de coups regardaient mourir leurs femmes égorgées, qui tenaient leurs à leurs mamelles sanglantes ; **là des filles** éventrées après avoir assouvi les besoins naturels de quelques héros rendaient les derniers soupirs ; **d'autres**, à demi brûlées, criaient qu'on achevât de leur donner la mort » Voltaire, *Candide*.

REMARQUE

On notera dans cet extrait l'usage des métaphores ironiques visant à accentuer l'immoralité de la guerre en présentant les faits comme héroïques. L'expression « après avoir assouvi les besoins naturels de quelques héros » signifie en réalité « après avoir été violées ».

■ Le **pléonasme** consiste à rassembler des termes qui ont un sens équivalent ou très proche, de sorte à former une répétition : « Les éclairs sont moins prompts, je l'ai **vu de mes yeux** » (Molière, *Mérope*).

FRANÇAIS

■ La **gradation** est une énumération dont chaque membre est plus grand que le précédent. Cela peut être une succession de nombres de plus en plus grands, de mots de plus en plus longs, comme dans cet extrait de *Candide* :

> « Les canons renversèrent d'abord à peu près **six mille hommes** de chaque côté ; ensuite la mousqueterie ôta du meilleur des mondes environ **neuf à dix mille coquins** qui en infectaient la surface. La baïonnette fut aussi la raison suffisante de la mort de **quelques milliers d'hommes** » [*quatorze à quinze mille hommes, si l'on fait l'addition*]. Le tout pouvait bien se monter à une **trentaine de mille âmes**. »

■ L'**apostrophe** est le fait de s'adresser directement à une personnalité (ou à une chose que l'on personnifie) dans un texte :

> « **Peuples** ! **écoutez** le poète !
> **Écoutez** le rêveur sacré !
> Dans votre nuit, sans lui complète,
> Lui seul a le front éclairé. »
> Victor Hugo, « Fonction du poète », *Les Rayons et les Ombres* (1840)

c Les figures d'opposition

■ L'**antithèse** consiste à opposer deux mots, deux expressions ou deux notions contraires : « Vous êtes **aujourd'hui** ce **qu'autrefois** je fus » (*Le Cid*, Pierre Corneille).

> **ATTENTION**
> Ne pas confondre l'antithèse avec l'oxymore.

■ L'**oxymore** est la combinaison de deux mots dont le sens est contraire, comme dans les expressions « **boucherie héroïque** » (dans *Candide* de Voltaire), « **clair-obscur** » (terme technique utilisé en peinture), « **souffrance céleste** » (dans *Les Misérables* de Victor Hugo).

d Les figures d'atténuation

■ L'**euphémisme** emploie une expression adoucie pour évoquer une idée désagréable, triste ou brutale, comme dans les expressions « elle nous a **quitté** » au lieu de « elle est **morte** », « J'ai été **remercié** » au lieu de « j'ai été **renvoyé** », « j'ai **deux mots** à lui dire » au lieu de « j'ai des **reproches** à lui faire ».

■ La **litote** consiste à dire peu pour suggérer beaucoup : « Ce n'est **pas mauvais du tout** ! » (pour dire que quelque chose est **très bon**). Lorsque Chimène dit à Rodrigue « Va, **je ne te hais point** ! » dans *Le Cid* de Pierre Corneille, cela signifie en réalité qu'elle est éperdument amoureuse de lui bien qu'il ait tué son père en duel.

4 En bref

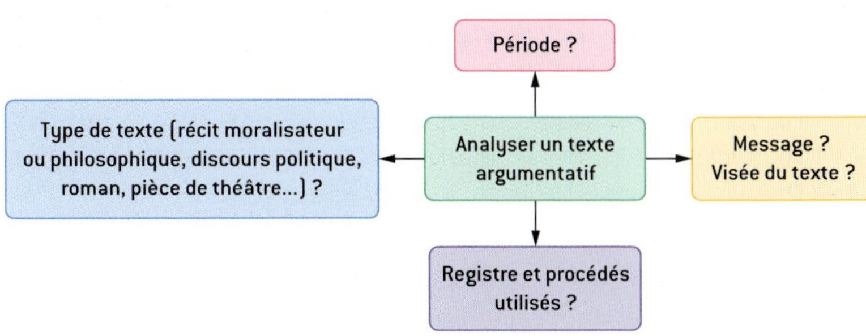

4 L'histoire de la littérature d'idées du XVIe au XVIIIe siècle

Dans chaque société, les progrès techniques et scientifiques changent profondément les modes de vie et les idées des populations ; c'est pourquoi le monde des idées est indissociable de l'état de la société et des savoirs.

1 Les XVIe et XVIIe siècles

- La **Renaissance** est une période de retour aux idées des auteurs grecs et latins antiques. Les deux changements majeurs d'alors, qui donnent à la littérature d'idées sa popularité sous forme écrite, sont l'**invention de l'imprimerie par Gutenberg**, et la **publication des *Essais* de Michel de Montaigne**. Le raisonnement de l'auteur (des questions personnelles permettant une réflexion universelle) marque le début d'une nouvelle façon de pratiquer la philosophie et de débattre des idées.

- De nombreux **contes** sont encore écrits à cette époque. Ils s'inspirent des fabliaux (petites fables) et des farces (petites comédies) du Moyen Âge pour aborder la question de la **morale**, de la **religion** ou du **savoir**. Marguerite de Navarre écrit ainsi *L'Heptaméron* et Boccace *Le Décaméron.*

- Le roman n'est pas un genre privilégié de la littérature d'idées, mais *Gargantua* et *Pantagruel* de Rabelais opposent les idées obscurantistes du Moyen Âge à celles de la Renaissance.

- Au XVIIe siècle, la **littérature morale** existe encore : Pascal marche sur les traces de Montaigne et La Boétie en écrivant ses *Pensées,* et Perrault écrit *Les Contes de ma mère l'Oye.* Cependant, la **satire sociale** semble prendre de plus en plus de place sur la scène littéraire (avec les pièces de Molière, par exemple). Les lettres, maximes et portraits apparaissent. *Les Caractères* de La Bruyère sont célèbres pour leurs portraits satiriques.

- De nombreux auteurs de l'époque sont reconnus aujourd'hui encore pour leurs idées : René Descartes (*Discours de la méthode, Méditations métaphysiques*), La Rochefoucauld (*Maximes*), Pascal, La Fontaine ou encore Molière.

2 La Querelle des Anciens et des Modernes

À la fin du XVIIe siècle, une dispute secoue le milieu artistique, appelée la **Querelle des Anciens et des Modernes**. Les **Anciens** (comprenant La Fontaine, Boileau, La Bruyère) prétendent que tout a déjà été inventé, et qu'il est inutile d'essayer d'écrire des choses nouvelles. Les **Modernes** (Charles Perrault notamment) pensent quant à eux qu'il faut changer les codes et que la littérature est en train de passer de mode. Des auteurs comme Fénelon préfigurent la remise en cause des idées anciennes qui caractérisera le siècle suivant (*Traité de l'éducation des filles, Les Aventures de Télémaque*).

3 Le XVIIe siècle ou siècle des Lumières

A Le mythe du « bon sauvage »

■ Depuis le XVe siècle et la découverte du Nouveau Monde, l'Europe est confrontée à ceux qu'on appelle les Indiens d'Amérique. Cette rencontre pousse certains auteurs, philosophes et hommes politiques à **remettre en cause le bien-fondé de l'esclavage** en mettant en avant la figure du « bon sauvage ». Cela donne lieu à des réflexions sur les cultures non-européennes, la tolérance, la discrimination, la religion, etc. L'esclavage n'est cependant aboli en France qu'au XIXe siècle.

■ Lc **mythe du « bon sauvage »** consiste à glorifier la vie naturelle des indigènes car ils semblent n'avoir aucune préoccupation superficielle. Bougainville, dans sa description des Tahitiens, note que le sens de la propriété n'existe pas. Les indigènes fascinent par leurs mœurs différentes. Souvent, les descriptions qui en sont faites sont déformées par le regard de l'écrivain ou de l'explorateur. En Europe, on croit facilement ce que les explorateurs rapportent car il n'y a guère d'autres moyens de vérifier ces informations (rapport à la nudité, animisme, cannibalisme...). Le mythe du « bon sauvage » est ambigu car il est **invoqué à la fois pour critiquer la société dite « civilisée »**, et pour **avancer des arguments raciaux** (les indigènes auraient plus d'instinct que d'intelligence, et se rapprocheraient des animaux, d'où leur apparente joie de vivre). C'est donc à la fois un **concept humaniste et discriminatoire**, selon le point de vue de celui qui le manie.

B Le renouveau des idées

■ Le XVIIIe siècle, appelé rétrospectivement **siècle des Lumières**, apporte un souffle nouveau sur l'art. Le gigantesque projet de *l'Encyclopédie* mené par Diderot et D'Alembert montre la volonté qu'avaient les auteurs et les scientifiques d'**éclairer les peuples**, de **leur inculquer un certain savoir** afin de les **guider vers une plus grande liberté**. Cette idée débouchera sur la **Révolution Française**, et jusqu'au XIXe siècle sur les nombreuses insurrections et révoltes visant à instaurer une république par opposition aux monarchies et empires.

■ D'autres idées émergentes de cette période sont l'**anti-cléricalisme** (rejet des institutions religieuses, mais pas de Dieu) et l'**athéisme** (rejet de l'idée religieuse), la **tolérance** (qui donnera lieu plus tard au concept de laïcité toujours en vigueur actuellement en France) ou encore la **transmission du savoir au plus grand nombre**. Le XVIIIe siècle est le plus dense en matière de littérature d'idées.

■ Les autres genres qui connaissent un franc succès sont la **vulgarisation scientifique** (Buffon et son *Histoire Naturelle* et, bien entendu, *L'encyclopédie*) et le **discours politique** (Danton, Robespierre ou Condorcet nous ont légué des transcriptions de discours vibrants de conviction et d'émotion).

■ L'aboutissement de ce siècle des idées est la **Révolution Française** et la rédaction de la ***Déclaration des droits de l'homme et du citoyen***, qui institue la liberté de la presse et la liberté d'expression, ainsi que l'égalité entre les hommes.

POUR ALLER PLUS LOIN

Voici un ensemble d'œuvres auxquelles vous pouvez faire référence dans vos travaux. Faites toutefois bien attention à leur date de création et de publication afin de ne pas faire de hors sujet dans votre devoir !

Sur la science

Littérature : Isaac Newton, *Traité d'optique*, 1666.

Peinture : *Philosophe faisant un exposé sur le planétaire*, de Joseph Wright Of Derby, 1766

Sur la justice sociale

Littérature :

- Fénelon, *Traité de l'éducation des filles,* 1687 ; *Lettre ouverte à Louis XIV*, env. 1693 ;
- Rousseau, *Discours sur l'origine et les fondements de l'inégalité parmi les hommes*, 1755 ; *Du Contrat social, 1762 ;*
- Voltaire, *Traité sur la tolérance à l'occasion de la mort de Jean Calas,* 1763 (Voltaire y défend Jean Calas, condamné à mort et innocenté de manière posthume, grâce au travail de l'écrivain).

Peinture : Eugène Delacroix, *La liberté guidant le peuple,* huile sur toile, 1830.

Presse : Article « J'accuse ! » d'Émile Zola dans le journal *L'Aurore,* 1898.

Sur le mythe du « bon sauvage »

Littérature :

- Bougainville, *Voyage autour du monde,* notamment le chapitre sur Tahiti, 1771
- Superman, *Action Comics* n° 1, Jerry Siegel et Joe Shuster, 1938
- Le Surfeur d'Argent, Stan Lee et Jack Kirby, *Les Quatre fantastiques* n°48, 1966

Cinéma : *Pocahontas*, de Walt Disney, 1995 (basé sur une histoire vraie)

Sur la religion

Littérature : Denis Diderot, *Lettres sur les aveugles à l'usage de ceux qui voient*, 1749 ; *La Religieuse*, 1796

Chanson : Pierre-Antoine-Augustin de Piis, *L'inutilité des prêtres*, 1793. Bien d'autres plus tard par Georges Brassens (*Tempête dans un bénitier*), Léo Ferré (*Monsieur Tout-blanc*), Francis Blanche (*Sœur Marie-Louise*), Jean Ferrat (*Le sabre et le goupillon*)...

Sur la philosophie et la morale

Littérature :

- Rabelais, *Pantagruel*, 1532 ; *Gargantua*, 1534
- Marguerite de Navarre, *L'Heptaméron,* 1558
- Montaigne, *Essais, 1571 à 1580*
- Étienne de La Boétie, *Discours de la servitude volontaire,* 1576
- René Descartes, *Discours de la méthode*, 1637
- La Rochefoucauld, *Maximes,* 1665
- La Fontaine, *Fables*, de 1668 à 1694
- Blaise Pascal, *Les Pensées,* 1670
- Charles Perrault, *Les Contes de ma mère l'Oye*, 1697
- Montesquieu, *De l'esprit des lois*, 1748
- Diderot et D'Alembert, *L'Encyclopédie*, 1750 à 1772

FRANÇAIS

4 En bref

• Savoir transmis par les **moines** grâce aux manuscrits • Accès au savoir révolutionné avec l'invention de l'**imprimerie** par Gutenberg	XVIe siècle	RABELAIS *Pantagruel et Gargantua* MONTAIGNE *Les Essais* MARGUERITE DE NAVARRE *L'Heptaméron* LA BOETIE *Discours de la servitude volontaire*
• Newton donne naissance à la **science moderne** en publiant son *Traité d'optique* en anglais et non plus en latin. Il définit la science comme un savoir accessible à tous et vérifié par des expériences reproductibles partout dans le monde • Découverte de la gravitation universelle, qui contribue à **remettre en question l'ordre religieux et même social**	XVIIe siècle	DESCARTES *Discours de la méthode* LA ROCHEFOUCAULD *Maximes* PASCAL *Les Pensées* FENELON *Traité de l'éducation des filles* LA BRUYERE *Les Caractères* PERRAULT *Les Contes de ma mère l'Oye*
• Les anciens systèmes politiques et les classes sociales supérieures sont fragilisés • La science et la philosophie affaiblissent la mainmise de l'Église sur le savoir • Les **valeurs humanistes de tolérance** se répandent peu à peu • Le mythe du « bon sauvage » inspire quantité d'œuvres • **Révolution française** et rédaction de la **Déclaration des droits de l'homme et du citoyen** qui institue la liberté de la presse et la liberté d'expression	XVIIIe siècle	MONTESQUIEU *Les Lettres persanes, De l'esprit des lois* MARIVAUX *L'Île des esclaves, Le Barbier de Séville* VOLTAIRE *Zadig, Candide, Traité sur la tolérance* DIDEROT ET D'ALEMBERT *L'Encyclopédie* ROUSSEAU *Le Contrat social*

SE TESTER ET S'ENTRAÎNER

EXERCICE 1

Cochez la ou les bonne(s) réponse(s) et répondez aux questions posées.

1. Parmi les registres littéraires suivants, lesquels sont souvent employés à des fins de moquerie ?

❑ pathétique ❑ satirique
❑ ironique ❑ polémique
❑ didactique ❑ descriptif

2. Le blâme sert à :

❑ montrer son admiration
❑ montrer sa réprobation
❑ se moquer de ses contradicteurs

3. Le siècle des Lumières est le :

❑ XVIe siècle ❑ XXIe siècle
❑ XVIIe siècle
❑ XVIIIe siècle
❑ XIXe siècle

4. Quelles œuvres exploitent le mythe du « bon sauvage » afin de critiquer la société du XVIIIe siècle ?

❑ *Le discours sur l'origine et les fondements de l'inégalité parmi les hommes*, Rousseau
❑ *Les Lettres persanes*, Montesquieu
❑ *Le Barbier de Séville*, Marivaux
❑ *L'Ingénu*, Voltaire
❑ *Gargantua*, Rabelais

5. Rappelez les deux événements qui ont marqué la littérature d'idées au XVIe siècle.

6. Résumez en quelques phrases la pensée des philosophes et écrivains des Lumières.

EXERCICE 2

Lisez les 3 extraits ci-dessous et reformulez la (ou les) thèse(s) des auteurs en une phrase.

REMARQUE

Pour analyser un texte argumentatif, il est essentiel de savoir **reformuler en termes simples la thèse de l'auteur** (qui est le résultat d'une argumentation, alors que l'hypothèse est une spéculation manquant de preuves, au même titre qu'une opinion).

Extrait 1 : Rousseau, *Discours sur l'origine et les fondements de l'inégalité parmi les hommes*, 1755.
Dès qu'un homme eut besoin du secours d'un autre ; dès que l'on s'aperçut qu'il était utile à un seul d'avoir des provisions pour deux, l'égalité disparut, la propriété s'introduisit, le travail devint nécessaire, et les vastes forêts se changèrent en des campagnes riantes qu'il fallut arroser de la sueur des hommes, et dans lesquelles on vit bientôt l'esclavage et la misère germer et croître avec les moissons.

Extrait 2 : Condorcet, *Réflexions sur l'esclavage des nègres*, 1781.
Cette justice inflexible, à laquelle les rois et les nations sont assujettis comme les citoyens, exige la destruction de l'esclavage. Nous avons montré que cette destruction ne nuirait ni au commerce, ni à la richesse de chaque nation, puisqu'il n'en résulterait aucune diminution dans la culture. Nous avons montré que le maître n'avait aucun droit sur son esclave ; que l'action de le retenir en servitude n'est pas la jouissance d'une propriété mais un crime [...]. Le souverain ne doit donc aucun dédommagement au maître des esclaves, de même qu'il n'en doit pas à un voleur qu'un jugement a privé de la possession d'une chose volée.

Extrait 3 : *Déclaration des droits de l'homme et du citoyen* (extraits), 1789.
Les représentants du Peuple français, constitués en Assemblée nationale considérant que l'ignorance, l'oubli ou le mépris des droits de l'homme sont les seules causes des malheurs publics et de la corruption des Gouvernements, ont résolu d'exposer, dans une déclaration solennelle, les droits naturels, inaliénables et sacrés de l'homme.
Article premier
Les hommes naissent et demeurent libres et égaux en droits. [...]
Article IV
La liberté consiste à pouvoir faire tout ce qui ne nuit pas à autrui : ainsi l'exercice des droits naturels de chaque homme n'a de bornes que celles qui assurent aux autres Membres de la Société la jouissance de ces mêmes droits. Ces bornes ne peuvent être déterminées que par la Loi.
Article XI
La libre communication des pensées et des opinions est un des droits les plus précieux de l'Homme : tout Citoyen peut donc parler, écrire, imprimer librement, sauf à répondre de l'abus de cette liberté, dans les cas déterminés par la Loi.

EXERCICE 3

Analysez les procédés utilisés par Rousseau et Condorcet dans les extraits 1 et 2 précédents (champs lexicaux, registres, figures de style).

MÉTHODE

Après avoir défini le « **quoi** » (la thèse que l'auteur défend), il faut montrer que vous comprenez le « **comment** », c'est-à-dire les procédés utilisés par l'auteur et le « **pourquoi** » (qu'est-ce qui fait que ces procédés sont efficaces et quel but poursuit l'auteur).

EXERCICE 4

À partir des sujets de rédactions suivants, issus d'épreuves passées, entraînez-vous à la reformulation et à la rédaction d'un ou plusieurs paragraphes.
1. Par quels moyens est-il possible de changer la société aujourd'hui ?
2. Dans quelle mesure la littérature peut-elle conduire une génération à agir ? Vous appuierez votre réflexion sur les textes du corpus, sur ceux que vous avez étudiés et sur vos lectures personnelles. Vous pourrez avoir recours à tous les genres de l'argumentation.

OBJECTIF BAC

- Les mécanismes de la rhétorique sont complexes, mais il est possible de repérer les stratégies d'écriture qui fonctionnent dans un **contexte** donné et avec un **objectif** donné. Tout d'abord, il faut **sélectionner le registre le plus approprié à la situation et au public** :
  - si vous vous placez dans la posture d'un **enseignant transmettant des connaissances**, le **registre didactique** vous permet d'invoquer la logique comme fondement de votre propos, ce qui renforcera la force de l'argumentation ;
  - si vous êtes **indigné** et souhaitez mettre en avant les émotions de vos lecteurs, le **registre épidictique** est idéal. Si vous souhaitez faire appel à l'**humour** et à l'**esprit critique**, **les registres satiriques et ironiques** vous y aideront.
- L'essai est un exercice d'analyse où vous devez vous aussi convaincre un lecteur. Un des meilleurs entraînements pour cet exercice est de rédiger de courts paragraphes afin d'être capable, plus tard, d'écrire un essai complet (introduction, développement (paragraphe 1, 2, 3…), conclusion). Un paragraphe est toujours constitué d'**une idée** (argumentée) et d'**un exemple illustrant cette idée**. S'entraîner à rédiger seulement un ou deux paragraphes vous habitue à utiliser les connecteurs logiques, reformuler des thèses, analyser des procédés.
- Une bonne habitude est de **souligner les mots importants du sujet**.

CORRIGÉ

Exercice 1

1. Les registres littéraires utilisés à des fins de moquerie sont les registres ironique et satirique.
2. Le blâme sert à montrer sa réprobation.
3. Le siècle des Lumières est le XVIIIe siècle.
4. Les œuvres exploitant le mythe du « bon sauvage » afin de critiquer la société du XVIIIe siècle sont *Le discours sur l'origine et les fondements de l'inégalité parmi les hommes* de Rousseau et *L'Ingénu* de Voltaire.
5. Les deux événements ayant marqué la littérature d'idées au XVIe siècle sont l'invention de l'imprimerie et la publication des *Essais* de Montaigne.
6. Les philosophes et écrivains des Lumières cherchent à rendre la connaissance accessible à tous, luttent contre les injustices, l'ignorance, le fanatisme et l'intolérance religieuse. L'invention de la démarche scientifique et la publication de l'*Encyclopédie* montrent la volonté de transmettre le savoir non plus seulement à une élite parlant le latin, mais à une population tout entière. Le combat de Voltaire dans l'affaire Calas illustre la façon dont les philosophes et écrivains des Lumières s'inscrivaient dans la vie publique de leur pays malgré la censure (Diderot fut enfermé peu de temps après avoir commencé la rédaction de l'*Encyclopédie* et Voltaire dut s'exiler en Grande-Bretagne pour continuer à publier ses textes).

Exercice 2

Extrait 1 : Rousseau, dans son *Discours sur l'origine et les fondements de l'inégalité parmi les hommes*, oppose l'état naturel de l'homme à son état civilisé : dans cet extrait, il évoque le basculement d'un état à l'autre, l'émergence de la notion de propriété et la construction des hiérarchies sociales à travers le travail et l'asservissement.

Extrait 2 : Condorcet milite contre l'esclavage, qu'il considère comme contraire à la notion de justice qui doit gouverner tous les hommes ; les esclavagistes sont pour lui comme des voleurs, et on ne peut pas considérer qu'un tort leur est fait si leurs esclaves sont libérés, car des êtres humains ne peuvent appartenir à d'autres, pas plus qu'un objet volé n'appartient à son voleur.

Extrait 3 : La Déclaration des Droits de l'Homme et du Citoyen fixe les fondements de la loi : les hommes sont libres et égaux ; leur liberté s'arrête où celle des autres hommes commence et la limite en est déterminée par la loi ; on ne peut les empêcher de parler, écrire, imprimer librement ce qu'ils pensent, dans des limites fixées par la loi.

Exercice 3

Rousseau utilise en premier lieu le registre didactique en présentant des faits comme avérés (« Dès qu'un homme eut besoin du secours d'un autre », « L'égalité disparut », « la propriété s'introduisit »). Il fait intervenir le registre ironique lorsqu'il évoque des « campagnes riantes » alors que ces campagnes sont témoins de l'esclavage des hommes. Il utilise une métaphore végétale pour décrire le développement de la misère qui suit dans les champs le rythme des saisons (« on vit bientôt l'esclavage et la misère germer et croître avec les moissons »).

Condorcet utilise exclusivement le registre didactique (l'expression « Nous avons montré » est répétée deux fois), accompagné par un lexique de la justice qui donne une force logique et morale à son argumentation (« justice inflexible, assujettis, droit, crime »). Il compare l'esclavage à un vol.

Exercice 4

1. Par quels moyens est-il possible de changer la société aujourd'hui ?

MÉTHODE

Comment analyser ce sujet ? La question posée vous invite implicitement à recenser les différents moyens d'action dans la société actuelle. Ce sujet implique de réfléchir aux nouvelles formes de littérature d'idées, qu'elles soient destinées à être lues ou non. Par exemple, comme un discours oral ferait l'objet d'analyses dans les livres de français, un discours relayé par une vidéo hébergée sur Internet peut être considéré comme digne d'une lecture et d'une analyse approfondie. Voici quelques exemples de paragraphes citant des exemples actuels. Entraînez-vous à écrire vos propres paragraphes en remplaçant les exemples par ceux qui vous sont plus familiers.

À l'heure actuelle, la littérature d'idées prend des formes très variées afin de transmettre un savoir, dénoncer des injustices ou promouvoir des actions bénéfiques. Dans la droite ligne des philosophes des Lumières, les vulgarisateurs sont des personnes cherchant à rendre compréhensibles des domaines souvent pointus et réservés aux initiés. Cela est particulièrement vrai dans des disciplines scientifiques dites « dures » comme la physique ou les mathématiques, mais l'histoire, la géographie, la linguistique, la sociologie, la psychologie ou la philosophie donnent lieu à un répertoire important d'œuvres de vulgarisation sous des formes très diverses : livres, articles de journaux, documentaires, articles sur internet, vidéos, conférences, etc. La vulgarisation a le même objectif que Diderot lorsqu'il écrit l'*Encyclopédie :* redonner du pouvoir au peuple en leur donnant la connaissance. Les sciences ne sont pas le seul domaine concerné : l'artisanat par exemple tient une place considérable dans l'*Encyclopédie* parce qu'il utilise des savoir-faire qui se seraient probablement perdus avec le temps.

La dénonciation des injustices est toujours d'actualité et les Lumières n'ont fait que donner un élan à la liberté d'expression, sans cesse remise en question. Un exemple actuel de moyen nouveau mis en place pour dénoncer une injustice est la campagne dénommée « L'affaire du siècle » qui prend à partie l'appareil judiciaire français afin de contraindre le gouvernement à durcir sa politique en matière de défense environnementale. Cette campagne s'appuie sur le pouvoir de diffusion d'Internet et sur la popularité des personnalités sur la plateforme Youtube (Mcfly et Carlito, par exemple), lesquelles ont rédigé des discours en utilisant les ressources de la rhétorique. La pétition est ainsi un moyen d'action politique qui, avec Internet et la communication quasi-instantanée, n'existaient pas au siècle des Lumières.

ATTENTION

Ne citez jamais d'œuvres ou d'auteurs contemporains sans en avoir une bonne connaissance. Les examinateurs vérifient vos sources et vous sanctionneront si vous pariez sur le fait qu'ils ne connaissent pas les mêmes œuvres que vous.

Des manifestations de rue, susceptibles d'attirer les caméras de télévision et les journalistes sont un autre moyen efficace de faire parler d'un mouvement, d'une cause, d'une possibilité d'action. Ainsi, le groupe Femen attire l'attention sur le sexisme en remettant en question les normes morales appliquées aux femmes et l'orientation des critères de définition de la pudeur.

La promotion d'actes bénéfiques fait aussi partie des moyens mis régulièrement en place pour changer la société et les rapports entre les êtres humains. Internet est largement mis à contribution à travers des vidéos et des articles, mais la littérature physique est bien présente. De nombreux ouvrages font recette, décrivant des moyens de vivre mieux en accord avec ses convictions, son environnement, ses concitoyens. Ainsi, *Comment combattre un dictateur quand on est seul, tout petit et sans armes ?* de l'écrivain et militant serbe Srdja Popovic décrit son combat pacifique contre la dictature de Slobodan Milosevic en Serbie et les différentes étapes d'un tel combat. Il enseigne maintenant l'activisme politique non-violent à l'université de New York.

Un autre exemple de littérature qui suit l'orientation des mœurs des nouvelles générations qui souhaitent avoir un impact moins négatif sur leur environnement et sur la société mondialisée en général, est Adoptez *La Slow Cosmétique* de Julien Kaibeck, qui cherchent à pousser les grands producteurs de cosmétique à rendre plus sains leurs produits, tant en termes de santé humaine que d'exploitation de la faune et de la flore.

2. Dans quelle mesure la littérature peut-elle conduire une génération à agir ? Vous appuierez votre réflexion sur les textes du corpus, sur ceux que vous avez étudiés et sur vos lectures personnelles. Vous pourrez avoir recours à tous les genres de l'argumentation.

MÉTHODE

Comment analyser ce sujet ? Ici, il vous est fortement conseillé de citer au moins une œuvre de chaque genre de l'argumentation, même si cela n'est pas obligatoire pour réussir l'épreuve. Chaque génération se trouve investie d'une ou plusieurs causes qui la concerne(nt) particulièrement (l'action climatique, la justice sociale, la répartition des ressources…).

On vous demande de juger du rôle de la littérature (au sens large) dans la mobilisation des individus pour une cause donnée. C'est un sujet très vaste, et vous ne pourrez pas en couvrir tous les détails, mais c'est aussi un sujet ouvert. La majeure partie de votre devoir devra évoquer la littérature d'idée, mais vous pourrez aussi consacrer un paragraphe aux autres moyens de mobiliser une génération. La conclusion d'une telle réflexion doit être nuancée : la littérature joue un grand rôle, notamment à travers les genres comme la poésie, le discours, le conte philosophique, le pamphlet, les articles de journaux, mais d'autres moyens existent.

L'argumentation explicite et le registre didactique sont les voies les plus simples pour transmettre ses idées et inciter à agir. Ce sont souvent les intellectuels, qui savent manier la langue et les idées, qui utilisent ce genre d'argumentation. On peut penser aux *Lettres philosophiques* de Voltaire, qui ont un rôle capital depuis les Lumières et jusqu'à aujourd'hui.

L'argumentation peut passer par une voie détournée en empruntant les codes de la narration : c'est l'apologue (ou à la rigueur le roman d'apprentissage dans lequel un personnage

subit des transformations intellectuelles et morales qui peuvent être interprétées par le lecteur comme une leçon de vie). Les *Fables* de La Fontaine sont un exemple célèbre, mais *Candide* de Voltaire utilise également le récit à des fins argumentatives pour faire la satire de la guerre. On peut citer aussi *Le Petit Prince* d'Antoine de Saint-Exupéry.
Finalement l'argumentation peut s'en remettre aux émotions et sentiments, c'est ce qu'on appelle la persuasion. La colère, le lyrisme, l'expression des sentiments sont employés pour persuader alors que la logique, l'objectivité et la didactique ont pour but de convaincre. On s'exprime souvent à la première personne dans ce type d'écrit, en espérant toucher les lecteurs qui ressentiraient la même chose. Les discours politiques, la propagande, les pamphlets, les lettres ouvertes ont recours à la persuasion. *Les Châtiments* de Victor Hugo condamnent ainsi de manière virulente les injustices et le règne de Napoléon III.

SUJET DE TYPE BAC

Objet d'étude : La littérature d'idées du XVIe siècle au XVIIIe siècle

Document A : Voltaire, *L'Ingénu*, 1767
Document B : Louis de Jaucourt, *Encyclopédie*, article « Sauvages », 1751-1772
Document C : Jean-Jacques Rousseau, *Discours sur l'origine et les fondements de l'inégalité parmi les hommes*, 1755

Commentaire
Vous commenterez le document A en vous focalisant sur la critique de l'Église formulée par Voltaire.

Contraction de texte
Vous résumerez le document C en reformulant la thèse de l'auteur. Votre réponse comportera environ 250 mots.

Essai
Montrez comment l'homme sauvage est défini au XVIIIe siècle et comment cette étude de l'état naturel de l'homme affecte la façon dont les écrivains perçoivent la société civilisée. Vous vous appuierez sur des éléments précis des textes ainsi que sur les œuvres que vous avez étudiées en classe et sur vos connaissances personnelles.

 # outil
Conseils pour réussir l'épreuve écrite et orale
foucherconnect.fr/19pbst2s42

DOCUMENT A

L'Ingénu
L'Ingénu avait une mémoire excellente. La fermeté des organes de Basse-Bretagne, fortifiée par le climat du Canada, avait rendu sa tête si vigoureuse que, quand on frappait dessus, à peine le sentait-il ; et quand on gravait dedans, rien ne s'effaçait ; il n'avait jamais rien oublié. Sa conception était d'autant plus vive et plus nette que, son enfance n'ayant point été chargée des inutilités et des sottises qui accablent la nôtre, les choses entraient dans sa cervelle sans nuage. Le prieur résolut enfin de lui faire lire le Nouveau Testament. L'Ingénu le dévora avec beaucoup de plaisir ; mais, ne sachant ni dans quel temps ni dans quel pays toutes les aventures rapportées dans ce livre étaient arrivées, il ne douta point que le lieu de la scène ne fût en Basse-Bretagne ; et il jura qu'il couperait le nez et les oreilles à Caïphe et à Pilate[1] si jamais il rencontrait ces marauds-là. […]
Il fallait auparavant se confesser ; et c'était là le plus difficile. L'Ingénu avait toujours en poche le livre que son oncle lui avait donné. Il n'y trouvait pas qu'un seul apôtre se fût confessé, et cela le rendait très rétif. Le prieur lui ferma la bouche en lui montrant, dans l'épître de saint Jacques le Mineur, ces mots qui font tant de peine aux hérétiques : *Confessez vos péchés les uns*

FRANÇAIS

aux autres. Le Huron se tut, et se confessa à un récollet[2]. Quand il eut fini, il tira le récollet du confessionnal, et, saisissant son homme d'un bras vigoureux, il se mit à sa place, et le fit mettre à genoux devant lui : « Allons, mon ami, il est dit : *Confessez-vous les uns aux autres :* je t'ai conté mes péchés, tu ne sortiras pas d'ici que tu ne m'aies conté les tiens. » En parlant ainsi, il appuyait son large genou contre la poitrine de son adverse partie. Le récollet pousse des hurlements qui font retentir l'église. On accourt au bruit, on voit le catéchumène[3] qui gourmait[4] le moine au nom de saint Jacques le Mineur. La joie de baptiser un Bas-Breton huron[5] et anglais était si grande qu'on passa par-dessus ces singularités.

1. Caïphe et Pilate font partie des hommes responsables de la crucifixion du Christ dans la religion catholique.
2. Récollet : membre de l'ordre religieux catholique des Franciscains (appelés aussi l'ordre des frères mineurs).
3. Catéchumène : personne non-baptisée.
4. Gourmait : battait.
5. Huron : sauvage.

Voltaire, *L'Ingénu*, 1767

DOCUMENT B

Encyclopédie

SAUVAGES, (Géog. Mod.) : on appelle sauvages tous les peuples indiens qui ne sont point soumis au joug du pays, et qui vivent à part.

Il y a cette différence entre les peuples sauvages et les peuples barbares, que les premiers sont de petites nations dispersées qui ne veulent point se réunir, au lieu que les barbares s'unissent souvent, et cela se fait lorsqu'un chef en a soumis d'autres.

La liberté naturelle est le seul objet de la police des sauvages ; avec cette liberté la nature et le climat dominent presque seuls chez eux. Occupés de la chasse ou de la vie pastorale, ils ne se chargent point de pratiques religieuses, et n'adoptent point de religion qui les ordonne.

Il se trouve plusieurs nations sauvages en Amérique, à cause des mauvais traitements qu'elles ont éprouvés, et qu'elles craignent encore des Espagnols. Retirées dans les forêts et dans les montagnes, elles maintiennent leur liberté, et y trouvent des fruits en abondance. Si elles cultivent autour de leurs cabanes un morceau de terre, le maïs y vient d'abord ; enfin la chasse et la pêche achèvent de les mettre en état de subsister.

Comme les peuples sauvages ne donnent point de cours aux eaux dans les lieux qu'ils habitent, ces lieux sont remplis de marécages où chaque troupe sauvage se cantonne, vit, multiplie et forme une petite nation.

Louis de Jaucourt, *Encyclopédie*, 1751-1772

DOCUMENT C

Discours sur l'origine et les fondements de l'inégalité parmi les hommes

Gardons-nous donc de confondre l'homme sauvage avec les hommes, que nous avons sous les yeux. La nature traite tous les animaux abandonnés à ses soins avec une prédilection, qui semble montrer combien elle est jalouse de ce droit. Le Cheval, le Chat, le Taureau, l'Âne même ont la plupart une taille plus haute, tous une constitution plus robuste, plus de vigueur, de force, et de courage dans les forêts que dans nos maisons ; ils perdent la moitié de ces avantages en devenant domestiques, et l'on dirait que tous nos soins à bien traiter et nourrir ces animaux n'aboutissent qu'à les abâtardir. Il en est ainsi de l'homme même : en devenant sociable et esclave, il devient faible, craintif, rampant, et sa manière de vivre molle et efféminée achève d'énerver à la fois sa force et son courage. Ajoutons qu'entre les conditions sauvage et domestique la différence d'homme à homme doit être plus grande encore que celle de bête à bête ; car l'animal et l'homme ayant été traités également par la nature, toutes les commodités que l'homme se donne de plus qu'aux animaux qu'il apprivoise sont autant de causes particulières qui le font dégénérer plus sensiblement.

Rousseau, *Discours sur l'origine et les fondements de l'inégalité parmi les hommes*, 1755

OBJECTIF BAC

L'essai

Découvrir le sujet

Le plus gros risque dans cet exercice est le **hors sujet**. Lisez l'énoncé plusieurs fois :

- deux ou trois fois avant la rédaction afin d'en comprendre toutes les parties. C'est le moment de **surligner les mots-clés** : « Montrez comment l'homme sauvage est défini au XVIIIe siècle et comment cette étude de l'état naturel de l'homme affecte la façon dont les écrivains perçoivent la société civilisée. » ;
- plusieurs fois pendant la rédaction pour vérifier que ce que vous dites est bien en relation avec le sujet et que vous n'avez pas oublié une partie du problème posé.

Reformuler

Reformulez si besoin le sujet au brouillon en vous aidant des mots-clés :

- je dois **résumer les différents points de vue des auteurs** du corpus sur l'homme sauvage (attention à intégrer toutes les nuances entre les propos de Jaucourt, Rousseau et Voltaire) ;
- je dois montrer que l'étude des hommes sauvages amène les auteurs à une comparaison entre l'état naturel et l'état « civilisé » de l'homme. Jaucourt critique les méfaits de la ruée vers l'or et la conquête du Nouveau Monde, Rousseau valorise l'état naturel en employant le registre didactique, Voltaire fait de même à l'aide du registre satirique ;
- je ne dois évoquer que le XVIIIe siècle. Si je vois des parallèles avec le monde actuel, je peux en parler dans ma conclusion, mais la majeure partie de mon travail doit s'appuyer sur ce que je sais du XVIIIe siècle.

Structurer son propos

On attend de vous que votre écrit soit structuré avec :

- une **introduction** où vous reformulez le problème, rappelez le titre et l'auteur des œuvres du corpus et annoncez ce que vous allez démontrer/expliquer ;
- un **développement** où vous devez séparer vos idées en paragraphes. Chaque paragraphe doit contenir **un argument** et **un exemple** tiré des textes, de vos lectures ou de vos connaissances personnelles. Il n'est pas interdit d'évoquer d'autres œuvres d'art du XVIIIe siècle.
- une **conclusion** où vous résumerez tout ce que vous avez écrit en quelques lignes. C'est uniquement après ce récapitulatif que vous pouvez parler des similitudes entre le XVIIIe siècle et aujourd'hui, et évoquer d'autres œuvres d'art ultérieures au XVIIIe siècle.

Respecter les règles d'écriture

En **introduction**, évitez les formules trop générales ou prétentieuses comme « depuis la nuit des temps, l'homme se pose une grande question... ». Commencez simplement. Rappelez par exemple ce que vous savez du XVIIIe siècle : le mythe du « bon sauvage » et comment il a pu voir le jour (les progrès scientifiques qui ont permis la navigation en haute mer, la découverte de l'Amérique en 1492, la rencontre avec les indigènes...).

Sur la copie, ne faites pas figurer les mentions « introduction, développement et conclusion ». Utilisez des **alinéas** en début de paragraphe. Faites une **phrase de transition** entre chaque paragraphe et employez des **connecteurs logiques** (mais, pourtant, cependant, toutefois, ensuite, par conséquent, donc, ainsi...). Le correcteur doit voir (alinéas) et sentir (changement d'idée, phrase de transition) le passage d'une partie ou d'un paragraphe à l'autre.

corrigés
foucherconnect.fr/19pbst2s40

FRANÇAIS

5 L'écriture romanesque

Le genre romanesque est difficile à définir, car il a revêtu des formes très diverses au cours du temps. L'élément principal qui caractérise un roman ou un récit est la présence d'une narration : quelqu'un raconte une histoire qui est un enchaînement d'événements, et au cours de laquelle des personnages cherchent à accomplir une quête. Cette définition est valable pour la plupart des récits, malgré quelques exceptions, notamment à partir du XXe siècle.

1 Le rôle du récit et du roman

■ Le récit permet le plus souvent de transmettre efficacement un enseignement grâce à une histoire qui donne envie aux lecteurs d'en connaître le dénouement. Le registre didactique est ainsi utilisé à travers les récits que l'on appelle les apologues : les fabliaux du Moyen Âge, les fables d'Ésope et de La Fontaine, les contes philosophiques, les paraboles de la Bible (voir fiche 3).

ANALYSE GUIDÉE

Jean Giono, dans la *Lettre aux paysans sur la pauvreté et la paix* (1938), use **du registre didactique** : « L'inutilité de toutes les guerres est évidente. Qu'elles soient défensives, offensives, civiles, pour la paix, le droit pour la liberté, toutes les guerres sont inutiles. La succession des guerres dans l'histoire prouve bien qu'elles n'ont jamais conclu puisqu'il a toujours fallu recommencer les guerres. » Ce registre didactique rassemble en effet les procédés utilisés afin d'enseigner des leçons au lecteur, à la manière des morales des fables de La Fontaine. Il s'agit de convaincre en utilisant des arguments et des exemples qui ont pour but de frapper l'imagination. Des figures de style comme l'**énumération**, l'**accumulation** ou l'**hyperbole** aident également à convaincre. Les **connecteurs logiques** jouent un grand rôle dans la cohérence du propos et rendent la lecture plus fluide.

■ Même lorsque cette visée argumentative n'est pas immédiatement perceptible, le récit propose souvent une vision du monde dont on peut tirer un enseignement, ou une critique de la société de l'époque. C'est le cas avec beaucoup de romans des Lumières et du XIXe siècle, où la société française connaît d'énormes évolutions politiques, sociales, technologiques et philosophiques.

■ Il ne faut pas non plus négliger l'aspect divertissant du récit ainsi que ses éventuelles vertus comiques, qui peuvent être commentées efficacement.

2 L'écriture romanesque

A Les types de narrateurs

■ Il convient toujours de **distinguer l'écrivain du narrateur**. En dehors de l'**autobiographie** (l'auteur raconte une partie de sa vie) ou de l'**auto-fiction** (l'auteur raconte sa vie en y mêlant des éléments fictionnels), l'écrivain se « dédouble » pour raconter une histoire. Afin d'éviter les contresens :
- parler de « **l'écrivain** » pour faire référence à la vie de l'auteur ou à ses intentions ;
- parler du « **narrateur** » pour désigner la personne qui raconte l'histoire.

■ Il existe plusieurs types de narrateurs :
– **narrateur interne** : le narrateur est un personnage de l'histoire et parle à la première personne ;
– **narrateur externe** : le narrateur n'est pas directement impliqué dans l'histoire qu'il raconte, et parle à la troisième personne ;
– **narrateur omniscient** : ce n'est pas vraiment un troisième type de narrateur, car il est souvent associé au narrateur externe. Le narrateur omniscient connaît les pensées des personnages, et même la suite et la fin de l'histoire. Il peut ainsi distiller les informations au compte-gouttes pour susciter la curiosité du lecteur.

■ Un narrateur externe n'est pas toujours omniscient, de même qu'il peut arriver dans de rares cas qu'un narrateur interne soit omniscient : s'il raconte une histoire passée, certains détails qu'il a compris *a posteriori* viendront enrichir le récit, comme le ferait un narrateur omniscient. Il arrive aussi que le narrateur ait un statut divin ou similaire, qui lui confère une connaissance illimitée.

B Les points de vue et la focalisation interne

■ Même lorsque le narrateur est externe, celui-ci peut prendre le point de vue d'un personnage. Le récit est alors « contaminé » par le point de vue adopté. C'est ce que l'on appelle la **focalisation interne**. Un exemple très clair de « contamination » d'un récit est ce passage de *Germinal*, d'Émile Zola. À la fin de ce passage, le point de vue des bourgeois « contamine » le récit : la peur de ces derniers transforme les ouvriers en bêtes féroces.

Un groupe de bourgeois se retrouve face à une révolte d'ouvriers des mines (les houilleurs). Le début de l'extrait est raconté par le narrateur omniscient. Cependant le point de vue change à la fin de ce passage, quand on nous donne à voir l'émeute du point de vue des bourgeois épouvantés.

Les femmes avaient paru, près d'un millier de femmes, aux cheveux épars dépeignés par la course, aux guenilles montrant la peau nue, des nudités de femelles lasses d'enfanter des meurt-de-faim. Quelques-unes tenaient leur petit entre les bras, le soulevaient, l'agitaient, ainsi qu'un drapeau de deuil et de vengeance. D'autres, plus jeunes, avec des gorges gonflées de guerrières, brandissaient des bâtons ; tandis que les vieilles, affreuses, hurlaient si fort, que les cordes de leurs cous décharnés semblaient se rompre. Et les hommes déboulèrent ensuite [...] Au-dessus des têtes, parmi le hérissement des barres de fer, une hache passa, portée toute droite ; et cette hache unique, qui était comme l'étendard de la bande, avait, dans le ciel clair, le profil aigu d'un couperet de guillotine. « Quels visages atroces ! » balbutia Madame Hennebeau. Négrel dit entre ses dents : « Le diable m'emporte si j'en reconnais un seul ! D'où sortent-ils donc, ces bandits-là ? »

Et, en effet, la colère, la faim, ces deux mois de souffrances et cette débandade enragée au travers des fosses, avaient allongé en mâchoires de bêtes fauves les faces placides des houilleurs de Montsou. À ce moment, le soleil se couchait, les derniers rayons d'une pourpre sombre ensanglantaient la plaine. Alors, la route sembla charrier du sang, les femmes, les hommes continuaient à galoper, saignants comme des bouchers en pleine tuerie. « Oh ! superbe ! » dirent à demi-voix Lucie et Jeanne, remuées dans leur goût d'artistes par cette belle horreur.

Elles s'effrayaient pourtant, elles reculèrent près de Madame Hennebeau, qui s'était appuyée sur une auge. L'idée qu'il suffisait d'un regard entre les planches de cette porte disjointe, pour qu'on les massacrât, la glaçait. [...] C'était la vision rouge de la révolution qui les emporterait tous, fatalement, par une soirée sanglante de cette fin de siècle. Oui, un soir, le peuple lâché, débridé, galoperait ainsi sur les chemins ; et il ruissellerait

FRANÇAIS

du sang des bourgeois, il promènerait des têtes, il sèmerait l'or des coffres éventrés. Les femmes hurleraient, les hommes auraient ces mâchoires de loups, ouvertes pour mordre, Oui, ce seraient les mêmes guenilles, le même tonnerre de gros sabots, la même cohue effroyable, de peau sale, d'haleine empestée, balayant le vieux monde, sous leur poussée débordante de barbares. Des incendies flamberaient, on ne laisserait pas debout une pierre des villes, on retournerait à la vie sauvage dans les bois, après la grande ripaille, où les pauvres, en une nuit, videraient les caves des riches. Il n'y aurait plus rien, plus un sou des fortunes, plus un titre des situations acquises, jusqu'au jour où une nouvelle terre repousserait peut-être.

Zola, *Germinal*, Partie V, chapitre 5

ANALYSE GUIDÉE

- Pour aller plus loin dans l'analyse, il faut identifier les points de vue multiples à l'intérieur de cet extrait : **le narrateur externe et omniscient passe graduellement d'un point de vue neutre au point de vue des bourgeois**. Zola s'applique d'abord à donner une description précise des conditions de vie des mineurs dans *Germinal*, mais certains procédés peuvent surprendre dans un récit dit « réaliste ». C'est parce que le naturalisme inventé par Zola se différencie du réalisme : en effet, une description purement scientifique des choses est possible, mais elle ne crée pas nécessairement une émotion forte chez le lecteur. Or, **Zola se concentre justement sur les effets qu'il peut créer chez ses lecteurs**, et c'est pour cela que le récit transforme parfois la réalité pour la rendre « plus réaliste », comme avec la technique de la focalisation interne.
- L'auteur cherche avant tout à montrer la souffrance des familles de mineurs, d'où l'emploi d'un **registre pathétique** assez fréquent et fort : « un millier de femmes, aux cheveux épars dépeignés par la course, aux guenilles montrant la peau nue, des nudités de femelles lasses d'enfanter des meurt-de-faim. », « les cordes de leurs cous décharnés semblaient se rompre ».
- On voit que le point de vue des bourgeois est présent également au milieu du passage, lorsque la hache est comparée à une guillotine. L'imaginaire des bourgeois de l'époque est hanté par les souvenirs ou les récits des insurrections lors desquelles beaucoup furent décapités.

C Les types de discours

Pour faire parler ses personnages, l'écrivain procède de plusieurs manières. Ce sont les **types de discours**.

a Le discours direct

EXEMPLE

Elle s'écria : « Non ! Je ne partirai pas demain ! »

Le dialogue ordinaire fait appel au discours direct où **les paroles prononcées par le personnage sont retranscrites intégralement**. Les verbes sont généralement au présent et au passé composé. On utilise les types de phrases appropriés (interrogations, exclamations...). La ponctuation est spécifique : on emploie les **tirets**, qui signifient un changement d'interlocuteur, et les **guillemets**. Parfois, des incises permettent d'insérer des verbes de paroles dans le dialogue sans fermer les guillemets : (« Va-t'en, dit-il »).

b Le discours indirect

Le discours indirect consiste à utiliser les **verbes de paroles suivis d'une proposition subordonnée conjonctive**. Les paroles des personnages sont résumées et intégrées dans le récit. Les verbes conservent les mêmes temps que dans le reste du récit et les repères de lieu et de temps changent. On n'utilise pas de guillemets, de tirets, ou de verbes de parole et les types de phrases (interrogations, exclamations) ne sont pas retranscrits.

EXEMPLE
Elle lui dit qu'elle ne partirait pas le lendemain.

C Le discours indirect libre

Cette forme de discours emprunte des éléments du discours direct et du discours indirect.

Emprunts au discours direct	Emprunts au discours indirect
◗ Types de phrases ◗ Marques orales ◗ Marques de subjectivité (les manières de parler des personnages)	◗ Pas de tirets ni de guillemets ◗ Utilisation des mêmes pronoms ◗ Les repères de temps et de lieu changent ◗ Les temps verbaux changent ◗ La parole est résumée

EXEMPLE
Elle se fâcha. Non ! Elle ne partirait pas le lendemain !

D L'ancrage spatio-temporel

■ L'**ancrage spatio-temporel** est différent si l'on se trouve dans le discours direct (que l'on nomme l'énoncé ancré) ou dans les discours indirect et indirect libre (qu'on appelle l'énoncé coupé).

À SAVOIR
On parle d'« **énoncé coupé** » parce que **le moment où l'on parle n'est pas le même moment que celui de l'histoire**. À l'inverse, dans le discours direct, l'énoncé est « **ancré** » car **le moment où le personnage parle est le moment de l'histoire**.

■ Ainsi, on fait la distinction entre « demain », qui est un terme ancré (la date évoquée dépend du moment où le mot est prononcé) et « le lendemain » qui est un terme coupé, dépendant du temps de l'histoire, et non pas du moment où le narrateur/écrivain parle.

■ L'énoncé est souvent ancré dans le cas d'un narrateur interne, alors qu'il est coupé si le narrateur est externe.

3 Le récit romanesque

A Le schéma narratif

■ L'immense majorité des récits suivent la même structure :

Situation initiale → Élément déclencheur → Péripéties → Résolution (dénouement) → Situation finale

■ La chronologie peut être manipulée grâce au **retour en arrière** ou à l'**anticipation**, mais il est très rare qu'un récit échappe à ce schéma. *Molloy* de Samuel Beckett est un exemple de

FRANÇAIS

récit où l'action est cyclique et où l'histoire n'a ni réel début ni fin. Un autre exemple célèbre est *Ulysses* de James Joyce.

B Le schéma actanciel

Certains termes s'appliquent à tous types d'histoire pour caractériser les personnages. Soyez sûrs d'employer correctement les termes suivants :

> **ATTENTION**
> Évitez de parler de « héros », qui est un terme qui s'applique davantage au roman d'aventures et aux contes.

- **protagoniste** : le ou les personnages principaux (on les appelle parfois les sujets) ;
- **antagoniste/opposant** : le ou les personnages qui s'opposent aux protagonistes ;
- **adjuvant** : le ou les personnages qui aident les protagonistes dans leur quête ;

C Le rythme d'un récit

■ **Les procédés de l'accélération** : les plus simples sont les **compléments circonstanciels de temps** exprimant la rapidité, l'utilisation de nombreux **verbes d'action**, des **phrases plus courtes** (dans le récit comme dans le dialogue) et une ponctuation adaptée.

■ **Les procédés du ralentissement** : en inversant ces mêmes procédés, l'auteur peut facilement ralentir l'action afin de rendre le récit plus lourd, plus grave et solennel : les compléments circonstanciels de temps exprimant la lenteur et l'inaction, des verbes descriptifs, des verbes d'état, des verbes de pensées, des phrases longues avec des subordonnées et peu de ponctuation... Ces éléments paraissent évidents mais ne les négligez pas, car ils peuvent vous donner la clé de l'analyse d'un texte !

■ **Le retour en arrière** (ou **analepse**) : comme son nom l'indique, il s'agit d'un procédé qui permet à l'auteur de laisser le passé des personnages en suspens et d'y revenir ensuite. Cela peut être un levier très puissant du **suspense**.

> **CONSEIL**
> Évitez d'utiliser l'anglicisme « flashback », qui n'est pas véritablement un terme de l'analyse littéraire.

■ **L'anticipation** (ou **prolepse**) : il s'agit aussi d'un moyen de **créer une attente très forte chez le lecteur**. Le narrateur de Manon Lescaut est un maître dans l'art de la prolepse, comme quand il dit : « *Je n'eus pas le moindre soupçon du coup cruel qu'on se préparait à me porter* ». Dans ce roman, le narrateur est interne et raconte une histoire qu'il a déjà vécue, d'où sa connaissance des faits avant de les raconter. Ces prolepses interviennent de nombreuses fois dans le récit, alors que les personnages vont de désastres en catastrophes.

■ **L'ellipse narrative** : c'est un moyen de passer sous silence une période peu intéressante pour le lecteur, ou qu'on ne veut pas raconter (une nuit, un mois, plusieurs années, une génération...).

■ **Le rebondissement et le suspense** : le roman d'aventures, le roman policier et même le roman fantastique reposent sur le doute. Certaines informations sont cachées au lecteur afin de ménager le suspense et de maintenir l'attention du lecteur.

POUR ALLER PLUS LOIN

Voici quelques exemples de procédés de manipulation du rythme du récit.

Extrait 1 : « Il s'était douché, rasé, et avait mis le costume de tergal vert qu'il portait en arrivant à l'hôtel la veille au soir. La pensée que le jour était enfin arrivé avait fait trembler sa main et il s'était légèrement coupé la lèvre en se rasant. Il saignait encore un peu, le goût salé dans sa bouche lui donna un haut-le-cœur. Il avait horreur du sang. La nuit dernière, au bureau de réception de l'hôtel, il avait senti le regard du réceptionniste glisser sur ses vêtements. Il portait son pardessus sous le bras, pour dissimuler son aspect minable. Mais le costume était neuf. Il avait fait des économies pour ça. Et pourtant l'homme l'avait regardé comme un pauvre type et lui avait demandé s'il avait fait une réservation. » Mary Higgins Clark, *La Nuit du renard*

Nous avons plusieurs **retours en arrière** dont l'un est fort long puisqu'il occupe tout un paragraphe. Le retour en arrière est signalé par un groupe nominal complément circonstanciel de temps « la nuit dernière ». Les verbes sont alors au plus-que-parfait (« avait senti », « avait regardé »). Le **plus-que-parfait** s'emploie pour exprimer des **actions antérieures à d'autres** (actions à l'imparfait comme « il portait »). Ainsi, dans la phrase « Elle portait le collier qu'elle avait fait », le plus-que-parfait dit que la confection du collier (« avait fait ») a eu lieu avant qu'il ne soit porté (« portait »).

Extrait 2 : « [...] le sommeil s'empara de mes sens, et m'offrit les rêves les plus agréables, les plus propres à délasser mon âme des idées effrayantes et bizarres dont elle avait été fatiguée. Il fut, d'ailleurs, très long, et ma mère, par la suite, réfléchissant un jour sur mes aventures, prétendit que cet assoupissement n'avait pas été naturel. » Jacques Cazotte, *Le Diable amoureux*

Dans cet extrait, on peut identifier l'**anticipation** grâce au groupe prépositionnel complément circonstanciel de temps « par la suite » ou encore au groupe nominal complément circonstanciel de temps également « un jour ».

Extrait 3 : « Par une nuit de tempête, à l'époque orageuse de la Révolution française, un jeune Allemand s'en revenait à son domicile sur le tard, à travers les vieux quartiers de Paris. Les éclairs luisaient et de sourds grondements de tonnerre retentissaient dans les rues étroites. Mais il convient tout d'abord que je vous parle de ce jeune Allemand. Gottfried Wolfgang était un jeune homme de bonne famille. Il avait étudié à Goettingue pendant quelque temps [...] Tel était Gottfried Wolfgang, et tel son état, au moment où commence ce récit. » Washington Irving, « Aventure d'un étudiant allemand ».

Dans ce **début *in medias res*** (l'histoire commence par une action, sans aucune présentation des personnages), nous avons un retour en arrière que l'on trouve dans le deuxième paragraphe : « Il avait étudié à Goettingue pendant quelque temps ». Le plus-que-parfait est utilisé pour exprimer une action antérieure à une autre (« un jeune allemand s'en revenait à son domicile »).

4 En bref

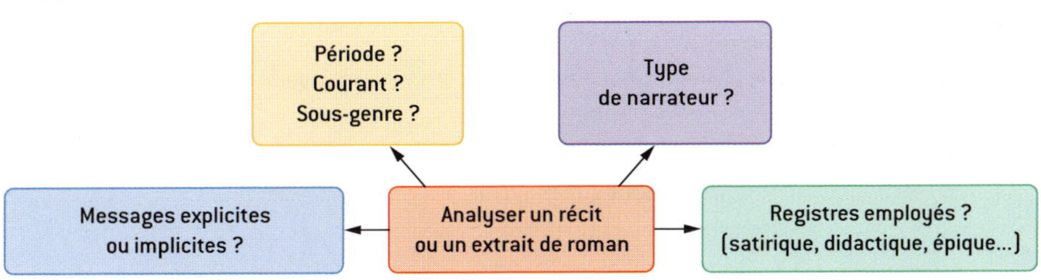

FRANÇAIS

6 L'histoire du roman du Moyen Âge à nos jours

Le roman trouve son origine dans l'épopée antique, avec notamment les œuvres de l'Iliade et l'Odyssée, et a évolué jusqu'à devenir la forme hétéroclite que l'on connaît aujourd'hui.

1 Le roman avant le XVIIe siècle

■ L'Antiquité est l'époque des **grands récits épiques** : les **épopées.** Elles racontent les prouesses de héros surhumains, voire semi-divins (Ulysse, Hercule, Énée...).

■ Au Moyen Âge, les **chansons de geste** prennent le relais de l'épopée en racontant les **exploits des chevaliers** : elles utilisent le registre épique, que l'on trouve également dans le roman moderne. Les registres narratif et descriptif sont employés, communs à tous les récits. C'est au Moyen Âge que se développent les fabliaux, ancêtres des fables de La Fontaine, qui mettent en scène des animaux et des humains en employant le registre didactique.

À SAVOIR

- **Registre épique** : récit des exploits d'un personnage dont on exagère les capacités (notamment grâce à l'hyperbole).
- **Registre narratif** : permet de raconter un récit, une histoire.
- **Registre descriptif** : permet au lecteur de mieux imaginer le récit (notamment de manière visuelle).
- **Registre didactique** : a pour vocation d'enseigner tout en divertissant (d'où la morale des fables).

■ Rabelais, écrivain de la Renaissance, est considéré comme le père du roman. Il a écrit des récits qui se rapprochent du roman dans sa forme actuelle et a contribué énormément à la diversification de la langue française en inventant des centaines de mots nouveaux. La Renaissance est marquée par ses œuvres comme *Gargantua* et *Pantagruel.*

2 Le roman au XVIIe siècle

■ Au XVIIe siècle, quelques auteurs comme Honoré d'Urfé proposent des **récits merveilleux**, à la manière de l'épopée, dans lesquels des personnages mythologiques vivent des aventures dont les péripéties n'ont aucun lien apparent. Ces romans sont très longs, et leur popularité décroît rapidement. Les détracteurs du roman affirment qu'il s'agit d'un genre réservé à un public féminin sous prétexte qu'il met en scène des personnages amoureux dont on détaille les pensées et la psychologie, et qu'il ne montre pas d'exploits physiques ni guerriers.

EXEMPLE

Honoré d'Urfé écrit *L'astrée*, dans lequel des bergers et bergères, séparés dès le début du récit, cherchent à retrouver la personne qui hante leurs pensées. Le roman (environ 450 pages en format poche) est extrêmement long pour l'époque. Les lecteurs sont découragés par ce genre de récits, que l'on appelle le roman pastoral.

■ Ces **romans héroïques** très longs laissent la place à des **romans plus courts et plus ancrés dans la réalité** comme *La Princesse de Clèves* de Madame de Lafayette. Son héroïne, mariée et néanmoins amoureuse d'un autre homme, résiste à son désir y compris après la mort de son mari. La force avec laquelle l'auteur décrit ce destin tragique et les émotions conflictuelles de l'héroïne lui valent d'être toujours lu aujourd'hui.

■ Le **roman épistolaire** naît également à cette époque avec des œuvres comme *Les Liaisons dangereuses* de Choderlos de Laclos.

3 Le roman au XVIIIe siècle

■ Le XVIIIe siècle voit le roman se diversifier et les limites de genres se troubler : en effet, les personnages ainsi que les thèmes abordés se multiplient. On ne peut plus définir le roman par des exploits guerriers, par l'exploration des sentiments ou par des personnages de la haute société :

- le **roman picaresque** (de l'espagnol « picaro : misérable, futé ») met en scène des personnages issus du peuple, aventuriers, volontiers voleurs, mendiants ou vagabonds. Ce personnage est un antihéros, il s'oppose aux figures telles que le chevalier ou le demi-dieu. *Gil Blas de Santillane*, de Lesage, ou encore *Le Paysan parvenu* de Marivaux sont des exemples français de ce genre né en Espagne ;
- le **roman sentimental** véhicule la sensibilité. Il raconte une histoire d'amour et se concentre sur la psychologie des personnages. Dans *La Nouvelle Héloïse*, de Jean-Jacques Rousseau, les sentiments des personnages sont beaucoup plus importants que leurs aventures ;
- les **dialogues philosophiques** sont l'occasion pour des écrivains comme Diderot d'énoncer leur vision du monde, de la société ou des hommes à travers une histoire, moins austère qu'un essai (*Le Neveu de Rameau, Jacques le Fataliste* sont des exemples de dialogues philosophiques de Denis Diderot) ;
- le **roman noir** est un genre populaire qui propose des scénarios mélodramatiques. Aussi appelé **roman gothique**, il est originaire d'Angleterre et se propage en Europe. *Le château d'Otrante,* d'Horace Walpole en est un des premiers représentants. Les écrivains français s'en empareront avec un léger retard et écriront *Une ténébreuse affaire* (Balzac), *Les Mystères de Paris* (Eugène Sue).

■ Mais de nombreux romans échappent à un classement fiable : *Les Lettres persanes* de Montesquieu changent de ton régulièrement et oscillent entre la nouvelle et le conte. Des œuvres comme *Candide, L'ingénu* de Voltaire ou *La Nouvelle Héloïse* de Rousseau ne rentrent pas dans une seule catégorie. On trouve dans ce dernier les premiers accents de ce qui deviendra le romantisme au siècle suivant.

4 Le roman au XIXe siècle

■ Les genres évoqués précédemment continuent d'être en vogue, mais le XIXe siècle marque le succès du **roman historique,** qui reprend un événement, parfois majeur de l'Histoire et y ajoute des personnages ou éléments fictifs. *Une nuit de Cléopâtre* est une nouvelle de Théophile Gautier qui s'inscrit dans ce genre, de même que *Les Martyrs* de Chateaubriand.

■ Balzac laisse sa marque comme le **romancier des mœurs.** Il étudie la vie des familles de son époque en détail et montre les effets sociaux et leurs causes. C'est son œuvre qui servira de base au **roman réaliste**.

■ L'extension du roman réaliste se trouve dans le **roman naturaliste**, que Zola popularise dès 1865. Le **naturalisme** cherche à étudier le monde de manière scientifique pour le restituer du mieux possible. Le romancier prend pour modèle la **démarche scientifique** de la documentation, de la théorie et de l'expérimentation. Ce qui diffère entre le réalisme et le naturalisme, c'est la faculté qu'a Zola à transformer le réel pour le rendre plus vivant dans l'esprit du lecteur (voir fiche 5).

■ S'opposant au naturalisme, le **roman fantastique** met en scène des événements inexplicables et pour lesquels plusieurs explications cohabitent : l'une, rationnelle et logique, l'autre irrationnelle et surnaturelle.

■ Certains romans de Jules Verne se démarquent par leurs thèmes futuristes, jusqu'à donner naissance à un genre à part entière : la **littérature d'anticipation**. Celle-ci prend appui sur les dernières avancées scientifiques, voire sur des prototypes et des théories qui n'ont pas encore été testées scientifiquement, mais que Verne imagine dans des romans comme *De la Terre à la lune*, ou *Vingt mille lieues sous les mers*.

5 Le roman au XXe siècle

■ Au XXe siècle, l'**autobiographie** et l'**auto-fiction** émergent ainsi que le **Nouveau Roman**, qui veut donner un souffle moderne à la forme romanesque. Il remet en cause la nécessité pour un roman de raconter une histoire, et même d'avoir des personnages. Cela donne des récits dans lesquels les personnages et l'intrigue sont au second plan. Le narrateur, pour ces auteurs, ne peut pas être omniscient. Il est souvent multiple et indiscernable. Le réalisme est rejeté sous toutes ses formes.

■ La **science-fiction** et l'anticipation, longtemps considérées comme des sous-genres, deviennent peu à peu des sujets d'étude et des genres à part entière.

POUR ALLER PLUS LOIN

Les lectures essentielles

Moyen Âge

La chanson de Roland (fin du XIe siècle)

Yvain ou Le Chevalier au lion, de Chrétien de Troyes, 1177

Perceval ou le Conte du Graal, de Chrétien de Troyes, 1180 (inachevé)

Le Roman de Renart, 1170-1250

Renaissance

Pantagruel et *Gargantua*, Rabelais, 1532 et 1534

XVIIe siècle

Fables, de Jean de La Fontaine, 1668-1694

La Princesse de Clèves, Madame de La Fayette, 1678

Les Aventures de Télémaque, Fénelon, 1699

XVIIIe siècle

Les Lettres persanes, Montesquieu, 1721

Le Jeu de l'amour et du hasard, Marivaux, 1730

Manon Lescaut, L'Abbé Prévost, 1731

Julie ou la Nouvelle Héloïse, Jean-Jacques Rousseau, 1761

Le Neveu de Rameau, Denis Diderot, 1762-1773
Jacques le Fataliste et son maître, Denis Diderot, 1778
Les Liaisons dangereuses, Choderlos de Laclos, 1782
Les Confessions, Jean-Jacques Rousseau, 1782 et 1789

XIXe siècle

Mémoires d'Outre-Tombe, Chateaubriand, 1803-1841
Le Rouge et le Noir, Stendhal, 1830
Notre-Dame de Paris, Victor Hugo, 1831
Le Père Goriot, Honoré de Balzac, 1834
La Chartreuse de Parme, Stendhal, 1849
Voyage au centre de la Terre, Jules Verne, 1864
L'Éducation sentimentale, Gustave Flaubert, 1869
Les Diaboliques, Jules Barbey d'Aurevilly, 1874
Bel-Ami, Guy de Maupassant, 1885

XXe siècle

Nadja, André Breton, 1928
Le Meilleur des mondes, Aldous Huxley, 1931
Voyage au bout de la nuit, Céline, 1932
L'Étranger, Albert Camus, 1942
Ravages, René Barjavel, 1943
La Peste, Albert Camus, 1947
Le Silence de la mer, Vercors, 1942
Vipère au poing, Hervé Bazin, 1948
Les Gommes, Alain Robbe-Grillet, 1953
Enfance, Nathalie Sarraute, 1983

XXIe siècle

La Horde du Contrevent, Alain Damasio, 2004
La Part de l'autre, Eric-Emmanuel Schmitt, 2005
Là où les tigres sont chez eux, Jean-Marie Blas de Roblès, 2008 (Prix Médicis)
HHhH, Laurent Binet, 2010
L'Île du point Némo, Jean-Marie Blas de Roblès, 2014
La Septième fonction du langage, Laurent Binet, 2014
Ils m'ont menti, Daniel Pennac, 2017

Les œuvres cinématographiques

Le roman étant probablement la forme littéraire la plus lue, il est également le genre le plus transposé sur d'autres supports :

- *Les Misérables*, de Victor Hugo, adapté par Robert Hossein en 1982 ;
- *Germinal*, d'Émile Zola, adapté par Claude Berri en 1993 ;
- *Les Liaisons dangereuses*, de Choderlos de Laclos, monument de la littérature épistolaire, adapté par Stephen Frears en 1988 ;
- *Madame Bovary*, de Gustave Flaubert, adapté par Vincente Minnelli en 1949 ;
- *Les Trois Mousquetaires*, d'Alexandre Dumas, adapté par George Sidney en 1948 ;
- *Le Comte de Monte-Cristo*, d'Alexandre Dumas, adapté par Claude Autant-Lara en 1961 ;
- *La Bête humaine*, d'Émile Zola, adapté par Jean Renoir en 1938.

6 En bref

Antiquité

Les écrits sont consacrés aux **héros légendaires**, aux divinités et aux demi-dieux. Ces récits sont écrits en latin ou en grec

Épopée : Raconte les exploits de héros comme Ulysse, Énée ou Hercule

HOMÈRE *L'Iliade et l'Odyssée*
VIRGILE *L'Énéide*

Moyen Âge

- La légende du roi Arthur naît en Bretagne
- Les récits sont lus à voix haute : peu de gens savent lire

Chanson de geste : Raconte les prouesses des chevaliers (Roland Yvain, Lancelot, Perceval…)

Le Roman de Renart

XVIe siècle

- Savoir transmis par les **moines** grâce aux manuscrits
- Accès au savoir révolutionné avec l'invention de l'**imprimerie** par Gutenberg

Rabelais écrit les premiers récits considérés comme les ancêtres des romans

RABELAIS *Pantagruel, Gargantua*

XVIIe siècle

- Création de l'Académie française par Richelieu (afin de fixer les règles de la langue française et les faire évoluer)
- Règne de Louis XIV et apogée de la **monarchie absolue**
- Construction du château de Versailles
- Révocation de l'édit de Nantes
- Implantation de l'**esclavage**

- Les romans deviennent plus courts
- Naissance du roman épistolaire

MADAME DE LA FAYETTE *La Princesse de Clèves*

XVIIIe siècle

- Siècle des **Lumières**
- Apogée du **commerce triangulaire** (tissus, armes à feu, coton, thé, épices, esclaves)
- Période très rude pour le peuple français : hivers glacials, famine, misère et criminalité
- **Révolution française**
- Apparition d'une nouvelle classe sociale : la **bourgeoisie**

Roman picaresque (*Le Diable boiteux…*)
Roman noir
Roman sentimental
Dialogues philosophiques

HONORE D'URFÉ *L'Astrée*
DIDEROT *Le Neveu de Rameau, Jacques le Fataliste*
LACLOS *Les Liaisons dangereuses*

XIXe siècle

- **Alternance des régimes politiques** (république et empire) avec des répercussions sur le milieu culturel et littéraire
- **Révolution industrielle**
- Émergence de la classe sociale des **ouvriers**

Roman historique
Roman réaliste et naturaliste (→ BALZAC, ZOLA)
Roman fantastique
Roman d'anticipation (→ JULES VERNE)

JULES VERNE
BALZAC *La comédie humaine*
HUGO *Les misérables*
ZOLA *Rougon macquart*
STENDHAL *Le rouge et le Noir*
FLAUBERT *Madame Bovary, L'Éducation sentimentale*

XXe et XXIe siècles

- Les **deux guerres mondiales** changent radicalement la vision du monde et la place de l'homme et de la femme dans la société
- Comme les deux guerres mondiales, les **attentats terroristes** de 2001 et des années suivantes continuent de transformer les modes de vie et les milieux culturels occidentaux

Autobiographie et autofiction
Nouveau Roman : Remet en cause les règles du schéma narratif et actanciel
Science-fiction : Reconnaissance de la science-fiction comme genre littéraire à part entière

SE TESTER ET S'ENTRAÎNER

EXERCICE 1

Cochez la ou les bonne(s) réponse(s) et répondez aux questions posées.

1. Un narrateur qui en sait plus que le lecteur est :
❑ un narrateur interne
❑ un narrateur externe
❑ un narrateur omniscient
❑ une focalisation interne

2. Lorsqu'un narrateur n'est pas un personnage de l'histoire mais prend temporairement le point de vue d'un personnage, on appelle cela :
❑ un narrateur interne
❑ la focalisation interne

3. Dans le discours indirect libre, l'énoncé est :
❑ ancré
❑ coupé

4. Dans le discours indirect libre, on utilise :
❑ des verbes de parole
❑ des marques d'oralité et de subjectivité
❑ des guillemets et des tirets

5. Une ellipse narrative est un moyen de :
❑ rendre le récit plus lent
❑ rendre le récit plus rapide
❑ préciser certains événements de l'histoire
❑ ne pas raconter certains événements en détail

6. Quels procédés permettent d'accélérer le récit :
❑ des phrases longues
❑ des phrases courtes
❑ des verbes d'action
❑ des verbes d'état
❑ l'ellipse narrative
❑ les compléments circonstanciels de temps
❑ les compléments circonstanciels de lieu
❑ les descriptions

7. Transposez cette phrase au discours indirect, puis au discours indirect libre : Françoise dit : « ils sont venus hier, mais je ne voulais pas les voir ! »

8. Transposez cette phrase au discours direct : La veille, il avait pourtant posé cette carafe pleine sur sa table, il en était certain !

EXERCICE 2

1. Identifiez le type de narrateur et le point de vue utilisé dans le texte suivant, extrait des *Misérables*, de Victor Hugo.
2. Relevez le champ lexical de la lumière dans cet extrait. À qui ou à quoi est-il associé ?
3. Décrivez l'évolution des sentiments de Cosette tout au long de l'extrait. Appuyez-vous sur des citations précises.
4. Quelle est la figure de style utilisée dans la phrase « ce miel aigre des méchantes femmes » ? Expliquez son sens.

Il faut croire que, depuis plus d'une heure qu'il était là, au milieu de sa rêverie, il avait confusément remarqué cette boutique de bimbeloterie éclairée de lampions et de chandelles si splendidement qu'on l'apercevait à travers la vitre du cabaret comme une illumination.
Cosette leva les yeux, elle avait vu venir l'homme à elle avec cette poupée comme elle eût vu venir le soleil, elle entendit ces paroles inouïes : c'est pour toi, elle le regarda, elle regarda la poupée, puis elle recula lentement, et s'alla cacher tout au fond sous la table dans le coin du mur.
Elle ne pleurait plus, elle ne criait plus, elle avait l'air de ne plus oser respirer. [...]
– Eh bien, Cosette, dit la Thénardier d'une voix qui voulait être douce et qui était toute composée de ce miel aigre des méchantes femmes, est-ce que tu ne prends pas la poupée ?
Cosette se hasarda à sortir de son trou.
– Ma petite Cosette, reprit le Thénardier d'un air caressant, monsieur te donne une poupée. Prends-la. Elle est à toi.

Cosette considérait la poupée merveilleuse avec une sorte de terreur. Son visage était encore inondé de larmes, mais ses yeux commençaient à s'emplir, comme le ciel au crépuscule du matin, des rayonnements étranges de la joie. Ce qu'elle éprouvait en ce moment-là était un peu pareil à ce qu'elle eût ressenti si on lui eût dit brusquement : Petite, vous êtes la reine de France.
Il lui semblait que si elle touchait à cette poupée, le tonnerre en sortirait.
Ce qui était vrai jusqu'à un certain point, car elle se disait que la Thénardier gronderait, et la battrait.
Pourtant l'attraction l'emporta. Elle finit par s'approcher, et murmura timidement en se tournant vers la Thénardier :
– Est-ce que je peux, madame ?
Aucune expression ne saurait rendre cet air à la fois désespéré, épouvanté et ravi.
– Pardi ! fit la Thénardier, c'est à toi. Puisque monsieur te la donne.
– Vrai, monsieur ? reprit Cosette, est-ce que c'est vrai ? c'est à moi, la dame ?
L'étranger paraissait avoir les yeux pleins de larmes. Il semblait être à ce point d'émotion où l'on ne parle pas pour ne pas pleurer. Il fit un signe de tête à Cosette, et mit la main de « la dame » dans sa petite main.

Les Misérables, Victor Hugo, tome II : Cosette (1862)

CORRIGÉ

Exercice 1

1. Un narrateur qui en sait plus que le lecteur est un narrateur omniscient.
2. Lorsqu'un narrateur n'est pas un personnage de l'histoire mais prend temporairement le point de vue d'un personnage, on appelle cela la focalisation interne.
3. Dans le discours indirect libre, l'énoncé est coupé.
4. Dans le discours indirect libre, on utilise des verbes de parole et des marques d'oralité et de subjectivité.
5. Une ellipse narrative est un moyen de ne pas raconter certains événements en détail.
6. Les procédés permettant d'accélérer le récit sont les phrases courtes, les verbes d'action, l'ellipse narrative et les compléments circonstanciels de temps.
7. Discours indirect : Françoise dit qu'ils sont venus hier, mais qu'elle ne voulait pas les voir. Discours indirect libre : Françoise les avait vus arriver la veille, mais elle n'avait pas voulu les voir.
8. Il s'écria : « Hier, j'ai pourtant posé cette carafe pleine sur la table, j'en suis certain ! »

Exercice 2

1. Dans *Les Misérables*, le narrateur est externe et omniscient, car il en sait plus que le lecteur. Dans ce passage, cependant, Jean Valjean est appelé « l'étranger », ce qui indique que le point de vue adopté est celui d'un autre personnage. Le texte donne de nombreux détails sur les pensées et les sentiments de Cosette, ce qui veut dire que le narrateur a pris le point de vue de celle-ci pour raconter ce passage, afin de le rendre plus intéressant pour le lecteur, qui se demande comment Jean Valjean va pouvoir l'aider.
2. Le lexique de la lumière est associé à Jean Valjean et à la boutique : « éclairée, lampions, chandelles, illumination, soleil ».
3. Cosette est d'abord effrayée « elle recula lentement, et s'alla cacher tout au fond sous la table dans le coin du mur ». Elle regagne peu à peu son courage : « Cosette se hasarda à sortir de son trou », mais sa peur est toujours présente : « une sorte de terreur », « Son visage était encore inondé de larmes ». Au fur et à mesure qu'elle réalise qu'elle pourra peut-être garder la poupée, son visage s'éclaire : « rayonnements étranges de la joie ». Sa surprise est grande : « Ce qu'elle éprouvait en ce moment-là était un peu pareil à ce qu'elle eût ressenti si on lui eût dit brusquement : Petite, vous êtes la reine de France ».

Elle se souvient ensuite que la Thénardier n'est sans doute pas sincère : « Il lui semblait que si elle touchait à cette poupée, le tonnerre en sortirait. Ce qui était vrai jusqu'à un certain point, car elle se disait que la Thénardier gronderait, et la battrait ». Les sentiments de Cosette sont confus et contradictoires, mais très intenses : « Aucune expression ne saurait rendre cet air à la fois désespéré, épouvanté et ravi ».

4. L'oxymore « miel aigre » illustre l'hypocrisie de la Thénardier qui fait semblant d'être douce devant Jean Valjean.

SUJET DE TYPE BAC

Objet d'étude : Le roman et le récit du Moyen Âge au XXIe siècle

Document A : François Rabelais, *Gargantua*, 1534
Document B : Aldous Huxley, *Le Meilleur des mondes,* 1932
Document C : Ievgueni Zamiatine, *Nous*, 1920
Document D : Alain Damasio, *La Zone du Dehors,* 2004

Commentaire

Vous commenterez le document D, *La Zone du Dehors*, en vous focalisant sur les possibles bénéfices du progrès scientifique, ses effets néfastes et la critique de la société actuelle.

Contraction de texte

Vous résumerez le document D en exposant ce que l'auteur tente de démontrer. Votre réponse comportera environ 250 mots.

Essai

Montrez que la manière de percevoir l'avenir change en fonction de l'époque.

DOCUMENT A

#outil
Conseils pour réussir l'épreuve écrite et orale
foucherconnect.fr/19pbst2s43

Gargantua

Toute leur vie était dirigée non par les lois, statuts ou règles, mais selon leur bon vouloir et libre arbitre. Ils se levaient du lit quand bon leur semblait, buvaient, mangeaient, travaillaient, dormaient quand le désir leur venait. Nul ne les éveillait, nul ne les forçait ni à boire, ni à manger, ni à faire quoi que ce soit… Ainsi l'avait établi Gargantua. Toute leur règle tenait en cette clause : FAIS CE QUE VOUDRAS, car des gens libres, bien nés, biens instruits, vivant en honnête compagnie, ont par nature un instinct et un aiguillon qui pousse toujours vers la vertu et retire du vice ; c'est ce qu'ils nommaient l'honneur. Ceux-ci, quand ils sont écrasés et asservis par une vile sujétion et contrainte, se détournent de la noble passion par laquelle ils tendaient librement à la vertu, afin de démettre et enfreindre ce joug de servitude ; car nous entreprenons toujours les choses défendues et convoitons ce qui nous est dénié. Par cette liberté, ils entrèrent en une louable émulation à faire tout ce qu'ils voyaient plaire à un seul. Si l'un ou l'une disait : « Buvons », tous buvaient. S'il disait : « Jouons », tous jouaient. S'il disait : « Allons nous ébattre dans les champs », tous y allaient. Si c'était pour chasser, les dames, montées sur de belles haquenées, avec leur palefroi richement harnaché, sur le poing mignonnement enganteléé portaient chacune ou un épervier, ou un laneret, ou un émerillon ; les hommes portaient les autres oiseaux. Ils étaient tant noblement instruits qu'il n'y avait parmi eux personne qui ne sût lire, écrire, chanter, jouer d'instruments harmonieux, parler cinq à six langues et en celles-ci composer, tant en vers qu'en prose. Jamais ne furent vus chevaliers si preux, si galants, si habiles à pied et à cheval, plus verts, mieux remuant, maniant mieux toutes les armes. Jamais ne furent vues dames si élégantes, si mignonnes, moins fâcheuses, plus doctes à la main, à l'aiguille, à tous les actes féminins honnêtes et libres, qu'étaient celles-là. Pour cette raison, quand le temps était venu pour l'un des habitants de cette abbaye d'en sortir, soit à la demande de ses parents, ou pour une autre cause, il emmenait une des dames, celle qui l'aurait pris pour son dévot, et ils étaient mariés ensemble ; et ils avaient si bien vécu à Thélème en dévotion et amitié, qu'ils continuaient d'autant mieux dans le mariage ; aussi s'aimaient-ils à la fin de leurs jours comme au premier de leurs noces.

Rabelais, *Gargantua*, livre LVII, version modernisée (1534)

DOCUMENT B

Le Meilleur des mondes

Huxley décrit une société entièrement soumise au pouvoir de la science, plus particulièrement la biologie, qui a pour but d'éliminer le hasard (les incertitudes et les caprices de la nature) et de mettre en place une organisation basée sur l'argent. Les individus sont sélectionnés et conditionnés dès avant leur naissance. Ici le directeur expose à un groupe d'étudiants les diverses manipulations génétiques auxquelles il se livre au nom de l'ordre social. Les embryons sont sélectionnés et répartis en cinq groupes hiérarchisés depuis les « alphas » destinés à diriger la société, jusqu'aux « epsilons » voués aux travaux manuels. Les bébés deltas ont été soumis à une expérience destinée à créer chez eux une répulsion à l'égard des livres et des fleurs.

L'un des étudiants leva la main ; et, bien qu'il comprît fort bien pourquoi l'on ne pouvait pas tolérer que des gens de caste inférieure gaspillassent le temps de la communauté avec des livres, et qu'il y avait toujours le danger qu'ils lussent quelque chose qui fît indésirablement « déconditionner » un de leurs réflexes, cependant… en somme, il ne concevait pas ce qui avait trait aux fleurs. Pourquoi se donner la peine de rendre psychologiquement impossible aux Deltas l'amour des fleurs ?

Patiemment, le D.I.C. donna des explications. Si l'on faisait en sorte que les enfants se missent à hurler à la vue d'une rose, c'était pour des raisons de haute politique économique. Il n'y a pas si longtemps (voilà un siècle environ), on avait conditionné les Gammas, les Deltas, voire les Epsilons, à aimer les fleurs – les fleurs en particulier et la nature sauvage en général. Le but visé, c'était de faire naître en eux le désir d'aller à la campagne chaque fois que l'occasion s'en présentait, et de les obliger ainsi à consommer du transport.

- Et ne consommaient-ils pas de transport ? demanda l'étudiant.

- Si, et même en assez grande quantité, répondit le D.I.C., mais rien de plus. Les primevères et les paysages, fit-il observer, ont un défaut grave : ils sont gratuits. L'amour de la nature ne fournit de travail à nulle usine. On décida d'abolir l'amour de la nature, du moins parmi les basses classes, d'abolir l'amour de la nature, mais non point la tendance à consommer du transport. Car il était essentiel, bien entendu, qu'on continuât à aller à la campagne, même si l'on avait cela en horreur. Le problème consistait à trouver à la consommation du transport une raison économiquement mieux fondée qu'une simple affection pour les primevères et les paysages. Elle fut dûment découverte. - Nous conditionnons les masses à détester la campagne, dit le Directeur pour conclure, mais simultanément nous les conditionnons à raffoler de tous les sports en plein air. En même temps, nous faisons le nécessaire pour que tous les sports de plein air entraînent l'emploi d'appareils compliqués. De sorte qu'on consomme des articles manufacturés, aussi bien que du transport.

Aldous Huxley, *Le Meilleur des mondes,* © Mrs. Laura Huxley, 1932,
© Plon, un département de Place des éditeurs, 1933 pour la traduction française

DOCUMENT C

Nous

Je descendis et assistai à un délire général. Les soleils de cristal taillé éclairaient un quai bourré de têtes devant un train vide et engourdi. Je ne la voyais pas, mais je la reconnus à sa voix souple et flexible comme une cravache. Ses sourcils relevés vers les tempes devaient être quelque part…

– Laissez-moi passer. Il me faut...

Des pinces me saisirent aux bras et aux épaules, je fus immobilisé :

– Non, remontez. On vous guérira, on vous remplira de bonheur jusqu'aux bords. Quand vous serez rassasié vous rêvasserez tranquillement, en mesure, et vous ronflerez. Vous n'entendez pas ce grand ronflement symphonique ? Vous êtes difficile : on veut vous débarrasser de ces points d'interrogation qui se tordent en vous comme des vers et vous torturent ! Courez subir la Grande Opération !

– Qu'est-ce que cela peut vous faire si je ne consens pas à ce que d'autres veulent à ma place, si je veux vouloir moi-même, si je veux l'impossible...

Une voix lourde et lente lui répondit :

– Ah, ah ! L'impossible ! C'est-à-dire rêver à des chimères idiotes pour qu'elles s'agitent devant votre nez comme un appât. Non, nous coupons cet appât et...

– Et vous le mangez, et vous en aurez besoin d'un autre. Il paraît que les anciens avaient un animal appelé « âne ». Pour le faire avancer, on lui attachait une carotte devant le nez de façon qu'il ne pût l'attraper. S'il l'attrapait, il la mangeait.

Ievgueni Zamiatine, *Nous*, 1920 traduction d'Hélène Henry

DOCUMENT D

La Zone du Dehors

Devant nous fendait la foule un couple d'étudiants, le me posé, la fille plutôt speed, qui nous permettait, en les collant, de traer plus vite vers notre objectif. Leur discussion était un régal. Elle faisait beaucoup sourire Capt... Il faut avouer qu'au moment où l'ambiance de la fête commençait à me faire douter de notre action tellement noire, subite, dure, cette conversation tombait on ne peut mieux pour nous réconforter... Capt me lançait des regards complices chaque fois que la fille revenait à la charge, dans une sorte de pure exaltation d'évangéliste procapsule...

– ... Mais prends-en une, n'importe laquelle, essaie une fois au moins ! Je me suis ruinée pour toi et...

– Ça ne me dit rien...

– Ça ne te dit rien de pouvoir t'éclater toute la nuit, sans fatigue ? De te sentir bien dans ton corps ? De prendre ton pied, voguer avec ta barge, placide, avec en toi, bien au chaud, toutes les musiques qui font la fiesta ? Regarde-toi : t'es tout maussade. Allez, tiens ! Avale-moi ça et qu'on n'en parle plus ! Allez, gobe ! (...) Mais t'es complètement coincé, mon pauvre garçon ! Tu crois que je vais me traîner toute la soirée un technoréac comme toi ? Qu'est-ce que tu as ? T'es incompatible ? T'as peur ?

– On peut bien s'amuser sans, non ? C'est le principe qui me rebute. Mon état me suffit, pourquoi j'aurais encore besoin de...

– Incroyable d'être bouché à ce point ! Ce truc maximise tes plaisirs et il minimise tes problèmes, tu comprends ? Pourquoi tu crois que je me suis fait greffer ? Pour allumer dans les soirées et payer les biogices moins cher ? Si c'est le principe qui te déplaît, dis-toi bien que les technogreffes, c'est l'avenir. Avec ce qui pulse dans ma colonne, je sens plus vite, pense plus vite. Mes neuro-transmetteurs font la comète. Tu te rappelles comment j'étais lente en maths, avant ? Je finissais à peine la moitié d'un problème. Maintenant je le finis, et en entier, et juste ! Tous mes réflexes sont accélérés. Tu vois, quand je te parle, tu me crois si tu veux, mais pour moi les mots, je vais plus vite qu'eux, ma pensée, elle file, va plus vite. Ça fait un siècle que les ordinateurs nous ont dépassés, que les alliages sont plus fiables que nos os. Maintenant, on vient de trouver des fibres élastiques qui sont plus souples que nos muscles, qui se contractent plus vite et mieux, qui ne produisent pas d'acide lactique et qui sont virtuellement inusables !

Il faut accepter le progrès ! Si la technologie offre de meilleures performances que nos corps – qui, entre parenthèses, sont vieux de quatre millions d'années, ils ont fait leur temps – , pourquoi ne pas en tirer les conséquences ? Au nom de quoi tu vas empêcher l'Homme d'évoluer ? Il faut remplacer tous nos organes archaïques et foireux. Les muscles, c'est dépassé : Tu cours un kilomètre, tu attrapes des crampes ! Alors ? Il faut les sortir, faire de la place pour les fibres.

– Je...

– Regarde à un autre niveau : l'art n'avance plus depuis le milieu du vingtième siècle. La philosophie, tous nos profs nous le disent, n'a pas créé un concept nouveau depuis Sartre, c'est-à-dire depuis 1930.

– 1980. Il est mort en 1980.

– On tourne en rond. Il faut passer un cap ! Avec les intratechnologies – mais tu le comprendras tout de suite si tu prends cette capsule – naissent en toi de nouvelles sensations, des impressions que tu n'as jamais eues, de nouvelles idées jaillissent, tu raisonnes différemment. C'est tout ton corps qui en est grandi, fortifié. L'art en profitera.

– Mais est-ce que tu maîtrises ce qui se passe en toi ? Tu te sens encore libre ? Je ne sais pas... Est-ce que...

– C'est difficile à expliquer. Il faut que tu essaies. Comment te dire ? Tous les biogiciels fonctionnent, en mode normal, de manière alternative. Tu ressens à la fois les perceptions dont tu as l'habitude, dans ton corps d'origine : tu vois, tu entends, tu touches le monde extérieur ; et à la fois celles que t'impulse, par l'intérieur, le boîtier. Les deux alternent très vite. Elles se mélangent sans que tu sentes ce qui vient de quoi, si bien que tu gardes tes repères normaux mais améliorés, modifiés dans un sens qui dépend du biogiciel. Par contre, et ça c'est le top, lorsque tu passes – disons trois minutes parce qu'après ça devient dangereux – en mode absolu, tu ne perçois plus que les sensations du biogice. Tu saisis ? Le monde extérieur, il disparaît ! D'abord, tu ne vois plus rien, tu ne sens plus ce que touches, tu n'entends rien, tu...

– C'est horrible !

– Horrible ? Pauvre garçon ! Mais tu es la musique, tu n'as plus besoin de l'entendre ! Il n'y a plus cette coupure intérieur/extérieur, plus de durée, plus d'espace, mais des sensations pures, le pur bonheur de vivre, sans limite qui te borne, sans repères qui te plombent ! Le présent est devenu liquide et il te boit. Les images ne sont plus ces figures imposées qui passent par ta rétine pour alimenter le cerveau : ton cerveau voit tout seul, par les nerfs. Il n'a plus besoin des yeux. Tu pourrais te les crever. Tu vois, tu vois...

La Zone du Dehors, Alain Damasio, Folio SF, 2004

OBJECTIF BAC

La contraction de texte

Cet exercice demande plus d'efforts qu'il n'y paraît. L'objectif est de résumer un texte souvent complexe en un minimum de mots, en n'oubliant aucune notion importante ni nuance de sens. Une des premières choses à faire est de **souligner les mots-clés du texte**, comme vous le feriez pour un énoncé. Ne soulignez que le strict minimum afin de conserver toutes les informations importantes sans ajouter des éléments non-essentiels à la bonne compréhension du texte. Condensez ensuite toutes ces informations en un minimum de phrases. N'oubliez pas de **donner le nom de l'auteur et le titre de l'œuvre**. Mentionnez le contexte (historique, social, etc.) uniquement si cela est essentiel à la compréhension du texte.

 # corrigés
foucherconnect.fr/19pbst2s40

7 Le texte théâtral et sa représentation

L'étymologie du mot théâtre signifie « lieu où l'on regarde » (du grec *theatron* « lieu » et *theaomai* « regarder, contempler »). C'est donc un terme qui désigne avant tout le lieu où l'on se rassemble pour assister à un spectacle. Il est important de se souvenir de cette fonction première lorsqu'on lit un texte théâtral : ce dernier n'a pas pour seule vocation d'être lu.

1 Les spécificités du genre théâtral

A La double énonciation

La double énonciation est le fait que les personnages sur scène et, par conséquent, le dramaturge, s'adressent aux autres protagonistes et aussi au public.

ATTENTION

Le **dramaturge** est un terme désignant spécifiquement les auteurs de pièces de théâtre. Il est préférable d'utiliser ce terme au lieu des mots « auteurs » et « écrivain », que l'on pourra employer à l'occasion pour éviter trop de répétitions dans une copie.

B La représentation théâtrale

Le **texte théâtral** s'accompagne toujours d'une **interprétation de la part du lecteur**, qui doit s'imaginer les personnages sur scène (costumes, postures, déplacements...). Une **représentation théâtrale** est **unique** et provient de l'**interprétation d'un metteur en scène**. C'est pour cela que l'on peut être surpris par une représentation, certaines pièces anciennes étant interprétées de manière contemporaine.

EXEMPLE

Le cinéaste Baz Luhrmann a ainsi adapté *Roméo et Juliette* au cinéma en remplaçant les costumes médiévaux par des vêtements contemporains, les chevaux par des voitures à moteur et les épées par des armes à feu.

2 Composition et paroles théâtrales

A La composition d'une pièce de théâtre

La pièce de théâtre est divisée en plusieurs parties et sous-parties qui s'apparentent aux chapitres d'un roman.

- **Un acte** : le terme désigne un chapitre de la pièce. Traditionnellement, les tragédies comprenaient cinq actes, séparés par des pauses appelées **entractes** qui permettaient aux employés de la salle de remplacer les bougies consumées sur les lustres et aux spectateurs de se dégourdir les jambes.

■ **Une scène** : il s'agit d'un sous-chapitre de la pièce. On change de scène à chaque fois qu'un personnage sort ou rentre sur la scène.

■ **Les didascalies** : ce sont toutes les indications concernant le **jeu des acteurs**, leurs gestes, leurs grimaces, les décors, les costumes, etc. Toutes les phrases en italique qui ne sont pas prononcées par un personnage sur scène sont des didascalies.

■ **L'exposition** : traditionnellement, l'exposition est **la première scène d'une pièce de théâtre** dans laquelle sont exposés l'**intrigue**, les **personnages** et les **conflits** qui existent entre eux. Généralement, seuls quelques personnages secondaires sont présents sur scène lors de l'exposition et parlent ensemble du ou des héros (qui sont-ils, que font-ils...). Tout cela est fait dans le but de nous informer, nous, lecteur ou spectateur.

> EXEMPLE
> Lire à titre d'exemple la scène d'exposition de *Cyrano de Bergerac*, d'Edmond Rostand.

■ **L'intrigue** : synonyme d'« histoire », ce terme est à privilégier car il est plus littéraire. Il s'agit de toutes les actions qui conduisent un récit.

■ **Le coup de théâtre** : il désigne un rebondissement, un retournement de situation, un événement inattendu (souvent à la fin de la pièce, alors que l'on croit les héros perdus ou sauvés). L'expression « ***deus ex machina*** » (littéralement « dieu par la machine », « dieu artificiel ») désigne l'**événement inattendu qui renverse la situation à la fin d'une pièce**. Le dramaturge crée artificiellement un miracle qui fait penser à un acte divin par son aspect improbable.

■ **Le dénouement** : c'est la résolution du conflit ou du problème posé au début de l'intrigue. On retrouve ce terme dans le schéma narratif, juste avant la situation finale. Le terme « dénouement » fait partie de la famille du mot « nœud ». En effet, toute histoire est faite de tensions, de « nœuds » (c'est-à-dire ce qui ne fonctionne pas ou qui bloque entre les personnages, les humains et les dieux, l'homme et la nature...) et se termine par le relâchement de ces tensions (on dénoue les problèmes en défaisant les nœuds, d'où le terme « dénouement »).

B La parole au théâtre

■ **Les répliques** : elles représentent tout ce que dit un personnage avant qu'un autre personnage ne prenne la parole. Elles peuvent être extrêmement courtes (en théorie, une interjection d'une syllabe suffit), ou longues. Quand la réplique est véritablement très longue, il s'agit d'une **tirade**.

> EXEMPLE
>
> | | |
> |---|---|
> | **RUY BLAS.** *Il va à la porte, l'entr'ouvre et revient.* | **Didascalie** |
> | Seigneur, ils dorment. | **Réplique de Ruy Blas** |
> | **DON SALLUSTE.** | |
> | Parlez bas. | **Réplique de Don Salluste** |
> | Victor Hugo, *Ruy Blas* (1838), Acte I, scène 1 | |

■ **La tirade** : c'est une réplique extrêmement longue. Certaines sont très célèbres, comme la « tirade des nez » ou la « tirade des non merci » toutes deux issues de *Cyrano de Bergerac* d'Edmond Rostand.

> **# vidéo**
> La tirade des nez
> **foucherconnect.fr**/19pbst2s44

■ **Les stichomythies** : ce sont des enchaînements de répliques très courtes, parfois monosyllabiques.

■ **Le monologue** : la double énonciation est particulièrement visible lorsqu'un personnage parle seul sur scène et s'adresse implicitement aux spectateurs. C'est ce que l'on appelle un monologue. Le personnage peut se parler à lui-même, s'adresser à une divinité ou faire semblant de dialoguer avec l'être aimé, par exemple. En réalité, ce procédé est très utile au dramaturge lorsqu'il veut **montrer au spectateur l'état d'esprit du personnage**, ou lui donner des informations qui ne peuvent pas être transmises par les décors ou les gestes.

■ **L'aparté** : il s'agit d'une **réplique prononcée par un personnage à l'adresse des spectateurs** (ou à lui-même) **sans que les autres personnages présents sur scène ne l'entendent**. Ces derniers lui tournent souvent le dos, ou semblent occupés ailleurs. Attention, l'aparté ne doit pas être confondu avec le monologue.

EXEMPLE

LE COMTE, *embarrassé*. Monsieur, j'étais chargé... Personne ne peut-il nous entendre ?
BARTHOLO, *à part*. C'est quelque fripon. *(Haut.)* Eh non, monsieur le mystérieux ! parlez sans vous troubler, si vous pouvez.
LE COMTE, *à part*. Maudit vieillard ! *(Haut.)* Don Bazile m'avait chargé de vous apprendre...
BARTHOLO. Parlez haut, je suis sourd d'une oreille.
Beaumarchais, *Le Barbier de Séville* (1775), acte III, scène 2

3 Les règles du théâtre classique (XVIIe et XVIIIe siècles)

Le théâtre classique s'inspire du **théâtre antique** et doit respecter de nombreuses règles qui définissent ce que l'on peut montrer ou pas, et comment le montrer. Les auteurs classiques les plus connus sont Molière, Corneille, Racine, Marivaux, Voltaire.

A La structure classique

Une pièce de théâtre classique doit raconter une histoire délimitée dans le temps et l'espace de manière très précise. De plus, elle ne doit pas montrer certaines choses jugées contraires à la morale, et doit être crédible. Les règles à respecter sont les suivantes :
– **la règle des trois unités** : une pièce classique se déroule en une seule journée de 24 heures (**unité de temps**), en un seul lieu (**unité de lieu**) et ne raconte qu'une seule histoire (**unité d'action ou de péril**) ;
– **la bienséance** : une pièce classique ne doit pas montrer d'**actes violents**, d'**intimité physique**, de **nudité** ou de **sang**. Quelques exceptions existent comme la folie d'Oreste dans Andromaque, de Phèdre. En revanche, certains événements peuvent avoir lieu hors de la scène. Ainsi le spectateur n'est pas choqué visuellement et entend tout de même ce qui se passe ;
– **la vraisemblance** : l'action de la pièce doit être **crédible**. Les personnages doivent toujours avoir une raison de faire ce qu'ils font (même si cette raison est la folie).

INFO

Le mot « **obscène** » tire son origine de cette règle de la bienséance, car il signifie en latin : « hors de la scène ».

FRANÇAIS

B La tragédie

■ La tragédie implique un **destin inéluctable** contre lequel le héros, souvent innocent et ingénu, se bat en vain et ne peut lutter (comme Britannicus, de la pièce du même nom, par Jean Racine). L'**antagoniste** est un personnage haut placé (Néron dans *Britannicus*), ou bien une divinité, raison pour laquelle le héros n'a aucune chance de dominer son propre destin. Le dénouement implique donc souvent la mort tragique du ou des personnages.

ATTENTION

Ne pas confondre « **dramatique** » et « **tragique** » : ce sont deux termes utilisés indifféremment dans la vie courante, mais qui ont en réalité des sens très différents :
- « **dramatique »** vient du latin « *drama* » qui signifie action. Dramatique signifie donc un **moment où l'action est intense** ;
- **« tragique »** provient de mots grecs qui désignaient un chant rituel accompagnant les sacrifices d'animaux lors des fêtes dionysiennes. D'où son sens : un événement tragique est **inévitable** et souvent **triste et solennel**.

■ Les registres littéraires les plus employés en tragédie sont :
- le registre **tragique** (fatalité du destin) ;
- le registre **pathétique** (expression de la souffrance) ;
- le registre **épique** (récit des exploits d'un ou plusieurs héros, récit de bataille...) ;
- le registre **lyrique** (expression des émotions) ;
- le registre **dramatique** (maintient le spectateur ou le lecteur dans un état d'attente : le suspense).

DÉFINITION

Les **registres littéraires** sont synonymes de « tonalité » ou de « ton ». Ne pas confondre « registre de langue » (familier, courant, soutenu) et « registre littéraire ». Un texte peut comprendre plusieurs registres littéraires.

C La comédie

■ La comédie est une pièce de théâtre cherchant à **faire rire en utilisant les différents types de comiques**. Le genre de la Grande Comédie, inventé par Molière, traite de sujets extrêmement graves et sérieux sur un ton humoristique. La comédie française du XVIIe siècle, telle qu'incarnée par les écrits de Molière, est issue de la ***Commedia Dell'Arte* italienne**, où des personnages (toujours les mêmes) improvisent des intrigues basiques agrémentées de plaisanteries stéréotypées (grimaces, coups de pied...). Ce genre s'exporte très bien dans tous les pays et notamment en France où on le nomme la **farce**. Molière reprend certaines intrigues souvent utilisées dans la farce comme le mariage arrangé d'une fille rebelle, mais donne à la comédie une profondeur inégalée en abordant des thèmes sérieux, et en utilisant tous les types de comique, et en se montrant plus subtil.

■ Les différents **types de comique** sont :
- le **comique de mots** : jeux de mots, répétitions, utilisation d'un vocabulaire trop soutenu ou grossier ;
- le **comique de gestes** : mouvements des personnages, coups, grimaces... ;

DÉFINITION

Le **quiproquo** est un des grands ressorts du comique au théâtre, qui implique qu'un personnage, un événement ou un objet soit pris pour un autre pendant une bonne partie de la pièce.

– le **comique de caractère** : Molière se moque beaucoup des médecins, des avocats, des bourgeois, en montrant que leur comportement est ridicule ;
– le **comique de situation** : quiproquo, actions faites par un personnage dans le dos d'un autre sur scène, etc.

■ Les **registres littéraires les plus employés en comédie** sont :
– le registre **comique** (faire rire et divertir, rendre plus tolérable un événement angoissant) ;
– le registre **satirique** (se moquer, corriger les gens en les ridiculisant) ;
– le registre **parodique** (transformer une œuvre existante dans un but comique) ;
– le registre **burlesque** (traiter un sujet vulgaire en style sérieux, et vice versa) ;
– le registre **ironique** (dire le contraire de ce que l'on pense dans le but de ridiculiser, de faire rire, ou de corriger. Il peut s'agit d'une moquerie).

4 La mise en scène

■ Le **metteur en scène** (ou **scénographe**) est celui qui transforme le texte en spectacle. Il est en général tenu de respecter les didascalies. Il peut seulement prendre des libertés avec ce qui n'est pas exprimé de manière claire par l'auteur dans le texte. Cependant, de nombreux metteurs en scène modernes choisissent de négliger certaines didascalies pour faire passer leur propre message ou rappeler l'actualité de telle ou telle pièce classique.

■ Le rôle du metteur en scène devient de plus en plus important à partir du XXe siècle. Les relectures d'œuvres anciennes permettent une **interprétation nouvelle** :
– les **décors contemporains** sont souvent très épurés : on ne garde que ce qui est essentiel aux déplacements des personnages, aucun élément n'est mis en avant, ce qui permet d'oublier la période à laquelle l'œuvre a été écrite et de se concentrer sur ce qu'elle peut dire de notre époque ;
– les **costumes** et le **maquillage** sont aussi un moyen pour le metteur en scène moderne d'actualiser la pièce. Le choix des acteurs lui-même révèle une vision particulière de l'œuvre ;
– le **jeu des acteurs** peut être réinterprété, comme dans les mises en scène modernes des *Caprices de Marianne* de Musset (1833), le personnage de Marianne s'est peu à peu transformé en un personnage révolté, ce qu'elle n'était pas dans la pièce d'origine ;
– l'**ambiance sonore** est aussi soignée dans les mises en scène modernes, en ajoutant de la musique, des chansons, des bruits de fond.

5 Les différents types de personnages

■ Les pièces classiques utilisent des **intrigues récurrentes** et des **personnages similaires**. Ainsi, dans la tragédie comme dans la comédie, on trouve le personnage de la **confidente**. Celle-ci est en général la servante d'une dame noble. Le fait qu'elle soit sa confidente donne lieu à des scènes de dialogue où la dame se confie à sa servante et où la servante lui prodigue des conseils. C'est un moyen efficace de donner des informations aux spectateurs sans s'adresser directement à eux.

■ La **tragédie** met souvent en scène des personnages de **héros**, en reprenant les codes épiques de l'Antiquité. Ces personnages sont des hommes au caractère solide, presque surhumain. Ils sont confrontés à un destin inéluctable ou à des personnages monstrueux (Britannicus contre Néron dans *Britannicus* de Racine).

■ Dans la comédie, les héros sont remplacés par des personnages d'**anti-héros** comme Sganarelle dans *Le Médecin malgré lui* de Molière : c'est un personnage alcoolique, fainéant, parieur, misogyne, insolent et violent. La comédie étant grandement influencée par la farce, on y trouve souvent les mêmes types de personnages :

– le **vieillard** : il est tyrannique car c'est le chef de la famille. Le dramaturge se sert souvent de ce personnage pour critiquer l'ordre patriarcal et la domination des aînés. Il est victime des ruses des autres personnages qui profitent de sa naïveté, de son avidité ou de sa cruauté. Il arrive fréquemment que ces personnages soient cocus (*George Dandin, Tartuffe*...) ;

– le **jeune couple amoureux** : fille et fils de vieillards, ils s'aiment éperdument mais l'un est pauvre alors que l'autre est riche. Les pères s'opposent à leur union, et veulent les marier à un(e) autre. On trouve ce type de situation dans *Les Fourberies de Scapin, Le Médecin malgré lui, Le Mariage forcé, Tartuffe, Les Femmes savantes, L'École des femmes*...) ;

– le **valet** : au service du vieillard ou de son enfant, il est parfois le personnage principal, comme c'est le cas dans *Les Fourberies de Scapin*, de Molière. C'est un personnage qui compense son rang social très bas par un esprit rusé et des stratagèmes parfois cruels, mais toujours drôles. Parfois le valet est un simple paysan qui fait rire par sa simplicité et son langage rural, comme Valère et Lucas dans *Le Médecin malgré lui.*

6 En bref

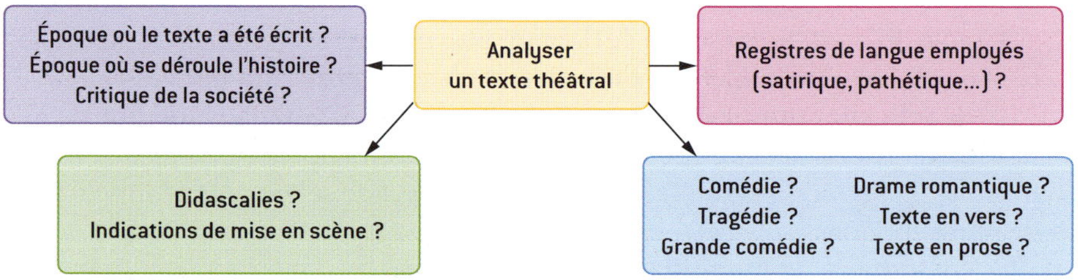

8 L'histoire du théâtre du XVIIe siècle à nos jours

Le théâtre est très présent depuis l'Antiquité en Occident et a probablement des origines encore plus lointaines. Au Ve siècle, des spectacles étaient donnés lors des fêtes dédiées à Dionysos, dieu de l'ivresse et de la création. La tragédie et la comédie existent déjà à cette époque et sont l'héritage de ce théâtre antique.

1 Le XVIIe siècle ou l'âge d'or du théâtre classique

■ Le XVIIe siècle est marqué par une volonté d'**imiter les auteurs grecs et latins de l'Antiquité**, ce qui explique la popularité de la **tragédie**. C'est en effet le genre théâtral le plus représenté à cette époque, et le plus respecté. On considère les auteurs de tragédies comme de grands écrivains, tandis que les auteurs de comédies sont largement dépréciés. Il faut attendre les premiers succès de Molière pour voir apparaître une **grande comédie** et la reconnaissance de ces auteurs, qui culminera avec le mécénat de Louis XIV.

■ À cette époque, les deux genres sont écrits en **vers**, souvent en **alexandrins** et respectent les **règles classiques**, même si la comédie est moins exigeante en la matière.

RAPPEL

Les **règles classiques** sont le respect des trois unités de temps, de lieu et d'action, de la vraisemblance et de la bienséance.

■ La **tragédie** met en scène un héros aux prises avec un destin immuable. Elle montre l'atrocité et la cruauté du monde et a un **pouvoir cathartique**, qui libère le spectateur de ses pulsions. La **comédie** vise à **instruire** et à **faire réfléchir** tout en faisant rire. Elle cherche à tourner en ridicule les défauts humains. Elle est souvent confrontée à la censure pour des raisons politiques ou religieuses.

DÉFINITION

Catharsis : effet de purification produit sur les spectateurs par une représentation dramatique. Voir des personnages assouvir leurs pulsions (meurtrières, suicidaires, amoureuses, etc.) permet aux spectateurs de mieux y résister eux-mêmes, sans passer à l'acte.

2 De nouveaux genres aux XVIIIe et XIXe siècles

■ Marivaux écrit au XVIIIe siècle de nombreuses comédies alliant une analyse subtile du sentiment amoureux et l'observation de la société, grâce notamment au couple emblématique maître-valet. On appelle cette combinaison le **marivaudage**.

■ La séparation entre la tragédie et la comédie s'efface peu à peu avec l'arrivée de la **tragicomédie** et du **drame romantique** aux XVIIIe et XIXe siècles. Les règles d'unité et de bienséance sont alors malmenées par des auteurs qui veulent écrire avec plus de liberté. Hugo défend ce nouveau genre dans la préface de sa pièce, *Cromwell*. Il soutient les qualités du comique, du grotesque et du ridicule comme l'avait fait Molière et rompt entièrement avec la règle des trois unités.

■ Le **vaudeville** est une comédie basée sur le **comique de situation**, il n'a pas d'intentions moralisatrices. Comme la farce, le vaudeville repose très peu sur la psychologie des personnages et se concentre sur un comique exubérant.

■ C'est au XIXe siècle que naît le **théâtre réaliste**, avec Zola, qui tente de mettre à l'écrit sa théorie du naturalisme et pense que le théâtre doit s'ouvrir aux thèmes sociaux (les milieux pauvres, l'hérédité, l'alcoolisme). Il emploie un langage populaire.

3 Les bouleversements du XXe siècle

■ Au XXe siècle, les auteurs continuent à se libérer des conventions théâtrales, tout en jouant avec elles. Les références antiques sont encore très présentes, notamment dans les réécritures (*Électre* de Giraudoux, *Antigone* d'Anouilh...).

■ Dans les années 1950 apparaît le **théâtre de l'absurde**, né du traumatisme de la Seconde Guerre mondiale. Ce mouvement se rapproche du surréalisme et s'oppose au réalisme. Il est appelé ainsi car **les actions mises en scène sont rarement liées les unes aux autres**. Parfois la pièce est dépourvue d'histoire, comme dans *La Cantatrice chauve* d'Eugène Ionesco.

■ Le **théâtre engagé** s'inspire des épreuves des guerres mondiales avec Jean-Paul Sartre, Albert Camus et Georges Bernanos, mais aussi de la guerre d'Algérie (Jean Genet) ou du racisme (Aimé Césaire). Il défend une cause, dénonce une injustice ou évoque l'absurdité du monde et de la condition humaine.

■ Le rôle du **metteur en scène** est de plus en plus important au XXe siècle, et l'improvisation est de plus en plus admise. Cela relativise la toute-puissance de l'auteur au théâtre.

POUR ALLER PLUS LOIN

Les captations

 # vidéo
Visionner des captations intégrales
foucherconnect.fr/19pbst2s45

Vous trouverez de nombreuses captations vidéo de pièces de théâtre classiques et contemporaines sur le site culturebox, lié à France Info.
Même si vous ne regardez pas chaque mise en scène entièrement, cela vous permet de voir les différents points de vue adoptés par les scénographes (observez les décors, les costumes, les différences de comportement des personnages d'une mise en scène à l'autre, l'ambiance sonore s'il y en a une.)

Les adaptations

De nombreuses pièces de théâtre ont fait l'objet d'adaptations cinématographiques, comme *Cyrano de Bergerac* d'Edmond Rostand réalisé par Jean-Paul Rappeneau avec Gérard Depardieu ; *Ruy Blas* de Victor Hugo, réalisé par Jean Cocteau avec Jean Marais (et dans une version plus libre *La folie des grandeurs* réalisé par Gérard Oury avec Louis De Funès), *Tartuffe* de Molière, réalisé par Friedrich-Wilhelm Murnau en 1925, ou par Gérard Depardieu en 1984.

4 En bref

Antiquité

Naissance du théâtre à l'occasion des fêtes de Dionysos, vers le Ve siècle

ESCHYLE *Les Suppliantes*
SOPHOCLE *Œdipe roi, Antigone, Électre*
EURIPIDE *Les Troyennes, Oreste, Médée*
SÉNÈQUE *Phèdre*

Moyen Âge

Le théâtre est pratiqué surtout par des amateurs

- **Le drame liturgique** : parle de faits religieux
- **Farce** : Pièce comique au dénouement heureux

XVIIe siècle

- Création de l'**Académie française** par Richelieu (afin de fixer les règles de la langue française et les faire évoluer)
- Règne de Louis XIV et apogée de la **monarchie absolue**
- Construction du château de Versailles
- Révocation de l'édit de Nantes
- Implantation de l'**esclavage**

- **Règle des 3 unités**
- **Tragédie** : Seul genre digne et noble du théâtre avant l'arrivée de Molière
- **Molière et la Grande Comédie**

RACINE *Phèdre, Andromaque,*
CORNEILLE *Le Cid, Horace*
MOLIÈRE *Le Misanthrope, Le Médecin malgré lui*

XVIIIe siècle

- **Siècle des Lumières**
- Apogée du **commerce triangulaire** (tissus, armes à feu, coton, thé, épices, esclaves)
- Période très rude pour le peuple français : hivers glacials, famine, misère et criminalité
- **Révolution française**
- Apparition d'une nouvelle classe sociale : la **bourgeoisie**

- **Déclin de la tragédie** : au profit de la comédie, qui échappe presque entièrement à la censure et aux règles trop strictes frappant la tragédie
- **Marivaudage**

VOLTAIRE *Zaïre, Mahomet*
MARIVAUX *Les Fausses confidences, Le Jeu de l'amour et du hasard, L'Île des esclaves*

XIXe siècle

- **Alternance des régimes politiques** (république et empire) avec des répercussions sur le milieu culturel et littéraire
- **Révolution industrielle**
- Émergence de la classe sociale des **ouvriers**

- **Drame romantique** : Les auteurs veulent réconcilier comédie et tragédie, mélangent les registres et refusent les unités classiques
- **Vaudeville** : Comédie fondée sur un comique de situations, caractérisée par une action endiablée
- **Théâtre réaliste**

HUGO *Cromwell, Hernani*
MUSSET *On ne badine pas avec l'amour*
MÉRIMÉE *Jacquerie*
VIGNY *Chatterton*

XXe et XXIe siècles

- Les **deux guerres mondiales** changent radicalement la vision du monde et la place de l'homme et de la femme dans la société
- Comme les deux guerres mondiales, les attentats terroristes de 2001 et des années suivantes continuent de transformer les modes de vie et les milieux culturels occidentaux

- Importance croissante de l'acteur et du metteur en scène, devenus artistes créateurs
- Remplacement des conventions anciennes du théâtre

- **Théâtre engagé** : Le théâtre permet au dramaturge de défendre une cause (politique, sociale, éthique…)
- **Théâtre de l'absurde** : Le théâtre exprime l'absurdité tragique de l'existence humaine
- **Nouveau théâtre** : Abandon du texte au profit d'une improvisation collective des acteurs

SARTRE, *Les Mains sales*
CAMUS *Caligula, L'État de siège*
BERNANOS, *Dialogue des carmélites*
GENET, *Les Paravents*
CÉSAIRE, *Une saison au Congo, La tragédie du roi Christophe*
JARRY, *Ubu roi*
IONESCO, *Rhinocéros, La Cantatrice chauve*
BECKETT, *En attendant Godot*
ADAMOV

SE TESTER ET S'ENTRAÎNER

EXERCICE 1

Cochez la ou les bonne(s) réponse(s) et répondez aux questions posées.

1. Les indications sur le jeu des acteurs et la mise en scène s'appellent :
❑ les apartés
❑ les monologues
❑ les didascalies
❑ les dramaturges

2. L'auteur d'une pièce de théâtre se nomme :
❑ un écrivain
❑ un scénographe
❑ un dramaturge
❑ un metteur en scène

3. Dans le théâtre classique, une pièce doit couvrir une période de :
❑ deux mois
❑ un mois
❑ une semaine
❑ une journée de 24 heures
❑ une heure

4. Quel terme sert à désigner le début d'une pièce de théâtre ?
❑ l'ouverture
❑ le commencement
❑ l'exposition
❑ la présentation
❑ la première scène

5. Un personnage parle seul sur scène. Cela s'appelle :
❑ une tirade
❑ un monologue
❑ un aparté

6. Un interprète parle sans que les autres personnages l'entendent. Il s'agit :
❑ d'un aparté
❑ d'un monologue
❑ d'une tirade
❑ d'un quiproquo
❑ d'une réplique

7. Pendant un dialogue, l'un des interlocuteurs prononce une réplique très longue. On l'appelle :
❑ un monologue
❑ un aparté
❑ une tirade

8. Résumez la règle de la bienséance.

9. En quelques phrases, expliquez comment la place du metteur en scène a évolué dans le milieu du théâtre entre le XVIIe et le XXIe siècle.

10. Pourquoi les metteurs en scène modernes utilisent-ils souvent des décors minimalistes et des vêtements contemporains lorsqu'ils montent des pièces anciennes ?

EXERCICE 2

1. Par quel moyen nous est révélé le mensonge du personnage dans cet extrait ?
2. À quoi tient le plaisir du spectateur dans cette scène de théâtre ?

George Dandin est un riche paysan, mari d'Angélique. De retour chez lui, il croise Lubin, le valet de Clitandre, lequel est amoureux d'Angélique.

LUBIN – Motus, il ne faut pas dire que vous m'ayez vu sortir de là.
GEORGE DANDIN – Pourquoi ?
LUBIN – Mon Dieu parce.
GEORGE DANDIN – Mais encore ?
LUBIN – Doucement. J'ai peur qu'on ne nous écoute.
GEORGE DANDIN – Point, point.
LUBIN – C'est que je viens de parler à la maîtresse du logis de la part d'un certain Monsieur qui lui fait les doux yeux, et il ne faut pas qu'on sache cela. Entendez-vous ?
GEORGE DANDIN – Oui.

LUBIN – Voilà la raison. On m'a enchargé de prendre garde que personne ne me vît, et je vous prie au moins de ne pas dire que vous m'ayez vu.
GEORGE DANDIN – Je n'ai garde.
LUBIN – Je suis bien aise de faire les choses secrètement comme on m'a recommandé.
GEORGE DANDIN – C'est bien fait.
LUBIN – Le mari, à ce qu'ils disent, est un jaloux qui ne veut pas qu'on fasse l'amour à sa femme[1], et il ferait le diable à quatre si cela venait à ses oreilles. Vous comprenez bien.
GEORGE DANDIN – Fort bien.
LUBIN – Il ne faut pas qu'il sache rien de tout ceci.
GEORGE DANDIN – Sans doute.
LUBIN – On le veut tromper tout doucement. Vous entendez bien ?
GEORGE DANDIN – Le mieux du monde.
LUBIN – Si vous alliez dire que vous m'avez vu sortir de chez lui, vous gâteriez toute l'affaire : vous comprenez bien ?
GEORGE DANDIN – Assurément. Hé comment nommez-vous celui qui vous a envoyé là-dedans ?
LUBIN – C'est le seigneur de notre pays, monsieur le vicomte de chose... Foin ! je ne me souviens jamais comment diantre ils baragouinent ce nom-là, monsieur Cli... Clitandre.
GEORGE DANDIN – Est-ce ce jeune courtisan qui demeure...
LUBIN. – Oui. Auprès de ces arbres.
GEORGE DANDIN, à part. – C'est pour cela que depuis peu ce damoiseau poli s'est venu loger contre moi, j'avais bon nez sans doute, et son voisinage déjà m'avait donné quelque soupçon.
LUBIN – Testigué, c'est le plus honnête homme que vous ayez jamais vu. Il m'a donné trois pièces d'or pour aller dire seulement à la femme qu'il est amoureux d'elle, et qu'il souhaite fort l'honneur de pouvoir lui parler. Voyez s'il y a là une grande fatigue pour me payer si bien, et ce qu'est au prix de cela une journée de travail où je ne gagne que dix sols.
GEORGE DANDIN – Hé bien avez-vous fait votre message.
LUBIN – Oui, j'ai trouvé là-dedans une certaine Claudine, qui tout du premier coup a compris ce que je voulais, et qui m'a fait parler à sa maîtresse.
GEORGE DANDIN, *à part.* – Ah coquine de servante !
LUBIN – Morguène cette Claudine-là est tout à fait jolie, elle a gagné mon amitié, et il ne tiendra qu'à elle que nous ne soyons mariés ensemble.
GEORGE DANDIN – Mais quelle réponse a fait la maîtresse à ce Monsieur le courtisan ?
LUBIN – Elle m'a dit de lui dire... Attendez, je ne sais si je me souviendrai bien de tout cela. Qu'elle lui est tout à fait obligée de l'affection qu'il a pour elle, et qu'à cause de son mari qui est fantasque, il garde d'en rien faire paraître, et qu'il faudra songer à chercher quelque invention pour se pouvoir entretenir tous deux.
GEORGE DANDIN, *à part.* – Ah ! pendarde de femme.
LUBIN – Testiguiène, cela sera drôle, car le mari ne se doutera point de la manigance, voilà ce qui est de bon. Et il aura un pied de nez avec sa jalousie. Est-ce pas ?

1. Faire l'amour à sa femme : faire la cour à sa femme

Molière, *L'École des femmes*, acte III, scène 4

 # exo
Exercice supplémentaire de Français
foucherconnect.fr/19pbst2s46

FRANÇAIS

CORRIGÉ

Exercice 1

1. Les indications sur le jeu des acteurs et la mise en scène s'appellent des didascalies.
2. L'auteur d'une pièce de théâtre se nomme le dramaturge.
3. Une pièce classique doit couvrir une période d'une journée de 24 heures.
4. Le début d'une pièce de théâtre s'appelle l'exposition.
5. Lorsqu'un personnage parle seul sur scène, il s'agit d'un monologue.
6. Lorsqu'un interprète n'est entendu que du public, il s'agit d'un aparté.
7. Une réplique très longue s'appelle une tirade.
8. La bienséance est une règle classique qui implique de ne jamais montrer d'actes violents, d'intimité physique, de nudité ou de sang sur scène.
9. Au XVIIe siècle, le metteur en scène a tous les pouvoirs lorsqu'il monte une tragédie. Les acteurs interprètent scrupuleusement le texte et les indications de jeu. Dans les comédies, les pièces inspirées de la *Comedia dell arte* sont souvent improvisées avec des trames narratives très simples, mais le metteur en scène reste tout-puissant. Molière, qui est à la fois auteur, metteur en scène et acteur, écrit des pièces plus complexes qui donnent plus d'importance au texte. Paradoxalement, ses pièces contiennent peu de didascalies, ce qui laisse une grande liberté aux futurs metteurs en scène. À partir du XXe siècle, l'improvisation et la liberté des acteurs sont peu à peu reconnues dans tous les genres. Le metteur en scène fait des choix significatifs, mais il n'est plus le seul créateur après l'auteur. Tous les artistes participent à la mise en scène.
10. Les metteurs en scène qui montent des pièces anciennes cherchent à focaliser l'attention du spectateur sur leurs éléments intemporels et/ou actuels (critique sociale, féminisme, dénonciation de l'hypocrisie…). L'utilisation de décors simples ou abstraits, ainsi que de vêtements modernes, déconnectent la pièce du temps de l'écriture. Le texte lui-même ne peut être modifié mais le metteur en scène peut jouer sur la façon dont il est perçu par les spectateurs de son temps.

Exercice 2

1. Lubin révèle à George Dandin le stratagème de son maître, alors même qu'il était chargé de garder le secret. Le spectateur découvre la ruse en même temps que George Dandin et s'amuse de la situation. Au début de l'extrait, le spectateur en sait plus que le personnage, ce qui crée une tension narrative : le spectateur veut savoir si Dandin découvrira la vérité et comment.
2. C'est une position satisfaisante pour le public, dont la curiosité est piquée. De plus, le comique de situation est très efficace car Lubin révèle tout à Dandin sans savoir qui il est. À cela s'ajoute un comique de caractère car Lubin est très amical envers Dandin et lui affirme que Clitandre est un honnête homme car il le paye bien. Enfin, les interjections et le vocabulaire populaire participent au comique de mots : « Foin ! », « Testigué ! », « Testiguiène ! », « Morguène ».

SUJET DE TYPE BAC

Objet d'étude : Le théâtre du XVIIe siècle au XXIe siècle

Document A : Molière, *L'École des femmes*, III, 4, 1662

Document B : Marivaux, *La Double inconstance*, I, 1, 1724

Document C : Jelinek, *Ce qui arriva quand Nora quitta son mari* (1979)

Commentaire

Vous rédigerez le commentaire du document A.

Contraction de texte

Vous résumerez le documen B en vous concentrant sur les moyens utilisés par les dramaturges pour dénoncer la condition féminine dans la société. Votre réponse comportera environ 250 mots.

Essai

Comment est-il possible de dénoncer une injustice à l'heure actuelle ?

DOCUMENT A

#outil

Conseils pour réussir l'épreuve écrite et orale

foucherconnect.fr/19pbst2s47

L'École des femmes

Arnolphe, dit M. De La Souche, désire se marier avec une jeune fille nommée Agnès. Cependant, pendant qu'Arnolphe est en voyage, Agnès est séduite par Horace, à qui elle raconte qu'un certain M. De la Souche cherche à la séduire, mais qu'elle ne l'aime pas. Horace rencontrera Arnolphe et, ignorant qu'il est M. De la souche, lui raconte toutes ses aventures avec Agnès. Lors d'une discussion entre les deux hommes, Horace raconte comment il s'est fait chasser par Agnès qui lui a lancé une pierre, à laquelle était attachée une lettre.

HORACE :

Et j'ai compris d'abord que mon homme était là,
Qui sans se faire voir conduisait tout cela :
Mais ce qui m'a surpris et qui va vous surprendre,
C'est un autre incident que vous allez entendre,
Un trait hardi qu'a fait cette jeune beauté,
Quelque intelligence : quelque complicité dans la maison.
Et qu'on n'attendrait point de sa simplicité ;
Il le faut avouer, l'amour est un grand maître,
Ce qu'on ne fut jamais il nous enseigne à l'être,
Et souvent de nos mœurs l'absolu changement
Devient par ses leçons l'ouvrage d'un moment.
De la nature en nous il force les obstacles,
Et ses effets soudains ont de l'air des miracles,
D'un avare à l'instant il fait un libéral :
Un vaillant d'un poltron, un civil d'un brutal.
Il rend agile à tout l'âme la plus pesante,
Et donne de l'esprit à la plus innocente :
Oui, ce dernier miracle éclate dans Agnès,
Car tranchant avec moi par ces termes exprès,
« Retirez-vous, mon âme aux visites renonce,

Je sais tous vos discours : et voilà ma réponse »
Cette pierre ou ce grès dont vous vous étonniez,
Avec un mot de lettre est tombée à mes pieds,
Et j'admire de voir cette lettre ajustée,
Avec le sens des mots ; et la pierre jetée ;
D'une telle action n'êtes-vous pas surpris ?
L'amour sait-il pas l'art d'aiguiser les esprits ?
Et peut-on me nier que ses flammes puissantes,
Ne fassent dans un cœur des choses étonnantes ?
Que dites-vous du tour, et de ce mot d'écrit ?
Euh ! n'admirez-vous point cette adresse d'esprit ?
Trouvez-vous pas plaisant de voir quel personnage
A joué mon jaloux dans tout ce badinage ? Dites...
ARNOLPHE :
Oui, fort plaisant.
HORACE :
Arnolphe rit d'un rire forcé.
Riez-en donc un peu,
Cet homme gendarmé d'abord contre mon feu,
Qui chez lui se retranche, et de grès fait parade,
Comme si j'y voulais entrer par escalade,
Qui pour me repousser dans son bizarre effroi,
Anime du dedans tous ses gens contre moi,
Et qu'abuse à ses yeux par sa machine même,
Celle qu'il veut tenir dans l'ignorance extrême :
Pour moi je vous l'avoue, encor que son retour.
En un grand embarras jette ici mon amour,
Je tiens cela plaisant autant qu'on saurait dire,
Je ne puis y songer sans de bon cœur en rire.
Et vous n'en riez pas assez à mon avis.
ARNOLPHE, *avec un rire forcé.*
Pardonnez-moi, j'en ris tout autant que je puis.
HORACE
Mais il faut qu'en ami je vous montre la lettre.
Tout ce que son cœur sent, sa main a su l'y mettre :
Mais en termes touchants, et tous pleins de bonté,
De tendresse innocente, et d'ingénuité ;
De la manière enfin que la pure nature
Exprime de l'amour la première blessure.
ARNOLPHE, *bas.*
Voilà, friponne, à quoi l'écriture te sert,
Et contre mon dessein l'art t'en fut découvert.

HORACE *lit.*

Je veux vous écrire, et je suis bien en peine par où je m'y prendrai. J'ai des pensées que je désirerais que vous sussiez ; mais je ne sais comment faire pour vous les dire, et je me défie de mes paroles. Comme je commence à connaître qu'on m'a toujours tenue dans l'ignorance, j'ai peur de mettre quelque chose, qui ne soit pas bien, et d'en dire plus que je ne devrais. En vérité je ne sais ce que vous m'avez fait ; mais je sens que je suis fâchée à mourir de ce qu'on me fait faire contre vous, que j'aurai toutes les peines du monde à me passer de vous, et que je serais bien aise d'être à vous. Peut-être qu'il y a du mal à dire cela, mais enfin je ne puis m'empêcher de le dire, et je voudrais que cela se pût faire, sans qu'il y en eût. On me dit fort, que tous les jeunes hommes sont des trompeurs, qu'il ne les faut point écouter, et que tout ce que vous me dites, n'est que pour m'abuser ; mais je vous assure, que je n'ai pu encore me figurer cela de vous, et je suis si touchée de vos paroles, que je ne saurais croire qu'elles soient menteuses. Dites-moi franchement ce qui en est : car enfin, comme je suis sans malice, vous auriez le plus grand tort du monde, si vous me trompiez. Et je pense que j'en mourrais de déplaisir.

ARNOLPHE :

Hom chienne.

HORACE :

Qu'avez-vous ?

ARNOLPHE :

Moi ? rien ; c'est que je tousse.

HORACE :

Avez-vous jamais vu, d'expression plus douce,
Malgré les soins maudits d'un injuste pouvoir,
Un plus beau naturel peut-il se faire voir ?
Et n'est-ce pas sans doute un crime punissable,
De gâter méchamment ce fonds d'âme admirable ?
D'avoir dans l'ignorance et la stupidité,
Voulu de cet esprit étouffer la clarté ?
L'amour a commencé d'en déchirer le voile,
Et si par la faveur de quelque bonne étoile,
Je puis, comme j'espère, à ce franc animal,
Ce traître, ce bourreau, ce faquin, ce brutal...

Molière, *L'École des femmes*, III, 4, 1662

DOCUMENT B

La Double inconstance

Silvia, Trivelin et quelques femmes à la suite de Silvia. Silvia paraît sortir comme fâchée.

Trivelin – Mais, Madame, écoutez-moi.

Silvia – Vous m'ennuyez.

Trivelin – Ne faut-il pas être raisonnable ?

Silvia, *impatiente* – Non, il ne faut pas l'être, et je ne le serai point.

Trivelin – Cependant...

Silvia, *avec colère* – Cependant, je ne veux point avoir de raison : et quand vous recommenceriez cinquante fois votre cependant, je n'en veux point avoir : que feriez-vous là[1] ?

Trivelin – Vous avez soupé hier si légèrement, que vous serez malade, si vous ne prenez rien ce matin.

FRANÇAIS

Silvia – Et moi, je hais la santé, et je suis bien aise d'être malade ; ainsi, vous n'avez qu'à renvoyer tout ce qu'on m'apporte, car je ne veux aujourd'hui ni déjeuner, ni dîner, ni souper ; demain la même chose. Je ne veux qu'être fâchée, vous haïr tous tant que vous êtes, jusqu'à tant que j'aie vu Arlequin, dont on m'a séparée : voilà mes petits résolutions, et si vous voulez que je devienne folle, vous n'avez qu'à me prêcher d'être plus raisonnable, cela sera bientôt fait.

Trivelin – Ma foi, je ne m'y jouerai pas[2], je vois bien que vous me tiendriez parole ; si j'osais cependant...

Silvia, *plus en colère* – Eh bien ! ne voilà-t-il pas un cependant ?

Trivelin – En vérité, je vous demande pardon, celui-là m'est échappé, mais je n'en dirai plus, je me corrigerai. Je vous prierai seulement de considérer...

Silvia – Oh ! vous ne vous corrigez pas, voilà des considérations qui ne me conviennent point non plus.

Trivelin, *continuant* – ...que c'est votre souverain qui vous aime.

Silvia – Je ne l'empêche pas, il est le maître : mais faut-il que je l'aime, moi ? Non, et il ne le faut pas, parce que je ne le puis pas ; cela va tout seul, un enfant le verrait, et vous ne le voyez pas.

Trivelin – Songez que c'est sur vous qu'il fait tomber le choix qu'il doit faire d'une épouse entre ses sujettes.

Silvia – Qui est-ce qui lui a dit de me choisir ? M'a-t-il demandé mon avis ? S'il m'avait dit : « Me voulez-vous Silvia ? » je lui aurais répondu : « Non, Seigneur ; il faut qu'une honnête femme aime son mari, et je ne pourrais pas vous aimer. » Voilà la pure raison, cela : mais point du tout, il m'aime ; crac, il m'enlève, sans me demander si je le trouverai bon.

Trivelin – Il ne vous enlève que pour vous donner la main[3].

Silvia – Eh ! que veut-il que je fasse de cette main, si je n'ai pas envie d'avancer la mienne pour la prendre ? Force-t-on les gens à recevoir des présents malgré eux ?

Trivelin – Voyez, depuis deux jours que vous êtes ici, comment il vous traite. N'êtes-vous pas déjà servie comme si vous étiez sa femme ? Voyez les honneurs qu'il vous fait rendre, le nombre de femmes qui sont à votre suite, les amusements qu'on tâche de vous procurer par ses ordres. Qu'est-ce qu'Arlequin au prix d'un prince plein d'égards, qui ne veut pas même se montrer qu'on ne vous ait disposée à le voir ? d'un prince jeune, aimable et rempli d'amour ? car vous le trouverez tel. Eh, Madame, ouvrez les yeux, voyez votre fortune, et profitez de ses faveurs.

Silvia – Dites-moi, vous et toutes celles qui me parlent, vous a-t-on mis avec moi, vous a-t-on payés pour m'impatienter, pour me tenir des discours qui n'ont pas le sens commun, qui me font pitié ?

Trivelin – Oh, parbleu ! Je n'en sais pas davantage, voilà tout l'esprit que j'ai.

Silvia – Sur ce pied-là[4], vous seriez tout aussi avancé de n'en point avoir du tout.

1. Que feriez-vous là : que ferez-vous alors ?
2. Je ne m'y jouerai pas : je ne me risquerai pas.
3. Pour vous donner la main : pour vous épouser
4. Sur ce pied-là : dans ces conditions.

Marivaux, *La double inconstance*, I, 1, 1724

DOCUMENT C

Ce qui arriva quand Nora quitta son mari

Bureau du chef du personnel. Le chef du personnel est assis à sa table. Nora joue les désinvoltes, touche à tout, s'assoit un court instant puis bondit et tourne en rond. Son attitude contraste avec sa tenue plutôt minable.

NORA. Je ne suis pas une femme abandonnée par son mari. Je suis une femme qui est partie d'elle-même. Automatiquement. Ce qui est plus rare. Je suis Nora, la Nora de la pièce d'Ibsen. Pour l'instant, je me réfugie dans un métier pour fuir un état d'âme confus.

CHEF DU PERSONNEL. Dans ma position, vous imaginez bien qu'un métier n'est pas une fuite, mais l'aboutissement d'une vie.

NORA. Mais je ne veux pas aboutir ma vie ! J'aspire à ma réalisation personnelle.

CHEF DU PERSONNEL. Avez-vous déjà réalisé quelque chose ?

NORA. J'ai essayé la culture et l'élevage des vieux, des faibles, des débiles, des malades et aussi des enfants.

CHEF DU PERSONNEL. Ici, nous n'avons pas de vieux, pas de faibles, pas de débiles, pas de malades, pas d'enfants. Nous avons des machines. Devant la machine l'homme doit tendre à n'être rien et c'est alors, alors seulement, qu'il redeviendra quelque chose. Moi, dès le début, j'ai choisi la voie la plus difficile pour une carrière.

NORA. Je veux me débarrasser de mon image de garde-malade, c'est une marotte. C'est beau ce rideau qui se détache sur le mur triste comme les affaires ! Les objets inanimés ont donc aussi une âme, je ne m'en suis aperçu que depuis que je suis libérée de mon mariage.

CHEF DU PERSONNEL. Employeurs et cadres doivent protéger et favoriser le libre épanouissement de la personnalité des travailleurs dans l'entreprise Avez-vous des certificats ?

NORA. Mon mari m'aurait sûrement délivré un certificat de bonne ménagère et bonne mère, mais j'ai tout foutu en l'air à la dernière minute.

CHEF DU PERSONNEL. Nous exigeons des certificats de tierces personnes. Vous ne connaissez pas de tierces personnes ?

NORA. Non. Mon époux me souhaitait enfermée à la maison, parce que la femme ne doit jamais aller voir ailleurs. Elle doit regarder en elle-même ou… son mari.

CHEF DU PERSONNEL. Ce n'était pas un supérieur légal, ce que, moi, je suis, par exemple.

NORA. Si, c'est un supérieur. Dans une banque. Je vous conseille de ne pas vous laisser endurcir, comme lui, par votre position.

CHEF DU PERSONNEL. La solitude qui existe là-haut, au sommet, engendre toujours un durcissement. Pourquoi avez-vous fichu le camp ?

NORA. J'étais un objet, j'ai voulu devenir sujet sur mon lieu de travail. Peut-être puis-je, par mon simple aspect, apporter un nouveau rayon de soleil dans ce triste atelier d'usine.

CHEF DU PERSONNEL. Nos locaux sont clairs et bien aérés.

NORA. Je veux hisser la dignité et le droit de l'homme jusqu'au libre épanouissement de la personnalité.

CHEF DU PERSONNEL. Vous ne pouvez absolument rien hisser, vous avez besoin de vos mains pour quelque chose de plus important.

NORA. Le plus important, c'est que je devienne un être humain.

CHEF DU PERSONNEL. Ici, nous employons exclusivement des êtres humains ; certains le sont plus, d'autres moins.

NORA. Il fallait d'abord que je quitte mon foyer pour devenir un être humain.

CHEF DU PERSONNEL. Beaucoup de nos employées feraient des kilomètres pour trouver un foyer. Pourquoi changer de lieu ?

NORA. Parce que je le connaissais déjà.

CHEF DU PERSONNEL. Vous tapez à la machine ?

NORA. Tout le travail de bureau, la broderie, le tricot, la couture.

FRANÇAIS

CHEF DU PERSONNEL. Pour qui avez-vous travaillé ? Nom de l'entreprise, adresse, numéro de téléphone.

NORA. Privé

CHEF DU PERSONNEL. Privé n'est pas public. Devenez d'abord publique et vous pourrez vous défaire de votre position d'objet.

NORA. Je crois que je suis spécialement douée pour aboutir des choses extraordinaires. J'ai toujours méprisé l'ordinaire.

CHEF DU PERSONNEL. Pourquoi vous croyez-vous prédestinée à « l'extraordinaire » ?

NORA. Je suis une femme mue par des mouvements biologiques compliqués.

CHEF DU PERSONNEL. Quelles sont vos qualifications dans ce domaine que vous appelez « l'extraordinaire » ?

NORA. J'ai une nature souple. Je suis douée pour l'art.

CHEF DU PERSONNEL. Alors vous devez vous remarier.

NORA. J'ai une nature souple et rebelle, je ne suis pas une personnalité simple, je suis multiple.

CHEF DU PERSONNEL. Alors vous ne devez pas vous remarier.

NORA. Je me cherche encore.

CHEF DU PERSONNEL. À l'usine, tout le monde se trouve tôt ou tard, l'un ici, l'autre là. Par chance, moi je suis pas obligé de faire un travail d'ouvrier.

NORA. Je crois que mon cerveau se refuse encore à travailler à la machine parce qu'il ne sera pas vraiment utilisé.

CHEF DU PERSONNEL. Nous n'avons pas besoin de votre cerveau.

NORA. Comme il est resté en friche pendant mon mariage, je voulais maintenant…

CHEF DU PERSONNEL, *l'interrompt*. Vos poumons et vos yeux sont en bon état ? Pas de problèmes de dents ? Sensible aux courants d'air ?

NORA. Non. J'ai toujours pris soin de mon corps.

CHEF DU PERSONNEL. Alors vous pouvez commencer tout de suite. Auriez-vous d'autres qualifications que vous auriez oubliées ?

NORA. Je n'ai rien mangé depuis plusieurs jours.

CHEF DU PERSONNEL. Extraordinaire !

NORA. D'abord, je veux m'atteler à l'ordinaire, mais c'est provisoire, après je m'attaquerai à l'extraordinaire.

Traduit de l'allemand par Louis-Charles Sirjacq.

 # corrigés
foucherconnect.fr/19pbst2s40

HISTOIRE-GÉOGRAPHIE

Évaluation de l'Histoire-Géographie au bac

L'Histoire et la Géographie aident les élèves à acquérir des repères temporels et spatiaux, leur permettent de discerner l'évolution des sociétés, des cultures, des politiques et les confrontent à l'altérité par la connaissance d'expériences humaines antérieures et de territoires variés.

1 Le programme

■ Le programme de Première, qui est centré sur la France de la Révolution de 1789 à la Première Guerre mondiale, est divisé en thèmes comprenant chacun une question obligatoire et deux sujets d'étude proposés.

■ Les thèmes d'Histoire abordés en classe de Première sont :
- Thème 1 : L'Europe bouleversée par la Révolution française (1789-1815) ;
- Thème 2 : Les transformations politiques et sociales de la France de 1848 à 1870 ;
- Thème 3 : La Troisième République : un régime, un empire colonial ;
- Thème 4 : La Première Guerre mondiale et la fin des empires européens.

■ Les thèmes de Géographie abordés en classe de Première sont :
- Thème 1 : La métropolisation : un processus mondial différencié ;
- Thème 2 : Une diversification des espaces et des acteurs de la production ;
- Thème 3 : Les espaces ruraux : une multifonctionnalité toujours plus marquée ;
- Thème 4 conclusif : La Chine : des recompositions spatiales multiples.

2 Les modalités d'évaluation

■ L'Histoire-Géographie est évaluée en **contrôle continu** et affectée d'un **coefficient 5**. En classe de Première, l'élève a deux épreuves écrites qui ont lieu aux deuxième et troisième trimestres. Une épreuve écrite de contrôle continu a également lieu dans le courant de l'année de Terminale.

■ Chaque épreuve de Première dure **2 heures** et se compose de **2 parties** :
- des **questions de connaissances** (10 pts) : le questionnement peut consister à caractériser un espace, une période, un événement, un personnage, justifier une affirmation, localiser et identifier des lieux ou phénomènes, choisir des dates-clés, définir une notion ;
- une **analyse de document** (10 pts) : l'analyse porte sur un ou sur deux documents au maximum. Ces documents renvoient aux sujets d'étude liés aux thèmes du programme d'Histoire et de Géographie. Le candidat choisit l'un des deux sujets d'étude proposés.

REMARQUE
Les réponses doivent sélectionner des informations contenues dans le(s) document(s) mais nécessitent également des connaissances du cours. La capacité à rédiger est un critère d'évaluation essentiel.

1 L'Europe bouleversée par la Révolution française (1789-1815)

La Révolution, débutée en 1789 et s'achevant avec le sacre de Napoléon 1er en 1804, n'anéantit pas seulement la monarchie absolue française mais bouleverse l'Europe tout entière.

1 L'émergence d'une nation de citoyens égaux en droits

A Des revendications qui fragilisent la monarchie

■ En février 1789, les Français sont invités à élire les députés qui les représenteront aux **états généraux** convoqués par le roi Louis XVI à Versailles début mai 1789. Censée apporter des solutions à la **crise financière et économique** qui touche le royaume, cette réunion des trois ordres se présente comme l'occasion pour les Français de revendiquer un certain nombre de **droits**.

■ Des **cahiers de doléances** sont donc rédigés par les assemblées chargées d'élire les représentants. Les membres du tiers état réclament **la fin de certains privilèges et de l'absolutisme**. Cette possibilité de s'exprimer débouche sur un contexte pré-révolutionnaire qui oppose le tiers état à la noblesse et au clergé, attachés à leurs privilèges.

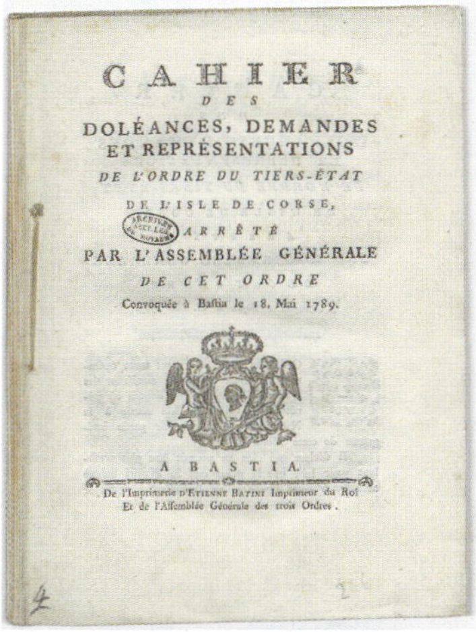
CAHIER
DES
DOLÉANCES, DEMANDES
ET REPRÉSENTATIONS
DE L'ORDRE DU TIERS-ÉTAT
DE L'ISLE DE CORSE,
ARRÊTÉ
PAR L'ASSEMBLÉE GÉNÉRALE
DE CET ORDRE
Convoquée à Baſtia le 18. Mai 1789.
A BASTIA.
De l'Imprimerie d'Etienne Batini Imprimeur du Roi Et de l'Aſſemblée Générale des trois Ordres.

Le cahier des doléances, demandes et représentations de l'ordre du tiers état de l'isle de Corse en mai 1789

DÉFINITIONS

- **États généraux** : réunion des trois ordres (clergé, noblesse et tiers état) convoqués par le roi.
- **Cahiers de doléances** : registres rédigés au printemps 1789 par les Français des trois ordres où figurent leurs revendications (doléances).

B Vers une souveraineté nationale

■ Le processus révolutionnaire est enclenché par l'échec des états généraux. Déçus, les députés du tiers état se proclament « **Assemblée nationale** » le 17 juin 1789. Rejoints par quelques membres de la noblesse et du clergé, ils forment le 9 juillet l'**Assemblée nationale constituante**. Ils prétendent représenter la souveraineté nationale et veulent instaurer une constitution. Dans la nuit du **4 août 1789, ils abolissent les privilèges et certains droits seigneuriaux**. C'est la fin de la société d'ordres, la volonté d'**égalité** l'emporte.

DÉFINITION

Droits seigneuriaux : ensemble des droits fiscaux, symboliques et judiciaires détenus par un seigneur sur les paysans de sa seigneurie.

Le 26 août 1789, l'Assemblée nationale constituante adopte la **Déclaration des droits de l'homme et du citoyen**. Cette proclamation de principes universels est inspirée par les philosophes des Lumières et par la Déclaration d'indépendance des États-Unis de 1776. Elle débute par « Les hommes naissent et demeurent libres et égaux en droits ». Ce texte égalitariste définit les droits des Français et pose les bases d'une nouvelle société. La Déclaration reconnaît la **souveraineté de la nation** et proclame la **séparation des pouvoirs**. Elle consacre la « volonté générale » au détriment de l'arbitraire royal. En quatre mois, les Français passent donc du statut de sujets du roi de France à celui de **citoyens** disposant de **droits** et de **devoirs**. La monarchie absolue de droit divin n'est plus qu'un ancien régime dont les fondements sociaux et politiques ont théoriquement disparu.

 # vidéo
Extrait du film officiel du centenaire de la Déclaration des droits de l'homme et du citoyen
foucherconnect.fr/19pbst2s48

DÉFINITIONS
- **Absolutisme** : système politique où le roi détient toute l'autorité politique.
- **Souveraineté nationale** : principe selon lequel l'autorité politique émane de la nation constituée par l'ensemble des citoyens.

2 La chute de la monarchie et l'expérience d'une République en guerre

A L'échec d'une monarchie constitutionnelle

La diffusion des idées nouvelles permet d'aboutir à la mise en place d'une **monarchie constitutionnelle en 1791**. Dans ce système, **le roi partage le pouvoir avec l'Assemblée législative**, dispose du droit de veto, mais la rupture entre le souverain et le peuple se confirme. Opposé à la restriction de son pouvoir, hostile aux réformes religieuses et administratives de l'Assemblée législative, le roi **Louis XVI** tente de fuir à l'étranger le 20 juin 1791. Arrêté à Varennes, forcé de revenir à Paris, il perd l'adhésion de l'opinion. Décrédibilisée, la monarchie constitutionnelle s'achemine vers sa fin.

Louis XVI en habit de sacre, peint par Duplessis en 1777

DÉFINITIONS
- **Constitution** : loi fondamentale qui organise le fonctionnement d'un État. Elle fixe l'attribution des pouvoirs et définit les droits et les devoirs des citoyens.
- **Droit de veto** : possibilité pour le roi de suspendre temporairement le vote d'une loi par l'Assemblée législative, de s'opposer à une décision.

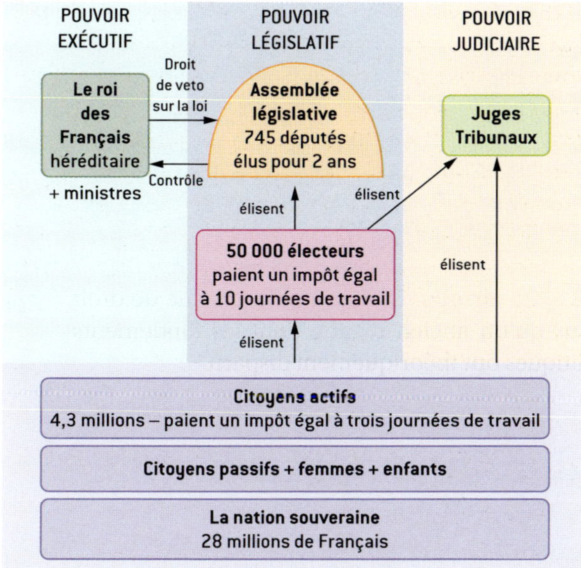

La Constitution de 1791

B La naissance de la République

■ Louis XVI, qui a convaincu l'Assemblée législative de déclarer la guerre à l'Autriche le 20 avril 1792, sous prétexte d'étendre la Révolution à l'Europe, espère secrètement une défaite de la France, ce qui lui restituerait ses pleins pouvoirs. Rapidement, l'invasion du territoire français par les troupes étrangères engendre une situation d'urgence. Le 10 août 1792, les **sans-culottes** envahissent le palais des Tuileries, contraignent l'Assemblée à suspendre le roi et à l'emprisonner avec sa famille. Le 20 septembre 1792, l'invasion étrangère est stoppée à Valmy. Une nouvelle assemblée, la **Convention**, est élue au suffrage universel masculin. Le **22 septembre 1792**, la **République** est proclamée.

DÉFINITION

Sans-culottes : classes populaires favorables aux idées de la Révolution. Ils tiennent leur nom du fait qu'ils portent des pantalons et non pas des culottes comme les aristocrates.

■ La République naît dans un contexte de guerre, de violences et de divisions entre les députés **Girondins** et **Montagnards**. Ces derniers obtiennent l'exécution de Louis XVI guillotiné le 21 janvier 1793. La Convention mobilise 300 000 hommes (**levée en masse**) pour la **guerre contre l'Autriche** et doit faire face à la **révolte des royalistes** en Vendée et en Bretagne. En septembre 1793, la guerre civile débouche sur la **Terreur légale du Comité de salut public**. Cette forme autoritaire de gouvernement conduite par **Robespierre** cherche à sauver la Révolution. Elle impose des mesures économiques d'urgence, surveille la population et élimine les opposants ou suspects. La Terreur aboutit à un bain de sang : 130 000 morts et 40 000 exécutions sur le territoire français. Cet épisode prend fin en juillet 1794 avec la **chute brutale de Robespierre** arrêté puis exécuté le 28 juillet 1794.

DÉFINITIONS

- **Girondins** : Républicains (souvent originaires du Sud-Ouest) modérés et opposés aux violences des sans-culottes.
- **Montagnards** : Républicains proches des idées populaires défendues par les sans-culottes. Ils siègent en haut des gradins de l'Assemblée (d'où leur nom).

HISTOIRE

C En bref

Crise sociale
- Contestation de la société d'Ancien Régime
- Société inégalitaire fondée sur les privilèges
- Refus du clergé et de la noblesse d'abandonner leurs privilèges

Crise politique
- Monarchie remise en cause par les idées des Lumières
- Louis XVI est perçu comme un roi faible et sans prestance

Crise financière
- Déficit de l'État aggravé par la guerre d'Amérique
- Endettement du royaume
- L'impôt pèse essentiellement sur le tiers état

↓

Réunion des états généraux

Révolution de 1789

3 La domination napoléonienne

A L'instauration d'un nouveau régime

■ Le **9 novembre 1799** (18 brumaire de l'an VIII selon le calendrier républicain), le général Napoléon Bonaparte entreprend un **coup d'État** et fonde le **Consulat**. La République demeure le régime officiel mais le pouvoir revient en réalité au Premier consul Bonaparte.

■ Bonaparte consolide son régime par l'adoption du **Code civil** qui unifie le droit en France. Il stabilise la nouvelle monnaie, le **franc germinal**, par la création de la **Banque de France**. Chaque département est placé sous l'autorité d'un **préfet** qui rend des comptes au pouvoir central. Le régime signe avec le pape un **concordat.** Bonaparte censure la presse, limite la liberté d'expression et rétablit par la force l'esclavage aux Antilles. La propagande bonapartiste lui permet de renforcer son pouvoir jusqu'au sacre du 2 décembre 1804 qui lui donne le titre d'**empereur des Français**. Bonaparte devient Napoléon Ier, une nouvelle dynastie apparaît.

DÉFINITION
Concordat : alliance politique et religieuse entre l'État et la papauté (église catholique).

■ L'empereur prétend mettre fin à la Révolution débutée en 1789 et **garantit l'ordre social, politique, économique et religieux** en France. Il conserve de la Révolution de 1789 les droits civils attribués aux citoyens. Il confirme la suppression des privilèges et l'égalité devant la loi. Cependant, **l'Empire est bien un régime autoritaire** qui supprime les libertés et le droit d'expression. Napoléon n'admet aucune opposition et prétend surveiller la population. Le pouvoir napoléonien s'avère donc autoritaire, personnel et héréditaire. La Révolution débouche ainsi sur une sorte de nouvelle monarchie.

B La conquête de l'Europe

■ Des **campagnes militaires victorieuses** permettent à Napoléon d'agrandir le territoire français composé de 130 départements sur une superficie de 750 000 km². Lui-même roi d'Italie, il place des membres de sa famille sur les trônes d'Europe. La France impériale atteint son apogée en 1811.

■ Napoléon profite de ces conquêtes pour moderniser et unifier l'administration des États au moyen de la langue française. Il instaure l'égalité civile, la liberté de culte, l'unité des poids et mesures, supprime la dîme, les droits féodaux et tente d'imposer partout le **Code civil** (appelé Code Napoléon à partir de 1807). Perçu dans un premier temps comme un libérateur, Napoléon finit par incarner l'oppression. **Son régime s'effondre provisoirement en 1814 et définitivement en 1815**, victime d'une septième **coalition européenne**.

4 Le congrès de Vienne : une restauration de l'ordre monarchique et de la paix en Europe

■ Du 18 septembre 1814 au 9 juin 1815 se tient à Vienne un congrès qui réunit les grandes puissances européennes. **La carte politique du continent européen est redessinée par les puissances qui ont vaincu Napoléon.**

■ Ce remaniement profite aux plus grandes puissances qui affirment leur conservatisme :
- les frontières de la France sont ramenées à celles de 1791 ;
- la Belgique est annexée par le royaume des Pays-Bas ;
- la Savoie et le comté de Nice reviennent au royaume de Piémont-Sardaigne ;
- les Polonais sont partagés entre la Russie, la Prusse et l'Autriche qui en profitent pour agrandir leur territoire ;
- la Confédération germanique rassemble 38 États allemands sous l'autorité autrichienne.

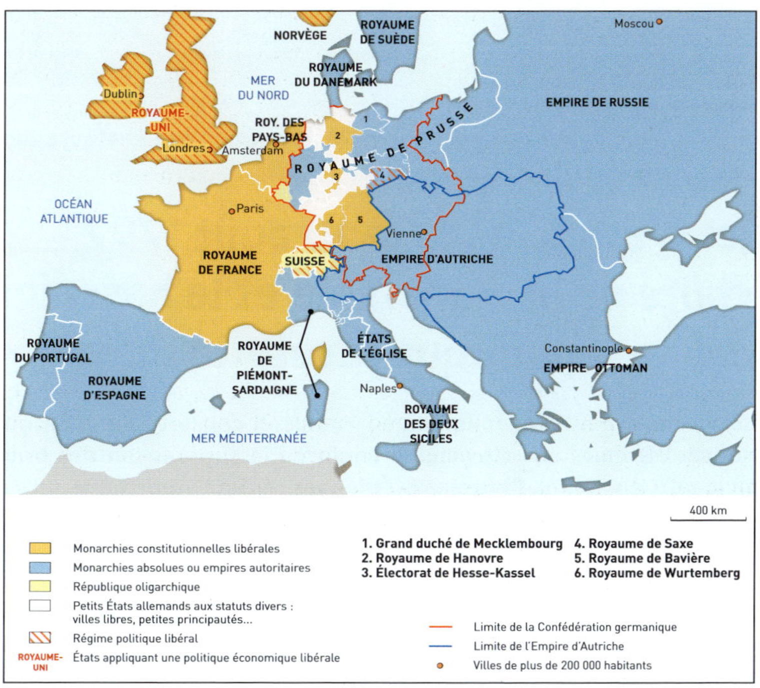

L'Europe en 1815, après la défaite de Napoléon et le congrès de Vienne

HISTOIRE

■ Le Congrès de Vienne marque le **triomphe des monarchies autoritaires** hostiles aux idées libérales répandues par la Révolution de 1789. Les royautés et les empires **s'opposent à l'indépendance des minorités** : ils nient le droit des nationalités à obtenir leur pleine souveraineté. Belges, Polonais, Italiens du Nord, Finlandais et Irlandais vivent sous l'autorité d'un autre peuple. La France est désormais entourée de petits **États tampons** (Pays-Bas, Piémont-Sardaigne, Confédération helvétique) censés protéger les grandes puissances d'une éventuelle invasion française. Dans ce contexte, l'Allemagne et l'Italie ne sont toujours pas unifiées. L'Angleterre maîtrise plus que jamais les espaces maritimes de la mer du Nord, de la Méditerranée et de l'océan Indien.

■ Le sommet diplomatique de Vienne confirme donc le rôle prédominant des empires et la volonté de neutraliser la France révolutionnaire. Ce nouvel **équilibre européen** freine les tentations d'indépendance et de liberté des peuples européens mais ambitionne également d'établir une paix durable après vingt années de guerre.

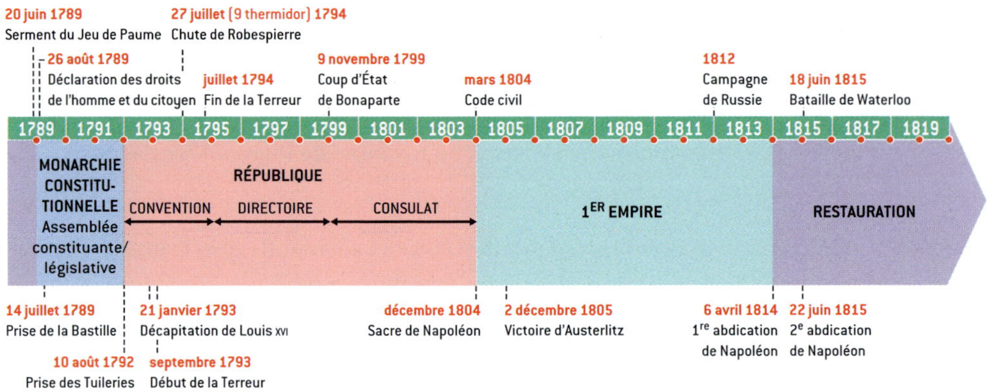

Chronologie politique de la Révolution à la Restauration

Sujet d'étude n° 1 : le 10 août 1792, la chute de la monarchie et le basculement vers une république révolutionnaire

La journée du 10 août 1792 marque une rupture et une nouvelle étape dans l'histoire de la Révolution. Elle conduit la monarchie constitutionnelle à sa perte et prépare l'arrivée de la République.

A Le contexte historique

■ Depuis le 20 avril 1792, **la France est en guerre contre une coalition de monarchies européennes** (menées par la Prusse et l'Autriche). Le 11 juillet, en raison des premières défaites militaires, la patrie est déclarée en danger. La menace extérieure se précise.

■ Le roi Louis XVI est entré dans un double jeu : il prétend adhérer à la monarchie constitutionnelle mais espère une défaite de la France dans cette guerre pour retrouver ses pleins pouvoirs. Seules les monarchies étrangères seraient en effet capables de restaurer l'**absolutisme** en France. La **fuite du roi jusqu'à Varennes en juin 1791** l'expose à l'hostilité des révolutionnaires.

■ L'**opinion publique** se radicalise et se montre de plus en plus **hostile au roi**. Les sans-culottes ne croient plus en l'avenir de la monarchie parlementaire (ou constitutionnelle) et aspirent à un régime plus démocratique.

B La prise des Tuileries

■ Dans la nuit du **9 au 10 août 1792**, des révolutionnaires prennent possession de l'Hôtel de Ville, siège du gouvernement, et forment une **Commune insurrectionnelle**. Le roi et sa famille quittent en urgence le palais des Tuileries pour se mettre sous la protection de l'Assemblée.

■ Les insurgés marchent sur les Tuileries où ils fraternisent avec les gardes nationaux. Mais ils se heurtent rapidement aux gardes suisses engagés au service du roi. Ces derniers sont massacrés lors de l'attaque du palais et seuls 200 environ réussissent à s'échapper.

■ Cette journée révolutionnaire se solde par la mort d'un millier de personnes (dont 600 Suisses). En matinée, la foule fait pression sur l'Assemblée pour qu'elle suspende et interne le roi. Elle décide alors d'**élections anticipées au suffrage universel** pour être remplacée par une nouvelle assemblée, la **Convention**, chargée de donner au pays une nouvelle Constitution. Le pouvoir se répartit provisoirement entre l'Assemblée discréditée, la Commune insurrectionnelle qui dirige Paris et le comité exécutif chargé de remplacer le roi et composé de six personnalités, dont **Danton**.

DÉFINITIONS

- **Garde nationale** : regroupement de citoyens armés ayant pour mission de garantir l'ordre à Paris comme en province à partir de l'été 1789. La Fayette dirige ce mouvement au début de la Révolution.
- **Tuileries** : il s'agit du palais parisien des rois de France construit dans le prolongement du Louvre et qui fut détruit à la fin du XIXe siècle.

***La prise des Tuileries du 10 août 1792*, Jean Duplessis-Bertaux, château de Versailles**

HISTOIRE

C Vers une République révolutionnaire

■ Spontanée ou préparée, la journée du 10 août 1792 fait basculer la Révolution dans une nouvelle phase. Elle a été perçue comme une seconde Révolution. Il s'agit de tourner la page de la monarchie constitutionnelle pour mettre en place un **nouveau régime plus démocratique et sans roi**. Cet événement révolutionnaire se retourne contre la royauté mais aussi contre l'Assemblée élue qui doit céder face à la colère de la rue. La Révolution n'est plus le fait de la bourgeoisie mais des **catégories sociales populaires**.

■ Le 10 août confirme l'échec final de la Constitution de 1791 et ouvre une période d'**instabilité politique**. Cet épisode aboutit à l'expression d'une nouvelle violence collective mais débouche aussi sur la **proclamation de la République le 22 septembre 1792**.

 # vidéo
Extrait du film officiel du bicentenaire de la prise des Tuileries
foucherconnect.fr/19pbst2s49

Sujet d'étude n° 2 : les puissances européennes contre Napoléon : la bataille de Waterloo

Le **18 juin 1815**, la bataille de Waterloo, intervient dans un contexte où se jouent des enjeux à la fois français et européens.

A Les forces en présence

■ En mai 1815, après un premier exil sur l'île d'Elbe, Napoléon revient en France et chasse du pouvoir Louis XVIII (épisode des **Cent Jours**). En réaction à cet événement, une **septième coalition internationale** se met en place pour éliminer définitivement le régime napoléonien. L'objectif de Napoléon est d'empêcher la jonction des troupes étrangères installées en Belgique avec celles qui stationnent en Alsace. Il décide donc d'attaquer l'ennemi dans la région de Waterloo.

■ Les deux camps en présence opposent les forces suivantes :

Forces françaises	Forces de la septième coalition (armée des Alliés)
Napoléon et son frère Jérôme aidés par le maréchal Ney : 71 600 soldats. Bilan : 11 500 morts (dont 14 généraux).	▸ Duc de Wellington (forces britanniques) et le maréchal prussien Blücher. ▸ Britanniques, Allemands et Prussiens, Néerlandais (Belges et Hollandais) : 68 000 soldats. Bilan : 12 200 morts.

B La bataille de Waterloo

Les Anglo-Hollandais organisent sur le terrain un **système défensif sous-estimé par Napoléon**. Suite à de fortes pluies, le terrain boueux rend les déplacements de l'infanterie et des canons difficiles. En début d'après-midi, les attaques des troupes françaises (dont celles du maréchal Ney) se heurtent à une forte résistance britannique. Vers 15 heures, la cavalerie française envoyée par assauts successifs échoue à entamer les bataillons ennemis. Les soldats autrichiens renforcent le positionnement des Anglais. Napoléon n'a plus d'autre choix que de faire intervenir la Vieille Garde, décimée, contre toute attente, par la cavalerie anglaise. L'empereur est évacué de justesse. La bataille de Waterloo se solde par un **véritable désastre**. **10 000 Français se retrouvent prisonniers**.

Les opérations militaires en Belgique (où se trouve Waterloo, à vingt kilomètres de Bruxelles) tuent en quatre jours un total de 23 700 hommes et en blessent plus de 65 000. Cette bataille marque l'**ultime défaite de Napoléon** et la **fin de l'ambition française à diriger l'Europe**. Celle-ci entrevoit enfin la possibilité de revenir à une paix durable. Napoléon abdique une seconde fois le 22 juin 1815. Il tente en vain de céder son trône à son fils. Le sort de la France est confié à ses ennemis qui la contraignent à une amende et à la capitulation le 5 juillet 1815.

DÉFINITIONS

- **Infanterie** : ensemble des soldats qui combattent à pied.
- **Vieille Garde** : corps d'élite de la garde impériale composée de vétérans assurant la sécurité de Napoléon.

Andrieux, *La bataille de Waterloo, 18 juin 1815*

 # vidéo

La fin de la bataille de Waterloo, extrait du film *Waterloo*, de Bondarchuck

foucherconnect.fr/19pbst2s50

HISTOIRE

ENTRAÎNEMENT AU CONTRÔLE CONTINU

EXERCICE 1

Document : organigramme de la constitution de 1791

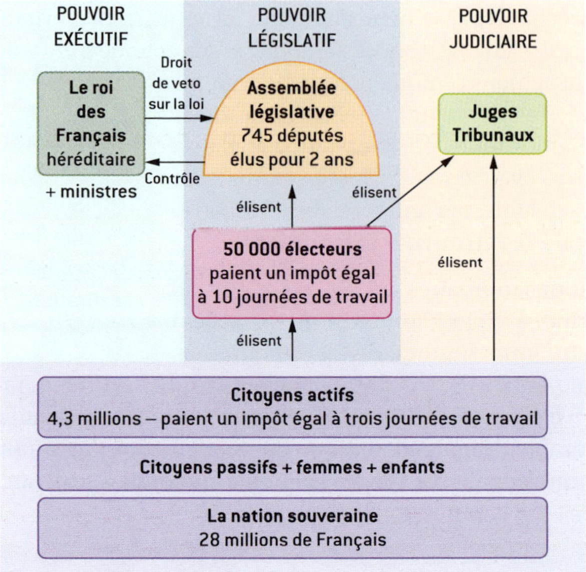

1. Quels aspects de cette constitution témoignent de son caractère démocratique ?
2. Quelles limites voyez-vous à cette dimension démocratique de la constitution de 1791 ?

EXERCICE 2

Identifiez les événements liés aux dates suivantes : mai 1789 ; 17 juin 1789 ; 4 août 1789 ; 26 août 1789 ; 10 août 1792 ; 22 septembre 1792 ; 21 janvier 1793 ; 28 juillet 1794 ; 9 novembre 1799 ; 2 décembre 1804.

 # corrigés
foucherconnect.fr/19pbst2s51

2 Politique et société en France sous la Deuxième République et le Second Empire

De 1848 à 1870, l'instabilité politique de la France est en grande partie liée aux nombreuses mutations sociales et économiques qui transforment le pays entré dans la révolution industrielle. Les Français sont divisés entre conservatisme et libéralisme.

1 1848 : l'affirmation des grands principes démocratiques et républicains

■ Le renversement de la **monarchie de Juillet**, en février 1848, intervient dans un contexte européen de conquête des libertés. En quelques jours, le régime monarchique de Louis-Philippe est renversé. Le « **Printemps des peuples** », nom donné à cette période révolutionnaire de 1848, débouche en France sur la naissance de la IIe République (la première datait de 1792).

> À SAVOIR
> La **monarchie de Juillet** est le nom du régime politique de la France de juillet 1830 à février 1848.

■ Dans l'enthousiasme général, le gouvernement, composé de républicains convaincus et de socialistes, instaure le **suffrage universel** (tout en le refusant aux femmes). Il crée en parallèle des **ateliers nationaux** pour fournir du travail aux chômeurs victimes de la crise économique. La République semble donc revendiquer une **dimension démocratique et sociale** en faveur des populations les plus modestes.

> DÉFINITION
> **Ateliers nationaux** : organisation par l'État du 27 février au 21 juin 1848 d'ateliers censés faire travailler sur des chantiers les ouvriers parisiens victimes du chômage. Cette expérience sociale se solde par un échec.

■ En 1848, 9 millions d'électeurs disposent désormais du droit de vote (contre 200 000 auparavant). Les idéaux de la Révolution de 1789, tels que la fraternité, guident l'action politique. Le 27 avril 1848, grâce aux efforts de Victor Schœlcher, l'esclavage est aboli. 260 000 personnes bénéficient de cette mesure. La liberté de la presse est rétablie. La peine de mort pour raison politique est supprimée. Le souvenir de la Révolution guide donc l'action des républicains au pouvoir. Cependant, cet unanimisme républicain ne dure pas.

2 Une République mise en cause : la rupture de juin 1848 et l'échec de 1851-1852

■ La victoire des républicains modérés aux élections d'avril 1848 met un terme au climat libéral et social des premiers mois. Les députés décident la fermeture des ateliers nationaux considérés comme des foyers de propagation des idées socialistes. Du 20 au 23 juin 1848, l'**insurrection ouvrière** qui s'ensuit est très durement réprimée. Le bilan se solde par la mort d'environ 20 000 personnes. Le régime républicain entre dans un conservatisme anti-ouvrier. La **question sociale** n'est plus une priorité. En décembre 1848, Louis Napoléon Bonaparte (neveu de Napoléon Ier) est élu président de la République. Le **parti de l'Ordre** l'emporte. Il limite la liberté d'expression et allonge d'une heure la durée quotidienne de travail.

DÉFINITION

Question sociale : expression qui désigne l'ensemble des interrogations portées sur les changements qui touchent le monde du travail, l'économie tout entière et en particulier la classe ouvrière dans une période d'accélération de l'industrialisation en France au XIXe siècle.

En mai 1850, une réforme exclut du droit de vote 3 millions d'ouvriers. Dirigé par Louis Napoléon Bonaparte, le régime est aux mains des **monarchistes**. Se retrouvant dans l'impossibilité légale de se présenter une seconde fois au poste de président, Louis Napoléon Bonaparte entreprend un **coup d'État le 2 décembre 1851** et met donc fin par la force à la IIe République. En novembre 1852, il fait approuver lors d'un vote plébiscitaire le **rétablissement de l'empire** fondé sur une constitution proche de celle que son oncle Napoléon institua en 1799. Il devient **Napoléon III**, empereur des Français, le 2 décembre 1852.

DÉFINITIONS

- **Républicains** : défenseurs de la disparition de la monarchie au profit d'un régime démocratique qui garantit les libertés fondamentales.
- **Socialisme** : idéologie opposée aux inégalités sociales nées du capitalisme et de la propriété privée. Le socialisme rêve d'une société idéale marquée par l'égalité et le partage.

3 Une France du Second Empire en pleine transformation économique et sociale

Le Second Empire de Napoléon III limite sévèrement la liberté d'expression mais finit par se libéraliser quelque peu, devenant une **monarchie parlementaire**. Du temps de ce régime, la France se modernise à une vitesse accélérée.

Une véritable **mutation économique et sociale** transforme le pays. La **révolution industrielle** se confirme et fait sortir la France de la crise. Le **libre-échange** choisi par Napoléon III aide à maintenir un **niveau de croissance économique satisfaisant**. Les réseaux de transport comme celui du chemin de fer se densifient et aident à la circulation des hommes et des marchandises. Le **télégraphe** relie les grandes villes et accélère les flux d'informations. Les **façades maritimes** en plein développement (création du port de Saint-Nazaire) aident le pays à mieux intégrer la mondialisation en cours. Le système bancaire et financier se développe dans un cadre capitaliste où l'État investisseur mène une politique volontariste. L'essor d'une bourgeoisie pousse à la consommation des nouveaux biens vendus dans les **grands magasins**, comme la Samaritaine à Paris.

Paris devient la vitrine des grands changements qui bouleversent la vie des Français. La capitale accueille des événements mondiaux tels que les **expositions universelles** de 1855 et de 1867. Le baron Haussmann, préfet de la Seine, fait de Paris un modèle d'urbanisme (appelé **hausmannisation**). Les grands boulevards, les égouts et les adductions d'eau, les parcs, les façades d'immeubles, les gares, les nouvelles places publiques mais aussi les nouveaux ponts font sortir Paris de son passé médiéval. La ville se modernise à toute allure et adopte une nouvelle ossature grâce à des percées et trouées qui aèrent son tissu urbain. Ce **réaménagement** spectaculaire s'étend à beaucoup de villes françaises.

■ Tous les Français ne profitent cependant pas de cette marche vers le progrès. Les campagnes tardent à se moderniser. Elles demeurent le conservatoire de nombreux **archaïsmes**. Le pouvoir limite à des œuvres de charité sa politique sociale envers les plus démunis. Victor Duruy, ministre de l'instruction publique de 1863 à 1869, rencontre beaucoup de difficultés à appliquer sa réforme scolaire au profit du plus grand nombre. Le développement économique français se trouve dépassé par celui de l'Angleterre, des États-Unis et de l'Allemagne.

***Rue de Paris, temps de pluie*, Gustave Caillebotte, 1877**

4 La chute du Second Empire et l'unification allemande : l'« Année terrible » 1870-1871

■ De juillet 1870 à juin 1871, la France traverse l'une de ses pires épreuves. Le chancelier Bismarck parvient à trouver un prétexte diplomatique pour que **Napoléon III déclare la guerre à la Prusse le 19 juillet 1870**. En six semaines, la France perd de nombreuses batailles. Le 2 septembre 1870, retranché à Sedan, Napoléon III se rend. Cette défaite militaire sans appel aboutit le **4 septembre 1870 à la proclamation de la IIIe République** à Paris. Le Second Empire s'effondre brutalement.

■ Léon Gambetta, ministre de l'Intérieur dans le nouveau gouvernement de la Défense nationale, veut poursuivre la guerre contre la Prusse. Paris subit cinq mois de siège et finit par capituler. Le 18 janvier 1871, les Prussiens proclament la naissance de **l'Empire d'Allemagne** (Reich) dans la galerie des glaces du château de Versailles. L'Allemagne est désormais un pays unifié sous l'autorité de l'empereur Guillaume Ier.

■ Le 18 mars 1871, une **insurrection** éclate à Paris dans le quartier de Montmartre. Après des mois de siège, les classes populaires parisiennes ne souhaitent pas être désarmées. La **Commune de Paris** s'oppose au gouvernement français installé à Versailles et impose une autogestion d'inspiration communiste. Durant un peu plus de deux mois, les Communards élaborent un système politique, économique, social et culturel autonome en faveur des milieux populaires. Cette expérience prend fin dramatiquement lors de la « **Semaine sanglante** » du 21 au 28 mai 1871. La répression militaire engendre la mort d'au moins 10 000 personnes. Cet épisode de guerre civile clôt l'« **Année terrible** » selon Victor Hugo.

La colonne Vendôme a été édifiée par Napoléon Ier en 1810 pour célébrer sa victoire d'Austerlitz. Elle fut détruite en 1871 par les Communards qui y voyaient un symbole d'oppression (on repère une barricade à l'entrée de la place)

Portait de Napléon III en uniforme de général de brigade dans son cabinet des Tuileries en 1862, Jean-Hippolyte Flandrin

Sujet d'étude n° 1 : Victor Hugo sous la Deuxième République et le Second Empire

■ Victor Hugo entame sa carrière politique au temps de la **monarchie de Juillet**. Proche du roi Louis-Philippe, il obtient la fonction de **pair de France** en 1845. En 1848, il devient **maire du 8e arrondissement de Paris** et siège parmi les députés monarchistes sous la Deuxième République. Il participe, sans y adhérer pleinement, à la répression contre l'insurrection ouvrière de juin 1848. Il soutient la candidature de Louis Napoléon Bonaparte pour le poste de président de la République. Il poursuit sa carrière de **député** mais s'oppose de plus en plus au conservatisme du régime. Monarchiste modéré, Hugo se rallie petit à petit à la cause républicaine et s'attaque à la politique menée par le pouvoir exécutif.

DÉFINITION

Pair de France : titre qui permet de siéger parmi les rangs de la Chambre des pairs. Cette haute assemblée fonctionna du temps de la Restauration (1814-1830) et de la Monarchie de Juillet (1830-1848).

■ Dans son discours à l'Assemblée législative du 17 juillet 1851, Victor Hugo s'oppose à la rééligibilité du président Louis Napoléon Bonaparte qui entend modifier la Constitution pour entamer un deuxième mandat. Victor Hugo tente vainement de résister au **coup d'État** de ce dernier le 2 décembre 1851. Ayant failli être arrêté, il part en **exil** pour la Belgique le 11 décembre 1851. Bien que son nom figure dans la liste officielle des bannis, l'écrivain est autorisé à rentrer en France mais s'y refuse catégoriquement. Il devient la **figure emblématique de l'opposition** à Louis Napoléon Bonaparte devenu Napoléon III.

Photographie d'Hugo en exil à Guernesey sur le rocher des Proscrits en 1853

HISTOIRE

DÉFINITION

Pamphlet : texte idéologique, engagé, qui combat avec ardeur un régime, une institution ou un personnage politique.

■ En juillet 1852, il termine un **pamphlet** intitulé *Napoléon le Petit* qui circule clandestinement en France. En août 1852, par prudence, Victor Hugo s'exile de nouveau à Jersey, dans l'archipel anglo-normand, en bordure du Cotentin. En novembre 1853, il publie, grâce à un éditeur belge, *Les Châtiments*, où il dénonce en vers le despotisme de Napoléon III. C'est dans l'île voisine de **Guernesey**, à **Hauteville House**, qu'il s'installe en 1854. De là, il poursuit sa carrière d'écrivain. Il y prolonge sa lutte contre Napoléon III et s'engage en faveur de différentes causes comme l'indépendance de la Pologne ou encore l'abolition de la peine de mort. En mai 1870, Victor Hugo appelle à renverser le Second Empire. Cela lui vaut une ultime procédure judiciaire pour mépris envers la personne impériale.

■ Trois jours seulement après le désastre de Sedan qui marque la chute de Napoléon III, le 5 septembre 1870, Victor Hugo rentre à Paris où il est acclamé. Son exil de presque 19 ans prend fin. Il va devenir l'une des icônes de la IIIe République qui l'honore comme l'un de ses pères. Il clôt son parcours politique en devenant sénateur en 1876. À sa mort, en mai 1885, Victor Hugo bénéficie de **funérailles nationales**. Cet événement attire deux millions de personnes. Son corps est transféré au **Panthéon**. Son souvenir reste associé à la lutte en faveur de la République et des pauvres.

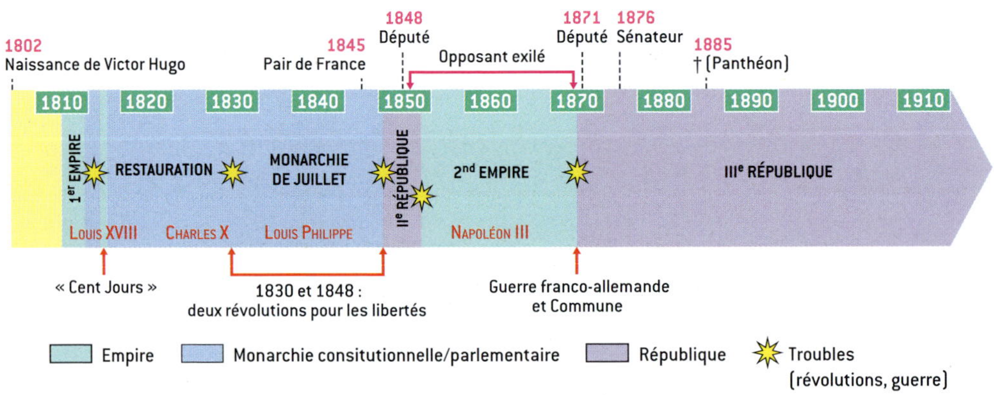

Chronologie politique de Victor Hugo

Sujet d'étude n° 2 : les établissements Schneider au Creusot sous la Deuxième République et le Second Empire

En 1836, le **site industriel du Creusot** en Bourgogne est racheté par les frères **Adolphe** (1802-1845) et **Eugène Schneider** (1805-1875), **maîtres de forges** originaires de Lorraine. Les besoins croissants en chemins de fer, en bateaux, en armement et en charpentes métalliques permettent à l'affaire Schneider de prospérer. L'accélération du **développement industriel français** à l'époque du Second Empire aide Eugène Schneider à faire du Creusot une immense usine connue pour son gigantesque **marteau-pilon à vapeur** de 100 tonnes permettant de forger des plaques métalliques de grandes dimensions.

DÉFINITIONS

- **Maître de forge** : patron d'une entreprise de métallurgie servant à produire du fer, de la fonte et de l'acier.
- **Marteau-pilon** : machine-outil de forge fonctionnant à la vapeur spécialement créée par l'ingénieur François Bourdon pour le site du Creusot en 1841 et qui au moyen d'une tige centrale permet d'aplanir du fer.
- **Aciérie** : usine qui produit de l'acier en gros volumes.

Marteau-pilon du Creusot, carte postale du début du XXe siècle

La prospérité des Schneider leur permet d'étendre leur influence sur le monde des affaires, de la finance et de la politique. En 1867, Eugène dirige le Corps législatif (l'assemblée du Second Empire). Il siège au conseil d'administration de la compagnie ferroviaire Paris-Lyon-Marseille. Il poursuit son ascension en devenant régent de la Banque de France et en partageant la direction de la banque « Société générale ». Cette diversification des activités familiales lui permet de regrouper les maîtres de forges dans un organisme de défense des intérêts de la profession. Trois générations succèdent aux deux frères, ce qui fait des Schneider une **véritable dynastie de capitaines d'industrie**.

HISTOIRE

■ Devenu un **site industriel de réputation mondiale**, Le Creusot emploie jusqu'à 20 000 personnes en 1914. L'objectif des Schneider est de retenir leurs employés grâce à une **organisation collective typique du paternalisme**. Celui-ci consiste à contrôler l'espace local de l'usine, de ses environs, et à gérer au mieux la vie des ouvriers qui bénéficient d'un système de retraite par épargne. Les Schneider font construire un réseau d'écoles qui aide au recrutement des futurs employés formés à l'« esprit maison ». Un hôpital et une maternité permettent de mieux prendre soin des employés. De manière à fixer la main-d'œuvre, des cités ouvrières avec maisons individuelles et jardinets améliorent la vie quotidienne des ouvriers.

DÉFINITION

Paternalisme : stratégie d'entreprise qui vise à attribuer aux employés des avantages économiques et sociaux de manière à les faire adhérer à un système de subordination les plaçant sous l'autorité supposée bienveillante de leur patron.

■ Les Schneider entendent défendre une morale fondée sur le **libéralisme** et sur les **valeurs religieuses et familiales**. Ils font édifier des églises, entretiennent une police locale et encadrent la vie collective en finançant des associations sportives ou culturelles censées éloigner les ouvriers des idées socialistes. Leur politique sociale encourage la diffusion d'une morale au service de l'hygiène, de l'ordre et du respect de la hiérarchie.

■ Le Creusot apparaît donc comme une « **ville-usine** » façonnée par une dynastie d'industriels qui imposent un ordre moral qui n'hésite pas à recourir à l'armée en 1899 pour mettre fin à une **grève générale**. Les Schneider ont réussi à allier le libéralisme et le paternalisme pour faire du Creusot un projet à la fois industriel et social.

ENTRAÎNEMENT AU CONTRÔLE CONTINU

EXERCICE 1

Rédiger un texte de 10 lignes qui, à partir de la chronologie, explique l'itinéraire politique de Victor Hugo.

EXERCICE 2

1. Choisissez la définition de « printemps des peuples » parmi les trois possibilités suivantes :
a. Tendance des peuples à mener des guerres entre eux.
b. Soulèvement révolutionnaire des peuples contre l'autorité des souverains autoritaires.
c. Participation des peuples à la célébration des régimes autoritaires.
2. Associez les personnages suivants à un régime politique :

a. Louis-Philippe	1. Deuxième République
b. Louis-Napoléon Bonaparte	2. Second Empire
c. Napoléon III	3. Monarchie de Juillet

3. Choisir la définition qui définit l'haussmannisation :
a. Transformation et réaménagement spectaculaire de Paris
b. Ensemble des progrès sociaux en France sous le Second Empire
c. Conservatisme des campagnes hostiles aux différentes formes de progrès

corrigés
foucherconnect.fr/19pbst2s51

3 La Troisième République avant 1914 : un régime, un empire colonial

L'instauration puis l'enracinement de la Troisième République permettent à la France d'entrer à partir de 1870 dans une phase de stabilité politique. La réaffirmation des principes hérités de 1789 rencontre néanmoins quelques obstacles. La fin du XIXe siècle apparaît comme une ère d'expansion qui fait entrer le pays dans le nouvel âge colonial.

1 Un projet républicain fondé sur les libertés fondamentales et sur la laïcité

A Un régime qui garantit les droits

■ La Troisième République est un **régime libéral et parlementaire**. Elle offre aux Français le **suffrage universel masculin** (direct et indirect) et fait de la pratique du vote le fondement du système politique (démocratie représentative). La République garantit la **séparation des pouvoirs** et place le **Parlement** (composé de deux assemblées) au centre du système constitutionnel.

■ À partir des années 1880, les réformes de grande ampleur se multiplient. La **liberté de la presse** est reconnue en 1881, le **droit d'association** en 1884. En 1881-1882, **Jules Ferry** instaure l'**école gratuite, laïque et obligatoire** pour les enfants de moins de 13 ans. L'idéal de l'instruction répond au besoin de laïciser la société jugée trop dépendante de l'Église catholique. L'école forge l'unité de la nation par la diffusion d'un enseignement en langue française.

B Une culture républicaine qui s'enracine

■ Une culture républicaine naît à partir de l'école publique, de l'armée (service militaire créé en 1889) et des mairies dont les maires sont élus par les conseils municipaux dès 1884. Le **patriotisme** et l'**attachement au régime républicain** passent par la propagation des **symboles politiques** : Marianne devient l'emblème du pays, la devise « Liberté, Égalité, Fraternité » s'impose, tout comme le drapeau tricolore, et *La Marseillaise* est désignée hymne national en 1879.

■ La **laïcisation** du pays franchit une nouvelle étape en **1905**. Présentée par le député **Aristide Briand**, la **loi de séparation de l'État et des Églises** met fin au concordat napoléonien de 1801. Elle proclame la **liberté de conscience** tout en garantissant le **libre exercice des cultes.** L'État affirme ainsi sa neutralité religieuse. Il ne rémunère plus les évêques, les curés, les pasteurs et les rabbins. L'État et les collectivités deviennent propriétaires des biens détenus par l'Église tout en permettant à celle-ci d'y exercer le culte. Les Églises gagnent en indépendance : l'État ne nomme plus les évêques.

■ Cette loi de laïcisation rencontre l'opposition du pape et d'une grande partie des catholiques français. Annexée par l'Allemagne en 1871, l'Alsace-Moselle échappe à la loi de 1905. Ce statut spécial permet aux religieux de rester des fonctionnaires après la victoire de 1918 et leur réintégration au territoire français.

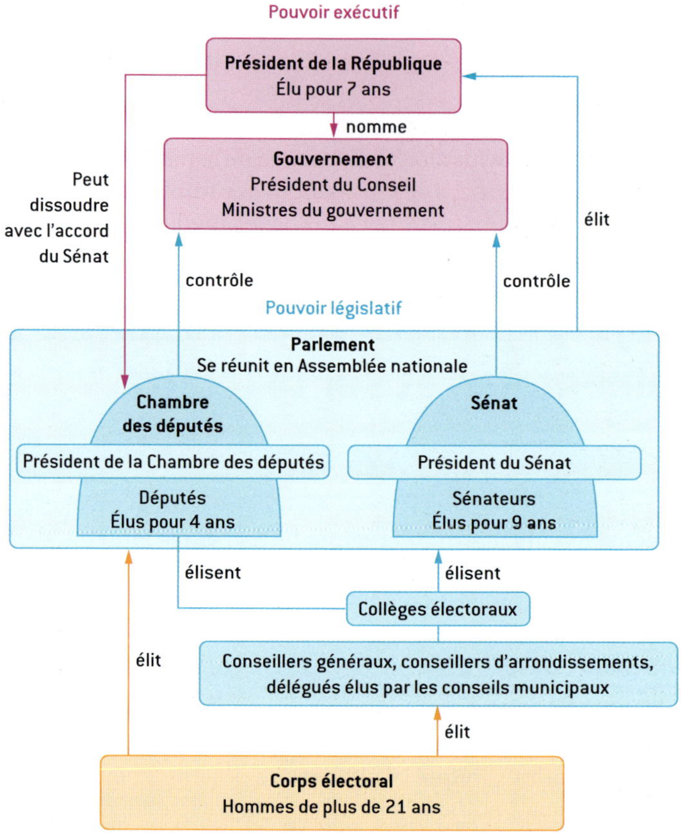

Les institutions de la IIIe République et leur fonctionnement

2 Un régime républicain fragilisé par la résurgence de l'antisémitisme : l'affaire Dreyfus

A Les faits et leur chronologie : l'histoire d'une injustice

■ En 1894, le **capitaine Alfred Dreyfus** (1859-1935), juif alsacien, est soupçonné et condamné par la justice militaire pour espionnage au profit de l'Allemagne. Dégradé, il est déporté au bagne, en Guyane. Deux ans plus tard, le lieutenant-colonel Picquart identifie le vrai coupable, le commandant Esterhazy, mais ne parvient pas à convaincre la hiérarchie militaire de la nécessité d'innocenter Dreyfus. Lors d'un jugement militaire tenu en 1898, Esterhazy est acquitté.

■ En réaction, l'écrivain **Émile Zola** publie un article de presse intitulé **« J'accuse ! »** où il dénonce l'attitude des dirigeants. L'affaire devient politique et vaut à l'écrivain engagé des poursuites judiciaires. L'Affaire commence. **Jean Jaurès** prend la relève en démontrant publiquement **l'innocence de Dreyfus** qui bénéficie finalement de la grâce présidentielle. En 1906, il est réhabilité et réintègre l'armée. Il reçoit enfin la Légion d'honneur.

B Une France coupée en deux par l'Affaire

■ L'Affaire scinde en deux camps l'opinion française. Les **dreyfusards** prennent la défense du capitaine tandis que les **antidreyfusards** s'acharnent à donner raison à l'armée et à sa justice. Les adversaires créent des structures associatives : la Ligue des droits de l'homme et du citoyen défend Dreyfus alors que la Ligue de la patrie française affiche son antidreyfusisme. Des écrivains comme Zola deviennent des **intellectuels**, c'est-à-dire des personnes qui misent sur leur renommée pour interpeller médiatiquement l'opinion sur des sujets politiques importants et polémiques.

■ L'affaire Dreyfus oppose finalement les **républicains convaincus (dreyfusards)** aux **antirépublicains** qui témoignent de leur antisémitisme et de leur nationalisme. Cette querelle divise donc les Français et affaiblit le régime républicain.

3 La course à la colonisation : des puissances européennes rivales

A Les causes de la colonisation

À partir des années 1880, la France poursuit la **course à la colonisation** entamée en 1830 avec les débuts de la conquête de l'Algérie. Cinquante ans plus tard, la France domine un empire de 12 millions de km^2, peuplé de 110 millions de « **sujets** » en Afrique et en Asie. Le processus de colonisation s'explique par différents motifs :
- le **motif politique**, qui considère que la possession de colonies est un gage de puissance internationale. La colonisation est un moyen d'afficher son rang mondial. Coloniser permet d'entretenir un **nationalisme de prestige** ;
- le **motif économique**, qui permet de trouver dans les colonies de nouveaux débouchés pour les produits industriels et les capitaux de la métropole. Le **libre-échange** justifie la colonisation ;
- le **motif démographique et social**. La conquête de nouveaux territoires permet à des colons de s'installer au moyen d'expropriations qui visent les populations indigènes ;
- le **motif idéologique et racial**. La République prétend étendre la civilisation en colonisant les terres d'Afrique et d'Asie. La colonisation est perçue comme une **entreprise civilisatrice** qui apporte aux peuples d'ailleurs les progrès de la médecine, de l'enseignement, mais également la religion chrétienne (évangélisation) et les infrastructures, telles que les routes et les chemins de fer. La colonisation est aussi le moyen pour l'homme blanc d'affirmer sa « supériorité » supposée. Coloniser apparaît comme un **devoir moral** ;
- le **motif culturel**. Le goût pour l'**exotisme** et l'**orientalisme** perceptible dans les arts et la littérature entretient un imaginaire qui donne à la colonisation une connotation héroïque et mythique.

DÉFINITIONS

- **Colonisation** : phénomène militaire, politique, économique et culturel qui place de force une population et un territoire sous la tutelle d'un autre État qualifié de métropole.
- **Exotisme et orientalisme** : le premier est la traduction culturelle de l'attirance pour l'autre, pour l'étranger, c'est-à-dire pour celui qui vit ailleurs. L'orientalisme est un mouvement littéraire, artistique et architectural apparu en Europe au XVIIIe siècle et qui témoigne d'une grande curiosité pour l'Orient, allant du Maghreb jusqu'à l'Extrême-Orient.

B La géographie de la colonisation

SIGLES

- **AOF** : Afrique occidentale française
- **AEF** : Afrique équatoriale française

Trois principales régions sont concernées par la colonisation française : le **Maghreb**, l'**Afrique subsaharienne** (partagée entre l'**AOF** et l'**AEF**) et la péninsule **indochinoise**. Dans tous les cas, la conquête coloniale établit un rapport de force entre colonisateurs et colonisés (peuples indigènes) mais aussi entre les puissances européennes impérialistes. Français et Anglais sont concurrents dans la conquête de l'Afrique de l'Est mais aussi en Asie du Sud-Est.

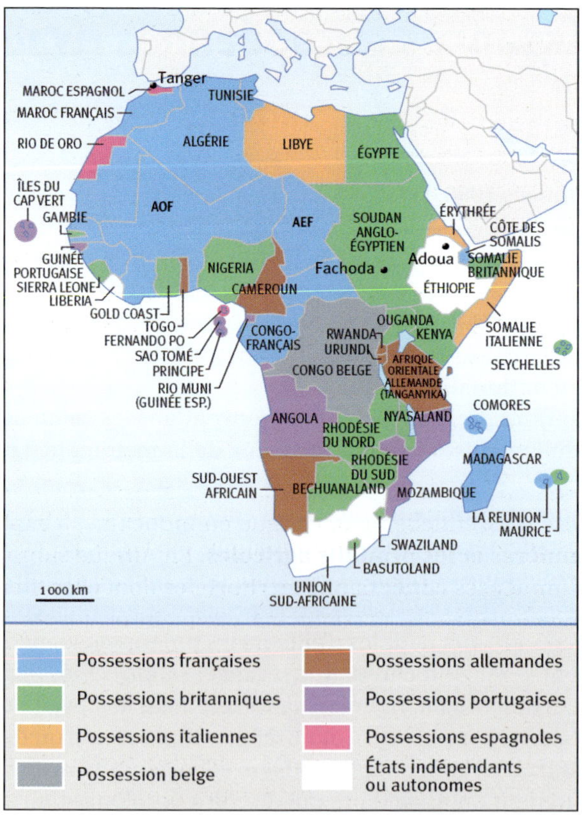

L'Afrique coloniale en 1914

4 Les territoires et le fonctionnement des sociétés coloniales

A Gérer les colonies et les indigènes

Tous les territoires de l'empire colonial français ne sont pas administrés de la même manière. Une administration indirecte est appliquée au Maroc, en Tunisie et au Cambodge qui constituent des **protectorats**. Dans ces pays, l'autorité traditionnelle conserve une certaine autonomie à la condition de **protéger les intérêts stratégiques français**. Inversement, la plupart des territoires conquis sont placés sous l'administration directe de l'État français comme en AOF, en AEF et au Tonkin. L'Algérie devient un ensemble de départements français, car elle constitue une **colonie de peuplement** où vivent de nombreux colons d'origine métropolitaine et européenne.

Partout, le recours au personnel indigène s'avère nécessaire pour administrer les territoires colonisés. Pour autant, rares sont les populations auxquelles on reconnaît un véritable statut de « citoyens français ». Ces « sujets français » sont soumis au **Code de l'indigénat** instauré en 1881 qui les prive d'un très grand nombre de droits civils et politiques. Le système colonial distingue fondamentalement les citoyens français des indigènes que l'on cherche à contrôler.

À SAVOIR

Le **Code de l'indigénat**, en vigueur de 1881 à 1946, est un ensemble de décrets qui établit dans les colonies françaises une discrimination administrative et judiciaire entre les colons et les indigènes dont le statut est inférieur.

Au nom de la civilisation et de manière à protéger les colons et leur main-d'œuvre, la colonisation dispense une **action sanitaire et scolaire** qui consiste à lancer des campagnes de vaccination et à instruire une minorité locale qui puise dans l'école occidentale les futurs arguments de contestation de l'ordre colonial.

B L'exploitation des colonies

Les territoires colonisés sont mis en valeur. Les infrastructures portuaires, ferroviaires et routières visent essentiellement, comme en Indochine, à **exploiter** puis à **exporter les matières premières et les produits agricoles**. En Afrique subsaharienne, des entreprises obtiennent d'immenses **concessions territoriales** dont elles tirent d'importants bénéfices grâce à l'exploitation du bois, au commerce de l'ivoire ou encore grâce à la récolte du caoutchouc. Le Congo fournit du cuivre en grande quantité tandis que l'Indochine livre de gros volumes de charbon. Les colonies approvisionnent la métropole en produits devenus de première nécessité.

La colonisation accélère **l'urbanisation des peuples indigènes** tandis que beaucoup d'agriculteurs, comme en Algérie, perdent leur propriété agricole. La main-d'œuvre subsaharienne est soumise au **travail forcé** et subit une violence administrative. L'**acculturation** éloigne les populations de leur culture d'origine. La colonisation permet l'émergence de nouvelles **élites indigènes** en rupture avec les élites traditionnelles. Ces nouvelles élites sont à l'origine de la contestation de la domination coloniale.

HISTOIRE

DÉFINITIONS

Indigène : terme qui sert à définir les populations colonisées d'Afrique et d'Asie. L'indigène est celui qui est originaire du lieu et qui se différencie du colon venu d'ailleurs.

Métropole : dans le contexte de la colonisation, le terme désigne l'État qui colonise d'autres territoires souvent qualifiés d'Outre-Mer.

Nationalisme : idéologie qui entretient le mythe de la supériorité nationale au détriment des autres nations et des minorités présentes dans le pays. Dans le contexte colonial, le nationalisme désigne la volonté politique d'un peuple colonisé d'obtenir sa reconnaissance et son indépendance.

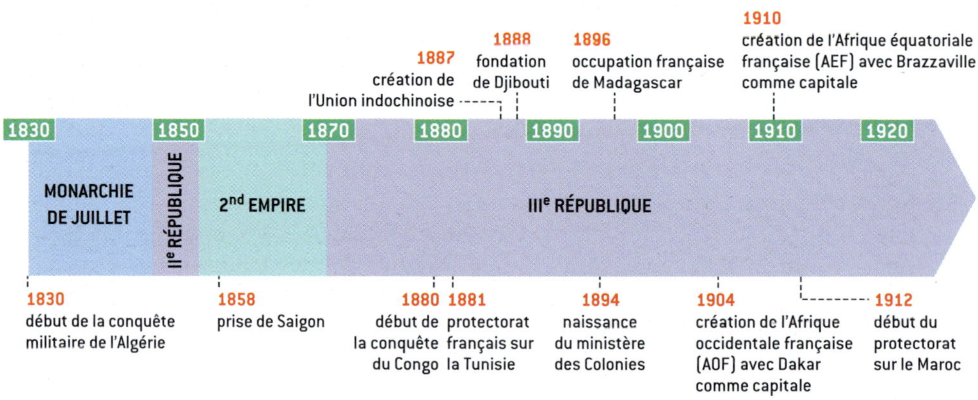

Chronologie de la colonisation française

Sujet d'étude n° 1 : l'instruction des filles sous la Troisième République avant 1914

A Les progrès de la scolarisation des filles vers 1880

La Troisième République marque une étape essentielle dans l'histoire de la **scolarisation des filles**. En 1879, la **loi Paul Bert** contraint chaque département à mettre en place une **école normale de filles** chargée de former les institutrices. L'éducation des femmes n'est plus seulement du ressort de l'Église catholique mais dépend désormais de l'autorité de l'État. En 1880, la **loi Camille Sée** crée les lycées de jeunes filles. Le premier ouvre à Montpellier. Au nombre de 36 en 1893, ces lycées ne préparent pas leur public féminin au Baccalauréat (contrairement aux garçons) mais à un **diplôme d'études secondaires** (ou brevet supérieur). En 1881, la naissance de l'École normale supérieure de Sèvres permet la formation des professeurs femmes destinées à enseigner dans ces lycées.

Grâce aux **lois scolaires de Jules Ferry** qui rendent l'école primaire **gratuite, laïque et obligatoire**, les filles de 6 à 13 ans bénéficient à partir de 1882 d'un enseignement presque identique à celui des garçons. L'égalité d'éducation est en marche. Elles apprennent l'écriture, le calcul et la lecture. Dans des écoles non mixtes, elles sont également formées « aux soins du ménage et aux travaux de femme » dissociés des travaux manuels destinés aux garçons. L'enseignement conserve donc sa mission de socialisation qui différencie les missions assignées à chacun des deux sexes conformément aux attentes de la société. La **dissociation entre garçons et filles** demeure l'un des **fondements de l'organisation de l'école**.

■ En dépit d'un système scolaire qui donne encore l'avantage aux hommes, de rares femmes montrent la voie vers la réussite scolaire. L'une d'entre elles est la première à obtenir en 1885 l'agrégation de sciences (diplôme d'enseignement d'un niveau très élevé). En 1888, Louise-Amélie Leblois est la première femme à obtenir le titre de docteur ès-sciences (grâce à l'obtention d'une thèse universitaire).

B La scolarisation des filles au début du XXe siècle

Au début du XXe siècle, malgré toutes les lois scolaires, beaucoup de filles restent encore exclues du système scolaire. L'enseignement privé commence cependant à préparer les jeunes filles au Baccalauréat qui les destine aux études supérieures. Ce niveau d'études demeure encore largement fermé aux femmes puisque leurs études secondaires ne les préparent pas à cet examen. La demande sociale s'accentuant après la Première Guerre mondiale, les femmes vont être autorisées à accéder au **Baccalauréat** au même titre que les hommes en **1924**. L'histoire de la scolarisation des filles est donc celle d'une **conquête des droits** et d'une **égalité entre les sexes** progressivement permise par la République.

Cours de cuisine dans une classe de jeunes filles au lycée de Versailles en 1900

Sujet d'étude n° 2 : vivre à Alger au début du XXe siècle

A Une ville en profonde mutation

■ Au début du XXe siècle, la ville d'Alger est le résultat de profondes transformations entamées un demi siècle plus tôt par la présence des Français. Du temps du Second Empire (1852-1870), l'architecte Chassériau redessine la ville en y introduisant de grands boulevards ainsi que des rampes qui relient le front de mer à l'intérieur de la ville. Alger se transforme rapidement sur le modèle de Paris. Son **haussmannisation**

DÉFINITION

Haussmannisation : La transformation d'une ville sur le modèle du Paris du baron Haussmann, ancien préfet, qui transforma considérablement la capitale française sous le Second Empire (1852-1870).

HISTOIRE

consiste à détruire certains quartiers arabes anciens au profit d'immeubles alignés sur le modèle architectural français. Les équipements liés à la colonisation font leur apparition. La préfecture, l'hôtel de ville, les écoles, le casino, le lycée, les églises, les hôtels touristiques et les jardins équipent la ville en espaces symboles d'une présence française qui s'affirme également dans la toponymie (le nom des lieux).

■ Vers 1900, l'**européanisation** d'Alger en fait une ville moderne. Elle devient le centre d'un réseau de chemins de fer qui longe le littoral algérien. Les lignes de tramway quadrillent les quartiers. Pour des raisons à la fois militaires et économiques, le port d'Alger est l'une des zones les plus constamment réaménagées. La multiplication des bassins, le prolongement des jetées, la construction de hangars, l'extension des quais permettent à Alger d'intégrer un réseau maritime à l'échelle méditerranéenne. Le port devient l'interface du pays tout entier avec la métropole. Cet espace garantit ainsi les intérêts stratégiques de la France en Algérie.

B Une ville ségréguée

■ Une ville européenne se superpose à la ville musulmane. La ville nouvelle cohabite avec la ville ancienne (la **Casbah**) tout en l'effaçant progressivement. À partir de 1903, la mode **néo-mauresque** aboutit à la construction de bâtiments inspirés par le style arabe et censés embellir la ville. La Grande Poste d'Alger édifiée en 1910 témoigne du souci d'entretenir un style oriental prétendu plus authentique et respectueux de l'identité arabe.

■ La ville d'Alger fait cohabiter deux communautés de **colons** et d'**indigènes** sans véritablement les mélanger. De nombreux quartiers populaires et anciens accueillent une population musulmane (la Casbah) ou européenne et ouvrière. Bab El Oued est ainsi le quartier populaire qui loge des migrants français et notamment italiens. Des quartiers plus bourgeois du front de mer ou du centre logent les classes supérieures. À la **ségrégation ethnique** s'ajoute donc une **discrimination socio-spatiale** liée au système colonial en place.

DÉFINITION

Médina : terme arabe qui désigne la ville traditionnelle.
Ce quartier est appelé à Alger « la Casbah » (la citadelle).

Le port d'Alger vu depuis le phare en 1899

ENTRAÎNEMENT AU CONTRÔLE CONTINU

EXERCICE 1

Une du journal *Psst... !* 23 juillet 1898, dessin de Forain

1. Présentez le document et décrivez la scène en essayant d'identifier les personnages.
2. Montrez que ce document est antidreyfusard.

> Le masque mis au premier plan est celui d'Émile Zola.

EXERCICE 2

Justifier la phrase suivante en vous remémorant le cours : « Les années 1880 installent véritablement la République en France. »

EXERCICE 3

Identifier la puissance coloniale qui domine les territoires africains suivants : **a.** Égypte ; **b.** Libye ; **c.** Tchad ; **d.** Madagascar ; **e.** Mozambique.

 # corrigés
foucherconnect.fr/19pbst2s51

HISTOIRE

4 La Première Guerre mondiale bouleverse les sociétés et l'ordre européen

La Première Guerre mondiale, marquée par la dureté inédite de ses combats, le caractère total du conflit et la mort de masse, fait entrer le monde dans une nouvelle ère brutale. Qualifié de « Grande Guerre », cet affrontement bouleverse à jamais l'Europe qui s'en trouve ébranlée sur le plan géopolitique. Le XXe siècle qui s'engage est en grande partie l'héritage de ces 53 mois de guerre.

1 Une guerre totale

A Les grandes phases du conflit

■ L'**assassinat de l'archiduc François-Ferdinand**, héritier de l'Empire austro-hongrois, par un nationaliste serbe, le **28 juin 1914**, engendre une crise diplomatique qui débouche sur la **guerre**. En raison des alliances militaires qui opposent la **Triple Alliance** (Italie, Allemagne et Autriche-Hongrie) à la **Triple Entente** (France, Royaume-Uni et Russie), l'Europe mobilise ses forces et entre en guerre **début août 1914**.

DÉFINITIONS

- **Poilu** : terme qui désigne le soldat français qui ne dispose pas des moyens de se raser. L'expression renvoie plus largement à l'âge adulte nécessaire à l'enrôlement dans l'armée.
- **Tranchées** : réseau de lignes de défense creusées dans le sol pour faire face à l'ennemi. Le no man's land est l'espace particulièrement dangereux situé entre deux tranchées adverses.

■ De **1914 à 1917**, après l'avancée des troupes allemandes à l'Ouest comme à l'Est, débute la guerre de position. La stabilisation des fronts engendre l'enlisement du conflit. Les armées s'enterrent : c'est la **guerre des tranchées**. Le conflit s'annonce très long.

■ L'année 1917 marque un tournant. Deux révolutions renversent le **tsarisme** en Russie. Les **États-Unis**, quant à eux, **entrent en guerre le 6 avril 1917**, victimes de la guerre sous-marine menée en Atlantique par l'Allemagne.

■ Au **printemps 1918**, la **guerre de mouvement** reprend. La Russie signe la paix avec l'Allemagne à Brest-Litovsk. Aidés par les Américains, les Alliés repoussent l'armée allemande qui capitule le **11 novembre 1918**. Le **traité de paix** est signé à **Versailles le 28 juin 1919**.

B Une mobilisation sans précédent

■ De 1914 à 1918, **70 millions d'hommes** sont mobilisés. 15 % des soldats allemands et français sont tués, soit **10 millions de combattants**. Un combattant sur deux est blessé. Ceux d'entre eux dont le visage est mutilé (14 000 soldats) sont appelés les « **gueules cassées** ». La mortalité de masse

DÉFINITION

Brutalisation : synonyme d'« ensauvagement » pour décrire l'ampleur et la brutalité de la violence de guerre dont les soldats et les civils se retrouvent victimes.

témoigne d'une « **brutalisation** » contraire aux lois de la guerre. Les civils sont lourdement touchés en raison de l'occupation militaire de territoires conquis par l'ennemi (mise en place d'un travail forcé). Dans l'Empire ottoman, les deux tiers des Arméniens (1,5 million de personnes) périssent dans le **génocide** provoqué par le gouvernement turc.

■ Dès 1914, la France et le Royaume-Uni recrutent des hommes dans leurs colonies. 175 000 tirailleurs algériens, 40 000 Marocains, 80 000 Tunisiens et 180 000 Subsahariens (regroupés dans la « Force noire ») composent les **troupes coloniales** françaises. 870 000 Indiens sont employés par l'armée britannique qui fait également appel à 1,3 million d'hommes venus des dominions (Australie, Nouvelle-Zélande, Canada et Afrique du Sud). Avec l'entrée en guerre des États-Unis, la guerre devient véritablement **mondiale**. Les principales zones de combats se localisent en Europe et au Moyen-Orient.

■ Les populations de l'arrière participent à **l'effort de guerre**. Les femmes remplacent les hommes partis au front. Elles travaillent dans des usines d'armement où 1 milliard d'obus sont fabriqués en 5 ans. **L'économie de guerre** dirigée par l'État mise sur une production industrielle rationalisée (extension du travail à la chaîne). Les intellectuels, journalistes, écrivains s'engagent dans la « **bataille de papier** » (production de livres et d'articles de presse) afin d'entretenir un patriotisme défensif. La **censure** s'empare de la presse. Les scientifiques se mobilisent et réalisent des progrès en optique, en chimie (gaz de combat), en aéronautique ou encore en médecine. La **propagande** envahit tous les moyens d'information : c'est le « **bourrage de crâne** » qui cherche à conserver le bon moral de la population et à légitimer la guerre. La vie démocratique est mise entre parenthèses et un rapport de force oppose les militaires à la classe politique qui cherche à les contrôler.

DÉFINITIONS

- **Bataille de papier** : expression qui désigne l'engagement patriotique des écrivains, des journalistes, du monde de la presse et de l'édition dans la mobilisation des esprits au service de la guerre.
- **Bourrage de crâne** : dénonciation par les soldats de la manière dont les médias retranscrivent pour les civils la réalité du front. L'expression finit par désigner la propagande patriotique dans son ensemble.

2 Le règlement difficile du conflit

■ Plusieurs **armistices conclus en 1918** débouchent sur une série de **traités de paix**. Le **traité de Versailles (juin 1919)** concerne l'Allemagne et les Alliés de la Triple Entente. En septembre 1919, le **traité de Saint-Germain-en-Laye** impose à l'Autriche la loi des vainqueurs. En novembre 1919, le **traité de Neuilly** détermine le sort de la Bulgarie. Le **traité de Trianon** (en juin 1920) s'occupe du cas de la Hongrie. Enfin, le **traité de Sèvres** fixe provisoirement la paix entre les Alliés et l'Empire ottoman.

■ En janvier 1919, la **conférence de la paix** s'ouvre à Paris. Le président américain Wilson, conformément à ses « **quatorze points** » proclamés en janvier 1918, cherche à créer une **Société des Nations (SDN)** afin de garantir la paix. Le 28 juin 1919, la signature du **traité de Versailles** impose à l'Allemagne des conditions très dures qu'elle vit comme un « **diktat** ». La paix conclue est celle des vainqueurs contre les vaincus. Les puissances victorieuses dominent la SDN installée à Genève, en Suisse. Les États-Unis reviennent à un isolationnisme et décident finalement de ne pas rejoindre la SDN. Celle-ci dispose de moyens limités mais incarne la volonté de garantir la sécurité collective : c'est « **l'esprit de Genève** ».

3 La disparition des empires européens

■ Vers 1918-1919, la carte de l'Europe est largement remaniée. Les traités de paix contribuent au **démembrement des empires.** Le 9 novembre 1918, le kaiser Guillaume II démissionne et met fin à un demi siècle d'Empire allemand. La République de Weimar lui succède. Le 12 novembre 1918, la proclamation à Vienne de la République met un terme à l'**Empire austro-hongrois**. Vaincu par les troupes arabes et occidentales, l'**Empire ottoman** perd une grande partie de ses territoires et finit par disparaître en 1922 au moment de la naissance de la République turque. Sous les effets dévastateurs de la guerre, l'**Empire russe** voit son régime tsariste renversé par deux révolutions successives qui conduisent les communistes et **Lénine** au pouvoir. La Russie soviétique entre dès lors dans un dramatique épisode de guerre civile qui débouche sur la **naissance de l'URSS en 1922.**

■ La **dislocation des empires** engendre la naissance de **10 nouveaux États indépendants**. L'Allemagne, l'Autriche et la Turquie perdent leurs anciennes possessions et deviennent de simples États-nation. La Tchécoslovaquie et la Yougoslavie naissent des cendres de l'ancien Empire austro-hongrois. La disparition de l'Empire russe donne naissance dès 1917 à la **Finlande** puis aux **trois pays baltes (Estonie, Lettonie, Lituanie)**. La Pologne renaît avec un accès à la Baltique (le corridor de Dantzig) qui isole la Prusse orientale du reste de l'Allemagne. Les ruines laissées par les empires modifient donc considérablement les frontières en Europe. Tous ces changements géopolitiques contribuent à déstabiliser le vieux continent qui n'en a pas fini avec les conflits.

L'Europe en 1914-1918

Sujet d'étude n° 1 : la bataille de la Somme : juillet-novembre 1916

DÉFINITIONS

- **Dominions** : États indépendants mais appartenant à l'empire britannique.
- **Droit de la guerre** : les Conventions de Genève (1864) et de La Haye (1899 et 1907) fixent des lois à la guerre telles que le sort fait aux blessés et prisonniers ou encore l'interdiction d'utiliser du gaz de combat.

■ La bataille de la Somme est **l'une des plus meurtrières de la Première Guerre mondiale** puisqu'elle comptabilise 1,2 million de morts. Lancée le 1er juillet 1916 pour repousser les Allemands en Belgique, elle prend place entre Amiens et Péronne sur un front d'environ 50 kilomètres. 4 millions d'hommes venus de 25 pays s'affrontent. Les combats tuent jusqu'à 20 000 soldats par jour. Cette bataille est la principale menée en 1916 par l'armée britannique (composée de volontaires et de troupes venues des **dominions**). Celle-ci appuie l'armée française en grande partie engagée dans la **bataille de Verdun** débutée en février 1916.

■ L'attaque de l'infanterie alliée est précédée par sept jours de bombardements massifs. Des canons sont disposés tous les 18 mètres et lancent 1,5 million d'obus en une semaine. Les Alliés recourent à des mines capables de creuser des cratères de 100 mètres de diamètre. Une fois l'assaut entamé, les soldats britanniques font face malgré tout à l'artillerie ennemie qui a échappé aux bombardements. Les Allemands ont en effet construit un solide réseau de défense avec des **blockhaus** enfouis jusqu'à 12 mètres de profondeur. Leurs mitrailleuses tuent jusqu'à 3 000 soldats par minute (soit 50 par seconde). L'offensive franco-britannique tourne au **bain de sang** malgré l'utilisation pour la première fois des chars et des avions d'observation. Des contre-attaques allemandes permises par des renforts font perdre aux Britanniques certains secteurs conquis de haute lutte. Au **bilan humain catastrophique** s'ajoute un **bilan stratégique** très mince. En novembre 1918, les Alliés n'ont progressé que d'une dizaine de kilomètres vers l'Est. La ligne de front demeure et l'enlisement se poursuit. La bataille de la Somme est un résumé à elle seule de la Grande Guerre de 1914-1918.

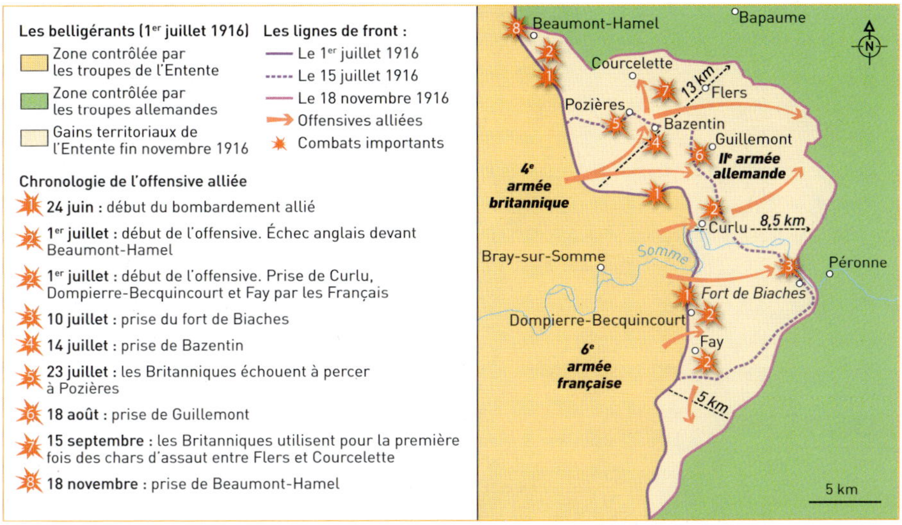

La bataille de la Somme (juillet-novembre 1916)

HISTOIRE

Sujet d'étude n° 2 : l'Autriche-Hongrie de 1914 au traité de Saint-Germain

■ À la veille de la Première Guerre mondiale, l'**Autriche-Hongrie** apparaît comme un **empire supranational solide**. Cette double monarchie autrichienne et hongroise depuis 1867 est un **État multiethnique** peuplé de minorités slaves (les Tchèques, les Polonais, les Slovènes, les Croates et les Ukrainiens), de Roumains, d'Italiens, d'Autrichiens, d'Allemands et de Hongrois.

■ L'assassinat le **28 juin 1914** de l'héritier du trône, **François-Ferdinand**, à Sarajevo, en Bosnie-Herzégovine nouvellement conquise, fait basculer l'Europe dans la guerre. L'Autriche-Hongrie combat la Serbie, la Russie puis l'Italie sortie de la Triple Alliance avec l'intention de récupérer des territoires austro-hongrois. En octobre 1918, la défaite de Vittorio Veneto face à l'Italie provoque la **désintégration de la double monarchie**.

■ L'**abdication** du dernier empereur, **Charles Ier**, le **12 novembre 1918**, engendre la **mort de l'Empire austro-hongrois**. Ses 50 millions de sujets se répartissent désormais sur sept États. Trois d'entre eux proviennent de l'ancien Empire (Autriche, Hongrie, Tchécoslovaquie) tandis que l'Italie et la Roumanie agrandissent leurs territoires. La naissance de la Pologne parachève la dislocation de l'ancienne couronne. Les Croates, Slovènes et Bosniaques forment avec la Serbie un royaume qui aboutit en **1929** à la création de la **Yougoslavie**.

■ Le traité de Saint-Germain-en-Laye de septembre 1919 qui fixe le sort de l'Autriche répond à l'un des « Quatorze Points » du président Wilson favorable au « droit des peuples à disposer d'eux-mêmes ». Pays vaincu, la nouvelle Autriche ne participe pas à l'élaboration du traité de paix. Celui-ci lui inflige le paiement de réparations, lui interdit le service militaire et l'oblige à restituer des œuvres d'art. L'Autriche n'est plus qu'un petit pays de 7 millions d'habitants. La Hongrie perd les deux tiers de sa superficie par le **traité de Trianon en juin 1920**. L'émiettement de l'Empire austro-hongrois modifie considérablement les frontières en Europe centrale mais engendre aussi de **nombreuses tensions** qui vont conduire à la **Seconde Guerre mondiale**.

L'Europe des traités (1919-1923)

 # vidéo
L'Europe au lendemain de la Première Guerre mondiale
foucherconnect.fr/19pbst2s52

HISTOIRE

ENTRAÎNEMENT AU CONTRÔLE CONTINU

EXERCICE 1

Affiche de Jules-Abel Faivre, 1915

1. Décrivez les éléments qui composent cette affiche.
2. En quoi cette affiche est-elle une forme de propagande ?
3. Quelle dimension de la guerre cette affiche révèle-t-elle ?

EXERCICE 2

1. Justifier la phrase suivante : « En 1914-1918, les citoyens forment le "front de l'arrière". »
2. À quoi correspondent les chiffres et pourcentages suivants ? a. 14 000 ; b. 70 millions ; c. 10 millions ; d. 15 % ; e. 180 000.

EXERCICE 3

Associer le traité de paix au pays visé par ce dernier :

a. traité de Versailles	1. Autriche
b. traité de Saint-Germain en Laye	2. Allemagne
c. traité de Neuilly	3. Hongrie
d. traité de Trianon	4. Empire ottoman
e. traité de Sèvres	5. Bulgarie

corrigés
foucherconnect.fr/19pbst2s51

5 Les villes dans le monde

Le monde entre dans son ère urbaine. Longtemps réservée aux pays les plus développés, l'urbanisation devient aujourd'hui la norme et conduit des centaines de millions d'êtres humains à quitter les campagnes. Cette évolution en cours d'accélération dans les pays des Sud aboutit au phénomène de la métropolisation et à une nouvelle hiérarchie urbaine mondiale dominée par les mégalopoles.

1 Urbanisation et métropolisation dans le monde

■ Depuis 2018, plus de la moitié de l'humanité (55 %) vit en ville. La progression du **taux d'urbanisation** est un phénomène ancien dans les pays les plus développés (autour de 75 %) et plus récent dans les pays en voie de développement. On estime que 68 % des hommes seront des citadins en 2050. L'urbanisation est donc devenue un **phénomène mondial**. Les populations passent d'une société rurale à une société urbanisée : c'est la **transition urbaine** qui voit chaque jour 110 km^2 de campagnes disparaître au profit de la ville. Dans 30 ans, les villes auront conquis un territoire supplémentaire équivalent à deux fois la superficie de la France.

■ La géographie de la **métropolisation** distingue des métropoles anciennes dans les **pôles majeurs** et des métropoles en cours d'affirmation dans les **pays émergents**. L'**Amérique du Nord** enregistre le **taux d'urbanisation** le plus élevé (82 %) ; l'Amérique du Sud et les Caraïbes atteignent 81 % ; l'Europe se situe à 74 % tandis que l'Asie atteint les 50 % et l'Afrique les 43 %. **4,2 milliards d'habitants** vivent désormais **en ville**. L'Inde, la Chine et le Nigéria constituent les plus gros réservoirs de populations citadines en augmentation d'ici 2050.

DÉFINITION

Métropolisation : phénomène d'accentuation de la concentration des hommes et des activités dans des grandes villes qui organisent le territoire autour d'elles.

2 Des métropoles qui présentent des caractères communs et des différences

■ Les **métropoles** sont devenues les **acteurs sociaux, économiques, politiques et culturels** de la mondialisation. Leurs maires détiennent un pouvoir de plus en plus étendu. Les espaces métropolitains partagent un certain nombre de points communs. Ils favorisent la **mobilité** grâce à un réseau de transports dense articulé autour de **plateformes multimodales**. **L'étalement urbain** dû à la **périurbanisation** contraint nombre d'habitants à se déplacer quotidiennement dans le cadre des **migrations pendulaires**. L'extension urbaine a également pour effet de renforcer les **disparités socio-**

DÉFINITIONS

- **Plateforme multimodale** : lieu qui permet aux hommes et aux marchandises de changer de moyen de transport.
- **Périubanisation** : processus d'étalement des agglomérations dans leur périphérie et en direction des espaces ruraux qui s'en trouvent transformés.

spatiales. Celles-ci sont d'autant plus marquées dans les villes des pays en voie de développement en raison de la présence de **bidonvilles** (slums de Mumbai, favelas sud-américaines) qui contrastent avec les **CBD** et quartiers résidentiels touchés par la **gentrification**.

DÉFINITIONS

- **Migration pendulaire** : déplacement des travailleurs de leur domicile à leur lieu de travail.
- **CBD (Central Business District)** : quartier central des affaires.
- **Gentrification** : embourgeoisement d'un quartier.

Les métropoles font face à un certain nombre de problèmes. La **saturation du trafic automobile** impacte la **qualité de l'air**. Les phénomènes de **pollution** augmentent la mortalité. Dans les villes des pays du Sud, le phénomène de la violence urbaine est plus marqué ainsi que l'urbanisme anarchique.

Les villes du Nord ont davantage la possibilité d'entrer dans une **logique durable** avec la création d'**écoquartiers plus respectueux de l'environnement** (comme celui de Bed ZED à Londres). Leur patrimoine favorise le tourisme urbain comme à Paris ou à Londres. Le **PUB** d'une agglomération du Nord peut atteindre le niveau du PIB de certains États. Tokyo produisait en 2014 autant de richesses que le Mexique.

DÉFINITIONS

- **Écoquartier** : quartier durable qui tente de mettre en place un urbanisme écologique et qui prend en compte le bien-être de la population qui y réside.
- **PUB** : produit urbain brut. Il est l'équivalent pour une ville du PIB d'un pays.

3 Des métropoles hiérarchisées

La moitié des urbains vit dans des villes de moins de 500 000 habitants. Environ 500 villes dans le monde dépassent le million d'âmes. Un citadin sur 8 évolue dans l'une des **33 mégapoles de plus de 10 millions d'habitants**. En 2030, le nombre de ces **mégacités** devrait atteindre 43. **Tokyo** reste **l'agglomération la plus peuplée au monde avec 37 millions de citadins**, suivie de Delhi (29 millions), de Shanghai (26 millions), de Mexico et São Paulo (22 millions). Mais les aires urbaines, dont les limites font débat, peuvent largement dépasser ces effectifs de population. **Shanghai et sa périphérie** atteignent ainsi les **80 millions d'habitants** (record mondial).

DÉFINITION

Mégapole (ou mégacité) : ville géante de plusieurs millions d'habitants.

Certaines métropoles forment de très vastes ensembles urbains appelés **mégalopoles**. Les États-Unis en contiennent trois, sur la côte Est (la **Mégalopolis**, de Boston à Washington ou Richmond), au Sud des Grands Lacs (de Chicago à Cleveland) et en Californie (de San Francisco à San Diego). Le Japon présente l'une des plus importantes mégalopoles au monde comprenant 105 millions de citadins et s'étire sur 1 300 kilomètres. En Europe, la **dorsale européenne** de Londres à Milan rassemble un très grand nombre de métropoles. Le **corridor est-asiatique** (de Tokyo à Jakarta) est un cordon littoral de plus en plus urbanisé.

DÉFINITION

Mégalopole : vaste espace urbanisé qui fait se rejoindre des métropoles.

■ La taille et la puissance des métropoles varient considérablement selon qu'elles disposent d'un **rayonnement régional, national ou mondial**. Sur les 21 métropoles françaises, seule Paris dispose d'une influence mondiale, ce qui en fait une **ville globale**. Les métropoles forment donc un ensemble hiérarchisé.

DÉFINITIONS

- **Taux d'urbanisation** : part de la population totale d'un pays vivant en ville.
- **Ville globale** : ville dont le rayonnement est mondial.

 # doc

Le palmarès des villes les plus peuplées au monde en 2035

foucherconnect.fr/19pbst2s53

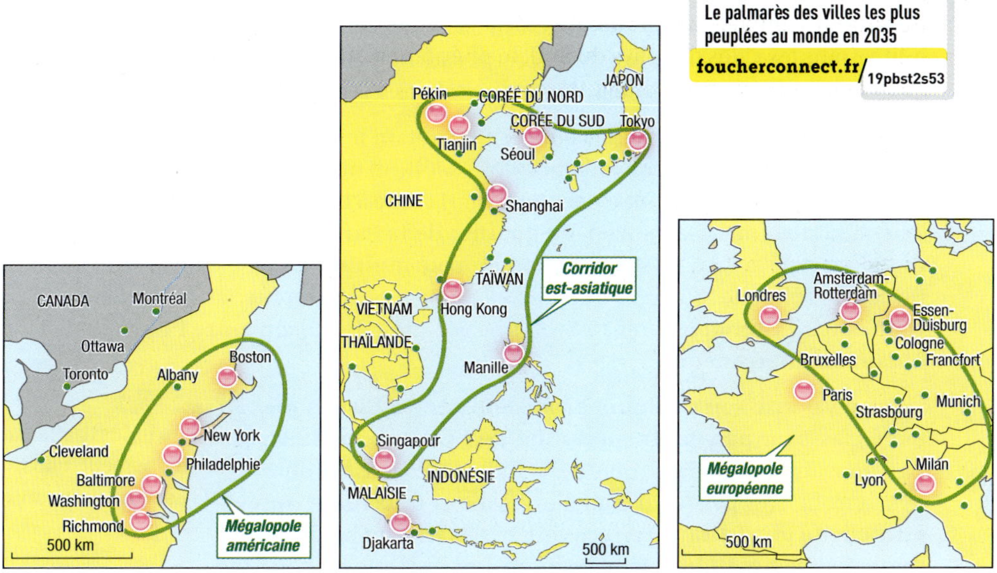

Les trois principales mégalopoles dans le monde

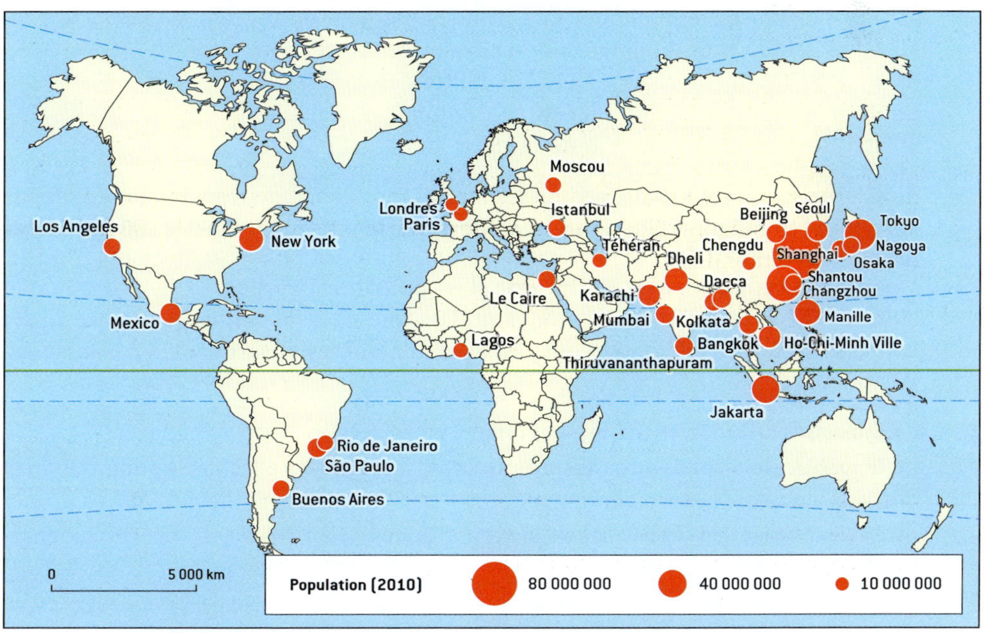

Les agglomérations urbaines de plus de 10 millions d'habitants

Sujet d'étude n° 1 : Lyon, les mutations d'une métropole

■ La **métropole du grand Lyon** est une **collectivité territoriale** officiellement créée en 2015. Elle occupe le **3e rang des métropoles françaises** et la **14e place des métropoles européennes**. Rassemblant 59 communes, elle regroupe sur 538 km² 1,3 million d'habitants (dont 500 000 à Lyon même). Ses objectifs sont de soutenir le développement économique lyonnais, de renforcer sa position de carrefour en Europe, de contribuer aux grandes transformations urbaines et d'améliorer le cadre de vie de ses habitants. Cet ensemble institutionnel exceptionnel dispose des compétences à la fois communales et départementales.

DÉFINITION

Collectivité territoriale : personne de droit moral qui exerce l'autorité publique sur un territoire défini.

■ Les transformations en cours concernent autant le centre-ville que ses périphéries. Véritable ville carrefour, à la convergence de la Saône et du Rhône, Lyon se situe dans le **couloir rhodanien**. Le réseau d'autoroutes en étoile la relie à la région parisienne, à la Suisse, à l'Italie et au littoral méditerranéen. Le quartier de la Part Dieu organisé autour de son centre d'affaires et de la gare TGV est une **plateforme multimodale** en cours de réaménagement. Il accueille chaque année 30 millions de passagers. L'aéroport Saint-Exupéry et le port fluvial Edouard Herriot assurent à Lyon une vocation de **liaison entre l'Europe du Nord et le bassin méditerranéen**.

■ Lyon valorise son patrimoine bâti. Son **centre historique** a été classé au **patrimoine mondial de l'Unesco en 1998**. La rénovation d'anciens quartiers industriels en bordure des deux fleuves permet d'embellir la ville et d'accroître son **attractivité touristique**. La reconquête des rives et la disparition des **friches industrielles** offrent aux habitants un nouveau cadre de vie composé d'espaces récréatifs.

DÉFINITION

Friche industrielle : terrain anciennement industriel et laissé à l'abandon.

■ Lyon densifie ses équipements de grande ampleur depuis les années 1990 et désengorge son **hypercentre** saturé. Elle dispose de la Cité internationale, d'un centre des congrès et du siège d'Interpol. Le quartier de la Confluence accueille l'Hôtel de Région. D'une grande audace architecturale, le musée des Confluences est devenu une **vitrine culturelle** pour Lyon.

DÉFINITION

Hypercentre : partie la plus centrale d'une ville, au sein même du centre-ville.

■ Comme toutes les métropoles, Lyon connaît un **étalement urbain** qui accentue les **disparités socio-spatiales**. L'Ouest de l'agglomération est plus aisé que sa partie Est. À cela s'ajoute un **gradient centre-périphérie** : les populations les plus riches vivent dans le centre alors que les plus pauvres s'en éloignent. Des quartiers de banlieue, tels que La Duchère, connaissent une réhabilitation qui passe par la **résidentialisation** et le **désenclavement**.

DÉFINITIONS

- **Étalement urbain** : progression des surfaces urbanisées en direction de la périphérie d'une ville.
- **Disparité socio-spatiale** : différences sociales, économiques et culturelles entre différents espaces habités.
- **Résidentialisation** : rénovation urbaine qui vise à améliorer l'habitat collectif et à arranger le cadre de vie.
- **Désenclavement** : aménagement qui consiste à mettre fin à l'isolement d'une région, d'une ville ou d'un quartier.

■ L'agglomération lyonnaise rassemble 650 000 emplois salariés. Elle demeure **le 2e plus grand pôle industriel en France** grâce aux secteurs de la chimie, de la pharmacie et de l'énergie. Le quartier de la **Part Dieu** est le **2e plus grand quartier d'affaires français**. De nouvelles zones d'activités (les ZAC) se multiplient en périphérie. La métropole dispose du pôle de **compétitivité mondial**, Lyonbiopôle, spécialisé dans le domaine de la santé. Lyon possède donc **tous les atouts d'une grande métropole régionale, nationale et européenne**.

DÉFINITIONS

- **Zone d'aménagement concerté (ZAC)** : opération d'aménagement d'un territoire par l'autorité publique.
- **Pôle de compétitivité** : rassemblement sur un territoire d'entreprises et de laboratoires de recherche travaillant dans un même domaine et qui cherchent à améliorer la compétitivité de l'économie française.

 # vidéo
Lyon, métropole intelligente
foucherconnect.fr/19pbst2s54

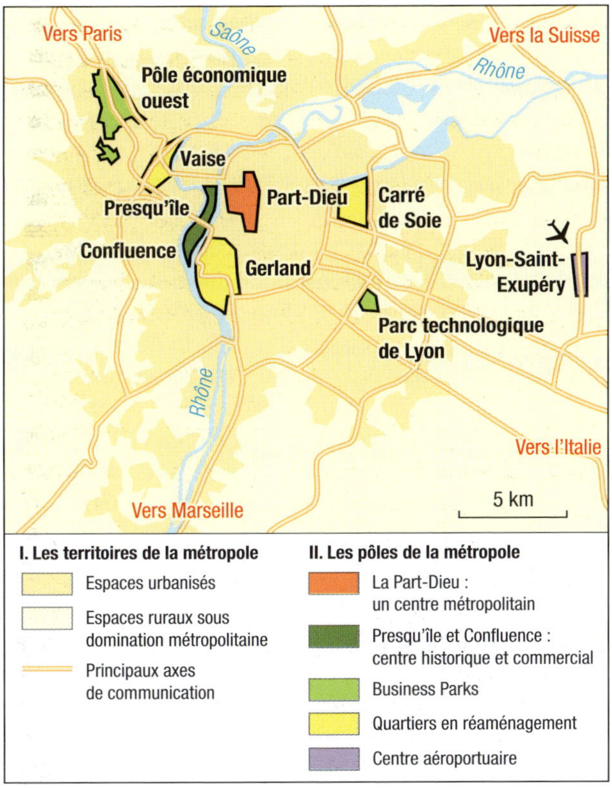

L'agglomération lyonnaise

GÉOGRAPHIE

Sujet d'étude n° 2 : Londres, une ville mondiale

Londres est devenue l'une des villes les plus importantes au monde. Qualifiée de « capitale du XXIe siècle », elle est une mégalopole au rayonnement international. Comment Londres parvient-elle à occuper une telle place ? Comment organise-t-elle son territoire urbain ?

 # vidéo
Londres, capitale du monde
foucherconnect.fr/19pbst2s55

A Londres, une ville capitale

Londres est l'une des villes les plus puissantes de la planète et appartient par conséquent à l'archipel métropolitain mondial composé par les villes globales. Sur ses 11 millions d'habitants, un cinquième provient de l'étranger. Le **cosmopolitisme** londonien témoigne du pouvoir d'attraction de la capitale britannique où vivent 250 000 personnes originaires d'Asie méridionale. Les flux migratoires convergent donc vers Londres qui dispose d'un réseau de transports exceptionnel.

À SAVOIR

Cosmopolitisme : il s'agit du mélange en un même lieu de personnes originaires d'un très grand nombre de régions localisées dans le monde entier. Le cosmopolitisme induit un style de vie international mais aussi une mixité culturelle qui témoignent du pouvoir d'attraction d'un territoire.

B Un réseau de transports exceptionnel

Six aéroports (dont celui d'Heathrow) desservent Londres grâce à des axes ferroviaires et à des services de navettes. Londres est ainsi devenue le **premier nœud aérien mondial** avec 145 millions de passagers en 2015. Plates-formes multimodales, les aéroports assurent l'**intermodalité**, c'est-à-dire le passage d'un mode de transport à un autre. L'accessibilité du centre-ville est permise par une multitude d'interconnexions qui assurent la mobilité et la multiplication des flux. Le port de Londres lui permet d'être davantage en lien avec le reste du monde grâce au transport maritime. Le train Eurostar met la ville en liaison directe avec les capitales du continent européen. Londres se place ainsi au centre des échanges régionaux et mondiaux. Selon certains classements internationaux, Londres serait devenue la ville la plus attractive du monde.

C Une ville qui concentre les pouvoirs économique, politique et culturel

■ Londres concentre un pouvoir économique hors du commun. Son **CBD** (*Central Business District*), appelé la **City**, est la plus grande concentration mondiale de compagnies financières et bancaires. La bourse fixe le prix de plusieurs matières premières comme le pétrole. Ces activités engendrent un PUB (Produit urbain brut) qui la place au cinquième rang mondial. L'importance des services (concentration des médias nationaux) fait de la capitale le centre névralgique de l'économie britannique dont elle capte un cinquième du PNB. À elle seule, la City concentre 13 % du PIB britannique.

■ Au pouvoir économique s'ajoute le pouvoir politique. Véritable centre décisionnel, Londres accueille le siège de la monarchie (Buckingham Palace), du Parlement (Westminster) et la résidence du Premier ministre (10 Downing Street). De nombreux sièges sociaux y ont élu domicile, ce qui renforce la vocation de Londres à commander. Son rayonnement culturel est essentiel et lui procure environ 27 millions de touristes chaque année. Une véritable stratégie de communication aboutit à la tenue d'événements mondiaux comme les Jeux olympiques d'été de 2012.

D Une ville en refondation

■ L'espace urbain londonien suppose une gestion efficace et une adaptation exemplaire aux exigences économiques actuelles. Le territoire se compose de 33 arrondissements (dont la City). L'Autorité du Grand Londres confie la gestion administrative de la ville à un maire élu au suffrage universel et à une assemblée (London Assembly).

■ Le poids de l'activité économique londonienne oblige à transformer un grand nombre d'espaces. La refondation urbaine a permis de rénover les Docklands (quartiers en bordure de la Tamise) qui se localisent à l'Est. La réhabilitation des zones d'entrepôts a permis d'étendre considérablement la surface de bureaux et de multiplier les CBD comme celui de Canary Wharf. Le réaménagement urbain suppose le recours à une architecture ultramoderne qui, à l'exemple du Lloyds Building, témoigne de la modernité de la ville.

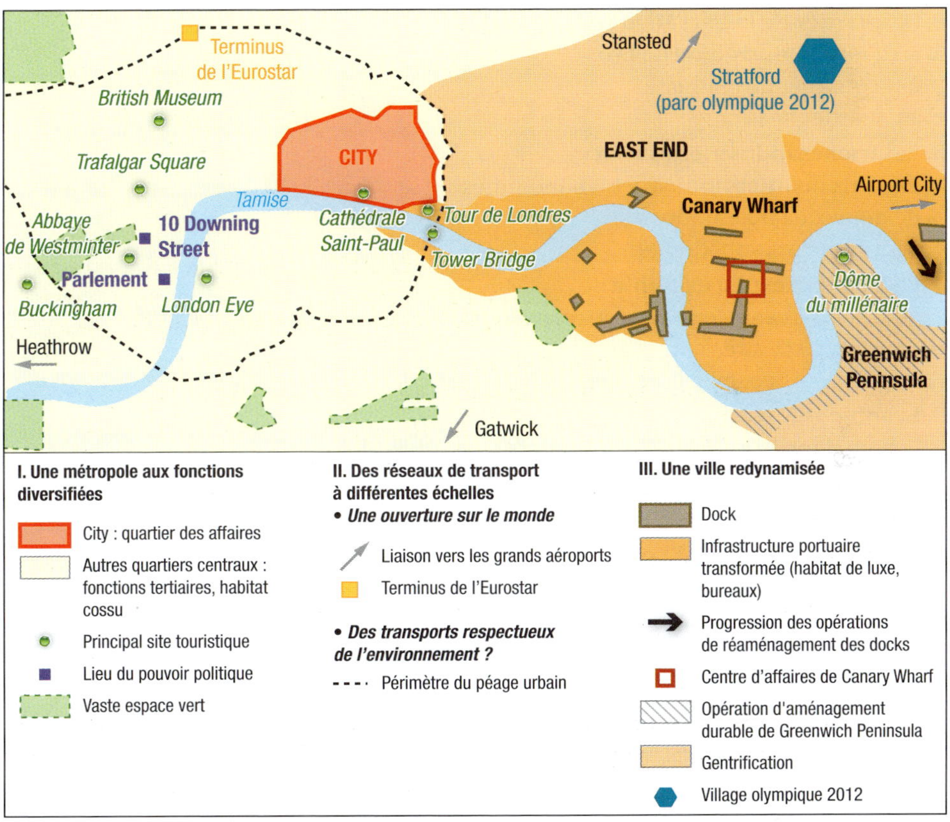

Plan de la ville de Londres

GÉOGRAPHIE

ENTRAÎNEMENT AU CONTRÔLE CONTINU

EXERCICE 1

Analyse de la carte des agglomérations urbaines de plus de 10 millions d'habitants

1. Quelles régions du monde sont les plus et les moins concernées par le phénomène des mégapoles ?
2. Quels types de pays sont les plus concernés ? Est-ce nouveau ?
3. Quelle évolution peut-on prévoir d'ici 2050 ?

 # vidéo
Le XXIe siècle, l'ère des métropoles
foucherconnect.fr/19pbst2s56

EXERCICE 2

Choisir la bonne réponse aux questions posées.

1. **Lyon occupe** :
a. la 2e place des métropoles françaises
b. la 3e place des métropoles françaises
c. la 4e place des métropoles françaises

2. **Le quartier de la Part Dieu correspond :**
a. au quartier touristique de Lyon
b. à un quartier de banlieue
c. au quartier de la gare

3. **Les friches industrielles sont :**
a. de vieux quartiers industriels abandonnés
b. de nouveaux pôles industriels
c. des pôles de compétitivité

4. **La Duchère est un cxcmple de :**
a. quartier populaire en cours de rénovation
b. quartier du centre ville
c. quartier qui accueille un pôle de compétitivité

5. **Lyonbiopole est :**
a. le nom donné aux nouveaux quartiers en bordure des fleuves
b. le nom donné au pôle de compétitivité
c. un quartier des affaires du centre-ville

EXERCICE 3

1. Trouver la définition qui convient au concept suivant, la transition urbaine :
a. la mise en relation entre elles des grandes villes du monde
b. la concentration de plus en plus forte de la richesse mondiale dans les villes
c. le passage d'une société rurale à une société urbaine

2. À quel terme renvoie la définition suivante, embourgeoisement d'un quartier ou d'une ville :
a. périurbanisation ; b. métropolisation ; c. gentrification.

 # corrigés
foucherconnect.fr/19pbst2s51

6 Métropolisation, littoralisation des espaces productifs et accroissement des flux

Dans le monde, les espaces à l'origine de la production des richesses tendent à se spécialiser et à se développer sur les littoraux à proximité des métropoles. Ils engendrent de nombreux flux qui constituent la mondialisation.

1 Des espaces productifs spécialisés et organisés par de multiples acteurs

A La spécialisation des espaces productifs

Les espaces de production se classent en trois catégories :
- les **espaces productifs agricoles** spécialisés dans la céréaliculture, dans la viticulture ou encore dans l'élevage (secteur primaire) ;
- les **espaces productifs industriels** (du secteur secondaire) qui se divisent en deux catégories : les industries traditionnelles (dites « lourdes ») et les industries de hautes technologies (high tech) ;
- les **espaces productifs du tertiaire** caractérisés par le tourisme (balnéaire, urbain, rural ou de sport d'hiver).

B Les acteurs de la spécialisation des espaces productifs

■ Dans le cadre de la **mondialisation libérale**, les États s'avèrent moins interventionnistes qu'auparavant mais contribuent à la **compétitivité** des espaces productifs. L'autorité publique fixe un cadre législatif qui contribue à la mise en place d'**ensembles économiques régionaux** (tels que le Mercosur en Amérique du Sud) favorisant les **échanges transfrontaliers**. Dans l'Union européenne, **90 eurorégions** aident les entreprises de pays limitrophes à coopérer de part et d'autre de la frontière.

■ Les gouvernements impulsent des **politiques économiques** pour gagner en **compétitivité**. L'État français a ainsi créé **71 pôles de compétitivité** (de différentes importances) afin de renouveler la politique industrielle de la France. Les États-Unis en comptent 74 tandis que l'Allemagne en dénombre 14. Ces pôles reçoivent des entreprises et des laboratoires de recherche d'un même secteur économique. Ce sont des **clusters d'entreprises**.

■ Les entreprises étrangères investissent désormais largement dans les économies nationales et multiplient les **IDE**. En 2017, les États-Unis ont bénéficié de 275 milliards de dollars d'investissements étrangers. Par ailleurs, 20 000 entreprises étrangères sont implantées en France. Elles emploient environ 2 millions de personnes et assurent un tiers des exportations du pays. Le sommet de la hiérarchie des entreprises est occupé par les **FTN**.

DÉFINITIONS

- **Compétitivité** : capacité d'un secteur économique à être dynamique et à gagner des parts de marché.
- **Cluster d'entreprises** : mot anglais signifiant « grappe » et qui désigne une concentration géographique d'entreprises et de centres de recherche d'un même secteur économique. Sur le territoire d'un cluster, les entreprises sont interconnectées et gagnent en compétitivité grâce à leur synergie.
- **IDE** : investissements directs à l'étranger.
- **FTN** : firmes transnationales. Entreprises implantées dans plusieurs pays.

2 Des espaces productifs métropolisés et littoralisés

■ L'adaptation des économies nationales à la mondialisation modifie l'emplacement des **espaces productifs** entrés dans une **compétition mondiale**. Ils se localisent à l'intérieur ou à proximité des centres décisionnels que sont les **métropoles**. Cette localisation leur permet de bénéficier d'une **main-d'œuvre qualifiée**, de profiter d'un **réseau de transport dense** qui aide la main-d'œuvre à se déplacer dans un rayon régional, national, voire international. Les métropoles sont devenues les **principaux territoires de commandement, de l'innovation** et les **principales concentrations de richesses**.

■ La métropolisation accentue la **littoralisation**, c'est-à-dire la concentration des hommes et des activités sur les littoraux. Les métropoles se regroupent le long de **façades portuaires** telles que la **Mégalopolis du Nord-Est des États-Unis** (de Boston à Washington), la **Northern range** (rangée Nord-européenne) du Havre à Hambourg ou le **corridor Est-asiatique** (de la Corée du Sud à Jakarta en Indonésie). Certaines de ces façades regroupent plusieurs États ou bien se limitent à un seul pays (comme au Japon, le long de la mégalopole).

3 Des espaces productifs à l'origine de multiples flux

La mise en connexion des espaces productifs engendre de nombreux **flux matériels et immatériels**. Les littoraux métropolisés constituent des **espaces de production et d'échanges**. Un **arrière-pays** (**hinterland**) en lien avec des **ensembles portuaires** (**ZIP**) communique avec le monde entier au moyen des routes maritimes. Les espaces productifs sont également mis en interconnexion grâce à des **hubs portuaires et aéroportuaires** localisés à proximité des métropoles.

DÉFINITIONS

- **Espace productif** : territoire aménagé qui concentre un type d'activités de production.
- **Hub** : plateforme aérienne ou maritime mise en réseau. Les hubs rassemblent des lignes de correspondance entre les principaux ports ou aéroports mondiaux.
- **ZIP** : zone industrialo-portuaire où se concentrent un espace urbain, des zones de production et d'échanges commerciaux.

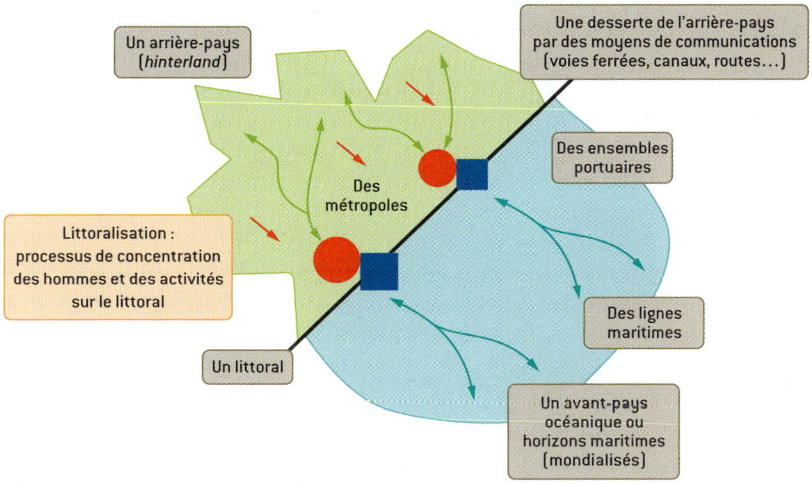

Organisation d'une façade maritime

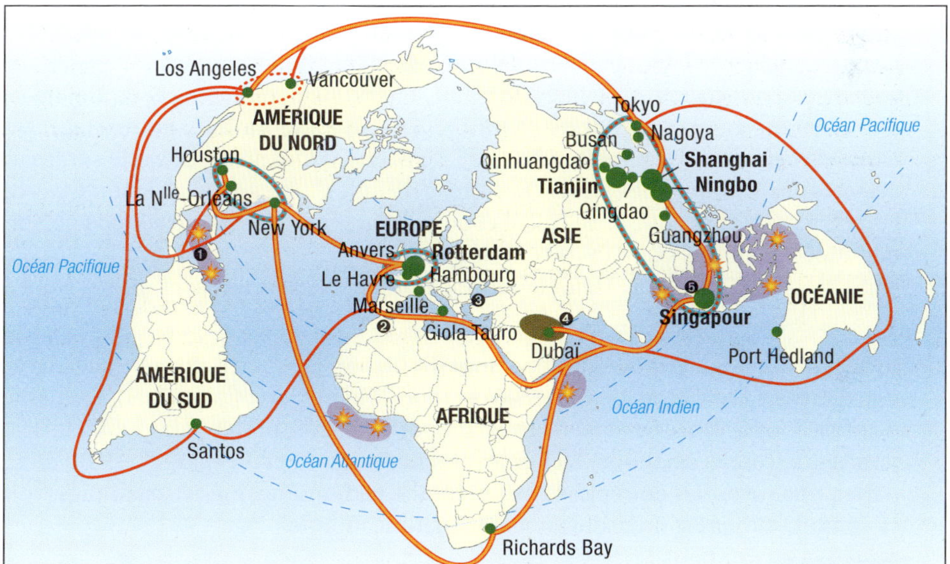

1. Les ports et les façades maritimes

- Les 5 premiers ports mondiaux (en millions de tonnes de marchandises)
- Autres ports importants
- Principales façades maritimes
- Façade littorale spécialisée dans l'exportation de produits pétroliers

2. Les routes maritimes

- Principale voie maritime mondiale
- Autre voie maritime importante
- Zones de piraterie

❶ Canal de Panama
❷ Détroit de Gibraltar
❸ Détroit du Bosphore
❹ Détroit d'Ormuz
❺ Détroit de Malacca

Les principales façades maritimes dans le monde

GÉOGRAPHIE

Sujet d'étude n° 1 : les espaces des industries aéronautique et aérospatiale européennes

A Les espaces de production d'une entreprise en réseau

■ Le secteur de l'aéronautique représente **2,3 % du PIB européen**. Il emploie 3,4 millions de personnes. **Airbus** est le **leader des constructeurs aéronautiques européens** avec un chiffre d'affaires de 52 milliards d'euros en 2017. L'entreprise emploie 130 000 salariés qui travaillent à la construction d'avions de ligne, d'hélicoptères et d'avions militaires. Airbus produit également des satellites et des lanceurs spatiaux tels qu'Ariane 5 (la fusée européenne).

■ Airbus est le résultat d'une coopération industrielle à l'échelle européenne et mondiale désormais. 1 500 entreprises agissent en synergie. 600 sont implantées à Toulouse, 450 sur Hambourg, et 220 au Royaume-Uni.

■ Cinq bureaux d'études et d'ingénierie en France, en Espagne, en Russie, au Royaume-Uni et en Allemagne (sites de Hambourg et de Brême) forment un **réseau de recherche**. Les sites anglais de Filton et de Broughton conçoivent notamment les ailes et les trains d'atterrissage. En Espagne, les usines de Cadix, Puerto Real, d'Illescas et de Getafe fabriquent de nombreux composants et de l'outillage. Le site russe travaille les fuselages et les intérieurs de cabine. Au kansas (États-Unis), un centre d'ingénierie travaille sur les ailes et les activités de réparation des avions. Le bureau d'études, le siège social, le service commercial, les activités de conception, de calcul et de tests se situent à Toulouse. 3 000 personnes sont regroupées dans ce siège mais l'emploi aéronautique régional atteint les 70 000 salariés. Saint-Nazaire, Saint-Éloi, Méaulte (en Picardie) et Nantes forment un réseau français de sites qui fonctionnent pour Airbus.

■ Il existe huit **lignes d'assemblage final** (**FAL**), dont deux à Toulouse, quatre à Hambourg, une à Tianjin (en Chine, depuis 2008) et une à Mobile (aux États-Unis). L'activité d'Airbus dépasse donc le cadre européen et s'est mondialisée avec pour but la conquête des marchés nord-américain et asiatique. La fabrication de l'A380 a encore élargi la **DIPP** en raison des partenariats avec des entreprises maghrébines, sud-américaines et asiatiques (voir schéma ci-contre). Airbus est donc devenue une marque monde.

DÉFINITIONS

- **Ligne d'assemblage final** (**FAL**) : dernière étape de fabrication de l'avion consistant à assembler ses pièces fabriquées et assemblées sur plusieurs sites différents.
- **DIPP** : division internationale des processus productifs. C'est la répartition dans différents pays des multiples étapes de fabrication d'un produit.
- **Terminal à conteneur** et **terminal méthanier** : infrastructure portuaire consacrée au chargement et au déchargement des conteneurs. Le terminal méthanier est une unitié portuaire destinée à accueillir les méthaniers (navires transportant du gaz à l'état liquide).

B L'impact d'Airbus sur l'aménagement du territoire

■ La réussite d'Airbus laisse une forte empreinte sur le territoire de Toulouse en raison de la présence de son siège social et des usines d'assemblage final des avions. Les sites industriels s'étendent sur plusieurs centaines d'hectares en périphérie.

■ La présence d'Airbus a aidé à la création d'un lycée professionnel qui forme 300 jeunes par an aux **métiers de l'aéronautique**. L'entreprise a développé un **incubateur** pour un millier de start-up. Airbus aide donc à la transformation de l'espace productif de la métropole toulousaine.

DÉFINITION
Incubateur : espace aménagé pour aider à la création d'entreprises (start-up).

■ Les aménagements renforcent les nouveaux pôles industriels notamment situés au Nord-Ouest et au Sud-Ouest de Toulouse. La principale zone impactée est celle de l'aéroport de Toulouse-Blagnac. Le transport des éléments d'avion à monter dans les usines d'assemblage mais aussi les migrations pendulaires des milliers d'employés ont accéléré la **densification et la modernisation des axes de communication**.

■ La localisation des activités aéronautiques et aérospatiales suscite un important **tourisme**. La Cité de l'espace et le musée Aéroscopia sont visités chaque année par plus de 500 000 personnes.

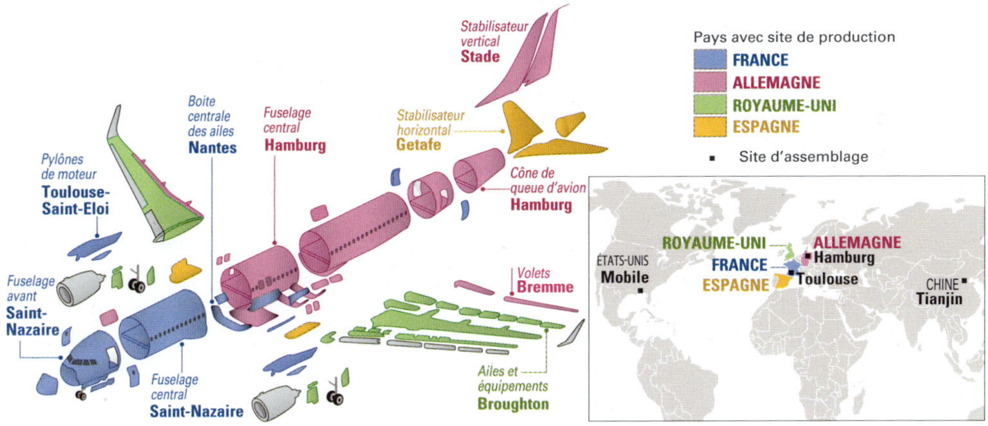

La production de l'Airbus A320 en 2015

Sujet d'étude n° 2 : Rotterdam, un espace industrialo-portuaire européen de dimension internationale

A Un espace aéroportuaire au cœur de la mondialisation

■ Rotterdam est le 9e port mondial pour son tonnage et le 11e en nombre de conteneurs. Il est le **premier port européen** et occupe une position d'**hypercentre** parmi les **hubs portuaires** qui composent la façade maritime de la **Northern Range** (rangée nord-européenne). Il capte plus du tiers de tout le trafic de la façade. Rotterdam est donc un atout de taille pour l'intégration de l'Europe à la mondialisation.

■ Véritable **interface**, les importations sont trois fois plus volumineuses que les exportations à destination du monde. Pétrole, céréales, produits chimiques, charbon, minerais, véhicules et conteneurs transitent par Rotterdam. Cet espace aéroportuaire est aussi une plateforme multimodale permettant aux conteneurs d'être transportés par bateau, par train ou par la route.

GÉOGRAPHIE

■ Rotterdam présente une vaste **zone industrialo-portuaire** qui met en relation le **domaine maritime** (**avant-pays**) à un **arrière-pays** (**hinterland**) structuré par le Rhin et ses affluents. Il est un gisement important d'**emplois directs** (1 100 employés) et surtout **indirects** (175 000 emplois). Rotterdam est une **ZIP** qui comprend des activités industrielles et commerciales majeures telles que la **raffinerie** et les **industries chimiques**.

■ Rotterdam est un **centre européen et mondial d'échanges**, car il se situe à l'entrée de l'**espace rhénan** qui appartient à la portion du territoire européen la plus riche et développée (la **dorsale européenne**). Rotterdam présente toutes les caractéristiques d'une **métropole littorale** en raison d'un réseau de transports très dense.

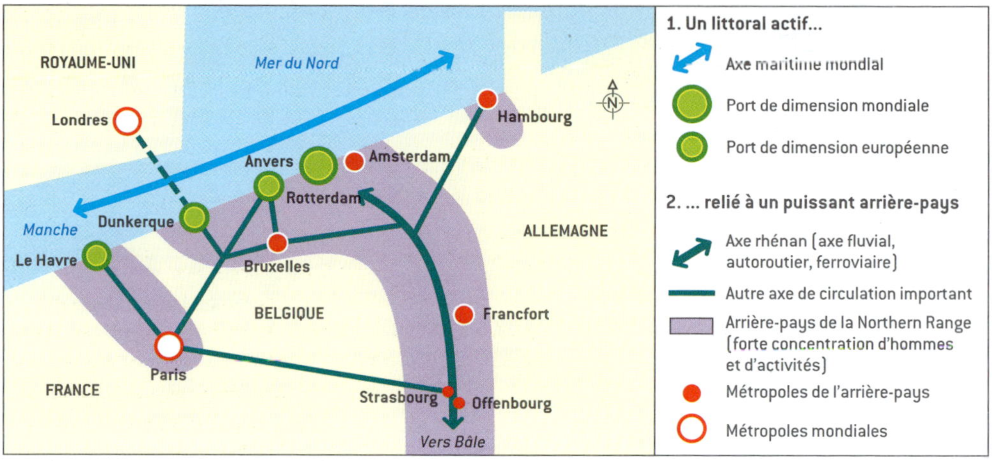

Rotterdam, une ZIP stratégique pour l'Europe

B Un aménagement en cours d'évolution

■ Le port de Rotterdam est en pleine expansion. Il subit depuis la fin du XXe siècle la concurrence des ports asiatiques qui appartiennent à un espace économique en pleine expansion. Mais il doit également faire face à la forte progression du **port d'Anvers** qui capte une part de plus en plus grande du trafic maritime Nord-européen. La sortie du Royaume-Uni de l'Union européenne représente une menace pour Rotterdam qui assure le transit entre les deux. Par ailleurs, les Chinois ont choisi des ports italiens et non pas Rotterdam comme terminus des « nouvelles routes de la soie » en Europe.

■ Pour réduire le risque d'un déclin, a débuté en 2008 **l'extension Maasvlakte** (1 et 2). Ces nouveaux **terre-pleins** localisés vers l'aval de l'estuaire accueillent des **terminaux à conteneurs** et un **terminal méthanier**. En 2013, le port a ainsi gagné 560 hectares de bassins et 700 hectares d'espaces industriels supplémentaires conquis sur la mer. Ce projet d'environ 2 milliards d'euros augmente considérablement les capacités de la cité portuaire et tente de lui assurer un avenir parmi les ports les plus dynamiques du monde.

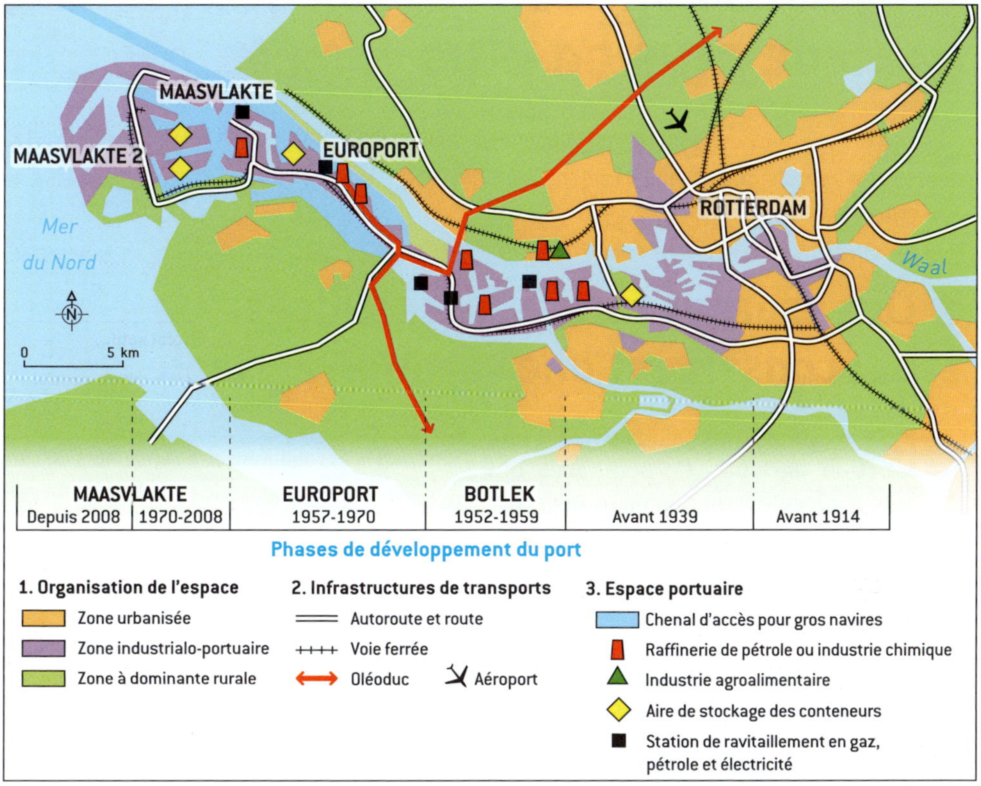

L'organisation du territoire industrialo-portuaire de Rotterdam

ENTRAÎNEMENT AU CONTRÔLE CONTINU

EXERCICE 1

Analyse de la carte des façades maritimes (page 387)

1. Dans quels types de pays se localisent les grandes façades portuaires ?
2. Quels sont les signes d'émergence des pays du Sud ?
3. Pourquoi les routes maritimes sont-elles le reflet de la mondialisation ?

EXERCICE 2

Analyse de la carte de l'organisation du territoire industrialo-portuaire de Rotterdam (ci-dessus)

1. Décrivez le processus géohistorique visible sur la carte.
2. Quels éléments permettent de dire que Rotterdam est un espace économique très dynamique ?
3. Pourquoi les transports soulignent-ils ce dynamisme ?

corrigés
foucherconnect.fr/19pbst2s51

7 Des espaces ruraux aux fonctions de plus en plus variées

Longtemps, les espaces ruraux ont eu une vocation agricole prédominante. Aujourd'hui, ils diversifient leurs activités et leurs rôles. Leur destin est de plus en plus lié aux mutations des villes.

1 Des espaces ruraux hiérarchisés qui conservent une vocation agricole

> DÉFINITION
> **Industrie agroalimentaire** : ensemble des activités industrielles chargées de la transformation des produits alimentaires provenant de l'agriculture.

- Les campagnes conservent une **fonction agricole**. Ce sont elles qui sont confrontées au défi de nourrir une humanité plus nombreuse. Les agricultures sont aujourd'hui associées à **l'industrie agroalimentaire** et au **commerce international** qui font de la question alimentaire un **enjeu mondial**. Le secteur primaire évolue ainsi au contact du secondaire et du tertiaire.

> DÉFINITION
> **Agriculture productiviste** : agriculture dont le but est de viser des rendements maximaux grâce au recours à des machines et à des produits chimiques.

- Les systèmes agricoles font apparaître de fortes **différences de productivité**. Les campagnes des pôles majeurs et des pays émergents sont devenues les « greniers » de la planète grâce à une **agriculture intensive et exportatrice**. C'est le cas du Brésil devenu la nouvelle « ferme du monde ». Ces **agricultures productivistes** nourrissent les populations des pays riches et complètent l'alimentation des habitants des pays en voie de développement. L'agriculture de ces derniers pays souffre de la concurrence menée par les Nords.

- La **mondialisation** renforce les agricultures les plus puissantes et fragilise les moins compétitives. Cependant, la **révolution agricole** du XXIe siècle concernera tous les États. La fragilisation des environnements et le défi alimentaire vont contraindre l'humanité à protéger les espaces tout en les rendant productifs. La **transition** vers le **développement rural et durable** est donc une nécessité à l'échelle mondiale.

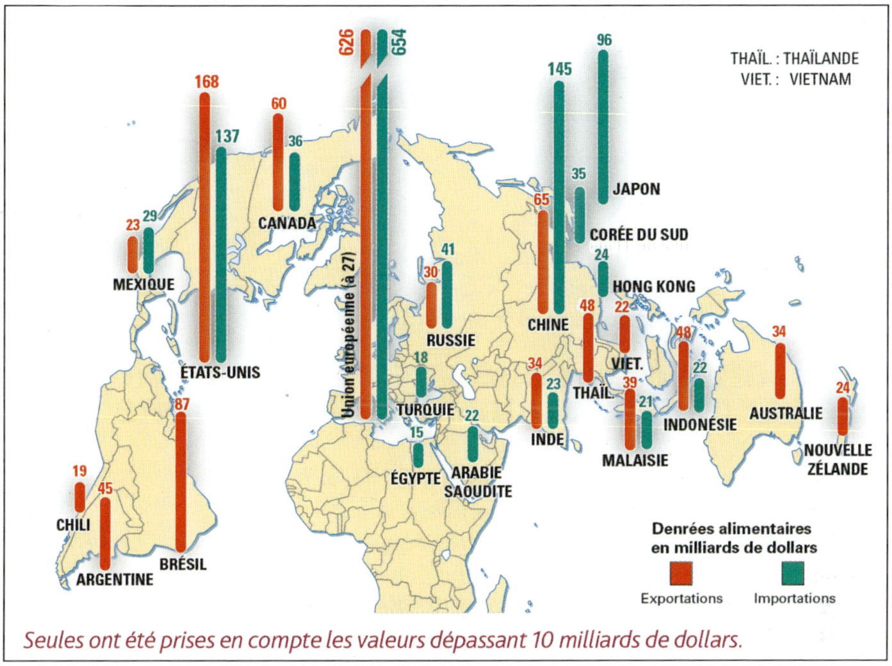

Les échanges de denrées alimentaires (2011)

2 Des espaces ruraux qui se diversifient sous l'influence des villes

DÉFINITION

Déprise agricole : abandon des activités agricoles d'un espace rural. Ce phénomène s'accompagne d'une régression démographique et d'une transformation des paysages.

■ L'accélération de l'urbanisation à l'échelle planétaire et l'intégration progressive des territoires à la mondialisation placent de plus en plus les campagnes sous la domination des espaces urbanisés. Plus les campagnes sont proches des villes, plus elles se redynamisent. Plus elles s'en éloignent, plus elles peuvent subir un effet d'**enclavement** et de **déprise**.

■ On assiste dans le monde à une révision des différences entre la ville et la campagne. La limite entre les deux se complexifie. Des **espaces mixtes** se constituent entre les espaces urbanisés et leurs **espaces périurbains** (comme à Mexico). L'étalement des villes vers leurs périphéries fait se confondre l'environnement urbain avec celui des campagnes : c'est le **phénomène de mitage**. On parle donc d'**espace à dominante rurale**.

DÉFINITIONS

- **Espace périurbain** : partie de l'espace urbain éloignée de la ville centre et qui se situe dans un environnement à dominante rurale. Cet espace vit en symbiose avec le pôle urbain qui fournit une grande part des emplois.
- **Mitage** : éparpillement de l'habitat en zone périurbaine à dominante rurale.

■ Les espaces ruraux périurbains gagnent en dynamisme en raison de l'arrivée de nouveaux actifs ou retraités d'origine urbaine. Cela engendre un **renouveau démographique**.

GÉOGRAPHIE

En Europe occidentale, ces espaces sont ceux qui créent le plus d'emplois. En Belgique, 96 % des actifs en milieu rural ne sont pas des agriculteurs. En France, plus de 12 millions de personnes vivent en milieu périurbain. 60 % des communes rurales françaises sont concernées par cette **revitalisation**.

■ Cependant, une catégorie d'espaces ruraux demeure à l'écart. Le **rural profond** correspond à la portion des campagnes les plus en retard et les plus isolées. L'exode rural et le vieillissement démographique caractérisent ces endroits. Le **taux de pauvreté** y est plus important et les activités économiques y sont moins diversifiées.

DÉFINITION

Rural profond : portion de l'espace rural à l'écart des nouvelles dynamiques de développement.

3 Des espaces ruraux multifonctionnels

■ Certaines **campagnes périurbaines** sont devenues des espaces très productifs. Leur économie se diversifie. Leur tertiarisation est principalement la conséquence du développement du **tourisme vert** présent en plaine et à la montagne. L'arrivée de nouveaux résidents (les **néoruraux**) tertiarise l'économie rurale en raison de leur consommation de services éducatifs, médicaux et commerciaux. La **redynamisation des campagnes** profite aux **bourgs ruraux** plutôt qu'aux petits villages.

 # vidéo
Paysages et identités rurales
foucherconnect.fr/19pbst2s57

DÉFINITIONS

- **Néoruraux** : populations urbaines qui décident de s'installer en milieu rural.
- **Bourg rural** : agglomération rurale qui exerce un rayonnement sur les villages environnants.

■ Les campagnes sont devenues des **espaces récréatifs**. Leur accessibilité, leur potentiel en activités de loisirs, leur patrimoine et leur cadre de vie attirent des populations urbaines qui disposent d'un temps libre plus important. L'essor du tourisme vert se vérifie en Afrique subsaharienne, notamment au Cameroun qui dispose de sites naturels favorables au développement de l'**écotourisme**.

DÉFINITION

Écotourisme : tourisme respectueux de l'environnement et centré sur la découverte de la nature.

■ Les espace ruraux s'industrialisent. Depuis les années 2010, l'emploi industriel a dépassé l'emploi agricole dans les campagnes françaises. Dans le Nord de l'Italie, la renaissance rurale se fonde sur la **multiplication des districts industriels**. Les usines agroalimentaires s'implantent prioritairement dans les **bassins de collecte** (à proximité des zones de production agricole). Les autres activités industrielles privilégient le périurbain pour des raisons de mobilité et de proximité des débouchés.

DÉFINITION

Bassin de collecte : zone délimitée où l'on collecte un produit local.

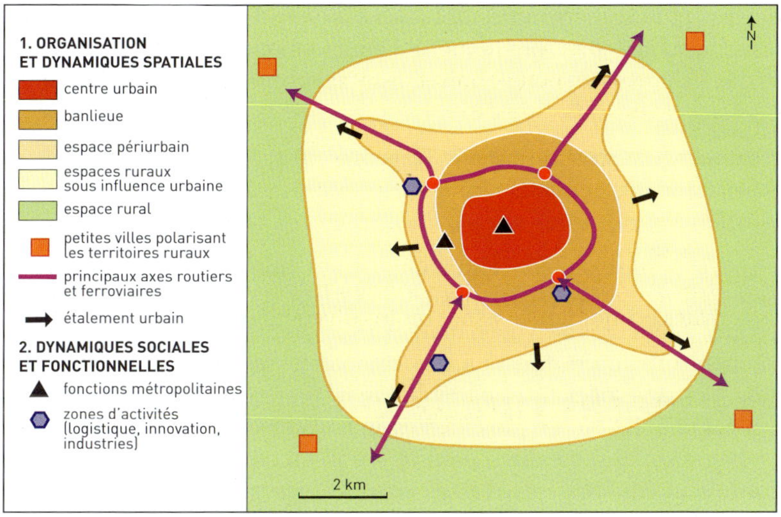

Des espaces ruraux liés aux villes

Sujet d'étude n° 1 : les espaces périurbains en France

■ La périurbanisation débute en France à partir des années 1960 et s'accélère vers 1970. Près de **19 millions de Français** vivent aujourd'hui en **zone périurbaine**.

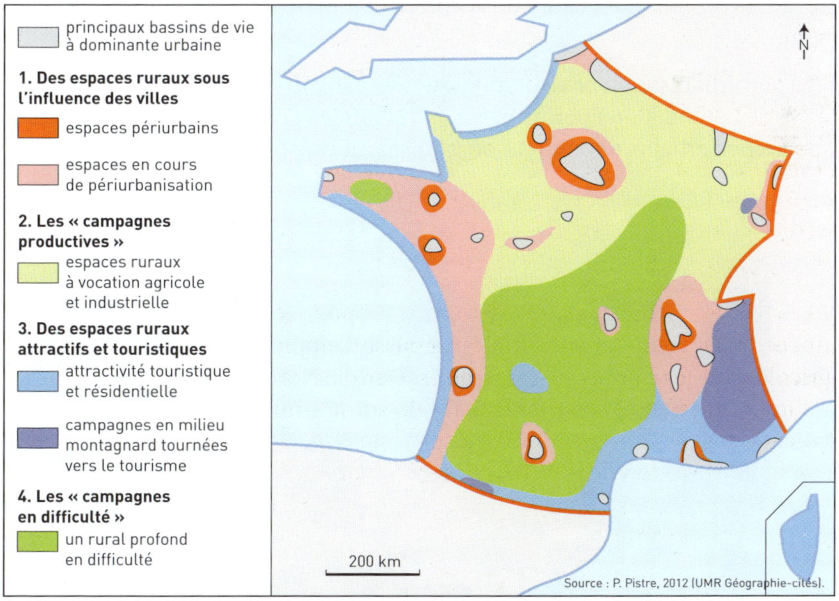

Les types de campagnes

■ Localisés entre les banlieues et les campagnes, les espaces périurbains sont des **intermédiaires entre l'urbanité et la ruralité**. Ils permettent un **desserrement** des villes. Ils se caractérisent par :
– des densités démographiques moyennes mais en progression ;

GÉOGRAPHIE

- une discontinuité entre portions bâties et non bâties où alternent des habitats individuels et des espaces agricoles (phénomène d'émiettement) ;
- des déplacements de populations davantage contraintes à la mobilité.

DÉFINITION

Desserrement : réponse au manque d'espace en ville par l'extension de celle-ci vers sa périphérie qui dispose de plus d'espace [avec des prix fonciers moins élevés].

■ L'espace périurbain concentre un certain nombre de problèmes et d'inquiétudes. Il témoigne d'une **ségrégation socio-spatiale** qui pousse les populations des classes moyennes inférieures à vivre en marge des agglomérations (la « France des gilets jaunes »). L'étalement urbain en direction des campagnes produirait un effet de **marginalisation sociale**. Certains spécialistes parlent d'une « **France périphérique** » pour désigner la relégation des populations les plus fragiles en bordure des pôles urbains. Par ailleurs, les habitants de ces zones dépendent pour leur emploi d'un pôle urbain qui les contraint à une **migration pendulaire** sur d'assez grandes distances. Le périurbain est enfin accusé de consommer beaucoup d'espace. L'**artificialisation** du territoire fait en effet perdre 30 000 hectares par an de surface agricole.

DÉFINITION

Artificialisation : transformation d'un milieu naturel ou semi-naturel en zone urbaine plus densément peuplée.

■ Mais le périurbain est également perçu comme le laboratoire d'une **nouvelle forme d'urbanité** positive rendue possible par :
- l'essor des NTIC facilitant le travail à domicile ;
- l'usage de l'automobile qui autorise la mobilité ;
- la possibilité d'accéder à la propriété (habitat pavillonnaire) ;
- le fait de profiter d'un cadre de vie où se conjuguent les avantages de la ville et de la campagne.

■ La périurbanisation ne se réduit donc pas à un phénomène de marginalisation. Le niveau de vie des populations périurbaines est selon les endroits plus élevé que la moyenne. Les espaces périurbains demeurent attractifs pour une partie des classes moyennes.

Un paysage périurbain francilien : la périphérie de Tigery (91)

Sujet d'étude n° 2 : l'agritourisme en France

L'agritourisme (ou agro-tourisme) est une activité touristique en lien avec l'agriculture. Il se compose de multiples activités :
- l'**hébergement** en gîte rural, en chambre d'hôte, en camping, à la ferme ;
- la **restauration** grâce aux tables d'hôtes, aux fermes auberges ;
- l'**oenotourisme** (tourisme vitivinicole et œnologique) ;
- les **activités sportives** et de **loisirs** telles que la pêche, la chasse, la randonnée, l'équitation, le vélo… ;
- les **activités culturelles** comme la découverte du patrimoine agricole et rural, la visite d'ateliers ;
- la **vente directe** des produits locaux (**circuits courts**).

Ce tourisme en plein essor représente un tiers de la fréquentation touristique en France. 14 000 agriculteurs sont officiellement investis dans l'agritourisme. 6 000 fermes sont recensées sur les plateformes de réservation en ligne. Le financement participatif permet grâce à l'internet d'aider au démarrage d'activités agritouristiques dans le cadre d'appels à projet. L'agritourisme est soutenu par des subventions de l'État français mais aussi par l'Union européenne dans le cadre de la **PAC** qui cherche à maintenir la vitalité du monde rural.

SIGLE

PAC : politique agricole commune de l'Union européenne.

Les conséquences de l'agritourisme sont nombreuses :
- une **augmentation et une diversification des revenus des exploitants agricoles** ;
- la **mise en place de plusieurs réseaux de professionnels** de l'agritourisme tels que « Bienvenue à la ferme » (un milliard d'euros de chiffre d'affaires en 2017) ou l'association « Accueil paysan » engagée dans une activité agricole et agritouristique durable, équitable et solidaire ;
- une **valorisation et un renforcement de l'attractivité du territoire** aux échelles régionale, nationale et internationale ;
- le **maintien du peuplement en zone rurale** grâce à la diversification des débouchés et à une hausse du niveau de qualification (maîtrise des langues étrangères, capacité de gestion financière, notions d'informatique pour la réalisation d'un site internet…) ;
- une **sensibilisation de l'opinion publique**, notamment citadine, aux métiers de l'agriculture

L'agritourisme se présente comme une **alternative au tourisme balnéaire** dans les territoires d'outre-mer où il est une activité supplémentaire en faveur du **développement économique**. La localisation des DROM COM en zone tropicale leur permet d'offrir une variété de produits spécifiques. À la Réunion, un parcours pédagogique autour de la culture de la vanille attire chaque année 30 000 visiteurs. Sur l'île de Marie-Galante, au large de la Guadeloupe, un pôle agritouristique valorise la production de miel, de jus de canne, de vinaigre et de savon.

DÉFINITIONS

- **DROM** : département et région d'outre-mer. Territoire français administré de la même manière que les collectivités de métropole. La Guyane, les Antilles, la réunion et Mayotte figurent dans cette catégorie.
- **COM** : collectivité d'outre-mer qui dispose d'une marge d'autonomie. La Polynésie française, Wallis et Futuna, Saint-Barthélémy, Saint-Martin et Saint-Pierre-et-Miquelon en font partie.

L'agritourisme représente donc une nouvelle possibilité d'aider au **développement de la ruralité** et témoigne de sa **multifonctionnalité** en cours.

REMISE DES PRIX

Appel à projets Agritourisme

Jeudi 1er mars 2018
de 10 h 30 à 11 h 30

Sur le stand Airbnb
(Hall 4, stand B042)
au Salon de l'Agriculture
Paris Expo – Porte de Versailles

Annonce publicitaire de la remise des prix pour l'agritourisme

ENTRAÎNEMENT AU CONTRÔLE CONTINU

EXERCICE 1

Photographie de l'espace périurbain de la périphérie de Sénart (page 396)

1. Décrivez le premier plan de la photographie. Comment les terrains sont-ils occupés ?
2. Décrivez le second et l'arrière plans. Quelle fonction est attribuée à ces espaces ?
3. Pourquoi cet exemple de Sénart illustre-t-il la périurbanisation ?

EXERCICE 2

1. Quelles sont les dynamiques présentes dans les espaces périurbains ?
2. Quelles différences et points communs voyez-vous entre les espaces périurbain et sous influence urbaine ?
3. Pourquoi peut-on parler d'une pluralité d'espaces ruraux ?

EXERCICE 3

Annonce publicitaire de la remise des prix pour l'agritourisme (ci-dessus)

1. Quelle image du monde rural cette affiche entend-elle donner ?
2. Qui sont les acteurs de cette promotion de la ruralité ? À quelle occasion se rencontrent-ils ?
3. Quel est le but de ce document ?

 # corrigés
foucherconnect.fr/19pbst2s51

8 Urbanisation, littoralisation, mutations des espaces ruraux

Le développement spectaculaire de la Chine depuis les années 1980 aboutit à la diversification de son économie, à son insertion de plus en plus forte dans la mondialisation et à la recomposition de son territoire.

1 Un territoire inégalement dynamisé par le développement économique

La croissance économique chinoise s'est fondée sur l'ouverture de son littoral aux investissements étrangers. En 1979, **quatre zones économiques spéciales (ZES)** avaient été créées sur le littoral Sud pour attirer les investisseurs étrangers en leur accordant des facilités juridiques et fiscales. Les côtes sont ainsi devenues le point d'ancrage de l'intégration du pays à la mondialisation. La **littoralisation** et la **métropolisation** ont concentré en bordure de mer l'essentiel du dynamisme économique. Un contraste s'est donc créé entre le littoral et **l'arrière-pays continental**.

DÉFINITION

Littoralisation : concentration des hommes et des activités sur les côtes.

Une subdivision du pays a été officiellement élaborée dans les années 1990 afin de différencier trois ensembles :
- le **littoral** : interface avec l'Asie orientale et le monde. On y trouve presque un Chinois sur deux, plus de la moitié de la richesse du pays (PIB), les ¾ de la production nationale et plus de 80 % des investissements étrangers et des exportations chinoises. Le littoral fait apparaître des pôles urbains et économiques majeurs (Hong Kong et Shanghai en tête) néanmoins séparés par des franges littorales beaucoup moins développées et urbanisées ;
- l'**intérieur** : espace intermédiaire dynamisé par les littoraux, il rassemble un tiers de la richesse chinoise sur 30 % du territoire, réunit 44 % de la population et capte 16 % des **IDE** en Chine ;
- l'**Ouest** : sur plus de la moitié du territoire chinois, il accueille environ un dixième du peuplement (dont de nombreuses minorités ethniques), 8 % du PIB et n'atteint que 3 % des exportations.

DÉFINITIONS

- **Interface** : zone d'échanges.
- **IDE** : investissements directs à l'étranger.

L'aménagement du territoire a donc conduit les autorités chinoises à **privilégier les littoraux** tout en permettant à l'intérieur du pays de bénéficier d'une industrialisation notamment le long des fleuves (axes de translation du développement d'Est en Ouest). Cette zone intérieure est bien un **espace de transition** entre l'Ouest nettement moins développé et l'Est si puissant. Dès lors, l'expression des « **Trois Chine** » désigne le **centre** ou cœur économique (le littoral) bordé d'une **périphérie intégrée** (l'intérieur) qui jouxte une **périphérie dominée** (l'Ouest en retard).

DÉFINITION

Périphéries : portions d'un territoire localisées en dehors de son centre économique. On distingue des périphéries intégrées lorsque leur proximité avec le centre les aide à se développer. Les périphéries dites « dominées » désignent des espaces plus éloignés du centre et nettement moins développés et dynamiques.

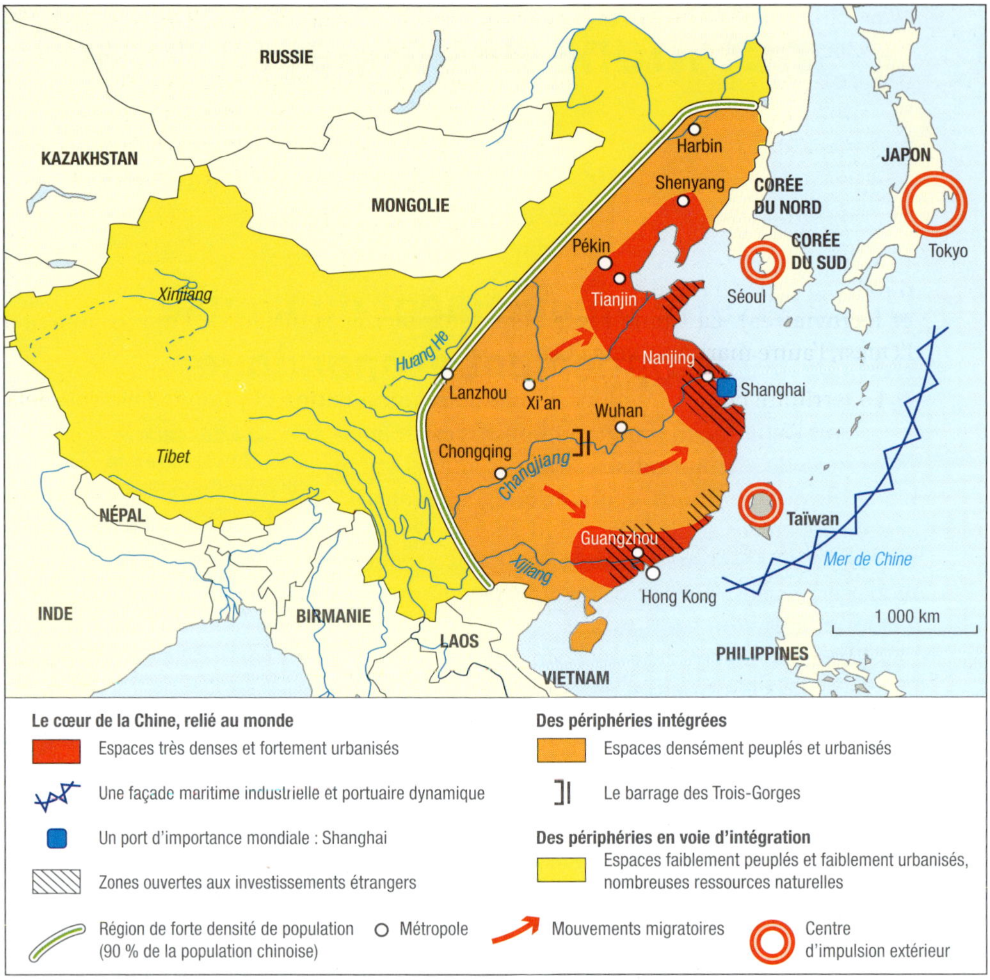

La Chine, un territoire inégalement mondialisé

2 Vers la fin des « 3 Chine »

■ Afin de résoudre les contrastes régionaux entre les « 3 Chine », depuis les années 2010, les autorités chinoises prennent davantage en compte la nécessité d'aménager l'intérieur du pays. À la stratégie de littoralisation succède une politique de **rattrapage continental**. Le développement a ainsi permis l'essor de régions centrales et du Nord. L'émergence de Xi'an et du Shaanxi fait de plus en plus contrepoids au littoral.

■ Le projet des **routes de la soie** contribue au développement de la partie occidentale (Ouest) du pays. Il consiste à créer des axes de transports entre la Chine et l'Europe et montre la volonté du gouvernement chinois de prolonger à l'échelle eurasiatique sa politique d'aménagement du territoire.

 # vidéo
Le monde selon Xi Jinping
foucherconnect.fr/19pbst2s58

■ La Chine élabore un projet gigantesque qui va concerner 70 pays regroupant 40 % du PIB mondial. Sous l'autorité du président Xi Jinping, depuis 2013, la Chine veut construire au prix de 1 000 milliards de dollars un **vaste réseau d'infrastructures terrestres** (Silk Road Economic Belt) et **maritimes** (Maritime Silk Road) de manière à faciliter ses **échanges commerciaux** avec l'Asie, l'Europe et l'Afrique. Les nouvelles routes de la soie renforceront l'influence diplomatique de la Chine dans le monde ainsi que son **soft power**.

■ Le programme des **routes de la soie**, appelé **OBOR** (One Belt, One Road, « une ceinture, une route »), va aider au désenclavement de la partie occidentale de la Chine qui sera davantage reliée à l'Asie centrale puis à l'Europe par des voies rapides (**corridors routiers et ferroviaires**). La Chine présentera deux interfaces majeures, l'une continentale, vers l'Ouest, l'autre maritime, vers l'Est.

■ Le territoire chinois est donc en **pleine recomposition** et prolonge bien au-delà de ses frontières l'aménagement des axes qui le relient au monde.

DÉFINITIONS

- **Corridor** : axe de passage linéaire (autoroute, ligne de chemin de fer).
- **Route de la soie** : réseau ancien (médiéval) de routes terrestres entre l'Asie et l'Europe. La soie était l'une des marchandises les plus luxueuses ainsi transportées.
- **Soft power** : capacité d'influence d'un État sans recours à la force (hard power).
- **Collier de perles** : stratégie qui consiste pour la Chine à prendre le contrôle de ports d'Asie du Sud pour garantir ses exportations et défendre ses intérêts géostratégiques.
- **Recomposition** : réorganisation d'un espace.

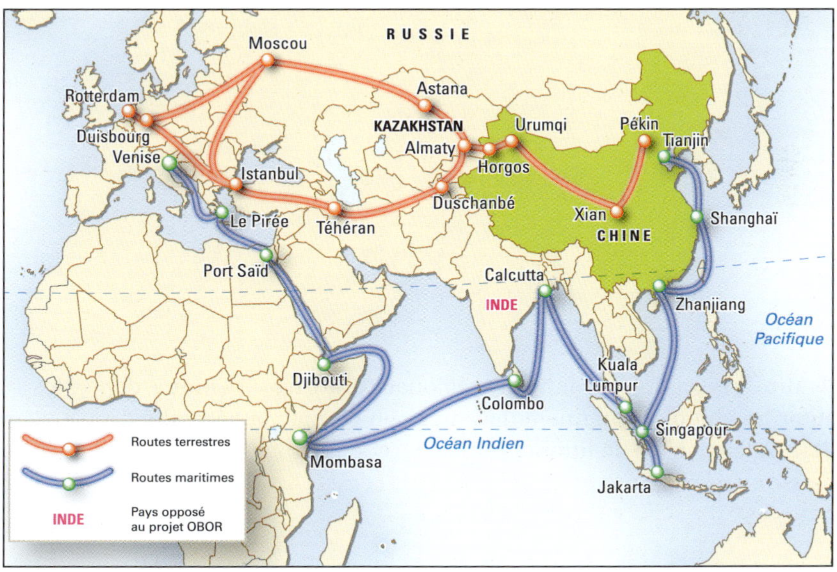

Les nouvelles routes de la soie

GÉOGRAPHIE

ENTRAÎNEMENT AU CONTRÔLE CONTINU

EXERCICE 1

Analyse de document, Les nouvelles routes de la soie (p. 401)

1. Quelle est la géographie de l'axe « One Road » et du « One Belt » ? Quelle est leur principale différence ?
2. Quels sont les moyens de transports visés par la totalité des projets ?
3. Les routes de la soie rendent-elles l'influence chinoise incontestable en Asie ?

EXERCICE 2

1. Justifier la phrase suivante : « L'ère qui s'ouvre à partir de 1979 marque un tournant majeur dans l'histoire de la Chine. »
2. Associer les données de gauche à l'une des trois parties qui composent le territoire chinois :

a. ¾ de la production nationale	1. Chine de l'intérieur
b. 8 % du PIB	2. le littoral
c. 44 % de la population	3. l'Ouest

corrigés
foucherconnect.fr/19pbst2s51

ANGLAIS

ANGLAIS

Évaluation de l'Anglais au bac

L'Anglais est évalué au cours de trois épreuves communes de contrôle continu, en Première et en Terminale. Ces évaluations comptent dans la notation finale de l'examen. Elles comprennent trois types d'exercices : la compréhension de l'écrit, la compréhension de l'oral et l'expression écrite. Pour réussir ces exercices, il convient de maîtriser les points méthodologiques suivants.

1 Les modalités d'examen

L'Anglais est évalué tout au long de l'année de Première et de Terminale, à l'occasion des épreuves communes de contrôle continu mais aussi grâce aux notes des bulletins scolaires, comptant pour 40 % de la note finale à l'examen. Le coefficient 5 est appliqué à cette matière.

Épreuve commune de contrôle continu 1	Épreuve commune de contrôle continu 2	Épreuve commune de contrôle continu 3
2e trimestre de Première : **compréhension de l'oral** et **expression écrite**	3e trimestre de Première : **compréhension de l'écrit** et **expression écrite**	2e trimestre de Terminale : - 1er temps : **compréhension de l'écrit** et de l'**oral**, **expression écrite** - 2e temps : **expression orale**
Durée : **1 h**	Durée : **1 h 30**	Durée : - **2 h 30 pour l'écrit** - **10 min pour l'oral** (+ 10 min de préparation)

REMARQUE

Au cours de chacune des deux années de Première et de Terminale, au moins six des huit axes de la thématique du cycle terminal « Gestes fondateurs et mondes en mouvement » seront abordés. Ces axes sont tous traités dans l'ouvrage.

2 Les compétences évaluées en Première

A La compréhension de l'écrit

La compréhension de l'écrit est évaluée à partir d'un ou deux textes écrits sur lesquels des questions sont posées. Pour réussir, vous devez suivre les étapes suivantes.

a Anticipez le contenu

- Lisez les informations fournies avec le texte pour déterminer : la **date de publication**, qui vous permet de le situer dans le temps ou de le mettre en rapport avec un événement que vous connaissez ; le **pays d'origine** ; la **source** : roman, site internet, journal à sensations, journal de qualité, hebdomadaire d'information ; le **titre du texte** pour anticiper son contenu.
- Lisez l'article attentivement pour repérer les informations essentielles : de **qui** on parle, de **quoi** on parle, **où** et **quand** les faits ont eu lieu.

b Analysez les consignes

■ Vérifiez que **vous comprenez bien ce qu'il convient de faire**.

Answer the following questions. *Répondez aux questions suivantes.*

Choose the major theme. *Choisissez le thème principal.*

Which arguments are put forward? *Quels sont les arguments mis en avant ?*

True or false? Right or wrong? *Vrai ou faux ?*

Pick out a sentence which indicates that… *Relevez une phrase qui indique que…*

Complete the following table. *Complétez la grille suivante.*

Explain in your own words. *Expliquez avec vos propres mots.*

Choose the correct ending. *Choisissez la fin qui convient.*

Match each sentence on the left with an element on the right. *Associez chaque phrase à gauche avec un élément à droite.*

■ Si vous devez citer le texte, repérez les passages pertinents, soulignez-les et notez le numéro de la ligne.

Justify your answer with a quotation from the text. *Justifiez votre réponse par une citation prise du texte.*

Justify by quoting the text. *Justifiez en citant le texte.*

ATTENTION

- Vous devez répondre sur la copie qui vous est fournie.
- Respectez l'ordre des questions.
- Reportez les repères : numéro de l'exercice et, le cas échéant, la lettre repère. Exemple : 1. a. E
- Faites précéder les citations du numéro de la ligne.
- Réécrivez intégralement les phrases à compléter dans un exercice type texte à trous et soulignez l'élément introduit.

c Répondez aux questions sur le vocabulaire du texte

Les questions de compréhension détaillée d'un texte peuvent porter sur le lexique. Il s'agit de trouver des équivalents ou des synonymes dans le texte.

Find equivalents of these words or groups of words in the text. *Trouvez les équivalents de ces mots ou groupes de mots dans le texte.*

Pick out expressions from the text that show… *Trouvez des expressions qui montrent…*

Match the words and their equivalents. *Associez les mots à leur équivalent.*

Fill in the gaps with words taken from the text. *Remplissez les trous avec des mots tirés du texte.*

B La compréhension de l'oral

Vous effectuez deux écoutes espacées de 2 minutes d'un ou de deux documents audio ou vidéo d'une longueur totale de 3 minutes. Il peut s'agir de monologues, dialogues, discours, discussions, émissions de radio, extraits de documentaires, de films, de journaux télévisés…

a La première écoute

■ **Lisez le titre** de l'enregistrement écrit au tableau avant d'écouter le document audio ou vidéo.

■ **Identifiez le type de document** : audio (a recording) ou vidéo (a video).

the news *les informations*
a news item *une nouvelle*
a report *un reportage*
a testimony *un témoignage*
an interview *un entretien*
a passage from a radio show *un extrait d'une émission de radio*
a conversation *une conversation*

■ **Définissez le thème général du document**.

The main topic of the video is... *Le sujet principal de la vidéo est...*

The recording deals with/is about... *L'enregistrement parle de...*

■ Soyez attentif à tous les **indices sonores** à votre disposition : musique, bruits, voix...

■ **Repérez le nombre de voix** : masculine (a man/men), féminine (a woman/women), d'enfant (a child/children), d'adolescent (a teenager)...

A woman and a man are talking. *Une femme et un homme parlent.*

■ **Rédigez une courte introduction** : nature de l'enregistrement, thème général, nombre de personnes qui parlent et de qui il s'agit éventuellement.

b La deuxième écoute

■ **Relevez les mots ou expressions clés** : ils sont souvent répétés et mis en valeur par le locuteur qui les accentue.

■ **Restituez dans l'ordre et *in extenso* ce qui est dit dans l'enregistrement** : rendez compte des noms, dates, chiffres, lieux, faits, opinions...

REMARQUE

Pour la vidéo, les images sont bien sûr à prendre en compte en tant que soutien à la compréhension. Il faut donc regarder l'écran pendant la prise de notes : les images permettent souvent de comprendre des éléments plus difficiles de la narration en voix off ou d'un entretien. En revanche, il ne faut pas décrire les images pendant la restitution. « We can see » est à bannir.

c Organisez vos notes

■ On n'attend pas uniquement un repérage de mots mais leur **mise en relation** afin de montrer que vous comprenez les intentions.

problems and solutions *problèmes et solutions*

causes and consequences *causes et conséquences*

facts and opinions *faits et opinions*

advantages and drawbacks *avantages et inconvénients*

■ **Présentez le contenu du document sans jugement**, ni commentaire personnel.

The columnist starts with a fact. *L'éditorialiste commence par un fait.*

Then, he introduces the idea that... *Ensuite, il introduit l'idée que...*

The newsreader informs us that... *La présentatrice nous informe que...*

The journalist exposes the fact that... *Le journaliste dénonce le fait que...*

■ Dites en quoi le support est spécifique et ce qui en fait son intérêt.

The core of the issue lies in the fact that... *Le cœur du problème se trouve dans le fait que...*

The recording raises a ticklish issue. *Cet enregistrement soulève un point délicat.*

She wants to make us aware of the situation. *Elle cherche à nous sensibiliser à la situation.*

It testifies to the importance of the phenomenon. *Cela témoigne de l'importance du phénomène.*

She quotes a striking example. *Elle cite un exemple frappant.*

He gives a major piece of information. *Il donne une information essentielle.*

C L'expression écrite

Votre capacité à rédiger en langue anglaise est évaluée dans cet exercice. Il peut être demandé de rédiger un récit qui fait suite au texte ou un dialogue.

a Analysez la consigne

■ S'agit-il d'écrire un **récit** :

Imagine a continuation to the story. *Imaginez une suite à l'histoire.*

The narrator reports what happened to him. *Le narrateur rapporte ce qui lui est arrivé.*

Write an article to be published on your school website. *Écrivez un article qui doit être publié sur le site de votre école.*

■ Ou faut-il rédiger un **dialogue :**

Imagine the conversation. *Imaginez la conversation.*

Write the dialogue between the two characters. *Écrivez le dialogue entre les deux personnages.*

You are a journalist interviewing Thomas about his actions, his hopes for the future and his feelings. Imagine the interview. *Vous êtes un journaliste réalisant un entretien avec Thomas concernant ses actions, ses espoirs pour l'avenir et ses sentiments. Imaginez l'entretien.*

■ **Choisissez les éléments du texte à prendre en compte** :
- à quelle **personne** devez-vous écrire : première ou troisième ?
- quel **temps** faut-il utiliser ? **présent simple** pour rendre compte des faits sans commentaire ; **présent en** be + V-ing pour diriger l'attention sur un fait actuel, comme un arrêt sur image ; **present perfect** pour faire un bilan ; **prétérit** pour indiquer qu'une action est passée ;
- quels **éléments du contexte** faut-il prendre en compte : lieu, époque, psychologie des personnages, sentiments et émotions... ?

b Écrire une narration

■ Utilisez le **prétérit** pour raconter ce qui s'est passé dans le passé : le prétérit simple est le temps de la narration en anglais. Il indique qu'une action a eu lieu à un moment précis du passé coupé du présent.

before *avant*
previously *auparavant*
early in the morning *tôt le matin*
late in the evening *tard le soir*

■ **Faites une relecture attentive** : contrôlez la correction de la langue et l'orthographe : accents, pluriels, accords...

ATTENTION

Assurez-vous que vous avez respecté le nombre de mots demandé. Tout dépassement de plus ou moins 10 % est sanctionné.

C Écrire un dialogue

■ **Préparez les questions** :

– **question fermée** : on ne peut répondre que par **yes** ou **no**. Elle commence par un auxiliaire. L'intonation est montante.

Do you like tea? Yes, I do. No, I don't. *Aimez-vous le thé ? Oui, j'aime le thé. Non, je n'aime pas le thé.*

– **question ouverte** : la réponse comporte une précision de lieu, date, âge, nom... Elle commence par un terme interrogatif. L'intonation est descendante.

What was it like? *Comment cela s'est-il passé ?*

who *qui*
when *quand*
where *où*
what *quoi*
which *lequel (choix)*
whose *à qui*
how *comment*
how much/many *combien*
how often *tous les combien*
how old *quel âge*
how far *quelle distance*
how deep *quelle profondeur*
how tall *quelle taille*
since when *depuis quand*
how long ago *il y a combien de temps*

■ **Enrichissez votre dialogue** :

– **variez les verbes introducteurs pour éviter de répéter (he) said :**

he added *ajouta-t-il*
he answered *répondit-il*
he asked *demanda-t-il*
he enquired *se renseigna-t-il*
he hesitated *hésita-t-il*
he inquired *se renseigna-t-il*
he interrupted *interrompit-il*
he noticed *fit-il remarquer*
he wondered *se demanda-t-il*

– **utilisez des adverbes :**

kindly *gentiment*
lovingly *avec amour*
proudly *fièrement*
sadly *tristement*
silently *silencieusement*
suspiciously *avec suspicion*

■ **Respectez la ponctuation anglaise, différente du français :**

– les guillemets se placent avant et après ce que dit un personnage.

"Go to your cupboard – I mean, bedroom," he wheezed at Harry. *Il dit d'un souffle à Harry : « Va dans ton placard... je veux dire dans ta chambre. »*

– les signes de ponctuation se placent à l'intérieur des guillemets :

"A stone that makes gold and stops you ever dying!" said Harry. *Harry dit : « Une pièce qui crée de l'or et vous protège de la mort pour toujours ! »*

1 Identities and exchanges

The separation of people from their native land and cultural backgrounds has an impact on a lot of migrants, refugees and exiles who feel uprooted because of their displacement. National identity represented by distinctive traditions, language, values and beliefs is often associated to an emotional attachment and a feeling of belonging to a nation.

1 First steps

A Living across borders

■ For migrants who are lucky enough to be assimilated processes and initiatives are underway, even if it is too often reduced to being either welcomed or rejected.

■ The meaning of cultural identity is changed by the development of information and communication technologies and the wide-ranging effects of globalisation. In our complex world cultural flows across borders are on the rise. The concepts of space, time, and distance are losing their conventional meanings. Cultural globalisation is here.

B Exchanges and interactions have transformed our societies

■ **Exchanging** means giving in return for something received and this can be anything from information, data, services, ideas, work and markets, to technology... People need to establish relationships because they give meaning to their lives and contribute to learning to live together.

■ **Interaction** has led innovative models to the development of a lot of apps and encouraged innovative and productive business models such as car-sharing, rental companies, collaborative workplaces...

C Global citizenship

Global citizenship has three dimensions – **awareness of self and others**, **responsibility** and **participation**. It offers hope for embracing a mindset that can ensure the future sustainability of our planet and all of its living forms. The world needs more global citizens.

CIVILISATION

Fair Trade

- Fair trade is a trading partnership, based on dialogue, transparency and respect, that seeks greater equity in international trade. It contributes to sustainable development by offering better trading conditions to small producers and workers in the South and by securing their rights.
- Fair trade organisations have a clear commitment to fair trade as the centre of their mission. Backed by consumers, they are engaged actively in supporting producers, awareness raising and in campaigning for changes in the rules and practice of conventional international trade.

2 Useful words

assimilation *l'assimilation*
awareness *la conscience*
the background *le milieu*
beliefs *des croyances*
to belong *appartenir*
to bypass *contourner*
citizenship *la citoyenneté*
commitment *l'engagement*
to connect *relier*
a consumer *un(e) consommateur(trice)*
the consumer society *la société de consommation*
to cross borders *traverser les frontières*
to cut down on *réduire*
a downturn *une récession*
to entice *séduire*
environmental policy *la politique environnementale*
an exile *un(e) exilé(e)*
fair trade *le commerce équitable*
globalisation *la mondialisation*
to interact *interagir*
the know-how *le savoir-faire*
labour-saving *économe en main-d'œuvre*
a migrant *un(e) migrant(e)*
non-profit *à but non lucratif*
ownership *la propriété*
philanthropy *la philanthropie*
a refugee *un(e) réfugié(e)*
relationships *des relations*
relevant *pertinent(e)*
to reshape *redonner forme à*
self-sufficient *autosuffisant(e)*
to share *partager*
a shelter *un abri*
a shift *un changement*
sustainable *durable*
to thrive, throve, thriven *prospérer*
a trend *une tendance*
uprooted *déraciné(e)*
values *des valeurs*
to welcome *accueillir*

3 Improve your grammar

POINT GRAMMATICAL

Be

- **Be** sert à indiquer une propriété du sujet.

My name is... I am 17. *Je m'appelle... J'ai 17 ans.*

- **There + be** conjugué indique l'existence et s'accorde en nombre avec le nom qui suit.

There is some hope. *Il y a de l'espoir.*
There are many campaigners. *Il y a beaucoup de militants.*
There will be answers. *Il y aura des réponses.*
There must be solutions. *Il doit y avoir des solutions.*

Have

- **Have** sert à indiquer une possession.

She doesn't have any hesitation. *Elle n'a aucune hésitation.*

- Expressions idiomatiques : **to have breakfast/lunch/dinner/a drink/a bath/a shower** *prendre le petit déjeuner/déjeuner/dîner/un verre/un bain/une douche*

Présent simple et présent en be + V-ing

- Le présent simple s'emploie pour décrire une action de manière neutre, objective, sans ajouter son opinion. On le trouve donc pour indiquer une action habituelle ou vraie en toute situation.

What do you like best? I like social life but I don't like solitude. *Qu'est-ce que vous aimez le plus ? J'aime la vie en société mais je n'aime pas la solitude.*

- Le présent en **be** + V-ing indique qu'une action est présentée du point de vue de celui qui parle pour exprimer quelque chose d'inachevé au moment où l'on parle.

They are standing up for their rights. *Ils se battent pour leurs droits.*

EXERCICES CORRIGÉS

EXERCISE N°1

Translate the sentences into English.

a. Jane a dix-sept ans. **b.** Est-ce qu'elle a faim ou soif ? **c.** Nous avons vraiment froid. **d.** Il y a trois kilomètres jusqu'à l'école. **e.** Elle a vraiment eu de la chance. **f.** Elle a sommeil soudain. **g.** Il y a des difficultés pour les exilés dans beaucoup de pays. **h.** Il y a trop de pauvreté. **i.** Il y a trop de victimes. **j.** Il y a un vrai danger. **k.** Il y a des conflits dans tout le monde.

EXERCISE N°2

Fill in the blanks with *have* or *be*.

"We... always believed in proper integration. We truly believe that it can change the world and that ... why we ... hope. There ... many problems today and that ... why there ... so many conflicts in the world. We believe that it .... a very important period of time. If nothing changes in the near future we ... going to be faced with more and more dangers and the consequences ... going to be terrible."

EXERCISE N°3

Turn the verbs between brackets into simple or continuous present.

a. I (realise) that they (lie): many migrants (suffer) from discrimination. **b.** Half the rural villages (have) no running water, and I (talk + not) about hot water! **c.** My mother (find) me irritating because I (call + always) on her services. **d.** Some countries (discriminate) against exiles: I (think) of India. **e.** Pakistani society (change), but in Pakistan change never (happen) very quickly.

CORRIGÉ

Exercise n°1

a. Jane is 17. **b.** Is she hungry or thirsty? **c.** We are really cold **d.** It's three kilometers to the school **e.** She's been really lucky **f.** She is sleepy all of a sudden. **g.** There are difficulties for exiles in a lot of countries. **h.** There is too much poverty. **i.** There are too many victims. **j.** There is a real danger. **k.** There are conflicts all over the world.

Exercise n°2

have - is - have - are - is - are - is - are - are

Exercise n°3

a. realise - are lying - suffer **b.** have - am not talking **c.** finds - am always calling **d.** discriminate - am thinking **e.** is changing - happens

ENTRAÎNEMENT AU CONTRÔLE CONTINU

COMPRÉHENSION DE L'ÉCRIT

Read the text and answer the questions.

Globalisation may actually be better for the environment

The increasing pace of globalisation and how it affects the environment has been a major global concern. Although the research has been fraught with[1] contrasting results, there are many who strongly believe that increased globalisation has been harmful[2] to the environment. A large number of environmentalists who support this view base their arguments on the premise that globalisation leads to an increase in global demand, resulting in increased production. This indirectly contributes to the exploitation of the environment and the depletion[3] of natural resources.

Amid rising environmental concerns, an important question is whether deglobalisation would have the opposite impact on the environment. Put differently, if globalisation is harmful, then should we expect that the current deglobalisation trend will be less harmful for the environment?

In fact, deglobalisation may not necessarily translate into reduced emissions of harmful gases such as CO_2, SO_2, NO_2, but could actually worsen[4] it. Through what is known as the technique effect, we know globalisation can trigger environmentally friendly technological innovations that can be transferred from countries with strict environmental regulations to pollution havens[5].

Globalisation doesn't just entail the movement of manufactured goods, but also the transfer of intermediate, capital goods and technologies. That means multinational corporations with clean state-of-the-art technologies can transfer their green know-how to countries with low environmental standards. It's widely recognized that multinational firms use cleaner types of energy than local firms, and therefore have more energy-efficient production processes. Deglobalization could mean these environmentally friendly technologies aren't passed on to countries that are trying to go green.

Globalisation has another benefit — it's been at the forefront of creating public awareness about labour and environmental standards through the platforms of international activities such as fair trade and eco labels.

"Globalization may actually be better for the environment",
April 2018, Sylvanus Kwaku Afesorgbor, Binyam Afewerk Demena, The Conversation.

1. chargé - 2. nocif - 3. l'épuisement - 4. aggraver - 5. des refuges

1. Quote the four main negative effects globalisation is said to have on the environment.
2. Explain in your own words what is expected from deglobalisation.
3. What impact is globalisation said to have on labour and environmental regulations?

COMPRÉHENSION DE L'ORAL

Listen to the video and answer the questions.

vidéo
Children's champion
foucherconnect.fr/19pbst2s59

1. When did the first migrants arrive in Australia?
2. When did the last migrant arrive?
3. How old was Sandra Anker? What was she told?
4. How old was Harold Haig? What was he told? What happened in reality?
5. What did he finally discover? At what age?
6. What did Margaret Humphreys do?
7. What did she receive once? What was she asked to do?
8. What were the children told?

EXPRESSION ÉCRITE

What impact would you say globalisation has on our lifestyle in terms of innovation, technology, progress but also damages to our environment? (180 words)

USEFUL PHRASES

The main advantages and drawbacks are… *Les principaux avantages et inconvénients sont…*
It has impacted our environment. *Cela a eu un impact sur notre environnement.*
We tend to consume more and more. *Nous avons tendance à consumer de plus en plus.*
We may not be aware of the irreversible consequences. *Nous ne sommes peut-être pas conscients des conséquences irréversibles.*

corrigés
foucherconnect.fr/19pbst2s60

2 Public and private spheres

The private sector includes organisations that are privately owned and not part of the government such as corporations, non-profit associations, and partnerships. The public sector is composed of organisations that are owned and operated by the government. It includes federal, provincial, state, or municipal governments, depending on where you live.

1 First steps

A Fields of protest

- **Politically:** there have always been movements to denounce authoritative or corrupt regimes. Recently, anti-globalisation movements have appeared to protest against globalisation. Today, protesters are taking to the streets in their thousands in cities across the US to protest against grand juries' decisions not to indict the white officers responsible for the deaths of unarmed black men, and demand police accountability.

- **Economically:** activists lead social movements to protest in different fields: pension schemes, education, health care, unemployment, wages or discrimination...

- **Environmentally:** a lot of NGOs defend our planet. Greenpeace, for example, campaigns against nuclear waste and corporate pollution, among other environmental issues.

- **Socially:** gender equality is a human right, but our world faces a persistent gap in access to decision-making power for women and men. Globally, women have fewer opportunities for economic participation than men, less access to basic and higher education, greater health and safety risks, and less political representation. Guaranteeing the rights of women and giving them opportunities to reach their full potential is critical not only for attaining gender equality, but also for meeting a wide range of international development goals.

B Forms of action

- **Various forms of action exist:** demonstrations, riots, hunger strikes, lobbying, boycotts and also blogging. Social networks have become very effective tools to reach out to a lot of people in no time and register protest and grievances.

- **Counter-protesters** may demonstrate their support for the person, policy or action that is the subject of the original protest. For instance, in the USA, pro-lifers believe abortion is a crime and say it should be forbidden, so they are opposed to those who are in favour of the right to abortion. The National Rifle Association (NRA) is a very powerful lobby in the USA, which defends the right to bear a gun and is opposed by those who are against gun carrying and mention mad gunmen in the USA to support their cause.

2 Useful words

an activist *un(e) militant(e)*
a bias *un préjugé, un parti-pris*
to block *bloquer*
to boycott *boycotter*
brutality *la brutalité*
claims *des revendications*
to complain *se plaindre*
to curb *réduire, réfréner*
to demand *exiger*
a demo(nstration) *une manif(estation)*
to denounce *dénoncer*
dismissals, lay-offs *des licenciements*
to disrupt *interrompre, perturber*
to fight, fought, fought *se battre*
gender equality *l'égalité des sexes*
grievances *des doléances*
to indict [in'dait] *mettre en examen*
to infringe *enfreindre*
injustice *l'injustice*
labour disputes *des conflits du travail*
a lobby *un groupe de pression*
to march *défiler*
to plague *être un fléau*
pressure *la pression*
to prosecute *poursuivre en justice*
to protest *protester*
to resume work *reprendre le travail*
a riot *une émeute*
to speak out *prendre la parole*
a spokesperson *un(e) porte-parole*
a strike *une grève*
to support *soutenir*

3 Improve your grammar

POINT GRAMMATICAL

L'article indéfini a/an

L'article indéfini **a/an** s'emploie :
- **devant un attribut** : Her father is an economist. *Son père est économiste.*
- **pour une répartition** : Twice a week. *Deux fois par semaine.*
- **avec une exclamation** : What a wonderful idea! *Quelle idée merveilleuse !*

On trouve **a** devant un mot commençant par un **son consonne**, **an** par un **son voyelle**.

a <u>n</u>ewspaper, a <u>u</u>niversity/ju:/, a <u>h</u>uman, a <u>o</u>ne-year scheme [wʌn]
an <u>e</u>mission, an <u>M</u>P/empi:/, an (<u>h</u>)<u>o</u>ur, an (<u>h</u>)<u>o</u>nourable act, an (<u>h</u>)<u>o</u>nest player

L'article défini the

L'article défini **the** reprend un élément déjà repéré pour indiquer qu'une chose est :
- **unique** : the sun, the North Pole, the world, the government.
- **repérée par la situation** : Look at the example! *Regarde l'exemple !*
- **déterminée par ce qui suit** : We should refuse the money <u>that speculators put on the market</u>. *Nous devrions refuser l'argent que les spéculateurs mettent sur le marché.*
- **devant les noms de pays au pluriel** : the United States, the Netherlands.

L'absence d'article

L'**absence d'article** renvoie à une **idée**, une **notion non repérée**. On ne trouve donc pas d'article devant :
- **les noms dénombrables au pluriel** : Ø beliefs *les croyances* ;
- **les noms de matière** : Ø water *l'eau*, Ø power *l'énergie*, Ø waste *les déchets* ;
- **les notions** : Ø money *l'argent*, Ø freedom *la liberté*, Ø humankind *l'humanité* ;
- **les noms de pays** : Ø Great Britain *la Grande-Bretagne* ;
- **les titres** : Ø President Trump *le Président Trump* ;
- **last et next** : Ø last week *la semaine dernière*, Ø next year *l'année prochaine*.

EXERCICES CORRIGÉS

EXERCISE N°1

Fill in the blanks with *a* or *an*.

a. As ... expert in economics he delivered ... interesting speech that lasted ... hour and... half. b. It was ... honour to welcome him to such ... amazing place. c. She obtained ... huge success as ... university professor. d. He was taken to ... hotel where he was offered ... hot drink.

EXERCISE N°2

Translate the sentences into English.

a. Il se comporte en joueur professionnel. b. Quel soulagement d'entendre une promesse si optimiste ! c. Il faut une demi-heure en roulant à 90 km à l'heure. d. Ce site est visité plusieurs fois par jour.

EXERCISE N°3

Make sentences as in the example.

book/read → I like books, but I don't like the book that I am reading.

a. car/drive b. music/hear c. coffee/drink d. cake/eat e. fish/taste f. children/look after

EXERCISE N°4

Provide the necessary articles: *the, a/an, Ø*.

a. In ... last two years, more than half of ... Americans have protested against ... injustice. b. ... people use ... social networks, such as ... Facebook, to reach out to ... lot of ... users and register ... grievances. c. There's ... return to ... simplicity, to cutting down on ... waste and being ... little bit smarter about how ... money is spent. d. ... NRA is ... very powerful lobby in ... USA. It defends ... right to carry ... gun.

CORRIGÉ

Exercise n°1

a. an - an - an - a b. an - an c. a - a d. a - a.

Exercise n°2

a. He behaves as a professional player. b. What a relief to hear such an optimistic promise! c. It takes half an hour at ninety kilometres an hour. d. This site is visited several times a day.

Exercise n°3

a. I like cars but I don't like the car that I am driving. b. I like music but I don't like the music that I am hearing. c. I like coffee but I don't like the coffee that I am drinking. d. I like cakes but I don't like the cake that I am eating. e. I like fish but I don't like the fish that I am tasting. f. I like children but I don't like the children that I am looking after.

Exercise n°4

a. the - the - Ø b. Ø - Ø - Ø - a - Ø - Ø c. a - Ø - Ø - a - Ø d. the - a - the - the - a.

ENTRAÎNEMENT AU CONTRÔLE CONTINU

COMPRÉHENSION DE L'ÉCRIT

Read the text and answer the questions in your own words.

Former The Voice singer gets down on knee in defiance at Trump

Former The Voice contestant[1] Meghan Linsey showed her support for athletes embroiled in the racism row[2] while completing her rendition of The Star-Spangled Banner[3] ahead of the Seattle Seahawks and Tennessee Titans clash in Nashville. Top stars in the sport have been kneeling and bowing their heads in stadiums during the patriotic song in protest at what they see is injustice, including police brutality, against minorities in the US. Mr Trump poured fuel on the fire[4] when he described each of them as a "son of bitch" who "disrespects our flag" – and called for them to be fired. But rather than dampen their defiance[5] he sparked wider protests, with scores of players in two major National Football League (NFL) games on Sunday either staying in their locker rooms[6] or taking a knee during the anthem[7]. The entire Seattle Seahawks and Tennessee Titans squads remained off the field in the Nissan Stadium amid the national song, with the latter saying their act of defiance was in protest at the "injustice that has plagued people of colour in this country". Ms Linsey sang The Star-Spangled Banner with a guitar player on the field empty of players, and in the last notes drew applause from thousands in the stadium when she took a knee and bowed. The Voice runner-up didn't comment after but did re-tweet messages of support.

The Seahawks said they stayed away from the national anthem in protest against racism in the US, speaking out ahead of the clash where the Titans clinched the game with 33 to 27 points. A statement read: "As a team, we have decided we will not participate in the national anthem. We will not stand for the injustice that has plagued people of colour in this country."

The protests came after Mr Trump on Friday said: "Wouldn't you love to see one of these NFL owners, when somebody disrespects our flag, to say, "Get that son of a bitch off the field right now. Out! He's fired. He's fired!" He hit out again after scores of major stars protested on Sunday. Mr Trump wrote: "If a player wants the privilege of making millions of dollars in the NFL, or other leagues, he or she should not be allowed to disrespect our Great American Flag (or Country) and should stand for the National Anthem. If not, YOU'RE FIRED. Find something else to do!"

Jeff Farrell, The Independent, 25th September, 2017.

1. concurrente – 2. impliqués dans une querelle – 3. *La Bannière étoilée* (hymne national américain) – 4. jeté de l'huile sur le feu – 5. calmer leur acte de défi – 6. les vestiaires – 7. l'hymne

1. What are the main reasons why American athletes protest?
2. How did Mr Trump react to this form of protest?
3. What did singer Meghan Linsey do to support the players?
4. What were the public's reactions to this act of defiance?

EXPRESSION ÉCRITE

Do you think that kneeling while the American anthem is being played is a sign of disrespect to the flag and the country? (200 words)

corrigés
foucherconnect.fr/19pbst2s60

3 Art and power

The relationship between art and power raises many questions. Should art serve economic or political power? Can art be a counter-power? Should art be a form of political expression? Can freedom of expression and economic or political constraints be reconciled?

1 First steps

A The power of art

- Architectural styles have symbolized **wealth**, **power**, and **authority** in major civilisations since ancient times. Art and architecture have been used as **a way to impress people and impose their power** by pharaohs in Egypt, emperors in China, kings in Europe and presidents in many republics.
- In the Italian Renaissance, wealthy patrons used art for power: from popes in Rome and the Medici family in Florence to European kings (François I, Louis XIV, Phillip II of Spain...).

B Propaganda and soft power

- In the **Soviet Union**, art was used as **propaganda** to promote the regime with "socialist realism", a form of realism that seeks to be a faithful and objective mirror of communist life.
- In **Nazi Germany**, the term "Degenerate art" was adopted to discredit modernist art – including works of internationally renowned artists such as Chagall, Matisse, Picasso, or van Gogh – on the grounds that such art was an "insult to German feeling", Jewish, or Communist in nature.
- **The United States** also used art as a means to export its culture throughout the world. After the Second World War, American art developed rapidly and American Pop art became famous worldwide, with Andy Warhol's *Brillo boxes* for example.
- As **globalisation** has distributed economic benefits around the world more broadly, emerging economies are expressing their role as actors in the global art scene. China's government has encouraged the creation of thousands of museums, demonstrating age-old Chinese culture and signalling the nation's cultural centrality.

C Art as a political tool

- But artists can use art to **convey a message**. Since Picasso's *Guernica*, many artists have engaged in political movements and exposed war, pollution, AIDS, machismo, or globalization.
- **Graffiti** has evolved into street art and many street artists have achieved mainstream success, such as Jean-Michel Basquiat, Keith Haring or Shepard Fairy in the US, or Bansky in Britain.

2 Useful words

architecture *l'architecture*
an artist *un(e) artiste*
censorship *la censure*
a committed artist *un(e) artiste engagé(e)*
contemporary *contemporain(e)*
to convey *transmettre*
counter-culture *la contre-culture*
to create *créer*
to display *afficher*
an exhibition *une exposition*
to expose *dénoncer*
a mural *une peinture murale*
naked *nu(e)*
painting *la peinture*
a palace *un palais*
a patron *un mécène*
a placard *une banderole*
to participate in *participer à*
a portrait *un portrait*
a poster *une affiche*
to produce *produire*
propaganda *la propagande*
resistance *la résistance*
a studio *un atelier*
wealth *la richesse*

3 Improve your grammar

POINT GRAMMATICAL

Le prétérit simple

- **Verbes réguliers :** Did they protest? They protested. They didn't/did not protest.
- **Verbes irréguliers :** Did she take it? She took it. She didn't/did not take it.

Le prétérit simple indique qu'une action a eu lieu à un moment précis du passé, coupé du présent. C'est l'**aspect ponctuel** de l'action qui est important.

They **created** the group in 1989. *Elles ont créé le groupe en 1989.*

Le Present perfect

Le present perfect se forme avec **have/has** suivi du verbe au participe passé. Il s'emploie pour faire un bilan. C'est le résultat de l'action dans le présent qui importe. On le trouve donc avec **already, just, recently, ever, never, not... yet, for** + durée et **since** + point de départ.

They **have** already **exhibited**. *Elles ont déjà exposé.*

How long **have** they **created** posters? They **have created** posters for thirty years. *Depuis combien de temps créent-elles des affiches ? Elles créent des affiches depuis trente ans.*

Since when **has** she **participated** in the group? She **has participated** in the group since 2015. *Depuis quand fait-elle partie de ce groupe ? Elle fait partie de ce groupe depuis 2015.*

EXERCICES CORRIGÉS

EXERCISE N°1

Make questions whose answers are the underlined phrases.

a. The event took place in 1984. **b.** The Guerilla Girls stood outside the museum. **c.** The exhibition was held in an empty building. **d.** I saw their poster yesterday. **e.** I thought the artwork was very efficient.

EXERCISE N°2

Put the verbs between brackets into the right tense.

a. The group (form) in 1984. **b.** Their success (begin) in 1989. **c.** Since the 1970s they (make) themselves known worldwide. **d.** Street art (evolve) into an art form. **e.** Shepard Fairey first (gain) attention with his "Hope" poster which (feature) presidential candidate Barack Obama.

EXERCISE N°3

Fill in the blanks with *for* or *since*.

a. They've been working ... a long time. **b.** Street art has been popular ... the late 60s. **c.** Art has been used as soft power ... a long time. **d.** The artists have been developing this project ... six months. **e.** It's almost a year ... she joined the group.

EXERCISE N°4

Translate the sentences into English.

a. Elle peint dans le métro de New York depuis deux ans. **b.** Depuis quand travaille-t-il dans cet atelier ? **c.** Depuis qu'ils sont arrivés ici, ils ont beaucoup créé.

CORRIGÉ

Exercise n°1

a. When did the event take place? In 1984. **b.** Where did the Guerilla Girls stand? Outside the museum. **c.** Where was the exhibition held? In an empty building. **d.** When did you see their poster? Yesterday. **e.** What did you think of the artwork? That it was very efficient.

Exercise n°2

a. formed **b.** began **c.** have made **d.** has evolved **e.** gained - featured

Exercise n°3

a. for **b.** since **c.** for **d.** for **e.** since

Exercise n°4

a. She has painted in New York subway for two years. **b.** How long has he worked in this studio? **c.** Since they moved here, they have created a lot.

ENTRAÎNEMENT AU CONTRÔLE CONTINU

COMPRÉHENSION DE L'ÉCRIT

Read the text and answer the questions in your own words.

Fighting to change the art world

The Guerrilla Girls burst on to the American cultural sphere in the mid 80s, with a clear agenda of protesting against the underrepresentation of women in art. They took to the streets wearing gorilla masks — conveniently making an allowance for the slight variation in spelling — and armed with wheat paste[1] and a wicked sense of humour. The posters they created were rude; currently, they are valued works of art.

A defining moment that led to the formation and growth of this feminist group happened in 1984, when only 13 out of 169 contemporary artists invited to display work at the Museum of Modern Art's International Survey of Recent Painting and Sculpture were women. The Guerrilla Girls stood outside the exhibition with placards but were ignored, so they invented their method of activism, which made the art world take notice and eventually accept them. As they themselves describe their Guerrilla way: "We wear gorilla masks in public and use facts, humour and outrageous visuals to expose gender and ethnic bias as well as corruption in politics, art, film, and pop culture".

The masks are meant to retain the focus on the ideas rather than the personalities. It is with the same aim that they have assumed pseudonyms of deceased[2] artists, many of whom are believed to have not been given their rightful place in history. The group is open to admitting new members and it is believed that over the years, at least 100 of them have taken part in the protests and performances.

In 1989, the group created a poster, *Do Women Have To Be Naked To Get Into The Metropolitan Museum?*, one of their most famous works. It was alluding to the fact that while only a handful of female artists managed to display their work at the modern art sections of leading museums, nearly all of the nude models were women.

"The art world has become an instrument of the rich and powerful. We are fighting to change that"
by Sujit Chandrakumar, December 11th, 2018, The Times of India, indiatimes.com ©D.R.

1. peinture pour faire les pochoirs - 2. décédées

1. Why did female artists form the group Guerrilla Girls?
2. What pushed them to make the decision?
3. How can they remain anonymous and why do they wish to be so?
4. What do the words "wicked", "rude" and "outrageous" indicate?

COMPRÉHENSION DE L'ORAL

vidéo
Shepard Fairey Talks "Hope", "Obey" & Art
foucherconnect.fr/19pbst2s61

Listen to the interview with Shepard Fairey, a famous American street artist, and answer the questions.

1. What are Shepard Fairey's two most famous posters?
2. Match the words *optimistic, dark, cynism, hope, sincere* with the period they correspond to:
a. Bush Jr's presidency b. Obama's presidential campaign.
3. Why did Shepard Fairey choose the title *From Covert to Overt* for his book?
4. He compares his art with pop music. Name the singers or groups he mentions.
5. Why can he say that he has infiltrated the system?

EXPRESSION ECRITE

Do you like street art? Do you believe street artists play a part in society? Take specific examples. (200 words)

USEFUL PHRASES

I believe that... *Je crois que...*
I am convinced that... *Je suis convaincu(e) que...*
That's why I hope that... *C'est pourquoi j'espère que...*
They refuse to abide by rules. *Elles refusent de se soumettre à des règles.*

corrigés
foucherconnect.fr/19pbst2s60

4 Virtual worlds and citizenship

Social networking has become popular because the Internet is full of millions of individuals who are looking to meet other people, to share first-hand information and experiences, developing friendships or professional alliances, finding employment, marketing and sharing information. The dangers associated with social networking include data theft and viruses, online predators or individuals who claim to be someone that they are not.

1 First steps

A The protection of citizens' data

- **Confidential information** is stored by organisations such as governments, military, financial institutions, hospitals, and private businesses, about their employees, customers, products, research, and financial operations. Data include sensitive materials such as Social Security numbers, driver's license numbers, and even credit card numbers.

- **Information and information systems** must be protected from unauthorized access, use, disclosure, disruption, modification, or destruction. It means protecting the confidentiality, integrity and availability of information.

B What is clicktivism?

- Clicktivism refers to **the use of social media and the Internet to advance social causes**. It uses the metrics available through Web analytics to optimize Web pages, emails and online petitions. It is meant to increase user engagement and maximize a campaign's page views.

- Clicktivism is a controversial form of **digital activism**. Proponents believe that applying advertising principles increases the impact of a message. Opponents believe that clicktivism reduces activism to a mere mouse-click, yielding numbers with little or no real engagement or commitment to the cause.

C What is the role of crowdfunding?

Crowdfunding is a method of **raising capital through the collective effort of friends, family, customers, and individual investors**. This approach taps into the collective efforts of a large pool of individuals via social media and crowdfunding platforms and leverages their networks for greater reach and exposure. Sometimes there is no financial return to the investors or contributors as donation-based crowdfunding. Common donation-based initiatives include fundraising for disaster relief, charities, non-profits, and medical bills.

2 Useful words

to ban *interdire*
a blog *un blog*
to broadcast news *diffuser des nouvelles*
CCTV system *dispositif de vidéo surveillance*
data *les données*
to delete *effacer*
to dispatch *répartir*
to divulge information *divulguer des informations*
efficient *efficace*
effective *qui marche*
friendship *l'amitié*
hidden dangers *des dangers cachés*
a fraud *une supercherie*
a hacker *un pirate informatique*
an Internet user *un internaute*
to link to *relier à*
a login *un code d'accès*
misleading *trompeur*
a network *un réseau*
piracy *le piratage*
popular *populaire*
privacy *l'intimité*
a range *une gamme*
to rely on *se reposer sur*
a scam *une arnaque*
software *des logiciels*
to spy on *espionner*
to store *emmagasiner*
to tap into *capter*
a theft *un vol*
a virus *un virus*
Web-savvy *connaisseur en matière de web*
the World Wide Web *la toile mondiale*

3 Improve your grammar

POINT GRAMMATICAL

Le comparatif et le superlatif

Comparatif

- Adjectifs courts : adjectif + **er** + **than** : He is nicer **than** her. *Il est plus gentil qu'elle.*
- Adjectifs longs : **more** + adjectif + **than** : It is **more** efficient **than**... *C'est plus efficace que...*
- Adjectifs irréguliers : **better than** *meilleur(e) que*, **worse than** *pire que*.

Superlatif

- Adjectifs courts : **the** + adjectif + **(e)st** : He is **the** nicest. *C'est le plus gentil.*
- Adjectifs longs : **the most** + adjectif : It is **the most** expensive. *C'est le plus cher.*
- Adjectifs irréguliers : **the best** *le(a) meilleur(e)*, **the worst** *le pire*.

Accroissement parallèle

The bigger it is, **the more** important it will be. *Plus c'est gros, plus c'est important.*
The less you pay, **the more** satisfied you are. *Moins vous payez, plus vous êtes satisfait.*
The more you use it, **the more** dangerous it becomes. *Plus vous l'utilisez, plus cela devient dangereux.*

EXERCICES CORRIGÉS

EXERCISE N°1

Use comparatives and superlatives.

a. Did you find this article ... or ... (provocative) ... their previous one? **b.** I bought it at a (cheap) ... price... you. I was lucky! **c.** Would you say that this site is ... (dangerous) ... others? **d.** No, I simply think it is a ... (acceptable) one. That's why I recommend it to you. **e.** It is ... (attractive) website I have ever seen! It is (smart) ... and ... (innovative) ... all the other ones I know.

EXERCISE N°2

Fill in the blanks with *better, the best, worse, the worst, more* or *the most.*

a. A ... idea would be for insurers to reexamine their IT options. **b.** Cyber surveillance should focus ... and ... on the ... strategy to adopt. **c.** They tried their ... but we are not sure it was the ... time to do it. **d.** The ... policy would be to hide the truth from people and abuse of their rights. **e.** I hope they will make ... use of this data than they did previously.

EXERCISE N°3

Translate these sentences into English.

a. Plus j'utilise Facebook, plus j'en deviens dépendant. **b.** C'est la pire chose qui puisse jamais leur arriver. **c.** Cet outil est de moins en moins facile à utiliser. **d.** Ces caméras de surveillance sont aussi redoutables que les pires radars sur les routes. **e.** Cet article est plus choquant mais moins convaincant que ceux que j'ai lus avant.

CORRIGÉ

Exercise n°1

a. more or less provocative than **b.** a cheaper price than you **c.** more dangerous than others **d.** more acceptable. **e.** the most attractive – smarter and more innovative than all the other ones.

Exercise n°2

a. better **b.** more and more – best **c.** best – best **d.** worst **e.** better.

Exercise n°3

a. The more I use Facebook, the more addicted I become. **b.** It is the worst thing that could ever happen to them. **c.** This tool is less and less easy to use. **d.** These security cameras are as dreadful as the worst radars on the road. **e.** This article is more shocking but less convincing than the ones I read before.

ENTRAÎNEMENT AU CONTRÔLE CONTINU

COMPRÉHENSION DE L'ÉCRIT

Read the text and answer the questions in your own words.

Cyber bullying laws

Instances of cyber bullying[1] have ranged from making fun of someone to pressuring someone to kill himself or herself. These crimes are often the foundation for self-harm[2] and psychological damage that lasts for years. It is difficult to understand just how much damage is caused or impacts a person from these attacks.

When a person goes online to suffer constant barrages of abuse from strangers, classmates and family, it is often enough to lead to injury or death. The rates of suicide among teens have skyrocketed because of these violations. Particular targets as victims of these offenses are gay teens. Almost half of all gay and lesbian youth suffer crimes of cyber bullying.

This subject causes instability in mental health, problems with concentration in school, issues with self-esteem and similar matters among victims. While some are simply harassed, others are bullied. Many are attacked repeatedly. These crimes tend to cause the victim to avoid seeking any type of assistance. The access to the Internet becomes a dangerous place, but cyberbullying may continue through text messaging and email. When one person knows the information of the target, it may be spread to others to provide additional sources of torment. The person affected may even hide these problems from parents. However, these actions leave the individual alone and isolated.

Many states have created and implemented laws to penalize those individuals perpetrating this crime. These regulations have been put in place to protect minors against these actions, but not all states have these laws or protections for children. In addition to this, some particularly inventive children may find ways around the usual protections to ensure the victim is targeted[3] and suffers.

Crimes of cyber bullying tend to follow a pattern that may be defined by law enforcement if police become involved in these violations. Tracking methods may be implemented to discover the culprit[4] of these offenses through email, chat venues and various other means online. Malicious behavior and threatening messages often follow a pattern based on the person instigating the attacks. This could be specific days, certain websites, particular hours of the day and other patterns. When cyberbullying becomes physical abuse, crimes are more easily prosecuted against.

It is important to contact a lawyer when in a state with anti-cyber bullying laws in place. Many children affected by these crimes require medical attention or treatment for psychological damage inflicted by others. Compensation should be obtained if possible for these violations.

"Cyber Bullying Laws", © 1995- 2015 HG Websites, https://www.hg.org

1. cyber harcèlement – 2. se faire du mal à soi-même – 3. ciblé – 4. le coupable

1. Who are the main targets of cyberbullying mentioned in the article?
2. What are the risks that they can encounter?
3. What kind of tools are used by harassers?
4. What measures have been implemented?

EXPRESSION ÉCRITE

How important would you say cyber harassment is and how do you think it could be fought? (160 words)

USEFUL PHRASES

Some sites can be harmful. *Certains sites peuvent être nocifs.*
Going online can help you build relationships. *Vous connecter peut vous aider à construire des relations.*
You need to be aware of the dangers. *Vous avez besoin d'être conscient(e) des dangers.*
It is important to identify who the victim is and who the culprit is. *Il est important d'identifier qui est la victime et qui est le/la coupable.*
It can have a psychological impact on the person. *Cela peut avoir un impact psychologique sur la personne.*

corrigés
foucherconnect.fr/19pbst2s60

5 Fictions and reality

Imaginary worlds are the opportunity to escape from reality, as well as reflect on what the real world actually is.

1 First steps

A Imagining different worlds

- The word **utopia** was first used in the book *Utopia* (1516) by Sir Thomas More as an ideal and perfect society in which everyone lives in harmony and everything is done for the good of its citizens. Examples of utopia are numerous in literature, art, popular culture, such as the Garden of Eden.

- When the dream turns bad, it becomes a **dystopia**, a society in which there is great suffering, injustice, and dehumanization. The most famous examples are George Orwell's *Nineteen Eighty-four*, Aldous Huxley's *Brave New World* and Cormac McCarthy's *The Road*.

B Gaming

- **MUDs (Multi-User Dungeon)** are multiplayer real-time virtual games, where players can interact with each other and the world. The first one, *Colossal Cave Adventure,* was created by Will Crowther in 1975. Then a group of students at MIT wrote a game called *Zork*, posted under the filename "DUNGEN", hence the name.

- **MMORPGs (Massively Online Role-Playing Games)** allow a very large number of players to interact with one another. They assume the role of a character and take control over his actions. *RuneScape, World of Warcraft, Guild Wars, Warhammer Online, Lord of the Rings Online* or *Final Fantasy XI* offer a persistent world, which continues to exist and evolve while the player is offline and away from the game.

C Artificial Intelligence

- **Artificial Intelligence** (AI) is the intelligence exhibited by machines. In many fiction films and novels, computers are smarter than humans and reign supreme.

- As **machine learning** enables computers to teach themselves, a large variety of breakthroughs emerge, from medical diagnoses to cars that drive themselves, from computers understanding human speech to their competing at a high level in strategic games such as chess and go. Could super intelligence help humans eradicate war, disease and poverty?

2 Useful words

a breakthrough *une avancée*
to bring together *réunir*
to collect data *collecter des données*
to develop *mettre au point*
a device *un appareil*
digital *numérique*
to dream, dreamt, dreamt *rêver*
a dystopia *une dystopie*

to escape *s'échapper*
to expect *s'attendre à*
fantasy *l'imagination*
to focus on *se concentrer sur*
gaming *les jeux vidéos*
to head *se diriger vers*
to improve *améliorer*
a nightmare *un cauchemar*
offline *déconnecté, hors ligne*
online *en ligne*
real *réel(le)*
reality *la réalité*
a screen *un écran*
smart *intelligent(e)*
to streamline *rationaliser*
a takeaway *une conclusion essentielle*
to track *suivre*
a utopia *une utopie*
a video chat *une conversation vidéo*
virtual *virtuel(le)*

3 Improve your grammar

POINT GRAMMATICAL

L'interaction

Les pronoms réfléchis

Lorsque le sujet et l'objet se réfèrent à la même personne, on utilise les pronoms réfléchis : **myself**, **yourself**, **himself**, **herself**, **itself**, **ourselves**, **yourselves**, **themselves**.

I did it **myself**! *C'est moi qui l'ai fait.*

The gamer said to **himself**: "It's a great opportunity!" *Le joueur s'est dit : « C'est une belle occasion ! »*

Certains verbes réfléchis en français ne le sont pas en anglais.

to dress *s'habiller*, to feel *se sentir*, to fight *se battre*, to meet *se rencontrer*, to shave *se raser*, to wash *se laver*

They met on the Internet. *Ils se sont rencontrés sur Internet.*

They immediately felt at ease. *Ils se sont sentis immédiatement à l'aise.*

Each other s'utilise lorsque l'on veut exprimer une réciprocité.

Bob and Jane decided to chat to **each other**. *Bob et Jane ont décidé de chatter l'un avec l'autre.*

Together indique que l'on fait quelque chose ensemble.

The chats brought the two web-users closer **together**. *Les conversations ont rapproché les deux utilisateurs du Web.*

Among indique que l'on fait quelque chose au sein d'un groupe.

There was solidarity **among** the group. *Il y avait de la solidarité au sein du groupe.*

EXERCICES CORRIGÉS

EXERCISE N°1

Replace the underlined words by a reflexive pronoun.

a. This gamer only thinks of her own interest. **b.** Even Lindsay Turrentine was surprised at the breakthrough. **c.** I was sitting next to the editor-in-chief in person. **d.** It was not the actual news that shocked him.

EXERCISE N°2

Fill in the blanks with a reflexive pronoun or *each other*.

a. They have become friends. They respect ..., which is what matters most. **b.** He kept asking to ... if he was doing the right thing. **c.** They enjoy chats and spend time talking to ... on the Internet. **d.** He downloaded all this music for ...

EXERCISE N°3

Fill in the blanks with *between* or *among*.

a. They had to choose ... all the gamers the ones who would agree on that. **b.** The conflict started ... the two parties when they first realized that they were the only ones ... all the other partners not to have been asked to join the site. **c.** .... you and me, who would you say stands more chances?

CORRIGÉ

Exercise n°1

a. herself **b.** Lindsay Turrentine himself **c.** himself/herself **d.** the news itself.

Exercise n°2

a. each other **b.** himself **c.** each other **d.** himself.

Exercise n°3

a. among **b.** between – among **c.** between.

ENTRAÎNEMENT AU CONTRÔLE CONTINU

COMPRÉHENSION DE L'ÉCRIT

Read the text and answer the questions in your own words.

Augmented reality trends

From the popularity of Pokemon Go's augmented reality gaming to Uber's testing of self-driving vehicles in Pittsburgh, 2016 has seen the rapid rise of technologies once only imaginable in some futurist's mind. At the very first Innovate! and Celebrate conference, CNET.com's editor-in-chief Lindsay Turrentine sat down with industry experts to discuss the five major technology trends that we need to pay attention to. One of the major takeaways: the effects of augmented reality go beyond our screens.

Pokemon Go was simply a mobile game, the augmented technology built into the platform had a definite real-world effect on the humans playing it: bringing together strangers, connecting communities, and even improving the health of gamers.

The much bigger goal of augmented reality is to provide us with a deeper human connection to each other and a deeper connection with the real world. The rise of augmented reality is accelerated, in part, due to our increasing demands of wanting to make the digital experiences more human. We want video chats to be more real; we want maps on our phone to be more interactive; we want the experiences on our devices to reflect real-life interactions in the real world. The whole point of AR is: it's going to enable us to break out of the confines[1] of our screens.

Augmented reality seems to have a much more promising future than virtual reality. Looking at augmented reality trends now, we're seeing investment deals going into an expanse of industries from gaming to health. An increase in connectivity has led to the development of technologies aimed at streamlining the flow of data from patient to healthcare provider. Tech devices being developed now are focused on collecting much more data than could previously be tracked – and it's greatly improving the quality of healthcare.

Other things discussed on the panel included the necessity of disrupting manufacturing; what we can expect in the future of transportation; and where we are headed in the sports tech world.

"Augmented reality's Goal Is to Create Deeper Human Connections"
by Ronald Barba, September 21, 2016,TechCo, https://tech.co

1. s'évader des limites

1. What was the trend that industry experts mainly discussed at the Innovate! and Celebrate conference? Give a definition.
2. What are the effects of augmented reality in the mobile game Pokemon Go?
3. Say what the goal of augmented reality is.
4. In which fields of the industry will augmented reality develop?
5. As you see it, what can be the practical uses of augmented reality? Think of specific examples of augmented reality applications.

EXPRESSION ÉCRITE

Do you agree that it is dangerous to live in a fantasy world and prefer it to the real one? (180 words)

USEFUL PHRASES

It brings relief. *Cela apporte du soulagement.*
You need to overcome obstacles. *Vous devez surmonter les difficultés.*
To endure the harsh reality. *Supporter la dure réalité.*
To focus on real life. *Se concentrer sur la vie réelle.*
The real crises of life. *Les vraies crises de la vie.*
It's all about balance. *C'est une question d'équilibre.*

COMPRÉHENSION DE L'ORAL

Listen to the interview with Neil deGrasse Tyson about what a role model means for him. A role model usually refers a person whose behaviour, example, or success is or can be emulated by others, especially by younger people.

 # vidéo
The Role of Role Models - StarTalk
foucherconnect.fr/19pbst2s62

1. Why Neil deGrasse Tyson doesn't believe a role model needs to be someone who looks exactly the way you do?
2. Name the three role models Neil deGrasse Tyson mentions and why he chose them à la carte.
3. Say what they have in common that makes them role models.

 # corrigés
foucherconnect.fr/19pbst2s60

6 Scientific innovations and responsibility

Recent breakthroughs in the field of genetics have raised numerous bioethical questions. People will have to decide how much they wish to use the huge knowledge that the deciphering of genes will bring.

1 First steps

A The ethical questions raised by bioethics

- **Human rights**: should humans and animals be used for research? Do the experiments always have foreseeable consequences? What are the side effects?
- **Reproductive technologies** (in vitro fertilization, cloning...): should research on human embryos be permitted? Who has the right to control births?
- **Genetically Modified Organisms** (GMO): should scientists be allowed to change a species by altering its genetic code? Do consumers have a right to know if the food they eat is genetically modified?
- **What will DNA testing reveal**: how long are you going to live? Your roots? Will job applicants be screened for specific genetic conditions before recruitment? Will insurers use genetic information to deny coverage?
- Should scientists be allowed to change a species by altering its genetic code? Isn't it all a form of "playing God", which diminishes the mystery of life?

B Do we wish to clone ourselves?

- **Mice** were first cloned in the 1980s, using a mouse embryo. But cloning a new animal from the cells of an adult was much more difficult. A team of British researchers cloned Dolly using DNA from an adult sheep in 1996 – it died in 2003.
- **Human cloning** is forbidden in most countries for fear that it might lead to creating an entirely new human being. However, proponents say therapeutic cloning will make it possible to cure some genetic diseases.

CIVILISATION

Landmarks in the history of genetics and cloning

- **Early research**: **1869**: Friedrich Miescher discovered DNA in the cells; **1885**: Hans Driesch showed that each cell in an embryo has its own complete set of genetic instructions; **1952**: Robert Briggs and Thomas King created a tadpole by transfering the nucleus from a tadpole embryo into an enucleated frog.
- **Cloning mammals**: **1975**: Steen Willadsen was the first to clone a mammal (sheep) using nuclear transfer; **1996**: Dolly, a sheep, was the first mammal created by somatic cell nuclear transfer; **1997**: Two monkeys were cloned by embryonic cell nuclear transfer.
- **New developments**: **2000**: The Human Genome Project presented its results: each of the body's 100 trillion cells contains 3 billion nucleotide units; **2013**: Shoukhrat Mitalipov created human embryonic stem cells by somatic cell nuclear transfer.

2 Useful words

advances *des avancées*
to alter *modifier*
ART (Assisted Reproductive Technology) *la PMA (procréation médicalement assistée)*
a ban on *une interdiction de*
to be born *naître/être né(e)*
birth *la naissance*
a breed of dogs *une race de chien*
careless *imprudent(e)*
a cell *une cellule*
a choice *un choix*
cloning *le clonage*
a custom-made baby *un bébé sur mesure*
disturbing *perturbant(e)*
disquieting *troublant(e)*
a development *un progrès*
a disease *une maladie*
DNA *l'ADN*
an embryo *un embryon*
fatal, deadly *mortel(le)*
a gene *un gène*
genetic engineering *les manipulations génétiques*
genetically modified *génétiquement modifié(e)*
a geneticist *un(e) généticien(ne)*
genetic research *la recherche en génétique*
the genome *le génome*
genuine *authentique*
GMOs *les OGM*
healthy *sain(e)*
in-vitro fertilisation (IVF) *la fécondation in vitro (FIV)*
the nucleus *le noyau*
to nurture *nourrir*
pregnancy *la grossesse*
reliable *fiable*
relieved *soulagé(e)*
to run the risk *courir le risque*
safe *sûr(e)*
scary *effrayant(e)*
shocking *choquant(e)*
a species *une espèce*
a surrogate mother *une mère porteuse*
to tamper with nature *détourner la nature*
a team of researchers *une équipe de chercheurs(ses)*
a test-tube baby *un bébé éprouvette*
a twin *un(e) jumeau(elle)*

3 Improve your grammar

POINT GRAMMATICAL

Parler de l'avenir

Le temps grammatical du futur n'existe pas en anglais. Pour se référer à l'avenir on utilise différentes formes verbales.

- **Will** + **base verbale** : la réalisation de l'action semble évidente pour celui qui parle.

I am certain that opinions **will change**. *Je suis sûr(e) que les opinions changeront.*

- **Going to** + **base verbale** : la prédiction s'appuie sur des indices présents.

The environment **is going to** change. *L'environnement va changer.*

- **Be** + **V-ing** exprime une intention, indique ce qui est prévu.

Tomorrow, Hwang **is meeting** a dog owner. *Demain, Hwang rencontre un propriétaire de chien.*

- Le présent simple donne une information brute.

The experiment **starts** at six. *L'expérience commence à six heures.*

- **Be about to** souligne l'imminence de l'événement.

The test **is about to** begin. *Le test est sur le point de commencer.*

- Dans les subordonnées introduites par **when**, **as soon as**, **as long as**, **once**, **after**, **before** et **while**, on trouve le **présent** mais jamais will.

He will tell you when he **finishes**. *Il te le dira quand il aura fini.*

EXERCICES CORRIGÉS

EXERCISE N°1

Fill in the blanks with *will* or *going to*.

a. Be quiet! The researcher ... start his test. **b.** Wait a minute, I ... check how accurate the results are. **c.** Don't forget to ring me up, ... you? **d.** I don't think they ... find the solution.

EXERCISE N°2

Put the verbs into the appropriate form.

a. The plane (leave) at 8 pm tomorrow. **b.** The experiment (start) at 2 o'clock this afternoon. **c.** Next week, we (be) on holiday. **d.** The company (move) to London soon.

EXERCISE N°3

Translate the sentences into English.

a. Quand les généticiens se rencontreront, ils auront beaucoup de choses à se dire. **b.** Aussi longtemps que les gens ne feront pas de tests génétiques, ils ne connaîtront pas leur génome. **c.** Dès que je saurai que le bébé est né, je lui téléphonerai. **d.** Aussitôt que les généticiens auront les résultats, ils les publieront. **e.** Quand les gens connaîtront les avancées, ils comprendront. **f.** Il faudra que tu me le dises quand tu le sauras.

CORRIGÉ

Exercise n°1

a. is going to **b.** will **c.** will **d.** are going to

Exercise n°2

a. leaves **b.** starts **c.** will be **d.** will move/is moving/is going to move

Exercise n°3

a. When the geneticists meet, they will have a lot to tell each other. **b.** As long as people do not have genetic tests, they won't know their genome. **c.** As soon as I know the baby is born, I'll phone him/her. **d.** As soon as the geneticists have the results, they will publish them. **e.** When people know about the breakthroughs, they will understand. **f.** You will have to tell me when you know.

ENTRAÎNEMENT AU CONTRÔLE CONTINU

COMPRÉHENSION DE L'ÉCRIT

Read the text and answer the questions in your own words.

A lab in South Korea will clone your dog for $100,000

Since 2006, a controversial biotech lab in South Korea called Sooam has been offering cloning services for the meagre sum of $100,000 (£64,000); I guess some would say their companions are priceless. The company was founded by trained veterinarian and scientific researcher Woo Suk Hwang who has a rather shady[1] history. Hwang was publicly disgraced and expelled from his academic institution for fabricating research on human embryo cloning and still faces criminal charges. But this hasn't seemed to put people off as business is booming; since it was established, more than 400 dogs have been cloned, and the firm usually has around 15 clients per month. The company has also brought its services to the US and plans to offer cloning to UK clients soon.

The cloning technique Sooam scientists use is the same 50 year old method that brought us Dolly the sheep back in 1996 – nuclear transfer. First, cells are taken from the pet to be cloned and the nucleus, the cellular command center that contains the organism's genetic information, is removed and saved. Next, an egg cell from a donor pet is obtained and the nucleus is replaced with that of the pet to be cloned. The egg cell is then given a small electric shock to stimulate division, and after a few days the developing embryo is placed back inside a surrogate mother. The surrogate doesn't have to be of the same breed, but ideally they would be of similar size.

Of course, clients don't get their old dog back, but more of an identical twin. Some dogs may also appear slightly different; dalmatians, for example, may have different spots. The clones may also not have the same personality or temperament as the original dog. And the procedure is not without risks; many dogs are born unhealthy, so they have to repeat the process until a healthy dog is produced, although Sooam claims it never puts a dog down[2].

An ambitious company, Sooam has no intention of stopping at dogs and is dreaming big. Recently, they signed a deal with Russian scientists to attempt to clone a woolly mammoth, despite the ethical issues surrounding this.

"A Lab in South Korea Will Clone Your Dog For $100,000"
by SOGGYDAN BENENOVITCH, www.ifkscience.com

1. obscure, louche – 2. piquer

1. Pick up information about the company Sooam: date of creation, name of founder, nationality, activity, price of cloning a dog.
2. Why can it be said that Woo Suk Hwang is a controversial scientist?
3. What is the basic principle of dog cloning?
4. Say what the risks are.
5. What is Hwang's ambition?

EXPRESSION ÉCRITE

What are your feelings about the new developments in reproduction technology and the questions they raise? Think of in-vitro-fecundation, cloning, genetic engineering... Say what the advantages could be and why it could be the biggest dilemma of the 21st century. Conclude by expressing your feelings about it. Do you see it as one of humanity's best or worst inventions? (200 words)

USEFUL PHRASES

We may question the reliability of these practices. *Nous pouvons nous interroger sur la fiabilité de ces pratiques.*
I fear a lack of scientific tests. *Je crains une absence de tests scientifiques.*
They need to find out about the real risks. *Ils doivent établir les vrais risques.*
It gives the gift of life. *Cela est un cadeau de la vie.*
It will be important in the future. *À l'avenir, ce sera important.*
This will probably become more common. *Cela va probablement devenir plus commun.*
There will certainly be a lot of discussion. *Il y aura sans doute beaucoup de discussions.*
It will eventually become accepted ethically. *Cela deviendra moralement acceptable.*

corrigés
foucherconnect.fr/19pbst2s60

7 Diversity and inclusion

Diversity is about empowering people by respecting and appreciating what makes them different, in terms of age, gender, ethnicity, religion, disability, sexual orientation, education, and national origin. Inclusion is an organisational effort and practices in which different groups or individuals having different backgrounds are culturally and socially accepted and welcomed, and equally treated. Diversity is the mix and inclusion is getting the mix to work well together.

1 First steps

A Diversity education is a solution in many countries worldwide

- In **the European Union**, diversity education is offered to small and medium-sized businesses to develop their capacity to include people of different countries of the union and cultures.
- **Australia's government** uses diversity education to end a history of discrimination against Aboriginal and Islander people.
- **Asia** finds it useful for increasing productivity in multinational companies, and for addressing the historical challenges of achieving harmony between Muslim and Hindu citizens.
- **South Africa** has implemented diversity education to adjust to the removal of the Apartheid system.
- In **the United States**, many organisations, communities, military sectors, and higher education institutions have been conducting some form of diversity education since the 1960s assuming that it can boost productivity and innovation in an increasingly diverse work environment.

B Diversity pioneers

- **Judith Katz** was a student activist for social justice in the late 1960s. She began her diversity action by focusing on racism from a white American perspective.
- By the mid 1980s she was working for the Kaleel Jamison Consulting Group. At the time many companies used independent diversity professionals to provide programmes to help increase the numbers of African Americans and women employees. Diversity training allowed to safeguard against civil rights suits at the time. Much of the training focused primarily on black-white racial issues and sexism. No attention was given to Latinos, Asians, sexual orientation, age or people with disabilities.

C Raising individual awareness

Increasing numbers of organizations have embraced the idea that we need to value differences and consider that diversity is now accepted as a key business driver. Diversity and inclusion are a company's mission, strategies, and practices to support a diverse workplace and leverage the effects of diversity to achieve a competitive business advantage.

2 Useful words

to achieve harmony *atteindre l'harmonie*
to acknowledge *reconnaître*
an asset *un atout*
social background *le milieu social*
to boost *donner de l'élan*
broad-minded *large d'esprit*
a challenge *un défi*
commonplace *courant, habituel*
competitive *concurrentiel(le)*
a culture clash *un choc des cultures*
disabled people *les personnes handicapées*
diversity *la diversité*
to focus on *se concentrer sur*
the gender gap *le fossé entre les sexes*
to implement *mettre en application*
a good mix *un bon mélange*
openness *l'ouverture*
to raise awareness *rendre conscient(e) de*
to require *exiger*
to tackle an issue *s'attaquer à un problème*
training *la formation*
to treat people right *bien traiter les gens*
to value *valoriser*
a wheelchair *un fauteuil roulant*
to discriminate against *discriminer*

3 Improve your grammar

POINT GRAMMATICAL

Pression exercée sur le sujet

- Obligation extérieure : **Have to**

Did they **have to** conduct diversity education? Yes, they **had to**. *Ont-ils dû mener un enseignement sur la diversité ? Oui, ils ont dû le faire.*

- **Nécessité : Must**

Governments **must** do more. *Les gouvernements doivent faire davantage.*

- **Conseil, suggestion : Should**

The government **should** educate citizens. *Le gouvernement devrait éduquer les citoyens.*

- **Absence d'obligation : Don't have to**

You **don't have to** leave if you don't want to. *Tu n'es pas obligé(e) de partir si tu ne le veux pas.*

- **Interdiction : Must not/mustn't**

You **must not** speak about it. It is a secret. *Tu ne dois pas en parler. C'est un secret.*

- **Regret, reproche : Should not/shouldn't**

Citizens **shouldn't** discriminate. *Les citoyens ne devraient pas faire de discriminations.*

EXERCICES CORRIGÉS

EXERCISE N°1

Fill in the blanks with *mustn't* or *don't/doesn't have to.*

a. She ... accept the situation, if she doesn't like it. **b.** They ... leave at once. There's plenty of time. **c.** You ... say anything about her choice. It's a secret. **d.** It's a really stupid decision. You ... accept it. **e.** The move is confidential; you ... tell anybody about it. **f.** They ... worry so much. It's nothing serious.

EXERCISE N°2

Translate into English using *mustn't* ou *don't have to*.

a. Les gens ne doivent pas ignorer où sont leurs racines. **b.** Vous ne devez pas oublier de souligner que la situation est floue. **c.** Il ne doit pas entreprendre la formation seul. **d.** Il n'est pas nécessaire qu'ils s'adaptent à de nouvelles règles tout de suite. **e.** Les personnes handicapées ne doivent pas se sentir discriminées.

EXERCISE N°3

Put the sentences in the interrogative form.

a. Australia has to be reminded it is a country of immigration. **b.** He had to work a lot to become a great success. **c.** Training centres have to give more information and advice. **d.** Governments have to spend more on educating citizens.

CORRIGÉ

Exercise n°1

a. doesn't have to **b.** don't have to **c.** mustn't **d.** don't have to **e.** mustn't **f.** don't have to.

Exercise n°2

a. People mustn't forget where their roots are. **b.** You mustn't forget to underline that the situation is unclear. **c.** He mustn't undertake the training alone. **d.** They don't have to adapt to new rules right now. **e.** The disabled mustn't feel discriminated against.

Exercise n°3

a. Does Australia have to be reminded it is a country of immigration? **b.** Did he have to work a lot to become a great success? **c.** Do training centres have to give more information and advice? **d.** Do governments have to spend more on educating citizens?

ENTRAÎNEMENT AU CONTRÔLE CONTINU

COMPRÉHENSION DE L'ÉCRIT

Read the text and answer the questions in your own words.

Shopping is hellish for disabled people

Our towns and cities are much better set up for people who use wheelchairs than in the past. Dedicated parking spaces have become commonplace, while modern buses and trains often include areas for wheelchairs. A large number of public places like restaurants and bars also have wheelchair-friendly toilets.

With added help from improvements in wheelchair technology, people with physical disabilities are therefore enjoying ever greater levels of independence. Yet they still face significant obstacles to activities that are routine for the rest of us. A good example is shopping. Shelves[1] that are beyond the reach of a wheelchair are a constant problem.

This profoundly affects their sense of autonomy, as a group of wheelchair users confirmed when we interviewed them. They didn't like asking for help unless strictly necessary. They wanted to go to normal stores and interact with products like any other person, and they liked the idea of a technology that could help.

We piloted a system for people of three different levels of impairment[2]. The first group had full use of their hands. The second group had low hand mobility as a result of problems such as tremors[3]. The third group could only use their hands for a limited set of actions, such as driving their wheelchair, and generally faced severe communication problems.

The system for the first group involved an app for their smartphones/tablets, taking advantage of the fact that most people own such a device. Users had to click on the app as they entered the store, which brought up a virtual shop designed to look like the store entrance. Users would then make their way through the store like any other customer. When they came to a shelf with something they potentially wanted to buy, they had to point their device at it. The user's screen would display the shelf and they had to touch the area where the product was located. The app would then list the items in that area. The user could choose a product and either get information, such as price or expiry date, or make a purchase[4]. Staff would assemble a basket of purchases.

The people in our second group of users are generally unable to use a smartphone unaided, so we developed a prototype of a fixed touchscreen at a suitable height adjacent to the relevant shelf.

The third group contained people too impaired for either of the first two solutions. The system worked in a similar way to the first one, except that users selected by voice command.

Hopefully in the relatively near future, we will see strides[5] in wheelchair shopping to match what has happened with parking and toilets.

"Shopping is hellish for disabled people – augmented reality could be the fix"
by Zulqarnain Rashid, theconversation.com, 26 july 2017.

1. des étagères – 2. handicap – 3. tremblements – 4. achat – 5. grands pas

1. What can disabled people in wheelchairs do now that they could not do before?
2. What are the problems disabled people meet in stores? Why do they feel frustrated?
3. What did technology provide to each of the three groups of disabled people mentioned in the text?

EXPRESSION ÉCRITE

How important is it for employers to help make the workplace accessible to employees with disabilities? (160 words)

USEFUL PHRASES

It contributes to a better workplace environment. *Cela contribue à un meilleur environnement.*
They offer facilities. *Ils offrent des installations.*
They follow guidelines. *Ils suivent les directives.*
It raises employees' awareness. *Cela améliore la conscience des employés.*
It boosts productivity and creativity. *Cela augmente la productivité et la créativité.*

COMPRÉHENSION DE L'ORAL

Listen to the video and answer the questions.

1. What kind of disabilities are concerned in the interviewer's first question?
2. What does Governor Mike Huckabee say about the disabled people he worked with?
3. What did the disabled people in his staff do?
4. What is the interviewer's next question?
5. What did Mike Huckabee always make sure of?

 # vidéo
Exclusive Interview: Mike Huckabee on Job Opportunities for People with Disabilities
foucherconnect.fr/19pbst2s63

 # corrigés
foucherconnect.fr/19pbst2s60

8 Territory and memory

Cultural heritage is an expression of the ways of living developed by a community and passed on from generation to generation. It gives people a connection to certain social values, beliefs and customs. It provides a sense of unity and belonging within a group and allows people to understand previous generations and the history of where they come from.

1 First steps

A Different types of cultural heritage

■ **Built heritage** is the most visible form of heritage. It includes all the constructions that are of historic, aesthetics, architectural or cultural significance: buildings, cityscapes, archaeological remains and monuments.

■ **Natural heritage** includes all components of our surroundings that have not been created by man and which are of cultural, aesthetic, spiritual or ecological value: rural landscapes, coasts and agricultural heritage.

■ **Artefacts** are all the things that are made by man, such as a tool, a work of art or an object of archaeological interest. They include dance forms, stone tools, paintings, pottery vessels, weapons, jewellery, clothing, books, documents...

■ **Immaterial heritage** refers to folklore, language, customs, traditional activities and practices, values.

B The significance of cultural heritage

There are four main aspects to understand the significance of cultural heritage:
- **historical significance**: the age and relationship to a historical era, event or person;
- **social significance** refers to the social and spiritual values attributed to a place;
- **aesthetic significance** refers to the sense of importance of a place in terms of architecture, scale or design;
- **scientific significance** refers to the possibility of scientific findings from a site, monument or place.

C Preserving cultural heritage

■ The heritage cycle diagram shows how we can make the past part of our future: by understanding our cultural heritage we value it; by valuing it we want to care for it; by caring for it, we enjoy it; from enjoying it comes a thirst to understand; by understanding it, etc.

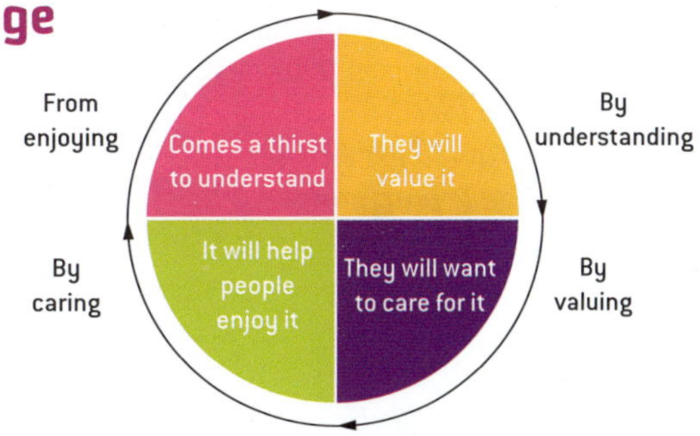

■ The best way to preserve our cultural heritage is to share it with others. We must keep world history intact for the coming generation so that they may have the opportunities to learn about the past and their own roots.

CIVILISATION

Landmarks in American history

The first settlers

1607: London merchants founded Jamestown in Virginia.

1620: The Pilgrim Fathers founded Plymouth Colony in Massachusetts.

1776: American colonists signed the Declaration of Independence from the English crown.

1789: George Washington was elected first president of the USA.

The conquest of the West

1848: After defeating the Mexicans, the US acquired what are now the states of California, Nevada and Utah and parts of Colorado, Wyoming, Arizona and New Mexico.

1849: The Gold Rush to California started.

1862: The Homestead Act opened up the prairies to farmers.

The 20th century

1929: The Great Depression after the Crash on the Stock Exchange.

1941: The Japanese bombed Pearl Harbor & the US entered World War II.

1948-1991: The Cold War between the US and the USSR until the fall of the Wall in Berlin.

1974: President Nixon resigned due to the Watergate Scandal.

2001

The terrorist attacks of 9/11 on the World Trade Center prompted the "War On Terror", the invasion of Afghanistan.

2 Useful words

appalled *effaré(e)*
courage *le courage*
customs *des coutumes*
duty of remembrance *le devoir de mémoire*
to empower *donner les moyens*
an event *un événement*
evil *le mal*
fair *juste*
fearless, daring *audacieux(euse)*
to fulfill promises *tenir des engagements*
a gap *un fossé*
generosity *la générosité*
heritage *le patrimoine*
a hero(es) *un (des) héros*
a heroine *une héroïne*
to identify *s'identifier*
inspiring *inspirant(e)*
a legend *une légende*
to make a dream come true *réaliser un rêve*
mutants *des mutants*
a myth *un mythe*
to overcome difficulties *surmonter les difficultés*
preservation *la sauvegarde*
to set an example *montrer l'exemple*
superpowers *super pouvoirs*
to struggle *lutter*
surroundings *l'environnement*
to take up a challenge *relever un défi*
a villain *un méchant*
a war memorial *un monument aux morts*

3 Improve your grammar

POINT GRAMMATICAL

La voix passive

- Le passif se forme avec le verbe **be conjugué** suivi du **participe passé**.

Présent : **The story is built on historical facts.** *L'histoire est construite sur des faits historiques.*

Prétérit : **His success was celebrated.** *On a célébré sa réussite.*

- On peut combiner **passif** et **modaux**.

It cannot be denied. *On ne peut le nier.*

It must not be forgotten. *On ne doit pas l'oublier.*

It should be remembered. *On devrait s'en souvenir.*

It will be discovered. *Cela sera découvert.*

- Les verbes qui se construisent avec **deux compléments** ont deux formes passives selon ce que l'on veut mettre en relief :

- **la personne** (complément d'attribution) :

<u>He</u> was given a new name. *Il a reçu un nouveau nom.*

- **la chose** (complément d'objet) :

<u>A new name</u> was given to him. *Un nouveau nom lui a été donné.*

EXERCICES CORRIGÉS

EXERCISE N°1

Translate the following sentences into English.

a. On ne fait rien pour préserver le patrimoine. **b.** On les force à changer l'intrigue. **c.** Cette croyance est basée sur un mythe. **d.** Ils ne furent pas invités à partager le patrimoine culturel.

EXERCISE N°2

Turn the sentences into the passive form starting with the underlined words.

a. They romanticize <u>life in the past</u>. **b.** They do not show <u>the reality of ancient times</u>. **c.** Somebody gave <u>them</u> the means to succeed. **d.** They told <u>me</u> life was easy in the West. **e.** It offers <u>them</u> new opportunities.

CORRIGÉ

Exercise n°1

a. Nothing is done to preserve the heritage. **b.** They are forced to change the plot. **c.** This belief is based on a myth. **d.** They were not invited to share the cultural heritage.

Exercise n°2

a. Life in the past is romanticized. **b.** The reality of ancient times is not shown. **c.** They were given the means to succeed. **d.** I was told that life was easy in the West. **e.** They are offered new opportunities.

ENTRAÎNEMENT AU CONTRÔLE CONTINU

COMPRÉHENSION DE L'ÉCRIT

Read the text and answer the questions in your own words.

How American history created the American superhero

In the first half of the twentieth century, coming out of the Depression, immigrant communities were looking for ways to empower themselves both professionally and creatively, and were good at telling their stories. Stan Lee, Jack Kirby, Joe Kubert, Will Eisner, and Jerry Siegel and Joe Shuster, the co-creators of Superman were all children of Jewish immigrants. So that immigrant story is just built into the DNA of comic books, particularly in the Golden Age of comics[1]. But you still find that American essence in so many stories today.

Because the origins of comic books were tied up into WWII, they talked directly to readers about the war, about the fight with the Nazis, about paper rationing. Superman would point his finger out of the comic book frame[2] and say, "You've got to buy your war bonds[3]!" So that kind of overt propaganda has always had a place.

You could look at the issues that Captain America is wrestling with, or the villains he is fighting, and you can see where American society is at that time. During WWII, in his very first Captain America comic book, he is literally punching Adolf Hitler. [...] During the 1950s he was recast as "Captain America: Commie[4] Smasher" and it was overtly anti-Communism. In the 1970s, Captain America was investigating this secret organization within the Marvel Universe, and he got all the way up to the head of this organization and it turned out that Richard Nixon and Henry Kissinger were behind it. Captain America was so appalled by this that he threw away his costume, and for about a year he went as "Nomad: The Hero Without a Country." Here they were making overt political commentary about the Watergate Scandal. Right after 9/11, he was in the Middle East fighting terrorists. As the war became less popular, there was more nuance included.

"How American History Created the American Superhero"
by Frasier Petersen, March 9, 2016, © Humanities Washington, www.humanities.org

1. from the late 1930s to 1950 – 2. le cadre 3. obligations vendues pour financer l'effort de guerre – 4. communistes

1. Say what a superhero or superheroine is. Name the ones you know.
2. Why are comic books rooted in immigration to America?
3. What form did propaganda take in several episodes of Superman?
4. Name the three groups of enemies Captain America fights in the 20th century.
5. Do you agree that superheroes are a mirror of their times? Take specific examples in comic books, cartoons, films or series.

 # corrigés
foucherconnect.fr/19pbst2s60

EXPRESSION ÉCRITE

Do you like books or films based on historical facts? Take specific examples. Say why they attract readers or spectators and what the dangers are. (200 words)

USEFUL PHRASES

It gives an extra thrill. *Cela procure un frisson supplémentaire.*
Some authors rewrite history. *Certains auteurs réécrivent l'histoire.*
It gives historical authenticity. *Cela donne de l'authenticité historique.*
They bring about a sense of unification with the past. *Cela donne un sens d'unification avec le passé.*

SG-JF-MB/SM

Achevé d'imprimer en Italie par L.E.G.O. S.p.A., Lavis (TN)
Dépôt légal : 15492-0/01 - Juin 2019